21世纪高等院校教材

普通动物学

赛道建　主编

科学出版社
北京

内 容 简 介

本书共11章，包括生命的物质及分子进化，动物细胞的基本特征，繁殖发育，动物类群结构功能的比较、演化与调控，动物的自然、人文环境，动物及生物信息通道的演化与行为的进化等知识模块，以动物适应生存环境演化为主线，按正向、逆向思维和立体知识框架系统介绍动物学的基本理论、学科发展的前沿成果与动态。为适应网络教学的需要，页边空白处列出对应内容的参考章节序号，便于读者利用索引查找知识点，按不同的思路组织课程的内容体系，各章前后有该章提要和复习思考题，便于学生学习掌握知识要点，通过对比联系，使其系统掌握知识精要，培养科学思维方式与研究型学习态度。

本书可作为师范类和综合性大学生命科学专业以及农林、水产、海洋等高等院校相关专业的本科教材，也可作为相关学科的科研人员和生产技术人员的参考书。

图书在版编目（CIP）数据

普通动物学/赛道建主编．—北京：科学出版社，2008
21世纪高等院校教材
ISBN 978-7-03-021822-3

Ⅰ．普…　Ⅱ．赛…　Ⅲ．动物学-高等学校-教材　Ⅳ．Q95

中国版本图书馆CIP数据核字（2008）第061749号

责任编辑：林梦阳/责任校对：邹慧卿
责任印制：张　伟/封面设计：耕者设计工作室

科学出版社 出版
北京东黄城根北街16号
邮政编码：100717
http://www.sciencep.com
北京凌奇印刷有限责任公司 印刷
科学出版社发行　各地新华书店经销
*
2008年8月第一版　开本：787×1092　1/16
2023年1月第七次印刷　印张：23 1/4
字数：536 000

定价：79.00元

（如有印装质量问题，我社负责调换）

《普通动物学》编委名单

主　编： 赛道建

副主编： 赵东芹　王永敏　孙永岭　刘　建

编　委：（以姓氏汉语拼音为序）

安利国　程　波　刘　建　刘树真　苗秀莲
赛道建　孙永岭　孙忠军　王永敏　张　凡
赵东芹　赵红月

网络内容体系设计： 赛道建　孙忠军

制　作： 孙忠军

图片编辑加工： 邵　芳

前　言

生命科学作为自然科学领域的带头学科，是21世纪最有发展前景的学科，生命科学与其他学科相互渗透而又相互促进，极大地推动了相关学科的迅速发展。动物学课程作为生命科学必修的一门重要基础课，是提高学生科学素质的必修课，是研究和促进动物资源可持续保护开发必须掌握的基础学科，是改善、提高人类生活必须了解的最新的学科知识。

按照教育部大纲的要求，为提高学生的学习素质和能力，适应现代网络教学的需要，本书系统而严谨地介绍了动物学基础知识、现代动物学的前沿理论及其在实验和现代技术中的应用。以大学生为主体，以培养创新型学习能力为目标，改进教学内容体系和教学方法。全书以进化为主线，各章节以高等动物的基本结构、功能为主导，介绍并比较各类群动物体各器官系统的形态结构、功能、发育及其演化的基本特点，动物与自然、人文环境间的协同进化关系等，精炼经典理论，吸收最新科研成果，反映本学科发展的最新学术水平。同时，注意各部分内容及其与后续课程的承前启后关系，在相关内容的页边标出对应章节的序号，如页边5.2.3表示该页详细内容的进一步解释可查看第5章第2节第3条；5.2～5.6表示可参看第5章第2节到第6节，形成灵活的连续检索互查体系。每章章首有框架性提要，章末有复习思考题，以便总结、掌握规律和知识要点。本书正向、逆向和立体的内容体系方便查找，有利于增强教材的可读性、知识点的可查性和内容体系的可重组性，有助于网络教学的开展和学生自主学习。帮助学生学会从知识的海洋中获取有用的特别是有效知识，将阅读与探索结合起来，根据知识的立体框架，整理分析、联系对比、剖析探讨学科知识和概念的内在联系及不同内涵，掌握动物体的基本结构、功能以及生命演化的基本规律，组织构建自己的知识体系、创新理念和思路，由点到面探索、拓展基本知识，从中找出规律、悟出道理，激发学习和探索生物界奥妙的兴趣，以及学生的科学思维方式和态度，培养独立解决问题的能力，培养研究型学习素质和能力，启迪创新意识和能力。

本教材因妥善处理了以下关系而有突出、鲜明的特色：继承、发展与创新的关系；理论与实践、实用的关系；基础理论学习与提高的关系；线性内容系统与知识立体交叉的关系；教师指导与学生掌握知识、提高自身素质的关系。

本书与赛道建主编的《动物学野外实习教程》构成配套教材，不同院校可根据实际情况，自由选择、组合，按不同的内容体系讲授课程内容。

本书作为省级、校级二级动物学精品课程建设项目的重要组成部分，得到了各级部门和广大读者的大力支持，众多同行的倾心帮助，本书的出版得到科学出版社的大力帮助才得以顺利完成，特致谢意。

由于编者水平所限，不足之处，热诚希望广大读者提出宝贵意见！

赛道建

2008年6月28日

目　　录

第1章 绪　　论

本章提要　有机物起源于无机物，C、H、O、N、S等无机小分子以价键方式结合形成有机分子，然后以五碳糖主链为基础，通过肽键、二硫键或结合不同的碱基形成蛋白质和核酸等生命活性物质，这些物质由细胞膜包裹后开始与生存环境进行水、无机盐、气体和物质能量交换的新陈代谢活动，并把这些特性遗传下去开始了生命系统的进化，其中，利用其他生物体获得营养和能量的演化为动物，于是，产生了研究动物生命活动规律的动物学及其相关学科，促进动物资源的合理开发、利用，造福人类社会。

1.1　生命活动的主要物质

世界是由物质组成，物质由元素构成。生物体作为活着的生命体也是由各种化学分子构成的物质所组成。水、氮、氧、碳、无机盐等内外环境中的小分子，糖、脂肪、氨基酸、维生素等有机分子，蛋白质、核酸、多糖和脂类复合物等生物大分子，线粒体、染色体、细胞核、单位膜、细胞骨架等细胞超微结构，以及细胞、组织、器官和动物体，在生物的不同层次、结构中，各种物质不断地变化和发展，形成复杂而多样化的生命现象，即运动着的物质形态。因此，生命物质实际上是上述各种物质的总称。

1.1.1　无机物

1.1.1.1　水

水占原生质重量的65%～90%；水母中含水99%，陆栖动物的机体中含水70%～80%，人的骨骼中含水22%，肌肉中含水70%～80%，玻璃体中含水99%。 9.1

水构成机体的内环境，电解常数大，能促进物质溶解、化学反应和维持渗透压平 9.2
衡，水的表面张力大、比热大，水分蒸发有利于动物的体温调节；同时水还构成生物体生存的外环境，环境中的含水量和离子浓度影响机体内外环境的水平衡。因此需要防止失水和过多水分渗入体内，改变体内渗透压，影响机体的新陈代谢。

1.1.1.2　无机盐

动物机体内的阳离子有钠、钾、镁、铁等，阴离子有氯、硫酸根、磷酸根和碳酸氢根等。无机盐（inorganic salt）不仅是构成细胞的组成成分，而且参与体内的代谢、调节维持渗透压、维持酸碱平衡，故体内盐分必需有一定的量和比例，否则，就会引起病症，如缺氯化钠，蛋白质分解加强；缺钾，则蛋白质代谢降低；缺碘，甲状腺不能正常合成甲状腺素；缺钙，神经肌肉的兴奋性增加，易出现痉挛，动物易患软骨病。

1.1.2 有机物

1.1.2.1 糖类

糖类（glucide）约占机体干重的2%，单糖脱水形成双糖和多糖，水解后又可分解成单糖。构成机体的糖类有核糖、血糖、乳糖和肝脏、肌肉中的糖原（glycogen）等，这些也是DNA、RNA的基本组分，体内生化代谢途径的交叉点。细胞通过三羧酸循环进行糖代谢，提供生命活动的能量。

1.1.2.2 脂类

脂类（lipid）是脂肪、磷脂和醇类的总称，由碳、氢和氧3种元素以一定比例组成，如甾醇是含有4个碳环和1个羟基的烃类衍生物。脂类包括胆固醇、胆汁酸、维生素D原、肾上腺皮质激素、性激素和控制昆虫变态发育的蜕皮激素等。

脂肪进入三羧酸循环彻底氧化可比同质量的糖释放出更多的能量，是动物体能量的重要来源。脂类和蛋白质结合形成脂蛋白，是细胞膜的重要组成成分。

脂类在机体内有两种存在形式。器官与组织中，组成原生质的基本脂肪含量恒定并具有一定成分，不会发生明显变化；存在于脂肪组织中的储存脂肪在动物处于饥饿状态时就会大量分解，供应机体所需的能量，反之，则储存于体内，保护身体，使内脏免受震动及寒冷刺激等。脂肪能促进脂溶性维生素的吸收；脂类构成神经鞘，其良好的绝缘性对神经冲动的传递作用十分重要。脂肪在体内储存过多则处于病理肥胖状态。

1.1.2.3 蛋白质

构成蛋白质（protein）的基本单位氨基酸——主要由50%～55%的C、6%～8%的H、20%～23%的O和15%～16%的N 4种元素组成，通式为R—CH(NH_2)—COOH。因每个氨基酸（amino acid）分子至少含有1个氨基（—NH_2）和1个羧基（—COOH），连接核心碳原子上的R基含有可以改变结构的侧链，使氨基酸具有不同的性质，也对蛋白质的性质有一定的决定作用。2个氨基酸分子的羧基和氨基结合，脱去1个水分子形成连接2个氨基酸的肽键。通过肽键，许多氨基酸分子以肽键连成多肽。1个多肽链或几个多肽链聚合形成复杂的蛋白质大分子，20多种氨基酸少则几十，多则几十万个连接组成蛋白质；由于DNA（或RNA）带有蛋白质合成遗传指令的重要信息，多肽链的一级结构与核苷酸顺序有着线性对应翻译（colinear translation）关系，调节控制蛋白质的生物合成。

20种氨基酸的不同排列和组合形成的结构多样性，决定肽链结构的多样性和复杂性，影响着蛋白质分子内形成的键的种类，也影响蛋白质的空间构象和功能。多肽链靠氢键、二硫键、盐键和疏水键等维持着蛋白质分子高级结构的空间构象，蛋白质空间结构可分为一级 、二级、三级和四级结构，结构多样性决定蛋白质功能的多样性和复杂性。因此，蛋白质不仅具有种的特异性，而且具有个体特异性，生命多样性的实质乃是蛋白质的结构功能多样性。蛋白质是构成细胞结构的基本物质、原生质的重要组成成分，也是生命主要的和特有的成分。它的种类很多，按功能可分为结构蛋白质（如纤维蛋白、肌动蛋白、肌球蛋白）和调节蛋白质（如各种酶、抗体和激素）。按结构分为简单蛋白质（水解时只产生氨基酸）和复合蛋白质［由简单蛋白质加上非蛋白物质（辅基）组成］。复合蛋白质水解时还产生核酸、糖、磷酸、脂类等其他非蛋白物质，其中，核蛋白最重要，细胞核内含量最多，在生命活动中起着极其重要的作用。按来源分为两类，必须由食物获得的为必需氨基酸，体内可以借三羧酸循环或其他途径合成的，为非必需氨基酸。

1.1.2.4　核酸

核酸（nucleic acid）的一级结构与蛋白质类似，由C、H、O、N和P等元素构成，是4种单体核苷酸缩聚而成的两类多核苷酸链。1分子戊糖（核糖）和1分子含氮碱基构成核苷，加上1分子磷酸即为核苷酸。核酸碱基有腺嘌呤（A）、鸟嘌呤（G）、胸腺嘧啶（T）、胞嘧啶（C）和尿嘧啶（U）等五种。DNA和RNA都含4种碱基。DNA主要存在于细胞核中，五碳糖是脱氧核糖，碱基是A、G、C、T，核苷酸有脱氧腺苷酸（dAMP）、脱氧鸟苷酸（dGMP）、脱氧胞苷酸（dCMP）和脱氧胸苷酸（dTMP）4种；RNA存在于细胞核和细胞质中，五碳糖是核糖，碱基是A、G、C、U，核苷酸有腺苷酸（AMP）、鸟苷酸（GMP）、胞苷酸（CMP）和尿苷酸（UMP）4种。4种碱基按照不同的数量、顺序进行排列组合，可形成无数种决定遗传性状的基因，决定细胞结构、功能的多样性和复杂化，控制动物性状的遗传变异。

DNA由两条互补的多核苷酸链构成，其分子螺旋状空间结构中储存着丰富的遗传　11.5.5
信息，含有决定物种特有遗传性状的基因（gene）；受理化和生物因子的作用，DNA发生了微小的变化就能为物种突变和生物进化奠定基础。RNA由一条螺旋形多核苷酸构成，有核糖核酸（mRNA）、转运RNA（tRNA）、核糖体RNA（rRNA）三种。

核酸是一种极重要的生命活性物质，是一切活细胞中的一类信息大分子。其重要的　3.1.2
生理功能是储存和传递遗传信息，与生物的生长、发育、繁殖、遗传和变异有密切的关　3.1.3
系。DNA位于染色体中，能自我复制，在细胞分裂时能传递给下一代细胞，决定着代代相传的遗传性状。DNA控制RNA的合成，RNA控制、指导蛋白质合成和合成蛋白质的氨基酸顺序，DNA中所含遗传信息不同使其合成的蛋白质也不同。每种细胞，所合成的大分子都有自己的特性，保证物种的延续和发展。

自然界中的各种无机物和有机物通过渗透扩散、被摄食等方式进入动物体内构成有　3.3.7
机体，构建各种形态结构、行使生理功能，使动物体适应生存环境自然选择的需要，保　3.4.4
证并促进动物的演化。这些物质进入体内过多或过少不仅会影响个体生长发育、乃至种群的繁衍生息（如雌激素过多造成雄鱼雌性化，有机磷农药进入食物链严重影响动物的繁衍生息），甚至有人推测巴蜀“矮人村”事件与地震期间断裂带中的有害物质过多溢出和饮水中钙磷奇缺有关，其影响程度与物质的多少和时间的积累密切相关，因为生命就是这样起源的。

1.2　生命起源与进化

1.2.1　化学进化与生命起源

在浩瀚无际的宇宙中，银河系中的地球是生命之母、人类生存发展的家园。地球诞生于46亿年前，由甲烷、氨、氢、水蒸气和其他少量气体构成的原始地球大气利用太阳紫外线、雷电、火山活动的热能，通过化学反应形成简单有机物，这些物质随水流汇集到生命的摇篮——原始海洋中，日积月累，慢慢地形成了复杂有机化合物。在催化剂作用下，这些化学合成的有机物进行自我复制，如核苷酸分子以及病毒颗粒的复制；或者聚集产生团聚体成为能与环境相互作用的实体形态、具有独立性的开放系统，有选择地从环境中吸收物质，吸收酶进行体内合成和分解反应，奠定了细胞形成的基础；或者形成微球，具有稳定的结构、水解活性、双层边界和渗透性，能出芽、产生染色反应。由于脂肪酸和磷脂具有亲水和疏水的双重性质，容易形成一层膜结构把机能结构和遗传结构包裹、连接起来，遗传信息传递下去诞生了原始细胞，获得了更大的生存竞争能力，开始了生命的生物进化历程（图 1-1）。

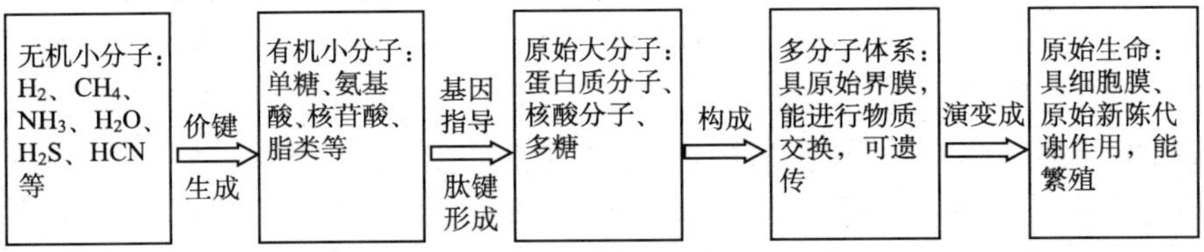

图 1-1　原始生命形成的基本过程

随着科学技术、生物化学知识的丰富，人类对生命的起源和活动规律有了深刻的认识，可以进行胚胎移植、培育试管婴儿、开展基因和生物工程研究，为什么不能进行生命起源的科学探索呢？科学家们经过精心设计，开展模拟原始地球条件合成有机物实验。结果，所得产物是组成生命有机体的重要化合物，其中，氰化氢与氨结合便转化成氨基酸等复杂化合物。20 世纪末，在宇宙尘埃和陨石中也发现了这些物质，证明了原始地球条件下化学进化可能发生的过程，通过化学进化产生组成生命的复杂有机物，也为人工合成生命物质进行了有益的探索。

人们曾用概率方式推算，宇宙间可能有许多星球存在生命。可惜，迄今为止地球人尚未研究出更先进的通信和交通设备与他们进行联系，以确定他们的存在。

1.2.2　细胞形成与生命的特征

原始生命的复制基因由于生存时间长、复制速度快、复制准确，因而遗传结构的构成稳定，经受住了自然选择的严酷考验并在自然选择中得以进化。有些复制基因通过化学途径分裂别的分子，并利用分裂出来的构件加快复制自己的拷贝；有的通过化学途径保卫自己。环境分子的加入不仅影响其代谢过程，而且对这些基因的遗传变异产生重要影响。于是，复制基因用蛋白质把自己包起来形成具有细胞膜和生命活动的细胞（cell）。

细胞是具有一定结构形态和生理功能的活质体，是生物机体结构与功能的基本单 2.1.2
位。细胞具有进行生命活动的基本要素：①一套基因组；②一套完整的代谢结构；③具有细胞膜并通过细胞膜与环境进行物质交换。因而，细胞能独立生存，也可在人工培养条件下，表现出各种生命现象，按照基因组编码模板自我复制，形成细胞构造。形成的细胞构造在细胞中以一定方式自我装配，具有自我调控能力，能不断进行局部和整体调试，并在环境因素的作用下，改造旧结构，产生各种新的适应性结构，具有新的更加完善的功能，以适应不断变化的自然环境，进而形成庞大而复杂的生物界。

可见，通过新陈代谢进行自我复制、自我装配、自我调控是生命存在、延续的基本特征。生命是物质存在的最高形式，具有这些基本特征的基本结构单位只有细胞，细胞
是构成机体的基本要素，生命是活细胞的属性。新陈代谢包括同化作用（assimilation） 3.4.2
和异化作用（catabo lism）两个方面，二者是矛盾对立的，也是不可分割的。生命现象有赖于两者协调进行，缺少任何一者，生命就必然停止。同化作用是将外界的物质吸收到体内同化成为自身的组织细胞或原生质成分。除不断建设、完善自身外，还为异化作用准备了分解的原料。动物从环境中摄取食物，如食草动物摄食杂草，通过消化吸收，将草料中的糖类、蛋白质、脂肪等同化构成自身的蛋白质与脂肪，进行机体组织的建设、修补并储藏养料，也为食肉动物提供了营养。从不同途径进入机体内的物质同时影响其生命活动，如 Na^+、K^+、Ca^{2+} 影响神经的传导活动，当新的或变异了的基因等嵌合到染色体上就会改变其遗传变异特性，影响甚至改变物种的演化过程。异化作用是把身体中的营养物质氧化分解，释放热能供机体进行各种活动，维持生命活动的变化过程和自身的存在。同化作用必须依赖异化作用供给所需要的热能才能够产生效果，幼年动物同化作用大于异化作用，体内合成物质增加，动物不断生长发育，如果同化作用小于异化作用，体内养料消耗到一定程度，异化不能继续进行，个体趋于死亡。

由于不断与环境进行物质交换和新陈代谢、自我更新，在生命活动过程中，受到环境因素的影响，动物表现出感应性、生长和发育、生殖及遗传变异等受环境因素影响的各种生命现象。因此，新陈代谢是生命的本质，生命活动的基本特征，为一切有生命的物体所共有，也是生物和非生物间最根本的区别。

1.2.3 生物进化

在缺氧环境中，原始细胞利用非生物合成的有机物合成自身物质。随着代谢途径的进化，利用分解葡萄糖释放的能量合成 ATP。光合作用利用太阳光能制造含丰富能量的 ATP，同时释放氧，使大气中氧的浓度增高，引起好氧生物繁衍。当原核细胞分化出细胞核与核仁，核膜将遗传物质包裹形成了真正的细胞核，也形成了线粒体、中心粒、叶绿体等细胞器。于是，真核生物（eucaryote）诞生了。从此，开始了单细胞向多细胞有机体演化的生物进化历程，也加快了动物的演化进程。因此，原核细胞和真核细胞的代谢和遗传机制有一定的相似性，如氨基酸编码、转录翻译机能、能量利用方式等，这些已成为现代分子生物学研究的共同点和热门话题。

1.2.4 生物分界

尽管对生物分界目前意见尚不统一，但随着科学的发展而不断深化，分界已由植物界(Plantae)、动物界（Animalia）的两界系统（古人；Carl von Linné，1735），原生生物界（Protista）、植物界、动物界的三界系统（E. Haeckel），发展到四界、五界、六界系统，但多数学者赞成生物分五界
4.1.3 (图 1-2),形成动物学、植物学、微生物学等相关的学科。

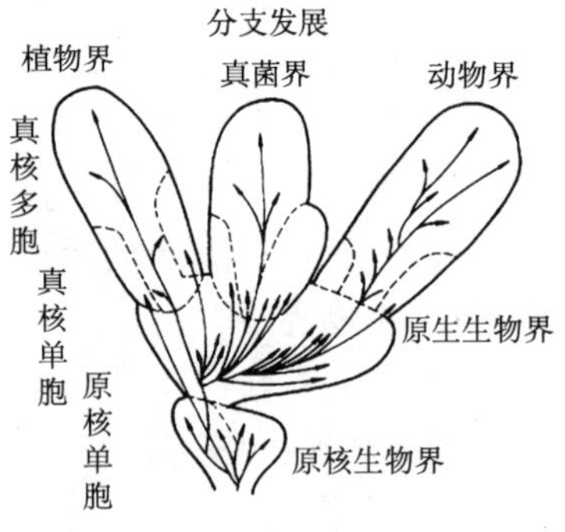

图 1-2　惠特克五界系统简图
（陈世骧，刘凌云）

4.2～ 绿色植物和紫色细菌等能利用 CO_2 和太阳能，通
4.16 过光合作用合成自身物质，为自养生物；食肉动物捕食食草动物，通过摄食运动间接或直接从自养生物那里获得营养，故动物为异养生物；微生物能分解动植物遗体，将无机物释放到自然环境中供植物再次利用。它们构成由生产者、消费者和还原者组成的生态系统的基本结构，三者的物种组成结构和生态功能的持续平衡发展，促进并完成自然环境中的物质和能量的正常转化和循环，维持生态系统的平衡和持续发展。

1.3 动物学与学科发展

1.3.1 学习动物学的意义

动物学（zoology）是人类在长期的生产和生活实践中，将识别和利用动物的丰富知识逐渐积累起来形成的一门基础学科。它研究揭示动物生命活动与发生、发展的基本规律。由于有机体的结构决定功能，功能适应环境而生存，环境变化影响动物的生理功能和行为，变异产生新的结构促使动物向更高层次进化，因此，动物学主要研究动物类群的种类组成、形态结构和功能、生活习性、繁殖发育、遗传进化及其与环境间协同演化的相互关系。

4.1～ 动物界约有 150 多万种动物。根据其机体细胞数目和分化情况，可划分为原生动物
4.10 和后生动物（近年来又发现中生动物）两大类型。典型异养型原生动物绝大多数种类的身体由一个细胞构成并能独立完成各项生活机能。多细胞动物的机体细胞出现构造和机能分化，生存能力提高；根据脊索的有无以及胚层、体制、体腔、体节和附肢等分化情况可划分为 34 门。

动物学不仅学科本身的理论与研究内容广博，与农、林、牧、渔、医、工等有密切关系，并且动物为人类的衣、食、住、行提供了宝贵资源，为人们精神生活的需要提供了丰富内容，满足了人类生活的需要。提高人类生活水平需要开发有益动物，防治有害生物。为了更有效地开发利用和保护动物资源，需要了解和掌握动物的形态结构、功能和生命活动规律；需要动物学与其他学科的先进技术结合改良动物品质、培育新品种；需要提供满足动物生长所需条件，保证其种群持续发展，促进生态系统演化健康稳定。由于工业化进程的加快，环境污染加剧，人类文明对生态环境的破坏，使自然环境状况

日趋恶化，加速了物种的灭绝速度，而物种一旦灭绝就不能再现。因此，保护生物多样性、遗传多样性和生态系统多样性已成为当前世界面临的重要课题，需要动物学与其他学科紧密结合、深入的探索研究，探讨解决这些问题的有效途径。可见，学习研究动物学具有十分重要的意义。

1.3.2 动物学的发展史

动物学历史悠久，与人类生产活动关系密切。在以渔猎为主要生产方式的原始社会，人类就认识了一些与人类关系密切的动物，了解它们的生活习性以提高狩猎技巧，研究其身体结构，继而尝试饲养驯化有益动物，防治有害的动物，积累了丰富的动物学知识，用以指导农牧渔业生产发展。

1.3.2.1 中国动物学的发展简史

4700年前，中国人就有一定的分类学观念。殷商甲骨文中出现了兽、鸟、鱼、虫等字。象形文字则把“虫”、“鱼”、“犭”等作偏旁。《诗经》述及100余种动物。《周礼》把动物分为毛（兽类）、羽（鸟类）、介（甲壳类）、鳞（鱼类）、蠃（软体动物）五类。《尔雅》有释虫、释鱼、释鸟、释兽、释畜五类，每篇写了近百种动物，专门研究鸟类的有《禽经》。晋朝人张华的《博物志》记有草木虫鱼和飞禽走兽。隋唐时期的《扁鹊难经》提到的人体血液循环现象，比英国学者早1000年。

3000多年前的著作《夏小正》中记载了“五月浮游出现，十二月蚂蚁进窝”等生态现象。《南方草木状》绘制了人们利用蚂蚁扑灭柑橘害虫的情景，是世界生物防治的最早记录。北魏的《齐民要术》总结了渔、桑、农、牧经验。唐代《本草拾遗》以侧线鳞数作为鱼类分类的重要性状，沿用至今。晋代编纂了动物图谱。《橘录》（1178年）意识到通过人工选择、杂交或嫁接可使动、植物产生新的变异，并可能导致新品种的形成。宋代杜绾推测，鱼类化石之成因是由于“古之陂泽……因山颓塞，岁久土凝为石”。明代宋应星《天工开物》（1637年）有“若将白雄配黄雌，则其嗣变成褐蚕”的记载，提到了杂交育种；李时珍在《本草纲目》中描述了400多种动物，并附有外形图，根据采集实物绘制的图其精确度可鉴定目、科，有的还可考定到种，堪称动物学史上的伟大典籍。

1.3.2.2 世界动物学的发展简史

公元前384～前322年，动物学之父、古希腊的亚里士多德系统地描述了几百种动物。普林尼（Plinius Maior）编写的37卷的《博物志》中的7～11卷为动物学内容。

16世纪后，动物学呈现勃勃生机，分类学和解剖学的著作纷纷问世。

17世纪，显微镜的问世，推动了微观领域中组织学、胚胎学及原生动物学的繁荣发展。

18世纪，瑞典生物学家林奈创立了分类系统及双名法，将动、植物分为纲、目、属、种和变种5个阶元，奠定了现代分类学的基础。

19世纪初，法国生物学家拉马克提出了物种进化的思想。同时期的居维叶也在比较解剖学及古生物学方面做出了贡献。19世纪中叶，德国生物学家施万阐明了动物体的基本结构单位是细胞。1859 年，英国科学家达尔文确立了生物进化的学说，用“生存竞争”、“自然选择”的具体实例剖析自然界动物的多样性、同一性、变异性等，推动了动物学的前进。

20 世纪进化学说的新成就进一步证明，突变产生了新的遗传基础在进化中有重要的意义：自然选择和生殖隔离使同一物种的不同种群向不同方向发展。生物学与数学、物理、化学等学科的相互渗透，电镜以及分子生物学研究手段的不断改进，促成了动物学的飞跃发展。

当今的动物学已发展成为内容十分全面的动物科学。由过去的观察、描述阶段上升到了以整个生物学的普遍规律为基础，利用分子生物学手段、信息技术全方位研究动物生命活动规律，动物学已经进入其研究发展的高峰期，成为开拓人类未来生活的重要手段。

1.3.3　动物学研究的方法与发展

动物学是生命科学的基础分支学科。随着科学与学科的发展和广泛交叉渗透，展开又相互结合，理论方法的变化使动物学的研究领域越来越广泛和深入。应用分子、细胞生物学的理论和方法研究个体发育的机理是胚胎学发展的新阶段，也是动物体结构功能的系统演化及其与环境的相互关系研究发展的新阶段。

1.3.3.1　物种鉴定分类

从模糊分类到林奈的物种双命名法则，从神造物种到动物进化，从宏观的形态结构、功能的比较分类到微观的细胞和分子结构、功能的比较分类（如不同动物的细胞、染色体组型和带型，核酸序列和细胞色素 c 的化学结构等结构功能的测定与比较），现代分子生物学的研究促进了动物的现代分类、动物的亲缘关系和演化机制的深入探讨，同时也促进了动物学科学的飞速发展。

1.3.3.2　现代动物学方法

改变传统的形态结构、生活习性的观察描述方法，将数理化研究方法和电镜、计算机等渗入动物学科学研究，产生动物行为学、仿生学、分子生物学、分子遗传学、量子生物学、生物信息学等新学科，从而促进了动物学研究的飞速发展，如动物的繁殖由自然交配、人工授精、胚胎移植、试管婴儿到细胞工程、基因克隆和克隆动物；仿生行为学研究由肉眼观察、记述、仿造到电脑控制下的行为实验、分子遗传机制的探讨和智能机器人的研究制造，通过脑—机对接方式将人脑中思维电波转化为指挥机器人活动的指令；利用分子生物学技术探讨动物的遗传变异和个体发育的机理，从研究、“阅读”染色体和基因的结构功能到进行基因移植，培育新菌体，甚至开展人工合成染色体 DNA 的研究，成功合成 DNA 这一天的到来，将开始新的生物世代。

1.3.3.3　宏观、微观结合法

实验方法的革命不仅有助于研究宏观的动物形态结构、功能及其对环境变化的适

应，而且有助于对物种结构功能的发生、演化和DNA、同工酶等进行分子水平的机理探讨，开展全面的由宏观到微观、亚微观的系统研究。 11.4.5

尽管各个学科正在飞速发展，但动物学始终是处于不同学科错综复杂关系网中的一个重要基础学科。从新兴的保护生物学的发展过程可以清楚地看出，动物学发展到今天，由于研究方法和内容的发展，已经形成了从分子、细胞、组织、器官、个体、群体、生态系统等多层次的研究并形成相关学科，人类正从不同层次研究生命活动的基本规律和人类社会的持续平衡发展问题。

1.3.4 动物学的相关学科

1.3.4.1 以研究的对象划分

分为无脊椎动物学（invertebrate zoology）和脊椎动物学（vertebrate zoology，实际上是脊索动物学）。

1.3.4.2 按研究的动物类群划分

分为原生动物学、寄生虫学、软体动物学（贝类学）、甲壳动物学、昆虫学、鱼类学、鸟类学、兽类学等。

1.3.4.3 按研究的重点划分

分为理论动物学、应用动物学、资源动物学、仿生学以及动物形态学、动物生理学、动物分类学、动物生态学等。

（1）研究形态结构及其变化　如形态解剖学、比较解剖学、组织学、分类学、细胞学和分子生物学等。

（2）研究结构功能及其变化　如动物生理学、比较生理学、运动生理学、生物化学以及内分泌学、免疫学、胚胎与发育生物学、遗传学、进化论等。

（3）研究动物的分布与环境间关系　如动物生态学、动物行为学、行为生态学、地动物学等。

（4）研究动物灭绝及其灭绝机制　如古动物学、古分子生物学、保护生物学等。

（5）研究整个动物界　如系统动物学、系统分类学等。

复习思考题

1. 生命物质和活性物质有哪些种类？它们各有哪些作用？
2. 生命具有哪些重要特征？
3. 动物学科学研究的意义与发展趋势？
4. 简述中外动物学发展史。
5. 生物分界的根据和意义？为什么五界系统被广泛采用？
6. 名词解释：必需氨基酸，蛋白质，核酸，糖，脂肪，新陈代谢，同化作用，异化作用，动物界。

第 2 章　动物的细胞环境

本章提要　细胞与原生动物都是单个细胞，具细胞膜、细胞质、细胞核等基本结构，具有酶系统，通过渗透摄取环境中的营养物质并扩散排泄代谢废物，能利用能量进行生物合成、自我复制和分裂、自我装配和调控。

但细胞是有机体的生命组成单位，而原生动物能独立完成代谢、消化、呼吸、生殖等有机体完成的生命功能。前者通过渗透扩散摄取机体内环境中的营养、排出废物，如免疫细胞能吞噬外来异物，后者则通过渗透和吞噬作用摄取自然水环境中的营养进行细胞内的消化吸收，通过扩散和胞肛排出水和代谢废物。

2.1　细胞

2.1.1　细胞的一般特征

3.1 #### 2.1.1.1　细胞的形态与大小

3.3.5 动物的细胞种类繁多，大小相差悬殊，因功能与所处环境不同，细胞的形态多种多
5.2.1 样，结构的复杂程度各不相同，这些由细胞的生活环境和营养等条件决定。

2.1.1.2　细胞的基本生命活动

细胞能够利用能量和转换能量，具有生物合成、自我复制和分裂的能力，能进行自我复制、自我装配、自我调控。

2.1.2　动物细胞的主要结构与功能

2.1.2.1　细胞膜

细胞膜（cell membrane）厚7～10nm，电镜下可见电子平行排列的致密的内、外两层与透明的中间夹层所构成的三层结构，公认的生物膜液态镶嵌模型（fluid mosaic model）将其解释为（图 2-1）脂类排列成双分子层，蛋白质通过非共价键与双分子层结合构成膜的主体；糖类能通过共价键与膜的某些脂类或蛋白质组成糖脂或糖蛋白。这种膜结构不仅普遍存在于各种细胞的表面，而且存在于细胞内的内膜系统，故称单位膜（unit membrane）。细胞膜具有透性，不仅允许物质的渗透扩散而且能进行主动转运，进行内吞、外排和细胞间的信息传递、识别与防御。

膜蛋白可形成膜受体、载体、酶和抗原等，是细胞膜执行各种功能的基础。它镶嵌于双层磷脂中，称为跨膜蛋白（transmembrane protein），表面兼具亲水性和疏水性的氨基酸基团，在细胞膜中侧向移动，执行其多样化的功能。

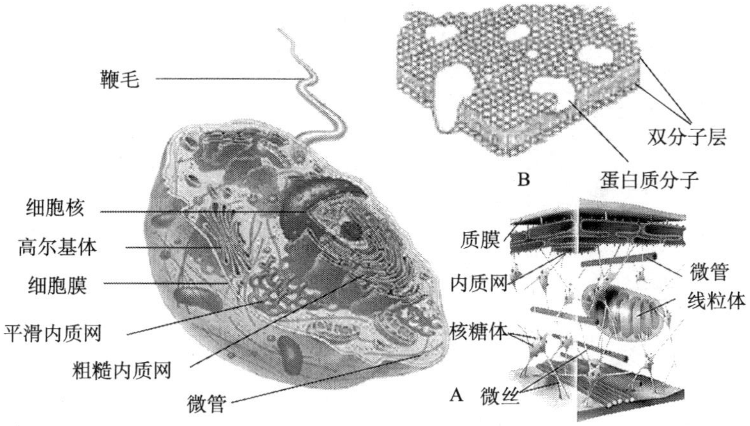

图 2-1　细胞结构（A）与细胞膜模型（B）

2.1.2.2　细胞质

细胞核以外、细胞膜以内、半透明、半流动的均匀物质称为细胞质（cytoplasm），由内含物和具有一定结构和功能的特定的细胞器（organelle）组成；细胞质基质为细胞器维持其正常结构提供必需的离子环境，也提供细胞器完成功能活动所需的底物和生化活动的场所。细胞膜内陷于细胞质中演变成复杂的内膜系统（endomembrane system），构成各种细胞器，如内质网（endoplasmic reticulum）、线粒体（mitochondria）、高尔基复合体（Golgi complex）、溶酶体（lysosome）等。

内质网是由单位膜围成粗糙型（颗粒型）及光滑型（无颗粒型）两种膜性网状管道系统。前者是分泌性蛋白质合成、加工的场所，后者对胆固醇代谢和类固醇类激素的形成、释放有重要作用。

高尔基复合体又称高尔基器，由脂类物质、蛋白质、RNA 和酶组成。其糖基转移酶能将低聚糖转移形成糖蛋白，并对新合成的肽链进行加工。

溶酶体由单位膜围成的球形小囊，普遍存在于动物细胞内。

线粒体是细胞呼吸代谢的重要部位，不同类型线粒体的形状、大小和数量差异很大。双层膜间有膜间腔，膜向内折叠形成线粒体嵴（mitochondrial crista），嵴间腔称内腔，充满线粒体基质。线粒体嵴膜上有许多小球体，即基粒（elementary particle），含有 ATP 合成酶，能利用呼吸链产生的能量合成 ATP，线粒体可以合成一些蛋白质。

2.1.2.3　细胞核

细胞核（nucleus）由核膜、核仁、核基质和染色质构成，是细胞重要的组成部分。细胞核载有遗传信息，是基因复制、RNA 转录的中心，是细胞活动的控制中心，对细胞的结构和活动有调节和控制作用，并在细胞合成物质的活动中起主导作用，是细胞增殖、分化、代谢等活动的关键环节。

哺乳动物的红血球双凹透镜形（骆驼卵圆形），成熟的红血球无核。

3.1

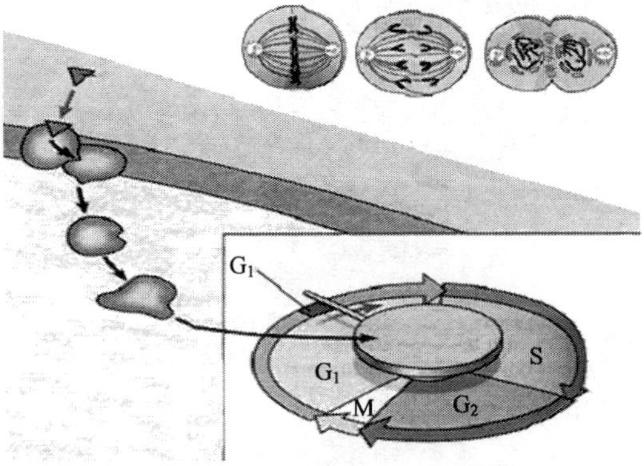

图 2-2　细胞分裂与细胞周期调节

2.1.3　细胞周期

细胞周期（cell cycle）是指细胞从前一次分裂结束起到下一次分裂结束为止的活动过程，分为间期与分裂期 2 个阶段、4 个连续的过程，如 G_1 期、S 期、G_2 期和 M 期。细胞周期包括细胞生长、DNA 复制和细胞分裂。细胞分裂的方式有无丝分裂（amitosis）、有丝分裂（mitosis）和减数分裂（meiosis）（图 2-2）。

2.1.3.1　细胞间期

细胞间期分为 DNA 合成前期（G_1 期）、DNA 合成期（S 期）与 DNA 合成后期（G_2 期）。

（1）G_1 期　细胞完成上一次分裂后，分化并执行功能，早期阶段特称 G_0 期。G_1 期晚期阶段细胞开始为下一次分裂准备 DNA 所需的前体物质、能量和酶类等。

（2）S 期　细胞 DNA 经过复制含量增加 1 倍成为四倍体，染色质丝转变为由着丝点相连的两条姐妹染色质丝，同时合成组蛋白，进行中心粒复制。

（3）G_2 期　中心粒复制完毕形成两个中心体，合成 RNA 和微管蛋白等。

2.1.3.2　分裂期

细胞经过前、中、后、末期连续的有丝分裂（mitosis）变化过程，由一个母细胞分裂成为两个子细胞。

（1）前期（prophase）　染色质丝高度螺旋化形成染色体（chromosome）。两个中心体向相反方向移动，并在细胞中形成两极；以中心粒随体为起始点合成微管形成纺锤体。随着染色质螺旋化，核仁逐渐消失。

（2）中期（metaphase）　细胞变为球形，核仁消失。染色体移到细胞赤道平面，纺锤体两极发出的微管附着于染色体着丝点上。给动物注射秋水仙素可使细胞分裂终止于中期，因而中期细胞可分离到完整染色体，如男性染色体组型为 XY，46 条；女性为 XX，46 条。

（3）后期（anaphase）　纺锤体微管活动使着丝点纵裂，两个染色单体分开并向相反方向移动，接近各自中心体，染色单体分为两组。同时，赤道部细胞膜环行微丝束活动使细胞呈哑铃形。

（4）末期（telophase）　染色单体解螺旋重新出现染色质丝与核仁和核被膜；细胞赤道部缩窄加深分裂为 2 个二倍体子细胞。

根据分裂能力，体内细胞可分为 3 类：①增殖细胞群，如造血干细胞可连续进入细胞周期；②不再增殖细胞群，如成熟红细胞、神经细胞、心肌细胞等高度分化的细胞；③暂不增殖细胞群，如肝细胞、肾小管上皮细胞、甲状腺滤泡上皮细胞等，在某种刺激下，细胞可重新进入细胞周期。细胞一旦分化形成不同的类型，正常情况下就不能再发育形成一个新的个体，但由于仍含有生命活动的全部信息，给予特殊刺激是可以进行细胞克隆，促使其发育成个体的，如克隆羊“多利”的诞生。

2.2　细胞环境

细胞与原生动物都必须生活在水环境中，两种水环境虽然都以水为主体，但特性明显不同，会深刻影响细胞的代谢活动。

2.2.1　自然水环境

原生动物是生活于自然水环境中的有机体。它通过扩散作用直接与水进行物质、能 4.2
量和气体交换，完成代谢活动，对自然环境有很强的适应能力，广泛分布于淡水、海水 9.1
以及污水沟、积水等各种水环境中，从两极到 60℃的温泉中都有它们的分布。相同种 9.2
类可以生活在温度、盐度等条件差别很大的水环境中，不仅各自的生存环境，而且其生理功能、生活史（life cycle）等能经受急剧变化的水体环境的影响。条件不利时，它可以形成包囊（cyst）以抵抗干旱、极端温度和盐度等不良环境，度过恶劣环境后虫体破囊而出，甚至可以在囊内进行分裂、出芽及产生配子等生殖活动。因此，自然水环境对其生命活动产生深刻影响，其种类和数量的变化常反映水环境的变化，原生动物是水污染程度的重要指标。

后生动物是细胞以桥连、附着和细胞间质等多种方式联系构成的个体，可生活在不同的水、陆环境中。由于皮肤的分隔作用，细胞间接受自然水即机体外环境的影响。

2.2.2　体液内环境

在演化过程中，动物由单细胞个体进化形成多细胞有机体。机体内存在于细胞之外 6.3.5
的体液（body fluid）（包括水和其中溶解的各种物质）称细胞外液。细胞生活于有机体 9.1
的血液和淋巴液等细胞外液形成的内环境（inner environment）之中。机体可生活在 9.2
水、陆不同自然外环境中，但细胞直接浸浴和生存在血浆、组织液、淋巴液和脑脊液等 9.3
构成的相对稳定的内环境中，体液随物种、年龄、性别、营养状况等的不同而略有差异，幼龄动物体液量较多，成年动物的总体液量占体重的 45％～70％。体液是细胞获得营养和排泄废物的媒介，细胞通过体液间接与外环境进行物质交换。内环境的稳定性和成分复杂化、功能多样化是细胞和机体生存、发展必需的内部条件。

2.2.2.1　内环境的稳定

细胞内液与组织液间由细胞膜分隔，组织液与血液间由血管壁分开。细胞通过血液、组织液、淋巴液与体内的组织器官进行物质交换，通过胃、肠、肾脏、肺、皮肤间接与外界环境进行物质交换，及时运来细胞代谢所需的各种物质，及时排出代谢产生的废物，使体液的 pH、各种无机盐离子浓度和营养物含量、氨基酸、渗透压、温度、O_2、CO_2 以及血量、血液有形成分等和各种代谢废物都保持一个比较稳定的水平。内环境稳定保证了细胞进行高效率的代谢活动、不受外环境剧烈变化的直接影响。

2.2.2.2　内环境稳定的调节

由于内环境的相对稳定是细胞进行正常代谢的必要条件，机体各器官系统协调作用，特别是心脏推动着血液在心血管中持续不断地流动以更新体液中的各种成分，及时将氧气和营养物质运送到细胞，并将细胞代谢产生的 CO_2 和含氮废物（如氨、尿素、尿酸等）运送到呼吸器官和排泄器官排出。各种动物通过不同的完善的调节机制保持内环境的相对稳定状态；保证体内的生理生化和酶促反应在稳定的温度、pH、离子浓度等条件下高效进行；同时，使细胞不必经受急剧变化的自然环境的影响，使机体内代谢摆脱自然环境的束缚，适应和抵抗环境的剧烈变化，进行正常的生命活动，否则，就会影响机体的生存。

2.3　原生动物与细胞结构、功能比较

4.2 原生动物和细胞都具有细胞膜、细胞质、细胞核、基本相同的化学元素组成和微管、微丝结构，可进行有丝分裂、无丝分裂；含有溶酶体，通过细胞表面完成呼吸、排泄；能够利用能量和转化能量，具有生物合成、自我复制和分裂繁殖、协调细胞和整体生命活动的能力；动物体内已经分化的细胞如精子似鞭毛虫，纤毛上皮细胞似纤毛虫，吞噬细胞似变形虫，受精卵进行卵裂似孢子虫的裂体生殖等。但二者具有明显不同的特征（表 2-1 ）。

表 2-1　原生动物与细胞特征比较

	动物细胞	原生动物
生存形式	生活于机体内环境中，是机体结构机能的基本单位，形成组织、器官、系统，相互合作生活。有精子、纤毛上皮和吞噬细胞等的分化	单细胞个体独立生存于自然水环境中，具有细胞的基本结构，分化出不同部分完成动物的各种机能，产生特化细胞器如胞口、胞咽和鞭毛、纤毛、伪足等低级运动“器官”，伪足有摄食功能；伸缩泡调节水分平衡，有的具石灰质或几丁质外壳或有硅质骨骼
增殖方式	无丝分裂、有丝分裂和减数分裂	无性生殖包括等二分裂、纵二分裂、横二分裂、裂体生殖（多分裂）、孢子生殖、出芽生殖，有性生殖包括配子生殖与接合生殖，生殖方式多样化，鞭毛纲还有出芽法，细胞核进行有丝分裂时核膜不消失，纤毛虫细胞核分化出大核与小核
环境	分布在动物体内的液体内环境中，物质通过渗透扩散	自养或寄生生活，光合作用种类与植物细胞相似，分布在池塘等浅水中；绿眼虫有耐放射性能力，在不良条件下分泌胶质形成包囊，保护自己
其他	高级动物有免疫功能，细胞质内含 DNA，细胞可进行杂交	具趋性行为

复习思考题

1. 细胞的基本结构、功能与特征有哪些?

2. 细胞与原生动物的结构、功能有何异同?

3. 分析比较细胞与原生动物的内、外环境差异。

4. 机体如何保证内环境的稳定和代谢活动的正常进行?

5. 名词解释：内环境，体液，细胞周期，包囊，有丝分裂，无丝分裂，减数分裂，细胞器。

第 3 章　动物的发育与环境

本章提要　生殖细胞经过减数分裂形成。卵根据卵黄的多少、位置和发育过程可分为少黄卵、多黄卵、端黄卵、中黄卵、羊膜卵。卵的受精发育有体内受精、体外受精和体内发育、体外发育等不同方式。多细胞动物个体发育的基本过程是：受精卵经过卵裂、囊胚期、原肠形成、三胚层、神经胚等阶段发育成个体而诞生。系统发育水平不同，发育过程也不同，如真体腔、假体腔、原口、后口等的形成，各种动物都有自己的发育特点。胚胎发育所需营养卵能充足供应时，直接发育，否则，间接发育，经历 1 个、2 个或多个幼虫阶段，如两囊幼虫、浮浪幼虫、担轮幼虫、面盘幼虫、耳状幼虫、沙隐幼虫，以及胞蚴、雷蚴、尾蚴等不同类型的蚴虫或各种阶段。个体发育受遗传因素、激素和环境等多种因素的影响。

- 个体发育
  - 胚前发育
    - 精子发生：1 个精原细胞经减数分裂形成 4 个精子
    - 卵子发生：1 个卵母细胞经减数分裂后形成 1 个卵、3 个极体
  - 胚胎发育
    - 受精发育：体内受精，体外受精，体外发育，体内发育
    - 卵裂与囊胚形成：决定型与非决定型卵裂，实心与腔囊胚
    - 原肠胚形成：内陷，内移，分层，内转，外包
    - 三胚层形成与胚层分化、器官系统形成
  - 胚后发育
    - 直接发育，形成个体诞生
    - 间直接发育，形成幼虫后诞生变态发育
      - 两囊幼虫、浮浪幼虫、牟氏幼虫、担轮幼虫、面盘幼虫、耳状幼虫、柱头幼虫、沙隐幼虫、蝌蚪等
      - 胞蚴、雷蚴、尾蚴等
      - 多龄的蚕状幼虫
      - 羽腕幼虫、短腕幼虫
      - 耳状幼虫、樽形幼虫、五触手幼虫
      - 变态发育
  - 机体内外因素影响个体发育与动物资源开发利用的效率

种族延续是建立在个体发育基础上的，包括胚前期、胚胎期和胚后期 3 个基本过程。胚前期为生殖细胞发生的过程，细胞经有丝分裂染色体分裂为相等的两条，经减数分裂后发育为单倍体的成熟雌雄配子。胚胎期从卵受精开始，形成双倍体的合子，经卵裂、囊胚、原肠胚和神经胚等阶段发育成个体；胚胎在体外发育，靠卵内储藏的营养物

质而发育的，称卵生（oviparity）；在子宫内发育，靠母体供给营养物质的称胎生（viviparity），靠卵黄供给营养物质的称卵胎生（ovoviparity）。胚后期是指个体从卵膜孵出或者从母胎出生的幼体，发育为成体到死亡的过程。

3.1　胚前发育

有性繁殖的基础是体内有一种特化细胞——性细胞，即配子（gamete）。与体细胞不同，性细胞只有单倍染色体（monoploid）数目（n）。配子发生（gametogenesis）是个体发生的基础。精巢产生精子，卵巢产生卵子；两者的发生、发育和成熟的基本过程相似，并与机体内外环境有密切关系。

3.1.1　生殖细胞的一般发生过程

生殖细胞的发生因动物种类而各有特点，但一般发生过程在后生动物中大致相似，都要经过增殖期、生长期和成熟期。

3.1.1.1　增殖期

在增殖期（proliferation period），配子原细胞经过多次有丝分裂，数量不断增多，体积没有明显增加。

3.1.1.2　生长期

在生长期（growth period），配子原细胞开始生长，体积增大成为初级（精或卵）母细胞。初级卵母细胞内积累卵黄颗粒等营养物质，合成和储存核糖核酸（RNA），核糖体（ribosome）、蛋白质并准备胚胎发育的信息。

3.1.1.3　成熟期

成熟期（maturation period）时，初级母细胞经过两次成熟分裂形成精子或卵子。第一次成熟分裂形成两个次级母细胞，减数分裂使子细胞的染色体数减少一半。次级精母细胞第二次成熟分裂是均等分裂，形成 4 个小的精子；次级卵母细胞的第二次分裂，有的形成一个大的成熟卵和第二极体，有的则停留在分裂中期，卵所处的状态不同与动物受精的时间和繁殖行为有关。因此，一个初级精母细胞经过两次成熟分裂形成 4 个能运动的精子，精子经过形成阶段完成整个发生过程，分化成为一种高度特化的细胞。而一个初级卵母细胞经过成熟分裂则产生一个成熟卵和 3 个极体（图 3-1）。

3.1.2　精子的发生和形态结构

3.1.2.1　精子发生

雄性动物性成熟后，精巢内周期性地由一部分精原细胞发育为精子。无固定生殖季节的动物，在曲细精管同一切面上可以见到处于不同发育阶段的生精细胞，有次序、有

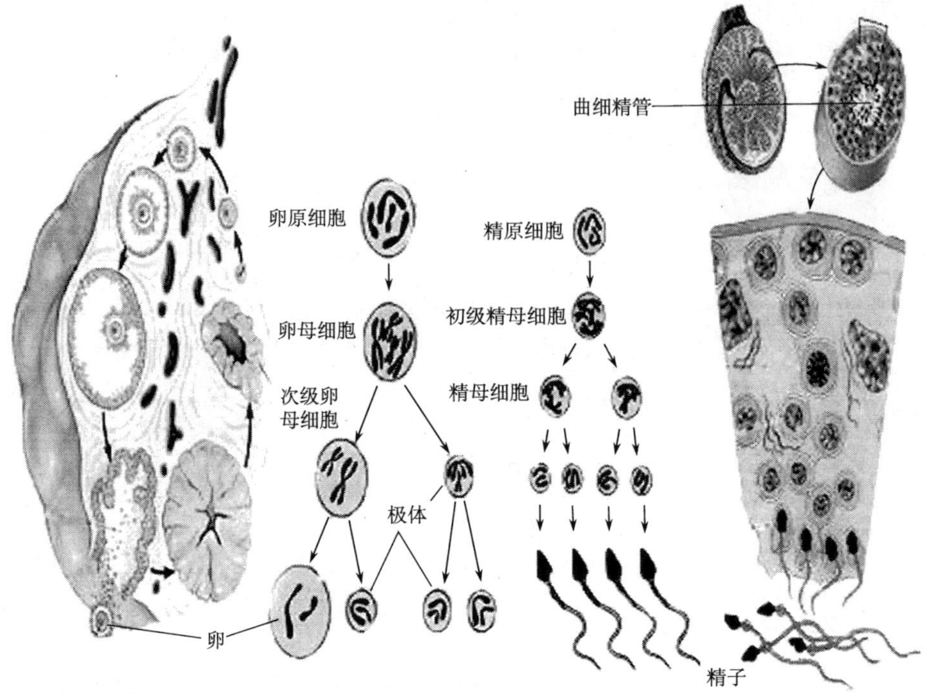

图 3-1　生殖细胞生成

规律地排列在曲细精管的不同部位。鱼类等的曲细精管排列成室，生殖季节，室内有一小叶同一发育时期的生精细胞，发育为成熟精子。

不同动物的精原细胞（spermatogonium）类型不同，其分裂次数和形态也有差异。初级精母细胞经过休止期进入生长期，DNA 加倍是精子发生过程中 DNA 最后的复制。同源染色体互相分离后进入成熟分裂。成熟分裂只发生在生殖细胞。细胞两次分裂，细胞核染色体只分裂一次，所以，成熟分裂后染色体数目减半，形成 4 个核染色体为单倍体的子细胞。成熟分裂染色体进行一次复制、一次分离、一次分裂，整个过程使染色体数目在世代相传时保持稳定，同时发生遗传物质的相互交换，产生与亲代不同的重组染色体，导致遗传物质的遗传变异，结果有利于精子活动和保护染色体在受精过程中免受损害。从精原细胞到精子细胞，细胞间桥一直保持着，它的作用是使影响精子细胞的激素和营养物质互相沟通，因此，同一精子组合的发生有严格的同步性（图 3-1）。

3.1.2.2　精子类型

有鞭毛精子具有 1 条或 2 条鞭毛，广泛存在于各类动物中；无鞭毛精子（如甲壳类、蛔虫、蛲虫和田螺等）有囊状（十足目，千足虫）、管状（虱）和变形虫状（线虫）三类。不同动物的精子的形状、大小和内部结构有所不同。

3.1.2.3　精子的形态结构

4.12　体内受精的精子需在雌性生殖道内移动一段距离才能与卵相遇完成受精作用。典型

精子是结构上特化而具有鞭毛、能游动的细胞，分为头、颈、尾三部分。头部由细胞核 4.13
和顶体（acrosome）组成，不同动物精子的核、顶体和形状不同，例如，就形状而言， 4.14
鱼类为大头针状，两栖类为长柱状，爬行类为螺旋状，有蹄类哺乳动物为卵形，人类为 4.15
梨形。精子核主要为染色体，由核蛋白组成；顶体位于核的前方，含黏多糖与蛋白质， 4.16
其中透明质酸酶（hyaluronidase）在受精时能溶解卵膜，顶体结构功能正常与否同生殖率有关。精子颈部短、圆柱状，远端中心粒变为基粒，精子尾部轴丝由此处产生。尾部分中段、主段和末段，轴丝以 9+2 型纤维组成（图 3-1，图 5-13），中央是两条单根纤维，四周为 9 条成双纤维组成一个同心环；这种结构普遍见于精子尾部和鞭毛、纤毛。但涡虫双鞭毛精子，具有 9+0 或 9+1 的纤维排列方式，是动物界特殊的鞭毛结构。

3.1.2.4　精子的排出

精子需要排出到水中、陆地上或雌体内才能与卵相遇而完成受精作用，动物的排精方式因种而异，与繁殖方式有关。

（1）产精子　直接将精子产于雌体内受精，如线虫用交合刺，缓步类动物把精子产 4.5
在卵巢中或把精子产入包含卵的脱落旧表皮中，腕足动物的配子需进入体腔。环节动物 4.7
通过肾管排出、少数多毛类动物体壁破裂释放，有的雄沙蚕通过肛门排出精子。棘皮动 4.9
物海星类产卵、受精均在海水中进行；海蛇尾生殖细胞进入呼吸囊中发育成熟，在囊内 4.10.1
海水中受精、孵化。尾索动物海鞘的成熟精子随水流进入另一个体的围鳃腔与卵相遇完成受精作用。

（2）产精荚（spermatophorsac）　精子在输精管内接受副性腺分泌物形成精荚， 4.6
雄性产精荚并送入雌体内。如头足类以交接腕从生殖孔取出精荚送入雌体的外套腔中； 4.8
有爪类在雌体身上产下精荚，雌体体壁溶解精荚并使精子进入体内受精；多数昆虫把精荚直接送入阴道内或专门交配囊中，精荚破裂释放精子到受精囊内储藏。雄性产精荚于体外，雌性采用不同方式使卵受精，如唇足纲动物雌性把精荚放入生殖孔体内受精；么蚰（*Scutigerella*）雄体产 150～450 个具柄精荚，雌体食入特殊口囊中用口器涂于卵上受精；低等和无翅昆虫精荚产于地面，雌体自己送入体内；雄蝎求偶交配时产出精荚，婚舞时雌蝎挤压精荚释放精子进行体内受精。交配时雄蝗授予雌蝗精荚，等等。

（3）产精包（spermatophore）　某些甲壳类、昆虫、扁形动物、软体动物等，副 4.4
性腺分泌物把精子包裹形成精包。两栖类蝾螈和美西螈等雄体产下精包，雌性将卵袋 4.6
（ovisac）放于其上，精子进入卵袋与卵受精；有的雌性用泄殖腔将精包扣住，纳入体 4.8
内受精。 4.13

（4）产精液　精子的逆流性、趋流性两个运动特点对受精具有重要作用，精子借助尾部摆动消耗能量产生推力，在生殖道液体中游动前进。

精液是雄性生殖器官排出来的黏稠液体，由固态成分精子和液态成分精清组成。精 4.8.2
清由睾丸、附睾、前列腺、精囊腺、尿道球腺和输精管壶腹等副性腺的分泌液组成，成 4.12
分十分复杂，含能量物质、多种酶和钾、钠、钙、镁、氯等无机离子，具有维持精液的 4.13
渗透压和稳定的 pH、延长精子存活时间，保证受精的作用。产精液动物主要有脊椎动 4.16
物如哺乳动物（适应交配、体内受精）；排出体外在水中受精，如鱼类和两栖类。雄蜘蛛将产下的精液洒在精网上，用脚须输入雌体内。

3.1.3 卵子发生和形态结构

3.1.3.1 卵子发生

卵是卵巢产生的高度特化的雌性生殖细胞。卵巢皮层的卵原细胞（oogonium）经多次有丝分裂，细胞仍未完全分裂，形成一个多核的合胞体，增殖期后进入生长期。初级卵母细胞（primary oocyte）四周的细胞成为滤泡细胞（follicle cell），随着初级卵母细胞的生长，滤泡细胞增殖形成多层，为卵母细胞提供物质的积累并形成卵膜。细胞核经过细线期、偶线期、粗线期、双线期等染色体的一系列变化，膨大成卵核。生长期可持续几个月到几十年，线粒体内形成的卵黄由少到多，最后进入迅速生长阶段。

4.6 初级卵母细胞经过积累营养物质，完成了卵质分化，合成并储存早期发育信息
4.10.1 (information)，有些动物（如两栖类）卵内形成组织器官的预定物质不事先分布在卵的
4.13 特定位置，器官物质不是事先决定的，而是在发育过程中由组织细胞分化程序决定的；另一些动物（如海鞘、角贝等）卵内预定物质在卵形成过程中，就嵌合、分配在卵的特定区域。因此，不同类型的卵，胚胎发育过程不同。卵完成第一次成熟分裂后成为次级卵母细胞（secondary oocyte），随后进行第二次分裂并终止于中期，成熟卵进入输卵管或排出体外受精。

与精子的形成过程不同，初级卵母细胞第一次减数分裂，原生质大部分进入一个细胞形成一个大的次级卵母细胞，小部分进入小细胞称极体（polar body），即第一极体；第二次分裂，次级卵母细胞产生一个核内含有半数染色体的成熟卵和一个第二极体；第一极体分裂成两个小极体。因此，一个初级卵母细胞经成熟分裂产生三个极体和一个成熟卵（图 3-1）。

3.1.3.2 卵的基本结构

4.8 由于卵母细胞在分裂过程中积累的物质数量和分布的不同，卵内发生了物质的重新
4.12 排列而产生极性，细胞核位于细胞质多、营养物质少的动物极（animal pole），其相对
4.13 的一极营养物质集中称植物极（vegetative pole）。二极间的轴为卵轴（egg axis），卵黄
4.15 和其他物质（内含物，RNA，线粒体，核糖体等细胞器）依卵轴按一定梯度分布。除了海绵和腔肠动物外，几乎所有的动物卵的质膜外都有特殊的卵膜。根据来源可分为三种：初级卵膜在卵巢中由卵细胞本身分泌的物质形成，如卵黄膜；次级卵膜由卵巢内滤泡细胞分泌的物质形成，结构十分复杂，薄而柔软或厚而坚韧，表面通常有供精子穿入的卵膜孔，如昆虫和鱼类的卵壳；三级卵膜，为输卵管或生殖器官附件分泌形成的，如蛙卵外的胶膜，鸟卵的卵白、纤维膜以及卵壳。

3.1.3.3 卵的类型

4.4 无肠目、大口目等涡虫卵巢产生的卵黄构成卵的一部分，称为内黄卵；真涡虫等动
8.2.1 物的部分卵巢特化为卵黄腺（vitalline gland），与卵巢分离，有卵黄管（vitelline duct）

通入输卵管，当卵进入输卵管时分泌卵黄包围卵形成外黄卵。与受精发育和发育环境相适应，卵的形态结构有很大差异。

卵黄为胚胎发育提供营养物质，根据卵黄的含量、分布情况和胚胎发育过程中是否形成羊膜，动物的卵可分以下几类：

（1）少黄卵或均黄卵（isolecithal egg）　卵黄少，分布均匀，如海胆、文昌鱼和高等哺乳动物的卵。

（2）多黄卵（polylecithal egg）　卵黄丰富，分布不均匀，集中于植物极，如乌 4.6
贼、鱼类、两栖类、爬行类、鸟类等的卵，称端黄卵（telolecithal egg）；卵黄位于卵中 4.15
央，细胞质位于周围，如大多数昆虫和部分软体动物的卵，称为中黄卵（centrolecithal
egg）。

（3）羊膜卵（amniotic egg）　爬行动物、鸟类、哺乳动物产的卵是羊膜卵，它们被称为羊膜动物。

① 羊膜卵的基本结构（以鸟卵为例）：卵巢形成卵（胚盘）和卵黄及卵黄囊后，进 4.14
入输卵管向下运行时完成受精作用后，首先包被输卵管分泌的卵白，由于卵旋转运行， 4.15
使浓稠卵白集中于卵的两端形成系带，螺旋状卵带发挥悬吊固定卵的作用，保证孵卵时 4.16
胚盘不会因翻卵而改变位置，而是始终处于卵的上方，接受阳光或亲鸟体温，有利于卵的孵化（储藏后的卵因系带被酶水解，卵黄易贴到卵壳上变坏）。接着，在卵清外加上纤维质壳膜及石灰质卵壳（龟鳖类为纤维质卵壳，哺乳动物无卵壳）（图 3-2）。

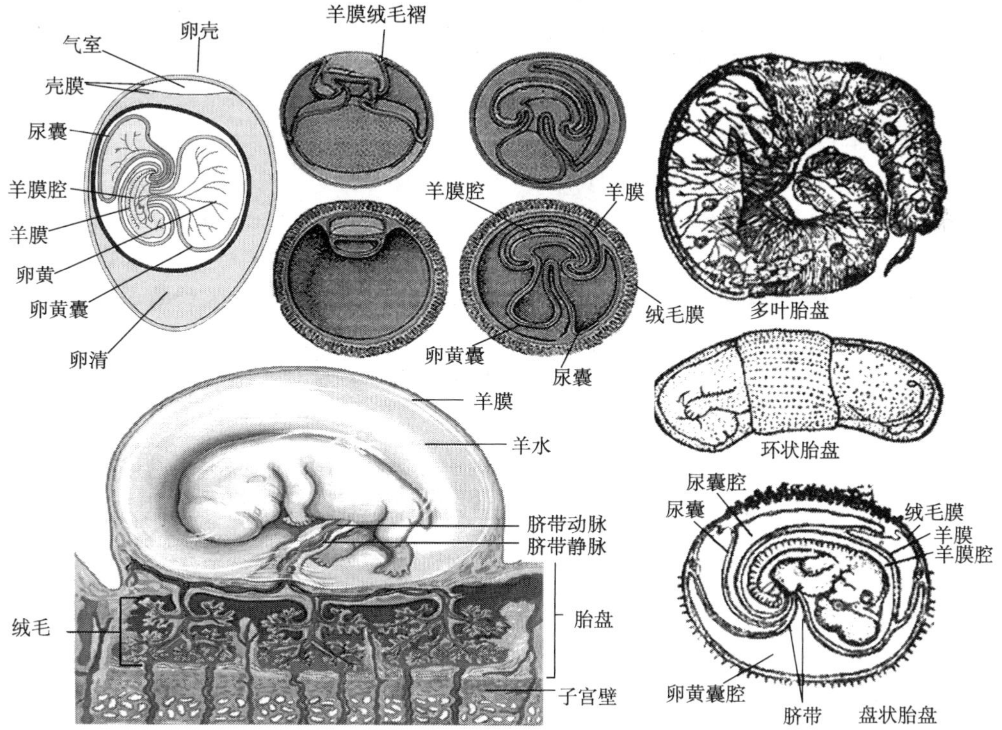

图 3-2　羊膜卵结构、胚外膜发育与胎盘类型

3.4.1.2 ② 胚外膜发育：原肠期，胚体产生向上隆起的环褶即羊膜绒毛褶，环褶聚拢愈合并打通形成围绕胚胎的 2 层膜，2 层膜间的腔为胚外体腔（exocoelom）。内层羊膜（amnion）把胚胎包围在羊膜腔（amniotic cavity）内并向羊膜腔内分泌羊水，为胚胎发育提供稳定水环境；外层为绒毛膜（chorion）。同时，消化道后部向胚外体腔发育尿囊（allantois），储存胚胎发育过程中的代谢废物，尿囊随着发育过程不断扩大，紧贴绒毛膜后形成尿囊绒毛膜。尿囊绒毛膜含有丰富的毛细血管充当呼吸和排泄器官，卵生羊膜动物通过壳膜、卵壳与外界进行气体交换；真兽类尿囊绒毛膜与母体子宫内膜结合形成胎盘（placenta），胎儿与母体两套血液循环系统被胎盘的一层极薄（约 2μm）的膜隔开，营养物质和代谢废物透过有着高度选择特异性的膜的弥散作用来交换。允许盐、糖、尿素、氨基酸、简单脂肪以及维生素和激素通过；大蛋白质分子、红细胞以及其他细胞均不能透过；氧和二氧化碳、水和电解质均能自由透过胎膜。胎盘同时具有胎儿暂时性肺、肝、小肠和肾脏功能，并能产生激素。胎盘绒毛极大地扩展了接触吸收的表面积，如人胎儿绒毛吸收表面积约为皮肤表面积的 50 倍。

③ 羊膜卵在动物演化上的意义：所有羊膜动物胚期都产生羊膜、绒毛膜和尿囊等胚外膜。羊膜分泌羊水，为胚胎发育提供了稳定的水环境，避免干燥的外界环境和各种损伤，动物繁殖便无需回到水中，解决陆地繁殖问题，为动物通过适应辐射的进化途径向干旱地区分布、开拓新的生存环境创造了条件。因此，3 亿年前，爬行动物出现后便得到极大地发展，演化成为各种生态环境中占主导地位的繁盛动物类群，故中生代被称为爬行动物的时代。羊膜卵的产生也为更高等的胎生哺乳动物进化奠定了基础。

3.1.4 环境因素对性细胞发育的影响

性细胞发育受多种因素影响。适湿性昆虫在一定温度下，湿度愈大产卵愈多，如黏虫在 25℃、相对湿度为 90%时的产卵量比 60%时的产卵量多一倍。秋后的雄螳螂等甘愿让雌性将自己吃掉，为雌性提供营养丰富的动物蛋白质，保证受精卵的正常发育。

鱼类繁殖洄游与水温有密切关系，水温 18℃，鲤鱼才产卵。冬天，长江流域的雌黑线姬鼠（*Apodemus agrarius*）卵细胞不能成熟，雄鼠睾丸萎缩不产精子；小白鼠在 18℃时繁殖率最高，超过 30～31℃繁殖降低或抑制。哺乳动物的睾丸下降到有利于精子生长发育、温度较低的阴囊中。充足的全价蛋白质和丰富的矿物质、维生素等营养是动物维持内分泌系统正常机能所必需的。家畜生产实践证实，高水平营养，初情期提前；营养过剩造成过肥，卵巢被脂肪浸润，性细胞发生受阻，性成熟推迟，性欲降低，配种率差；营养不足影响内分泌腺功能，初情期推迟，性器官的发育和机能受阻，雄性精子形成能力弱，雌性卵巢发育受阻，导致发情无规律或不发情。长期缺乏维生素 E 可以导致睾丸退化，甚至永久丧失繁殖能力。

3.2 受精

动物通过相聚、求偶、交配等繁殖行为，以不同的方式授精，保证精卵相遇而受精（fertilization）。受精是胚胎发育的开始。受精使单倍体配子恢复成双倍体合子，具有父母本的发育信息，包括父本特征的遗传和遗传物质的重组，从而使卵内储存的发育信息被诱发激活，释放 mRNA 以激发蛋白质合成，导致受精卵发育，基因重组增加后代遗传变异的多样性。卵子一旦与精子接触就被激发而启动发育程序，产生一系列的、按一定时空顺序进行的、有条不紊的发育过程；极其复杂的胚层和组织间的诱导作用（induction）、细胞核与细胞质之间的相互作用，也都影响胚胎的连续性、顺序性和阶段性发育过程，最终形成一个新的个体，保证了种族延续。同时，产生的变异通过生殖细胞遗传下去，导致生物的进化。

受精发育的结果，使机体的细胞高度特化、分化，参与组织器官和系统的形成，行使正常的不同生理功能，但每一个活细胞都像受精卵那样含有建立一个完整有机体所需要的全部遗传物质。细胞全能性可以保证体细胞在一定的条件下，通过克隆发育成与亲体相似的个体，但是不能增加遗传变异的多样性。

3.2.1 卵子排放与性周期

3.2.1.1 排卵数量

与动物的繁殖育幼方式相适应，排卵数量在各类动物中差异很大，如翻车鱼的怀卵 4.12
量为 3 亿粒，鳗鲡 700 万～1500 万粒，鲻鱼 290 万～720 万粒，真鲷 100 万～234 万 8.1.2
粒。卵胎生和胎生动物产卵极少，软骨鱼每次只产 2 或 3 粒到几十粒卵，有些哺乳动物每次只排一枚卵。排卵量的多少是动物维持种族延续，也是亲代繁殖和护幼行为对生存环境长期适应进化的结果。

3.2.1.2 排卵

排卵时间和排卵周期有一定的关系。卵成熟并从卵巢排出才能达到受精的目的。排卵分为自发排卵和刺激性排卵两种情况。自发排卵，如无脊椎动物和低等脊椎动物排卵
与季节密切相关，哺乳动物有的周期性排卵，与季节无关；刺激性（诱发）排卵，如三 4.16
刺鱼需要雄鱼对雌鱼尾部的攻击、蛙类必须经过抱对行为的刺激、水貂和兔子等动物必须经过交配刺激后才能排卵；试验性分开抱对的北方狭口蛙，雌蛙不产卵。

卵排出后，很快分散或单粒分散的如环节动物多毛类、某些昆虫；分泌黏液状卵块 4.7
附着在其他物体上的如环节动物（蚓茧）、螳螂（桑螵蛸）；自裂虫分泌黏液形成卵囊附 4.8
着在身体的腹面；淡水沙蚕（*N. Limnicola*）把卵产在体腔中受精、发育；有的多毛类 4.13
疣足特化成携卵器；虾类受精卵集中在游泳足；寄生蜂把卵产在植物组织中或其他昆虫体内；蛙类形成卵带，漂浮在水中发育。

3.2.1.3 排卵调节

排卵不仅与个体性成熟程度有关，而且与神经、激素的调节作用有密切关系，高等动物的排卵与大脑皮层或丘脑下部、垂体之间的关系更为密切，互相联系、相互制约形成一个严密的调节系统（图 3-3）。

（1）产卵与环境因素有关　水生缓步类交配与产卵发生在蜕皮时，环境好时产薄壳

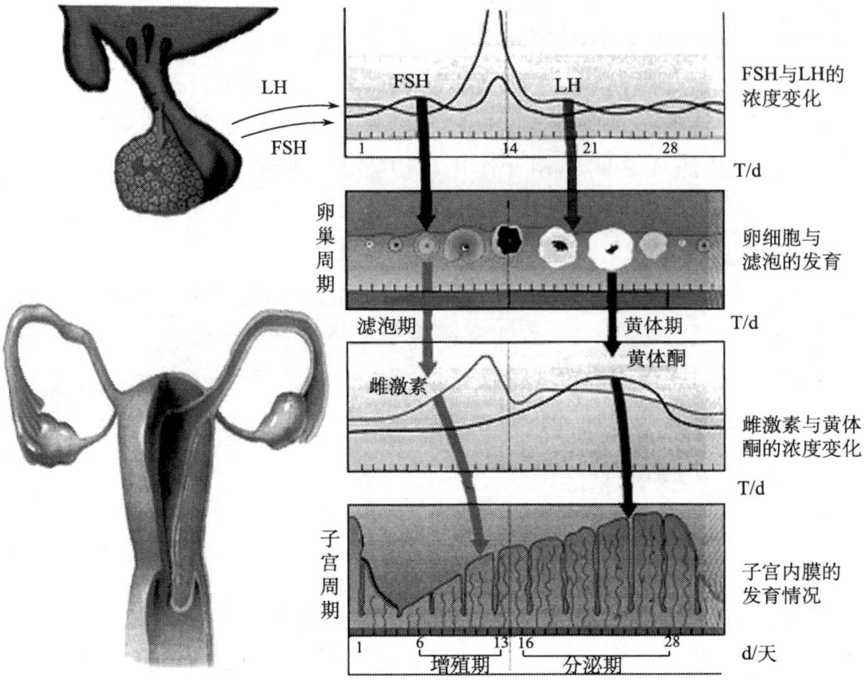

图 3-3 性周期调节及卵和子宫内膜发育

卵，否则产厚壳卵；土壤生活种类产厚壳卵。外界环境（如温度、湿度、食物、种群密
4.8 度等）条件改变时，诱导鳃足类雄性个体出现，受精卵在孵育室内发育成卵鞍
(ephippium)，蜕皮时离开母体沉入水底，成为休眠卵（dormant egg）。昆虫不仅有休
眠，而且有滞育（diapause）现象。滞育是比休眠更深的新陈代谢被抑制的生理状态，
9.3.4.1 滞育与机体内部本质变化有关，不经过滞育期就不能重新发育，故秋末雌雄昆虫交配产
出需精卵（fertilized egg，即冬卵 winter egg）成为滞育卵（diapausing egg），度过冬季
不良环境，来年孵出第一代雌体继续孤雌生殖。昆虫的滞育期随种类不同而不同，卵、
幼虫、蛹与成虫都可发生。

4.16 （2）动情周期　指从一次排卵到下一次排卵的动物性活动周期。在丘脑下部分泌的
7.3.5 激素释放激素（如促黄体生成素释放激素，LH-RH）控制下，垂体前叶分泌促性腺素
(gonadotrophin)，控制了卵的生长成熟和排放。当垂体分泌促卵泡激素（FSH）经血液循环到达卵巢，刺激卵发育成熟并促进卵巢分泌类固醇雌激素（steroid），血液中激素升高，通过反馈作用抑制垂体分泌 FSH，促使丘脑下部释放 LH-RH，促进垂体分泌促黄体生成素（LH）。当血液中 FSH、LH 的浓度达到一定浓度比，通过一系列的作用引起排卵，同时，动物产生发情期的特征性体态和行为；残留的卵泡细胞转变为黄体，分泌孕酮作用于子宫内膜促使其增厚，准备受精卵的着床，抑制 FSH 的分泌，继续维持妊娠。如果卵未受精，黄体退化为白体，形成一个自动控制系统调节动情周期（图 3-3）。

表 3-1　某些哺乳动物的发情周期

种类	发情周期/天	种类	发情周期/天	种类	发情周期/天
鼠	4～5	山羊	20	猫	18
罗猴	27	狗	235	狒狒	20～36
狮	21	牛	21	非洲象	42
黑猩猩	36	马	20	人	28

各种动物的发情周期不同（表 3-1），哺乳动物的动情周期特别是人类的月经周期就是按这样的基本规律进行的。人类掌握动物发情规律后可通过注射激素的方法，调节动物的性周期，进行计划生产，使动物超数排卵，提供开展人工授精、进行细胞克隆的材料，扩大生产的规模。

3.2.2　受精的基本过程

动物的受精方式有体内和体外两种，陆生、寄生无脊椎动物和羊膜动物为体内受 4.9.1
精，水生低等脊椎动物和部分无脊椎动物为体外受精。精子具有活力，卵子释放受精素（fertilizin）吸引精子到达卵膜，从而达到受精的目的，受精的基本过程见图 3-4 。以海胆为例，当精子接触到卵，卵透明带中的一种多糖触发 Ca^{2+} 进入精子头部，引起顶体以细胞外排方式释放顶体囊泡中的内含物。特异性结合蛋白（结合素 bindin）聚集在顶体突起表面，与卵黄膜上具有种属特异性的糖蛋白结合，水解酶水解透明带和卵黄膜，促进精子到达卵细胞质膜，顶体囊泡膜外翻包在顶体突起前端，与卵质膜接触并融合；Ca^{2+} 诱发 H^+、Na^+ 交换使头部 pH 上升，促使肌动蛋白聚合成肌动蛋白纤维（顶体丝），顶体便随着顶体丝的延伸而延长，突入卵透明带，顶体丝解聚，顶体突起消失，精子细胞核进入卵中，完成顶体反应（acrosomal reaction），精子核与卵核融合形成合子核使卵子受精。哺乳动物精子虽发生顶体反应，但不产生顶体丝，卵外有放射冠和透明层。

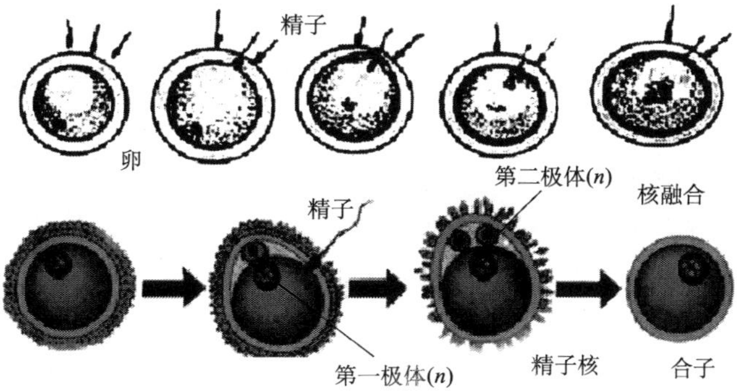

图 3-4　受精过程

3.2.3 受精发育的基本类型

与生活史策略相适应，各种动物的受精发育方式是不同的（表 3-2）。

表 3-2 动物生殖的受精发育方式

生殖方式	发育环境	受精方式	发育方式	举例
卵生	自然环境	体外受精	体外发育	沙蚕、鱼类
卵生	自然环境	体外受精	体内发育	雌非洲鲫鱼（口内），雄鱼（胃内），澳洲蛙
卵生	自然环境	体内受精	体外发育	昆虫、虎鲨、杜父鱼科、爬行动物、鸟类、鸭嘴兽
卵胎生	母体内	体内受精	体内发育	白斑星鲨、角鲨、许式犁头鳐 、黑鲥、海鲫；蝎
假胎生	母体内	体内受精	体内发育	灰星鲨、真鲨科、鸢红
胎生	母体内	体内受精	体内发育	真兽类哺乳动物

3.2.4 精卵结合的条件

3.2.4.1 精卵须属同一种动物

一般来说，只有同种动物精卵相遇才能受精。受精机制不同可防止物种间杂交，通过生殖隔离维持物种的遗传稳定性。有的动物在一定条件下可以进行杂交，但产生不育后代，如马和驴杂交产生骡，由自然选择过程淘汰而不能形成物种，造成物种遗传资源的损失。

3.2.4.2 精卵必须相遇并具有受精能力

4.4 精卵同步发育是受精必要的前提条件。这要求雌雄个体按照特有的方式进行求偶交
4.7 配活动，精卵同时成熟。体外受精发育的动物，如沙蚕受明亮月光的刺激，大量集聚海
4.8 面群浮（swarming）进行婚舞，将精卵同时排在相同水域使卵受精。
4.13 吸虫、绦虫的精子经子宫上行至受精囊储存，当卵经输卵管到达卵膜腔或在进入卵
4.14 膜腔之前，精子从受精囊出来使之受精，并接受卵黄细胞和梅氏腺分泌物的包围，卵物
4.15 质形成卵壳。多数昆虫新羽化成虫时生殖细胞尚未成熟，交配受精后，精子储存于受精
4.16 囊后卵才发育成熟，滤泡细胞形成有小孔卵壳；卵由输卵管进入阴道时，精子由受精囊
8.3 出来经卵孔进入卵受精。

蛙类选择适宜水域抱对后，雌性排卵的同时，雄性产精保证卵受精；蛇类一次交配可保持几年的受精能力；鸟类由于有卵壳和卵清等结构，产卵 48 小时前交配，卵才能受精；哺乳动物多在发情高峰期交配，保证精卵在输卵管上 1/3 处相遇受精，否则，难以受精。

3.2.4.3 精子的数量、活力、受精力和精卵成熟度

4.3 这些因素对受精也有影响。受精时，各种动物的卵处于不同的发育阶段，如海胆、
4.5 腔肠动物在卵完成了第二次成熟分裂之后；贻贝、蛤等的卵在第一次成熟分裂中期；蛔

虫、沙蚕、箭虫等的卵在初级卵母细胞时期，精子进入卵后才完成二次成熟分裂；绝大 4.6
多数脊椎动物和文昌鱼的卵处在第二次成熟分裂中期。 4.7

总之，生殖系统的结构和功能的差异、机体免疫排斥反应、受精机制不同、求偶繁 4.10
殖行为差异，以及地理阻隔作用等形成生殖隔离，保持物种遗传的稳定性和多样性，同时促进新物种的发生。精卵结合需要一定的条件，人类根据不同动物的受精发育条件，可开展人工授精，提高动物生产力，或进行适度人工杂交，改良、培育杂交优良品种。

3.3　动物的胚胎发育与组织分化

受精作用形成受精卵，染色体数目恢复到 $2n$，并进行染色体重组，进入胚胎发育阶段。受精卵卵裂形成囊胚，通过细胞增殖、分化成为两层的原肠胚；出现新的核仁，rRNA 又重新合成，形成特异性蛋白质，进而分化为三胚层；然后细胞分化形成组织、器官、系统，从一个细胞发育成多细胞的完整有机体。

3.3.1　卵裂

卵受精后开始分裂，经过分裂形成分裂球（blastomere）的过程称为卵裂（cleavage）。卵裂与细胞分裂不同，卵裂时分裂球本身不生长，分裂次数越多体积越小。2、4、8 个分裂球形成以后，进行不规则分裂，有时单个陆续分出，哺乳动物一开始就可陆续分出。

3.3.1.1　卵裂的类型

受精卵表面首先内陷形成分裂沟，分裂沟从卵表面内陷形成一个分裂面，第一次分裂面从动物极到植物极为经裂（meridional cleavage），通过卵轴与卵的赤道面垂直，把卵分成相等的 2 个分裂球；第二次卵裂通过卵轴与第一次分裂面垂直，将分裂球分成 4 个分裂球；第三次卵裂与前两次分裂面垂直为纬裂（latitudinal cleavage），将已形成的分裂球分成动物极和植物极各 4 个分裂球；尔后分裂面或与经裂平行，或与纬裂平行，或在卵表面进行（图 3-5），继续进行卵的分裂分化过程。

3.3.1.2　卵裂种类

由于每次卵裂伴有卵物质包括基因组遗传物质的重新分配，受精卵特殊胞质的位置和重新分配便成为细胞进一步分化、特化的重要信息物质。胚胎干细胞（embryonic stem cell）研究为胚胎早期发育的细胞和分子机制提供了良好的模型，将其移入特定的位置，如人工植入肺部或脑部的胚胎干细胞存活并继续分化发育，可部分代替病变肺细胞或恢复脑功能。可见，胚胎细胞的分化、发育既与卵物质的分配有关，也与胚胎细胞的位置、细胞间以及细胞核与细胞质间的相互作用有关，从而影响并决定胚胎细胞的进一步分化发育过程。卵裂的方式、方向与卵所含卵黄的位置和多少有关。

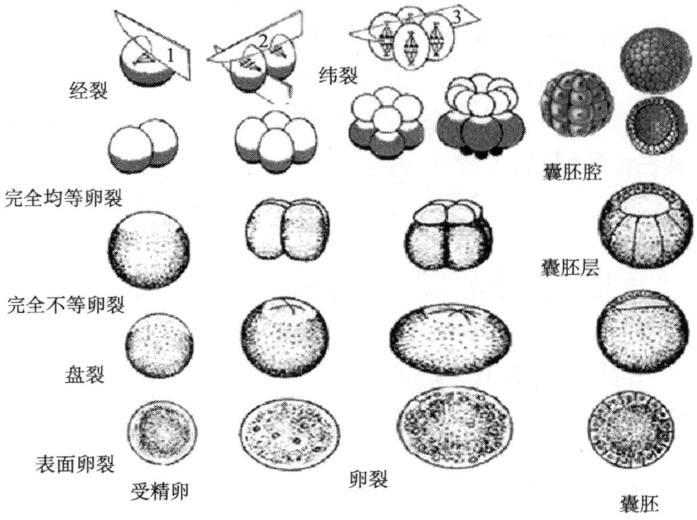

图 3-5　卵裂与囊胚类型

1）完全卵裂（holoblastic cleavage）

卵黄少，分裂面将卵完全分开，这种卵裂称完全卵裂。海胆、文昌鱼等的卵卵黄均匀，分裂球在动物极和植物极之间呈直线排列且大小相似，称等裂（equal cleavge）；多孔类和蛙类等的卵卵黄不均匀，动植物极的分裂球有小大之分，称不等裂（unequal cleavge）。第三次卵裂（纬裂）后，细胞开始分化，卵裂方式各不相同。

4.3.2 （1）辐射型卵裂（radial cleavage）　分裂球辐射排列，每一层分裂球整齐地摆在
4.9 下一层的上面，为辐射型卵裂，如腔肠动物；卵裂早期，棘皮动物和行辐射卵裂之脊椎
4.16 动物的分裂球命运是未决定的，分裂球具有全息性，可以互相替补，故称非决定型卵裂
(indeterminate cleavage)。因此，海星在 4 个分裂球时，分离，单独培养每个都能发育
成一个完整的囊胚，甚至是幼体；哺乳动物在 8 个细胞时仍可进行细胞克隆。

4.4.1 （2）螺旋型卵裂（spiral cleavage）　扁形动物、原腔动物、纽虫、多毛类环节动
4.5.1 物、螺蚌等软体动物等，由于分裂轴与卵的赤道面成 45°、按顺时针及逆时针交替倾斜
4.6 进行卵裂，使动物极分裂球介于两个植物极分裂球之间；卵裂开始，卵细胞物质的分配
4.7 和位置就决定了分裂球应分化为的组织和器官，故称决定型卵裂（determinate cleav-
age)。因此，移走多毛类 4 个分裂球中的 1 个，就会缺少相应的组织器官发育。

4.10.1 （3）两侧对称型卵裂　海鞘第一次卵裂已呈现两侧对称的体型，幼虫左右侧和第一
次分裂面相符合，称为两侧对称型卵裂。

4.7 （4）混合型卵裂　有些环节动物螺旋型卵裂后，改为两侧对称型卵裂，称为混合型
卵裂。

2）不完全卵裂

由于卵黄多而集中，阻止分裂面将卵完全分开，仅卵的一部分进行分裂，称为不完

全卵裂（incomplere cleavage）。

（1）盘状卵裂（discoidal cleavage）　头足类、鱼类、爬行类和鸟类等，大量卵黄 4.6.3
集中在植物极，是典型的端黄卵，卵裂集中在动物极胚盘上，形成盘状卵裂。 4.12 4.14

（2）表面卵裂（superficial cleavage）　昆虫的卵黄集中在卵中央，中黄卵使核迁 4.15
移到卵表面，卵裂在外周的原生质形成分裂球，称为表面卵裂。 4.8

3.3.2　囊胚形成

3.3.2.1　桑葚期与囊胚期（morula and blastula）

受精卵经过卵裂后形成一团细胞，哺乳动物的外形似桑葚，故称桑葚期。8、16 个分裂球时，细胞间出现不规则腔隙，逐渐联通成为一个圆形的囊胚腔（blastocoel）；分裂球构成腔壁，随着分裂球的不断增殖，囊胚腔明显增大形成球状囊胚，进入囊胚期发育阶段。

3.3.2.2　囊胚类型

卵和卵裂类型不同，形成的囊胚（blastula）也不同（图 3-5）。

（1）实心囊胚（stereoblastula）　有些均黄卵卵裂中间无腔，形成一个实心的球体，如水螅、水母、某些环节动物、软体动物等分裂球挤成实心球体，属实心囊胚。

（2）表面囊胚（superficial blastula）　中黄卵如昆虫的分裂球包在卵黄的外面，无囊胚腔，称为表面囊胚。

（3）盘状囊胚（discoblastula）　具有典型端黄卵的动物，如鸟类，盘状卵裂形成盘状囊胚，覆盖在卵黄上。

（4）腔囊胚（coeloblastula）　均黄卵或少黄卵卵裂形成球状囊胚，中间形成大的囊胚腔。哺乳动物的囊胚也属于腔囊胚。动物极有一团细胞，称为胚结或内细胞团。

囊胚形成（blastulation）及类型反映了动物进化的程序。海绵动物、腔肠动物、扁形动物和低等环节动物为低等类型的实囊胚和原始腔囊胚；低等脊椎动物演变成两侧对称型的较高级腔囊胚；两栖类是更高级的端黄型腔囊胚。卵黄为胚胎发育提供营养，囊胚从腔囊胚发展成为表面囊胚或盘状囊胚。高等哺乳动物由母体供应胚胎发育所需营养，卵黄极少，发育形成的腔囊胚与其他囊胚不同，是更高级的腔囊胚。囊胚腔的出现为原肠作用提供了空间，囊胚继续发展的必然结果是形成两胚层或三胚层的原肠胚。

3.3.3　原肠形成

3.3.3.1　两胚层

囊胚继续发育分化，部分细胞以不同方式迁入到囊胚的内部或外部形成两层，成为内胚层（endoderm）和外胚层（ectoderm），囊胚腔消失，或保留形成假体腔，或参与血窦的形成；内胚层间出现的空腔即原肠腔（archenteric cavity），作为低等动物的消化腔，为高等动物消化系统的分化发生奠定了基础，原肠腔与外界相通的开口称胚孔（blastopore），发育为成体的原口或肛门。原肠胚细胞移动的过程称原肠作用或原肠形成。细胞继续分裂并开始生长，细胞核作用明显，代谢旺盛，起始合成新的蛋白质；开始了胚层分化、形成结构复杂的胚胎有机体。

3.3.3.2 原肠的形成方式

各种动物原肠胚形成的方式和过程不同。由于囊胚细胞的迁移行为常由几种运动先后或综合进行，几种原肠胚形成的类型常综合出现（图 3-6 ）。

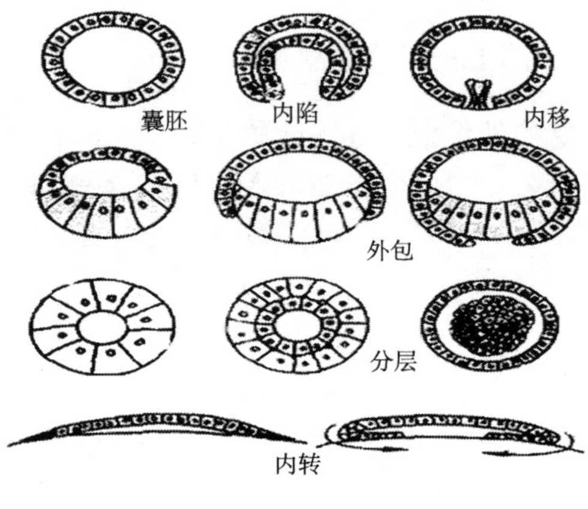

图 3-6　原肠形成方式（刘凌云，Meglitsch）

4.3.2 （1）内陷法（invagination）　海胆、文昌鱼等，植物极细胞向内陷入形成内胚
4.10.1 层围成原肠腔，原肠腔口缩小为胚孔，边缘分成背、腹和两个侧唇。

4.3.2 （2）移入法（migration）　水螅水母类、苔藓虫等，腔囊胚的部分细胞经过增殖并迁移到囊胚腔中，排列为内胚层。

4.6 （3）外包法（epiboly）　软体动物等分裂较快的动物极细胞包围分裂极慢的植物极细胞形成外胚层，植物极细胞形成内胚层。

4.3.2 （4）分层法（delamination）　囊胚细胞分裂成两层，*Geryonia* 属水母腔囊胚细胞向内分出一层，成为内胚层；水螅水母类的实心囊胚向外分出一层，成为外胚层。无尾两栖类和鸟类等也分层形成胚层。

4.12 （5）内卷法（involution，内转）　鱼类、两栖类、爬行类和鸟类等，细胞从胚孔
4.13 或胚盘边缘连续向下、向内移位卷入形成内胚层；鸟类和哺乳动物的一部分胚盘外胚层
4.14 细胞向中线迁移形成一条细胞索，即原条（primitive streak）。原条有诱导周围组织分
4.15 化的作用，并决定胚胎的中轴，原条处的细胞同样以内卷方式向内卷入。

腔肠动物囊胚期后，以分层方式内移、正常发育，发育为处于组织水平的两胚层多细胞有机体。植物极细胞在内动物极细胞在外形成内胚层和外胚层，原肠形成发育方式常同时以几种方式结合进行，继续演化后发展为其他后生动物。

3.3.3.3 胚层逆转

3.4.1.1 海绵动物的精子与卵是由原细胞和领细胞发育来的。领细胞吞食精子后，失去鞭毛
4.3.1 和领成为变形虫状，将精子带入卵内受精。受精卵在母体的中胶层进行卵裂形成囊胚，16 个细胞的囊胚后，无鞭毛植物极的大细胞中间形成一个开口；动物极小细胞向囊胚腔内长出鞭毛并陷入囊胚腔形成内层，最后从植物极大细胞间开口处翻出来，结果形成囊壁内外发生反转的囊胚，小细胞具鞭毛的一侧翻到囊胚表面。在整个囊胚期出现两次囊胚的形态，这种一端有鞭毛、一端无鞭毛的特殊幼体称为两囊幼虫（amphiblastula）（图 4-5 ）。

两囊幼虫随水流离开母体附着在物体上继续发育，小细胞重新陷到大细胞内面或大细胞外包，发育形成了两层结构的海绵，内层动物极的小细胞形成了成体的胃层（领细

胞层），外层植物极的大细胞形成皮层（扁平细胞层）、孔细胞和造骨细胞，两层细胞共同形成中胶层和变形细胞。两层细胞的来源不同于其他后生动物的胚层起源，内外层显然与其他多细胞动物的原肠胚结构正好相反。这种胚层分化现象称为逆转（inversion）现象。多细胞有机体仍处于细胞水平，是进化的侧支，故称侧生动物。

3.3.4　中胚层与体腔的形成

3.3.4.1　三胚层

原肠期后，胚胎继续发育分化，在内、外胚层间出现了新的中胚层（mesoderm）， 4.4
成为三个胚层。扁形动物、纽形动物、颚胃动物等消化道与体壁之间充满由中胚层起源的细胞和细胞间质构成的实质（parenchyma）组织。实质组织的存在只能完成物质的储存和缓慢的传递，体内细胞需经体表细胞间接与环境进行物质的气体的交换，因此，需要增加体表面积才能加强细胞与外界的接触与物质交换，进行低强度的新陈代谢活动。故无体腔动物的身体多是小型或是细长、扁平的。

然而，在自然界中，只有提高运动速度、增加个体大小，才能具有更强的生存竞争力。于是，多数后生动物中胚层形成的同时出现体腔（coelom）（图 3-7），为组织器官分化增殖提供空间，促进动物个体的增大和代谢活动的加强，高等动物伴随着脊索和神经管的形成、中胚层进一步分化，故称神经胚。

3.3.4.2　假体腔

端细胞形成的中胚层只构成体壁的肌肉层，没有脏壁层，肠壁为单层内胚层细胞，没有体腔膜，内脏器官在体腔内游离；囊胚腔持续到成体形成初级原始体腔，为动物最先出现的体腔，是假体腔（pseudocoele）（图 3-7，图 4-12）。具有这种体腔的动物，称为假体腔动物（pseudocoelomate）。

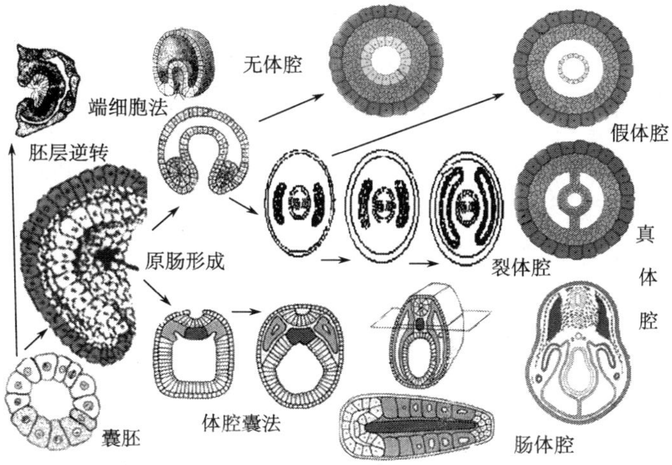

图 3-7　中胚层与体腔形成，体腔类型

3.3.4.3 次生体腔

中胚层不仅形成体壁、脏壁肌肉层，而且在两层肌肉层间形成体腔膜。显然，体腔的来源与形成方式和假体腔不同，故称真体腔（true coelom）（图 3-7，图 4-14）。除了假体腔动物外，具体腔动物均为真体腔。中胚层的形成和体腔的出现主要有两种来源。

4.6 （1）端细胞法（apical cellular method，或裂体腔法 schizocoelic method） 螺旋卵
4.7 裂的动物，在原口两侧内、外胚层交界处的端细胞繁殖成一团细胞，在内外胚层间填充
4.8 扩展分化形成中胚层细胞，并从中央裂开形成体腔，这种由端细胞形成中胚层细胞团进
而中央出现空腔发育成真体腔的形成方法称裂体腔法（schizocoely）。

身体分节的环节动物和节肢动物先形成按体节排列的体腔囊，随着体腔囊的继续扩大，外侧中胚层与外胚层联合形成体壁，内侧中胚层与肠壁联合形成脏壁，体腔囊发育为充满体腔液的成体体腔。软体动物、星虫动物、环节动物、须腕动物、节肢动物等都属于裂体腔动物（Schizocoela）、原口动物，具有次生体腔（secondary coelom）。

4.9 （2）肠体腔法（enterocoelic method） 辐射卵裂的动物，原肠背壁两侧向外突出
4.10 成对囊状结构，经过分节形成一系列肠体腔囊（enterocoelic pouch），并从原肠壁上分
离下来形成中胚层，其中的腔扩大形成真体腔，故称肠体腔法。当左右体腔囊之间的脊索中胚层向背凸并从肠壁上分离下来形成脊索，从而引起肠管的分化和背神经管的发生，形成神经胚后发育为脊索动物。棘皮动物、半索动物、脊椎动物等都属于肠体腔动物（enterocoelomate）、后口动物。

外肛动物、帚虫动物和腕足动物辐射卵裂、肠体腔法形成真体腔，但幼虫与环节动物、软体动物相似，是介于原口动物与后口动物之间的动物类群。

4.10 脊索动物体腔囊形成中胚层。脊椎动物的体腔（coelom or body cavity）也来源于
4.11 肠体腔，但形成过程复杂。体腔是中胚层侧板（lateral plate）间的空腔。侧板外层与
4.12 体壁相贴并形成腹膜（peritoneum）；侧板内层包围肠管并形成肠壁外面的浆膜（serosa
4.13 or visceral perito-neum）。鱼和有尾两栖类的体腔分为围心腔（pericardial cavity）和后
4.14 面的胸腹腔（pleuroperitoneal cavity），二者间有横隔膜（transverse septum）相隔；
4.15 鳄、鸟类及哺乳类，由横隔膜和体腔褶愈合，又把胸腹腔分为前部的胸腔（pleural cav-
4.16 ity）和后部的腹腔（peritoneal cavity）；鸟类以膜质的斜隔（oblique septum）分隔胸
腹腔，哺乳类是以肌肉质的横膈（diaphragm）分隔形成真正的胸腔与腹腔。哺乳类的横膈由体腔褶与横隔膜愈合加入膈肌组成的。膈肌是横纹肌，来自颈部肌节，故膈神经是来自颈部脊神经。侧板内壁在肠管的背腹面相遇成为双层的系膜（mesentery），即背系膜（dorsal mesentery）和腹系膜（ventral mesentery）。背系膜大部分保存，起悬吊、固定内脏器官的作用，腹系膜大部退化。

3.3.4.4 中胚层及体腔形成的意义

中胚层的出现为组织分化提供了物质基础，促进了动物组织、器官和系统的演化，外胚层分化形成表皮及其衍生物；内胚层分化成中肠及肝、胰等消化腺；中胚层具有多能性，分化形成内骨骼、肌肉、结缔组织及循环、排泄和生殖系统等。中胚层的出现使

动物从原肾管型进化为后肾管型，开始高效排泄系统的演化。

身体各部分的布局、比例，即体制（system of organization），对动物的生命活动有重要影响。单细胞动物身体无对称性；腔肠动物出现辐射对称体制，通过体轴的任何切面都可将身体分为相等的两部分，适应漂浮、固着生活。三胚层出现后，动物的身体演化为不同形式的左右对称体制（图 3-8），使身体有了背腹、前后和左右之分；使运动具有方向性，有助于神经、感官系统向头部集中，促进身体各部结构功能复杂化、布局合理化；适应动物快速运动需要，能对外界刺激做出迅速反应，适应环境变化而有利于生存发展。螺类身体出现向左或向右的扭转现象（torsion），有利于身体在螺旋形贝壳的有限空腔内达到最大。棘皮动物幼体左右对称，成体出现次生性五辐射对称，适应底栖生活。

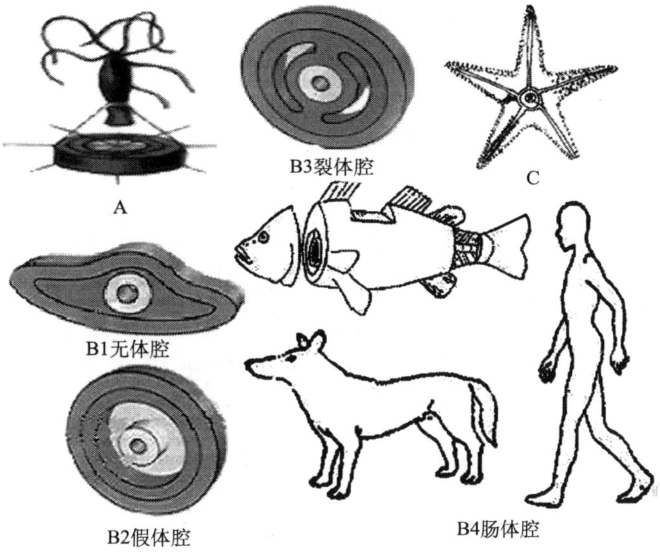

图 3-8　动物的体制

A. 辐射对称；B1、B2、B3、B4. 两侧对称；C. 五辐射对称

中胚层分化产生脏壁肌肉层和体腔膜并形成肠系膜，可以把内脏悬挂、固定在体腔内的一定位置上，促进消化系统结构、机能的分化和复杂化，加强物质的消化、吸收、运输，提高机体的代谢率以保证快速活动的能量供应。

中胚层分化产生骨骼系统，支持、保护机体软组织，适应快速运动的需要，使动物可以发育成更大的个体，发挥竞争优势，开拓、适应各种生存环境，为动物适应辐射演化奠定了基础。

体腔的出现，为动物体内器官系统的发生发展提供了场所，使器官的分化发展成为可能；为营养物质的储存积累、生殖细胞的大量产生提供了空间；肠道在体腔中弯曲折叠，增大了消化吸收面积；体腔内充满体腔液可以浸浴内部器官，起到缓冲保护的作用，原始种类的体腔液还有运输生殖细胞的功能；也可以作为一种流体静力骨骼，起着维持体形和促进运动的作用，特别是蠕虫动物体腔和体腔液的作用更明显。从环节动物开始，真体腔在形成过程中，残留的囊胚腔参与形成了血管系统，出现循环系统。可见，真体腔有利于循环途径的产生和物质在体液中进行更有效的输送，有利于机体排泄、循环、呼吸等活动，促进、保证新陈代谢效率的提高。

真体腔不仅使身体出现分节现象，使整体运动灵活，使局部或每个体节都能独立地进行运动，有利于运动能力的加强，而且在同律分节的基础上可以发展形成异律分节，各种器官位于一定体节中，各体部结构、生理分工更显著，为体区结构的分化和生理功能专门化，形成器官系统奠定了基础。

3.3.5 胚层分化与组织、器官、系统

三胚层形成后，细胞已经具有特定细胞分化的能力；细胞决定后，沿着特定方向分化形成特定类型的细胞能力具有稳定性和遗传性，随着细胞分化包括时间上和空间上的分化，胚层产生和细胞数目的增多，细胞间形态和机能出现分化（图 3-9）。形态相似、功能相同的细胞群及细胞间质构成组织（tissue）。通常分为四大基本组织。

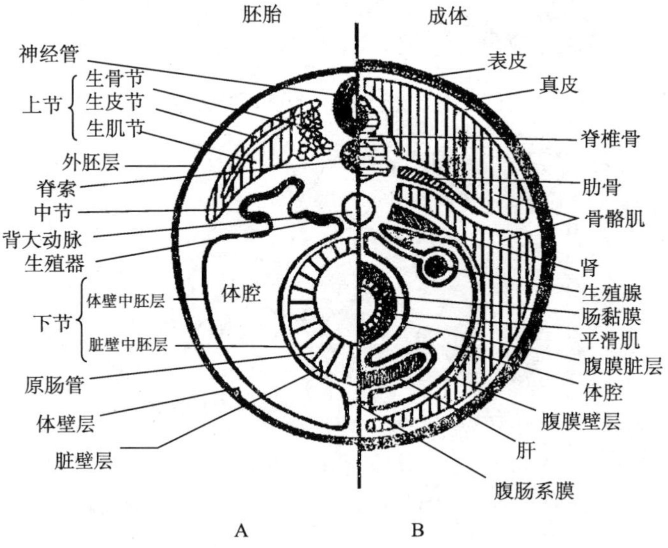

图 3-9 三胚层分化示意图（横剖面）（杨安峰）

A. 胚胎；B. 成体

3.3.5.1 上皮组织

上皮组织（epithelial tissue）细胞密集，细胞间质少，覆盖于体表和内脏表面、管腔内表面（图 3-10）。基底面通过基膜（basement membrane）与深层组织相连，另一面游离。细胞具有极性，其结构、分化程度不同（表 3-3），具有保护、吸收、分泌、呼吸、感受等多种功能。

表 3-3　被覆上皮的分类和主要分布

被覆上皮一级分类	被覆上皮二级分类	各类上皮特点及主要分布区域
单层上皮	单层扁平上皮	内皮：心、血管和淋巴管的腔面
		间皮：胸膜、心包膜和腹膜的表面
		其他：肺泡和肾小管壁的腔面
	单层立方上皮	肾小管上皮、甲状腺滤泡上皮等
	单层柱状上皮	胃、肠、子宫的腔面
	假复层柱状上皮	呼吸道的腔面
复层上皮	复层扁平上皮	未角化：口腔、食道、阴道的腔面
		角化：皮肤
	柱状上皮	睑结膜、尿道的腔面
	变移上皮	肾盏、肾盂、输尿管和膀胱的腔面

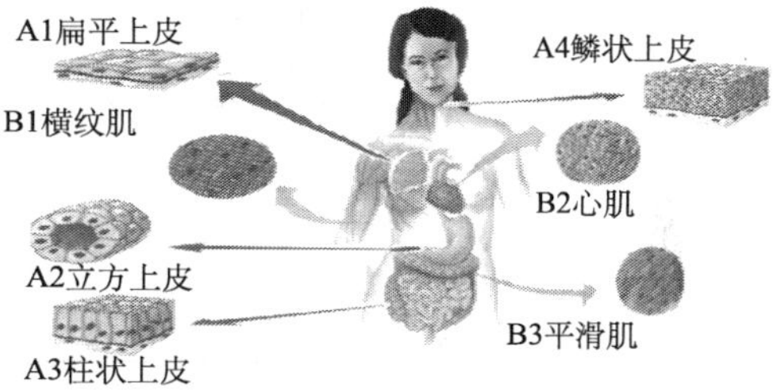

图 3-10　肌肉上皮组织

被覆上皮（lovering epithelium）因位置、功能的不同而有所分化。无脊椎动物的上皮为单层上皮，脊椎动物除单层上皮外，细胞多层排列成复层上皮。根据细胞形态是扁平形、立方形、柱形而分为扁平上皮、立方上皮、柱状上皮。

腺上皮（glandular epithelium）由具有分泌功能的腺细胞组成，构成单细胞腺，或腺细胞集中形成管状、囊状、泡状腺体（gland）（图 5-2）。分泌物通过导管排出的为外分泌腺（exocrine gland），如消化腺、泪腺、汗腺、乳腺等；直接分泌到血液输送至靶器官的为内分泌腺（endocrine gland），如肾上腺、甲状腺、胰岛等。

感觉上皮（sensory epithelium）细胞特化形成嗅觉上皮、味觉上皮、听觉上皮等感觉上皮。

3.3.5.2　肌肉组织

肌肉组织（musclar tissue）细胞细长呈纤维状，根据形态结构，动物的肌肉分为斜纹肌、横纹肌、心肌和平滑肌（图 3-10）。

（1）横纹肌（striated muscle，骨骼肌 skeletal muscle）　肌细胞为多核细胞，肌 4.11
膜下面可有 100 多个核；细胞质内大量纵向平行排列的肌原纤维（myofibril）是肌肉收 4.12
缩的主要成分。由肌球蛋白丝（myosin）和肌动蛋白丝（actin filament）构成的肌原纤 4.13
维，包括白肌和含肌红蛋白较多的快缩红肌、慢缩红肌三种功能类型，加强锻炼可使有 4.14
氧代谢的慢缩红肌发达；肌原细胞明带（I 带）与暗带（A 带）交替排列，相邻肌原纤 4.15
维的明带、暗带准确地排列在同一水平面上，显示出横纹。暗带中部色淡者叫 H 线， 4.16
明带中部色深者叫 Z 线，两 Z 线中间的一段叫做肌节。一个肌节包括 1/2I 带＋A 带＋1/2I 带，组成骨骼肌纤维的结构单位和功能单位。骨骼肌肌肉两端通过肌腱、跨关节附着在骨骼上，受意识支配完成随意活动，称随意肌（图 3-11）。

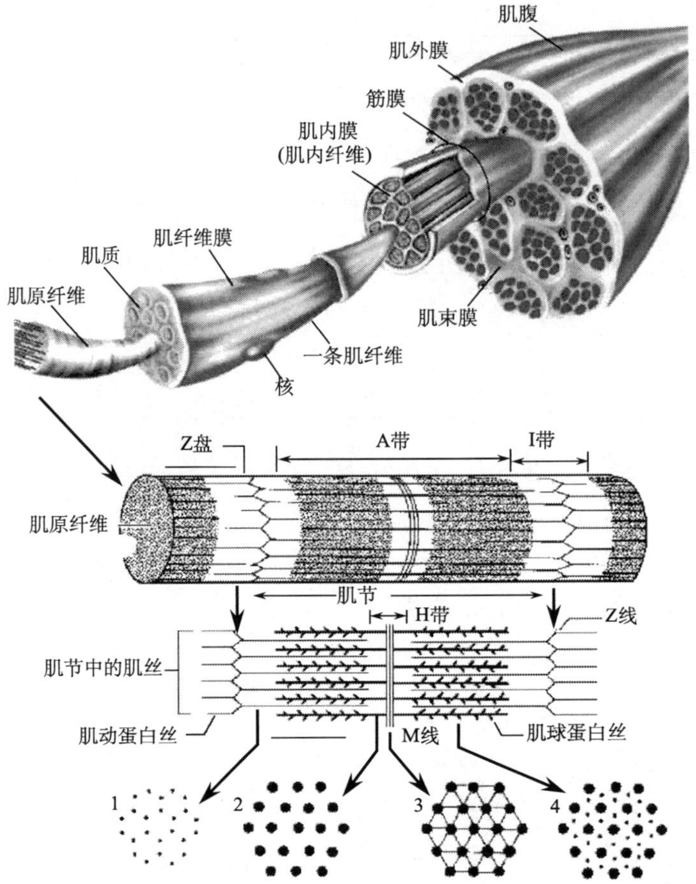

图 3-11　肌肉的结构

1. 肌动蛋白丝；2. 肌球蛋白丝；3. M线；4. 肌动蛋白丝与肌球蛋白丝混合处的横切面观图

(2) 心肌（cardiac muscle）　心脏特有。心肌细胞短柱状或有分枝，一个细胞核位于细胞中心部位。肌原纤维结构与横纹肌相似，但有闰盘（intercalated disc），无明显横纹。电镜下观察，相邻细胞膜凹凸相嵌，细胞膜特化，紧密连接或缝隙连接；闰盘是心肌细胞的界限，对兴奋传导有重要作用。心肌具有收缩性、兴奋性、传导性和自动节律性。

4.3.2 (3) 斜纹肌（obliquely striated muscle，螺纹肌，spirally striated muscle 或 helical-
4.4.1 ly striated muscle）　肌原纤维与横纹肌基本相同，各肌原纤维节错开排列呈斜纹状，
4.5.1 暗带明显，像一个围绕细胞的暗螺旋。广泛存在于腔肠动物、涡虫、线虫、环节动物、
4.6 软体动物等无脊椎动物中。
4.7 (4) 平滑肌（smooth muscle）　肌细胞梭形，具三个、多个突起或分支，相互吻合
4.8 形成合胞体（如膀胱与子宫平滑肌细胞）。肌原纤维无横纹，但超微结构与骨骼肌相同，也是由粗细相间的肌丝组成，但肌丝排列无一定次序、粗细不匀（15～100nm）。肌原纤维收缩缓慢而持久。存在于脊椎动物的内脏器官，活动不受意识的支配，称不随意肌。

3.3.5.3　神经组织

神经组织（nervous tissue）由神经元和神经胶质细胞等组成，主要功能是传递、加工、分析并整合产生神经冲动。

（1）神经元（neuron，神经细胞）　神经元具有高度发达的感受刺激和传导兴奋的能力，是神经组织的形态和功能单位，包括细胞体和胞突两部分。胞突有树突和轴突之分，树突（dendron）有主干和粗细不等的分枝，一个神经细胞可有多个树突，接受刺激传导冲动至胞体；一条轴突（axon）细而长，传导冲动离开胞体，轴突长短从 10μm 到 1m，差异很大。传导速度因是否包被髓磷脂鞘（myelin sheath）而有差异。有髓鞘神经（myelinated nerve fiber）通过朗飞结跳跃式传导神经冲动，速度快；而无髓鞘神经（nonmyelinated nerve fiber）传导速度慢。细胞体内有细胞质和细胞核，是神经元的营养中心。胞体内除含一般的细胞器外，还含有尼氏体（粗面内质网，跟合成蛋白质有关）和神经元纤维（微丝和微管，跟运输代谢物质有关）。神经细胞依形态和胞突的数目可分为假单极、双极和多极神经细胞三大类（图 3-12）。根据结构功能的不同，可分为感觉神经元、运动神经元和中间神经元。 4.3～4.16 7.2.1

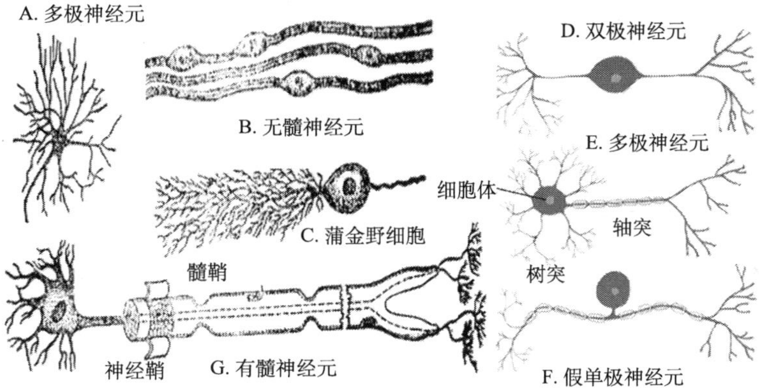

图 3-12　神经元类型（江静波等）

（2）神经联系　不仅高等动物存在突触传递（synaptic transmission），而且腔肠动物表皮肌细胞、刺细胞、腺细胞等也都存在着突触传递，即神经冲动由一个神经元的轴突传递给另一个神经元的树突。轴突末端有突触小泡（synaptic vesicle）而树突末端没有。神经冲动传导时，突触小泡释放乙酰胆碱引起后一个神经元兴奋后，胆碱酯酶水解乙酰胆碱，使之失去激活神经元的作用，保证冲动的一次性单向准确传递。 4.3.2

3.3.5.4　结缔组织

结缔组织（connective tissue）由多种细胞和大量的细胞间质构成。主要功能有：①联结作用，如弹性纤维、胶原纤维联系各组织器官。海绵动物、腔肠动物的中胶层由黏多糖组成的基质、类胶原纤维和少量细胞组成，连接内外两层细胞；联结于肌肉和骨骼之间的肌腱和韧带；②支持、保护作用，如各种骨组织有支持身体、保护内脏的作用；③血液能储存、输送物质。④疏松结缔组织有缓冲外界压力及打击的保护作用。脊椎动物的结缔组织特别发达（图 3-13），主要有以下几类。

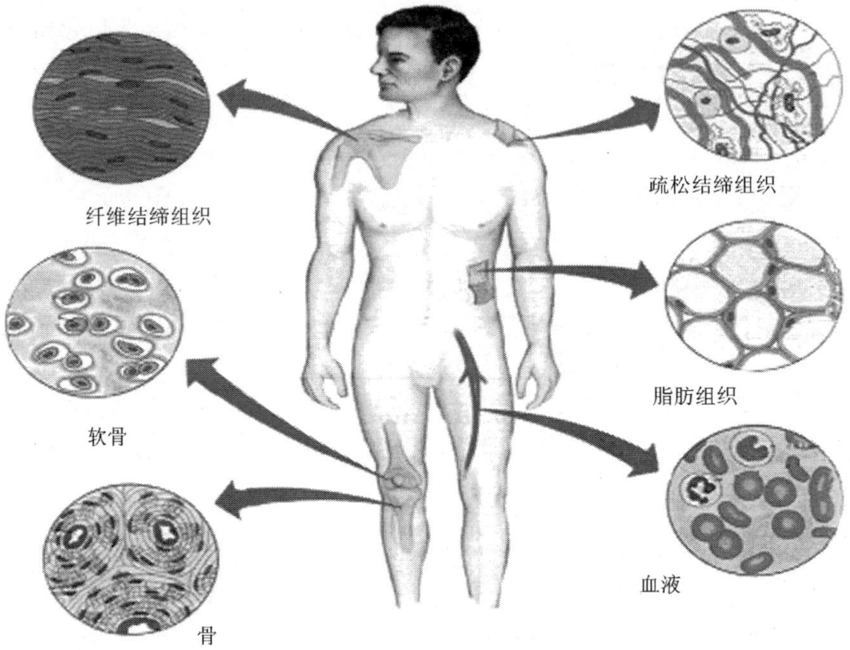

图 3-13　结缔组织

（1）疏松结缔组织（loose connective tissue）　由排列疏松的胶原纤维（collagenous fiber）、弹性纤维（elastic fiber）两种纤维和多种细胞构成。分布于组织器官间。

（2）致密结缔组织（dense connective tissue）　由胶原纤维、弹性纤维构成。如肌腱、韧带、大血管的弹性膜等。

（3）脂肪组织（adipose tissue）　由大量的脂肪和少量疏松结缔组织构成。分布于器官内和皮肤下，具有支持、保护作用，并参与能量代谢。

5.2 （4）软骨组织（cartilage tissue）　由软骨细胞和纤维、基质构成。分为透明软骨、纤维软骨和弹性软骨等。

5.2 （5）骨组织（osseous tissue）　由细胞、纤维和基质构成的坚硬结缔组织。骨组织是骨的主要成分，构成机体骨架，支持、保护柔软器官，供肌肉附着，构成运动杠杆。

表 3-4　胚层分化与各器官系统的基本结构功能

系统	来源	基本结构	基本功能
皮肤	外胚层	表皮，衍生物有腺体和色素细胞、外骨骼	保护机体免受理化因素损伤，防止机体失水或过多吸水，维持渗透压
	中胚层	真皮	排泄、分泌、呼吸、感觉等功能

续表

系统	来源	基本结构	基本功能
骨骼	神经嵴	外骨骼	构成骨架，保护，防止失水
	外胚层		构成骨架，支持身体，保护脑、脊髓、心脏等
	中胚层	内骨骼	构成杠杆参与运动，参与矿物质代谢
肌肉	中胚层	骨骼肌	受刺激后收缩，维持姿势和器官平衡，参与运动和体内物质运输，参与呼吸运动
		平滑肌	
消化	外胚层	消化道：口、咽、食道、胃肠	摄食，运输和排除废物，消化、吸收营养物质
	内胚层	消化腺：肝、胰等	分泌消化液，进行化学消化
	中胚层		
呼吸	外胚层 内胚层	呼吸道：鼻孔、鼻腔、气管、支气管	呼吸气体通路，温暖、湿润吸入气流，减少水分蒸发
		呼吸器官：鳃、肺	进行机体与环境的气体交换
循环	中胚层	心脏	血液流动的动力器官
		动脉	输送血液离开心脏到达全身
		毛细血管	连结小动脉和小静脉，进行物质交换
		静脉	输送全身血液回心脏
		血液、血淋巴	构成并调节内环境
		淋巴循环	补充血量，参与机体免疫
排泄	外、中胚层	原肾管、后肾管	收集排除废物
	内、外胚层	马氏管	从体腔液中收集排除尿酸
	中胚层	肾脏	泌尿器官，滤过排除代谢废物
		膀胱	输送、储存浓缩尿液
		输尿管	调节水盐代谢、体液酸碱平衡，维持内环境稳定
		尿道	
生殖	中胚层	生殖管道	保证受精和受精卵的发育
		雄性为输精管	输送精子
		雌性为输卵管子宫等	输送卵子，受精卵发育繁衍后代
		生殖腺	产生形成生殖细胞
神经	外胚层	脑	高级神经中枢，综合分析传入的信息
		脊髓	非条件反射中枢
		外周神经	感受并传入或传出神经冲动
感官	外胚层	感受器	感受环境变化
		眼	接受视觉刺激信号
		耳、听器	接受声波刺激信号
		嗅觉器、嗅检器	感受味觉等化学刺激信号
内分泌		无管腺	分泌激素，调节代谢、生长发育和生殖等生理功能，并影响动物行为

3.3.5.5 器官和系统

不同类型的组织联合形成具有一定形态特征、完成一定生理功能的结构——器官（organ）。作为有机体整体结构的一部分，机能上密切相关的组织器官联合起来，构成系统（system），共同完成一定的生理机能（表 3-4）。

3.3.6 性别决定与性别分化

性别分化（sex differentiation）是从个体发育早期就开始的。由于精巢在形成精子的过程中，可以产生雌或雄（如 X 或 Y）两种性染色体的精子，卵只含有 X 染色体，受精时精子的性染色体决定着个体的性别，称为性别决定（sex determination），而激素和环境条件也对发育期的性别具有决定性的影响。正常情况下，XX 型受精卵在雌激素影响下发育成雌性个体；XY 型受精卵在雄激素的影响下发育成雄性个体，产生相应的生殖系统，并出现泄殖腔分化（图 8-6）。否则，则不能发育为正常的雌性或雄性动物，甚至形成阴阳动物。例如，在胚胎发育敏感期，给性染色体是雌、雄的鸟胚胎分别注射雄、雌激素，就会出现性别异化现象，雌鸟脑神经变粗、筑巢简陋，雄鸟脑神经则变细，行为也出现异常。应用激素也可对此期动物进行化学阉割。龟鳖类等动物的孵化温度对性别分化则具有决定性的作用。

3.3.7 环境因素影响胚胎发育

3.3.7.1 温度

4.2 温度（temperature）的高低对动物的繁殖影响很大。原生动物腹毛虫
4.8.3（*Stylonichia*）在 7～10℃时每日只分裂一次，在 24～27℃每日分裂多到 5 次；鱼类的
4.12 繁殖洄游与水温密切相关，如水温 18℃，鲤鱼才产卵；冬天，长江流域的雌黑线姬鼠
4.13（*Apodemus agrarius*）卵细胞不能成熟，雄鼠睾丸不产生精子；小白鼠在 18℃时繁殖
4.15 率最高，超过 30～31℃繁殖率降低或抑制。温度和湿度直接影响卵生动物的胚胎发育，
4.16 并有极限性。温度低胚胎发育缓慢，温度升高发育速度也随之增快。鲤鱼卵在 14～20℃发育，鲐鱼卵在水温 12℃时 106 小时孵化，在 20℃时 52 小时孵化，蛙卵 22℃、鸡胚 38～39.5℃孵化。昆虫只有在符合温度要求下才能正常发育，并且与生长速度成正比，如多氏伊蚊（*Aedes togoi*）蛹正常发育在 8℃时需要 197 小时，28℃时需要 43 小时，33℃时需要 46 小时。

孵化温度等环境因素常决定孵化的成败，甚至影响动物性别的分化。如许多爬行动物存在孵化温度决定性别现象，如短吻鳄（*Alligators*）的性别决定取决于第二、第三
4.14 周孵化温度，≤30℃发育为雌性，≥34℃发育为雄性；一些蜥蜴和海龟在一个很窄的温度范围内，同窝卵可孵化出两种性别的个体，但温度高于这一范围则孵化出一种性别的个体，低于这一温度则孵化出相反性别的个体；欧洲海龟（*E. obicularis*）的性别转换临界温度为 28.5℃，孵化温度在 30℃以上全是雌龟，25℃度以下全是雄龟；海龟可产生一种芳香族酶（aromatase），具有将睾酮转化为雌激素的功能。在 25℃芳香族酶活性极低，在

30℃时，该酶活性异常高，多氯联苯等污染物会让龟卵维持在产生雄龟的温度。

螠虫的受精卵沉入海底，就发育为雌性，若附着到雌体上，就发育为雄虫，并寄生 4.6
在雌体的肾管或体腔处。地中海地区的海虫 *Bonellia*，如果卵接触到成熟母虫会孵出雄幼虫，如果它落在海底岩石上孵出雌虫。而一种螺 *Crepidula fornicata* 叠起来群居，最底下是雌的，当一只雄螺背上压了另一只螺，这只雄螺就变成雌螺。水环境污染使蛙胚胎发育产生畸胎已经得到证实（图 3-14），一定剂量的杀草剂（atrazine）会造成雌性生殖器官也存在于雄蛙体中。

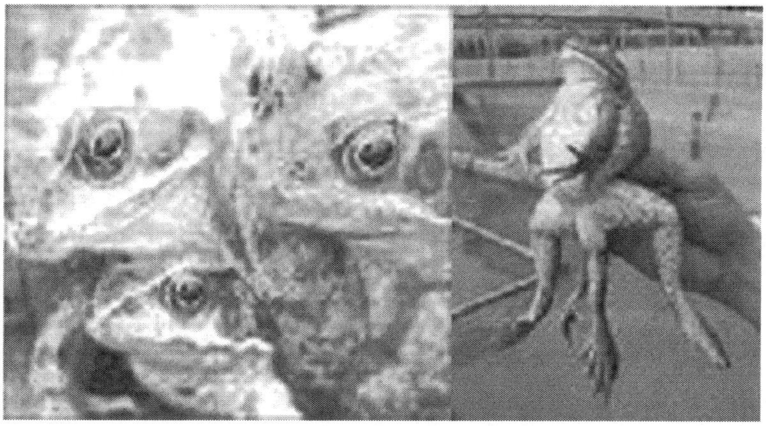

A　　　　B

图 3-14　怪胎蛙三头六腿

A. 蛙三头；B. 蛙六腿

因此，水生动物选择适宜的水环境产卵繁殖，如河蟹降河洄游到河口产卵；大麻哈 4.8
鱼则逆河洄游到上游产卵，以保证卵在正常的渗透压、pH 等条件下孵化。 4.12

3.3.7.2　湿度

在最适湿度条件下，动物体内代谢水平最高，有利于发育。如一种棉象鼻虫，相对
湿度小于 40%或大于 88%不能发育；温度 28℃、湿度 40%时，发育需 21d；湿度在 4.8.3
60%～65%时只需 11d。湿度 100% 时，果蝇生长发育快，湿度低会增加死亡率。湿度 9.3.1
对爬虫类和鸟类卵的胚胎发育也有很大影响，足够的湿度是胚胎发育的重要保证。

3.3.7.3　营养

雌兽妊娠后，"妊娠合成代谢"能力加强，妊娠期的营养除供维持自身的需要外， 4.16
还与胚胎的生长发育、幼仔初生重、生活力和日增重等有关，影响母兽产后泌乳量；中后期摄取的营养需要满足生长发育的胎儿和子宫、乳腺发育的需要，故代谢率提高 20%～40%，能量需要增加 30%以上，蛋白质沉积量增加，最后 2 周约为平均水平的 2 倍以上。如果营养缺乏或摄食粗饲料过多对胚胎产生挤压作用，将影响初生重、存活率和生长发育。

由于胚胎初期正是器官分化期，对各种有害物质十分敏感，如环境污染物通过食物链进入机体内，可使受精卵、胚胎染色体发生畸变或使基因突变而导致胎儿畸形；基因突变有可能将突变后的基因传给后代。物理性污染特别是放射线、视屏和电器产生的电磁波造成的危害很大，严重的可影响胚胎的正常发育。当精子和卵子结合形成合子后，逐步分裂发育生长成亿万个细胞组成的个体。在细胞分裂的敏感期，胚细胞内任何不平衡变化或外界体液环境的化学变化均可阻止细胞生长，当受损害胚胎继续生长就造成永久性的缺陷。如性染色体为雌性，胚胎发育受雄激素作用，不能发育为正常雌性个体；心脏发育过程中，心室间隔上方细胞损伤，就永远留下空隙，出生后成为先天性心脏病婴儿；人脑周围脑脊液管道系统管壁细胞生长差误，使婴儿产生脑积水或无脑儿。怀孕母羊因吃 Jervine alkoloid 植物，抑制了胆固醇的合成，使 Hedgehog（Hh，分节极性基因）不能合成，进而使 Hedgehog 信号通路上具有调控功能的某一个特殊的基因被关闭，造成它的子代双眼融合成单眼，并且缺乏脑下腺发育成独眼羊。

3.3.7.4 胚胎移植

将体外获得动物受精卵移植到另一动物或供卵母体的子宫内发育，借腹怀胎（intrauterine development）成胎儿，这种繁殖方法叫胚胎移植（embryo transplant）。如利用催情、超数排卵等胚胎移植技术，将良种奶牛的受精卵移植到同步发情的普通奶牛体内，可使良种奶牛由一年怀孕生产 1 次增加到多次，加快良种动物的繁殖速度，促进其种群数量和开发利用强度的增加，但会对地方良种的保护开发产生不良影响。

总之，能引起生殖细胞、胚胎或胎儿体细胞的染色体、基因发生变化，或能通过母体作用于胚胎、干扰胚胎正常发育的环境因素，包括环境、化学、物理、药物、辐射、X 射线、同位素等因素以及怀孕期间的母体营养状况，都能影响亲代的生殖机能和胚胎发育，甚至造成出生缺陷。

3.4 动物的胚后发育

3.4.1 胚后发育类型

胚后个体发育过程有间接发育（indirect development）和直接发育（direct development）两种基本类型。

3.4.1.1 间接发育

卵黄少不能满足胚胎发育的营养需要，幼虫早早破膜而出，独立活动、摄取营养完成其发育过程。大多数无脊椎动物、原索动物和少数脊椎动物，幼体都要经过不同程度变态才能发育到成体，有的经过一个幼虫期，有的经过多个幼虫期，发生适应不同生活环境的幼虫器官。幼体不仅身体小、未性成熟，而且形态结构、生理功能都与成体有明显差异。在胚后发育过程中，经过一个或多个幼虫发育过程，幼体经形态结构和生理的剧烈变化才能变为成体，这些幼虫器官经过变态，或完全消失，或经过改造保留到成体作为成体器官的一部分，故称变态发育（metamorphosis）。

成体营固着或营寄生生活的动物，幼体和成体生活在明显不同的环境中。由于生存竞争和扩散分布的需要，营固着生活的种类通过自由生活的幼虫期选择适宜的生活环境；寄生种类幼体具有特殊的适应能力，以利于转移宿主和在新宿主体内营寄生生活，以保证扩散分布和维系种群的繁衍生息。由此可见，生活环境明显改变的动物个体发育具有幼虫阶段，通过形态结构和生殖活动以适应环境的巨大变化，保证种族的繁衍延续。

1）两囊幼虫

或称囊胚幼虫。受精卵经过卵裂，发育到囊胚期即出卵膜营独立生活，个体由单层
细胞构成，是原始形式的幼虫。海绵动物囊胚的动物极细胞向囊胚腔内长出鞭毛，内陷 4.3.1
并从植物极翻出，鞭毛朝外形成幼虫孵出，故称两囊幼虫（amphiblastula）。由出水口离开母体后，附着在物体上重新内陷发育成海绵，内层（胃层）形成领细胞和变形细胞；外层（皮层）形成皮层细胞、孔细胞和造骨细胞；内外层分泌胶状物质形成中胶层（mesoglea），其中，含有骨针（spicule）和类蛋白质的海绵丝（spongin fiber）（图 3-15）。

2）浮浪幼虫

腔肠动物的受精卵经卵裂和囊胚期，发育到原肠期即由卵膜中孵出独立生活的浮浪 4.3.2
幼虫（planula）。身体为长圆形具纤毛的球状两胚层个体，外层为具纤毛的柱状细胞，内层为有吞噬作用的实心细胞群（图 3-15）。

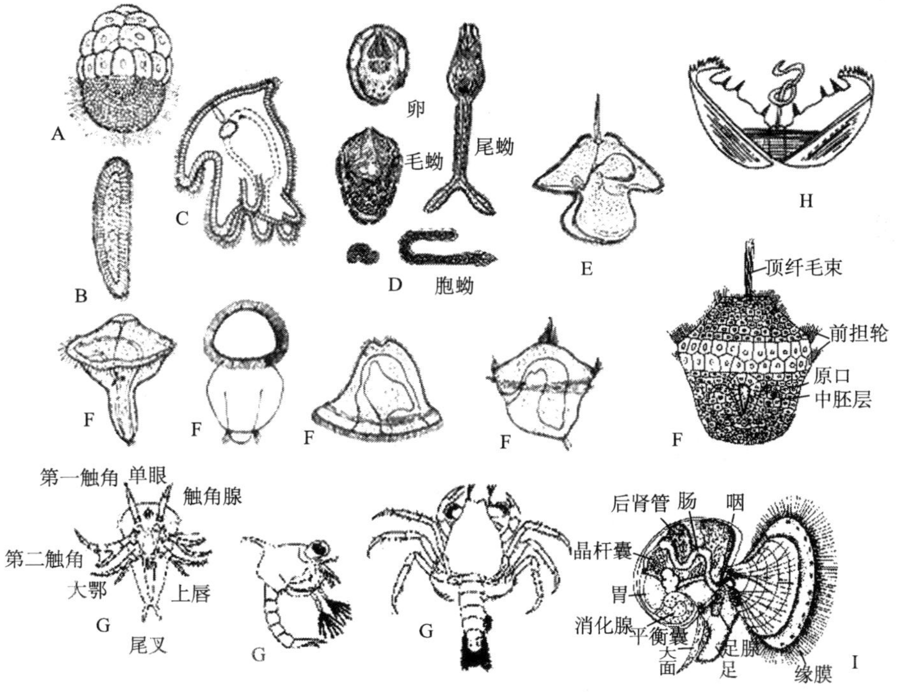

图 3-15　几种幼虫（堵南山等）

A. 两囊幼虫；B. 浮浪幼虫；C. 牟勒氏幼虫；D. 吸虫的幼虫；E. 帽状幼虫；F. 担轮幼虫；G. 蚤状幼虫；H. 钩介幼虫；I. 面盘幼虫

3）牟勒氏幼虫

4.4.1 扁形动物行螺旋式卵裂，发育形成牟勒氏幼虫（Muller's larva），卵形，有顶感觉毛和 8 个纤毛瓣，口位于腹面，有肠通入实质组织中（图 3-15）。

4）担轮幼虫

4.7.2 多毛类的受精卵进行决定型螺旋卵裂，发育到三胚层形成雏形器官后，从卵膜中孵
4.6 出自由生活的担轮幼虫（trochophore），形状似陀螺（图 3-15，图 4-15）。腰部腹面口的前后各有一圈纤毛：口前纤毛环（protroch）和口后纤毛环（metatroch）。口前纤毛区（prototrochal region）包括口、口前纤毛环和顶板，顶端有一束顶纤毛束（apical tuft of cilia）和眼点；尾区（pygidial region）包括口后纤毛环和肛区；生长带区（growth zone region）位于前后纤毛环之间；口经食道与膨大的胃相连，身体末端的肛门前面有一体后纤毛环（telotroch）。具原体腔和原肾管。神经组织与表皮相连，中胚层带尚未分化出体节和真体腔。

4.6 变态时，生长区虫体由后向前伸长，中胚层带增长并形成体腔和所有体节，原虫体
4.7 变为口前叶和围口节，完成变态。多毛类环节动物、软体动物、苔藓动物、腕足动物和
4.9 帚虫动物等具有不同形态结构的担轮幼虫，同类型幼虫表明这些动物有一定的亲缘关系。

5）多幼虫

4.4.1 寄生蠕虫特别是吸虫，个体发育经过几个幼虫阶段，以适应寄生和多次更换宿主的生活史。转换宿主具有很大的偶然性，寄生蠕虫形成复杂的生活史，胚后发育以幼虫特殊的幼体增殖方式产生大量幼虫，补偿极高的死亡率，获得生存繁衍的机会。例如，日本血吸虫（图 10-2）、华枝睾吸虫（*Clonorchis sinensis*）（图 4-10）和肝片吸虫（*Fasciola hepatica*），它们的受精卵侵入第一中间宿主（螺类）体内后，毛蚴（miracidium）从卵中逸出，侵入螺体内变成胞蚴（sporocyst），胚细胞形成雷蚴（redia）进而发育成尾蚴（cercaria），进入水中侵入鱼类等第二中间宿主，在鱼体内形成具有感染性的囊蚴也叫后尾蚴（metacercaria），然后侵袭终宿主人类（图 3-15）。可见，一系列幼虫发育环节是对转宿主生活的一种繁殖适应，对寄生蠕虫的种族繁衍具有重要的生物学意义。

4.8.1 甲壳纲动物也是多幼虫间接发育。虾类第一幼虫期为无节幼体（nauplius），随着肛门前中胚层带增加体节，发育为原溞状幼体（protozozea）、溞状幼体（zoea）和糠虾幼体（mysis）（图 3-15）。河蟹在卵膜内发育的原溞状幼体出膜后为第一期溞状幼体，经过 6 次发育变态和 5 次蜕皮度过五期溞状幼体，成为大眼幼体（俗称蟹苗）。蟹苗具有强烈的趋光性和溯河性，借潮汐的推动作用，溯江河而上到淡水中去，在江河湖泊和沼泽等水域中继续完成生长发育过程。蟹苗蜕皮为幼蟹，经过多次蜕壳，黄蟹期最末一次蜕壳后成为绿蟹。河蟹一生可分为幼体期、黄蟹期、绿蟹期，以适应不同盐度的海水和淡水生活环境。

4.9.1 为适应由自由游泳转变为底栖的不同生活习性，棘皮动物由两辐射幼体变态发育为

五辐射对称的成体体制。海星幼体发育经过纤毛幼体、羽腕幼虫（bipinnaria）和短腕幼虫（branchialaria），变态发育为五辐射对称的小海星；海参的个体发育经耳状幼虫（auricularia）、樽形幼虫（doliolaria）、五触手幼虫（pentactula）变态为幼参。

6）昆虫的变态发育

昆虫种类繁多，其发育可分为以下几种类型（图 3-16）。

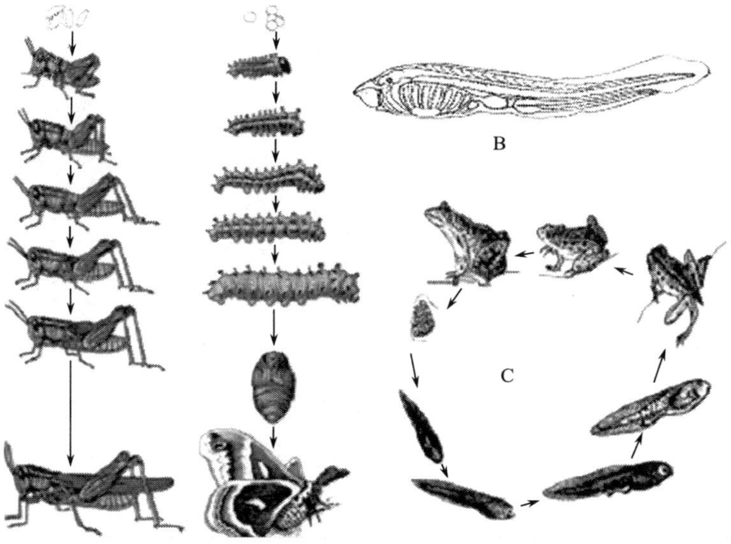

图 3-16　变态发育（Wille，Weiss et al.）
A. 昆虫；B. 沙隐幼虫；C. 蛙的变态发育

（1）无变态（ametabola）　幼虫身体小，未性成熟，其他和成虫相比无差别，如衣鱼。 4.8.3

（2）不完全变态（incomplete metamorphosis）　有两种方式：①渐变态（gradual metamorphosis）蝗虫、蝽象等，卵孵化经若虫（蝗虫的幼虫称为蝻 hopper）才能发育为成虫。幼虫的生活习性、形态结构等与成体相似，翅未长成，特称若虫（nymph），随着各龄幼虫发育增大，翅芽长大，发育为成虫。②半变态（hemi-metamorphosis）蜻蜓、蜉蝣等，卵在水中孵化后经稚虫才能发育为成虫。幼虫的生活习性和形态结构都与成体不同，差别较大，具有特殊的气管鳃和捕食器官——面罩，最后一次变态时，气管消失，翅芽长成翅，由水生转为陆生，发育为成虫。

（3）完全变态（complete metamorphosis）　蚕、蝇、金龟子和蜜蜂等，卵孵化后经幼虫、蛹期、蜕皮羽化（emergence 或 eclosion）为成虫。幼虫（larva）的形态结构与成虫完全不同，幼虫需经不吃不动的蛹（pupa）期，内部组织器官发生巨大变化才能变为成虫（imago）。幼虫大量摄食，促进生长，并为以后各虫态发育储备营养，许多害虫因此给农业生产带来巨大损失。鞘翅目、膜翅目等昆虫蛹的附肢和翅不黏附在身体上，称离蛹（exarate pupa）。鳞翅目昆虫蛹的附肢和翅黏附在身体上，称被蛹（obtect pupa）。蝇类的蛹最后两龄幼虫的皮形成一个桶状的壳保护里面的离蛹，称围蛹（coarctate pupa）。

7）柱头幼虫

4.9.3 受精卵进行均等卵裂发育为柱头幼虫（tornaria），形态与短腕幼虫相似，然后变态发育为柱头虫。

8）文昌鱼的幼虫

4.10.2 幼体身披纤毛，在海表层游泳生活，沉于海底后发生变态，体形增大延长，鳃裂数目增加，体侧出现一对腹褶（metapleural fold）向腹侧延伸并愈合形成围鳃腔，后端有腹孔通体外。因此，开口于体外的幼体鳃裂改造为开口于围鳃腔中；由不对称到对称，产生口笠、口笠触手、轮状器、缘膜和内柱等一系列特殊结构，脊索终生保留前端超过背神经管，适应钻沙穴居生活（图 4-22）。

9）逆行变态

4.10.1 海鞘雌雄同体，为防止同体受精，精卵不同时成熟，成熟精子随水流进入另一个体的围鳃腔内完成受精作用。受精卵通过出水管排到海水中发育成蝌蚪状幼体，具咽鳃裂，尾内具有脊索和神经管等脊索动物特征性结构，游泳几小时后，趋光性发生反转，沉入水底，体前端附着突起（adhesive papillae）吸附在适宜物体上。尾及其中的脊索消失，神经管仅残留一个神经节，感官退化；咽扩大、鳃裂数增加，形成包围咽部的围鳃腔，附着突起的背部和口之间的组织生长迅速，使口发生 180°的位置推移成为入水孔；内部器官位置随之变化，体壁分泌动物界特有的、类似植物纤维素的被囊素（tunicin）构成保护身体的被囊，变态为营固着生活的成体。海鞘经过变态使身体失去脊索和背神经管等重要结构，形体变得更为简单，故称逆行变态（retrogressive metamorphosis）（图 4-21）。

10）沙隐幼虫

4.11 七鳃鳗的受精卵经过一个月发育孵化出来的幼体，称沙隐幼虫（ammocoete）。许多特征和文昌鱼相似。埋身水底淤泥中、靠纤毛摆动滤食独立生活 3～7 年后，产生适应寄生生活的结构，马蹄形上唇极度扩大发育为口漏斗，咽部迅速分化形成上部食道和下部呼吸管，幼体内柱变为甲状腺，鳃裂变为囊鳃，内鳃孔开口于咽的呼吸管，外鳃孔开口于体表，呼吸水流由外鳃孔进出（图 3-16，图 4-23），由自由游泳生活变为半寄生生活，变态发育为成体。

11）蝌蚪

4.13 受精卵在水中孵化成自由生活的蝌蚪（tadpole），形态结构似鱼。2～3 个月后，身体形态结构发生重要而显著的变化，角质喙和角质齿脱落，出现成对的五趾型附肢，尾部消失；鳃消失，产生肺芽发育成肺。随着肺呼吸的出现，心脏发育成二心房一心室，胚期的六对动脉弓经过消失、改造，第三、第四和第六对入鳃动脉分别发育为颈动脉、体动脉和肺动脉。变态发育成登陆生活的蛙类成体（图3-16）。

3.4.1.2　直接发育

高等动物胚胎不仅在营养丰富而稳定的环境中完成发育，而且得到很好地保护，因此失去幼虫阶段进行直接发育，孵出的幼体除个体大小外，其形态结构和生理功能均与成体相似。

1）卵生 3.3.7.1

4.14

卵生（oviparity）　较大卵黄满足胚体发育所需全部营养，如爬行类、鸟类和卵生 4.15
哺乳动物，受精卵靠太阳能或靠亲体热能完成孵化和胚胎发育过程。孵化温度、湿度和 4.16
翻卵情况都会影响孵化率，甚至个体的性别，如爬行动物。 8.2.3.3

2）胎生

胎生（viviparity）　为了提高繁殖的成功率，动物产生特殊的适应性器官——胎 8.2.3.3
盘，是胎儿和子宫紧密接触并进行物质交换的部位。母体通过子宫为胚胎发育提供优越 3.1.3.3
的环境条件，包括温度、水环境，营养物质的充足供应和废物的及时排除等都处于一个比较适宜而稳定的范围内，胚胎直接从母体吸取营养完成发育，而不需要卵黄，但仍有卵黄囊产生，表明胎生类型的动物是由卵生类型进化来的。广义的胎盘包括几种基本类型：

（1）卵黄囊胎盘（yolk sac placenta）　卵黄囊与子宫内膜接触，充当简单的胎盘，其物质交换效率较低，如胎生的鲨鱼和辐鳍鱼类。

（2）卵黄囊绒毛膜胎盘（choriovitelline placenta）　卵黄囊经绒毛膜与子宫内膜紧密联系，进行有效的物质交换，如有袋类，胎儿在子宫内发育12天左右就出生，凭借发达的脑和强有力的前肢爬到母体的育儿袋内，靠乳汁完成发育过程。

（3）尿囊绒毛膜胎盘（chorioallantoic placenta）　真兽类具有的真正意义上的高效率胎盘，由胎儿尿囊绒毛膜与母体子宫内膜两部分结合起来形成，绒毛膜指状突起可伸入子宫组织，物质交换表面积极大增加，有效的栅栏作用保证胎儿借助胎盘从母体摄取营养、排除废物，顺利完成胚胎发育过程（妊娠，gestation）。通常所说的胎盘指的是胎儿胎盘部分，真兽类的胎盘根据绒毛的分布情况及其与子宫内膜的接触程度分为蜕膜胎盘和无蜕膜胎盘两类。

无蜕膜胎盘的绒毛膜仅仅与子宫内膜接触，胎儿分娩时，胎盘脱落不会造成子宫内膜损伤和出血现象，如鲸、狐猴和某些有蹄类的绒毛均匀分布在绒毛膜上，称散布状胎盘（diffuse placent）；多数反刍动物的绒毛聚集成丛，呈叶状分布在绒毛膜上，称叶状胎盘（cotyledonary placenta）。蜕膜胎盘的绒毛膜上的绒毛直接嵌入子宫内膜中，极大地扩大了接触面积，提高了胎盘效率，有利于胎儿的生长发育。但胎儿分娩时，胎盘脱落造成子宫内膜损伤出血，甚至是大出血危及母子安全，如食肉目、象、海豹等绒毛呈环带状分布在绒毛膜上，称环状胎盘（zonary placenta）；灵长目、食虫目、翼手目和啮齿目等的绒毛呈盘状分布在绒毛膜上，称盘状胎盘（discoidal placenta）。

3）卵胎生

卵胎生（ovoviparity） 指体内受精的受精卵留在母体内发育，“体内孵卵”的受精卵利用卵黄的养分，发育所需的气体交换和水分保持则依赖母体供应，直到胚胎发育完全才出生。卵胎生的动物如部分蛇类、部分鲨鱼等。

总之，低等动物个体由受精卵孵出后，经幼虫阶段发育为成体，为幼虫发育类型或间接发育；较高等动物由卵膜中孵出或从母体产出后，形态结构和成体相似，长大为成体为直接发育类型。卵生、卵胎生、胎生依照对胎儿保护的完善程度、胎儿存活率等在演化上由低等到高等的顺序先后出现，这种发生规律是动物在进化发展的过程中适应生活环境形成的，保证后代的成活率对动物演化具有重要的生物学意义。

3.4.2 性成熟与体成熟

动物通过繁殖活动保证生命的延续，使不朽的基因代代相传，物种免遭自然选择淘汰。生命活动以新陈代谢为基础，由同化和异化两个基本过程组成。同化过程包括核酸的复制和蛋白质等物质的合成；幼体同化作用大于异化作用，物质在机体内积累，动物生长发育达到一定大小和程度后，即生长发育一定年龄后生殖系统发育成熟达到性成熟（sex maturity）（表 3-5）进入繁殖期。雌体初次发情排卵和雄性动物出现性行为并能够射出精子的时期为初情期，是性成熟的开始。性成熟期后，生殖器官和机能发育趋于完善，雌性动物排出能受精的卵母细胞，表现完全的发情征状和有规律的发情周期；雄性动物产生具有受精能力的精子并具有完全的性行为，具有繁衍后代的能力。雄性动物的性成熟通常比雌性迟一些。性成熟后，身体各器官系统经一定时间的生长发育才能发育完全，达到体成熟。

表 3-5 各种哺乳动物性成熟年龄

种类	性成熟期/年	种类	性成熟期/年	种类	性成熟期/年
象	20～25	羚羊	2.5	骆驼	5～7
鲸	2	黄牛	1.5～2	狗、猫、狐	1
绵羊	1.5～2	野猪	1.5	狼	2
鹿	0.5	河马	2～3	狮	6～7
山羊	0.5～1	马	3～4	熊	5～6
野山羊	1～1.5	驴	2～3	啮齿类	0.25

3.4.2.1 早期发育特点与经济动物驯养

动物体重、生长重点、内脏器官的增长等都有一定的规律。不同阶段、不同组织器官生长的强度和比例不同；前期比后期、雄性比雌性的体重增长速度快。从组织解剖学角度看，早期，骨组织、头和腿的生长较快；中期，体长和肌肉生长幅度大；后期，体深的增长和脂肪的储积为生长重点。从化学组成看，早期生长水分和蛋白质的比例较大；晚期，脂肪的比例显著增加。动物的生长规律可用累积生长曲线、绝对生长曲线和相对生长曲线来描述。累积生长曲线描述所测得的指标是代表动物在测定时间以前生长发育的累积结果。绝对生长曲线说明某个时期动物的绝对生长速度。相对生长曲线说明生长发育的强度，即某时间内增重占始重的比例情况。随着年龄增长采食量增加，日增重加快，对蛋白质需要量大。根据生长规律对动物进行驯化饲养与管理，满足其对营养物质的需要，选择有效的开发利用时间，才能经济有效地生产各种理想的动物产品。

3.4.2.2　性成熟、体成熟与动物的繁殖

达到性成熟的动物即可进行繁殖，但性成熟时身体仍在继续发育。此时配种繁殖，摄取的营养需要同时满足母体生长和胎儿发育的需要，影响母体继续生长和胎儿初生重，降低繁殖力。在生产实践中，考虑动物身体的成熟和经济价值，适于开始繁殖的时期叫初配适龄。初配适龄若以体重为根据，雌性体重达到正常成年体重 70%以上比较适宜。繁殖机能停止期是动物的老年时期，卵巢生理机能逐渐停止，不再出现发情与排卵而进入绝情期，失去饲养育种价值，影响生产。

3.4.3　衰老

衰老（senescence）是所有动物基本的和固有的属性，每个物种都有其特定的老化方式。一般说来，从出生到性成熟期出现有利于机体生存的变化，然后，胸腺退化，新的 T 细胞生成机能减弱，造成免疫失衡，自身免疫衰落，自检能力瓦解，不能对感染产生有效的应答反应，随着时间进程，生命的后期机能衰退，对不利环境的耐受力降低，死亡的概率增加。随年龄的增长，与年龄相关的变化逐渐积累将会逐渐出现老化（aging）。环境变化影响动物的生存，同时老化也能提高个体的生存力，如机体的免疫记忆增多、经验的积累，会使动物明智地避开天敌和病源微生物的侵袭。

3.4.3.1　生命表与存活曲线

利用瞬时静态和动态生命表等生态学方法研究动物群体预期寿命，以存活个体对年份作图可以得到指数曲线、矩形曲线和对角线曲线三种种群存活曲线。重点保护动物等具有老化种群特征的存活曲线为矩形曲线；牡蛎、家养动物等在老化前即被猎杀或因其他环境因素而死亡，存活曲线为指数曲线；野生动物由于老化、被捕食等因素综合作用的结果，存活曲线多为对角线曲线。群体老化，在一定的时间内死亡率就会上升。动物达到预期寿命就面临死亡，作为可再生生物资源应该开发利用。因此，加强各种动物存活曲线的研究，能有针对性地加强对珍稀动物保护措施，有计划地对老弱残疾动物进行合理开发，可避免生物资源的浪费，对动物的繁殖活动也会有一定的促进作用。

3.4.3.2 衰老的理论

衰老理论为环境和动物保护、人类的计划生育提供科学的依据。正如基因决定一个动物是鱼、蛙、鸟、兽，还是蚯蚓、河蚌、虾蟹、昆虫及其生长发育过程一样，细胞内特定基因的程序性表达也介导细胞和机体的死亡。由于DNA对RNA编码，信使RNA对蛋白质进行编码，但衰老组织中出现的“易出错的DNA聚合酶”导致错误DNA和RNA的出现，从而使蛋白质编码错误。以凋亡方式进行的程序性细胞死亡是一个主动连续并受基因及其表达调控的程序化反应过程。基因间存在正、负调节和相互作用，细胞分裂的代数决定着机体的寿命。

机体衰老不仅受遗传因素的影响，而且受环境因素和衰老进程的影响，如限制幼年大鼠的食性、食物能延迟性成熟；青春期食物缺乏能减缓发育生物钟，抑制老化和死亡，反之，能促使肥胖加速加快老化和死亡；拥挤的啮齿类群体能加速老化和死亡进程。分子、细胞、器官和机体及其所处的环境变化，尤其是剧烈变化能引起各种疾病，影响动物的老化、死亡过程。死亡机体参与生态系统的物质和能量循环，因此，适度合理地开发利用多余的动物个体，有助于种群的繁衍生息和稳定。

3.4.4 环境因素影响胚后发育

7.3.2 食物、生活环境、季节、气候、种群密度等环境因素影响动物的生长发育。如长期
7.3.4 生活在阴暗环境中，皮肤不能正常合成维生素D，食物缺钙导致钙摄入不足，会患软骨病；蛋白质缺乏，营养不良，动物生长发育受阻；食物能量供应充足，动物易育肥，但肥胖影响机体健康和种兽的生育能力；阉割动物有助于育肥；饵料中添加激素，特别是性激素影响动物的生长发育，能促使动物异性化；有机磷农药等环境激素进入食物链难以代谢，累积作用对动物的生长发育产生严重影响，造成怪胎，对子代甚至对人类的身体健康产生严重影响。

4.8.3 总之，环境对动物生长发育的影响是多方面的，不仅影响动物的生存繁衍，而且能反馈性地促使环境变化，甚至影响到人类的生存（如蝗灾是由于蝗虫在适宜条件下，同步发育、繁殖造成的）。所以，要加强环境保护，促进动物种群与环境的协调持续发展。

研究并弄清楚精卵受精及个体发育的规律、遗传和基因调控细胞分化的规律，也就了解了 $1+1=x$，而不一定等于2的生物数字问题。掌握规律、解决了问题，就会保证生物资源的可持续利用。

复习思考题

1. 动物个体发育经历哪些基本阶段？具有哪些特点？
2. 环境因素是怎样影响动物个体发育的？
3. 中胚层、体腔是怎样形成的？在动物演化上有何意义？
4. 动物卵的受精发育类型有哪些？
5. 动物个体发育有哪些变态类型？各有什么特点？
6. 简述羊膜卵的特征及其在动物演化上的意义。

7. 名词解释：端黄卵，中黄卵，羊膜卵，受精卵，体内受精，体外受精，体内发育，体外发育，卵裂，囊胚期，原肠胚，三胚层，中胚层，神经胚，假体腔，次生体腔，原口，后口，胎生，卵生，卵胎生，直接发育，间接发育，性成熟，体成熟，变态发育，两囊幼虫，浮浪幼虫，担轮幼虫，胞蚴，雷蚴，尾蚴，耳状幼虫，逆行变态，沙隐幼虫。

第4章　动物多样性

本章提要　生态地理与生殖隔离使动物形成不同的物种，具有种的特征。物种屏障一般不可逾越，否则，可对物种造成灾难性影响。为研究复杂多样的动物界，人们利用双命名法为物种命名，利用自然分类系统、支序分类、数值分类、微观分类和系统演化分析等方法分析研究物种和类群间的亲缘关系，将动物分成具有类群结构和功能特征的门、纲、目、科、属、种，并研究各类群动物结构和功能的相关性、特异性及其对环境的适应性，探讨动物的演化机制和演化关系。

- 动物界
  - 原生动物门(Protozoa)
  - 中生动物门(Mesozoa)
  - 后生动物(Metazoa)
    - 侧生动物(Parazoa)：扁盘动物门(Placozoa)、海绵动物门(Spongia)
    - 真后生动物(Eumetazoa)
      - 两胚层、辐射对称：腔肠动物门、栉水母动物门
      - 三胚层两侧对称
        - 无体腔：扁形动物门、纽形动物门、颚胃动物门
        - 假体腔：线虫动物门、腹毛动物门、动吻动物门、轮虫动物门、线形动物门、棘头动物门、内肛动物门
        - 真体腔
          - 裂体腔：软体动物门、鳃曳动物门、星虫动物门、螠虫动物门、环节动物门、须腕动物门、被腕动物门、缓步动物门、节肢动物门、有爪动物门、苔藓动物门、腕足动物门、外肛动物门、箒虫动物门
          - 肠体腔
            - 毛颚动物门、棘皮动物门、半索动物门
            - 脊索动物门
              - 无头类：尾索动物亚门、头索动物亚门
              - 有头类：脊椎动物亚门
                - 无颌类：甲骨鱼类、圆口纲
                - 有颌类
                  - 鱼类：软骨鱼纲、硬骨鱼纲
                  - 四足动物
                    - 两栖纲
                    - 羊膜动物
                      - 爬行纲
                      - 恒温动物
                        - 鸟纲
                        - 哺乳纲

4.1　分类学基本知识

4.1.1　物种形成与物种屏障

4.1.1.1　物种与物种形成

种是进化生物学的基本单位，物种的大量增殖是动物进化发展的前提。进化论谈论趋势、适应、特化和退化等宏观现象，但都和显示这些趋势的物种的进程分不开，人类无法预测每个端始种进入新的生境后，是否就能通过新适应区的存活关口而能继续繁衍演化。存活下来就可能继续演化进化，否则，就会被自然选择淘汰，并从物种生发中心消失。

有性生殖过程中，种的区别标准是：虽然种内个体间千差万别，但物种具有典型的 8.3
共同表型特征，按明显的不连续性特征和其他物种分开，它们在遗传上是连续的，共享一个基因库（gene pool），种内能相互交配繁殖进行基因交换。尽管因每个个体的遗传独特性造成可变性，但是每个种都有物种特异性的遗传物质（DNA）；不同物种间存在着生殖隔离（reproductive isolation），种间差异在表现型和遗传基因型上是不连续的，不能交配生殖进行基因交换，存在着隔离机制（isolation mechanism）。生殖隔离机制使种成为生殖群体，动物的种就成为行为科学的重要单位。各种动物都有自己特有的（如求偶交配）行为。同种个体具有相同的信号系统，所有成员还共同具有其他行为方式，种内没有隔离，群体内个体发生的突变就会扩散到整个群体，并在群体中进行各种重新组合，保持一个持续发展的整体。

一种生物有很多基因，每一基因可有多种等位基因，从而通过基因频率改变造成种
内进化多样性。如果一个物种的两个种群被隔离生活在不同的自然环境中，基因频率的 11.4.5
改变势必会导致种群的分化，持续达到足够长的时间就可形成不同的亚种。作为物种以下的分类单位也有特定的地理分布区域，亚种间在形态与生理等方面存在着可遗传的差异，但它们仍可相互交配产生可育后代，属于同一个物种。如 19 世纪中期，麻雀从欧洲带到北美洲，20 世纪 30 年代，其中，一个种群迁移到墨西哥，60 年代便产生了一个亚种，其羽毛颜色和喙的大小与其他地区的麻雀有明显的差异。

物种组成生态系统，是生态学的基本功能单位。只有弄清楚组成生态系统的物种和 11.3.1
这些物种间的相互作用，才能充分认识生态系统。物种间的相互作用是生态学研究的主要论题；生态隔离（ecological isolation）使生活在不同生境中的动物不能相遇，时间隔离使配子发育和动物的性行为不能同步，个体隔离使雌雄间的性吸引缺乏，生殖器官结构功能的不同使异种间不能正常交配繁殖。结果，隔离使一个群体发生的突变不能扩散到另一群体，自然选择对各群体独立发挥作用，使之独立进化，造成动物种间差异，成为分类学上的“种”。应用生物学家不论是研究带菌者、病原体，还是研究农林业害虫或野生动物、渔业问题，都涉及种。

总之，种是遗传进化、系统学、生态学和行为学的一个重要单位，是生物学的重要单位，是科学的、普遍存在的。种的起源和意义是重要的科学问题，对许多极其重要的

生物学现象来说，无论是分子细胞生物学，还是基因工程都离不开物种，“物种科学”是一种极其有效的建立秩序的手段，已经成为生物学中的最活跃的研究领域之一。

4.1.1.2 物种屏障

自然界中，不同物种间在生存领地、生理构造特别是生殖方面存在天然隔离，称物种屏障（species barrier）。生殖屏障使种间不能进行杂交或杂交不能产生可繁育的后代，是物种保持相对稳定的重要机制。

10.2.1 但物种屏障不是绝对的，自然和人为因素均可打破这种屏障。驴和马杂交产生骡；狮和虎杂交生出狮虎兽或虎狮兽。低等生物中跨物种现象更多，细菌、病毒或寄生虫等人畜共患病的病原体，如血吸虫、蛔虫等都具有在两个或多个寄主中生存的能力；包括流感病毒和 SARS 病毒在内的病毒界，由于结构简单、基因组小，缺乏严密的遗传控制体系，变异概率大。变异基因，如果与病毒对寄主的选择侵染性有关，就可能使病毒具有穿越不同寄主物种的能力，如果禽流感病毒演变为致命的 H5N1 型病毒是非常可怕的，由病鸡传染给人可患甲型流感，可能令千万人丧生。引起疯牛病的朊病毒就是一种传染性蛋白质颗粒，不含核酸，可通过胎盘垂直传播，但并不诱发经典的抗原-抗体反应，使分子生物学的理论核心——中心法则受到严重挑战。

随着细胞遗传学技术和细胞杂交技术的发展，人类出于自身利益，改造物种创造了转基因动物。科研人员将经绵羊红细胞免疫的小鼠脾细胞与骨髓瘤细胞融合建立起 B 细胞杂交瘤细胞株，甚至建立早年夭折的人鼠杂交细胞，这种“稳定的、优势互补的”杂交体就是一种典型的人为操作，打破物种屏障制造出自然界根本不存在的新生物。转基因技术发展成熟后，基因枪轰击法强迫外源基因进入，介导转化法可利用细菌或病毒做载体携带外源基因进入目标生物，如大肠杆菌可以制造人胰岛素。生物高科技的确能够给人类带来巨额利益，但转基因生物出现后如继续繁殖，如转基因抗虫作物，虫子吃了会死亡或不能正常发育，那么人吃了会出现什么样的结果呢？需要引起人类的高度警惕。

物种的生物屏障一旦打破，可能为人类带来巨大的经济利益，同时，有些不朽基因的产生将对人类的生命财产和遗传资源造成无法估量的损失，因此，物种屏障跨越现象的因果关系要求人类更加理性地去面对它。环境伦理和自然法则需要人类在进行生物高科技研究的过程中，审慎地应用生物高新技术进行生物资源的开发利用。

4.1.2 分类依据与物种命名

虽然在复杂情形下，不同物种可偶尔交配并产生杂种后代，甚至形成中间类型。但物种是个体间形态结构、生活习性和生理机能相似，能相互交配产生能够生育后代的个体组合，物种是最基本的分类阶元。

全世界已经定名的动物约 150 万种，还有许多至今没有被发现的动物，加上已经灭绝的动物，动物的种类就更多了。面对浩瀚的动物世界，我们只能通过科学的分类与命名来认识它们，任何领域（宏观、微观）的科学研究，以及与农林牧渔有关的产业都要首先正确地鉴定、判断研究的对象是哪个物种（species）。动物学名始于 1758 年，为了规范动物物种的命名，1895 年成立国际动物命名委员会（ICZN），制定了《国际动物命名规范》，规定所有动物学家都承担着规范动物物种命名的任务。要确定一个新种必须有模式标本（type），用于描述和记载新种的特征。同种标本中，最典型的、用来描述特征的标本称为正模（holotype），与正模不同性别的标本为配模（allotype），其余用作参考的标本为副模（paratype）。标本必须妥善保存，发表新种时必须指明模式标本存放地点，以供长期参考使用或需要时进行查对，如对原记载发生疑问或记载不详尽时，可核对模式标本。因此，模式标本提供鉴定动物种类的参考标准，是建立一个新种的物质基础。

首先，对动物进行科学分类是以动物的形态和解剖构造的相似程度为基础的。宏观上根据古生物学、比较胚胎学、比较解剖学和生理学上的特征，微观上根据细胞染色体数目、结构、核型、带型和生物化学分析等，虽然分子分类系统与形态结构分类系统有时不完全吻合，但为系统分类学的深入研究提供互相印证的借鉴资料。相似程度越高亲缘关系越近，把具有共同特征的动物归为一类，否则归为另一类，由此设立界、门、纲、目、科、属、种分类等级（category）特征，反映动物类群间的亲缘关系及其进化规律。一个等级内的种类繁多，也可根据需要在上述后六个等级之前冠以“总”或“亚”字，增加分类等级，如亚门、总纲、亚纲、总目、亚目、总科、亚科、亚属、亚种等。

其次，由于物种众多，为避免混乱，按国际统一规定，对每种动物命名采用瑞典科学家林奈的“双名法”，物种名称用拉丁文或拉丁化文字书写，保证每种动物有一个唯一的学名（scientific name）；由于物种众多，为避免混乱，采用“双名法”，即每个物种的学名由属名和种名组成，为便于查考有关分类资料，学名后还要加上命名者的姓氏和命名时间，如狼（*Canis lupus* Linnaeua）；大杜鹃（*Cuculus canorus* Linnaeus）；家蝇（*Musca domestica* L.，1758）；1983 年，两位古生物学家命名多齿盐都龙（*Yandusaurus multidens* Heet Cai，1983）。种内有不同亚种的使用“三名法”，即在种名后加上亚种名，如中华蟾蜍（*Bufo gargarizans andrewsi*）。尚未确定种名时用“属名＋sp.”表示。属名更改后，要在学名初定名人的姓氏上加括号。

4.1.3　分类系统

4.1.3.1　自然分类系统阶元

动物学分类系统力图反映各动物类群在进化历程中的自然亲缘关系，精确反映各物 1.2.4
种的分类地位。现行分类阶元如下：

界（kingdom）	动物界（Kingdom Animalia）	植物界（Kingdom Plantae）	
门（phylum）	脊索动物门（Chordata）	节肢动物门（Arthropoda）	
亚门（subphylum）	脊椎动物亚门（Vertebrata）		
总纲（superclass）			
纲（class）	哺乳纲（Mammalia）	鸟纲（Aves）	昆虫纲（Insecta）
亚纲（subclass）			

总目（superorder）	
目（order）	偶蹄目（Artiodactyla）鸡形目（Galliformes）膜翅目（Hymenoptera）
亚目（suborder）	
总科（superfamily）	
科（family）	鹿科（Cervidae）雉科（Phasianidae）蜜蜂科（Apidae）
亚科（subfamily）	
属（genus）	麋鹿属（*Elaphurus*）石鸡属（*Alectoris*）蜜蜂属（*Apis*）
亚属（subgenus）	
种（species）	麋鹿（*E. davidianus*）石鸡（*A . chukar*）意大利蜂（*A. melifera*）
亚种（subspecies）	

4.1.3.2　支序分类

1950年，德国昆虫学家W. Hennig在《系统发育系统学原理》一书中阐明，分类应当完全建立在系谱（血缘、家系，genealogy），也就是建立在系统发育（phylogenesis）的分支模式（branching pattern）基础上。系统发育由一系列代表祖先种分化成两个子代姐妹种的二叉分支（dichotomous branching）组成，并假定祖先种在二叉分支时即不再存在。姐妹群（sister group）处于相同的阶元等级，祖先种及其所有后代必须包括在一个单一的全系分类单元（holophyletic taxon）中。单系（单元，单源）分类单位（monophyletic taxon）是由一共同祖先的后裔构成的分类单位。1950年以来，研究人员仔细比较包含在某一高级分类单位中的种和属，并分析所有的类似性以便确定它们是否真正同源。结果表明，绝大多数已被确认的动物分类单位都是单系的。

在分类单位的比较中，仔细分析所有性状（特征）并将其区分为祖先特征（祖征，plesiomorphy）和近裔衍征（apomorphy）。系统发育的分支点由共有衍生特征（近裔共征，synapomorphy）决定，因为只有共同具有独特的衍生特征才足以证明某些种来自共同祖先，共有衍生性状只在祖先后裔中初次出现时才能被发现。应用这种方法，在一定程度内不用借助于化石证据也可重建系统发育。20世纪80年代，研究人员利用系统演化理论和支序分类（branching of lineages）学相结合的方法，突破了传统的11科分类系统，建立了13科分类系统，澄清了国际上科间与亚科间的混乱现象，发现了从大蚜族向长足大蚜族过渡的口器类型，提出大蚜科是相对进化单元的有力证据。

4.1.3.3　数值分类

由于近代科学技术的发展和计算机在分类学中的应用，建立起一门新兴的边缘学科即数值分类学（numerical taxonomy）。它是一门应用多变值统计及计算机来从事生物系统分类研究的重要学科。它以表型特征为基础，利用大量性状数据，如传统的形态、生理、细胞、生化或生态，或目前十分热门的分子生物学资料，按一定的数学模型，用计算机运算得出结果进行机体的定量比较，并利用数值分类技术来进行分析探讨，以客观地反映出分类群之间的关系。其内容涵盖表型（phenetic）及支序（cladistic）学派的各种方法，从方法原理、计算步骤、实际应用、各类方法之优缺点到如何比较及综合各种不同的结果等，不但具有分类之理论基础，而且是一种客观正确分析大量数据的工具。

20 世纪 70 年代，我国率先将数值分类法应用于蚜虫系统分类，结果与传统分类结果相符合；中国蝗莺属 5 个种 6 个亚种的数量性状进行分析也得到与传统分类法基本一致的结果，并支持将史氏蝗莺提升为种的结论；翼长、下喙长、尾长、跗跖长、嘴宽、体重、体长等 7 个性状代表着蝗莺属各个类群之间分化和差异的方向。

4.1.3.4　微观分类　11.4.5

生物种是由不同的分子构成的复杂系统，具有很强的变异能力。人类对物种重要性的认识是逐步深入的。分类学家重视物种阶元，研究细胞或分子生物学的遗传学家则强调种的遗传统一性。种是一个庞大的基因库，重在基因进化的相互适应，因此，生物物种的分类影响人类对物种形成过程的评价。随着科学技术的发展，遗传物质的组成和空间结构也成为生物分类和探讨物种起源的重要特征：RNA 结构、DNA 结构决定遗传特征，蛋白质的结构和组成不仅反映基因组的差异，而且表现出不同的特异功能。因此，在分类学上越来越重视和应用 DNA、氨基酸的快速测序手段以及 DNA 杂交等分子遗传技术和方法，以便从分子水平确定各动物类群间的进化关系，用分子分类系统［微观分类（microclassify）］验证宏观分类的正确性。

4.2　单细胞原生动物门（Protozoa）

在漫长的化学进化过程中，遗传物质、细胞核和功能蛋白质由细胞膜包裹，诞生了单细胞个体原生动物，群体中各细胞间具有独立性，其构造简单，形态多样，具特化而功能完备的细胞器（图 2-1）。

原生动物用胞口、胞咽吞噬食物，在细胞内与水解酶结合形成食物泡，进行细胞内消化，食物残渣由胞肛或质膜排出。营养方式多样，光合营养（自养，autotrophic nutrition）如植鞭毛虫；简单有机物渗透营养即腐生营养（saprophytic nutrition）如无色鞭毛虫等寄生种类；动物式营养（异养，holozoic nutrition）吞食细菌、酵母菌、藻类和微小动物。原生动物通过体表呼吸和排泄，淡水纤毛虫纲的种类有伸缩泡（contractile vacuole）主要排出水分（图 4-4，图 6-24），通过鞭毛（flagellum）、纤毛（cilium）或形成伪足（pseudopodium）完成运动（图 5-13，图 4-2）。

原生动物的趋性反应按刺激的性质分趋光性、趋热性、趋电性、趋化性、趋流性、趋温性等，对刺激反应有正负之分；原生动物体内具神经肽，显示了神经系统发生发展的趋势。

原生动物无性生殖有等二分裂、纵二分裂、横二分裂、裂体生殖、孢子生殖和出芽生殖；有性生殖有配子生殖、接合生殖；有世代交替（alloiobiogenesis）现象（图 8-1，图 8-3）。原生动物的诞生使多细胞动物的诞生和演化成为必然。

原生动物有 30 000～44 000 种，其中，化石 20 000 种，自由生活 17 000 多种，寄生 6800 多种。世界性分布，对环境变化敏感，是很好的环境指示生物，在邻近池塘、

2.2.1
2.3
3.1.2.3
3.1.2.4
5.2.1
5.2.3.1
5.4.1.3
6.1.1.1
6.1.1.2
6.1.3
6.2.3.1
6.2.5
6.3.6
6.4.7.1
7.1.1
7.2.4
8.1.1.1
8.1.1.2
8.2.2.1
8.2.3.1
8.2.4
9.2.1
11.3.2

同一池塘不同场所或相同场所不同时间可以找到不同种类。分类关键特征是细胞器超微结构、运动和生殖方式、核酸序列，由于其分类复杂和随着超微结构、分子分类研究的不断深入，专家将原生动物作为动物界的一个门分 4 个亚门，或为五界生物系统中的原生生物界一个亚界，分 7 个门或 5 个门。但本教科书仍视为动物界的一门，分为 4 纲。

4.2.1 鞭毛纲（Mastigophora）

4.2.1.1 主要特征

5.4.1.1 体被具沟嵴的表膜，有胞口、胞咽、储蓄泡和 1～4 根鞭毛（flagellum）。鞭毛由双
6.1.5 联体微管（microtubule）以 9＋2 的方式构成，2 根轴丝（axoneme）与基体（basal
6.4.7.1 body）相连，微管滑动使鞭毛弯曲划动（rowing）和波动（undulating）击水产生反向
7.1.1.1 推动力，推动身体完成运动（图 5-13）。行光合营养、渗透营养（osmotrophy）或吞噬
10.3.3 营养（phagotrophy）。眼点和光感受器调节趋光性反应。纵二分裂或配子生殖，在不良
10.3.4 环境中形成包囊（图 4-1，图 5-13）。

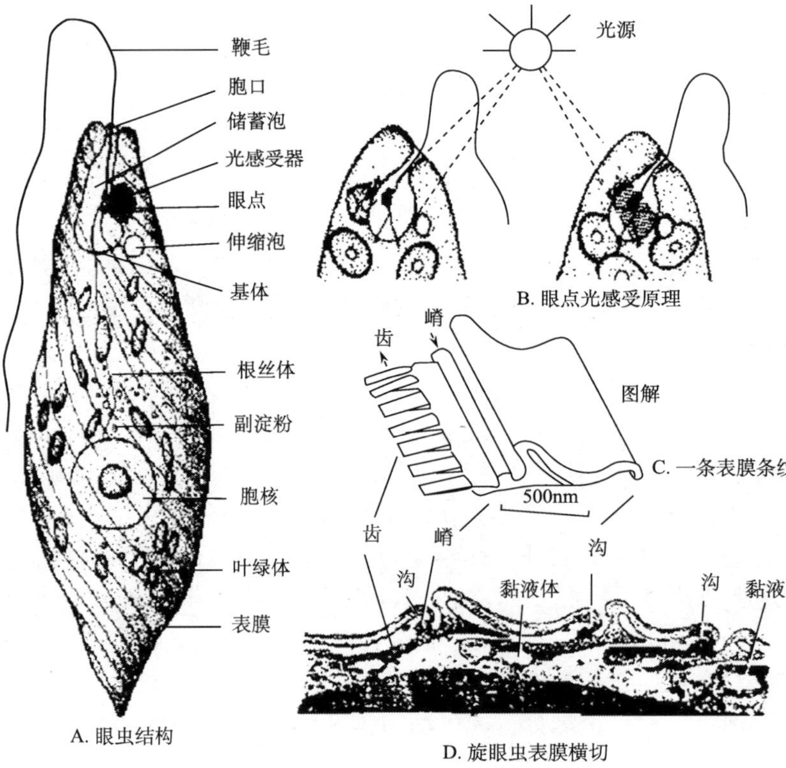

图 4-1 鞭虫结构（刘凌云，Leedak & Farmert）

4.2.1.2 分类

（1）植鞭亚纲（Phytomastigina） 细胞质内有叶绿体，有眼虫（*Euglena*）、夜光

虫（*Noctiluca*）、沟腰鞭虫（*Gonyanlax*）和群体生活的盘藻（*Gonium*）、团藻（*Volvox*）等，大量繁殖造成水污染或赤潮，如小丽腰鞭虫（*Gonyaulax calenella*）产生神经毒素（saxitoxin）危害渔业。

（2）动鞭亚纲（Zoomasrigina）　细胞内无色素体，寄生种类对人、畜有害，如利什曼原虫（*Leishmania*）引起黑热病（图 10-1）；锥虫（*Trypanosoma*，睡病虫）侵入脑、脊髓使非洲人得昏睡病；中国的锥虫危害马、牛、骆驼等；陷鳃虫（*Cryptobio*）侵入鱼鳃，危害鱼类。

4.2.2　肉足纲（Sarcodina）

4.2.2.1　主要特征

体被细胞质膜或各种外壳。原生质分为匀质透明的外质（ectoplasm）和具颗粒的 5.1.3.1
内质（endoplasm）。内质外层凝胶质（plasmagel）和内层溶胶质（plasmasol）互相变 5.2.3.1
化形成叶状、丝状、根状或轴状伪足完成运动，同时吞噬食物。二分裂生殖，或有性繁 5.4.1.3
殖，常形成包囊。生活于海水、淡水，或寄生（图 4-2）。 10.3.3

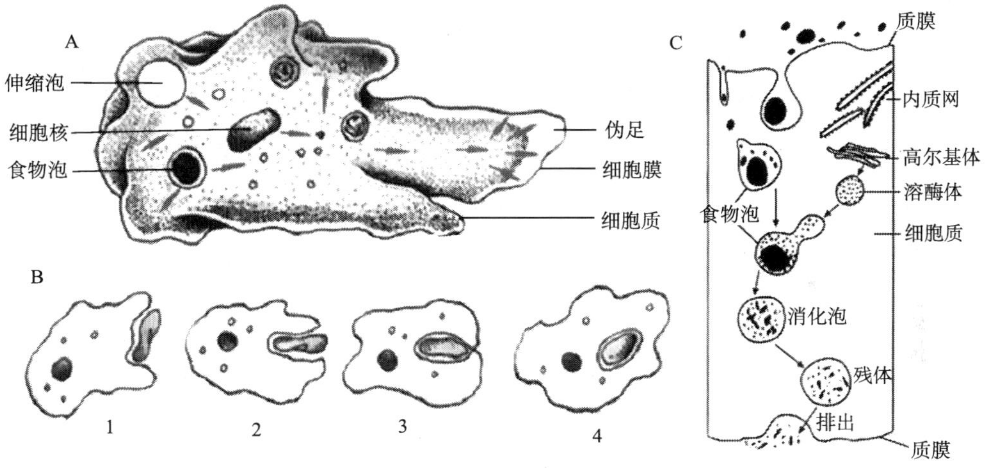

图 4-2　变形虫（Grell，刘凌云，Keeton）

A. 变形虫；B. 吞噬过程；C. 细胞内消化示意图

1. 形成伪足；2. 包围食物；3. 陷入细胞；4. 形成食物泡

4.2.2.2　分类①

（1）根足亚纲（Rhizopoda）　伪足为叶状、指状、丝状或根状，有痢疾内变形虫（*Entamoeba histolytica*）（图 10-4），具有细胞分泌几丁质和胶质混合沙粒构成外壳的种类如表壳虫（*Arcella*）、砂壳虫（*Difflugia*），在地质勘探中具有重要指示作用的壳为石灰质壳的有孔虫类。

① 本章各节中，物种的分类特征详见赛道建主编的《动物学野外实习教程》。

（2）辐足亚纲（Actinopoda）　包括身体呈放射状、具硅质骨骼的放射虫，伪足内有轴丝、漂浮生活的太阳虫（*Actinophrys*）等。

4.2.3　孢子纲（Sporozoa）

8.1.1　### 4.2.3.1　主要特征

10.3.3　生活史复杂，有世代交替现象（图 4-3）。无性世代在脊椎动物体内行裂体生殖，包括滋养体（trophozoite）、裂殖体（schizont）、裂殖子（merozoite），如疟原虫由蚊子叮咬人感染后，速发型孢子侵入肝脏就开始裂体生殖，迟发型孢子进入休眠状态成为休眠子（hypozoite），以后发育成裂殖子，进入血液的裂殖子因顶复合器（apical complex）与红细胞接触引起细胞膜内陷而侵入红细胞内，发育为核偏向一侧的环状体（ring form，即小滋养体），继续发育成大滋养体，体内含有无法吸收利用的血红蛋白代谢颗粒，称疟色素（pigment granukes）。有性世代在无脊椎动物如蚊子体内行配子生殖，然后行孢子生殖，包括孢子母细胞（sporoblast）、孢子（spore）、子孢子（sporozoite）。

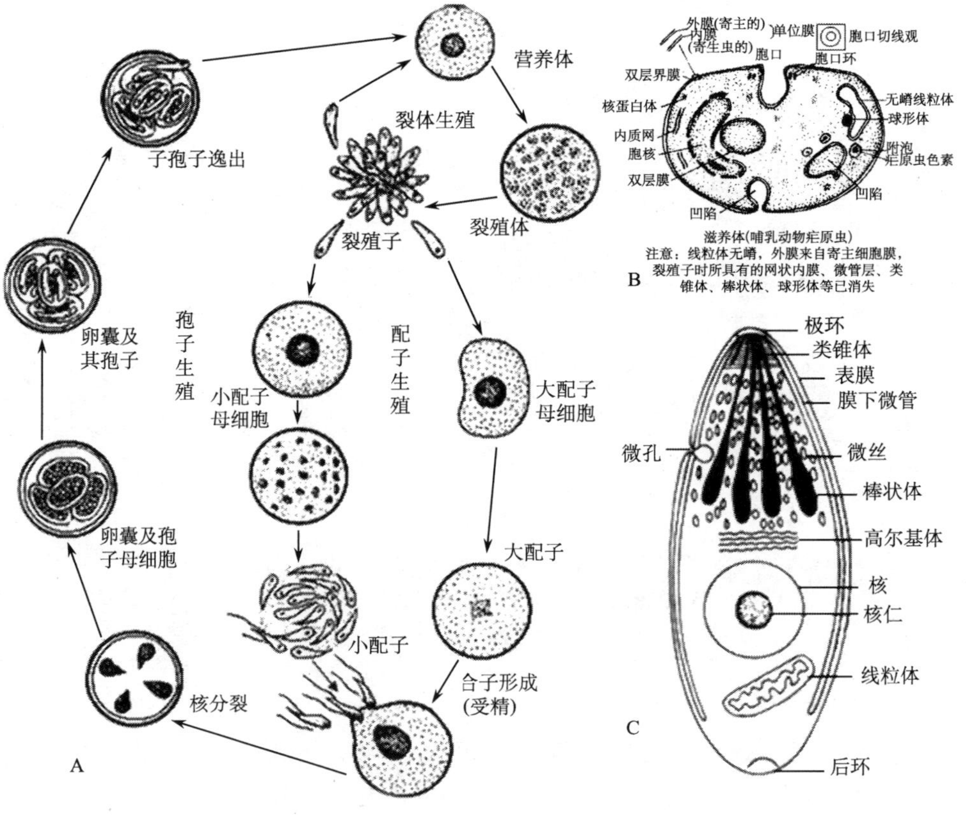

图 4-3　孢子虫生活史（A）滋养体（B）顶复合器（C）

具有由极环（polar ring）、微丝（microtilament）、棒状体（rhoptry）和类锥体（conoid）构成的顶复合器（apical complex）。寄生，异养。

4.2.3.2　分类

（1）球虫类　如兔球虫有兔肝艾美球虫（*Eimeria stiedae*）、穿孔艾美球虫（*E. perforans*）。

（2）血孢子虫　有间日疟原虫（*Plasmodium vivax*）、三日疟原虫（*P. malaria*）、恶性疟原虫（*P. falciparum*），常引起人类患疟疾病（图 8-2）。

（3）黏孢子虫　多寄生在鱼体内，如碘孢虫（*Myxobolus*）。

4.2.4　纤毛纲（Ciliata）

4.2.4.1　主要特征

结构复杂（图 4-4）。体被表膜维持体形，膜内有刺丝泡（trichocyst），遇到刺激射 5.1.3.1
出内容物形成细丝。有口沟、胞口、胞咽等摄食胞器，细胞内消化。细胞核 2 个，有负 5.4.1.2
责营养的大核和负责遗传的小核。无性生殖行二分裂，有性生殖为接合生殖（图 8-3）。 5.4.1.2
淡水种类有 1 或 2 个伸缩泡。体表大量纤毛规律性摆动形成波动膜，使身体产生旋转向 6.1.3.1
前运动（图 5-13）。单体自由或群体固着生活在淡水或海水中，也有寄生的。 6.4.7.1
8.1.1.2

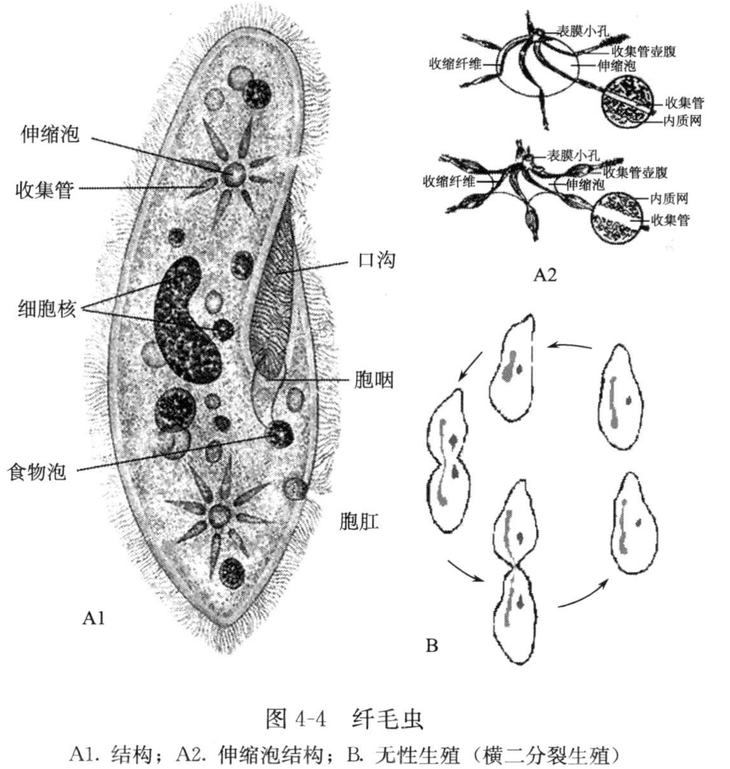

图 4-4　纤毛虫

A1. 结构；A2. 伸缩泡结构；B. 无性生殖（横二分裂生殖）

4.2.4.2　分类

种类很多。

（1）全毛类　全身具纤毛，如草履虫（*Paramecium caudatum*）、小瓜虫（*Ichthyophthirius*）。

（2）下毛类　仅虫体腹面具纤毛，有棘尾虫（*Stylonychia*）。

（3）缘毛类　围口部具纤毛，如钟虫（*Vorticella*），还有车轮虫（*Trichodina*）等。

4.3　两胚层多细胞动物

体壁由来源于内、外两个胚层的 2 层细胞及其分泌物——中胶层构成，有细胞甚至组织分化，为三胚层的演化奠定了基础。行有性和无性生殖，个体发育有幼虫期。

4.3.1　海绵动物门（Spongia）

4.3.1.1　主要特征

3.3.3.3 海绵动物（多孔动物，Porifera）是处于细胞水平的原始多细胞动物。体壁由外层
3.4.1.1 皮层（dermal epithelium）、内层胃层（gastral epithelium）构成，孔细胞参与形成复杂
5.1.3.2 程度不同的单沟型（ascon type）、双沟型（sycon type）、复沟型（leucon type）三种水
5.2.3.2 沟系类型（图 4-5），孔道外端（进水孔，prosopyle）与外界、内端与中央腔（central
5.3.2.1 cavity）相通，经出水口（osculum）与外界相通。领细胞（choanocyte）鞭毛摆动使水
6.1.1 流经进水孔、中央腔、出水口排出，完成摄食、呼吸和排泄等功能。

6.2.3.1 雌雄同体或雌雄异体，出芽生殖，有芽球，能再生；有性生殖时，领细胞将吞噬的
6.3.6.1 精子带到卵处使卵受精，个体发育过程中出现两囊幼虫（amphiblastula）和胚层逆转现
8.1.1.1 象（inversion）（图 3-15）。

8.2.2.1 与其他真后生动物不同，没有其他后生动物所具有的同源异型基因（*Hox* 基因），
11.3.3 是较早分离出来的进化侧支，故称侧生动物（Parazoa）。Tuzet 根据其领细胞与鞭毛虫、精子相似的特点，中胶层物质和后生动物的胶原物质相似，其鳞肌酸和棘皮动物、半索动物的一样，都含有精氨酸（arginine）和肌酸（creatin），认为海绵动物是进化主干中的一支，由它进化到腔肠动物。多固着群体生活在不同水域。

4.3.1.2　分类

海绵动物 5000～10 000 种。根据骨针的质地、形状和水沟系特点分三个纲。

（1）钙质海绵纲（Calcarea）　生活于浅海。骨针钙质，结构简单，如毛壶（crantia）。

（2）六放海绵纲（Hexactinellida）　生活于深海。六放形硅质骨针，体形大，复沟型水沟系，鞭毛室大，如拂子介（*Hyalonema*）。

（3）寻常海绵纲（Demospongiae）　生活于海水、淡水。非六放形硅质骨针，体

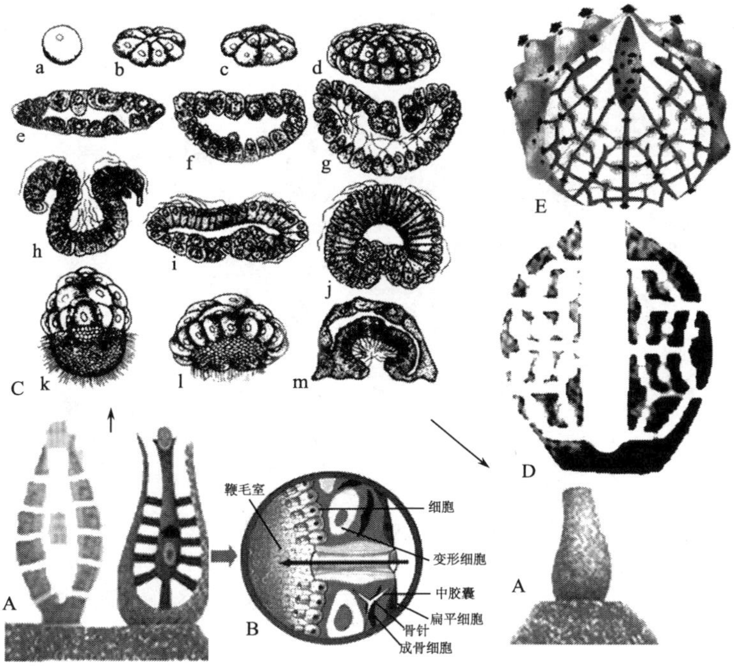

图 4-5　海绵动物的发育与结构（江静波等）

A. 单沟系；B. 体壁结构；C. 胚层逆转发育；D. 双沟系；E. 复沟系

a. 受精卵；b. 8 细胞期；c. 16 细胞期；d. 48 细胞期；e、f. 囊胚期（切面）；g. 动物极小细胞向囊胚腔内长出鞭毛；h、i. 植物极大细胞形成开孔并向外包，小细胞从开孔处翻出，鞭毛在表面，内面变成外面；j. 幼两囊幼虫；k. 幼两囊幼虫；l. 小细胞向内陷；m. 开始固着生活

形不规则，复沟型水沟系，鞭毛室小，如软海绵（*Halichondria*）、针海绵（*Spongilla*）、马海绵（*Hippospongia*）。

4.3.2　腔肠动物门（Coelenterata）

4.3.2.1　主要特征

体型有固着生活的水螅型（polyp）和漂浮生活的水母型（medusa），有的辐射对称（radial symmetry）（图 3-8），也有的两辐射对称。内、外胚层构成体壁，其分泌物构成中胶层（mesoglea），体壁围成的消化循环腔（gastrovascular cavity）兼有消化、循环功能（图 6-5，图 6-19），细胞内和细胞外消化。

有细胞组织分化，出现腺细胞、间细胞、感觉细胞和特殊的刺细胞，上皮细胞含肌原纤维称皮肌细胞（epitheliomescular cell），上皮不发达称为肌细胞。上皮细胞具非神经传导（non-nervous conduction）或类神经（neuroid）不定向传导，二极和多极神经细胞构成原始的网状神经系统（图 7-8），1 或 2 个神经网分布于外胚层或内、外胚层基部，与感觉细胞、皮肌细胞联合形成神经肌肉体系对刺激产生反应。

雌雄异体或同体，间细胞形成性细胞，幼体为浮浪幼虫（图 3-15），有世代交替现象，无性世代水螅型以出芽生殖产生水母型个体，有性世代水母型进行有性生殖产生水

3.2.4.3
3.3.3
3.3.5
3.4.1.1
5.1.2.1
5.1.2.6
5.1.3.2
5.2.3.3
5.3.2.1
6.1.1
6.1.2.1
6.1.2.6
6.1.3.2
6.1.5.1
6.2.5.1
6.3.6.2
7.1.1.1
7.1.2.1
7.1.4
7.2.2.1
8.1.1
8.2.2.2
8.2.3.2
8.2.4
11.3.3

螅型个体（图 4-6）。

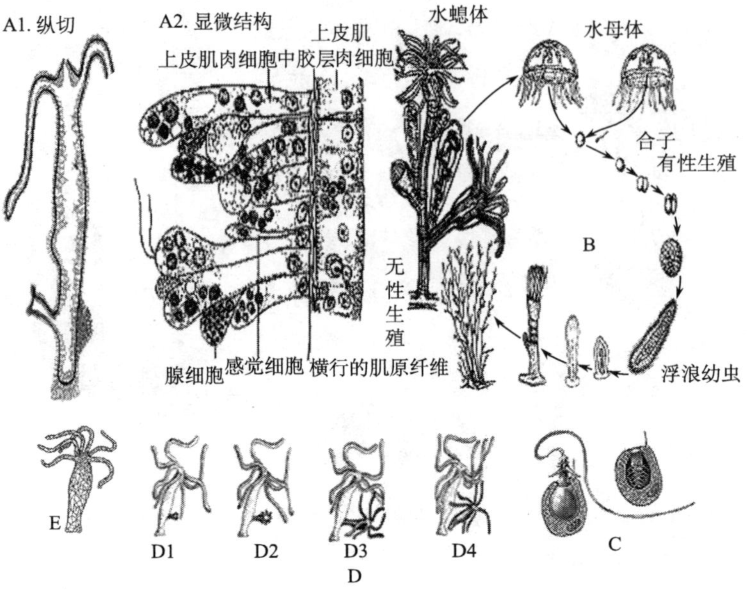

图 4-6 水螅结构

A. 水螅结构；B. 薮枝虫生活史；C. 刺细胞；D. 出芽生殖；E. 水螅的神经网（堵南山，江静波等）

4.3.2.2 分类

腔肠动物约 10 000 种，多生活于海洋，少数生活于淡水，分 3 个纲。

1）水螅纲（Hydrozoa）

群体或单体生活，小型个体，结构简单，两胚层体壁由内外胚层和中胶层构成，只有消化循环腔。有适于固着生活的水螅型和适于漂浮生活的水母型两个世代，水母有缘膜（velum），触手基部有平衡囊（图 7-5）。水螅型基部为螅根（hydrorhiza），螅体上螅茎（hydrocaulus）分出水螅体（hydranth）和无口、无触手的生殖体（gonangium），二者间有共肉（coenosarc）相连构成多态现象。外胚层分泌围鞘（perisarc），水螅体有杯形水螅鞘，生殖体有透明瓶状生殖鞘（gonotheca）。生殖腺来源于外胚层（图 4-6）。

常见种类如薮枝虫（*Obelia*）、钩手水母（*Gonionemus*）、桃花水母（*Craspedacusta*）、筒螅（*Tubularia*）、僧帽水母（*Physalia*）。

2）钵水母纲（Scyphozoa）

大型海洋水母。水螅型退化，水母型发达，无缘膜，内、外胚层均有刺细胞，伞部边缘有触手。有触手囊和嗅囊。内伞中央为口，胃腔向四方扩大成具胃丝的胃囊。内胚层可形成马蹄形生殖腺，体外受精，经浮浪幼虫、螅状幼体、钵口幼体、蝶状幼体发育为成体（图 4-7）。

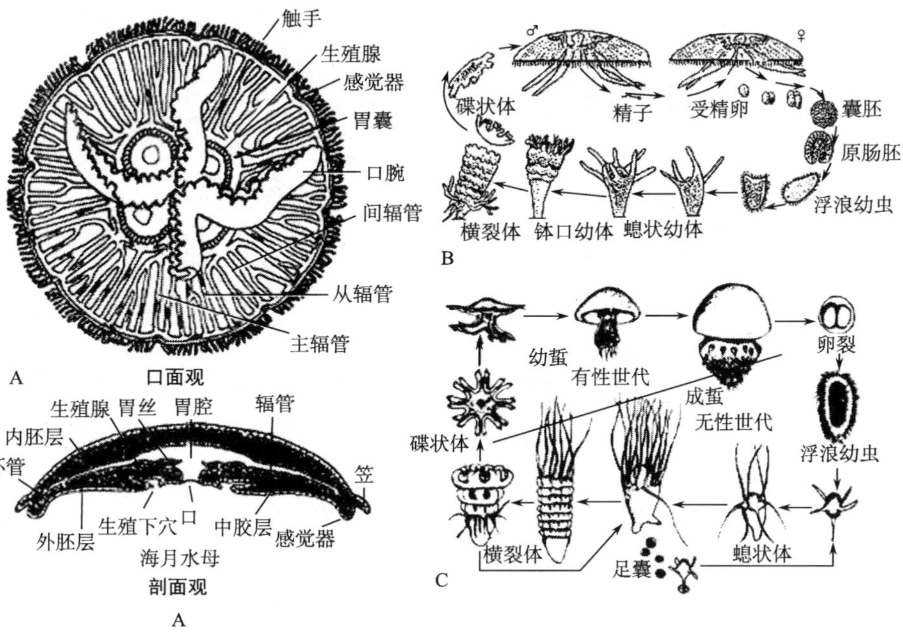

图 4-7　海月水母的结构（A）生活史（B）海蜇生活史（C）

常见种类有旗口水母目的海月水母（*Aurelia aurelia*）、根口水母目的海蜇（*Rhopilema esculentum*）等。

3）珊瑚纲（Anthozoa）

群体或单体。两辐射对称。只有水螅型，构造复杂，有口道、口道沟、多级隔膜和隔膜丝。隔膜和口周触手数目因种而异，含有丰富的刺细胞。单体无骨骼，群体分泌外骨骼形成珊瑚，构成不同类型的珊瑚礁。消化循环腔内有一、二、三级 3 级隔膜，大隔膜上的纵肌带称肌旗（muscle banners），有腺细胞分泌消化液进行细胞外消化。雌雄异体，生殖腺来源内胚层，体内或体外受精，直接发育（图 4-8）。

该纲约 7 000 种，海生。

（1）六放珊瑚亚纲（Hexacorallia）　触手指状、无分枝，触手和隔膜为 6 的倍数。有海葵（*Actiniaria*）、角海葵（*Cerianthus*）、鹿角珊瑚（*Acroporidae*）。

（2）八放珊瑚亚纲（Octocorallia）　具 8 个隔膜和羽状分枝触手，1 个口道沟位于口道腹面。有海鸡冠（*Alyonium*）、笙珊瑚（*Tubopora*）、从柳珊瑚（*Plexaura*）、红珊瑚（*Corallium*）、海鳃（*pennatula*）、海仙人掌（*Cavernularia*）。

4.3.3　栉水母动物门（Ctenophora）

体表具 8 行栉板（combplate），栉板上有纤毛，为运动器官。无刺细胞，具大量黏细胞（colloblast）用于捕食。反口面有一司平衡的感觉囊，神经网向栉板集中形成 8 条神经索。海洋漂浮生活。已知近百种。

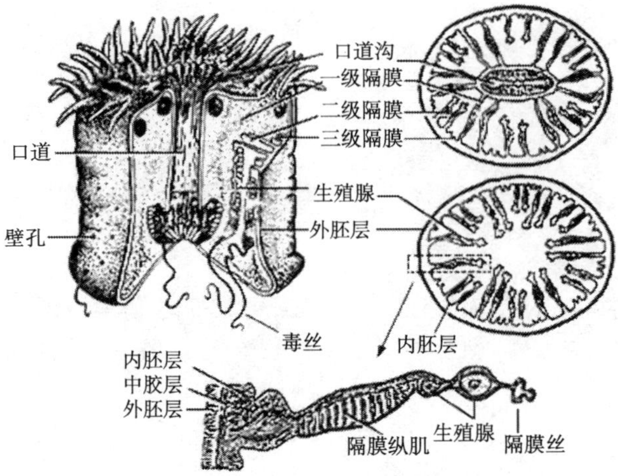

图 4-8　海葵的内部结构

3.1.3
3.2.4.2
3.3.1.2
3.3.4
3.3.5
3.4.1
5.1.2.2
5.1.2.4
5.1.2.5
5.1.2.6
5.1.3.3
5.3.2
6.1.2
6.2.3.2
6.2.5.1
6.3.6.2
6.4.2.1
6.4.6
6.4.7.2
7.1.1.1
7.1.2.1
7.1.3
7.1.5.2
7.2.2.2
7.2.2.3
7.2.4.3
8.1.1.1
8.2.2.2
8.2.3.2
8.2.3.3
11.3.4

4.4　无体腔、两侧对称、三胚层动物

螺旋式卵裂，端细胞法形成中胚层，出现了器官系统。两侧对称（bilateral symmetry），使身体有前后、左右、背腹之分，运动出现方向性，为神经感觉器官向身体前部集中提供自然选择的基础（图 3-8）。

分布于海水和淡水中，少数生活在湿土中，部分种类过渡到寄生生活。形态差异很大。

4.4.1　扁形动物门（Platyhelminthes）

4.4.1.1　主要特征

表皮（图 5-1）和肌肉构成皮肤肌肉囊（dermomuscular sac），肌肉层分为外层环肌、内层纵肌，有些种类中间有斜肌。体壁与消化管间填充实质组织和富含营养物质的体液，故可暂时离开水活动。

出现器官系统，但无专门的呼吸系统。不完全消化管有口、咽、肠，无肛门（图 6-5）。抽吸或吞咽食物的咽有管状、褶皱、球形 3 种类型。具原肾管排泄系统排泄代谢废物。

背、侧、腹 3 对神经索中，发达的腹神经由横神经连成梯形神经（图 7-8）。感觉器官有眼、耳突、触角、纤毛窝、平衡器等。

出现固定生殖腺、导管（图 8-4）以及前列腺或卵黄腺等副性腺。雌雄同体、异体交配和体内受精，间接发育，幼虫为牟勒氏幼虫，再生能力强（图 4-9）。

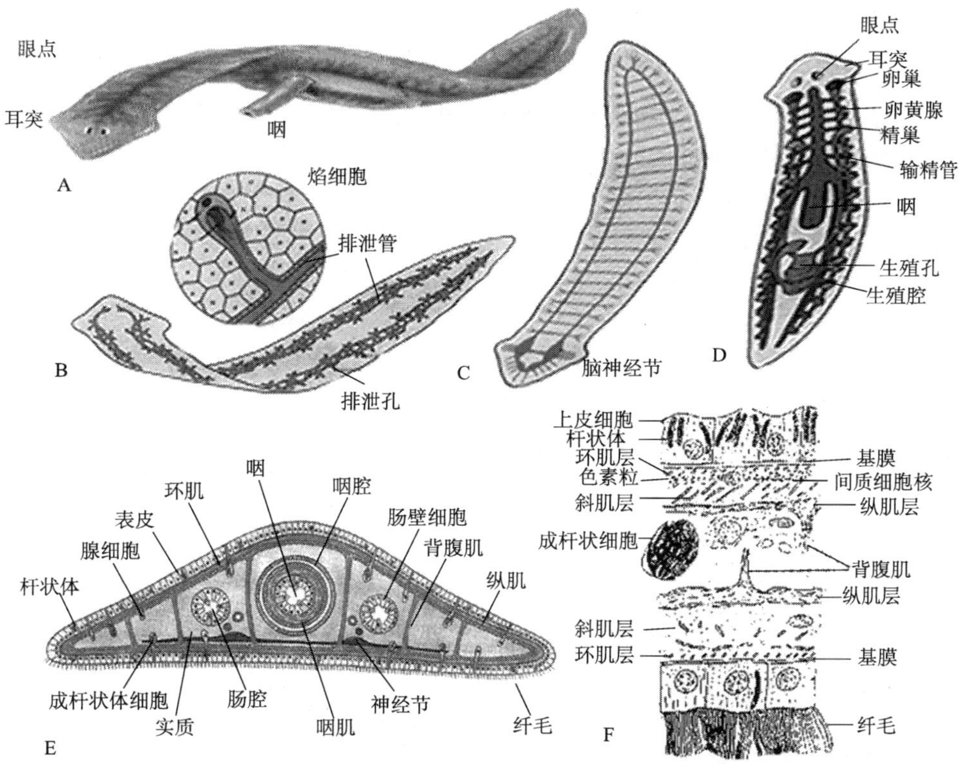

图 4-9　涡虫形态与结构

A. 涡虫形态；B. 原肾管；C. 梯形神经；D. 生殖消化系统；E. 横切图；F. 涡虫体壁结构

4.4.1.2　分类

1）涡虫纲（Turebellaria）

体表具纤毛。皮肌囊发达，表皮细胞间有腺细胞、感觉细胞，有特有的杆状体。 6.1.5.2

咽肌肉质，盲管状肠有分支，分支多少是涡虫分类的重要依据。呼吸通过体表进行。虫体两侧弯曲的原肾管排泄系统（图 4-9，图 6-24）由焰细胞（包括帽细胞和管细胞）和排泄管构成，焰细胞收集实质组织中多余水分和废物，经排泄管、排泄孔排出体外。

典型梯形神经具脑神经节。眼点由色素细胞和视觉细胞构成，能辨别明暗；头两侧的耳突有感觉细胞，司味觉和嗅觉等感官功能；表皮内分布触觉细胞。

雌雄同体，异体交配受精。具多个精巢和输精小管（vas efferens），输精管（vas deferens）末端膨大成贮精囊；体前方两侧各有一个卵巢，两条输卵管末端汇合形成阴道，阴道前端伸出一受精囊（seminal receptacle）接受异体精子，在输卵管上端受精，受精卵向下运行时接受卵黄腺分泌的卵黄，在水中发育为牟勒氏幼虫（图 3-15）。

在海洋、淡水或土壤中自由生活。常见种有三角涡虫（*Dugesia*）、平角涡虫（*Planocera*）、微口虫（*Microstomum*）、直口涡虫（*Stenostomum*）。

2）吸虫纲（Trematoda）

3.4.1.1 吸盘1或2个。细胞质延伸、融合形成的合胞体（syncytium）构成体表皮层，有
5.1.2.4 抵抗宿主消化和增强吸收的功能。以细胞外消化为主，无肛门。多行厌氧性呼吸。两条
6.1.3.3 排泄管汇合成S形排泄囊。

6.4.7.2 雌雄同体（图8-4），生殖系统复杂，可自体受精。营体表寄生或体内寄生。有毛蚴、
8.1.1.2 胞蚴、雷蚴、尾蚴、囊蚴等不同幼虫（图3-15）阶段，多个中间宿主，生活史复杂。

8.2.3.3 常见种类有日本血吸虫（*Schistosoma japonica*）（图10-2）、华枝睾吸虫
10.3.3.3 （*Clonorchis sinensis*）（图4-10）、布氏姜片吸虫（*Fasciolopsis buski*）等。

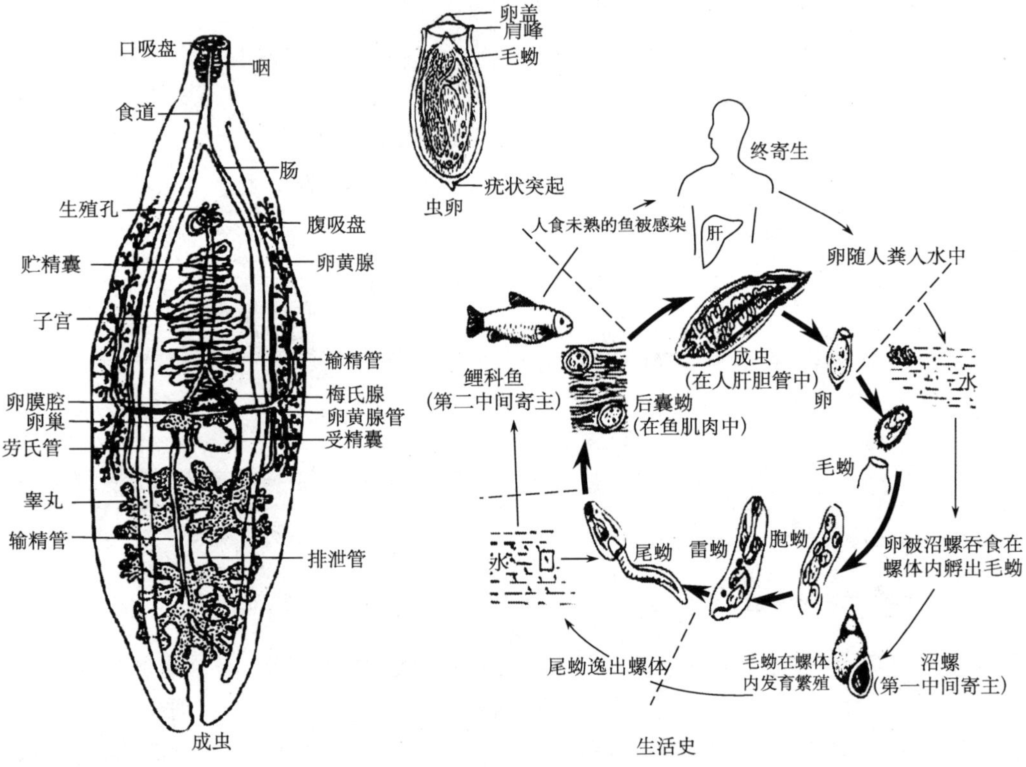

图4-10　华枝睾吸虫成虫的结构、虫卵及生活史

3）绦虫纲（Cestoidea）

6.1.3.3 身体由节片构成。适于寄生，头节有钩和吸盘；颈节细小，增殖能力强，不断以横分裂
6.4.7.2 方式产生节片；其余节片愈向后愈宽大成熟，分为未成熟节片、成熟节片和孕卵节片3种。

8.2.3.3 体表皮层具微毛，增加吸收面积。侧纵排泄管2对，成熟节片背排泄管消失，腹排
11.1.3 泄管在最末节片脱落后不再形成总排泄孔。消化、神经系统退化，无特殊感官。

雌雄同体，生殖系统高度发达，成熟节片含雌雄两套生殖系统，孕卵节片被充满卵的分支子宫所占据（图4-11）。

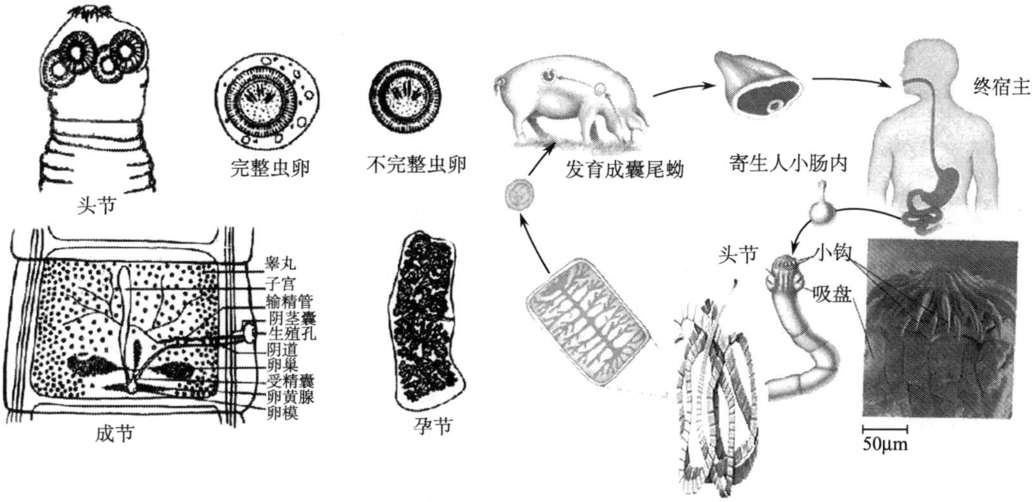

图 4-11　猪肉绦虫的结构与生活史

常见种类有猪带绦虫（*Taenia Solium*）、牛带绦虫（*Taenia saginata*）、细粒棘球绦虫（*Echinococcus granulosus*）等。

4.4.2　颚胃动物门（Gnathostomulida）

身体细小，分为头、躯干和尾部，体表细胞具纤毛，为运动器官。口器内有颚，无肛门。感官为纤毛窝。1956 年确立该门动物，已记录到 100 多种，栖居在浅海细沙中。

4.4.3　纽形动物门（Nemertinea）

身体带状或圆柱状。具纤毛，表皮下有一层结缔组织真皮和发达的肌肉层。吻由体 6.1.2.6
壁内陷形成，不与消化道相通。出现完全消化管、有血管无心脏的循环系统。雌雄异 6.3.6.4
体，多直接发育。已知 700 种，多海洋底栖生活。

4.5　假体腔、两侧对称、三胚层原腔动物（Protocoelomata） 3.3.5

3.1.2.4
3.2.4.3

受精卵经螺旋形卵裂形成囊胚，端细胞法（图 3-7）形成中胚层。 3.3.1

身体被覆上皮细胞分泌的角质膜（cuticle），纤毛少或消失。囊胚腔保留，发育为 3.3.4 5.1.2.4
成体体壁内的假体腔（pseudocoele）（图 3-8），体腔内充满体腔液，有助于物质运输和 5.2.2
形成流体静力骨骼。完全消化管和生殖系统游离于体腔中。原肾管型排泄系统。雌雄异 5.3.2.2
体、交配受精。 5.4.2

广泛分布于海水、淡水和潮湿土壤中，每平方米农田有线虫多达 1000 万条，很多 6.1.3.9 6.1.5.3
种类寄生在动、植物体内，寄生的种类体形较大。形态结构差异显著，演化亲缘关系不 6.2.5.1
清楚，包括 7 门。 6.3.5 6.4.2.1

4.5.1 线虫动物门（Nematoda）

4.5.1.1 主要特征

6.4.7.2 体圆柱形，两端细。角质膜、合胞体（syncytial）上皮（图 5-1）和肌层构成体壁
7.1.1 皮肌囊。上皮向内突起在背线、腹线和侧线处形成皮索。上皮细胞分泌角质膜，由外层
7.1.3.2 鞣化蛋白、中层和内层胶原蛋白构成角质层，有抵抗宿主消化液的作用。具有感觉功能
7.1.4.6 的乳突。角质层限制生长，由神经环细胞分泌激素使排泄细胞分泌蜕皮液，溶解旧表皮
7.2.2.3 蜕皮。斜纹肌分布于皮索之间，原生质延伸呈线状连到神经索上接受神经支配。

7.2.4.3 口周有 3 或 6 个唇瓣围绕，前后肠由外胚层内陷形成，具角质膜，咽外壁辐射肌肉
7.3.3.1 收缩使咽扩大有吮吸作用；中肠由内胚层发育而成，为消化和吸收的主要部分。腺型和
8.2.3.3 管型原肾管，渗透排泄体腔液中的代谢废物。

10.3.3.3 神经纤维构成的围咽神经环（图 7-8），向前后发出多条神经，背、腹神经最发达，
11.3.5 嵌于背线、腹线内。有头感器（amphid 侧器）、尾感器（phasmid）和乳突（papilla）
等感官（图 7-5，图 4-12）。

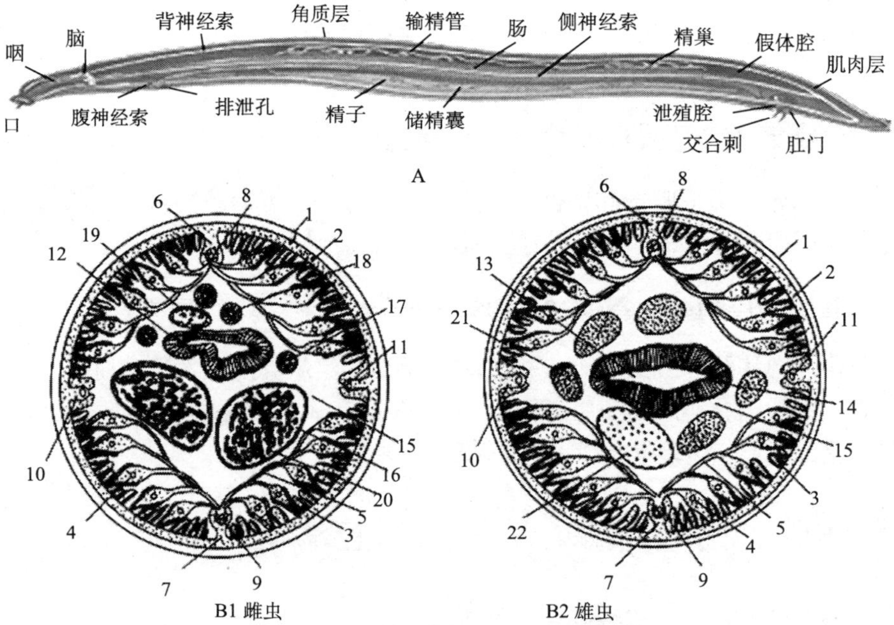

图 4-12 蛔虫的内部结构

1. 角质膜；2. 上皮；3. 纵肌层；4. 肌细胞核；5. 细胞原生质部分的突起；6. 背线；7. 腹线；8. 背神经；9. 腹神经；10. 侧线；11. 纵排泄管；12. 肠；13. 肠腔；14. 肠上皮的微绒毛；15. 原体腔；16. 子宫；17. 卵巢；18. 卵巢的合胞体中轴；19. 输卵管；20. 卵；21. 精巢；22. 贮精囊

多数雌雄异体、异形，交配生殖，雄虫尾端弯曲有能自由伸缩的交合刺（spicule）；雌雄同体（共殖，syngony）种类常营孤雌生殖（图 8-4）；产卵量巨大。

4.5.1.2 分类

线虫约有 15 000 种，根据尾感器的有无分为两个纲。

(1) 无尾感器纲（Aphasmida） 1 个交合刺，自由生活；如嘴刺目（Enoplida）的旋毛虫（*Trichinella spiralis*）。

(2) 尾感器纲（Phasmida） 排泄器官成对，纵管状，交合刺 1 对，多寄生。常见种类如蛔虫目（Ascaridida）有蛔虫（*Ascaris*）（图 10-3）、禽蛔虫（*Ascaridia*）、人蛔虫（*Ascaris lumbricoides*）、人蛲虫（*Enterubius vermicularis*）；圆线虫目（Strongylida）有十二指肠钩虫（*Ancylostoma duodenale*）；旋尾目（Spirurida）有斑氏丝虫（*Wuchereria bancrofti*）和马来丝虫（*Brugia malayi*）（图 10-3）；垫刃目（Tylenchida）有小麦线虫（*Anguina tritici*）。

4.5.2 轮虫动物门（Rotifera） 6.1.2

6.1.4.5

体微小，分头、躯干、尾 3 部分，头部 1 或 2 圈纤毛组成头冠（corona），摆动似 7.1.1.1
车轮故名。躯干角质膜增厚形成兜甲（lorica），形似体节，尾部足有一对或 3 或 4 趾， 8.1.1.2
足腺分泌黏附物质。完善消化管，咽膨大、肌肉发达称咀嚼囊（mastax），内有特征性咀嚼器（trophus）。少见雄体，多进行周期性孤雌生殖（图 8-2）。细胞核数目恒定。为淡水浮游动物主要类群。

该门动物约有 2000 多种。如旋轮虫（*Philodina*）、沼轮虫（*Limnias*）、巨冠轮虫（*Sinantherina*）、水轮虫（*Epiphanes senta*）。

4.5.3 腹毛动物门（Gastrotricha）

体微小，圆筒状，体被角质膜，背面隆起，有刚毛、鳞片等，腹面有纤毛，故名。多雌雄同体，有些种类如 *Chaetonotoida* 只有雌体，营孤雌生殖，直接发育。多数海生，淡水习见种类如鼬虫（*Chaetonotus*）。

4.5.4 线形动物门（Nematomorpha）

体呈线形。消化管后端与生殖管共同形成泄殖腔。原体腔内充满间质（mesenchyme）。雌雄异体，幼虫具有能伸缩而有刺的吻，寄生。已知 100 多种，如铁线虫（*Gordius aquaticus*）。

4.5.5 棘头动物门（Acanthocephala）

寄生，体圆筒状。体前端吻（proboscis）上具有倒钩，故名，吻可伸缩钩挂在宿 8.2.3.3
主肠壁上，靠体表吸收营养。雌虫特殊的子宫钟（uterine bell）能使未成熟卵经前一对孔返回原体腔，成熟卵由后一对孔经阴道、雌性生殖孔排出。约有 1000 种。常见种类有猪巨吻棘头虫（*Macracanthorhychus hirudinaceus*）、鱼棘头虫（*Echinorhychus proteus*）。

4.5.6 动吻动物门（Kinorhyncha）

生活在海底泥沙中。已记录到约100种，如动吻虫（*Echinoderes*）。

4.5.7 内肛动物门（Entoprocta）

6.1.2.6 8.2.3.2 曾与外肛动物门（Ectoprocta）统称为苔藓动物门（Bryozoa）。体分萼部（calys）、柄部（stalk）和附着盘（attachment disk）3部分。萼触手基部围绕前庭（vestibule），有排泄管和生殖管的开口，消化管U形，口、肛门开口于前庭两端、触手冠内，故名。约有150种。

4.6 真体腔不分节软体动物门（Mollusca）

3.1.2.4 3.1.3.3 3.2.1.2 三胚层、真体腔、原口动物向身体不分节的方向演化，进化成软体动物。两侧对称或不对称，真体腔（图3-8）极度退化。

3.2.4.3 3.3.1.2 3.3.3.2 3.3.4.3 3.3.5 3.4.1.1 5.1.2.3 5.2.2 身体背侧皮肤向腹侧延伸生长构成外套膜（mantle），联合形成外套腔（mantle cavity）包裹、保护内脏团，并分泌碳酸钙和贝壳素（conchiolin）形成3层的贝壳，外套膜表面分泌富有光泽的珍珠层（pearl layer），外套膜边缘分泌贝壳素构成角质层（periostracum）和棱柱层（primatic layer），由于食物供应有季节性变化，随动物生长形成生长线。贝壳多为1或2个，退化或无壳或包裹在外套膜里面，有的多达8个。外套腔内有排泄孔、生殖孔、呼吸器、肛门和口的开口（图4-13）。

5.2.3.4 5.3.2 6.1.2.4 6.1.4.2 身体分为头、足、内脏团（visceral mase）3部分。石鳖、贝类等底栖或附着种类头部退化，乌贼、蜗牛等活动种类头部发达。足的形状差异很大，石鳖和螺类块状，双壳类斧状，头足类的足与头部愈合形成腕，如乌贼有10条腕，章鱼有8条腕。

6.2.2.1 6.2.3.3 6.2.5.3 6.3.2.1 6.3.2.5 6.4.2.2 6.4.2.4 6.4.6 6.4.7.2 消化、生殖等器官位于足背部的内脏团内（图6-5），身体对称或内脏团扭转呈螺旋状。口腔内有黏液腺性唾液腺、颚和特有的齿舌（图6-4），胃有晶杆、晶杆囊和几丁质胃楯（图6-2）。水生种类外套腔体壁突起形成楯鳃、栉鳃、丝鳃、瓣鳃等多种形态的鳃（图6-7，图6-14）；后鳃类本鳃消失，皮肤形成次生性鳃；陆生种类外套膜内陷形成肺（图6-14）。位于内脏团背侧围心腔中的心脏由心耳（auricle）和壁厚能搏动的心室（ventricle）构成，有了动静脉的分化，但初生体腔在组织间隙形成血窦（blood sinus），为开管式（头足类则有微血管的分化形成，为闭管式）血液循环。

7.1.1.3 7.1.2.1 7.1.4.4 7.1.5.3 7.2.2.3 高等种类主要有4对神经节，脑神经节（cerebral ganglion）位于食道背侧，发出神经支配触角、眼等，脏神经节（visceral ganglion）发出神经分布于内脏器官，侧神经节（pleural ganglion）发出神经分布于外套膜和鳃，足神经节（pedal ganglion）位于足前部，发出神经分布于足部。头部有眼（图7-2）、触角等发达感官。

7.2.4.4 8.2.3.3 8.3.1 10.1.1 陆生腹足类雌雄同体，生殖系统复杂，生殖管末端有阴茎或阴道、交配囊；田螺是卵胎生。双壳类和多数海产腹足类雌雄异体，体内或体外受精，间接发育，海生种类有担轮幼虫、面盘幼虫（图3-15）。

11.3.6 软体动物门约有11.5万种动物，分为7个纲，或将无板纲和多板纲合为双神经纲，

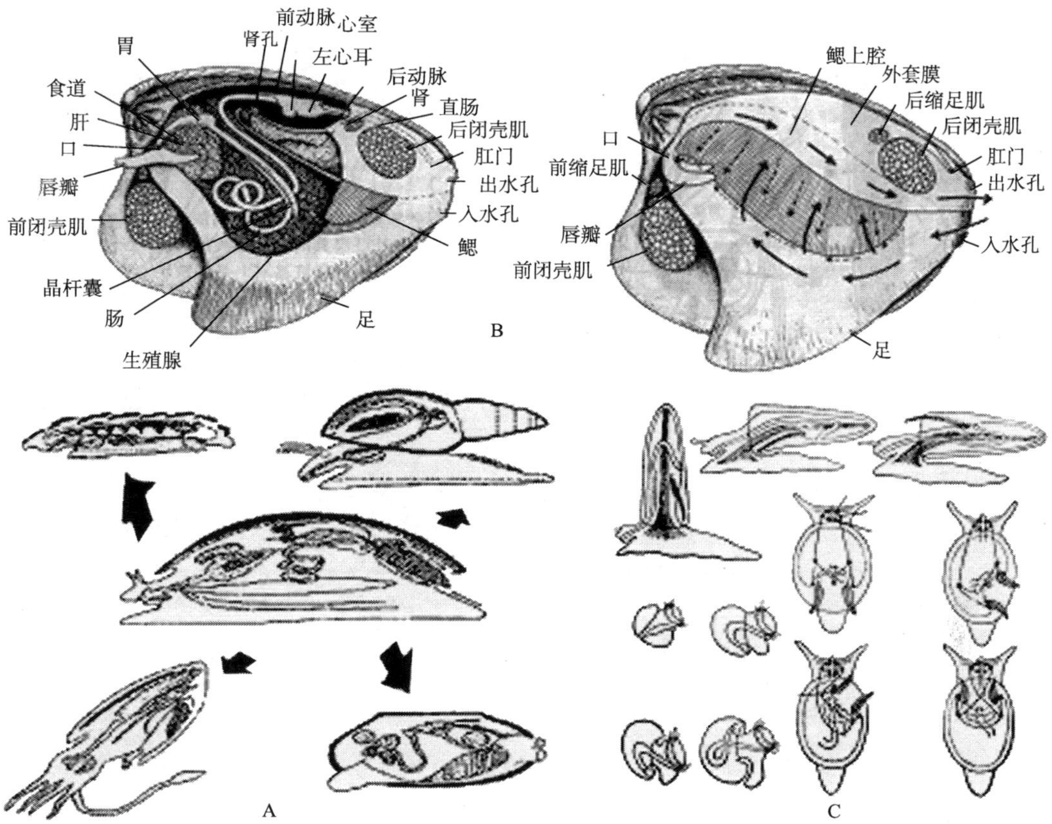

图 4-13　软体动物的体制与演化关系（A）、基本结构与水流过程（B）、发育与内脏扭转（C）

分为 6 个纲。

4.6.1　瓣鳃纲（Lamellibranchia）

4.6.1.1　主要特征

又称双壳纲（Bivalvia）。两片外套膜的分泌物形成一对贝壳包围身体，贝壳前倾而 6.1.3.4
突出的部分是壳顶（umbo），内下方有齿和齿槽构成铰合部（hinge），铰合齿分化为主 6.1.4.2
齿、侧齿，是分类的重要依据。壳顶前方的凹陷称小月面（lunule），对应部分称楯面 6.1.4.7
（escutchon）。以壳顶为中心呈同弧状排列的生长线，随年龄增加而增加。附着壳内表 6.1.5.3
面的前、后闭壳肌（adductor）由横纹肌和平滑肌构成。足呈斧状，故称斧足类（Pele- 6.4.2.4
cypoda）。

口位于三角形唇片之间，具晶杆和胃楯。原始种类栉鳃，高等种类瓣鳃（图 4-13，图 6-7）。心脏由 1 心室 2 心耳构成，在内脏团背部的围心腔中且包围着肠管。鳃丝状或瓣状。后肾管特化成位于围心腔腹面两侧的肾。

具有脑、足、脏 3 对神经节（图 7-8）。雌雄异体，少数雌雄同体，有担轮幼虫，面盘幼虫，河蚌有特殊的钩介幼虫（glochidium）（图 3-15）。

4.6.1.2　分类

现存瓣鳃类动物约3000种，常见种类如泥蚶（*Arca granosa*）、毛蚶（*A. subcreneta*）、贻贝（*Mytilus edulis*）、扇贝（*Chlamys farreri*）、牡蛎（*Ostrea*）、文蛤（*Mertrx mertric*）等。

4.6.2　腹足纲（Gastropoda）

5.1.2.6
4.6.2.1　主要特征

6.1.3.8
6.1.4.7 亦称螺类，头部明显，具眼、触角。身体有扭转或反扭转现象。多具1个右旋
6.2.2.2 （dextral）、少数左旋（senistral）形螺旋壳。腹足发达、叶状，具单细胞足腺。
6.2.3.3 口腔内具齿舌、颚片和唾液腺。肝脏为重要消化腺，肺螺类的肝脏还具有排泄功能。水生种类用栉鳃、楯鳃和次生鳃、陆生种类用肺呼吸。

具有脑、足、侧和脏4对神经节，侧、脏神经节间的神经因身体扭转交叉呈8字形（图4-13）。具触角、眼、嗅检器和平衡囊等感官（图7-2）。

雌雄同体或异体，间接发育，螺旋型完全均等卵裂，有担轮幼虫、面盘幼虫（图3-15）；有的种类卵胎生，直接发育。

4.6.2.2　分类

已知螺类化石15 000种，现存约75 000种，分布于海水、淡水和陆地。许多种类为常见经济动物。

（1）前鳃亚纲（Prosobranchia）　有鲍（*Haliotis*）、笠贝（*Notoacmea*）、蝟螺（*Umbonium*）、圆田螺（*Cipangopaludina*）、滨螺（*Littorina*）、钉螺（*Oncomelania*）、玉螺（*Natica*）、荔枝螺（*Thais*）和国家二级保护动物虎斑宝贝（*Cypraea tigris*）等。

（2）后鳃亚纲（Opisthobranchia）　有壳蛞蝓（*Philine*）、海兔（*Aplysia*）、拟海牛（*Doridium*）等。

（3）肺螺亚纲（Pulmonata）　有菊花螺（*Siphonaria*）、椎实螺（*Lymnaea*）等。

3.3.1.2
4.6.3　头足纲（Cephalopoda）

5.1.2.5
6.1.2.4
4.6.3.1　主要特征

6.1.3.3
6.1.3.4 身体分头、足和躯干3部分。足特化成腕和漏斗，腕的内侧有吸盘，第4对腕特
6.1.3.11 长，为触腕（tentacular arm）。躯干部外套膜发达，壳多被外套膜包被或退化。外套膜
6.1.4.2 肌收缩将外套腔内的水喷出，喷水的反作用力推动身体产生快速运动。
6.1.4.8 肌肉性口腔称口球，前部的颚片鹦鹉喙状（图6-4），唾液腺分泌毒液，肛门两侧
6.3.4.3 有肛门瓣。直肠末端有具墨腺的墨囊。发达的栉鳃羽状，每个羽状鳃有1个鳃轴，两侧
6.4.2.4 是由鳃丝组成的鳃叶。闭管式血液循环（图6-19），心血管发达，心室由壁厚的1个心
8.2.3.3 室和壁薄的2个心耳构成；有前、后大动脉和主大静脉及肾静脉、外套静脉、鳃静脉及

鳃心的分化。 6.3.4.3
软骨质壳包围脑、脏、足 3 对神经节组成的中枢神经，脑神经节前有一对口球神经 8.3.1
节（图 7-8）。眼、平衡囊、嗅觉等感官发达。 9.2.4

雌雄异体，雄性左侧第 4 腕特化为茎化腕（hectocotylized arm），可将精荚传递给雌性，在外套腔内精荚破裂，释出精子受精，体外受精，直接发育。海产。

4.6.3.2　分类

头足纲动物化石种类约 9 000 种，现存 650 种。

（1）四鳃亚纲（Tetrabranchia）　常见的有国家级保护动物鹦鹉螺（*Nautilus pompilius*）。

（2）二鳃亚纲（Dibranchia）　常见种类中，十腕目（Decapoda）有金乌贼（*Sepia esculenta*）、无针乌贼（*Sepiella*）、枪乌贼（*Loligo formosana*）、鱿鱼（*Ommatstrephes*），八腕目（Octopoda）有船蛸（*Argonauta*），章鱼（*Octopus*）类中的长蛸（*O. variabilis*）和短蛸（*O. ochellatus*）。

4.6.4　多板纲（Polyplacophora）

4.6.4.1　主要特征

体椭圆形、扁平，背侧具头板（cephalic plate）、6 块中间板（intermediate plate）和尾板（tail plate）等 8 个覆瓦状排列的石灰质贝壳。贝壳周围外套膜形成环带（girdle）。足块状，吸附力强，用于爬行。足周围的外套沟内有栉鳃。雌雄异体，间接发育（图 11-3）。生活于潮间带。

4.6.4.2　分类

该纲约 1000 种，沿海习见种类有毛肤石鳖（*Acanthochiton*）、锉石鳖（*Ischnochiton*）等。

4.6.5　单板纲（Monoplacophora）

多为化石种类，1952 年在哥斯达黎加 3350m 的深海发现新蝶贝（*Neopilina galathea*），两侧对称，头部不发达，某些器官有分节、重复排列现象，单栉鳃，6 对肾。

4.6.6　无板纲（Aplacophora）

原始的软体动物，蠕虫状，无贝壳，体被角质外皮，腹沟内有的种类有具纤毛的足。生活在低潮线下至数百米深的海底。有 200 多种，如龙女簪（*Proneomenia*）。

4.6.7　掘足纲（Scaphopoda）

外套膜管状，壳稍弯曲，管状。足柱状。吻基部生有头丝（captacula）。只有一个心室和血窦。海洋穴居生活。约 350 种，如大角贝（*Dentalium vernedei*）、胶州湾角贝（*D. kiaochowwanensis*）等（图 11-3）。

4.7　真体腔同律分节环节动物门（Annelida）

3.1.2.4
3.2.1.2
3.2.4.3
3.3.1
3.3.4
3.3.5
3.4.1.1
5.1.2.4
5.2.2
5.3.2.2
6.1.1.1
6.1.2.2
6.2.2.1
6.3.2.5
6.3.3.3
6.3.4.3
6.3.6.4
6.3.7
6.4.2.2
6.4.6
6.4.7.2
7.1.1.3
7.1.2.1
7.2.2.4
7.2.4.4
7.3.3.2
8.2.3.3
8.3.1
10.1
10.2
11.3.7

三胚层、真体腔、原口动物身体向分节的方向演化，首先进化成环节动物。身体细长，出现由节间膜分隔成基本相同体节的分节现象（metamerism），称为同律分节（homonomous metamerism）；也有的异律分节（heternomous metamerism）。身体两侧对称。具刚毛（seta）或疣足（parapodium）。

裂体腔法形成发达的真体腔（图 3-7，图 3-8），残余囊胚腔发育成血管网（图 6-19），形成闭管式血液循环。完全消化管有盲道增加消化、吸收面积（图 6-5），肠上皮分泌蛋白酶和纤维素酶等消化酶，有助于腐殖质的消化。黄色细胞、后肾管（图 6-14，图 6-24）及小肾管排泄体腔液中废物。

神经集中并愈合形成由 5 条巨大神经纤维组成的链状腹神经索（图 7-8），称为神经链（nerve chain）。每体节 1 对神经节，各发出 2～5 条侧神经，形成中枢、周围和交感神经系统，反射弧简单。

雌雄同体或异体，生殖细胞来源于体腔上皮，生殖腺（图 8-4）固定或只在生殖季节出现。无性生殖有分裂和出芽生殖方式；有性生殖直接发育，或间接发育，海产种类有担轮幼虫（图 3-15）。具纲毛和扁平状疣足等运动器官（图 4-14，图 4-15）。

生活于海洋、淡水和土壤中，自由游泳、穴居或爬行生活。分为 3 纲。

4.7.1　寡毛纲（Oligochaeta）

4.7.1.1　主要特征

体圆柱状，具明显节间沟（intersegmental furrow），多为同律分节。体壁由角质膜、单层柱状上皮、肌肉和单层体腔上皮构成。具黏液细胞、蛋白细胞等腺细胞。体表上皮内陷形成刚毛囊，囊底部的形成细胞（formative cell）分泌几丁质形成刚毛。每体节的刚毛数目、位置和排列方式因种而异，刚毛多、环状排列为环生（perichaetine），只有 4 对为对生，或成束，由牵引肌和缩肌支配参与运动。

口位于口前叶（prostomium）下方和围口节（peristomium）的腹面；三角形肌肉质的咽发达，食道明显，砂囊后狭长多腺体的胃前部有胃腺；第 14 体节后属中肠，具盲道（typhlosolis），自第 26 体节向前伸出能分泌多种酶的锥状盲肠（caeca）；身体末几节为无消化机能的直肠，属后肠。闭管式循环主要由背、腹、神经下血管和多对环血管构成，尚未分化出真正的心脏和动脉、静脉。次生体腔内充满体腔液，含多种体腔细胞。肾口开口于体节前隔膜上，收集前一体节体腔内的代谢废物，经肾孔排出。

具索式腹神经链。感觉细胞积聚形成感觉器，基部与神经纤维相连。水生寡毛类有结构简单、色素杯状眼。陆生穴居种类无眼。口腔感觉器有嗅觉和味觉功能，能辨别食物。体表有分散的感觉细胞、感觉乳突及感光细胞（photoreceptor），蚯蚓腹侧体表具较多感觉乳突，能感觉地面震动。

雌雄同体，生殖系统简单或复杂，具环带，交配受精，直接发育（图 4-14，图 8-4）。

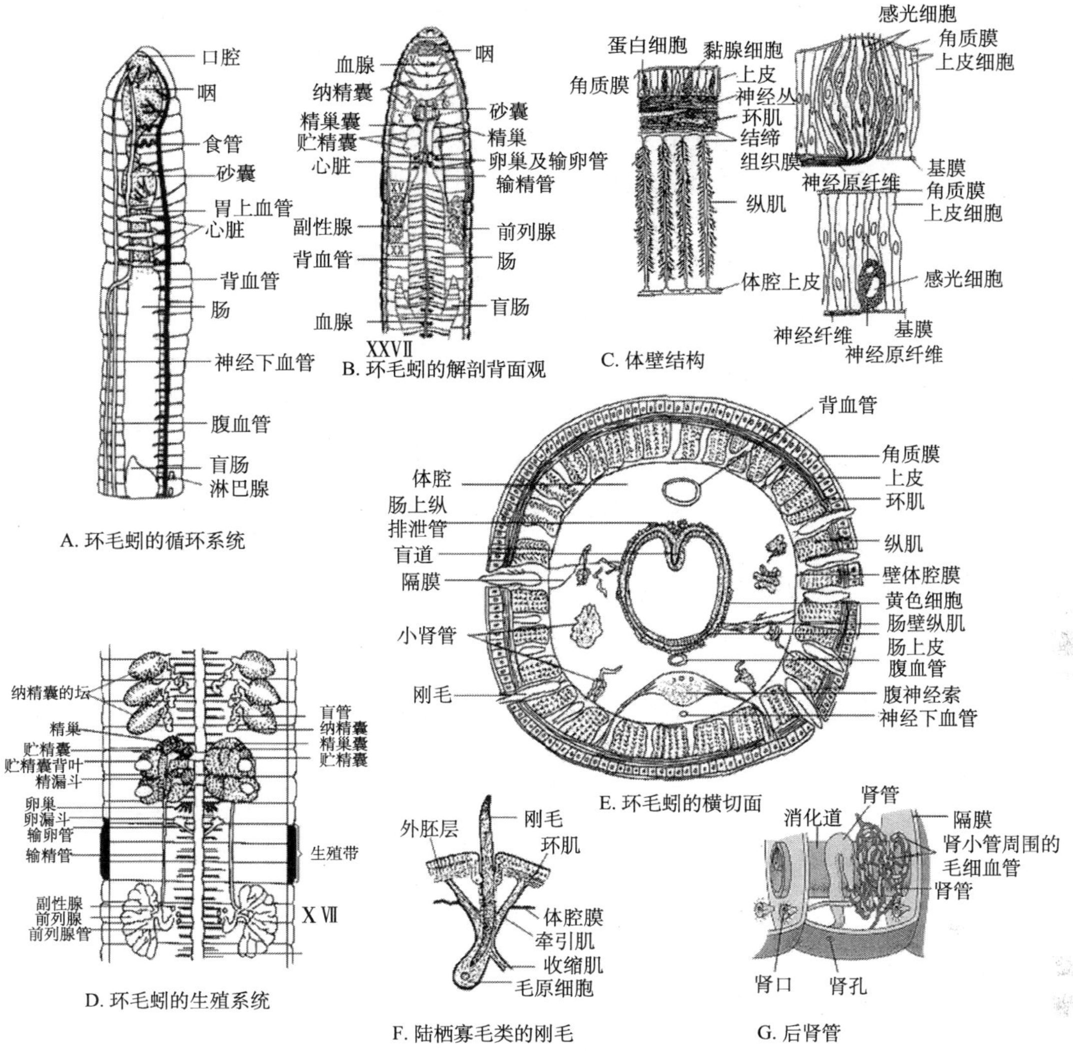

图 4-14　蚯蚓的内部结构

4.7.1.2　分类 6.1.2.4

6.1.2.5

根据雄性生殖孔在精巢前后体节的位置分为 3 个目，有近孔目（Plesiopora），如颤 6.1.4.4
蚓（*Tubifex*）；前孔目（Prosopora），水生，如蛭蚓（*Branchiobdella*）；后孔目 6.1.5.3
（Ophisthopora），陆生，如环毛蚓属（*Pheretima*）、异唇属（*Allolobophora*）和爱胜属 6.2.3.2
（*Eisenia*）的赤子爱胜蚓（*E. foetida*）。近年来根据生殖腺、环带及刚毛等结构将寡毛 6.2.5.1
类分为以下 3 个目。 6.3.5.1

（1）带丝蚓目　每体节 4 对刚毛。精巢 1 对，雄性生殖孔在精巢体节，卵巢 1 或 2 7.1.5.2
对，环带薄，包括雄性及雌性生殖孔，如带丝蚓，淡水生活，仅带丝蚓一科。 8.3.1

（2）颤蚓目　刚毛 4 束成发状，每束超过两根。精巢、卵巢各 1 对，位于相邻体节内，雄性生殖孔位于精巢体节的后相邻体节或前相邻体节上，环带薄，包括雄性及雌性生殖孔。淡水、海水生活。颤蚓亚目如颤毛蚓、水丝蚓、仙女虫、尾盘虫等；线蚓亚目如白丝蚓。

(3) 单向蚓目　两对精巢体节后为两对卵巢体节，有的仅一对精巢，或仅一对卵巢，或两者均一对，雄性生殖孔在精巢后一个或几个体节上。单向蚓亚目如单向蚓；链胃蚓亚目如链胃蚓、杜拉蚓等；正蚓亚目如正蚓、爱胜蚓、异唇蚓、环毛蚓等。

4.7.2 多毛纲 (Polychaeta)

4.7.2.1 主要特征

3.4.1.1 体节多，由口前节和围口节构成明显头部。躯干两侧体壁突出形成的双层结构是双
5.2.7.1 叶型疣足，每体节一对，与体壁连接处无关节；典型疣足分成具背须（dorsal cirrus）
6.2.2.1 的背肢（notopodium）和具腹须（ventral cirrus）的腹肢（neuropodium），密布微血管
6.2.5.3 网，其上有成束刚毛，故疣足划动可游泳，可进行气体交换。
7.1.1.3 消化管直管状，围口节具围口触手，吻可翻出，前端有一对颚。具食道腺（oeso-
7.1.2.1 phageal gland）。体壁突起形成不同类型的鳃。背血管接受疣足、体壁血管和肠血管、
7.1.4.3 肾血管的血液；腹血管经环血管或血管丛与背血管相连，发出分支到疣足、体壁、肾和
8.2.3.2 8.3 肠道，末端形成毛细血管。

感官发达，具有不同类型的眼、项器（nuchial organ）和平衡囊、触手等，体表具纤毛感受器，头区、疣足还具分散的感觉细胞。

雌雄异体，不固定的生殖腺来自体腔膜，繁殖季节出现异沙蚕相，体壁破裂释放出性细胞在海水中受精，经担轮幼虫变态发育为成体（图 4-15）。

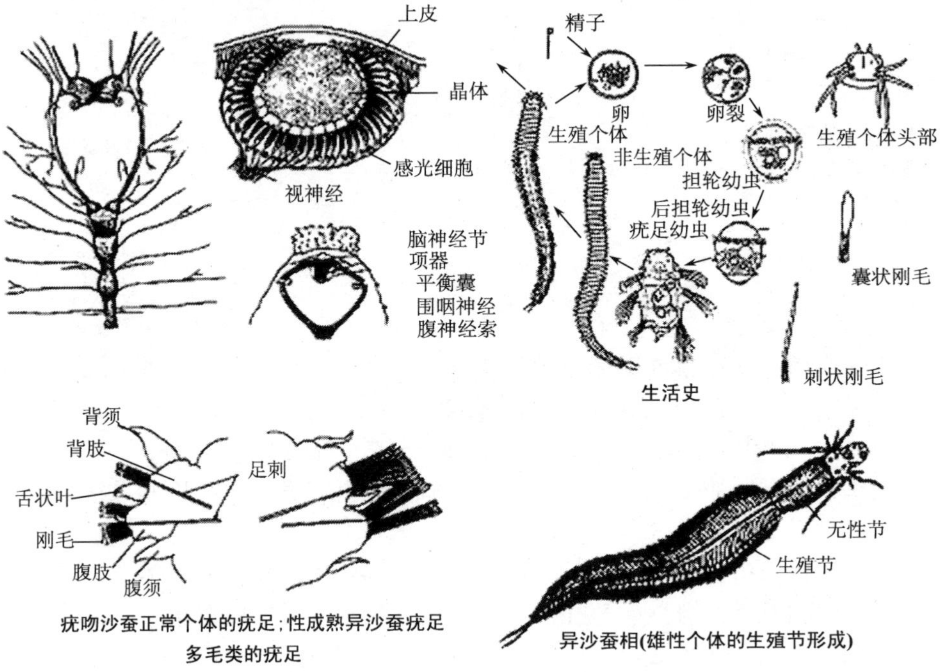

图 4-15　多毛类（Rullier）

4.7.2.2　分类

（1）游走目（Errantia）　自由游泳生活，同律分节，每体节一对疣足。如沙蚕（*Nereis*）、巢沙蚕（*Diopatra*）、鳞沙蚕（*Harmothoë*）等。

（2）隐居目（Sedentaria）　常栖管穴居生活，异律分节，疣足退化。如沙蠋（*Arenicola cristata*）。

4.7.3　蛭纲（Hirudinea）

4.7.3.1　主要特征

蛭类俗称蚂蟥。背腹扁平，具体环的体节多为 34 节，末 7 节愈合成后吸盘，体前 6.1.4.2
端具口吸盘，有吸附和辅助运动功能，营暂时性体表寄生。 6.3.2.5

吸血种类口腔内有 3 片齿颚，背面 1 片、侧腹面 2 片，用于咬破宿主皮肤。咽部单 6.3.6.4
细胞唾液腺分泌小分子具有抗凝血作用的蛭素（hirudin），发达嗉囊的两侧有盲囊（医蛭 11 对，水蛭 5 对），可储存超过体重 6 倍的血液，供数月消化，适应暂时寄生。闭管式循环有背、腹血管，原始种类真体腔退化，其腔隙（lacuna）形成背血窦（dorsal sinus）、腹血窦（ventral sinus）、侧血窦（lateral sinus）、中间窦（intermediate sinus）和皮下血窦（subepidermal sinus），构成血体腔系统（haemocoelomic system），背血管和身体收缩、侧血窦的搏动推动血体腔液流动。

雌雄同体，异体交配将精荚送入对方的雌性生殖孔内受精。具生殖带，产生的卵茧在水底或潮湿土壤中直接发育。体表有分散的感觉细胞、感觉乳突及感光细胞（photoreceptorcell）。

4.7.3.2　分类

蛭类约 500 种，可分为 4 个目。

（1）刺蛭目（Acanthobdellida）　具刚毛，只有后吸盘，如刺蛭（*Acanthobdella*）。

（2）吻蛭目（Rhynchobdellida）　吻能伸缩，管状，前吸盘有或无，多终生寄生在蚌、鱼、鳖类等水生动物身体上，如宽身扁蛭（*Glossiphonia lata*）。

（3）颚蛭目（Gnathobdellida）　具颚、前吸盘，常见种类如日本医蛭（*Hirudo nipponica*），体狭长，后吸盘腕状；宽身蚂蟥（*Whitmania pigra*），体宽大、棕褐色，背侧具 5 条黑黄斑点组成的纵纹，吸盘发达。

（4）石蛭目（Herpobdellida）　肉质伪颚无角质颚片，如带状石蛭（*Herpobdella lineata*）。

5.1.2.4
5.2.3.5
5.2.7.2
5.3.2.2
5.4.3
6.1.2
6.1.3
6.2.2.1
6.2.2.2
6.2.5
6.3.2.5
6.3.4.3
6.3.5
6.3.6.4
6.4.2.2
6.4.2.7
7.1.1.2
7.1.2.1
7.1.2.2
7.1.3.3
7.1.5.3
7.2.2.4
7.2.4.4
7.3.3.3
7.3.3.4
7.3.4
7.3.5.2
8.2.3.3
8.2.4
8.3.1
9.3.2
9.3.3
9.3.4.1
10.1.2
10.3.2
10.3.3
11.3.8

4.8 真体腔异律分节节肢动物门（Arthropoda）

三胚层、真体腔、身体分节的动物由同律分节向异律分节的方向演化形成节肢动物，有助于身体功能的复杂化、形态结构的多样化。身体分化成头、胸、腹（或头胸、腹，头、胸腹）3 部分，头部具有感觉、调节和取食功能，胸部司运动功能，腹部司营养、生殖功能。具分节的双肢型或单肢型附肢（图 4-16，图 5-10），附肢因着生体区不同，形态机能变化很大，头部附肢形成触角和口器（图 6-3，图 7-5）。其余附肢形成运动足以及辅助呼吸、生殖的结构。单层外胚层细胞分泌几丁质构成发达的外骨骼，有蜕皮现象。斜纹肌跨关节附着在外骨骼内表面和内突上（图 5-12）。

消化管分为前肠、中肠、后肠三部分，末端有直肠垫（rectal pad），能从食物残渣中回收水分。中胚层形成循环系统管壁，按体节形成体腔囊后裂开，残留体腔与囊胚腔形成混合体腔（血腔，haemocoel），血液与体腔液混合成为血淋巴，血腔有由背、腹隔膜分成背血窦、围脏窦和腹血窦 3 个血窦。小型种类体表呼吸，水生种类用鳃或书鳃呼吸，陆生种类用书肺（图 6-9）或气管（图 6-10）呼吸。排泄器官有 2 种类型，绿腺（图 6-24）、颚腺、基节腺是与后肾管同源的腺体结构，由体节器演变形成，细管状马氏管（图 6-24）来源于外胚层或内胚层，位于中肠、后肠交界处，游离在血腔中收集尿酸等废物，经肛门排出。

3 对神经节愈合形成前、中、后脑（图 7-8），经围咽神经连于咽下神经节，其后为腹神经索；具有平衡、触觉、味觉、嗅觉、听觉等感官，有单眼和复眼等视觉器官（图 7-1，图 7-5）。

生殖（图 8-4）方式有卵生、卵胎生和孤雌生殖，直接发育或间接发育，变态间接发育有多种形式（图 3-16，图 6-5，图 6-14）。

该门动物种类、数量最多，已知种类 100 万种，占动物界的 84%，是动物界的最大类群。从 5500m 深海到 6600m 高山均有分布，与人类关系密切。分类系统有较大争议，根据身体分节、附肢、呼吸和排泄器官的情况可分为三叶虫亚门（已灭绝）、螯肢亚门（Chelicerata，包括肢口纲、蛛形纲）、甲壳亚门（包括桡足类、软甲纲）、单肢亚门（有多足纲、昆虫纲），或分为原节肢动物亚门（Prototarthropoda）1 纲，真节肢动物亚门（Euarthropoda）5 纲，共 6 纲。

4.8.1 甲壳纲（Crustacea）

4.8.1.1 主要特征

身体分头胸部和腹部。头胸甲（carapace）保护躯体、附肢和鳃。附肢多为双肢型。头肢 5 对，2 对为小触角、大触角，3 对口肢为 1 对大颚、2 对小颚，大颚咀嚼体上有门齿突（processus incisivus）和臼齿突（processus molaris），基柄大颚肌引起大颚相向活动。胸肢前 3 对为颚足，与大、小颚共同构成口器。后 5 对为单肢型步足，外肢退化、内肢发达，发达的第 2（或 1）对步足有钳，称螯足（cheliped）。腹部 6 对双肢型附肢，5 对为游泳足，雄虾第二对游泳足内缘有雄性附肢（appendix masculine），末对附肢为尾肢（uropod）尾肢与尾节构成尾扇（tail fan）。

胃内角质膜加厚形成胃磨（gastric mill），故称磨胃（masticatory stomach）（图6-2），分为碎化食物的贲门胃和过滤食物的幽门胃，中肠腺发达。心脏发出几条大动脉构成开管式循环系统，含有血红蛋白和血蓝蛋白 2 种呼吸色素。鳃有叶鳃和丝鳃（图 6-7，图 6-14）等。蛋白质代谢的终产物有氨、尿素和尿酸，由触角腺、小颚腺和鳃排出（图 6-24）。

低等种类神经系统梯形，高等种类神经节愈合成脑或神经团；具有触角、嗅毛、触毛、复眼和平衡囊等感官。

多数雌雄异体、行两性生殖，少数兼行孤雌生殖，间接发育，幼体类型多样（图 3-15，图 4-16）。

3.4.1.1
5.1.2.5
6.1.2.4
6.1.3.5
6.1.4.9
6.2.2.1
6.3.3.3
6.3.5
6.4.2.2
7.1.2.1
7.3.3.3

4.8.1.2　分类

该纲约 35 000 种。

（1）鳃足亚纲（Branchiopoda）　有 800 种，如卤虫（*Artemia*）、蚤状溞（*Daphnia pular*）等为鱼类天然饵料。

（2）桡足亚纲（Copepoda）　如剑水蚤（*Cyclops vicinus*）等是湖泊常见浮游动物。

（3）蔓足亚纲（Cirripedia）　有 1000 种，如纹藤壶（*Balanus amphitrate*）。

（4）软甲亚纲（Malacostraca）　约占该纲总数的 70%，等足目（Isopoda）有栉水虱（*Asellus aquaticus*）、海蟑螂（*Ligia exotica*）。端足目（Amphipoda）有麦杆虫（*Caprella scaura*）、蚤状沟虾（*Gammarus pulex*）。磷虾目（Euphausiacea）有华丽磷虾（*Euphausia superba*）。十足目（Decapoda）有日本沼虾（*Macrobrachium nipponense*）、罗氏沼虾（*M. rosenbergii*）、中国对虾（*Penaeus orientalis*）、中国龙虾（*Panulirus clarkii*）、寄居蟹（*Diogenes eduardsii*）、中华绒螯蟹（*Eriocheir sinensis*）、三疣梭子蟹（*Portunus trituberculatus*）等。

4.8.2　蛛形纲（Arachnoida）

4.8.2.1　主要特征

身体分头胸部和腹部（图 4-17）。头胸部 6 对附肢，2 对头肢是螯肢和脚须，可抓住落网昆虫注入毒液并将其撕裂、灌注中肠消化酶，溶解成液体供吸胃（图 6-2）吮吸。4 对胸肢为步足。腹部 12 体节愈合，残存的 10、11 腹肢演变为特有的前、中、后纺器（spinneret），其顶部由刚毛演变形成的纺管（spigot）与各种丝腺（silk gland）相连，腺体细胞分泌的丝蛋白（fibroin）等液体物质经纺管抽出，遇到空气就变成固体的蛛丝。纺出不同韧性的蛛丝，织成对生存演化具有重要意义的各种蜘蛛网。

管状心脏有 3 对心孔。具书肺（图 6-9，图 6-14）和气管。基节腺和马氏管同时存在，排泄尿酸、鸟嘌呤等含氮代谢废物。

神经节高度集中并作神经团（neuronal mass）。单眼 8 个；有分布全身的触毛（tactile hair）和步足跗节末端的嗅毛等感觉器。

3.1.2.4
5.1.2.6
6.1.2.4
6.1.4.2
6.2.2.2
6.2.3.4
6.3.8.2
8.2.3.3
10.1.3

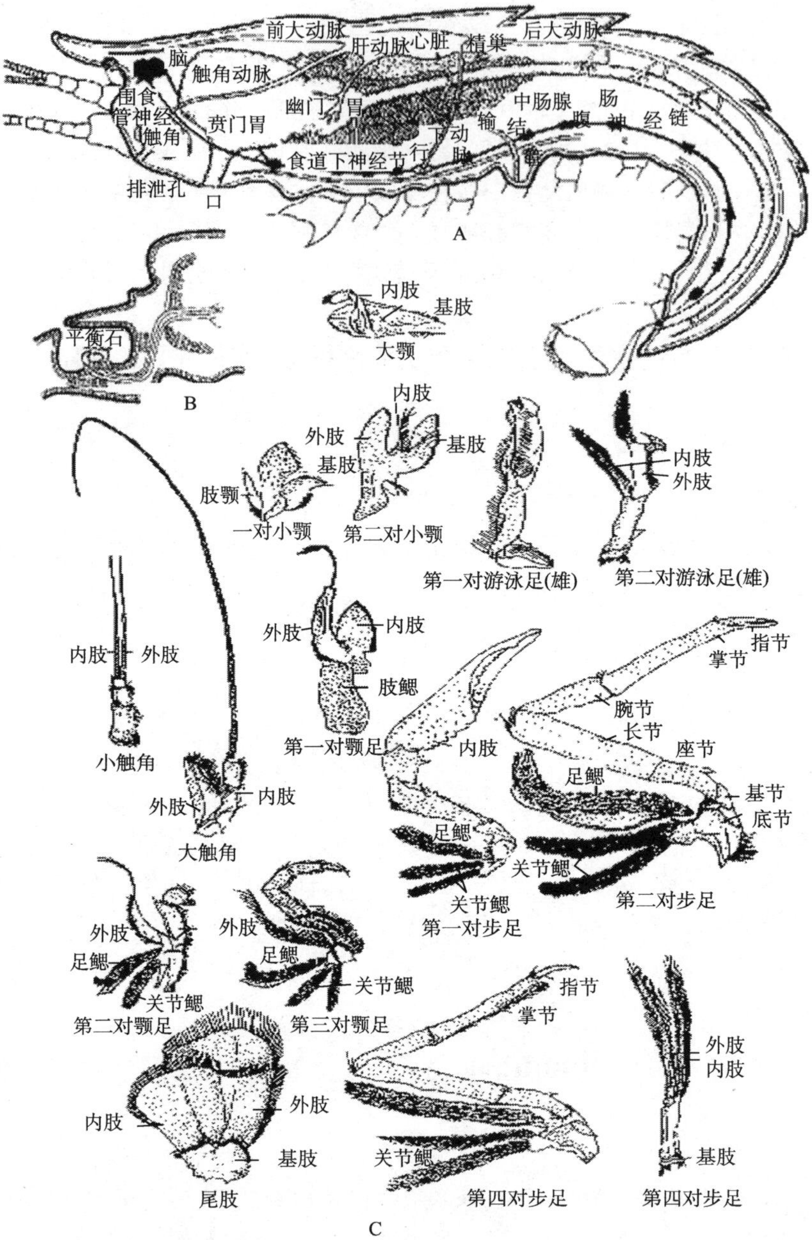

图 4-16 虾的内部结构（A）平衡囊（B）螯虾的附肢（C）（Boss et al.）

卵生或卵胎生。雄蛛结精网产精，求偶交配时用脚须器输精后常被雌蛛吃掉，以保证受精卵获得丰富的营养，但不影响交配授精。

4.8.2.2 分类

该纲约 80 000 种，多陆生。重要的目有：蝎目（Scorpionida）约 600 种，我国 15 种，如东亚钳蝎（*Buthus martensis*）。蜘蛛目（Araneida）约 30 000 种，我国 3000 种，

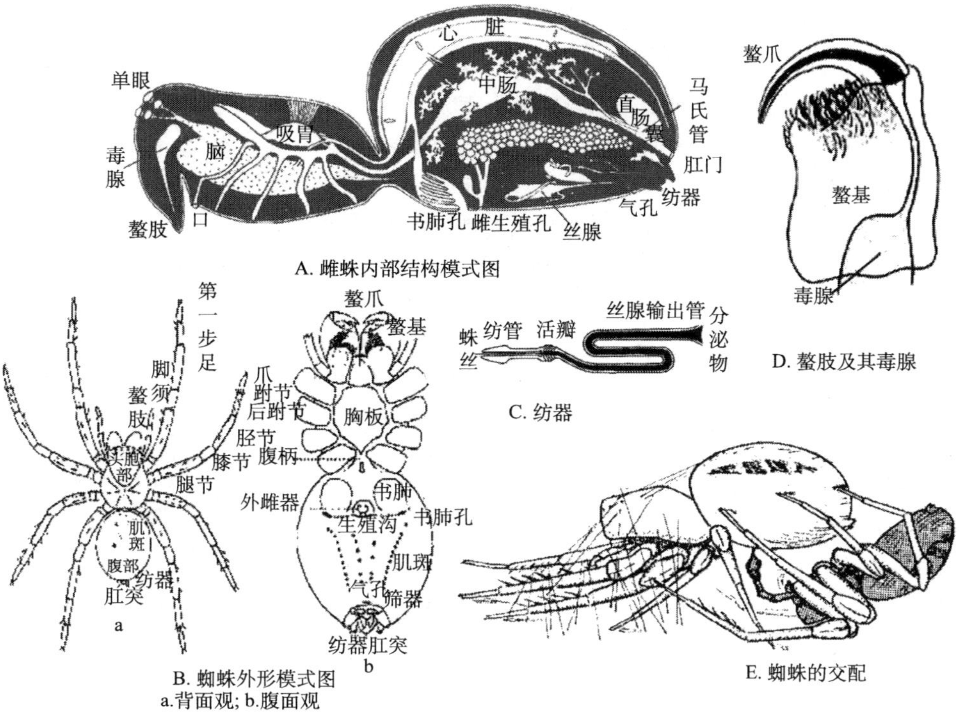

图 4-17　蜘蛛结构模式图（宋大祥等）

如大腹圆蛛（*Araneus ventricosus*）、水蛛（*Argyroneta aquatica*）。蜱螨目（*Acarina*）约 50 000 种，如红蜘蛛（*Tetranchus*）、人疥螨（*Sarcoptes scabiei*）、恙螨（*Trombicula deliensis*）。

4.8.3　昆虫纲（Insecta） 3.1.2.4 3.2.1.3

昆虫在进化过程中，解决了干燥陆生环境面临的保水、保护、快速运动、空气呼 3.3.1.2 3.3.7.2
吸、繁殖和在各种复杂环境中的分布扩散等生存发展问题，成功演化为种类繁多的动物 3.4.1.1
类群。 6.1.2.4 6.1.3.5

4.8.3.1　主要特征 6.1.4.2 6.1.5.3

身体分头、胸、腹 3 部分，单肢型附肢（图 5-10）。几丁质外骨骼发达。头部由 7 6.2.2.1
个体节愈合而成，为感觉调节中心；外骨骼构成头壳（head-caspsule），4 对附肢为触 6.2.2.2
角和大颚、小颚和下唇 3 对口肢。头后 3 个体节为胸部，有 3 对步足和 2 对翅，是运动 6.2.3.5 6.2.4.4
中心；翅上有因种而异的翅脉。 6.3.5

腹部为生殖、营养代谢中心。附肢特化成口器用于取食（图 6-3），胸部近腹侧有 6.4.2.7
一对唾液腺，输出管开口于舌基部，前肠有嗉囊和砂囊，中肠前端有 3 对肠盲囊（en- 7.1.1.2 7.1.2.2
tericcoeca），后肠末段膨大称直肠（rectum），肠壁加厚形成直肠垫（rectal pad），肠壁 7.1.4.5

7.2.2.4 上的环肌和纵肌交替舒缩，推动食物向后运行。中肠细胞分泌物形成围食膜（peritro-
7.3.3.4 phic membrane），有助于消化酶和营养物质透过、吸收。混合体腔，1 条背血管（图
7.3.4 6-19）分为一系列囊状心室构成后部的心脏和前部的大动脉两部分，血液中不含呼吸色
7.3.5 素。气管发达，有的扩大形成气囊，末端分支形成微气管（图 6-10，图 6-14）。发达的
8.1.1.2 马氏管来源于外胚层，收集体腔液中的尿酸排入直肠。
8.2.3.3
11.3.8 发达的神经系统分中枢、外周和交感三部分，脑分前、中、后脑，左右神经干合并成一条腹神经索。有触角、触毛、嗅毛、单眼和复眼等发达的感官。

雌雄异体、异形，附肢特化成产卵瓣、阳茎等外生殖器，体内受精（图 8-2，图 8-4），个体发育受激素调控（图 7-13），胚后发育有完全变态和半变态、渐变态等不完全变态等多种类型（图 3-16，图 4-18）。

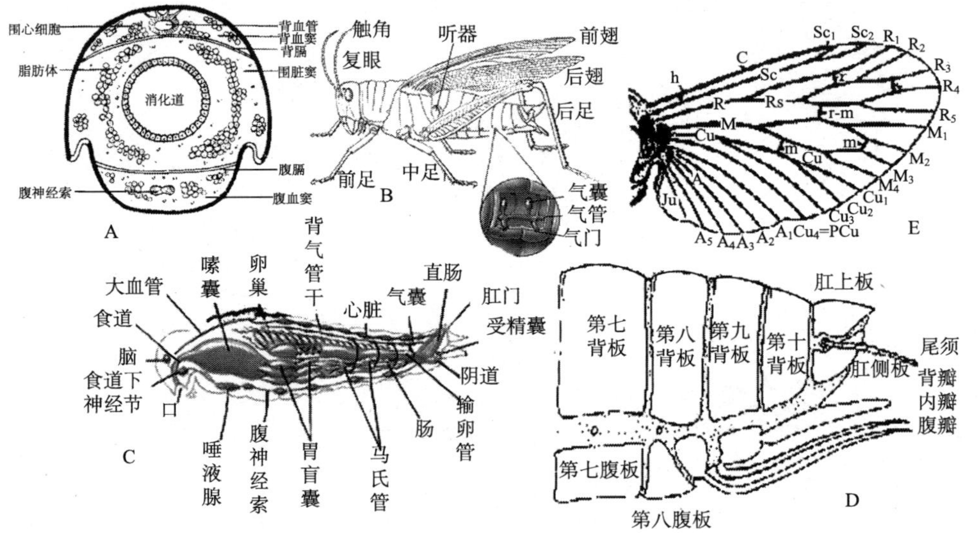

图 4-18 蝗虫结构（Zmms et al.）

A. 腹部横切模式图；B. 外形；C. 内部结构；D. 原始的产卵器模式图；E. 翅脉

纵脉		横脉
C=costa	Cu=cubitus	h=humeral
Sc=subcosta	pCu=postcubitus	r=radial
R=radius	A=anal	s=sector
Rs=sector radii	Ju=jugal	r-m=radiomedial
M=media		m=medial
		m-cu=mediocubital

4.8.3.2 分类

昆虫纲是动物界最大的一个纲，有 15 000 种化石种，现存约 840 000 种，分为两个亚纲。

（1）无翅亚纲（Apterygota） 约 3500 种，如衣鱼（*Ctenolepisma*）。

(2) 有翅亚纲 (Pertygota)　约 835 000 种，蜉蝣目 (Ephemerida) 如蜉蝣 (*Ephemerea*)。蜻蜓目 (Odonata) 如黑眼蜻蜓 (*Aeschna melanictera*)、新豆娘 (*Caenagrion*)。直翅目 (Orthoptera) 如蟋蟀 (*Gryllulus chinensis*)、中华稻蝗 (*Oxya chinensis*)、东亚飞蝗 (*Locusta migratoria manilensis*)。网翅目 (Dictyoptera) 如大刀螳螂 (*Paratenodera sinensis*)。等翅目 (Isoptera，又称白蚁 Termite) 如家白蚁 (*Coptotermes formosanus*)、黑翅土白蚁 (*Odontotermes formosanus*)。虱目 (Siphunculata) 如人虱 (*Pediculus humanus*)。异翅目 (Heteroptera，又称蝽象 Stink bug) 如麦蝽 (*Aelia*)、臭虫 (*Cimer letularius*)、仰泳蝽 (*Notonecta*)、桂花蝉 (*Lethocerus indicus*)。同翅目 (Homoptera) 如蚱蝉 (*Cryptotympana atra*)、棉蚜 (*Aphis gossypii*) (图 8-2)。蚤目 (Siphonaptera) 如人蚤 (*Pulex irritans*)、鼠蚤 (*Xenopsylla cheopis*)。双翅目 (Diptera) 如蚊类有库蚊 (*Culer*)、按蚊 (*Anopheles*) 和伊蚊 (*Aedes*)，蝇类有家蝇 (*Musca domestica*)。鳞翅目 (Lepidoptera) 如菜粉蝶 (*Pieris rapae*)、黏虫 (*Mythimna separata*)、棉铃虫 (*Pectinophora gossupiella*)、家蚕 (*Bombyx mori*)。膜翅目 (Hymenoptera) 如蚂蚁 (*Formicidae*)、蜜蜂 (*Apis mellifica*)、金小蜂 (*Dibrachys cavus*)、赤眼蜂 (*Trichogramma evanescens*)。蜚蠊目 (Blattaria) 如地鳖虫 (*Eupolyphaga sinensis*)。

4.8.4　肢口纲 (Merostomata)

4.8.4.1　主要特征　6.2.2.1

身体分头胸部、腹部和尾剑 (tail spine) 3 部分。头胸部有宽大半圆形盾甲 (pel-　6.3.5.1
tidium)，背面 3 条纵嵴，中嵴前端两侧有 1 对单眼，侧嵴外侧各有 1 个复眼。1 对螯　6.3.8.2
肢，5 对步足的第 1 肢节形成颚基用于咀嚼食物，雄性第 2 对脚须末端钩状，交配时用以抱握雌体。

腹部体节愈合，7 对附肢，第 1 对形成唇瓣 (chilaria)，第 2 对愈合成生殖厣，上肢后壁突起形成书鳃 (book gill) (图 6-14)。管状心脏有心孔 8 对，3 条前动脉，4 对侧动脉，血液经血窦流入书鳃，气体交换后进入围心窦，经心孔流回心脏。血液内含血蓝蛋白和鲎素 (limulin)。雌雄异体，生殖腺经生殖管开口于生殖厣下。

夏季繁殖季节，雌雄聚集潮间带，雄鲎用脚须抱握雌体，雌体挖坑产卵，每穴产中黄卵 200～300 粒，体外受精，完全卵裂经三叶幼虫阶段发育为成体。

4.8.4.2　分类

全世界约有 120 种化石，现存 5 种，如闽粤沿海的中国鲎 (*Tachypleus tridentatus*)。

4.8.5　多足纲 (Myriapoda)

4.8.5.1　主要特征

多足纲又称倍足纲，身体分头部和躯干部。头部有触角、大颚和 1 或 2 小颚，共 3

5.1.2.6 或4对附肢。躯干部每体节1或2对步足。皮肤腺发达，有毒腺和臭腺，分泌含氢氰酸
8.2.3.3 等剧毒物质的毒液。气管呼吸，步足基部的气孔内连气囊。马氏管1或2对。单眼为侧
眼。直接或间接给雌体授精，多不抱卵孵化，但雌蜈蚣抱卵孵化并抱育幼体。

4.8.5.2 分类

该纲约10 500种，唇足亚纲（Chilopoda）2 800种，如蜈蚣目（Scolopendromorpha）的少棘蜈蚣（*Scolopendra mutilans*）。前殖亚纲（Progoneata）有7 680种，如倍足目（Diplopoda）的马陆（*Julus*）。

4.8.6 原气管纲（Prototracheata）

原气管纲又称有爪纲（Onychophora），近年来有人将其独立为有爪动物门。蠕虫状身体有环纹，但无明显分节。成对的附肢和后肾管按体节排列。具血腔。气管呼吸。雌雄异体，多为胎生；卵胎生。直接发育。有110多种，如栉蚕（*Peripatus*）等。

4.9 真体腔后口无脊椎动物

3.1.2.4 辐射卵裂。内陷法形成原肠。此类动物的演化可能与形成中胚层的左右体腔囊间的
3.2.1 原肠背壁参与了消化道的形成和身体向不分节的方向演化有关。肠腔法形成中胚层和真
3.3.1.2 体腔，三胚层，胚孔形成肛门，胚孔对应端形成口，为后口，这些特征与脊索动物相
3.3.3.2 似，属后口、肠体腔动物。

3.3.4.3

3.4.1.1 4.9.1 棘皮动物门（Echinodermata）

5.1.3.4

5.2.4 4.9.1.1 主要特征

5.2.8.1 中胚层形成的内骨骼突出体表，与表皮形成棘、刺和突，故称棘皮动物。幼虫左右
6.1.2 对称，成体次生性五辐射对称。身体由体盘和腕构成，分口面与反口面。体腔形成特殊
6.1.4.1 水管系（water vascular system）和管足（tube foot），口周环水管向腕辐射伸出辐管及
6.1.4.10 6.1.5.3 侧管，环水管经石管（stone canal）与反口面的筛板相通，依管足的有无，身体分为步
6.2.2.1 带（ambulacrum）和间步带（interambulacrum）相间排列的带区。
6.3.5 体腔参与形成的血系统（haemal system）有反口面的生殖窦（genital sinus）、口
6.3.6.3 周环管下方的环窦（ring sinus）及其伸入腕的辐窦（ridial sinus）组成，并有伴行的围
6.4.2.9 血系统（perihaemal system）。用皮鳃（图6-8）或呼吸树呼吸。
7.1.1.1 神经有起源于外胚层的外神经（ectoneural）和中胚层的内神经（endoneural）、下
8.2.3.2 神经（hyponeural，体腔神经）3个神经系统，表皮中有大量神经感觉细胞。
11.3.9 雌雄异体，个体发育有羽腕幼虫、短腕幼虫、蛇尾幼虫、樽形幼虫、耳状幼虫、五
触手幼虫等多种幼虫。海洋底栖生活，活动能力弱（图4-19，图4-20）。

4.9.1.2 类群

现存6000多种，化石多达20 000种。

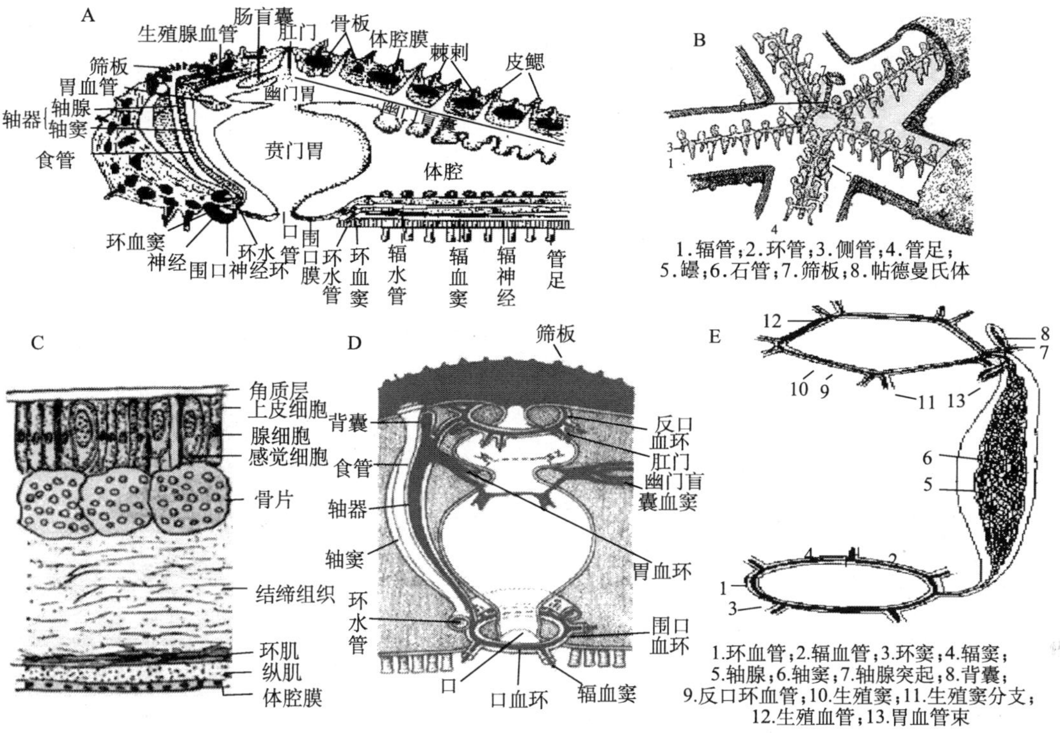

图 4-19　棘皮动物内部结构（Sheman & Hyman，刘凌云等）

A. 海盘车体盘及腕纵切；B. 海星的水管系统；C. 海盘车的体壁结构；D. 海盘车体盘结构模式图；E. 海星的血系统及围血系统

（1）游移亚门（Eleutherzoa）　分为 4 纲，海星纲（Asteroidea）有砂海星（*Luidia*）、海燕（*Asterina pectinifera*）、海盘车（*Asterias rollestoni*）。海胆纲（Echinoidea）有马粪海胆（*Hemicentrotus pulcherrimus*）、石笔海胆（*Heterocentrotus mammillatus*）、心形海胆（*Echinocardium cordatum*）。蛇尾纲（Ophiuroidea）有海盘（*Astrodendrum*）、刺蛇尾（*Ophiothrix fragilis*）、真蛇尾（*Ophiura*）。海参纲（Holothuroidea）有刺参（*Stichopus japonicus*）、梅花参（*Thelenota ananas*）、海棒槌（*Paracaudina chilensis*）。

（2）有柄亚门（Pelmatozoa）　化石种类有 4 纲。现存海百合纲（Crinoidea）有 650 种，底栖、固着生活的海洋动物，如海百合（*Metacrinus*）、海羊齿（*Antedon*）。

4.9.2　毛颚动物门（Chaetognatha）

前庭后端口的两侧有刺，头前端有小刺用以取食，故名。直接发育。无脊椎动物中唯一体表角质层下为多层上皮细胞的动物。

该门动物虽然只有 60 种左右，但分布广，数量大，在海洋浮游生物中占有重要地位，是多种海洋动物的食物，也捕食甲壳类、多毛类、鱼类等各种小型动物。

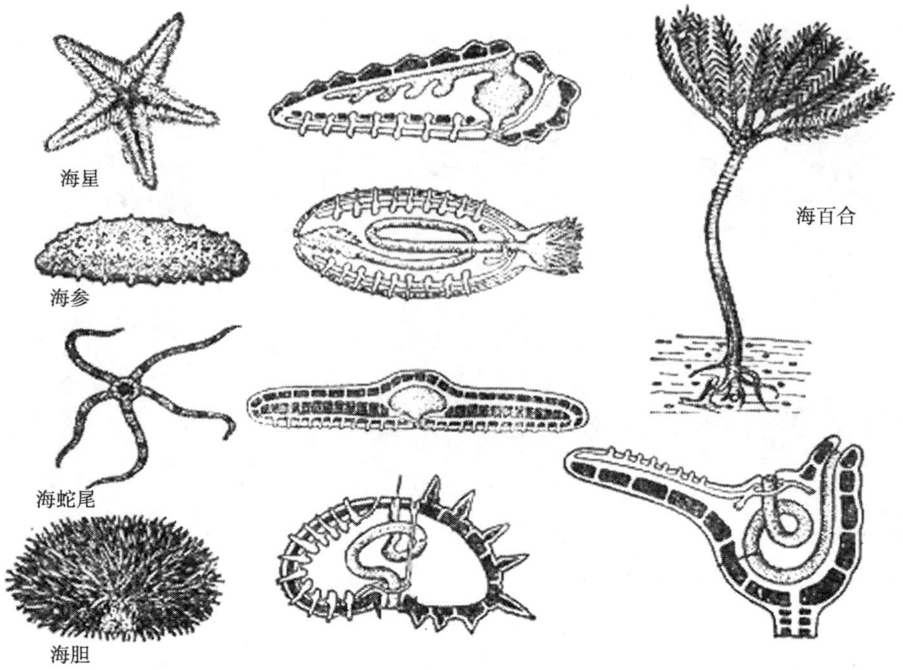

图 4-20 棘皮动物代表种类结构

4.9.3 半索动物门（Hemichordata）

3.4.1.1 身体蠕虫状，分为吻、领、躯干 3 部分，3 个体腔。咽壁有鳃裂，经鳃孔开口于体
5.1.2.6 外。有背腹两条神经索，背神经索在领部形成中空的领索（collard cord）。口索曾被认
6.3.6.4 为是脊索，但两者不仅结构不同，而且不同功又不是同源器官，故列为半索动物门。
11.3.10 柱头幼虫（tornaria）与棘皮动物短腕幼虫形态结构相似，肌肉内含有精氨酸和肌酸，分别为非脊索动物和脊索动物的磷肌酸中含有，肌肉生化特点证实它们三者间有较近的亲缘关系。

已知 70 余种，穴居在浅海和潮间带的泥沙中，常见种类有柱头虫（*Balanoglossus*）。

4.10 真体腔后口脊索动物门（Chordata）

3.3.4.1 三胚层、两侧对称、肠体腔、后口动物进一步演化，原肠背壁左右体腔囊之间的脊
3.3.4.3 索中胚层发育形成脊索（notochord）并且身体向分节的方向演化，从而进化成最高等的动
5.2.4.1 物门类——脊索动物，脊索诱导脊椎发生连结构成脊柱，从而使动物体的支持、保护、运
5.2.8.2 动功能发生根本性变化，促进了动物特别是脊椎动物的进化，形成了形态结构复杂、生理
5.3.2.3 功能完善、生活方式多样、具有明显的差异、但具有共同的主要特征的高等动物类群。
6.2.2.1 脊索动物个体发育到一定阶段具有脊索（notochord）、背神经管（dorsal tubular
7.2.2.5 nerve cord）、咽鳃裂（pharyngeal gill slits）三大主要特征。次要特征如存在肛后尾
11.3.10 （postanal），心脏位于消化道腹面，具发达的内骨骼，多为闭管式血液循环，躯干部分

节现象保留或消失，如低等动物有肌节、生肾节，高等动物消失（图 6-8，图 7-9）。

脊索动物约 40 000 多种，分为 3 个亚门。

4.10.1　尾索动物亚门（Urochordata）

4.10.1.1　主要特征

1866 年，俄国柯瓦列夫斯基研究了海鞘胚胎发育后，才确立其脊索动物地位。幼 3.1.2.4
体尾部具脊索及神经管，逆行变态后伴随尾部的消失而消失，只保留一个脑神经节，支 3.3.1.2
配全身的活动。口与吸盘间的组织生长迅速，使口发生 180°位移。鳃裂发达。管状心 3.3.4.3
脏两端与鳃血管和肠血管相连，两端各有一个“起搏器”，周期性交替间歇收缩驱动血 3.4.1.1
液进入血窦。 5.1.2.3

雌雄同体，但不同时成熟，异体受精。成体多固着生活，具入水孔和出水孔，体被 5.2.4.1
被囊（tunica），由外套膜分泌的似植物纤维素的被囊素（tunicin）构成，又称被囊动 6.2.2.1
物（Tunicata）（图 4-21）。 6.3.2.5
6.3.6.4

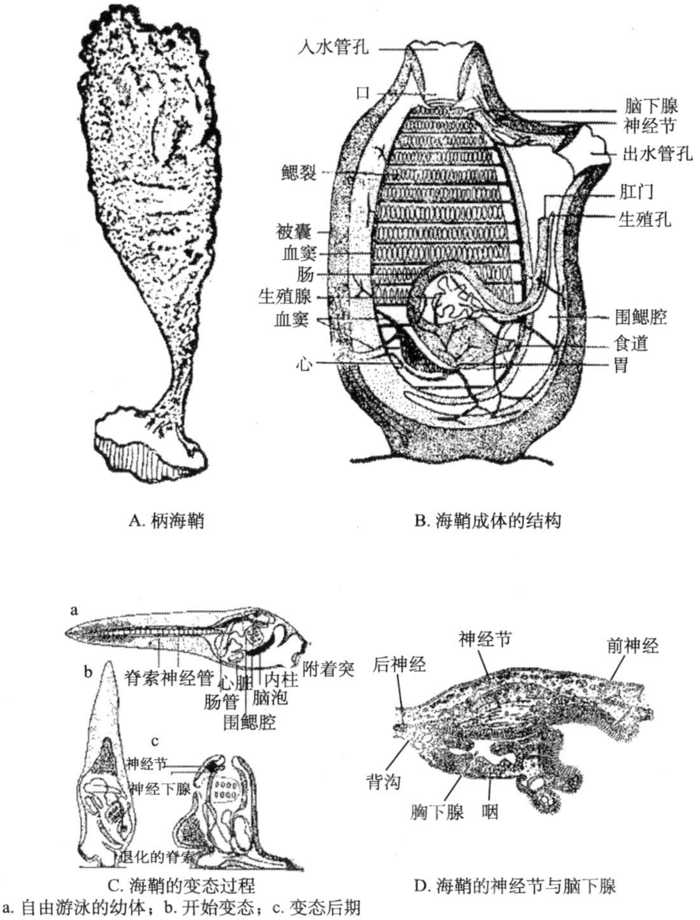

图 4-21　海鞘的外形结构及变态发育

4.10.1.2 分类

有 2000 多种。

海鞘纲（Ascidiacea）被囊厚，单体或群体两种类型，如海鞘（*Ascidian*）、柄海鞘（*Styela*）等。

樽海鞘纲（Thaliacea）被囊透明，成体筒状，入水孔和出水孔位于身体两端，漂浮生活，如樽海鞘（*Doliolum*）等。

幼态纲（Larvacea）保留幼体外形，在体表分泌的透明胶质囊中游泳生活，如尾海鞘（*Appendicularia*）、住囊虫（*Oikopleura*）等。

4.10.2 头索动物亚门（Cephalochordata）

4.10.2.1 主要特征

3.2.4.3
3.3.3.2
3.4.1.1
5.2.2
5.2.4.1
5.2.8
5.3.2.3
6.1.3.6
6.1.4.7
6.2.2.1
6.3.3.1
7.1.1.4
7.1.5.2
7.2.4.5
8.2.3.2
11.3.10

脊索终生保留，纵贯全身伸至体前端，结缔组织脊索鞘多层，脊索细胞有盘状肌细胞。皮肤由单层柱状上皮细胞的表皮和胶状结缔组织真皮构成，半透明。V 字肌节（myomere）（图 5-12）集中于体背部，由肌隔（myocomma）分隔，两侧肌节交错排列，收缩使身体左右摆动。

鳃裂随个体生长发育而数目增加，成为滤食和呼吸器官。体前部背侧体壁向腹侧延伸形成围鳃腔和腹褶（metapleural fold），后部形成腹孔。特化滤食器官包括口笠和触须，前庭轮器（wheel organ），口、缘膜（velum）和缘膜触手（velar tentacle），巨大咽内壁的纤毛上皮和咽腹侧的内柱，滤取食物由纤毛向前背侧移动至咽背侧的背板后，送入肠中进行细胞内、外消化。中肠前部有肝盲囊可分泌消化酶，其后部廻结环肠壁上肌肉发达，内壁纤毛上皮使食物形成旋转柱，将食物从肝盲囊中抽吸到肠，促进酶与食物混合提高消化效率，肛门开口于尾部左侧。能搏动的腹大动脉发出入鳃动脉，汇成背大动脉根和背大动脉后，发出分支输送血液到全身；前主静脉、后主静脉、总主静脉各 2 条和 1 条肝门静脉汇集全身的血液到静脉窦。

神经管保留原始状态，前端有色素点（pigment spot），背神经管腹两侧有脑眼（ocelli），脊神经展现脊椎动物基本特征，但背根、腹根交错排列，背根具有感觉、运动功能，无神经节，腹根实际是体壁肌肉纤维延伸形成。前庭哈氏窝（Hatschek's pit）与脊椎动物的垂体同源。

咽背壁两侧有按体节排列的肾管和 26 对无管生殖腺，体腔中代谢废物渗透进入管细胞、肾管经肾孔排入围鳃腔。性腺壁破裂，成熟生殖细胞经围鳃腔随水流从腹孔排出，体外受精发育。（图 4-22，图 6-20）。

4.10.2.2 常见种类

文昌鱼（*Branchiostoma belcheri*）左右侧扁，两端尖，故名双尖鱼（*Amphioxus*），喜栖水质清澈的浅泥沙中，半穴居滤食生活。

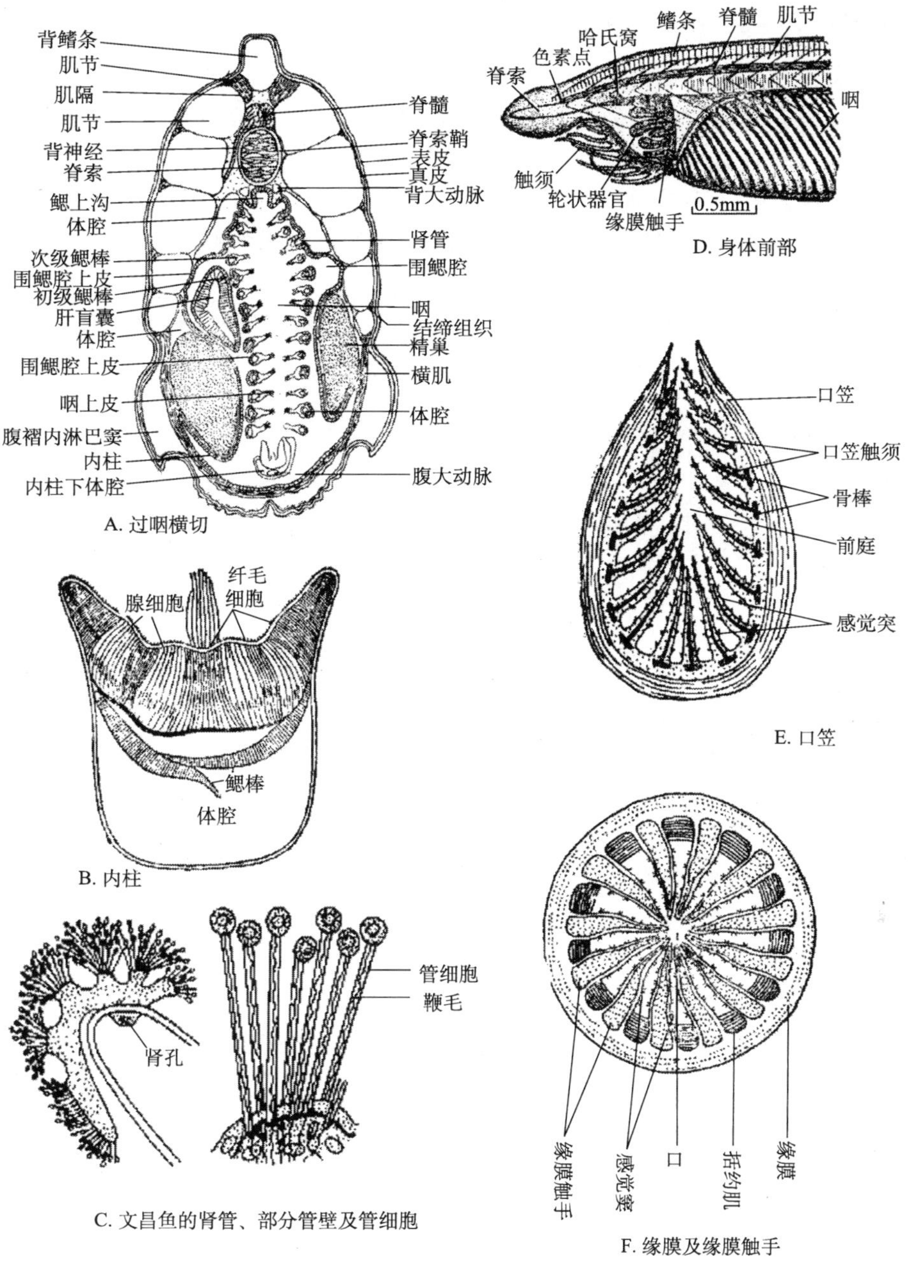

图 4-22　文昌鱼的结构

4.10.3　脊椎动物亚门（Vertebrata）

4.10.3.1　主要特征

胚期出现脊索动物三大特征。成体内骨骼发达，脊椎连结成脊柱代替脊索，由于脊

5.1.1 椎的横突、棘突等的发达程度不同，脊柱出现分区：高度发达头骨分为脑颅、咽颅两部
5.1.2.5 分，形成明显的头部，故称有头类（Craniata）；有颌类出现能主动捕食的上下颌；成
5.1.2.6 对附肢，鱼类为鳍，四足动物为五趾型附肢（pentadactyl limb）。
5.1.2.7 鱼形动物鳃裂发育为成体的鳃，四足动物鳃消失，产生肺。肌肉分节性逐渐消失，
5.1.3.5 心肌发达，加强心脏的收缩泵血和分隔缺氧血和含氧血功能。肾脏排泄效能高。营养代
5.2.4 谢能力进一步提高。
5.2.5 神经管前端分化为五部脑，后部为脊髓。发达的头骨保护脑和眼、耳等重要感官。
5.2.6 具有发达而完善的内分泌系统。
5.2.7.3
5.3.2.3 雌雄异体、异型，异体交配受精，体内受精种类具有不同类型的交配器，有物种特
6.1～6.4 异性的繁杂求偶交配繁育行为。
7.1～7.3
8.1～8.3

4.10.3.2 分类

现存脊椎动物分为 7 纲，包括无颌类（Agnatha）的圆口纲，有颌类（Gnathostomata）的软骨鱼纲、硬骨鱼纲等鱼类，两栖纲和产羊膜卵的爬行纲、鸟纲、哺乳纲等四足动物（Tetrapoda）。

3.4.1.1
5.1.2.6
5.2.5
5.2.7.3
5.3.2.3

4.11 圆口纲（Cyclostomata）

6.1.2
6.1.3.8

4.11.1 主要特征

6.1.4.2 皮肤裸露，单细胞黏液腺发达。脊索发达，终生保留。出现雏形脊椎和头骨软骨基
6.2.2.1 板（图 5-5，图 5-6）。原始肌节呈 W 形。
6.2.3.6 无上下颌，而具由上唇极度扩大形成的圆形口漏斗（图 6-4）。舌特化为锉食器，
6.3.2.4 具有角质齿。无偶鳍，只有奇鳍（雄性具臀鳍），原型尾。特殊鳃囊由软骨鳃笼支持，
6.3.2.5 七鳃鳗的外鳃孔 7 个，盲鳗有 1 个总外鳃孔。肾脏排泄代谢废物。
7.1.1.5 具分化程度不高的 5 部脑（图 7-10）。内耳半规管 1 个（盲鳗）或 2 个（七鳃鳗）。
7.1.2.3 外鼻孔 1 个，嗅囊 1 对。1 对眼不发达，顶眼和松果眼仅有感光作用。
7.1.4.8
7.2.2.5 单个生殖腺无导管，性细胞由体腔经泄殖孔排出。沙隐幼虫（图 3-16）特征似文
7.2.3 昌鱼和脊椎动物，表明头索动物与脊椎动物亲缘关系近（图 4-23）。
7.2.4.5
7.3.2

4.11.2 分类

11.3.11 现存盲鳗目（Myxiniformes）有 30 多种，海生、寄生，据报道 1 条鱼体内可多达 100 条盲鳗；七鳃鳗目（Petromyzoniformes）有 40 多种，分布于淡水和海洋中，体表半寄生，如我国的东北七鳃鳗（*Lampetra morii*）。

3.1.2.1

4.12 鱼类（Pisces）

3.1.2.3
3.1.3.3 水生有颌脊椎动物。鱼类体被鳞片。成对附肢为胸鳍、腹鳍。脊柱分为躯椎和尾椎
3.2.1 2 部分，双凹型椎体（图 5-9）。体侧肌含红肌和白肌两种成分，出现水平隔，分为轴上

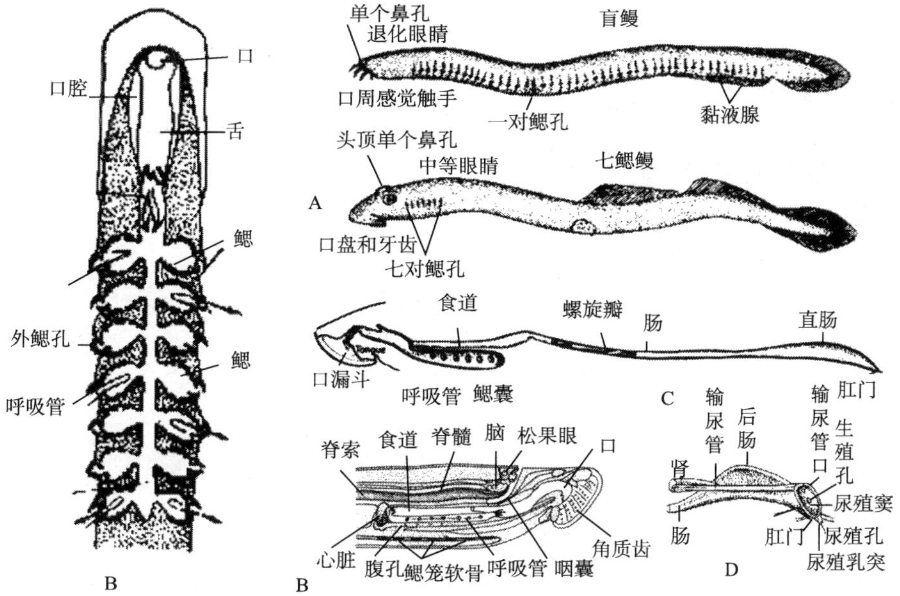

图 4-23　七鳃鳗的外形与结构

A. 外形；B. 前部结构；C. 呼吸管与消化道；D. 尿殖窦

肌与发达轴下肌，眼肌 6 条。

口位于头前部，有端位、腹位或上位，与食性相适应。用鳃呼吸（图 6-8）。心脏一心房一心室，有腹大动脉、入鳃动脉和主静脉系统，血液循环为单循环。背肾排泄代谢废物，调节渗透压（图 9-1）。

五部脑进一步分化，中脑为高级神经中枢，迷走叶发达。耳仅具内耳（图 7-6），具侧线（图 7-6），变温（图 4-24）。

脊椎动物种类最多的类群，约 22 000 种，分布于淡水、海水等各种水域环境中。包括软骨鱼和硬骨鱼两大类。

3.3.5
5.1.1
5.1.2.5
5.1.2.6
5.1.2.7
5.2.4
5.2.5
5.2.6
5.2.7
5.3.2.3
6.1.2.1
6.1.2.2
6.1.2.4
6.1.3.8
6.1.3.10
6.1.4.9

4.12.1　软骨鱼纲（Chondrichthyes）

4.12.1.1　主要特征

体被楯鳞。皮质鳍条。软骨，歪尾（图 5-6，图 5-9）。W 形肌节沿身体纵轴呈同心 5.1.2.7
圆式排列（图 5-12）。 5.1.3.5

肠内具螺旋瓣（图 6-5）。无鳔。鼻孔腹位。鳃间隔长而发达，两侧各有一列鳃丝 5.3.2.3
构成鳃片，外鳃孔 5～7 对（图 6-8）。心脏（图 6-16）具动脉圆锥维持血压，动脉弓 5 6.1.2.5
对（图 6-17），主静脉系统呈 H 形（图 6-18，图 6-20）。背肾排泄尿素，副肾管输尿。 6.2.2.1

大脑背壁含有少量神经元，具发达的侧线和罗伦氏器，能精确检测水环境。

卵巢与导管不直接相连。雄鱼腹鳍内侧特化为鳍脚，体内受精，卵生或卵胎生。海生。

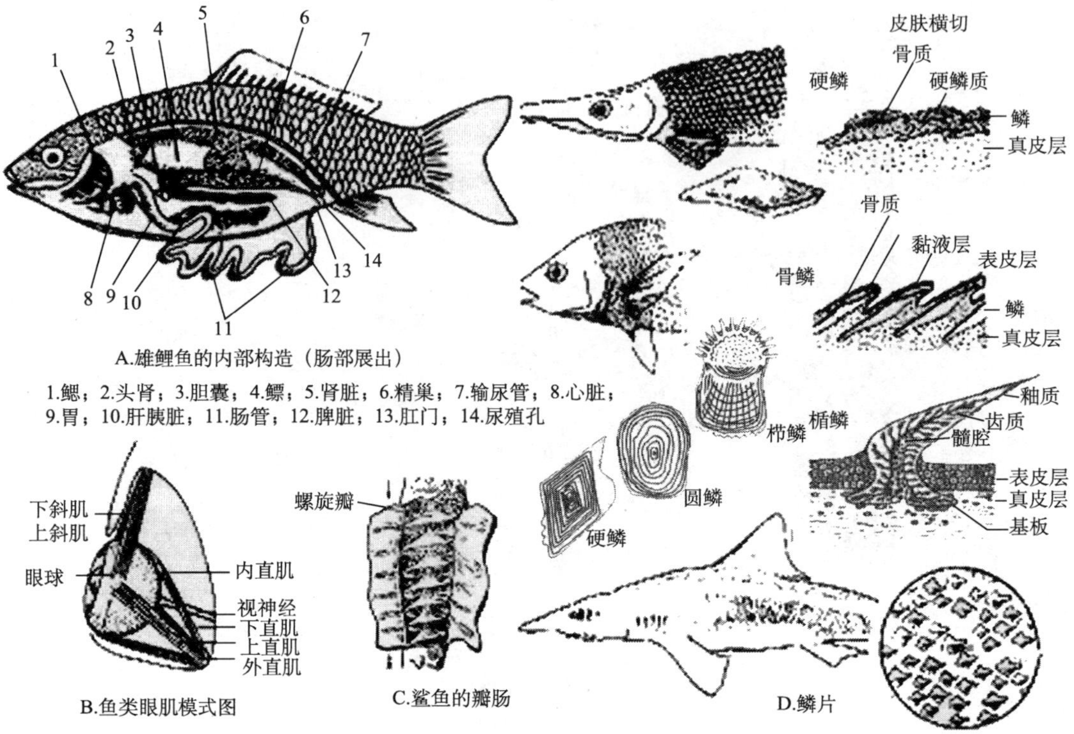

图 4-24 鱼体结构（Moyle，苏锦祥等）

4.12.1.2 分类

全世界约 800 种，我国 190 多种，分布于热带及亚热带海洋。

1）板鳃亚纲（Elasmobranchii）

体呈梭形或盘形。鳃孔各自开口于体外。舌接型头骨，保留原始类型的软骨脑颅和咽颅。

（1）鲨总目（Selachomorpha，或称侧孔总目，Pleurotremata） 体梭形，鳃孔侧位，如六鳃鲨目（Hexanchiformes）扁头哈那鲨（*Notorhynchus platycephalus*）；虎鲨目（Heterodontiformes）宽纹虎鲨（*Heterodontus japonicus*）；鲭鲨目（Isuriformes）噬人鲨（*Carcharoldon carcharias*）；真鲨目（Carcharhiniformes）梅花鲨（*Halaelurus burgeri*）；锯鲨目（Pristiophoriformes）日本锯鲨（*Pristiophorus japonicus*）。

（2）鳐总目（Batomorpha，或称下孔总目，Hypotremata） 体形扁平，鳃孔腹位，约 430 种，我国产约 80 种，如鳐形目（Rejiformes）犁头鳐（*Rhinobatus hynnicephalus*）、团扇鳐（*Platyrhina sinensis*）；锯鳐目（Pristiformes）尖齿锯鳐（*Pritis cuspidatus*）；鲼形目（Myliobatiformes）燕魟（*Gymnura japonica*）、鸢鲼（*Maliobatis tobijei*）和蝠鲼（*Mobula japonica*）；电鳐目（Torpediniformes）黑斑双鳍电鳐

(*Narcine maculate*)、日本单鳍电鳐(*Narke japonica*)。

2) 全头亚纲(Holocephali)

鳃腔外被膜质鳃盖,后缘具 1 总鳃孔,第 1 背鳍前硬棘强大,能竖立或倒垂,雄性有腹鳍内侧鳍脚、腹前鳍脚及额鳍脚。我国产 5 种,黑线银鲛(*Chimaera phantasm*)最常见。

4.12.2　硬骨鱼纲(Osteichthyes)

体多纺锤形,被不同类型的硬鳞、骨鳞,或有次生性退化现象。骨骼多为硬骨(图 5-5,图 5-6,图 5-9)。胸鳍和腹鳍的鳍条骨质,多为正型尾。

鼻孔位于吻背面。鳃间隔退化,4 对全鳃(图 6-8),骨质鳃盖骨有保护和参与呼吸的作用。常有鳔(图 6-15),反射性被动调节鳔内气体量以保持鱼体的中性浮力状态。动脉圆锥退化,具发达动脉球,动脉弓 4 对(图 6-17)。

大脑(图 7-10)背壁为非神经组织。眼无上、下眼睑(图 7-3),具镰状突、铃状体和银膜,可进行视觉调节适应光线暗的水生环境(图 4-24、图 6-15)。

生殖腺外膜延伸成生殖导管(图 8-5),有助于排大量卵,体外受精,卵生。

4.12.2.1　内鼻孔亚纲(Choanichthyes,肉鳍亚纲 Sarcopterygii)

具内鼻孔(choana)。原鳍型偶鳍,基部肉质,基鳍骨分节,呈肉叶状或鞭状,肠内有螺旋瓣。

总鳍总目(Crossopterygiomorpha)如腔棘鱼目(Coelacanthiformes)矛尾鱼(*Latimeria chalumnae*)。

肺鱼总目(Dipneustomorpha)如澳洲肺鱼(*Neoceratodus forsteri*)、美洲肺鱼(*Lepidosiren paradoxa*)、非洲肺鱼(*Protopterus annectens*),我国四川省出土过肺鱼化石。

4.12.2.2　辐鳍亚纲(Actinopterygii)

鳍由真皮性辐射状鳍条支持。体被硬鳞、圆鳞或栉鳞,或裸露无鳞。占现生鱼类总数的 90%以上,共 9 总目、36 目。我国有 8 个总目、26 目。

1) 硬鳞总目(Ganoidomorpha)

体被硬鳞,心脏具动脉圆锥,肠内有螺旋瓣,歪尾,常有喉板,有 4 目。

(1) 鲟形目(Acipenseriformes)　体形似鲨,吻长,口腹位,有喷水孔。常被 5 行纵列硬鳞。软骨,头具膜质硬骨,脊椎骨片不愈合,无椎体,脊索发达。如新疆小鲟(*Acipenser ruthenus*)、东北施氏鲟(*A. shrenckii*)、长江鲟(*A. dabryanus*)、中华鲟(*A. sinensis*)和白鲟(*Psephurus gladius*)。

(2) 多鳍鱼目(Polypteriformes)　如多鳍鱼(*Polypterus gladius*)。

(3) 弓鳍鱼目(Amiiformes)　如弓鳍鱼(*Amia clava*)。

6.2.2.1
6.2.3.7
6.2.4.1
6.2.6
6.3.2.3
6.3.3.2
6.3.4.2
6.3.5.1
6.3.6.4
6.4.3.2
6.4.4
6.4.5
6.4.6
6.4.7
7.1.1.6
7.1.2.4
7.1.4.8
7.2.2.5
7.2.4.5
7.3.2
7.3.4
7.3.5
8.1.2
8.2.3.3
8.3.1
9.2.1
9.2.2
9.2.3
9.2.4
9.2.4.1
11.3.12

(4) 雀鳝目 (Lepidosteiformes)　如扁口雀鳝鱼 (*Lepidosteus platystomus*)。

2) 鲱形总目 (Clupeomorphe)

腹鳍腹位，鳍条≥6 枚，胸鳍基部接近腹缘，鳍无棘。圆鳞。

(1) 海鲢目 (Elopiformes)　如北梭鱼 (*Albula vrlpes*)。

(2) 鲱形目 (Clupeiformes)　背鳍单个，无侧线，如鲱鱼 (*Clupea pallasi*)、鲥鱼 (*Maccrura reevesi*)、鳓鱼 (*Ilisha elongata*)、凤鲚 (*Coilia mystax*)、刀鲚 (*C. ectenes*) 和鳀鱼 (*Engraulis japonicus*)。

(3) 鲑形目 (Salmoniformes)　背鳍后方常具脂鳍 (adiposfin)，有侧线。如大麻哈鱼 (*Oncorhynchus keta*)、东北狗鱼 (*Esox reicherti*)、新疆白斑狗鱼 (*Esox lucius*)，以及太湖银鱼 (*Neosalanx taihuensis*) 和大银鱼 (*Protosalanx hyalocranius*) 等。

(4) 灯笼鱼目 (Myctophiformes)　如蛇鲻 (*Synodus elongata*) 和龙头鱼 (*Harpodon negereus*)。

3) 鳗鲡总目 (Anguillomorpha)

体鳗形，腹鳍腹位或缺失，背鳍及臀鳍与尾鳍相连。个体发育有变态。海洋鱼类，少数可进入淡水中，如海鳗 (*Muraenesox cinereus*) 和典型的降河性洄游鱼类鳗鲡 (*Anguilla japonica*)。

4) 鲤形总目 (Cyprinomorpha)

鳔有管与食道相通，具韦伯氏器，腹鳍腹位。约有 5000 种。

鲤形目 (Cypriniformes) 体被圆鳞或裸露，咽齿发达，如胭脂鱼 (*Myxocyprinus asiaticus*)、草鱼 (*Ctenopharyngodon idllus*)、青鱼 (*Mylopharyngodon piceus*)、鲢鱼 (*Hypophthalmichthys molitrix*)、鳙 (*Hypophthalmichthys nobilis*)、鲤鱼 (*Cyprinus carpio*)、鲫鱼 (*Carassius auratus*)、鳊鱼 (*Parabramis pekinensis*)、团头鲂 (*Megalobrama amblycephalua*)、红鳍鲌 (*Culter erythropterus*)、花鳅 (*Cobitis taenia*)、泥鳅 (*Misgurnus anguillicadatus*)。

鲇形目 (Siluriformes) 口大齿利，口须 1～4 对，体表多裸露，有脂鳍，胸鳍和背鳍常有一强大鳍棘，如胡子鲇 (*Claris fuscus*)、鲇 (*Silurus asotus*)。

5) 银汉鱼总目 (Atherinomorpha)

体被圆鳞，腹鳍腹位，鳍条 5～9 枚，背鳍与臀鳍对生，鳍多无棘。

(1) 鳉形目 (Cyprinodontiformes) 背鳍一个位于臀鳍上方，如青鳉 (*Oryzias latipes*)、食蚊鱼 (*Gambusia affinis*)。

(2) 颌针鱼目 (Beloniformes) 背鳍一个，侧线低位，与腹缘平行，如鱵鱼 (*Hemirhamphus sinensis*)、燕鳐鱼 (*Cypselurus oxycephalus*)、扁颌针鱼 (*Ablennes anastomella*)。

6）鲑鲈总目（Parapercomorpha）

体被圆鳞或皮肤裸露，颐部多有小须，腹鳍胸位或喉位。如江鳕（*Lota lota*）、大头鳕（*Gadus macrocephalus*）。

7）鲈形总目（Percomorpha）

胸鳍多胸位或喉位，鳍常有鳍棘，体多被栉鳞。多为海洋鱼，种类繁多。

（1）鲻形目（Mugiliformes）　第一背鳍由鳍棘组成，腹鳍腹位或亚胸位。如鲻鱼（*Mugil cephalus*）、梭鱼（*Liza soiuy*）。

（2）合鳃目（Symbranchiformes）　无胸鳍和腹鳍，奇鳍彼此相连，无鳍棘。鳃孔在头腹面合二为一，咽腔内壁有呼吸作用。如黄鳝（*Monopterus albus*）。

（3）鲈形目（Perciformes）　腹鳍胸位或喉位，背鳍两个，由鳍棘和鳍条组成，多被栉鳞。无鳔管。如鮨科（Serranidae）鲈鱼（*Lateolabrax japonicus*）、鳜鱼（*Siniperca chuatsi*）；石首鱼科（Sciaenidae）大黄鱼（*Pseudosciaena crocea*）、小黄鱼（*Pseudosciaena polyactis*）、黄姑鱼（*Nibea albiflora*）；鲷科（Sparidae）真鲷（*Chrysophrys major*）、黑鲷（*Sperus macrocephalus*）；鮣科（Echeneidae）鮣鱼（*Echeneis naucrates*）；带鱼科（Trichiuridae）带鱼（*Trichiurus haumela*）；鲭科（Scombridae）鲐鱼（*Pnematophorus japonicus*）、金枪鱼（*Thunnus tonggol*）；鲳科（Stromateidae）银鲳（*Stromateoides argenteus*）；斗鱼科（Belontiidae）有我国淡水中产圆尾斗鱼（*Macropodus opercularis*）和叉尾斗鱼（*M. chinensis*）；鳢科（Channidae）乌鳢（*Ophiocephalus argus*）；刺鳅科（Mastacembelidae）刺鳅（*Mastacembelus aculeatus*）。

（4）鲉形目（Scorpaeniformes）　第二眶下骨后延成骨突与前鳃盖骨连接，头部粗壮，具棘棱或骨板，胸鳍基底宽大。如杜父鱼科（Cottidae）松江鲈鱼（*Trichidermis fasciatas*），鲉科（Scorpaenidae）毒鲉，鲂鮄鱼科（Trigilidae）红娘鱼（*Lepidotrigla*）和绿鳍鱼（*Chelidoichthys*）。

（5）鲽形目（Pleuronectiformes）　体侧扁，成鱼眼、口和偶鳍等不对称，无眼侧体色浅淡，腹鳍胸位或喉位，肛门移至胸鳍的后下方。鲆科（Bothidae）双眼位于身体左侧，如牙鲆（*Paralichthys olivaceus*）；鲽科（Pleuronectidae）双眼位于身体右侧，如高眼鲽（*Cleisthenes herzensteini*）、木叶鲽（*Pleuronichthys cornutus*）；鳎科（Soleidae）两眼在体右侧，背鳍、臀鳍与尾鳍相连，如条鳎（*Zebria zebra*）；舌鳎科（Cynoglossidae）眼位于身体左侧，有眼侧具侧线，无胸鳍，常见种有半滑舌鳎（*Cynoglossus semilaevis*）。

（6）鲀形目（Tetraodontiformes）　体粗短，皮肤裸露或被刺、骨板、粒鳞，上颌骨常与前颌骨愈合，齿锥形或门齿形，或愈合为喙状齿板。如革鲀科（Aluteridae）绿鳍马面鲀（*Navodon septentrionalis*）；箱鲀科（Ostracidae）驼背三棱箱鲀（*Rhinesomus gibbosus*）、粒突箱鲀（*Ostracion tuberculatus*）；鲀科（Tetraodontidae）鱼类肉味细腻而美，但肝脏和生殖腺、血液等均含剧毒的河豚毒素，常见的有弓斑东方鲀

(*Fugu ocellatus*)，俗称河豚、泡鱼；翻车鱼科（Molidae）翻车鱼（*Mola mola*）较常见。

8）蟾鱼总目（Batrachoidomorpha）

体短粗，皮肤裸出，有小刺或小骨板。鳃孔位于胸鳍腹面。腹鳍胸位或喉位。

鮟鱇目（*Lophiiformes*）常见种如黄鮟鱇（*Lophius litulon*）和黑鮟鱇（*L. setigerus*）。

3.1.2.4
3.1.3.2
3.2.1.2
3.3.3～3.3.5
3.4.1.1
5.1.1
5.1.2.5
5.1.2.6
5.2.4～5.2.7
5.3.2.3
6.1.2
6.1.3.8
6.1.4.2
6.1.4.8
6.2.2.2
6.2.3.8
6.2.4.2
6.3.2.3
6.3.3.2
6.3.4.2
6.3.5
6.3.6.4
6.4.3.2
6.4.4
6.4.6
7.1.1
7.1.1.6
7.1.2.3
7.1.4.7
7.2.2.5
7.2.3
7.2.4.5
7.3.2
7.3.4
7.3.5
8.1.1.3
8.2.3.3
8.3.1
8.3.2
9.2.2
9.3.2.4
9.3.4
11.3.13

4.13 两栖纲（Amphibia）

4.13.1 主要特征

总鳍鱼类中具有真正内鼻孔和偶鳍可演化成五趾型附肢的鱼类进化成两栖类。皮肤裸露，因轻度角质化而有蜕皮现象（图 5-1）。表皮多细胞腺体有黏液腺（mucous gland）和毒腺（poison gland）。分布于表皮和真皮中的色素细胞有黑色素细胞（melanophore）、虹彩细胞（iridophore）和黄色素细胞（xanchophore），在神经-体液调节下产生适应环境的生理性体色变化。皮下淋巴间隙发达。头骨膜骨大量消失，产生枕骨髁、环椎（atlas）和荐椎（sacral vertebra），脊椎骨产生前、后关节突，出现胸骨、五趾型附肢（图 5-5，图5-9，图5-11），使登陆生活成为可能。脊柱分为颈椎、躯椎、荐椎和尾椎 4 部分，椎体前凹型或后凹型。肌节消失，肌肉分化形成跨关节附着的肌肉束，轴上肌减少，发达的轴下肌分化为腹外斜肌、腹内斜肌和腹横肌，发达而复杂附肢肌使附肢各部分可做相对独立的局部运动（图 5-12）。

消化道分化复杂，有独立的肝脏和胰脏（图 4-25，图 6-1，图 6-5）。舌肌肉质，舌根附着于口腔前端，舌尖可翻转射出捕捉猎物。用鳃和囊状肺、皮肤、黏膜呼吸（图 6-11），皮肤需保持湿润，口咽式呼吸（buccophryngeal respiration）通气。伴随肺的产生，心血管系统（图 6-17）发生巨大变化（图 6-18），心房 2 个，心室 1 个内有肌柱（图 6-16），3、4、6 对动脉弓演化成颈动脉、体动脉、肺皮动脉，产生前、后大静脉和肺静脉，为不完全双循环。胚期出现前肾，背肾为成体排泄器官，泄殖腔膀胱。

大脑由古脑皮、纹状体和新出现的原脑皮构成（图 7-10，图 7-12），开始具有发育完备的植物性神经。第 1 对咽囊包裹舌颌骨演化形成中耳腔和耳柱骨。适应陆地视觉，眼具泪腺、上下眼睑和瞬膜（图 7-3）。幼体有侧线，有内鼻孔和犁鼻器（图 7-6）。

雄性输尿管兼输精称精尿管。精子和卵在水中受精、发育，变态发育（图 3-16），成体可登陆生活（图 4-25）。

4.13.2 两栖动物分类

全世界现存两栖类动物约 4200 种，中国 280 多种，分为 3 个目。

4.13.2.1 无尾目（Anura）

约有 3000 种，常见种类有黑斑蛙（*Rana nigromaculata*）、中华大蟾蜍（*Bufo*

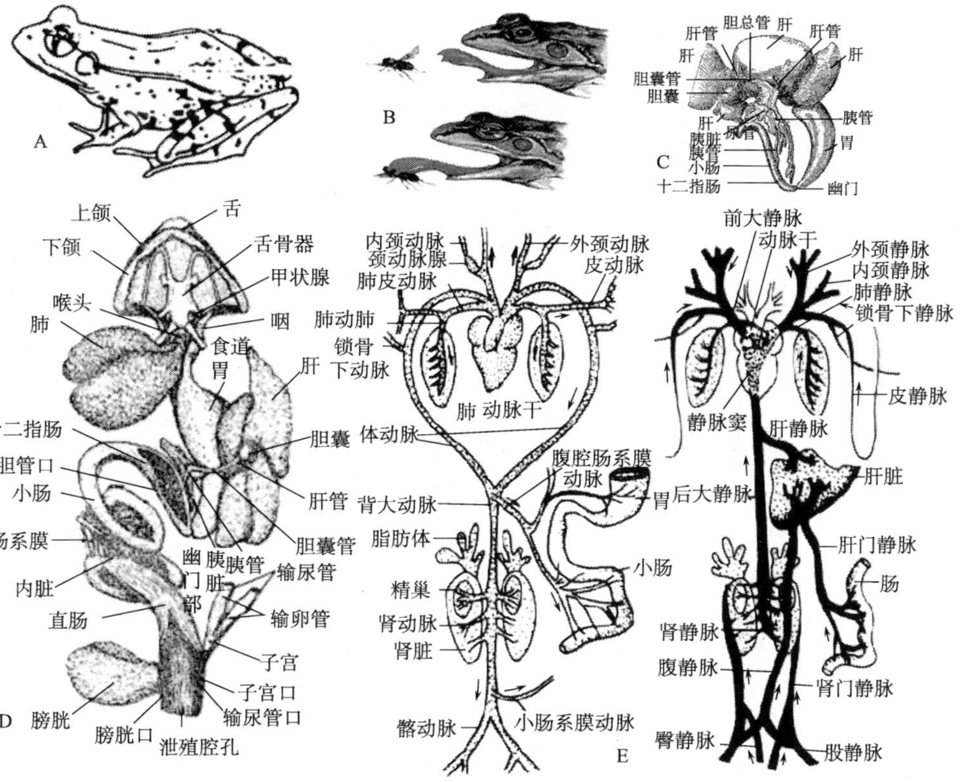

图 4-25　蛙的外形（A）捕食（B）内脏结构（C、D）及循环系统（E）

bufo gargarizans Cantor）等。

4.13.2.2　有尾目（Urodela）

约有 380 种，常见种有东方蝾螈（*Cynops oriensis*）、极北小鲵（*Salamandrella keyserligii*），中国特有的大鲵（*Andrias davidianus*）是世界上现存最大的两栖动物。

4.13.2.3　无足目（Apoda，蚓螈目 Caeciliformes）

约 160 种，我国仅有鱼螈（*Ichthyopjis bannanicus*）1 种。

4.14　爬行纲（Reptilia） 3.1.3.3

3.2.4.2
3.3.1.2

4.14.1　主要特征 3.3.3

3.3.4.3

适应干燥陆地保水与保护生活的需要，皮肤缺少腺体，体被角质表皮鳞（epidermis scales）（图 5-1）。周期性蜕皮。龟鳖类真皮参与形成骨板如背甲和腹甲，磨损蜕皮。真皮薄富含色素细胞，生理变色，以避役（*Chameleon*）最著名。趾端具爪，四肢 3.3.6 3.4.1.2 5.1.2.4 5.1.2.7

5.1.2.5 骨与体中轴横向垂直，故爬行。头骨（图 5-7）膜骨消失出现不同类型的颞窝，为咀嚼
5.1.3.5 肌附着、收缩和分化提供空间，使头骨具有可动性。产生次生腭使内鼻孔后移并将原始
5.2.4～ 口腔分为鼻腔和口腔，产生枢椎（axis）、胸廓（thorax），腰带与荐椎形成闭合式骨盆
5.2.7 (closed pelvis)（图 4-26，图 5-5），高等种类脊柱分化为颈椎、胸椎、腰椎、荐椎和尾
5.3.2.3 椎 5 部分，颈椎和荐椎数目增加，有助于头部活动和加强后肢的支持作用。躯肌复杂，
6.1.2～ 附肢肌发达；出现肋间肌，其舒缩活动使胸廓扩张、缩小，参与呼吸运动；皮肤肌发
6.1.4 达，二组肋皮肌（cotocutaneous）引起鳞片活动辅助爬行；咀嚼肌分化为颞肌（tem-
6.2.2.2 poralis）、咬肌（masseter）等。

6.2.3.9
6.2.4
6.3.2～
6.3.6
6.3.2.2
6.3.2.4
6.3.3.2
6.3.4
6.3.5
6.3.6.4
6.4.3.2
6.4.4.2
6.4.7.2
7.1.1.5
7.1.1.6
7.1.2
7.1.4.7
7.1.4.8
7.2.2.5
7.2.4.5
7.3.2
7.3.4
7.3.5
8.1.2
8.2.3.3
8.3.1
9.3.2
9.3.3.1
9.3.4
11.3.14

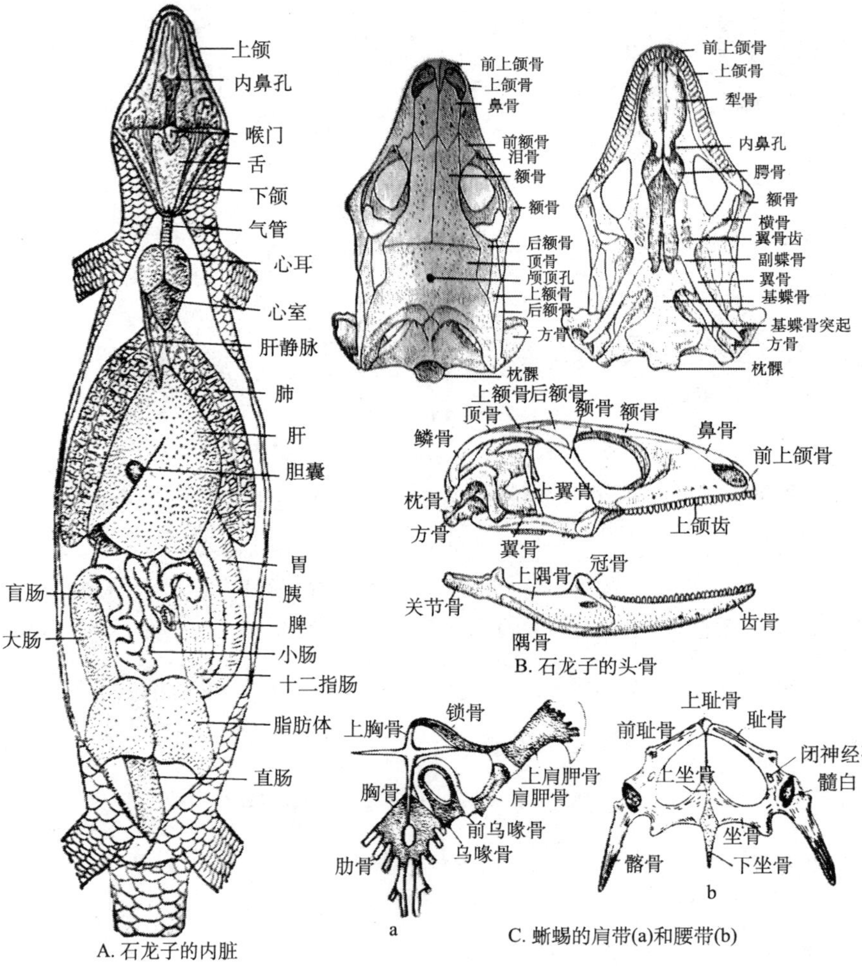

图 4-26 爬行动物的内脏与头骨、带骨

消化道复杂（图 4-26）：发达的口腔腺有唇腺（labial gland）、腭腺（palatine gland）、舌腺（lingual gland）和舌下腺（sublingual gland）等；同型齿有端生、侧生和槽生 3 种着生方式（图 6-4），有毒种类特化形成与毒腺相通的管状或沟状毒牙；出现

盲肠（图 6-1），促进纤维素的消化吸收。出现气管、支气管，肺泡数目增多，完全肺呼吸。心室有不完全室间隔（鳄鱼为完全室间隔，但左右体动脉间有潘氏孔），为不完善双循环。左右体动脉和肺动脉直接开口于心室，肾门静脉退化（图 6-17，图 6-18）。肾脏发育经前肾、中肾、后肾 3 个阶段，成体排泄器官由后肾、输尿管和尿囊膀胱构成，排泄尿酸。

大脑除古脑皮、原脑皮外，又出现新脑皮（图 7-10，图 7-12），有神经纤维与丘脑相联系，为神经中枢向大脑皮层过渡奠定基础，脑神经 12 对。眼由睫状肌调节。耳由内耳、中耳和外耳构成，内耳瓶状囊发达。可伸缩分叉的舌收集空气中化学颗粒，送入开口于口腔的犁鼻器产生嗅觉。具红外线感受器，如颊窝和唇窝等（图 7-6）。

雄性动物具阴茎或半阴茎，为真正的交配器，体内受精，产多黄、带纤维质壳羊膜卵（图 3-2，图 8-5），体外孵化发育。

4.14.2 爬行动物分类

现存爬行动物 6300 多种，古老类群喙头蜥目（Rhynchocephalia）生活在新西兰，如活化石种喙头蜥（*Sphenodon punctatunm*）和濒临灭绝的 *S. guntheri*。

4.14.2.1 龟鳖目（Chelonia）

330 多种，身被骨质板，常见种有中华鳖（*Trionyx sinensis*）、乌龟（*Chinemys reevesii*）、海龟（*Chelonia mydas*）、棱皮龟（*Dermochelys coriacea*）、玳瑁（*Eretmochelys imbricata*）等。

4.14.2.2 有鳞目（Squamata）

6000 多种，体被角质鳞，蜥蜴亚目有丽斑麻蜥（*Eremias argus*）、石龙子（*Eumeces chinensis*）、巨蜥（*Varanus salvator*）和避役（*Chamaeleon valgaris*）等，四肢发达；蛇亚目身体细长、四肢与胸骨退化，如蟒蛇（*Python molurus*）、眼镜蛇（*Naja naja atra*）、蝮蛇（*Agkistrodon halys*）、尖吻蝮（*Agkistrodon acutus*）等毒蛇。

4.14.2.3 鳄目（Crocodilia）

全世界共 21 种，四肢发达、角质鳞下有骨板，我国一级保护动物扬子鳄（*Alligator sinensis*）、密西西比鳄（*A. mississippiensis*）、湾鳄（*Crocodilus porosus*）等。

4.15 鸟纲（Aves） 3.1.3.3

3.2.4.2

4.15.1 主要特征 3.3.1.2

3.3.3.2

初龙类的一支向减轻体重、增加飞行能力和产羊膜卵的方向演化，产生羽毛和飞 3.3.4.3
羽，适应飞翔生活进化成鸟类。体呈流线型。皮肤薄，被羽（图 5-4）。前肢变为翼。 3.3.5
骨骼中空多愈合，如头骨，胸椎、荐椎、部分尾椎愈合形成综荐骨、末端数枚尾椎形成 3.4.1.2
尾综骨。异凹型锥体，龙骨突发达（图 5-5），左右耻骨分开形成开放式骨盆（open 5.1.2.4

5.1.2.5 pelvis)，具跗间关节，足 4 趾，有常态足、转趾型、对趾型、异趾型不同类型。胸肌、
5.1.2.8 后肢肌、栖肌发达，适应飞翔和树栖，特殊鸣肌可使鸣管发生鸣啭。

5.2.4 上下颌特化形成喙，与食性相适应有锥形、扁形、钩状、铧状不同形态。食道下部
5.2.5 扩大成嗉囊，有暂时储存、软化食物，鸽类还有分泌鸽乳的功能。胃有肌胃和腺胃（但
5.2.6.2 食肉鸟类肌胃缺乏），直肠短，不储存粪便。支气管式肺（图 6-13）连有吸气囊和呼气
5.2.7.3 5.3.2.3 囊，保证吸入气流在整个呼吸周期内连续贯流气体交换部位，毛细气管与毛细血管交叉
6.1.2.3 对流进行稳定而高效率的气体交换，形成鸟类特殊的贯流（flow-through）通气、交叉
6.1.2.4 对流气体交换的呼吸方式。气管、支气管交界处特化形成鸣管（syrinx），气流通过鸣
6.1.3.8 管时，鸣肌控制鸣膜的紧张度可发出各种具有不同功能的鸣叫声。完全双循环，心脏发
6.1.4.8 达，右房室瓣为特有的肌瓣（muscle flap），右体动脉弓（图 6-17），肾门静脉退化，具
6.2.2.2 尾肠系膜静脉（图 6-18）。生肾组织经前、中肾发育为成体的后肾，输尿管开口于泄殖
6.2.3.9 腔，排泄尿酸随粪便排出，无膀胱。

6.2.4.3 大脑皮层不发达，发达的纹状体（striatum）（图 7-10）由古纹状体、新纹状体、
6.3.2.2 6.3.2.4 超纹状体 3 部分组成，与复杂的系列本能行为相关。感官发达，眼具巩膜骨（Sclerotic-
6.3.3.2 ring）和栉状突（pecten）（图 7-3），视觉调节肌为横纹肌，前、后巩膜角膜调节肌
6.3.4.2 （sclerocorneal muscle）调节角膜、晶体的曲度以及二者间的距离，故称双重（三重）
6.3.5.1 调节（图 7-4）。恒温。

6.3.6.4 雄性多无交配器，但有交配行为，体内受精，产大型石灰质壳羊膜卵（图 3-2，
6.4.3.2 图 8-5），有发达而完善的孵卵育雏行为（图 4-27）。

6.4.4
6.4.5
6.4.6
6.4.7.2
7.1.1.6
7.1.2.4
7.1.4.8
7.2.2.5
7.2.4.5
7.3.2
7.3.4
7.3.5
8.1.2
8.2.3.3
8.3.1
9.3.2
9.3.5
11.3.15

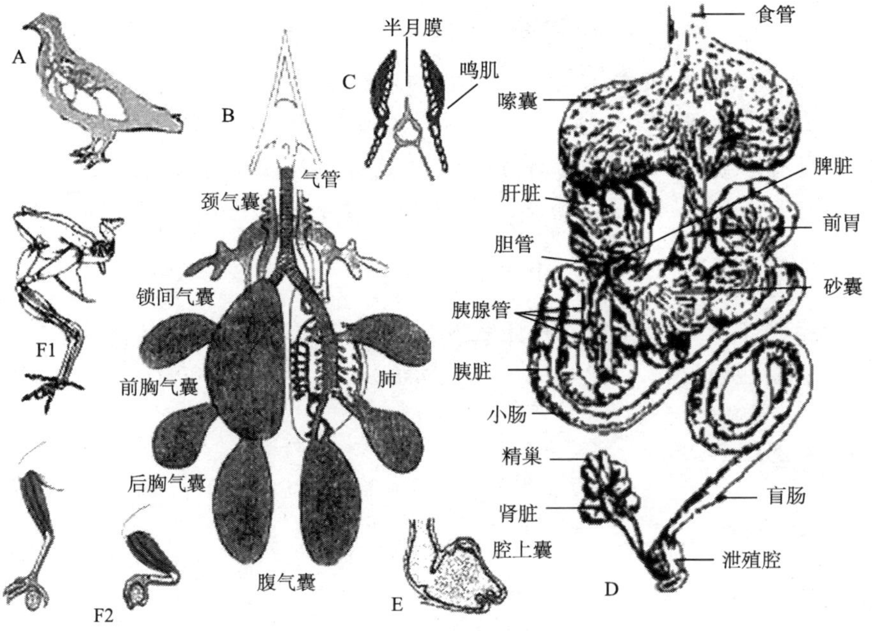

图 4-27 鸟的形态结构（Young et al.）

A. 外形；B. 肺与气囊；C. 鸣管；D. 消化系统；E. 泄殖腔与腔上囊；F. 栖肌与栖息机制

4.15.2 鸟纲分类

全世界有鸟类9700多种，分为平胸总目（Ratitae）、企鹅总目（Impennes）和突胸总目（Carinatae）。中国17个目，1281种。有体型小而著名的蜂鸟（*Mellisuga helenae*）、漂泊生活的信天翁（*Diomedea exulans*）、最大的无飞翔能力的非洲鸵鸟（*Struthio camelus*）。现存鸟类可分为8个生态类群。

4.15.2.1 走禽类

翼退化，胸骨无龙骨突，羽毛分布均匀，无尾脂腺和尾综骨，如平胸总目（Ratitae）的非洲鸵鸟（Struthio camelus）。

4.15.2.2 游禽类

趾间具发达的蹼，适于水中生活。包括潜鸟目①（Gaviiformes）、鹱形目①（Procellariiformes）、䴙䴘目①（Podicipediformes）、鹈形目①（Pelecaniformes）、雁形目（Anseriformes）、鸥形目①（Lariformes）和企鹅总目（Impennes）的鸟类。

4.15.2.3 涉禽类

腿长、喙长、颈长，适于浅水域生活。包括鸻形目①（鹬，Charadriiformes）、鹳形目（Ciconiiformes）、鹤形目（Gruiformes）的鸟类。

4.15.2.4 鸠鸽类

翼发达善飞翔，腿强健适于行走。包括鸽形目（Columbiformes）的鸟类。

4.15.2.5 陆禽类

腿喙强健，适于行走与扒土取食，雄鸟羽色艳丽。如鸡形目（Galliformes）的鸟类。

4.15.2.6 攀禽类

树栖，腿短健，足有对趾型、异趾型、并趾型、前趾型，适于攀缘。包括鹦形目（Psittaciformes）、鹃形目（Cuculiformes）、夜鹰目（ Caprimulgiformes）、佛法僧目（Coraciiformrs）、鴷形目（Piciformes）、雨燕目（ Apodiformes）等目的鸟类。

4.15.2.7 猛禽类

喙与爪强健钩状，翼大善飞，性凶猛、肉食性。包括白天活动的隼形目（Falconiformes）、夜间活动的鸮形目（Strigiformes）鸟类。

---

① 近年来，有学者将其归为鹳形目的潜鸟科、鹱科、䴙䴘科、鹈鹕科、鸥科、鸻科、丘鹬科、隼科；将鸽形目中的沙鸡科移入鹳形目；将三趾鹑鸟科、戴胜科升为目。——编者注

4.15.2.8 鸣禽类

羽色鲜艳，善鸣，巧于营巢。雀形目约占全部鸟类的62%。

3.1.2.4
3.1.3.3
3.2.1.2
3.2.4.2
3.3.3
3.3.4.3
3.3.5
3.4.1.2
5.1.2.4
5.1.2.5
5.1.2.6
5.2.4
5.2.5
5.2.6
5.2.7.3
5.3.2.3
6.1.2
6.1.3.8
6.1.4.8
6.2.2.2
6.2.3.9
6.2.4.2
6.3.2
6.3.3.3
6.3.4.2
6.3.5
6.3.6.4
6.4.3.2
6.4.4
6.4.6
6.4.7.2
7.1.1
7.1.2
7.1.4.7
7.2.2.5
7.2.3
7.2.4.5
7.3.2
7.3.4
7.3.5
8.1.2
8.2.3.3
8.3.1
9.3.3
9.3.4
11.3.16

4.16 哺乳纲（Mammalia）

4.16.1 主要特征

兽孔类为适应干燥、复杂陆地环境的快速运动生活而演化成哺乳动物。皮肤角质层发达（图5-1），腺体有汗腺、皮脂腺、味腺和特征性乳腺（图5-3），被毛。骨骼骨化良好，骨块因愈合、消失而减少（图5-5，图5-6，图5-8，图5-9）。头骨具双枕髁、颧弓和骨质-肌肉质的次生腭，单一齿骨上着生不同功能的再生、异型槽生齿。颈椎7枚，椎体双平型。五趾型附肢垂直位于腹下，肘关节向后，膝关节向前，提高附肢的支撑和运动作用。肌肉发达，分节性基本消失。具特有的肌肉质横膈参与呼吸运动（图6-12）。

消化系统的复杂、分化程度与食性相关（图6-1，图6-5）：多种唾液腺分泌唾液进行口腔消化；草食性单胃动物盲肠、反刍动物（ruminant）瘤胃发达（图6-2），内含丰富微生物发酵消化纤维素；小肠分化为十二指肠、空肠和廻肠；大肠分为盲肠、大小结肠和直肠；肠壁有丰富的肠绒毛增加消化吸收表面积。心血管发达（图6-16，图6-20），完善双循环（图6-22），左体动脉弓（图6-17），红细胞无核。肺泡发达，潮式通气，肺呼吸机制完善（图6-12），新形成会厌软骨，解决吞咽和呼吸的咽交叉问题（图6-14）。肾脏发育经过前肾、中肾阶段，成体是后肾，肾单位发达（图6-26），分化程度高，肾小管分化为近曲、亨氏攀和远曲小管，泌尿功能强，排泄尿素。

神经感官和内分泌系统发达（图7-11，图7-13），大脑皮层（图7-10）发达并产生沟回，有胼胝体连结两大脑半球，产生小脑半球，调节平衡可塑性行为，联结大小脑的神经纤维在延脑腹面集中形成特有的脑桥。眼（图7-3）、耳（图7-6）、嗅觉等感官发达，中耳内有3块听小骨，产生外耳壳。

羊膜卵发育过程中产生的尿囊绒毛膜与子宫内膜结合形成不同种类的胎盘，真正胎生、哺乳，体内受精。雄性有精巢、附睾、输精管、副性腺和阴茎，睾丸多下降到温度较低的阴囊中，有利于精子的发育（图8-5）。雌性有肌肉质的输卵管、子宫、阴道和外阴部（图8-6），卵子经体腔进入输卵管，不同类型的子宫和胎盘为胎儿发育提供优越的环境，有明显的动情周期（图3-3，图4-28）。

4.16.2 哺乳动物分类

现存哺乳动物4000余种，全球性分布。分为3个亚纲。

4.16.2.1 原兽亚纲（Prototheria，单孔类 Monotremata）

卵生，单一泄殖腔孔用于产卵、排遗和排泄，体温在26～35℃波动，有乳腺无乳头，口缘无肉质的唇。如鸭嘴兽（*Ornithorhynchus anatinus*）、针鼹（*Tachyglossus aculeate*）等，仅产于澳洲及附近海岛上。

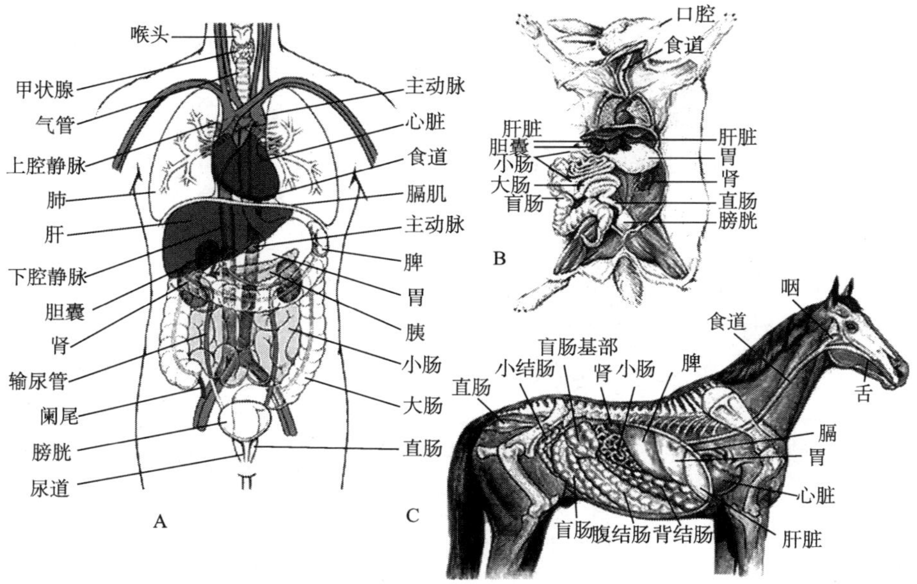

图 4-28　哺乳动物内脏的正常位置

A. 人；B. 兔；C. 马

4.16.2.2　后兽亚纲（Metatheria，有袋类 Marsupials）

腹部有育儿袋，供发育不完全胎儿在其中继续完成发育，卵黄囊胎盘，体温 33～35℃。有袋类 270 多种，如灰袋鼠（*Macropus giganteus*）、袋鼠（*Macropus*）、袋狼（*Thylacinus cynocephalus*）等，分布于澳洲及其附近海岛上。

4.16.2.3　真兽亚纲（Eutheria 有胎盘亚纲，Placentalia）

尿囊绒毛膜胎盘，唇肉质，具颊部，发达的乳腺有乳头，大脑皮层发达并有胼胝体，体温 37℃左右。

现存真兽类 19 个目 4000 多种①，最原始的种类是食虫目（Insectivora），此外还有可滑翔的皮翼目（Dermoptera），能飞翔的翼手目（Chiroptera），全身被鳞甲的鳞甲目（Pholidota），上颌 2 对门齿、善跳跃的兔形目（Lagomorpha），种类繁多分布广泛的啮齿目（Rodentia），裂齿（Pm4/M1）发达的食肉目（Carnivora），丛林生活、鼻长、个体最大的长鼻目（Proboscidea），第Ⅲ、第Ⅳ趾均发达的偶蹄目（Artiodactyla），第Ⅲ趾发达的奇蹄目（Perissodactyla），水生、前肢鳍状、无后肢的鲸目（Cetacea），水生、四肢鳍状、趾间具蹼的鳍脚目（Pinnipedia）、水生有蹄动物海牛目（Sirenia），与人类亲缘关系较近的灵长类（Primates），分布于中、南美洲的贫齿目（Edentata）等。

---

① 王应祥将中国境内的哺乳动物修订为 13 目、55 科、235 属、607 种 968 亚种，将树鼩科独立成攀鼩目（Scadentia），将鳍脚目中的海狮科、海豹科并入食肉目，类群有分有合。——编者注

复习思考题

1. 动物界的分类类群有哪些？
2. 各类群动物的主要特征、共同特征、特异性特征？
3. 各动物类群有哪些主要特征并比较其异同点？
4. 各动物类群首先产生的结构、特点及进化意义？
5. 动物各生态类群有哪些趋同性形态结构特征？
6. 原生动物为什么能广泛分布、生存？
7. 扁形动物在动物演化上具有哪些重要意义？
8. 为什么说环节动物是高等无脊椎动物？
9. 乌贼是怎样适应快速游泳生活的？
10. 节肢动物为什么成为种类、数量最多的动物类群？
11. 为什么说鱼类是最成功的水生动物类群？
12. 两栖类是如何适应陆生环境的？不完善性表现在哪些方面？
13. 为什么说爬行动物是真正的陆生脊椎动物？
14. 鸟类是如何克服体重、增加动力，适应空中飞翔生活的？
15. 哺乳动物有哪些进步性和特征性特征？
16. 简述动物是如何适应水生、陆生、寄生和空中飞翔生活的。
17. 名词解释：物种，分类阶元，系统树，原口动物，后口动物，羊膜动物，辐射对称，两侧对称。

第 5 章　保护、支持与运动系统

本章提要　作为机体与环境界面的结构，原生动物是细胞膜，多细胞动物是外胚层形成的表皮，或外、中胚层分别形成表皮和真皮构成的皮肤，具有皮下间隙。无脊椎动物的单层的表皮细胞，有杆状体、黏液细胞等，其分泌物可形成角质膜、皮层、外骨骼等；脊椎动物产生单细胞和多细胞的黏液腺、股窝、尾脂腺和皮脂腺、汗腺、乳腺、臭腺，表皮角化形成角质层，产生色素细胞、表皮鳞、羽毛、毛、角等，主要行使保护、支持功能。

为克服重力和运动阻力的需要，机体形成流体静力骨骼、外骨骼和活组织的内骨骼，支持保护身体，参与运动和体内矿物质代谢。内骨骼是位于体内的活组织，有的终生生长（哺乳动物限于个体发育的早期），由中轴骨骼包括脊柱、头骨（脑颅和咽颅）和附肢骨骼包括带骨和肢骨组成，连结构成不同方式的滑轮、杠杆，提高骨骼的支持、保护和运动功能。

肌原纤维由粗的肌球蛋白丝和细的肌动蛋白丝构成。腔肠动物产生皮肌细胞，三胚层动物产生由中胚层分化形成的肌肉，分为平滑肌、心肌和横纹肌，低等动物为斜纹肌。脊索动物来源于生肌节的横纹肌，其肌节逐渐退化，发育成跨关节附着的肌束，分为拮抗功能肌群、协同作用肌群，精确控制运动。肌肉张力能保持姿势体型，肌肉收缩提供机体滑轮和杠杆运动所需要的动力。

- 保护支持运动
  - 皮肤
    - 基本结构：表皮、真皮
    - 衍生物：
      - 腺体：腺细胞、黏液腺、毒腺、尾脂腺、汗腺、乳腺、皮脂腺、味腺
      - 色素细胞：虹彩细胞、黑色素细胞、黄色素细胞
      - 其他：刺细胞、杆状体、鳞甲、羽毛、毛
  - 肌肉
    - 横纹肌，平滑肌，心肌，斜纹肌
    - 体节肌：轴上肌与轴下肌，肌节与肌隔
    - 鳃节肌，眼肌
  - 骨骼
    - 细胞骨架：微管，微丝
    - 外骨骼、流体静力骨骼
    - 内骨骼（软骨、硬骨）
      - 中轴骨骼
        - 头骨：咽颅（颌弓、舌弓、鳃弓）、脑颅（软骨脑颅、膜颅）
        - 脊柱：颈椎、胸椎、腰椎、荐椎、尾椎
        - 脊椎：椎体、椎棘、椎弓、横突、关节突
        - 椎体：双凹型、前凹型、后凹型、异凹型、双平型
      - 附肢
        - 疣足，节肢，鳍
        - 五趾型附肢
          - 肩带，腰带
          - 前肢，后肢
  - 运动：纤毛、鞭毛、变形运动，蠕形运动，肌肉-骨骼运动

5.1　皮肤系统

动物作为一个独立的个体生存在自然环境中。体表隔膜系统，即质膜或皮肤系统把机体与环境分隔开来形成一个封闭而又开放的系统，保证机体能独立生存、进行新陈代谢，同时能不断与环境进行物质和能量的交换，完成生命活动。

皮肤是具有多种功能的复杂系统，由基本结构、衍生物及其他结构共同组成，直接与环境接触，保护机体，防止机械、化学损伤和水分过度渗透，有助于维持内环境的稳定。作为免疫系统的重要组成部分，可维护机体健康，防止病原微生物的侵入。皮肤内含有丰富的神经末梢和各种感觉小体，能感受刺激引起神经反射活动。腺体能分泌黏液、毒液和皮脂、乳汁、汗液等，可调节体温、维持内部结构和内环境的恒定，用乳汁哺乳后代。由皮肤形成的羽毛（鸟）、皮褶（飞蜥、鼯鼠）、皮膜（蝙蝠）和蹼（水禽和蛙）等有助于运动。两栖类的皮肤兼有呼吸作用。色素细胞和体表结构结合形成不同的体色，有生理性和结构性两种基本变化，有拟态、性识别和性引诱的作用。

由于动物的演化地位、生活状态和生存环境的不同，不仅各种动物皮肤的结构、功能存在着显著的差别，而且在同一种动物身体上不同部位（如掌部和面部）的皮肤也有种种变化，以完成不同的功能，保证机体成为一个独立而开放的新陈代谢系统。

5.1.1　皮肤的基本结构

4.3～4.8　无脊椎动物皮肤由来源于外胚层的单层表皮细胞及其各种分泌物构成，细胞质可延伸互相融合形成合胞体（syncytium），表皮分泌物可形成厚薄不同的角质膜、角质层和几丁质外骨骼。

4.10.3　典型而完善的脊椎动物的皮肤来源于外胚层和中胚层生皮节的间充质，由表皮（epidermis）和真皮（dermis）构成（图 5-1）。

5.1.1.1　表皮

表皮（epidermis）为上皮组织，属复层鳞状上皮，无血管和神经的分布。中间细胞呈多角形；紧靠真皮的深层柱状细胞称生发层（germinative layer），增殖能力强，不断产生新细胞向表层推移、角化形成角质层，表层细胞扁平，补充代替死亡和脱落的细胞。

5.1.1.2　真皮

4.10～　真皮（dermis）由结缔组织构成多层结构，含大量纤维和细胞、大量的血管、淋巴
4.16　管（lymph vessel）、神经、色素细胞和各种腺体。真皮是皮肤结构功能的主体，兽类的皮肤因其厚、坚韧而具有弹性，成为制革的主要原料。

5.1.1.3　皮下组织

4.16　皮下组织（subcutaneous tissue）位于真皮之下，联系皮肤与肌肉，解剖学上称浅

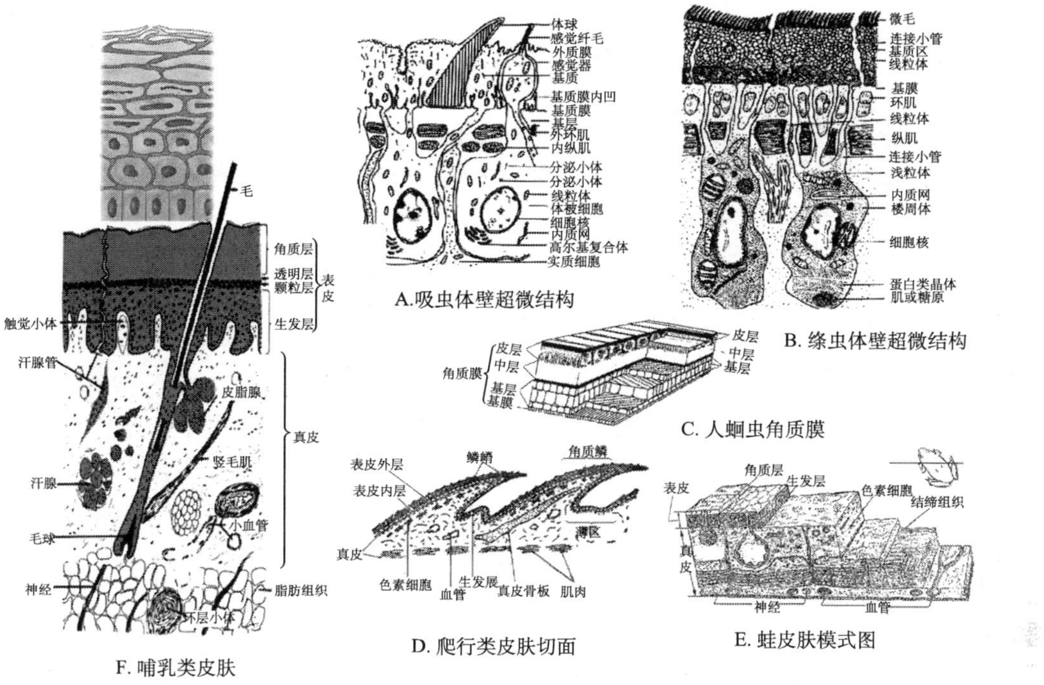

图 5-1　皮肤的基本结构（A. F. Bird et al.）

筋膜，由疏松结缔组织形成，含大量脂肪、血管、淋巴管与神经末梢，具维持体温和防止机械损伤的作用。

皮下组织厚薄程度随年龄、性别及身体部位的不同而不同，头皮与体皮较手掌与足掌部的皮下组织薄而分层简单。兽类皮下有发达的蜂窝组织，储存丰富的脂肪形成皮下脂肪层，作为能量储备库，保温、隔热，故无毛或生活在寒带的动物皮下脂肪层发达。发达的皮下肌可使皮肤运动或出现表情。蛇类皮下肌与肋骨和腹鳞相连，参与运动。两栖类的皮肤则参与呼吸，皮下淋巴间隙发达使皮肤按一定附着线连于身体上。

皮肤动脉和淋巴管在真皮下层形成与皮肤表面相平行的网状丛，向深部引伸的血管、淋巴管分布于毛囊、汗腺和皮脂腺处，向浅层形成毛细血管网（capillary network）和淋巴管网（lymphatic network）。脑神经、脊神经的感觉支在真皮浅层中形成丰富的触角小体（Meissner's corpuscle），在表皮中形成游离的神经末梢，在皮下形成环层小体（pacinian corpuscle），是重要的感觉器官。交感神经纤维伴随血管分布于腺体和平滑肌中，司分泌和运动功能。

5.1.2　其他结构

与系统演化地位、生活环境以及机体的大小、结构和功能相适应，动物皮肤的结构、分层和衍生物有很大差异，并且主要表现在表皮上，如两栖类的皮肤裸露；哺乳动物表皮加厚，角质层及衍生物发达，小型啮齿动物的表皮只有几层细胞，象、犀牛、河马等则有几百层细胞厚，被称作硬皮动物（pachyderm）。

5.1.2.1 刺细胞

4.3.2 刺细胞（cnidoblast）由外胚层间细胞形成，向外一端有刺针（cnidocil）突出体表，其超微结构似鞭毛，内端具细胞核，刺细胞内有储有毒液的刺丝囊（nematocyst），囊内为细长盘卷的刺丝，用以防卫和捕食。为腔肠动物所特有，遍布体表 ，以触手和海葵隔膜丝上为多（图 4-6）。

4.4.1

5.1.2.2 杆状体

扁形动物、纽形动物等表皮细胞间有垂直于体表的杆状体（rhabdite），由实质中成杆状体细胞形成。遇到敌害，大量杆状体排出，遇水后形成毒性黏液层包裹身体，具有防卫和攻击敌害的作用，并可能与腔肠动物有某种进化上的联系（图 4-9）。

5.1.2.3 外套膜

4.6 软体动物的背侧皮肤延伸形成发达的外套膜（mantle），包裹内脏团，二者间的腔称外套腔（mantle cavity），左右外套膜在后缘愈合形成出水孔（exhalant siphon）和入水孔（inhalant siphon）。内层上皮有纤毛，纤毛摆动使水流循环于外套腔，完成呼吸、摄食和排泄功能；外层上皮分泌碳酸钙和少量贝壳素（conchiolin）形成 1 或 2 个贝壳。壳内表面珍珠层（pearl layer）由外套膜分泌的叶片状霰石（aragonite）组成；棱柱层（prismatic layer，壳层 ostracum）由石灰质小角柱并列而成；角质层（periostracum）由外套膜边缘分泌的壳质素构成，随动物的生长而增大（图 4-13），并呈现与食物供应丰欠相关的年周期性变化，称生长线。

4.10.1 海鞘外套膜除外胚层上皮细胞外，还有来源于中胚层的肌原纤维，肌肉的收缩活动加强水循环，有助于呼吸和排泄。体壁分泌被囊素形成被囊包裹动物体。

5.1.2.4 角质膜与角质层

1）角质膜

轮形动物、腹毛动物、线虫动物、鳃曳动物、棘头动物、环节动物、须腕动物、缓步动物、节肢动物等表皮细胞向外分泌角质膜 cuticle①。

4.5.1 角质膜的厚薄、结构因种而异。蛔虫、绦虫和昆虫的体表上皮细胞具有很强的分泌角质膜的能力，称为角质上皮（cutin，epithelium）。适应寄生生活，寄生蠕虫的角质膜特别发达，线虫的角质膜结构复杂，外层为鞣化蛋白质构成具有环纹的皮层（cortex），中层均质，内层是胶原蛋白构成了具有支持作用的基层（basal layer），最内层为基膜，其纤维排列方向不同并进一步分层，使角质膜表现出一定的弹性（图 5-1）。

4.7 环节动物的表皮细胞成为黏液腺，分泌黏液形成角质膜。吸虫的角质膜是由细胞质
4.4 延伸、融合形成的一层合胞体（syncytium），胞质通道（trabeculae）与肌肉层下的有

① 与脊椎动物的表皮角化形成的角质层（stratum corneum）显著不同，故统称为角质膜。

核细胞相连，特称为皮层（tegument），含线粒体、内质网（endoplasmic reticulum）、结晶蛋白形成的刺及胞饮小泡、皮棘等，这种特殊的皮层结构不仅具有吸取营养、排除废物和进行气体交换的作用，而且具有抵抗寄主体内消化酶消化和免疫机制作用的功能。

轮虫的角质膜厚，和几丁质相仿。棘头动物的角质膜由合胞体表皮细胞分泌。腹毛 4.5.2
动物的角质膜内有界限清楚的上皮细胞。缓步动物的角质膜由几丁质和黏多糖组成，超微结构与腹毛动物相似。

节肢动物的角质膜分为上表皮（epicuticle）、外表皮（exocuticle）和内表皮（en- 4.8
docutile）3 层，由蛋白质、脂类、蜡质、糖蛋白以及碳酸钙、磷酸钙等构成坚硬的几丁质（chitin）外骨骼，覆盖保护身体，但限制动物生长。甲壳类的几丁质内含有石灰质，形成坚固的外壳。昆虫幼虫期由神经激素控制进行蜕皮（ecdysis），每蜕皮一次增加一龄，昆虫体表发达的角质膜还含有蜡质，可以防止农药的侵袭伤害，蜕皮时则失去这种抗药作用（图 4-18）。

2）角质层

与无脊椎动物表皮细胞向体表分泌的分泌物形成角质膜不同，陆生脊椎动物的表皮 4.13
生发层细胞不断产生新细胞向外推移角化形成角质层（stratum corneum），含有丰富的 4.14
角化蛋白。适应陆生皮肤呼吸和保护、防失水等不同功能。两栖类的皮肤轻度角质化， 4.15
蟾蜍常将蜕下的皮肤立即吃掉。爬行动物表层细胞高度角化形成角质层，有鳞类发达的 4.16
角质层形成有规律排列的表皮鳞（epidermis scale），鳞片的数量及排列方式是分类的依据，蛇类的角质层间隔 1～2 个月周期性整体脱落，称为蛇蜕，为重要的中药材，龟鳖类磨损失去角化表皮，其他种类则呈碎屑状脱落。鸟类角质层较薄，胫、跗蹠和足部表皮加厚形成角质鳞。哺乳动物角质层发达，表层细胞不断脱落，有效行使保护和防止水分丧失的功能。

5.1.2.5　色素细胞

动物因色素细胞（chromatophore）含有不同色素颗粒而呈现不同的体色。根据色 4.4
素的不同，色素细胞可分为不同类型。扁形动物上皮细胞的色素与实质细胞中的色素共 4.8
同构成动物的体色。纽形动物在表皮细胞中沉积色素。虾类的色素细胞含有红、黄、蓝 4.11
和白色素。两栖类的黄色素细胞（xanthophore）含有红、黄、橘黄色素颗粒，虹彩细 4.12
胞（iridophore）含鸟嘌呤结晶物，可使皮肤产生白色，黑色素细胞（melanocyte）含 4.13
有黑色素和褐色素。哺乳动物的表皮和真皮内的黑色素细胞能产生黑色素颗粒，其数 4.14
量、分布不同和皮肤结构的折射作用，可使皮肤呈现黄、暗红、褐及黑色等不同颜色。 4.15
动物体色变化有生理性和结构性两种： 4.16

（1）结构性变色（morphological color change）　是色素细胞向外分泌色素颗粒沉积在体表结构（皮肤、毛、羽毛等）上，或体表结构对入射光的折射作用不同而成，变色涉及色素细胞内色素颗粒的丢失或形成，在换毛或换羽时才发生体色的改变，或长期生存在一种环境中引起体表结构产生变化而引起体色变化，羽毛含有较多的微细胞腔使羽毛呈蓝色。哺乳动物的毛只接受黑色素颗粒，色素颗粒的特殊分布和密度以及毛髓质气腔的多少决定毛色，气腔多、黑色素颗粒少形成灰色或白色。

4.6.3 (2) 生理性变色（physiological color change）　在神经-体液的调节下，动物对环
4.8.1 境湿度、温度、光线等刺激产生反应，色素细胞的排列层次和方式发生变化或色素颗粒按不同的移动方式分散或集中，体色随生活环境的改变而变化。昼夜节律性体色变化，如招潮蟹等蟹类黄昏时体色变深，白天变浅。情绪性体色变化，如乌贼和章鱼看到美味时，异常情绪引起异常色彩。有些动物会适应背景颜色而变化，如虾类、两栖类和爬行类。

每种色素都有一对起拮抗作用的促色素细胞激素（chromatophorotrophins）调节色素的分散或集中，体色深浅的改变取决于促色素细胞激素使哪种色素颗粒处于扩散或集中状态。甲壳类眼柄分泌激素（hormone）控制色素细胞内色素颗粒的移动，除去眼柄，红、黄色素扩散使体色变暗，如注射眼柄激素提取物则体色变浅。两栖类垂体中叶激素（pituitary hormone intermedin）引起黑色素在细胞分支中扩散和虹彩细胞收缩，皮肤变黑。色素细胞可作阿米巴运动向皮肤表面迁移，并且各种色素细胞对同一种刺激反应不同，在神经体液的调节下产生各种体色变化。生理体色变化最有名的当属爬行动物中的避役。

体色是动物对生活环境的适应，许多动物如昆虫形成保护色、警戒色，有利于躲避天敌和狩猎，增加生存机会。对变温动物来说，体色变化还有调节体温作用，如沙漠角蜥早晨体色暗，有助于吸收热量，中午色淡减少吸热，防止体温过度升高。繁殖期间，特殊色彩有显示性别和吸引异性的作用。

5.1.2.6　腺体

动物皮肤内的腺体（gland）有单细胞和多细胞两类，分泌黏液、有毒物质和其他
4.3.2 一些物质，皮肤的分泌作用与皮肤功能是相适应的（图 5-2）。

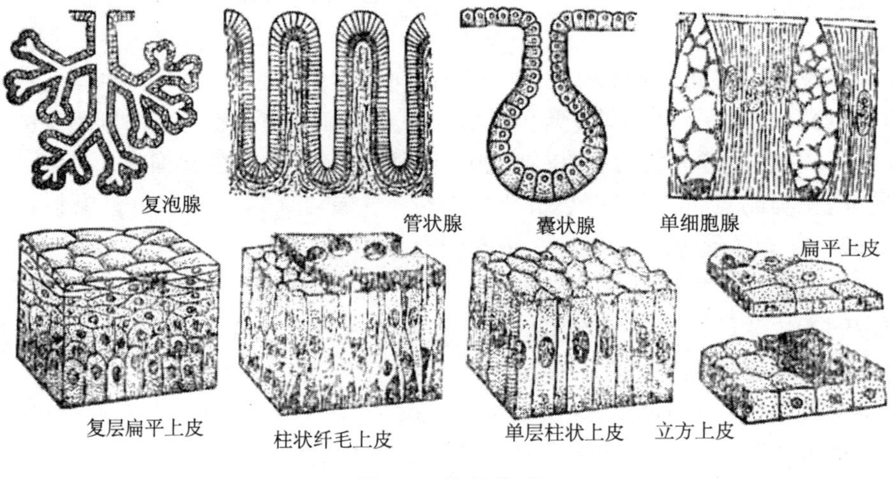

图 5-2　腺体类型

1）腺细胞

腔肠动物身体不同部位的腺细胞（gland cell）功能不同，有的分泌黏液便于机体 4.3.2
附着滑行或吞噬食物，有的分泌消化酶进行细胞外消化，有的分泌气体促使水螅向水面升浮。

扁形动物的腺细胞内含有大量颗粒，排到体外遇水形成黏液用以缠绕猎物，或保护 4.4
自身，或用以形成卵袋黏附在其他物体上，或作为运动的润滑剂在体表形成一层黏液膜，纤毛在黏液膜上摆动产生纤毛波，由后向前推动身体前进。电镜下，体表小型乳突中含有两种腺体：黏液腺（viscid gland），产生黏液用以固着；释放腺（releasing gland）产生可分解黏液的分泌物，从黏着中游离出来，这样，身体就可随时黏着、游离。腺细胞聚集在脑神经周围，如无肠目一些种类分别或联合开口于身体前端形成头腺（frontal gland），有利于捕食，或聚集在身体两侧形成边缘黏液腺如淡水涡虫，蛭态涡虫（*Bdelloura*）等聚集在身体后端形成黏着盘。

环节动物单层柱状上皮间的腺细胞分为黏液细胞和蛋白细胞，分泌黏液使体表湿润 4.7
形成黏液膜有保护和呼吸作用。纽形动物、半索动物等表皮内也有腺细胞，可分泌黏液 4.9.3
物质。

2）黏液腺

腹足纲有足腺，鱼类表皮内富含单细胞黏液腺（mucous gland），分泌黏液形成黏 4.6
液层，防止细菌等有害异物的侵入，使身体滑润减少运动摩擦力，维持体内的渗透压，如鳗鲡、大麻哈鱼等海河洄游鱼类，黏液分泌量的变化适应洄游过程中盐度的突然变化。

两栖类的皮肤腺是多细胞黏液腺，由表皮下沉到深层发育为泡状腺，可减少水分蒸 4.12
发，分泌黏液保持皮肤湿润和对空气、水的通透性，有利于皮肤呼吸，调节体温。有些 4.13
黏液腺变态为毒腺（poison gland，颗粒腺 granular gland）。雄蛙、雄蟾等拇趾内侧常有管状腺，生殖季节成为有功能的腺体，分泌物有助于成功抱对。

3）毒腺

能分泌毒液的腺体称为毒腺（poison gland），分泌的毒液有神经毒素、血管毒素、 4.13
溶血素或甾醇生物碱（steroidal alkaloid）等毒素，可通过不同方式注入其他动物或人的体内，影响其他动物神经肌肉的活动，引起中毒甚至死亡，如蟾蜍耳后腺分泌蟾酥用以毒杀天敌，美洲海蟾（*Bufo marinuas*）的毒素可把狗毒死。

毒腺来源于皮肤或消化系统，位置和结构因动物而异。鸡心螺齿舌上毒腺分泌致命
的剧毒物质；工蜂等膜翅类昆虫的毒腺位于腹部，由管状酸性腺和碱性腺构成，螯针排 4.6
毒；蜈蚣等唇足类第一胸节附肢即为毒鳃（toxognath）或毒爪（poison claw），强大突 4.8
起部末端（跗爪 tarsungulus）呈锐钩状，毒腺开口其中；蝎尾节的袋状尾节内有1对 4.9
白色毒腺，外面有一层白色肌肉，毒针近末端针眼状开口与毒腺细管相连，经尾刺排 6.1.4.2
毒；蜘蛛的上颌毒腺与螯肢相连；刺冠海胆的长棘内部中空，中胚层组织变成毒腺，喇

叭海胆具有叉棘的特化毒棘（poisonous pedicellaria），末端扩大成喇叭状，毒腺 3 对，具有爪及毒液挤压肌肉。

鱼类的毒腺是由特殊表皮细胞集合演变沉入真皮层并且外包结缔组织构成的腺体。
4.12 细胞团产生毒液，毒腺与棘刺相连，棘刺刺入受害者体内时注入毒液。鳗鲇（*Plotosu-*
4.13 *sanguil-laris*）、*Hypodytes rubripinnis* 背正中线硬棘的基部有剧毒的毒腺。日本鬼鲉
4.14 毒腺 cDNA 表达文库克隆的序列测定和生物信息学分析，已确定克隆有 35 个，其中，包括溶细胞素基因、类短链神经毒素蛋白、C 型凝集素、巨噬细胞迁移抑制因子、致病相关基因等，应用 SMART™ cDNA Library Construction① 技术成功构建的日本鬼鲉毒腺 cDNA 表达文库，为深入研究毒腺的组分及其分子作用机理奠定了基础。蟾蜍的耳后腺分泌蟾酥，箭毒蛙的剧毒物质能破坏神经系统的正常活动，导致动物死亡。毒蛇的毒腺由唇腺、毒蜥的毒腺由舌下腺演变形成，有毒腺管与毒牙相通，咬击时，肌肉收缩将腺体内的毒液挤出，经毒牙注入猎物体内。

4）尾脂腺

4.15 鸟类只有尾脂腺（oil gland or uropygial gland），其化学成分在分类学上具有重要意义。鸨、鹦鹉、鹤鸵、鸸鹋等不具尾脂腺，水禽则特别发达。尾脂腺分泌物中含有维生素 D，促进钙磷代谢。鸟类在啄理羽毛时，将分泌的油脂类涂于羽毛上，保护羽毛使之保持光泽，防止水分浸入形成隔水层，有利于水中生活。

5）哺乳动物的皮肤腺

哺乳动物的皮肤腺特别发达，有 4 种。

4.16 （1）皮脂腺（sebaceous gland）　从两栖类就具有，皮脂腺位于毛囊和竖毛肌之间，分支的泡状细胞集合形成分泌部，中央的细胞脂肪含量多，细胞核小而圆形位于细胞中央，排泄管短，开口于毛囊，少数直接开口于皮肤表面，分泌时细胞分解成皮脂，由导管排入毛囊，油脂能滋润毛和皮肤。

（2）汗腺（sweat gland）　为开口于表皮汗毛孔的单管状腺，腺体由表皮向真皮深部或皮下组织内增殖，末端卷曲成团，由毛细血管缠绕，故出汗能排泄尿素等血液中废物。由于水的比热大，汗液蒸发能调节体温。狗等汗腺不发达的种类，体热散发主要靠口腔、舌和鼻表面的水分蒸发（图 5-1）。

（3）乳腺（mammary gland）　为汗腺或皮脂腺衍变而成。乳腺是哺乳动物特有的腺体，由胎儿腹部上皮从腋部到鼠蹊部的乳嵴（mammary ridge）发育形成（图 5-3），乳腺在特定部位加厚形成乳房，借真、假乳头开口于体表特定的部位，如鼠蹊部（牛、羊等，为假乳头）、胸腹部（猪等）、胸部（灵长类，为真乳头），有助于仔兽吮吸。乳头对数与动物的产仔数相当，如灵长类和蝙蝠、马、象 1 对，牛羊 2 对，啮齿类 1～5 对，食肉动物 3 或 4 对，猪 4～8 对，树袋熊（*Phascolarctos*）最多，有 12 对。自然情况下，产仔数超过乳头数就没有奶吃。乳腺分泌的乳汁内富含蛋白质、脂肪、糖类、维

---

① 是 Clontech 公司等的一种 cDNA 文库构建方法。——编者注。

生素等营养物质，初乳中含有大量抗体类免疫物质，具有抗感染作用，因此，取食母乳既可保护初生崽的健康，又能满足幼仔生长发育的需要。与生长发育速度有关，各种动物乳汁的营养成分和含量不同（表 5-1），蛋白质含量高，幼体生长发育快。单孔类不具有乳头，乳腺分泌的乳汁沿毛流出，供仔兽舐吮。

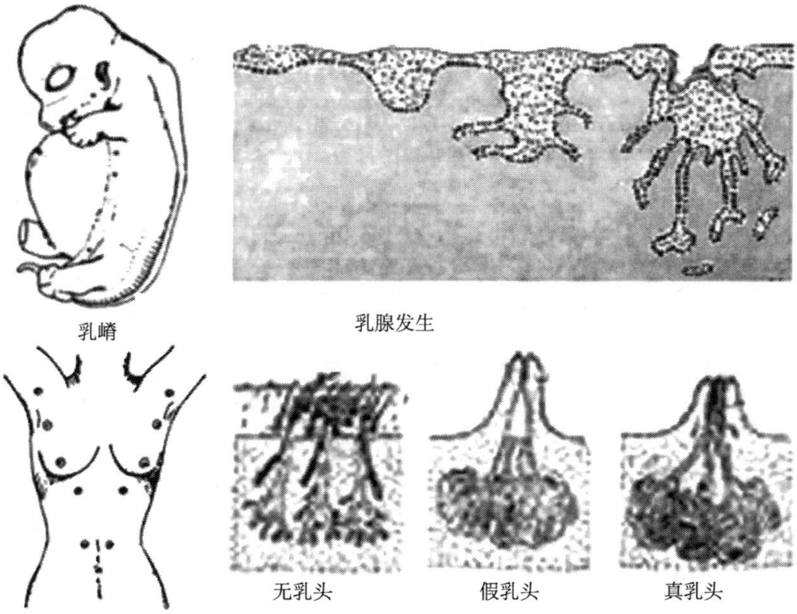

图 5-3　乳腺的发生及类型

表 5-1　不同动物乳汁的主要成分　（单位：g/L）

种类	蛋白质	糖	脂肪	无机盐	种类	蛋白质	糖	脂肪	无机盐
人	11	75	35	3	羊	67	50	70	8
驴	17	66	11	4	狗	70	40	85	11
马	20	60	12	4	猪	74	32	45	10
骆驼	30	33	55	7	猫	92	50	35	11
象	32	72	190	6	鲸	95	4	200	10
牛	35	45	40	9	驯鹿	100	29	175	14

（4）味腺（scent gland）　味腺如肛腺（anal gland，黄鼬）、麝香腺（麝）、蹄腺（hoof gland）、包皮腺（preputial gland）、鼠蹊腺（inguinal gland）等都是与标记有关的腺体，对同种动物间的识别、繁殖配对和占领领域具有重要的作用。味腺的出现是与哺乳动物以嗅觉（化学感受器）作为主要猎食方式相联系，如狗能嗅到极微量的气味变化，经过训练而成为人类探矿、缉毒的重要帮手，而以视觉作为主要定位器官的类群如灵长目类，嗅觉和味腺都退化。

5.1.2.7　鳞片

软骨鱼的鳞片（scale）是楯鳞（placoid scale），由表皮演化的釉质（enamel）、真
4.12 皮演化的齿质（dentine）和其中的髓腔（pulp cavity）等部分构成，与牙齿是同源结
4.14 构。硬骨鱼类除硬鳞鱼具有硬鳞（ganoid scale）外，大部分硬骨鱼具有特征性的骨鳞
4.15（bony scale），是真皮的衍生物，骨鳞依有无锯齿状游离缘分为栉鳞（ctenoid scale）和
圆鳞（cycloid scale）（图 4-24）两种。为适应陆生，爬行动物的表皮角质化形成特征性角质鳞（horny scale）。龟、鳖等除鳞甲外尚有骨甲（theca）。鸟足、鼠尾也具有鳞片。

一种观点认为原始的楯鳞演化成骨鳞和其他鳞甲；另一种观点认为，古代的骨甲演化出齿鳞（cosmoid scale，整列鳞），由薄而硬的釉质层、具分支小管的齿鳞层（cosmine）、海绵骨质层（spongy bone）和板状骨质层（lamellar bone）构成，见于总鳍鱼类。海绵骨质层消失，硬鳞质代替釉质层，齿鳞层变薄甚至消失，演化成古辅鳍鱼类、现代的多鳍鱼和雀鳝等硬鳞鱼类等不同类型的硬鳞，菱形、呈铺砖状排列。中华鲟的硬鳞退化，限于尾部和五纵行骨板。当其余各层消失，只剩下薄层的骨质层衬以纤维结缔组织就演化成现代鱼类的骨鳞，具有韧性并呈履瓦状排列，增加了身体活动的灵活性。

5.1.2.8　羽毛

4.15 由古爬行类表皮鳞演化而来的羽毛（feather）是鸟类表皮的特征性衍生物，着生在鸟体的一定部位，即羽区（pteryla），不着生羽毛的为裸区（apteria）。我国古生物学家研究证实，恐龙特别是四翼恐龙也具有保温、滑翔作用的羽毛，羽毛在系统发育上与爬行动物的表皮鳞是同源的。

（1）羽毛发生　中胚层加厚形成真皮乳头原基后，诱导对应的外胚层细胞增殖，围绕迅速发育的原基形成表皮圆管，并下沉形成羽毛囊，当羽胚长到一定程度，圆管形成一系列纵嵴即羽枝和羽小枝，从顶部逐渐向基部扩展，纵嵴发育完全后，羽鞘裂开释放羽枝形成雏绒羽。围绕羽毛乳头的表皮细胞发育成领细胞，背部的一个羽柱生长迅速发育成羽茎，腹缘羽柱分生能力强，产生相互平行的羽枝，沿领缘向背部推移并加到羽茎上，呈筒状。后期，羽小枝在羽枝上形成，当羽毛在羽鞘中发育完全后，羽鞘裂开，羽柱沿腹中线张开形成羽片，领部延长发育成羽根，上下各有一小孔称为上脐、下脐，发育成为正羽。新羽形成的过程中把旧羽推出去。

（2）羽毛的基本结构与种类　羽毛根据有无羽小枝、羽小钩及羽轴的发达程度分为三种基本类型。正羽（contour feather）由羽轴及其两侧的羽片（包括羽茎、羽枝、羽小枝和羽小钩等结构）和羽根构成，羽片（pinna）是羽枝、羽小枝由羽小钩钩连起来形成，羽片裂开后鸟可用喙啄理重新联结形成一个整体，正羽赋予鸟类流线型外廓（称为廓羽）；飞羽（flight feather）铰链式地着生在前肢上构成飞翔器官，分为着生在翼手部的初级飞羽（primary）、前臂部尺骨上的次级飞羽（seconda）和着生在肱骨上的三级飞羽（tertial）；尾羽（tail feather）着生在尾综骨上，在飞行中起舵的作用，尾羽和飞羽的形状和数目是鸟类分类的重要依据之一。绒羽（down feather）羽枝发达，羽茎退化呈绒状，在正羽之下构成隔热层，水禽类特别发达。纤羽（hair feather）形如毛

发，其基本功能为感觉（图 5-4）。

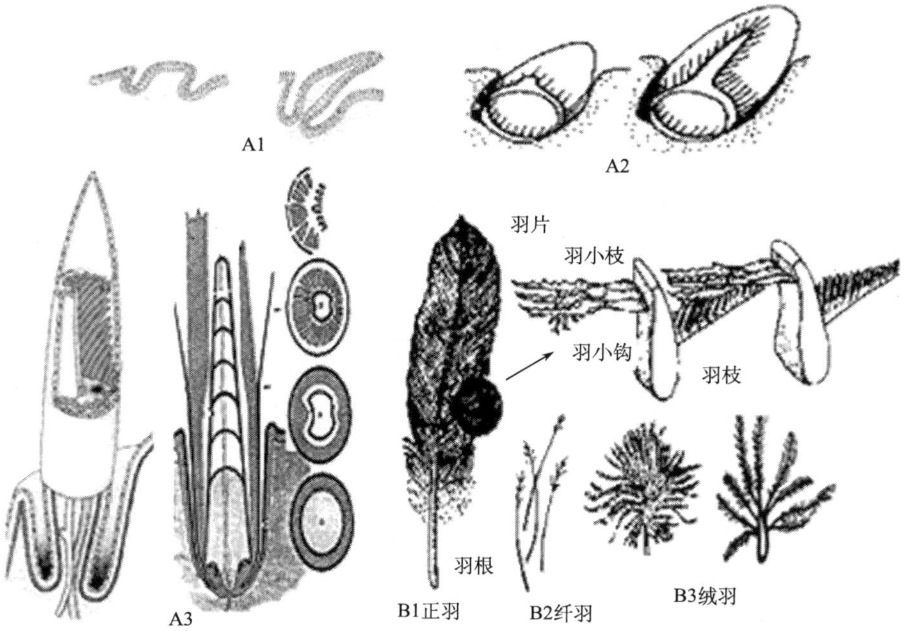

图 5-4　羽毛的发生与结构（Lucas，Torrey et al.）
A1. 绒羽发生；A2、A3. 正羽发生；B. 羽毛的类型与结构

（3）换羽（molt）　在季节性因素的影响下，受神经体液特别是甲状腺素的调节，大部分鸟类每年要按一定次序换羽 2 次，尾羽和翼羽还要对称换，以免影响飞行，秋天换上冬羽，春季换上夏羽（婚羽），由于色素颗粒和羽毛结构的折射作用不同而呈现各种美丽的颜色。雷鸟每年可换 3 或 4 次羽毛。

5.1.2.9　毛

是哺乳动物的特征性结构，分为具毛向的针毛和无毛向的绒毛。毛（hair）由表皮下陷入真皮衍化而成，毛干（hair shaft）露在皮肤外面，毛根（hair root）埋在毛囊（hair follicle）内，毛根外被毛鞘，末端膨大成毛球。毛球基部为真皮毛乳头（hair papilla），内含丰富的神经和血管，供应毛生长发育所需的营养物质，毛球细胞不断分裂并逐渐角化形成毛，同时色素细胞分泌黑色素颗粒加入其中，色素颗粒的多少及其与毛内空泡的比例随季节和年龄而变化并决定着毛的颜色。毛色和毛的弯曲度不仅影响毛的功能，而且决定毛皮的质量。起于真皮、附着在毛囊基部的竖毛肌（arrector pili）为平滑肌，收缩时使毛竖直而出现“鸡皮”现象，并有辅助调节体温和挤压皮脂腺的作用（图 5-1）。 4.16

5.1.2.10　爪

爪（claw）是由指、趾端表皮角化形成，包括爪体（nail plate）、爪下体（soleplate） 4.14

4.16 和肉垫（ball of finger）等部分，为陆栖动物指趾端的保护器官，哺乳动物与爬行动物的爪同源。爪变形为指甲（nail）和蹄（hoof）。

5.1.2.11　角

4.16 角（horn）是头部表皮和真皮特化的产物，是有蹄类的防卫器官，可分为洞角（牛角、羊角）和实角（鹿角）。洞角由头骨骨角套以表皮角质鞘构成，中空不分叉，终生不换。实角是由真皮骨化并穿出皮肤、骨化形成，是分叉的骨质角，多为雄兽具有，每年脱换一次，性成熟前每龄增加一个分叉，性成熟后叉数不再增加，因此，角的叉数及形状为鹿科动物分类的依据之一。刚生出的鹿角称鹿茸，富含血管和丰富的激素、蛋白质等物质，为名贵的中药材。犀牛角为表皮的特化产物，为角质纤维角。长颈鹿的角为另一种特殊角，称瘤角。

5.1.3　体表结构和皮肤演化

机体与环境是由体表结构分隔开来的，二者间的相互关系主要表现在皮肤表面。生存环境影响并决定皮肤的结构和功能。在协同进化过程中，体表细胞结构层数和复杂程度、衍生物等都随动物的栖息环境变化而演化。完善的皮肤结构和功能，保证动物能在自然环境中繁衍生存下去。

5.1.3.1　原生动物

4.2 体表薄的原生质膜（细胞膜）可分为3层。细胞膜内蛋白质厚度和弹性增加，可保持形状，称表膜如纤毛虫，或皮膜（pellicle）如眼虫（*Euglen*）。变形虫（*Amoeba*）的细胞膜极薄，体形常随细胞质的流动而不断改变，并形成伪足（pesudopodium），成为细胞运动的一种形式。衣滴虫（*Chlamydomonas*）由纤维素和果胶组成，不能改变体形。细胞膜上的鞭毛（flagellum）、纤毛（cilium）是细胞质突出的毛状结构，构成运动器官，对原生动物的生存和演化具有十分重要的意义。

5.1.3.2　两胚层多细胞动物

4.3.1 海绵动物的体壁皮层（dermal epithelium）由一层边缘可以收缩、没有基膜的扁平细胞（pinacocyte）构成，有特化形成管状的孔细胞（porocyte）穿插于扁平细胞之间，使外界与中央腔相通，构成海绵动物特有的不同类型水沟系（canal system）。孔细胞的收缩和舒张可控制水的流入量，保证水经细胞外端的进水孔（prosopyle，流入孔 ostium）进入中央腔，其来源和结构功能不同于其他动物的表皮细胞（图4-5）。

4.3.2 腔肠动物的外胚层为皮肌细胞（epithelio-muscular cell），既是表皮细胞又是原始的肌细胞，由外胚层的间细胞（特化的皮肌细胞）形成的刺细胞，完成保护、摄食和收缩运动。

5.1.3.3　三胚层无体腔动物

4.4.1 扁形动物体表为外胚层形成的表皮，由扁平或柱形上皮细胞排列成紧密的一层，称

表皮层（epidermis），细胞基部附着在基膜上，表面有纤毛或仅限于腹面，如腹毛动 4.4.2
物、涡虫等身体腹面的体表上皮。表皮细胞间有腺细胞、感觉细胞和杆状体。微口涡虫 4.4.3
（*Microstomum*）上皮细胞中有腔肠动物的刺细胞和海绵动物的骨针。

表皮细胞延伸融合形成合胞体，大细胞的本体还下沉到实质组织中，含丰富线粒
体、内质网等细胞器的棘或微绒毛（microvilli）覆盖全身，如吸虫、绦虫极大地增加
体表吸收面积，这种特殊结构加强了保护作用，增强了虫体与环境间的气体和物质交 4.4.4
换，含氮废物通过体表扩散作用排出。

5.1.3.4　其他无脊椎动物

尽管形态结构上变化万千，甚至（如蛭类）许多单细胞沉入表皮细胞下面的结缔组 4.6
织中，形成很薄的一层真皮层（dermis），但它们都是单层的细胞结构及其衍生物。表 4.7
皮细胞的分化与其保护功能有关，故体表上皮常表现特化现象。 4.8

水生低等种类表皮具有纤毛，为纤毛上皮（ciliated epithelium），如软体动物的外 4.9
套膜上皮有发达的纤毛，有利于动物的运动和推动水流进行呼吸和消化。体表上皮细胞游离面具有一根鞭毛的为鞭毛上皮（flagellated epithelium），如一些假体腔动物、颚胃动物、棘皮动物等，有助于滑行和游泳运动。颚胃动物上皮细胞内有肌肉束。轮形动物上皮细胞内的肌肉有环肌、纵肌之分。棘头动物较厚的上皮层中有一特殊联结成网状的腔隙系统（lacunar system）。其他种类的表皮细胞向外分泌角质膜或几丁质外骨骼，角质膜的厚薄、组成结构因种而异。

5.1.3.5　脊椎动物的表皮与真皮

动物进化到脊索动物，皮肤出现了表皮和真皮双层结构。文昌鱼表皮为单层细胞， 4.10.2
真皮为胶冻状结缔组织。脊椎动物皮肤结构更复杂、功能更完善，表皮为起源于外胚层 4.11
的复层上皮，真皮起源于中胚层，随着生活环境、习性的改变，出现与水陆生活环境相适应的皮肤结构、机能和各种衍生物。

水生种类，圆口纲皮肤裸露，结构简单，表皮细胞间有单细胞腺体，分泌黏液，真 4.11
皮内有胶原纤维和弹力纤维。鱼类表皮细胞间富有单细胞黏液腺（collecterial gland）， 4.12
有些种类的表皮腺则转变成发光腺（如深海鱼类蟾鱼）或毒腺（如毒鲉、龙螣）。真皮薄含有纤维。硬骨鱼皮肤内有硬鳞和真皮性骨鳞（bony scale），软骨鱼有表皮和真皮共同衍生的楯鳞（placoid scale），楯鳞系原始的鳞片，一般认为与牙齿同源。

低等两栖类皮肤内尚有骨鳞残存，高等种类皮肤裸露有角化现象，远离水源的蟾蜍 4.13
表皮角质化程度高，角化表皮常周期性蜕皮。多细胞黏液腺分泌黏液保持皮肤湿润，有助于皮肤呼吸，表皮轻微角化不能有效防止水分的蒸发，故两栖类必须生活在水环境周围。皮肤腺特化形成毒腺（poison gland）分泌毒液。色素细胞可使皮肤出现生理性变色。

为适应干燥、多变陆地生活环境，陆生脊椎动物表皮由多层扁平上皮细胞构成，表 4.14
层高度角质化形成角质层或角质鳞。爬行类是第一个真正适应陆地生活的脊椎动物，表 4.15
皮缺少黏液腺。鸟类的皮肤薄，经发达的皮下组织附着于肌肉层上，有利于剧烈的飞翔 4.16

活动。体表大部分为羽毛所覆盖，部分鸟类足部有角质鳞。只有尾脂腺，分泌脂类物质。哺乳动物发达的表皮由生发层、颗粒层、透明层和角质层构成，真皮层发达，除鳞甲目动物体表覆盖角质鳞和鲸类体毛退化外，一般都被有特征性的毛。皮肤腺发达，结构更复杂，功能更加完善，保证哺乳动物成为最进化的动物类群。

总之，皮肤及其衍生物的变化是与动物由水生进化到陆生及其多样性生活环境相适应的。表皮由单层细胞向多层细胞、由不角质化经轻微角质化向高度角质化并产生衍生物的方向演化。表皮角化程度与动物适应的生活环境和保护有关，适应营肠道寄生的线虫、棘头虫体表分泌物形成角质膜，水生动物未角质化，鱼类有发达的骨鳞、单细胞黏液腺等，适应干燥陆生环境的脊椎动物表皮细胞角化形成发达的角质层或角质鳞。适应水陆两栖生活的两栖类骨鳞消失，皮肤呈裸露状态，轻度角质化尚未形成角质鳞。

腺体由单细胞腺发展为多细胞腺，并由位于表皮下陷至真皮层内，这与其生活环境及功能演化过程相适应，低等动物水生种类多有黏液腺，陆生种类则无。爬行动物、鸟类的皮肤腺失去重要性而减少，哺乳动物又得到发展，分化为各式各样、功能各异而发达的腺体。

外骨骼及皮肤的衍生物发生明显变化，由无到有、由低等动物细胞分泌物形成的几丁质、石灰质到高等种类的骨质，进而由鱼类的骨质鳞到陆栖羊膜动物的角质鳞发展形成鸟类的羽毛和兽类的毛。

5.2 骨骼系统

虽然水和空气具有一定的浮力作用，但动物较大的个体存在竞争的优势，演化产生的较大动物，由于质量大、重力作用明显，需要骨骼系统支持、保护身体。同时，运动是生命体最显著的特征，细胞的生理活动（形态的维持和改变、物质的运输、内吞外排、免疫行为、细胞分裂等）都伴随着组织性、方向性很强的运动。多细胞动物的运动更是复杂，需要支持、联结和动力结构，即发达的骨骼系统提供杠杆和支持点，肌肉系统提供动力，才能发挥机体中各种滑轮、杠杆等作用实现节能的快速运动，而骨骼的强壮离不开机体不断进行着的钙磷代谢。

2.1 广义的骨骼是指动物体内的硬组织、体重的受力结构，对身体具有支持、保护作用，为动物的长大奠定基础。悬挂保护内部器官和神经中枢，提供肌肉的附着点，使动物肌肉获得坚强的支点，加强运动能力。有了骨骼和肌肉，动物体呈现出体型体态的多样性，维持体型适应不同的生活环境和运动。在机能形态上，动物的取食、呼吸、运动等都与骨骼的形态结构变化相关。在进化形态学上，脊椎动物各类群间的同源关系和骨骼系统的进化趋势表现得十分清楚，骨骼系统在比较解剖学和生物进化研究中具有特殊的意义。

5.2.1 细胞骨架

2.1.2 原生动物和细胞都出现功能类似于高等动物的骨骼和肌肉的结构——细胞质中有构
4.2 成复杂的纤维网，有微管、纤丝（filament）和微梁骨架（microtrabecular lattice）等

构成的这些网状结构称为细胞骨架（cytoskeleton），维持细胞的形状、保证细胞的运动（图 2-1）。直径、化学组成及功能不同的纤维参与细胞器的构成，使细胞器组织起来协同作用，在细胞运动中如胞质环流、变形运动、有丝分裂、物质运输和细胞器的空间分布等起着重要的作用。细胞骨架研究已成为细胞生物学的重要领域。

5.2.1.1　微管

微管（microtubule）普遍存在于真核细胞中，是中空、纤维状的管状结构，由两种微管蛋白构成，直行或弯曲平行排列。管壁由 13 条微管蛋白原丝（protofilament）构成，具有极性、韧性和弹性，能自我装配并集聚构成特化的细胞器如中心粒、纤毛和鞭毛、有丝分裂器、轴足等。微管与细胞膜、核膜相联并分出交叉桥与内质网相连，将细胞器固定在特定位置上。细胞质中分散分布的微管是细胞的“胞质骨架”，支持、维持细胞的形状，并和细胞的变形运动有关。神经细胞中的微管兼有支持和运输神经递质的功能。

5.2.1.2　中心粒

细胞核附近的圆桶状结构是中心球（centrosphere），与周围细胞质亮区［中心粒（centriole）］构成中心体（centrosome），是动物细胞特有的细胞器，在细胞有丝分裂时特别明显。产精子细胞内出现中心粒，参与细胞有丝分裂，出现纺锤丝，一端与中心粒相接，另一端与染色体的着丝点连接，使染色体定向移向两极，在细胞活动中具有重要作用。

5.2.1.3　微丝

微丝（microfilament）分布于近细胞膜处，主要成分为肌动蛋白（actin）。球形肌动蛋白分子亚单位装配成双螺旋丝辅以其他蛋白质，细胞蛋白含量总是和肌球蛋白密切相关的。结合蛋白与肌动蛋白相互作用使微丝表现独特的结构状态，执行多样的功能。由一组基因编码的肌动蛋白分子在大小、氨基酸排列顺序以及其他性状都是极相似的，表明它们由同一祖先基因型进化而来。但氨基酸顺序有微小差异，肌动蛋白在 400 个氨基酸残基中只相差 4～6 个残基。鸟类和哺乳类至少有 6 种肌动蛋白，其中两种分布于所有肌肉和非肌肉细胞的肌浆中，横纹肌、心肌、平滑肌和肠平滑肌上各有一种肌动蛋白专一分布。肌动蛋白微丝形成不同的亚细胞结构如张力纤维、肌肉细丝、小肠绒毛的轴心和精子顶体的刺突等，其结构和功能的变化均受肌动蛋白结合蛋白的调节。

微丝和微管、中间纤维组成细胞内的立体网络具有保持细胞的形状、运动和物质运输的功能。细胞器和内膜系统也与这种网络系统有关。微管是细胞的“骨骼系统”，微丝是细胞的“肌肉系统”（图 2-1）。

5.2.2　流体静力骨骼

由于液体不能被压缩，囊壁收缩就会产生巨大的膨胀压，起到支持身体、维持体形
和参与运动的作用。原生动物、腔肠动物、蠕虫类、软体动物、环节动物和原索动物等 4.5.1

4.6 都具有流体静力骨骼（hydrostatic skeleton）系统。

4.7 蚯蚓体壁的环肌收缩，体腔内液体压力使纵肌伸展，身体变长，纵肌收缩身体变
4.10 粗，不同部分的环肌、纵肌交替收缩改变不同体节内的膨胀压，局部形状改变产生向前的蠕虫形运动。线虫的体腔液抗衡肌肉收缩产生的压力使身体挺直。脊索细胞是充满液体的液泡细胞，脊索中盘状肌细胞和弹性膜收缩造成内部压力增大会使脊索挺直，提供类似于骨骼的支持作用，形成流体静力骨骼，维持或产生一定的机体形状和运动。

5.2.3　外骨骼

外骨骼（exoskeleton）由外胚层表皮分泌的非生物活性物质构成，位于体内的如海绵骨针，位于体表的如软体动物的石灰质介壳，节肢动物的甲壳和几丁质外骨骼。但结构和化学组成在各类群动物中不同。

5.2.3.1　原生动物的外骨骼

4.2 薄甲藻（*Glenodinum*）分泌有机质在体表形成纤维板；表壳虫（*Arcella vulgaris*）分泌几丁质（一种多糖蛋白质）形成褐色外壳；砂壳虫（*Difflugia oblonga*）分泌蛋白胶质黏液黏着砂粒等外来物形成砂质壳；有孔虫分泌碳酸钙或拟壳质构成各种形态的单室或多室壳；放射虫内分泌几丁质的中心囊，硅质或锶质骨针伸出体表，支持身体。

5.2.3.2　海绵动物的外骨骼

4.3.1 中胶层未分化细胞转化为造骨细胞（scleeroblast）分泌骨骼，包括骨针（spicule）、海绵丝（spongin fiber）等碳酸钙质骨针，或为 $SiO_2 \cdot nH_2O$ 组成的硅质骨针，构成网架结构支持保护身体。骨针有单轴骨针（monaxon）、三轴骨针（triaxon）、四轴骨针（tetraxon）、多轴骨针（polyaxon）多种形态，其类型、数量和排列方式是海绵动物及化石分类的重要依据。出芽生殖时，海绵原细胞摄食大量物质后聚集成团形成芽球，包上一层造骨细胞分泌双盘状或针状骨针，分布于细胞团保护膜之外，使芽球具有较强地抵御恶劣环境的能力。

5.2.3.3　腔肠动物的外骨骼

4.3.2 腺细胞分泌角质或钙质外骨骼。水螅体表有角质膜（围皮）、薮枝虫体外有透明角质膜（围鞘，perisarc）。珊瑚虫向体表分泌碳酸钙（六放珊瑚）或石灰质（石珊瑚）骨架；八放珊瑚中胶层变形细胞能分泌钙质骨针，有的骨针愈合形成中轴骨，或含有蛋白质和黏多糖组成的珊瑚硬蛋白（gorgonin），珊瑚由于含更少的硫而具有更大的弹性，颜色美丽成为豪华室内装饰品；在海洋中则形成珊瑚岛，为海洋动物提供多样的良好栖息生境，对维持海洋生态平衡发挥重要的作用。

群体裸唇类苔藓动物的外骨骼由蛋白质和几丁质组成，或由角质层及其下面的钙质层构成。草苔虫的钙质层薄，或 $CaCO_3$ 注入角质层不形成独立的钙质层。

5.2.3.4　贝壳

4.6 贝壳（shell）由外套膜外层上皮细胞分泌碳酸钙和贝壳素（conchiolin）形成。外

套膜边缘分泌的贝壳素组成角质层；外套膜缘背面分泌和沉积 $CaCO_3$ 形成的方解石晶体构成棱柱层；整个外套膜外表面细胞分泌 $CaCO_3$ 形成珍珠层。当受到外界沙粒等异物侵入时，受刺激的外套膜上皮细胞即以异物为核，陷入外套膜的上皮之间的结缔组织中，分裂形成珍珠囊，分泌珍珠质加到异物上，逐渐形成了珍珠。利用这一特性，就可通过一定的技术进行人工育珠。

贝壳有帽状、螺旋状、管状、瓣状不同形态。贝壳数目多为 1 个或 2 个；有的退化或无壳，有的包裹在外套膜里面，有的多达 8 个。贝壳的数目和形态是软体动物分类的重要依据。

5.2.3.5　几丁质外骨骼

节肢动物上皮细胞分泌坚硬厚实的角质膜形成发达的外骨骼（exoskeleton），由节 4.8
间膜（intersegmental membrane）相连覆盖全身。角质膜由含氮的多糖类几丁质和节肢蛋白（arthropodin）构成，表皮细胞向内分泌角质层形成内突供肌肉附着。自外而内分为 3 层，上表皮（epicuticle）极薄，含蛋白质和脂类物质，高等种类还有蜡质；外角皮（exocuticle）由几丁质和蛋白质结合形成的糖蛋白（glycoprotein）构成，由于酚的参与而使糖蛋白分子结构更坚固，其中沉积碳酸钙和磷酸钙；内表皮（endocutile）厚，由几丁质和少量蛋白质组成，因钙质沉积量少而柔软富有弹性。外骨骼按体节形成背板、腹板和侧板共 4 块骨板，昆虫腹节侧板退化，仅胸节具由附肢原肢亚基节（sub-coxa）扩大形成的侧板。

外骨骼保护、支持身体，参与运动；防止体内水分的蒸发和体外水分过多地进入，防止吸收有毒物质。外骨骼一旦形成就限制动物的生长发育，需要周期性蜕皮身体才能增大，故此类动物无法进化成大型个体。蜕皮时，上皮细胞不断分泌新的上表皮，使原来的外骨骼与上皮细胞分离；同时分泌含有几丁质酶和蛋白质酶的蜕皮液，进入旧表皮内进行消化、溶解和吸收，接着旧表皮沿一定部位裂开蜕去，新表皮鞣化变硬形成新的柔软外骨骼，动物吞入空气或水分增加体内压力而扩大体积生长。低等节肢动物没有固定的蜕皮次数，高等种类如昆虫各自有固定的蜕皮次数，每蜕皮一次就增加一龄，直到性成熟不再蜕皮。

5.2.3.6　脊椎动物的外骨骼

鱼类的鳞片和哺乳类的角、甲等也属于外骨骼，但不是真正意义的骨骼，故称之为皮肤衍生物。

5.2.4　内骨骼

由中胚层发生的结缔组织构成内骨骼（endoskeleton），是生长于体内的活组织， 4.9
构成身体骨架，伴随动物进化，骨的形态结构、功能更趋完善。棘皮动物首先形成钙化 4.10
骨片，突出于体表（图 4-19）。

5.2.4.1　脊索

脊索动物的胚胎发育到原肠期，当原肠背壁肠体腔法形成中胚层时，二者间的脊索 3.3.4.3

4.10 中胚层与中胚层、内胚层分离向背部移动，发育成位于神经管、消化道之间纵贯全身的棒状结构，即脊索（notochord）（图 3-7，图 7-9）。

脊索由多层结构的脊索鞘和高度液泡化的脊索细胞、盘状肌细胞构成。头索动物适应沙土穴居生活，圆口动物适应半寄生生活，脊索终生存在；尾索动物幼体自由生活，尾部具有脊索和背神经管，成体固着生活，脊索和神经管消失；脊椎动物胚期的脊索诱导中胚层生骨节细胞集中形成脊椎，脊椎联结构成多关节的脊柱取代脊索，适应支持较大躯体和身体各部做相对独立活动的需要；与椎体类型相关，脊索部分残留或消失，如软骨鱼类残留脊索呈念珠状，硬骨鱼类呈珠状，哺乳类作为髓核残留在椎间盘中，其余脊椎动物脊索消失。

5.2.4.2 内骨骼的种类

内骨骼按性质，从组织学角度分为软骨和硬骨两种，从解剖学角度分为中轴骨骼和附肢骨骼两部分（表 5-2）。但与水陆生活环境和运动方式相适应，各种动物骨骼产生了明显变化。附肢骨骼随着动物类群的不同，其形态有较大变化，例如，蛙、鸟、马和鲸等的前肢是同源结构，但形态、功能差异很大（图 5-5）。

表 5-2 脊椎动物的骨骼系统

中轴骨骼（axial skeleton）						附肢骨骼（appendicular skeleton）		
头骨（skull）			脊柱	肋骨	胸骨	带骨（girdle bone）		肢骨（limb bone）
软骨脑颅	膜颅	咽颅				肩带	腰带	

5.2.4.3 骨的形成方式

硬骨形成方式有两种。软骨化骨（cartilaginous bone）是结缔组织先形成软骨，然后在破骨细胞和成骨细胞的作用下变成硬骨，如枕骨、脊椎等。膜骨（膜内化骨）是结缔组织不经过软骨阶段直接由成骨细胞形成硬骨，由于来源于皮肤深层，故称皮性硬骨（dermal bone 或膜性硬骨），如顶骨、额骨、齿骨等。软骨化骨和膜骨可根据来源区分，但形成硬骨后难以从结构上区别开来。

由于膜骨与硬鳞同源，都是从胚胎间充质发生。具硬鳞鱼类头部鳞片的排列与膜原骨相当，鳞片下面即是软颅，并且该鳞片与古总鳍鱼头部有侧线管存在的骨片形状相似，古坚头类头骨上也有明显的侧线管等，因此，一般认为膜颅是由古硬鳞鱼类头部鳞片愈合加大、下沉而成。

5.2.4.4 骨的基本结构

骨骼虽有长骨、扁骨等形态之分（图 5-5），但均由骨膜、骨密质、骨松质和骨髓腔以及血管和神经构成。骨膜（periosteum）为骨表面含血管和神经的一层致密结缔组织膜，内有成骨细胞参与骨质的形成。骨密质（compact bone）为骨表层致密而坚实的骨质，构成骨干，由排列整齐的外环骨板和内环骨板两层骨板构成，骨板间有呈同心圆

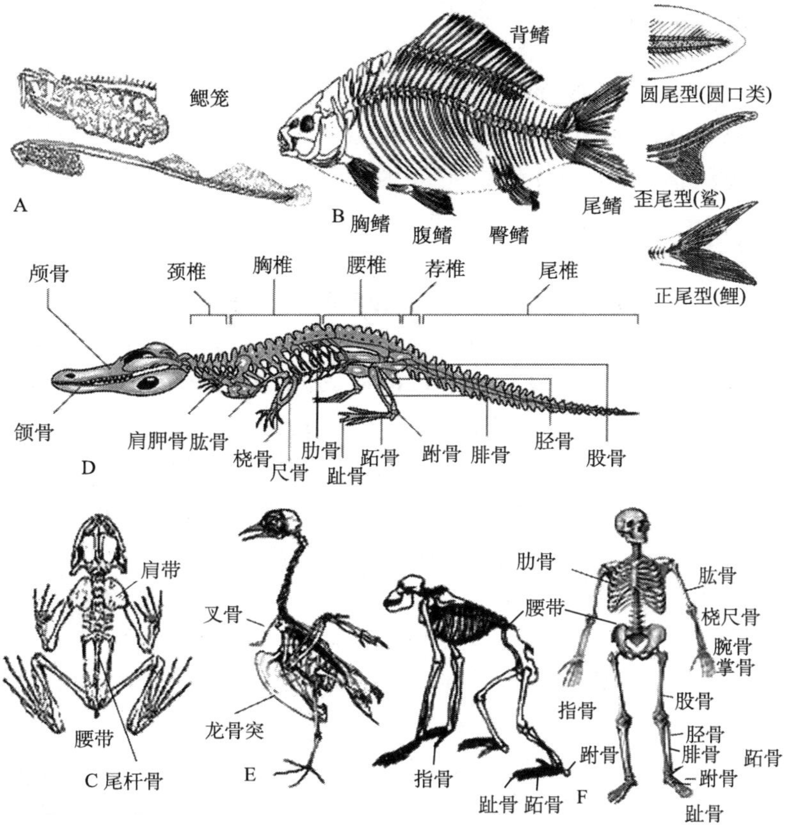

图 5-5　脊椎动物的骨骼系统

A. 七鳃鳗；B. 鱼；C. 蛙；D. 鳄；E. 鸟；F. 猩猩和人

排列的哈氏骨板（Haversian lamella），中心为呈网状分支排列的哈氏管，管内运行着血管和神经。骨松质（cancellous bone）构成长骨两端的骨骺部和短骨的大部分，由众多骨小梁构成，呈海绵状。骨小梁的排列方式与最大作用力方向相适应，有助于增加承重力。骨髓腔（marrow cavity）位于骨干中央，骨髓腔与骨松质间隙充满具有造血功能的骨髓。

5.2.4.5　骨的连结

两块骨之间的连接处称为关节（joint）。骨与骨直接相连不能独立活动形成不动关节（synarthrosis），如头骨骨片间的连接，腰带骨间的连接。两骨接触处有韧带（ligament）保护，骨端有软骨，相邻软骨间有充满滑液的滑液囊（synovial bursa），两骨连接各自保持独立活动构成可动关节（diarthrosis），如球窝关节（ball and socket joint，如肩关节）、铰链关节（hinge joint，如肘关节）、旋动关节（pivot joint，如头颈连接）、滑动关节（gliding joint，如腕关节）等。关节构成了骨骼活动的基础，有利于动物的快速运动。

5.2.5 脊椎动物的头骨

头骨位于脊柱前端，构成脊椎动物不同的特征性头部。头骨由脑颅（neurocranium，颅骨 cranium）和咽颅（splanchno cranium ，脏骨 visceral cranium）组成，从发生上是由软颅、膜颅和咽颅三个来源不同的骨块组合而成。

5.2.5.1 软骨脑颅的发生与基本结构

4.11 胚胎期，脊椎动物的脑下方、脊索前端和两侧首先出现索前软骨（prechordal car-
4.12 tilage）和侧索软骨（parachordal cartilage），感觉器官（嗅觉、听觉）周围结缔组织围
4.13 成的囊状结构变成软骨囊，构成嗅囊（olfactory sac）和耳囊（otic capsule）。两对软骨
4.14 扩大愈合成基板，后外侧与耳囊结合，前部与鼻囊愈合形成筛板，筛板前端中央的突出
部分叫做吻（proboscis），基板向脑的侧、背包围发育形成软颅（chondrocranium）。
4.15 软颅，七鳃鳗呈笼状，软骨鱼形成一个较完整脑盒，终生保留软颅状态。硬骨鱼和
4.16 四足动物由于脑优先发育，软颅需要骨化成硬骨，结果形成无顶盖软骨脑颅，顶部由结缔
组织覆盖。然后，以枕区、听区、基蝶区和筛骨区为中心，骨化成不完全的脑盒。以后，
膜骨参与形成完整的脑盒（哺乳动物出生时仍保留部分结缔组织膜以便于分娩，称为囟
门），保护脑、眼、耳和嗅觉等重要器官，故脑颅分为软骨脑颅和膜颅两部分(图 5-6）。

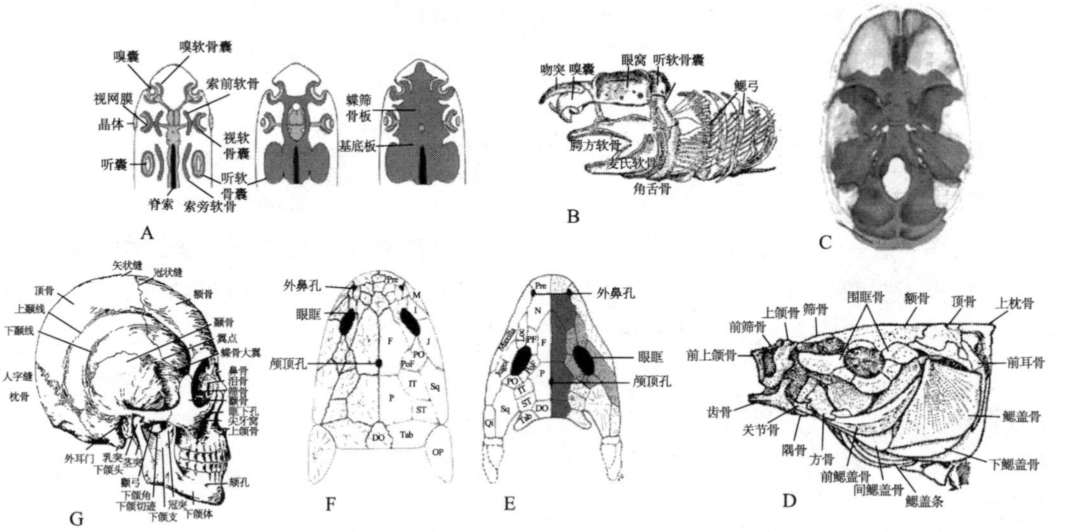

图 5-6 软骨脑颅发生与头骨（kent et al.）

A. 软骨脑颅发生；B. 鲨鱼软骨脑颅和咽颅（侧面观）；C. 软骨脑颅；D. 硬骨鱼头骨；E. 迷齿两栖类；F. 总鳍鱼类；G. 哺乳动物头骨

软骨脑颅枕骨区（occipital region）由索旁软骨和前端生骨节骨化成 4 块枕骨，构成枕骨大孔供中枢神经进出脑颅。两栖类上枕骨和基枕骨尚未骨化。3 块耳骨（otica）由听软骨囊骨化而成，保护内耳膜迷路，骨愈合形成一块岩乳骨，哺乳类岩乳骨与鳞骨、鼓骨愈合形成颞骨。蝶骨区（sphenoid region）由索前软骨骨化而成，人类的蝶骨

区愈合成单一的蝶骨。筛骨区（ethmoid region）包括中筛骨 1 块和外筛骨 2 块。蛙类的筛骨与蝶骨愈合为蝶筛骨，现代爬行类则保留软骨状态或混入附近的骨块中，该区骨块多变化。

在演化过程中，脑颅骨块数目的减少主要是由于骨块的愈合，如蛙类的额骨和顶骨愈合成额顶骨，蝶骨和筛骨愈合成蝶筛骨。哺乳类的枕骨、蝶骨和颞骨均由多块骨愈合而成，骨块明显减少。

5.2.5.2　咽颅的发生与基本结构

咽颅（splanchnocranium）由颌弓、舌弓和鳃弓组成，构成消化道和呼吸道前端的有关骨骼，保护支持口腔、舌、鳃和喉部。

咽颅由外胚层的神经嵴（neural crest）形成，是咽壁上的支持结构，故称咽弓 4.10.3
（visceral skeleton）。咽颅是成对的弓状软骨，如鲨鱼的咽颅由咽鳃软骨（pharyngob- 4.12
ranchial cartilage）、上鳃软骨（epibranhial cartilage）、角鳃软骨（certobranchial cartilage）、下鳃软骨（hypobranchial cartilage）4 对软骨和纵行的基鳃软骨构成，7 对咽弓经基鳃软骨在腹中线上连接起来形成一个整体。咽弓因功能不同而发生明显的形态结构变化。

（1）初生颌弓（primary jaw）与次生颌弓　第 1 对咽弓与其他咽弓失去联系，上鳃软骨和角鳃软骨向上下分别形成腭方软骨（palatoquadrate，上颌软骨 maxillary cartilage）和麦氏软骨（Meckel's cartilage，下颌软骨 mandibular cartilage），加粗装以牙齿构成颌弓。

支持颌弓是由最前面一对鳃弓演变而来的证据有：原始盾皮鱼、棘鱼的颌弓与舌弓之间有完整的鳃裂；鲨鱼第Ⅴ对脑神经分支分布于上下颌，而第Ⅶ、Ⅸ、Ⅹ对脑神经通向鳃裂的前后，显示了颌与鳃弓在发生关系上的联系；七鳃鳗发育的胚胎颌弓中表达着 *Hox* 基因；在斑马鱼等有颌类胚胎中，颌软骨是没有 hox 成型基因表达的，颌弓开始发育，如果人为在胚胎颌弓上表达 *Hox* 基因，颌发育受到抑制。

进化过程中颌弓向着由无到有、由软骨向硬骨和骨块由多而少的方向演化。圆口类 4.11
无颌弓，鳃笼支持头部故称无颌类；软骨鱼类为软骨；硬骨鱼类由软骨化骨和齿骨、夹 4.12
板骨等膜骨构成，颌弓后端骨化成方骨和关节骨，膜骨成分参与构成次生颌弓；两栖类保留部分麦氏软骨；哺乳类仅一块齿骨与颞骨相关节，加强颌弓的咬、撕、咀嚼等各种功能。颌弓的出现使动物能够主动取食和防御敌害，开辟新的生存空间，获取更多的物质、能量，提高新陈代谢水平和活动能力，颌弓演化为动物由低等向高等进化奠定了物质和能量基础。

（2）舌弓（hyoid arch）　第 2 对咽弓的基鳃软骨、角鳃软骨和上鳃软骨分别形成基舌软骨（basihyoidian cartilage）、角舌软骨（ceratohyal cartilage）和舌颌软骨（hyomandibulars cartilage），构成舌弓支持舌器（hyoid apparatus），把脑颅与咽颅连为一体。

（3）鳃弓（branchial arch）　鱼形动物第 3～7 对咽弓称鳃弓，为支持鳃的骨骼。

5.2.5.3　膜颅

4.12～ 膜颅是加在软颅和咽颅上的膜原骨，有成对的顶骨、额骨、鼻骨和齿骨等。硬骨鱼
4.16 类有鳃盖骨、眶骨等；古总鳍鱼和坚头类有成对的前额骨、后额骨、后顶骨、上耳骨、上颞骨、后眶骨等，二者骨块的数目和排列方式极为相似，表明早期四足动物是起源于古总鳍鱼类的。

（1）次生颌弓（secondary mandibular arch）　咽颅上的膜原骨限于颌弓，上颌有前颌骨和上颌骨，下颌低等动物有齿骨、隅骨等多块膜原骨，哺乳类由一块齿骨牢固地与头骨相关节，其他骨块退化消失，提高颌弓的功能。

4.14 （2）次生腭（secondary palate）　软骨化脑颅腹面的膜原骨有副蝶骨、犁骨等，
4.15 如鱼类和蛙类等仅一层骨骼分隔颅腔与口腔，鼻孔开口于口腔的前端。爬行动物的前颌
4.16 骨、上颌骨和腭骨3骨的腭突联结构成次生腭（图5-7），即骨质的硬腭，把原始口腔分为鼻腔和口腔，哺乳类次生腭还包括肌肉质的软腭，使内鼻孔进一步后移。次生腭使呼吸和口腔取食、咀嚼活动互不影响，促进了口腔咀嚼运动和口腔消化的发生发展和动物的进化。

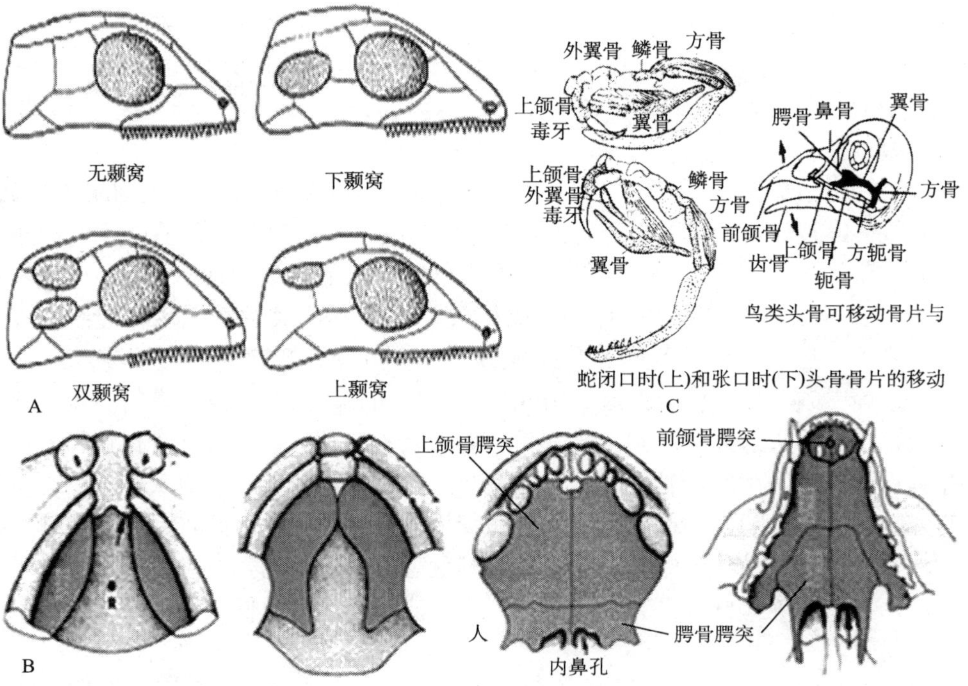

图5-7　颞窝（A）次生腭发生（B）及头骨可动性（C）

4.14 （3）颞窝（temporal fossa）　爬行动物颞部的膜骨缩小消失形成穿洞，为咬肌的
4.15 附着和收缩提供了空间，颞窝的发生、改造与咬肌分化和动物类群的演化密切相关。颞
4.16 窝类型有几种（图5-7）：古爬行动物如杯龙类的头骨不具有颞窝，称无颞窝类（anap-

sid），龟鳖类可并入此类，但出现次生开孔现象，应属一种特殊颞窝类型；仅眶后骨和鳞骨上方出现一个穿洞现象为上颞窝，可能与颞窝无法改造有关，具有此类颞窝的鱼龙类、蛇颈龙类都灭绝了；眶后骨和鳞骨上下方各出现 1 个穿洞为双颞窝，双颞窝类（diapsid）演化成恐龙、现代的大部分爬行类和鸟类，与动物的生活习性相适应而出现特化现象，有鳞目颞窝下方的膜骨消失，上颌的方骨等骨块露出，使头骨具有更大的活动性，有利于吞食较大猎物，如蛇可吞食比自己头径大许多倍的猎物（图 5-7）；仅下方出现穿洞为合颞窝，颞窝下方和眼眶间的骨块都可发生改造，合颞窝类（synapsid）便沿着兽孔类、兽齿类方向向前演化成哺乳动物。

（4）颧弓（zygomatic arch）　哺乳类的新产生的颧骨与上颌骨、鳞骨的颧突构成 4.16
颧弓，供强大的咀嚼肌附着，加强颌机制的功能。

5.2.5.4　脑颅和咽颅的联结

水生脊椎动物的咽颅与脑颅关系不密切。四足动物咽颅发生深刻改造，颌弓与脑颅
关系密切，甚至愈合在一起，加强了颌弓摄食和咀嚼的功能。颌弓与脑颅的连接方式有
几种类型。 4.12
（1）两接型（amphistyly）　原始软骨鱼和总鳍鱼类的颌弓由上颌骨本身韧带、舌 4.13
颌骨与脑颅相连。 4.14
（2）舌接型（hyostyly）　多数软骨鱼类和硬骨鱼类的颌弓经舌颌骨与脑颅相连。 4.15
（3）自接型（autostyly）　上颌直接与脑颅相连，如肺鱼和大多数四足动物的头 4.16
骨。哺乳类的上颌与脑颅愈合，单一下颌齿骨直接与脑颅相关节，有人将其单列为颅接
型（craniostyly）。

5.2.5.5　头骨的演化

动物由水生向陆生进化、用肺呼吸代替了鳃呼吸，随着鳃的消失，部分咽颅转变为舌器、听器（听小骨）和咽喉骨（喉器，laryngeal apparatus）。由于感受、处理大量复杂的内外信息的需要，脑发展增大、感官发达，与保护脑和重要感官功能相适应，脑颅的比例也益越增大，引起脊椎动物的头骨在演化过程中发生了深刻变化，形成各种动物的典型头骨（图 5-8）。头骨演化基本趋势是：头骨软骨成分更多地被硬骨取代，各骨块之间的连接由疏松到紧密，进而彼此愈合或消失而骨块数目减少。如坚头两栖类头骨的骨块数目少于古总鳍鱼，现代两栖类少于古两栖类，杯龙类少于坚头类，爬行类少于古爬行类，哺乳类少于其祖先。现代硬骨鱼的头骨有 180 块骨，两栖类和爬行类 50～90 块，哺乳类 35 块，人 22 块。

咽弓一般为 7 对，在进化过程中数目趋于减少。软骨鱼的咽颅由 7 对咽弓构成，代表典型的原始类型。硬骨鱼腭方软骨前部骨化成腭骨、后部骨化成方骨（quadrate），下颌麦氏软骨后端骨化成关节骨，上下颌的功能分别由膜原骨的前颌骨、上颌骨和齿骨、隅骨等代替。由膜原骨形成的上下颌称为次生颌（secondary jaw），方骨和关节骨构成颌关节。舌颌骨与特有的续骨（symplectic bone）构成悬器将颌弓连于脑颅上。最后一对鳃弓上生有咽喉齿，其数目和排列行数是分类的重要依据。

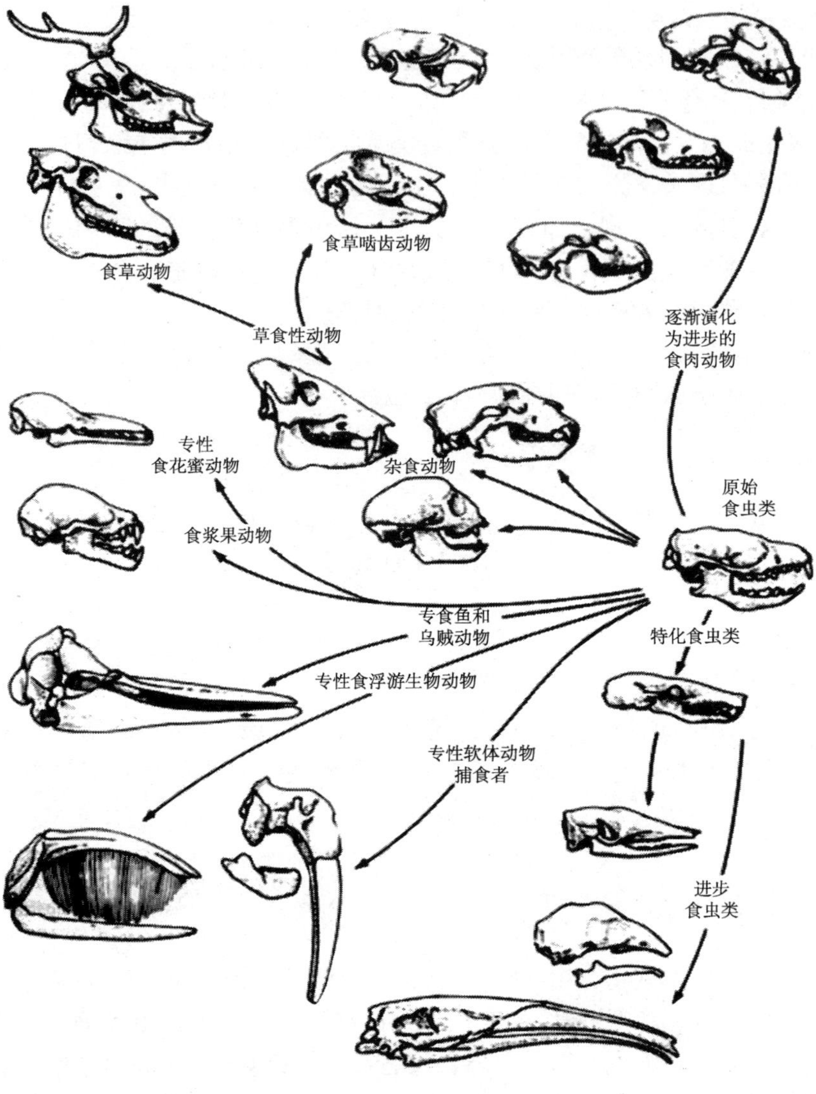

图 5-8　哺乳动物头骨的演化

四足动物肺呼吸代替了鳃呼吸，咽颅发生巨大变化，次生颌直接与脑颅相连。由于加强声波传导增加了陆生动物听觉的灵敏性，有利于动物及时发现环境变化，从两栖类开始，舌颌骨进入中耳骨化成耳柱骨（columella auris），哺乳类演化为镫骨，与方骨和关节骨演化的砧骨和槌骨组成中耳的听小骨，外端与鼓膜、内端与内耳相联，加强声波的传导，适应陆地生活发展灵敏听觉的需要。

5.2.6　脊柱

脊柱（vertebrate column）由一系列脊椎（vertebrae）连结构成，支持身体，悬吊内脏，保护脊髓，是脊椎动物身体中轴特征性的支持结构。

5.2.6.1　脊椎的发生

胚胎时期，伴随中胚层上节、中节、下节的分化发育，原肠背壁凸出形成脊索后， 4.11
脊索诱导中胚层上节的生骨节细胞向脊索周围集中，每体节形成两对骨片，背侧的基背 4.12
片（basidorsal）和间背片（interdorsal）发育形成椎弓，包围脊髓侧背部并联合形成椎 4.13
棘。腹侧的基腹片（basiventral）和间腹片（ interventral）形成椎体取代脊索。软骨鱼 4.14
类造骨细胞侵入脊索鞘内发育成椎体称索成椎体（chordal centrum），大多数脊椎动物 4.15
包围脊索发育成椎体，称为弧型椎体（arch centrum）。 4.16

在脊椎（vertebrae）形成过程中，每个造骨节分为前部疏松的头节、后部致密的尾节，前一体节的尾节与后一体节的头节愈合形成一个新的造骨节，发育成一枚脊椎，因此，肌肉附着于脊椎中间，脊椎与肌肉交错排列有利于肌肉收缩牵动脊椎活动（图 5-9）。椎体每体节一枚，但有些鱼类一个体节内有两枚椎体和椎弓，称双椎体。脊椎是先形成软骨然后骨化成硬骨。软骨鱼类终生保持软骨状态，但某些硬骨鱼、有尾两栖类等脊椎直接在间充质胚基中形成，不经过软骨阶段。

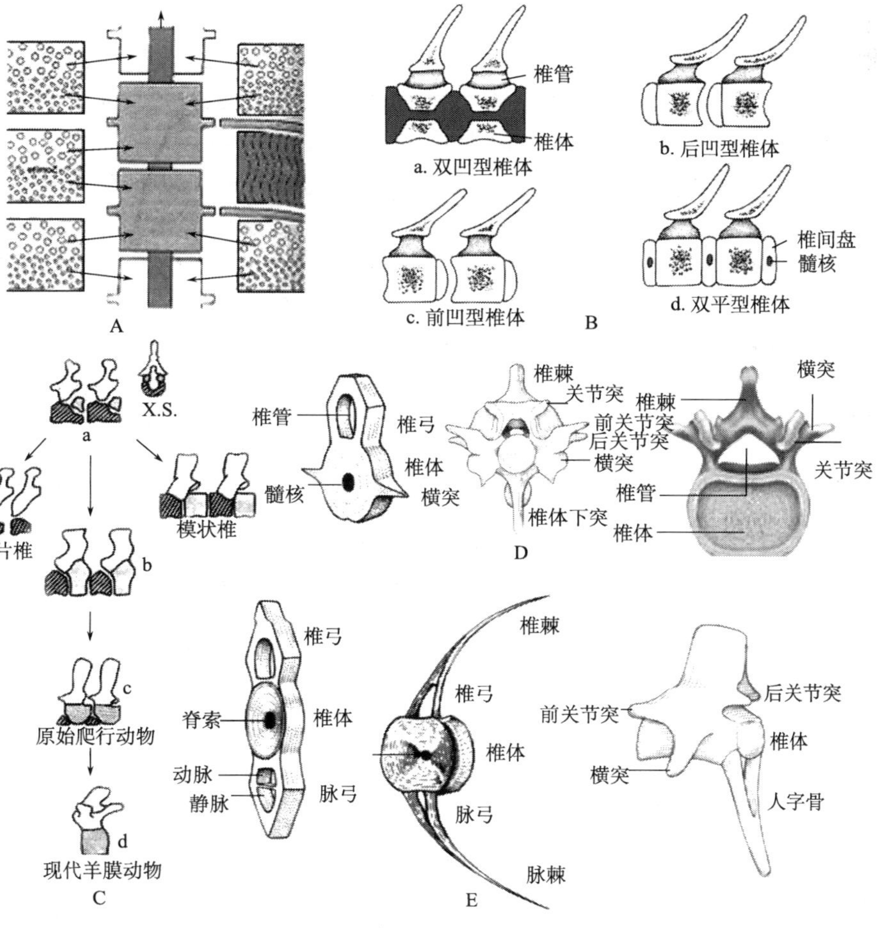

图 5-9　脊椎（Kent et al.）

A. 脊椎的发生；B. 脊椎演化；C. 椎体类型；D. 躯椎；E. 尾椎

5.2.6.2　脊椎的基本结构与椎体类型

一枚典型的脊椎，即哺乳类的躯椎由椎体（centrum）、椎弓（髓弓，neural arch）、椎棘（神经棘，neural spine）、横突（transverse process）和关节突（zygopophysis）构成，椎体和椎弓彼此连接形成椎管（neural canal），容纳保护脊髓（spinal cord）。尾椎腹部尚有脉弓（haemal arch）和脉棘（haemal spine），哺乳类则称人字骨，保护其中运行的血管。各种动物的椎体形状各异，标志着在动物演化过程中脊索被脊柱取代的过程和程度（图 5-9）。

4.12 （1）双凹型椎体（amphicoelous vertebra）　椎体两端向内凹陷，两枚椎体间形成空腔容纳残留脊索，如硬骨鱼类和软骨鱼类，部分有尾两栖类和喙头蜥、守宫等爬行动物的椎体。脊椎间没有明显的关节，因而脊椎缺乏活动性，支持作用较弱。

4.13 （2）前凹型椎体（procoelous vertebra）　椎体前端凹、后端凸，椎体间造成一种
4.14 关节连接，脊椎具有灵活性。如多数无尾两栖类、爬行类的脊椎。

（3）后凹型椎体（opisthocoelous vertebra）　椎体前端凸、后端凹。如无尾两栖类、多数蝾螈及少数爬行类的脊椎。

4.15 （4）异凹型椎体（heterocoelous vertebra，马鞍形）　鸟类的椎体前后两端的关节面都凸凹呈马鞍形，构成十分灵活的关节，适应头部活动性强并代替前肢部分功能的需要。猫头鹰的头颈部可轻易旋转 270°以上。

4.16 （5）双平型椎体（acoelous vertebra）　哺乳类的椎体两端扁平，两椎体间有明显的关节，其间垫以纤维性软骨（椎间盘，intervertebral disc）减少活动摩擦，使脊柱具有更大的韧性和多方位的活动性。

5.2.6.3　脊椎和脊柱的演化

脊柱的支持作用与环境介质的浮力密切相关，并且脊柱与带骨的连接方式随环境和运动方式而变化，引起脊椎的形态结构、功能产生明显的变化，随着进化，造成脊椎和脊柱的分区分化，不同部位的脊椎发生分化，适应动物陆地运动的需要（表 5-3）。

表 5-3　脊椎的分化

椎体类型	椎体	椎弓	椎棘	横突	关节突	脉弓	脉棘
典型尾椎	+	+	+	+	+	+	+
圆口纲七鳃鳗		弧片					
鱼的躯椎	+	+	+				
鱼的尾椎	+	+	+			+	+
四足动物躯椎	+	+	+	+	+		
四足动物尾椎	+	+	+		+	+	+

注：“+”表示存在，空白处表示退化或消失。

9.1.2.2 水的浮力大，靠身体及鳍摆动产生流体静力作用，就能完成上浮、下潜、转弯等运

动，因此，鱼类脊柱分为躯椎和尾椎，直接与头骨相连结，头部不能独立活动，尾部摆动产生强大的推动力完成游泳运动。

空气密度较小，陆生需要巨大的力量把身体支撑起来，需要脊柱具有韧性以缓冲运动产生的强烈震动，需要后肢获得巨大的支撑力推动身体完成灵活的运动，脊柱和脊椎发生明显的分化（表 5-3，表 5-4）。

表 5-4　脊椎和脊柱的分化

动物类群	椎体类型	脊椎类型	脊柱分区	脊索
圆口纲				终生存在
软骨鱼	双凹型	躯椎和尾椎	躯干、尾部	念珠状
硬骨鱼	双凹型	躯椎和尾椎	躯干、尾部	珠状
两栖纲	前凹型或后凹型	1 枚环椎，躯椎，荐椎和尾椎	颈、躯、荐、尾	
非鳄爬行类	前凹型	环椎、枢椎和其他颈椎躯椎荐椎尾椎	颈、躯、荐、尾	
鳄鱼		颈椎胸椎腰椎荐椎尾椎	颈、胸、腰、荐、尾	
鸟类	异凹型	颈椎胸椎腰椎荐椎尾椎	颈、胸、腰、荐、尾	
哺乳动物	双平型	颈椎胸椎腰椎荐椎尾椎	颈、胸、腰、荐、尾	髓核

脊椎的分化为脊柱的进一步分化奠定了基础，脊椎产生前、后关节突，增加脊柱的 4.13
韧性和支持作用。脊柱的分化适于陆地上灵活的运动方式，形成颈椎与头骨的枕骨髁相 4.14
关节，使头部有各种活动的可能性。两栖类产生一枚环椎，头部可做点头运动。爬行动 4.15
物、哺乳类和鸟类除了环椎，又产生了枢椎和其他颈椎，头部可做包括旋转在内的各种 4.16
活动。哺乳类的颈椎是 7 枚，但海牛（*Trichechus*）为 6 枚、食蚁兽（*Tamandua*）为 8 枚、三趾树獭（*Bradypus*）为 9 枚是特殊情况。四足类动物产生不同数目的荐椎直接与腰带相关节，腰带不再游离在体壁中，使后肢获得牢固而强有力的支持作用，适于跳跃运动。躯椎分化成胸椎和腰椎，胸椎与肋骨、胸骨构成了胸廓，参与呼吸、保护内脏，为前肢提供有力的附着，适于陆地上的快速运动和缓冲运动对脑、心和肺等重要器官的震动。鸟类适应空中飞翔生活，部分胸椎、腰椎、荐椎和部分尾椎愈合成综荐骨（synsacrum），使躯干部形成一个整体，末端部分尾椎愈合成尾综骨（pygostyle），支持尾羽作为整体在飞翔中起舵的作用。哺乳动物的脊柱还出现了颈曲和腰曲两个弯曲，有助于陆地上的快速奔跑运动。

5.2.7　附肢与附肢骨骼

5.2.7.1　疣足

附肢从环节动物开始产生，沙蚕无关节的疣足（parapodium）是体腔和体壁突出的 4.7.2
双层结构，每体节 1 对。典型的疣足（图 4-15）分为具背须（dorsal cirrus）的背肢（notopodium）和具腹须（ventral cirrus）的腹肢（neuropodium），背肢和腹肢内有足刺（aciculum）起支撑作用，有形态各异的刚毛，密布微血管的疣足划动既可游泳，又能进行气体交换。

5.2.7.2 节肢

4.8 节肢动物外骨骼内有发达的肌肉构成实心的附肢（图 4-16，图 4-17，图 4-18），附肢本身及其与身体相连处有可活动关节，每节称为肢节（podite），这种附肢称节肢（arthropodium），由原肢（protopod）及其顶端发出的内肢（endopod）和外肢（exopodit）构成。原肢分前基节（praecoxa）、基节（coxopodite）和顶端的底节（basipodite）3 节，原肢内侧的突起称内叶（endite），外侧称外叶（exite）。内肢有 4 或 5 个肢节，外肢肢节数较多。节肢的基本结构有双枝型（biramous）和单枝型（uniramous）两种类型（图 5-10）。有的节肢演化成口器，或步足、跳跃足、外生殖器（产卵瓣）等。

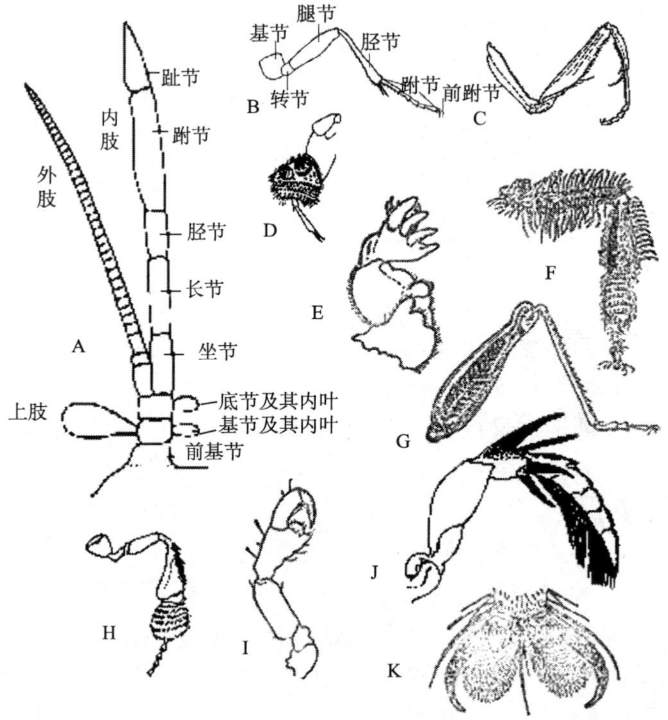

图 5-10 昆虫的附肢（Holthuis，堵南山等）

A. 双肢型；B. 步行足；C. 捕捉足；D. 抱握足；E. 开掘足；
F. 携粉足；G. 跳跃足；H. 携粉足；I. 攀缘足；J. 游泳足；K. 贴附足

4.12 ### 5.2.7.3 真正附肢

4.13

4.14 脊椎动物具有真正附肢，由附肢骨骼与附肢肌、皮肤、血管和神经等构成，支持身
4.15 体参与运动。脊椎动物的附肢骨骼由带骨和肢骨构成，带骨包括肩带和腰带，分别与前
4.16 肢和后肢相关节（图 5-5）。

1）肩带

肩带（pectoral girdle）主要由肩胛骨（scapula）、乌喙骨（coracoid）和锁骨（clavicle）构成，有肩臼（glenoid fossa）与前肢肱骨相关节，但各种动物的骨块组成和形态结构变化很大，膜骨逐渐减少消失。鲨鱼的肩带由乌喙骨和肩胛骨构成 U 字形支持胸鳍。硬骨鱼骨化成硬骨，膜骨成分如锁骨、匙骨、上匙骨和后颞骨，肩带经后二者直接与头骨相关节，因此，鱼类胸鳍的位置固定，适于水中生活，保护了心脏却限制了头部的活动。前腹方是否有鞍形中乌喙骨是鱼分类的标准之一。

四足动物肩带以肌肉、韧带等组织间接与脊柱、胸廓相连，头部获得解放，使颈椎的分化和头部的灵活运动成为可能，缓冲了陆地运动对重要器官的震动，在动物进化上具有重要意义。有尾两栖类的肩带大部分为软骨，完全缺膜骨。无尾两栖类还有上肩胛骨、前乌喙骨和上乌喙骨，左右上乌喙骨如并行（青蛙），称固胸型（firmisterne），如呈弧形左右重叠（蟾蜍），称弧胸型（arcifera），是两栖类动物分类的重要依据（图 5-11）。爬行动物左右锁骨间具有一块早期四足动物特有的间锁骨。鸟类适应飞翔生活，肩胛骨狭长，乌喙骨粗大牢固地与胸骨相连，锁骨细长，左右相连并愈合呈 V 字形，称叉骨（wishbone），防止剧烈扇翅时左右乌喙骨靠拢。失去飞翔能力的鸟类锁骨退化。哺乳类的肩带由肩胛骨、乌喙骨和锁骨构成，有胎盘哺乳类的乌喙骨退化成肩胛骨上的乌喙突，适应前肢多样活动，锁骨变化很大：具飞翔、掘土、攀缘等活动的种类，如灵长类锁骨发达；善于奔跑、跳跃的种类，如食肉类和有蹄类的锁骨多退化或消失。

2）腰带

腰带（pelvic girdle）为软骨化骨，较少变化。软骨鱼类为一条横贯躯干后部的坐耻软骨棒。硬鳞鱼类（如鲟鱼）为一对小软骨片。真骨鱼类由一对无名骨组成，内缘愈合，两端与后肢相连。鱼类腰带不与脊柱相连，游离在体壁内，因而腹鳍有腹鳍腹位、腹鳍胸位和腹鳍喉位，依次与腹鳍的重要性和辐鳍鱼类的演化程度相关。

四足动物除蛇类外，腰带由髂骨（ilium）、坐骨（ischium）和耻骨（pubis）三块骨块合成，三块骨相连处的凹陷为髋臼（acetabulum），与后肢股骨头相关节，髂骨直接与荐椎相关节，腰带的结构和荐椎的分化是由于腰带与脊椎相接，也是登陆生活、运动和四肢载重后的进化结果。早期坚头类的腰带与鱼类一样，不与脊柱相连，没有荐椎的分化。有尾两栖类腰带尚未完全骨化，无尾两栖类左右腰带的三块骨愈合形成一个 V 字形腰带，髂骨长且与脊柱平行，这无疑与其跳跃和蛙泳的生活习性相适应。与加强支持作用和产较大纤维质壳卵相适应，爬行动物的腰带骨化且向腹侧旋转，左右坐骨和耻骨分开，仅内侧相连形成耻骨联合（symphysis pubis），与荐椎构成骨盆（pelvis）。腰带的结构在古爬行动物分类上占有重要地位：髂骨前后走向，耻骨向前下方、坐骨向后下方延伸为腰带三射，如蜥龙类（Saurischia）；耻骨与坐骨一齐向后延伸，在耻骨的前方有一个向前伸的耻骨前突，为腰带四射，如鸟龙类（Ornithischia）。依此将恐龙分为两大类（图 5-11）。

与飞翔生活和产大型石灰质硬壳卵相适应，鸟类腰带愈合并与脊柱的腰荐部愈合以增加

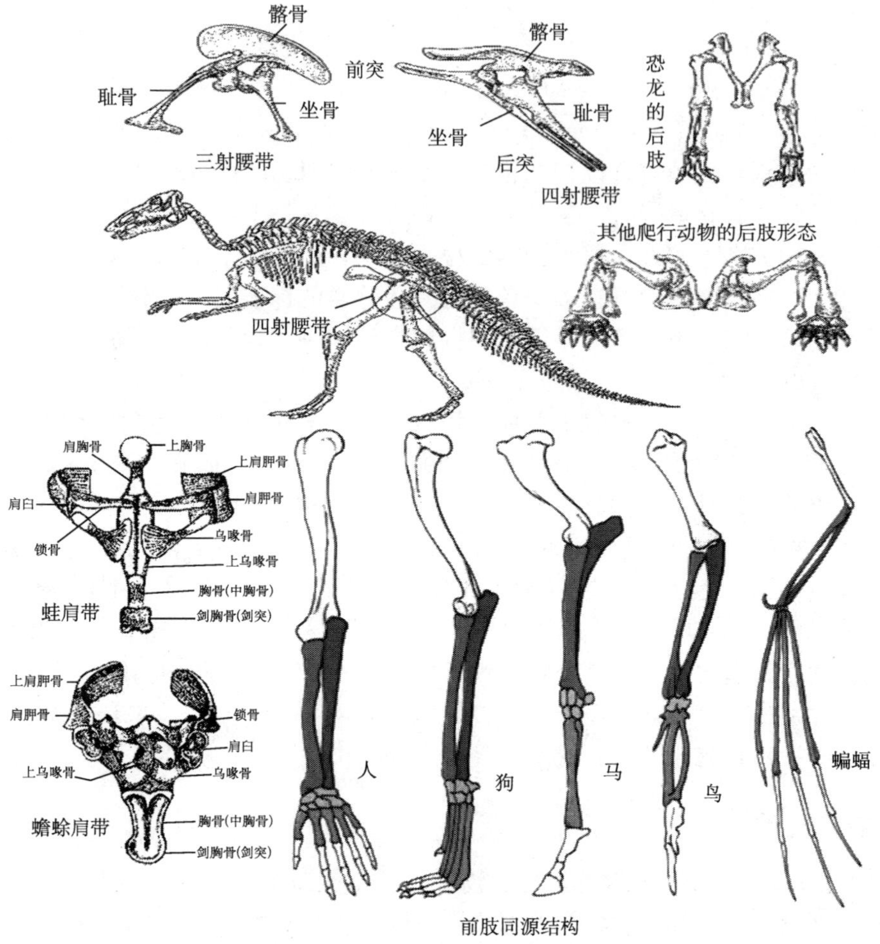

图 5-11　恐龙及四足动物的附肢骨骼

其坚固性，左右耻骨在腹中线分开形成开放性骨盆，其张开程度与是否进入产卵期相关。

哺乳类三块骨愈合成无名骨，亦称髋骨（hip bone），与荐椎组成骨盆，左右无名骨在腹中线形成骨盆联合，在激素作用下，骨盆联合可暂时张开有助于雌性动物分娩。坐骨与耻骨之间的大孔为闭孔（obturator foramen），是后肢血管和神经的通路。

3）肢骨

水生脊椎动物的附肢为鳍，适于水中游动；陆生动物为五趾型的四肢，适于陆地上爬、走、跑、跳等多种活动。

4.11 （1）鳍（fin）　鱼类的鳍由基鳍骨、辐鳍骨和鳍条构成，分为奇鳍和偶鳍两类。
4.12 奇鳍如背鳍、臀鳍和尾鳍。鱼类尾鳍有三种基本类型（图 5-5）：圆口类和鱼类的胚胎期、早期幼鱼，脊柱尾端平直将尾鳍内外平分为上下对称的两叶，称原尾型（protocercal）；鲨类、鲟类的脊柱尾端向上翘伸入尾鳍上叶，将尾鳍分成上叶大、不对称的两叶为歪尾型（heterocercal）；多数硬骨鱼的脊柱尾端在尾鳍基部向上翘，尾鳍上下两叶对称为正尾型（homocercal）。尾鳍摆动可产生强有力的推动力，其形态结构与鱼类生活的水层和游泳速度、方式密切相关。

偶鳍，如胸鳍和腹鳍能维持身体平衡和改变、控制运动方向。偶鳍可分为 3 种基本类型：总鳍鱼类鳍基叶为肉质，内部中轴的骨骼排列与四足动物的四肢骨骼相似，为肉鳍（lobed fin）；软骨鱼的鳍由基鳍骨、辐鳍骨和真皮鳍条组成，称鳍褶鳍（fin fold fin），鲨鱼的鳍称为鱼翅，可食用；硬骨鱼的基鳍骨消失、辐鳍骨退化，真皮鳍条直接着生在带骨上，称棘鳍（ray fin），或称辐鳍。鳍条支持鳍，根据柔软或刚硬和是否分节、分叉分为鳍棘和软鳍条两类。鳍条的种类、数目依种而异，可用鳍式表示，是鱼类分类的重要依据之一。

圆口类只有 2 个背鳍和 1 个尾鳍，无偶鳍。软骨鱼和硬骨鱼类具有偶鳍。肺鱼的偶 4.11
鳍骨特殊，澳洲肺鱼为双列式偶鳍，其基鳍骨为一串中轴骨，辐鳍骨沿其两侧排列，其 4.12
余肺鱼只有一串中轴骨，偶鳍呈鞭状。

偶鳍起源至今仍是一个没有解决的问题。4 种学说探讨偶鳍的起源，其中，以鳍褶学说（fin fold hypothesis）证据较多，但直接证据不足。鳍褶学说认为文昌鱼成对的腹褶与胚期奇鳍和偶鳍的形态相同，两个背鳍是由连续到分开的过程形成，裂口鲨（*Cladoselache*）的偶鳍内平行鳍条与连续鳍褶的支持物相似，故鳍褶学说认为偶鳍是由成对的连续鳍褶形成的；鳃弓学说（gill arch hypothesis）认为偶鳍由最后两个鳃弓及其鳃条演化，因为某些鱼类的肩带紧靠鳃弓，而腰带的位置则可能是鳃弓失去功能后向身体后部移动的结果；鳍棘学说（fin spine hypothesis）认为，古代棘鱼（*Acanthodii*）前后各有 1 对较大鳍，二者之间有 5 对小鳍，小鳍消失，保留 2 对大鳍发展成为胸鳍和腹鳍；甲胄学说（ostracoderm hypothesis）根据较后期的甲胄鱼类，头甲后缘出现了一对近似于胸鳍的结构，认为是偶鳍的雏形，与现代鱼类肩带与头骨直接相连的事实相吻合。

（2）五趾型附肢（pentadactyle limb）　鱼类生活在水中，单支点杠杆作用的偶鳍
主要是平衡身体和控制运动方向，前进运动靠身体和尾部的摆动完成。动物从水生进化
到陆生不仅需要强大的四肢抵抗重力作用将身体支撑起来，而且必须推动身体离开地面
减少地面摩擦力，克服运动阻力才能运动。尾仅作为一种平衡器官，甚至消失。单支点
的鱼鳍是不能完成陆生运动的，五趾型附肢由于具有多支点杠杆作用和与身体、地面的
垂直角度不同（图 5-5，图 5-11），坚固而灵活，肢骨能够依身体做相对的运动，并且 4.13
附肢各部也能做相对的转动，适于承受体重和做沿地面的运动，具有承担支持身体和各 4.14
种运动的功能。于是，在泥盆纪末期，伴随着动物的登陆生活，具有与四足动物附肢同 4.15
源结构的古总鳍鱼的偶鳍演化发展成适应陆生的五趾型附肢，成为四足动物主要的运动 4.16
器官。典型的五趾型附肢前肢和后肢的基本结构是一致的，见表 5-5。 9.1.2.2

表 5-5　五趾型附肢的前后肢骨

带骨		肢骨	
肩带	腰带	前肢	后肢
肩胛骨	髂骨	前臂部：肱骨	大腿部：股骨
乌喙骨	坐骨	前臂部：桡骨、尺骨	小腿部：胫骨、腓骨
锁骨	耻骨	手部：腕骨、掌骨、指骨	足部：跗骨、跖骨、趾骨

5.2.8　骨骼系统的演化

细胞骨架系统包括微管、微丝和中间纤维等，支持和维持细胞的一定形状。有些原生动物能分泌一些物质形成外壳或骨骼加固体形，进化成多细胞动物后，这些骨架系统已不能满足支持身体的需要。于是，动物在演化过程中形成了骨骼系统。

5.2.8.1　无脊椎动物

外骨骼由表皮细胞的分泌物形成，有外壳、贝壳、几丁质的甲壳和不同性质的珊瑚骨质。位于体内的如海绵丝、钙质或硅质的骨针。

棘皮动物的内骨骼是中胚层起源的钙化骨片（sclerite），骨片或彼此成关节，如海星、蛇尾和海百合；或愈合成一个胆壳，如海胆；或散布在体内，如海参等。

5.2.8.2　脊索动物

胚期都产生脊索，文昌鱼和七鳃鳗终生保留，在脊椎动物成体被脊柱取代。除软骨
4.10 鱼类为软骨外，其他动物的骨骼系统均为膜骨、软骨化骨形成的硬骨和软骨组成。鱼类
4.11 产生上下颌，取食多样食物扩大生存范围。两栖类演化出典型的五趾型附肢，脊椎产生
4.12 前后关节突，分化出环椎、荐椎，增加脊柱的韧性以适于陆地生活，产生胸骨，但不与
4.13 肋骨、胸椎相联。爬行动物产生枢椎、次生腭、颞窝和骨盆，有肋骨连结胸椎和胸骨形
4.14 成胸廓，参与呼吸运动并保护心脏和肺，适应陆地运动、取食、咀嚼和呼吸的需要。鸟
4.15 类为适应减轻体重、增加动力的空中飞翔生活，骨内充气，骨片愈合形成轻而坚固的骨
4.16 骼系统，脊柱特化程度高且有愈合现象形成愈合荐椎、尾综骨，胸骨产生龙骨突，以利于飞翔肌的附着。与爬行动物等骨骼终生生长不同，哺乳类的骨骼生长仅限于个体发育早期，生长速度逐渐减慢直至停止，如原猴类（Prosimian）3年，猴类（Monkey）7年，长臂猿（Gibbon）9年，无尾猿（ Ape）12年，人类一般在20～25岁，成年后不再长高。与高度发达的脑相关，颅骨大，骨块愈合、减少，发生不同程度的重大改造，形成各种类型的典型头骨，产生颧弓为咀嚼肌提供更大的附着面。

附肢骨的形态结构及其与中轴骨的联结方式随动物生活习性不同而有很大变化，特别是手部和足部。水生种类为鳍，陆生种类为五趾型四肢。鱼类肩带直接与中轴骨相联，腰带游离在体壁中，陆生脊椎动物则恰好相反，以适应陆地运动靠后肢推进和缓冲运动对脑和心肺的震动。蛙和蟾蜍前肢桡骨和尺骨、后肢的胫骨和腓骨分别愈合成桡尺骨、胫腓骨。大鲵的腕骨8块，前足4趾。爬行动物肱骨与地面平行而与体轴和桡尺骨垂直，趾端具爪是对陆地爬行生活的适应。穴居的蚓螈和蛇类四肢退化，蟒类保留退化腰带的痕迹，海龟和鲸类四肢变成鳍状。鸟类前肢特化为翼，后肢的两列跗骨分别与胫骨和蹠骨相愈合形成胫跗骨（tibiotarsus）和跗蹠骨（tarsometatarsus），出现跗间关节，能够直立的跗蹠骨与起飞和降落活动有关，4趾，趾型适应树栖、游泳或涉水生活。哺乳类的四肢发生了扭转，扭转后的四肢已从身体的侧面移到身体的腹面，肘关节向后，膝关节向前并具有髌骨（kneecap），把身体举离地面便于陆地上的快速运动。哺乳类的五趾型四肢在本纲内变异大，前肢鲸类为鳍，蝙蝠呈翼状；偶蹄类有二趾，奇蹄

类只有一趾；穴居种类有发达的爪；灵长类拇指与其他指对持，有利于抓握物体（图 5-5,图 5-11）。

总之，伴随着动物进化，骨骼系统是沿着从无到有、从外骨骼到内骨骼、骨块数目从多到少的基本方向演化。为适应不同的生活环境和生活习性，各动物类群有很大差异。几丁质在原口动物中普遍存在，后口动物内骨骼的主要成分是钙盐。

5.3　肌肉系统

肌肉组织由收缩性强的肌细胞（肌纤维）构成。肌肉分成机能上相互拮抗的两组， 3.3.5.2
如横纹肌通过两端的肌腱附着在骨骼上，屈肌、伸肌使关节弯曲或伸直；外展肌、内收肌使四肢离开或靠近身体；提肌升起、降肌下降机体的某部分；内、外旋肌使肢体发生旋转活动；拮抗肌（antagonistic muscle）将化学能转变为机械能，收缩时，起点和止点两骨块的相对运动使身体保持一定的姿势或活动，使机体能做出灵敏而准确的各种运动。

5.3.1　肌肉的基本结构

电镜下，肌原纤维由两种肌丝组成，粗的肌球蛋白丝存在于暗带，细的肌动蛋白丝 5.2.1.3
存在于明带，两种肌丝有规则排列。滑动学说认为肌肉收缩是肌动蛋白丝在肌球蛋白间滑动形成的（图 3-11）。横纹肌在不同部位组合成体肌，每块肌肉的中央为膨大的肌腹，两端为肌腱（图 5-12）。

5.3.2　动物肌肉系统的演化

5.3.2.1　肌肉组织尚未分化形成

腔肠动物的体表为皮肌细胞，是原始的表皮肌肉细胞，表皮和肌肉组织尚未分化， 4.3.1
肌原纤维（myoneme）的粗细丝与肌球蛋白和肌动蛋白相似，收缩机理相似，皮肌细 4.3.2
胞收缩使水螅体及触手缩短，司保护和运动功能。海绵动物体表细胞内有肌丝，有的变为肌细胞围绕出水、入水小孔控制进入体内的水流。

5.3.2.2　中胚层来源的肌肉系统的初步分化

轮虫动物上皮细胞内独立成束的肌肉有环肌、纵肌之分，由平滑肌和横纹肌组成。颚胃动物的上皮细胞内有 3 或 4 对纵行的肌肉束，使身体自由收缩产生扭曲活动。

扁形动物皮肤肌肉囊（dermo-muscular sac）由表皮细胞与中胚层产生的肌肉共同 4.4.1
构成，肌肉层分为环肌（circular muscle）、纵肌（longitudinal muscle），有些种类有斜肌（diagonal muscle），皮肌囊强化了运动机能。吸虫特化形成富含肌肉的吸盘，是附着器官。

线虫的皮肌囊不完整，纵肌不发达，只有纵肌分布于皮索之间，由背线、腹线和侧 4.5.1
线分成 4 条纵带，收缩功能较弱。属典型的斜纹肌，基部为能收缩的肌纤维，端部可储

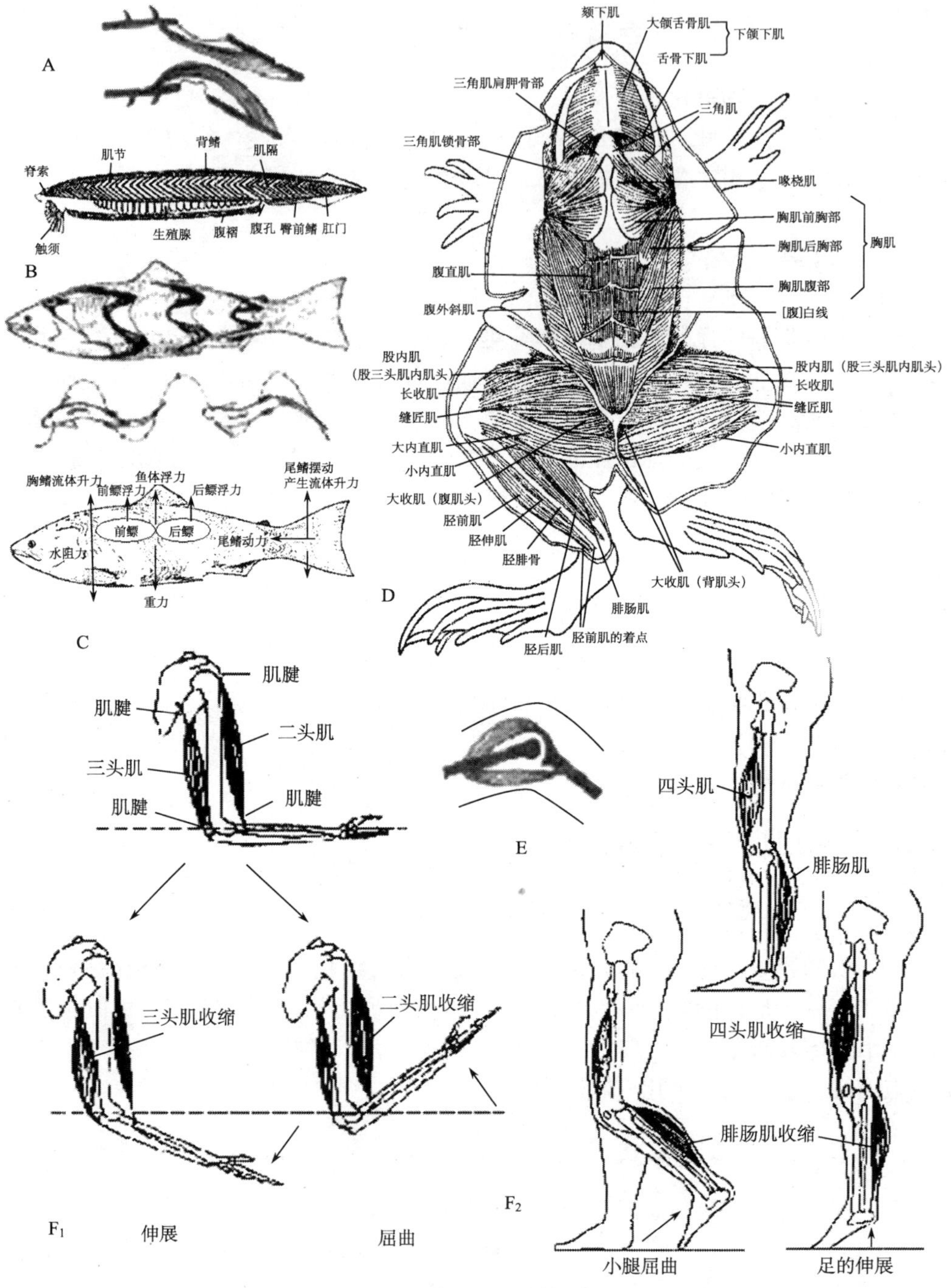

图 5-12　肌肉系统与运动

A. 昆虫；B. 文昌鱼；C. 鱼；D. 蛙；E. 脊椎动物；F. 人的上下肢

存糖原的细胞体部延伸成线状，连于背、腹神经索上接受神经支配。棘头动物上皮下的肌层由纵肌、环肌组成。

瓣鳃动物有柱状的前、后闭壳肌司壳的关闭；前、后缩足肌、伸足肌控制足的伸缩 4.6
及运动。头足类肌肉发达，构成外套膜，可强力收缩喷水完成快速运动，足特化成腕、吸盘和漏斗有助于吸附运动，肌纤维还控制色素细胞形态变化。

环节动物的体壁斜纹肌发达。环肌层肌细胞埋在结缔组织中，排列不规则；纵肌层 4.7
厚，成束排列，肌细胞一端附着在结缔组织膜上，一端游离。不同体节的环肌和纵肌交 4.8
替收缩、扩张，使体节变粗变短或变细变长，收缩波由前向后传递，使体表斜向后方的刚毛伸出或缩回，插入土壤或脱离接触推动身体前进。有爪动物体壁由角质膜、上皮、肌肉层构成，层状排列的平滑肌分为环肌层、斜肌层、纵肌层。

节肢动物的肌纤维联结成束，跨关节附着在外骨骼内面，能迅速收缩保证强有力的 4.8
运动。

5.3.2.3　肌肉系统发达

伴随动物的进化和活动的加强，快速运动需要脊索动物的肌肉系统进一步分化、发达，由肌节发达到肌节消失演化成发达的肌肉群，增强肌肉的收缩能力，克服运动阻力以适应快速运动（图 5-12）。

1）体节肌

来源于中胚层上节分化的生肌节（myotome），受脊神经和第Ⅲ、Ⅳ、Ⅵ、Ⅻ对脑神经支配。水栖动物的体节肌基本保持着原始的分节现象；陆栖动物分化程度高，多成
为各种形状的肌肉束，仅在少数区域还保留着分节的遗迹。 4.10.2

文昌鱼体侧 60 多对 V 形肌节（myomere）被肌隔（myocomma）分开，不对称排 4.11
列，围鳃腔腹面有横肌，缘膜括约肌控制口的大小。圆口纲体侧肌节分化呈 W 形。

鱼类肌肉系统分为头部肌肉、躯干肌、附肢肌等。肌节发达。头部咽区肌节退化或分化为舌肌，前面 3 对肌节演变成 6 条眼肌（图 4-24），第一对演变为上直肌、下直肌、
内直肌和下斜肌，第二对演变为上斜肌，第三对演变为外直肌。伴随鱼类颌弓的产生发 4.12
展，鳃节肌分化产生下颌收肌、咬肌和颏舌骨肌司口的启闭。鳃盖提肌、舌颌提肌和鳃盖收肌、鳃条骨舌肌司鳃盖开启和关闭鳃孔，鳃节肌附生在颌弓、舌弓和鳃弓上，控制颌弓、鳃和呼吸运动等。

鱼类躯干两侧为大侧肌（musculus lateralis），肌节呈漏斗状套叠，同心圆排列成锥状结构，还产生内连脊柱、外连侧线的水平隔膜，水平隔沿水平体轴将大侧肌分为受脊神经背支支配的轴上肌和脊神经腹支支配的轴下肌，轴上肌发达。大侧肌由性质、功能不同的红肌和白肌构成，红肌位于水平隔内外两端上下，含肌红蛋白和脂肪，能完成长时间的游泳活动。白肌不含肌红蛋白和脂肪，乏氧代谢参与暂时地快速运动。体侧肌还分为牵引肌、牵缩肌的棱肌（carinate muscle），以及鳍条基部的竖肌、降肌和倾肌，控制奇鳍的升降活动。大侧肌演化的附肢肌，分布于偶鳍的浅层和深层，展肌、伸肌和收肌控制偶鳍的外展和内收（图 5-12）。

有些鱼类肌细胞特化成电细胞，集合串联组合成发电器官（electric organ），用于攻击敌害、猎食和通讯。其位置和电细胞数目的多少因种而异，如南美河流中的电鳗尾

部有6000～8000个电细胞，放电总电压高达800V，电流从后向前传导，能攻击天敌；电鳐胸鳍内侧的发电器官放电量约100V，电流从背侧传向腹侧，有助于电通讯联络；但非洲河流中电鲇（*Malapterucus electricus*）的发电器官却是由真皮腺特化形成，放电量400～450V。

2）肌节退化、消失与肌肉发达

动物由水生演变成陆生四足动物，适应游泳、屈背、跳跃、奔跑等多种形式的水陆运动，肌节退化，块状肌肉发达。四足动物发达的附肢肌有外来肌和肢内肌两部分。起点于中轴骨骼、止于附肢骨的外来肌群，前肢有胸肌、斜放肌、背阔肌、三角肌等、后肢有梨状肌和臀肌等，使前后肢带骨牢固地与躯干连接。起点、止点都在附肢骨的肢内肌群，前肢有肱三头肌等、后肢有缝匠肌、腓肠肌等，后肢肌比前肢肌更发达以加强爬行和跳跃能力。

4.13 两栖类鳃肌演化成控制咽喉和舌活动的肌肉。躯干部肌肉的肌隔消失，肌节愈合、移位形成形状、功能各异的肌肉，由于水平隔上移，轴上肌减缩，分化为横突间肌、棘间肌和背最长肌，收缩使脊柱向背弯曲。轴下肌分化为腹直肌、腹横肌和腹内、腹外斜肌，肌纤维走向与爬行、跳跃运动相适应。蛙类的腹直肌与腱划（inscriptio）为原有肌节的遗迹，但蚓螈类保留与脊椎数目相当的肌节，适应摆动身体的运动（图5-12）。

4.14 爬行动物肌肉系统进一步发展、功能更加完善，还产生皮肌，蛇类皮肌最发达，两对肋皮肌起于肋骨的前、后缘，止于腹鳞的后、前缘，皮肌收缩使腹鳞籍与地面的反作用力完成蛇形运动。咬肌与颞肌构成闭口肌，拮抗肌为二腹肌，翼肌可使下颌做不同的运动，颞窝出现使咬肌肌腹具有收缩的空间，促进了咬肌的分化、加强了咬啮机能和捕食能力。出现肋间肌（intercostal muscle）分为外肋间肌和内肋间肌，调节肋骨的升降控制胸腔的扩大或缩小，参与呼吸运动。背最长肌与髂肋肌（iliocostalis）均起自颅骨的后缘，与头颈部的转动等活动有关。

4.15 鸟类适应飞翔生活，骨骼肌的形态结构变化显著。背部肌肉退化，颈部肌肉发达。肌腹向身体中心集中以保持飞行中身体重心的稳定和平衡，如胸大肌和胸小肌十分发达，约占体重的1/5，四肢肌通过肌腱控制四肢的运动。攀禽类适应树栖生活（图4-27），后肢栖肌、贯趾屈肌等与肌腱和骨关节巧妙配合，重力作用使身体下沉，足趾弯曲而紧紧地抓住树枝。鸣禽类特殊的鸣肌发达，其舒缩活动能改变鸣管的形状而发生鸣啭，以利于占区、求偶活动。

4.16 哺乳动物肌肉的结构、功能更趋复杂、完善，适应复杂的陆地运动。强大的咀嚼肌包括颞肌和嚼肌，分别起于颅侧和颧弓、止于下颌骨，使颌机制更加完善。皮肤肌发达（人类的表情肌发达，因而具有丰富的表情），四肢肌强大。轴下肌中，胸部的斜肌除引出肋间肌外，还引出锯肌（serratus muscle）连接脊椎和肋骨，牵引肋骨活动，与呼吸相关。具有特殊膈肌，在神经的调节下发生舒缩运动改变胸廓的前后径，是哺乳动物呼吸运动的重要组成部分。腹内斜肌延续发育成提睾肌（cremaster muscle），构成阴囊外壁肌肉层。

5.4　动物的运动

动物的运动由纤毛运动到肌肉与纤毛、流体静力骨骼配合完成，演化为神经、激素调节肌肉与骨骼协调完成，通过主动的运动，动物选择适宜的生存环境更好地繁衍生息。因此，骨骼肌肉系统的神经分布及其在神经调节下完成运动的机制是当今运动仿生学领域的研究重点，有助于人类利用行为力学原理研制开发机器人，应用于军事和工农业生产，促进仿生学发展。

5.4.1　细胞运动

细胞运动如形状变化、移动、胞质分裂、变皱膜运动、吞噬活动、伪足形成以及胚胎细胞的分裂分化等，都与质膜和细胞收缩成分密切相关，微丝靠肌动蛋白与质膜相连参与细胞的运动。

5.4.1.1　鞭毛运动

鞭毛虫以鞭毛（flagellum）作为运动器官，其运动称为鞭毛运动（flagellar move- 4.2.1
ment）。鞭毛是细胞表面的突起，有的一条，有的多条，多条者等长或不等长。鞭毛在储蓄泡底部有 2 根细轴丝（axoneme），各和一个能产生鞭毛的基体（basal body）相联。鞭毛超微结构由细胞膜内纵行排列的微管（microtubule）构成，2 个中央微管周围有 9 对联合微管［双联体（doublet）］，每个双联体短臂对着下一个双联体，各有放射辐（radial spoke）伸向中心，双联体之间有具弹性的连丝（link）。微管由微管蛋白（tubulin）组成，短臂由具有 ATP 酶活性的动力蛋白（dynein）组成。由于双联体微管弯曲时内、外侧放射辐的间隔不变，弯曲的外侧微管和放射辐相对于弯曲的内侧微管和放射辐滑动，似肌肉收缩时横桥在粗细肌丝间滑动，臂上 ATP 酶分解 ATP 提供能量，使鞭毛弯曲、摆动产生运动（图 5-13）。

鞭毛运动多为划动（rowing）和波动（undulating）。鞭毛与附着点成直角方向甩动、恢复，借助水的反作用力，沿身体纵轴旋转或摆动前进形成划动。鞭毛在一个平面上波状摆动形成波动。波动由鞭毛端部向基部产生，推动身体向前运动，反之，身体向相反方向运动。多鞭毛者的前进方向和路线由主鞭毛的运动方式决定。寄生鞭毛虫的鞭毛由基体发生后，在体表细胞质膜间、有原生质形成的成行、密集排列的丝状结构，连接在鞭毛和细胞之间，鞭毛体外部分游离，有利于鞭毛虫在黏滞性很高的血液等体液中运动。

精子尾部的结构与鞭毛相似，趋向卵的运动也与鞭毛运动相似，直线向前快速运动的精子有较强的受精能力，其他类型精子的受精能力较弱。

5.4.1.2　纤毛运动

纤毛虫以纤毛作为运动器官，其运动称为纤毛运动（cilia movement）。纤毛和鞭
毛的结构相似，每一根纤毛由表膜下面的基体发出。 4.2.4

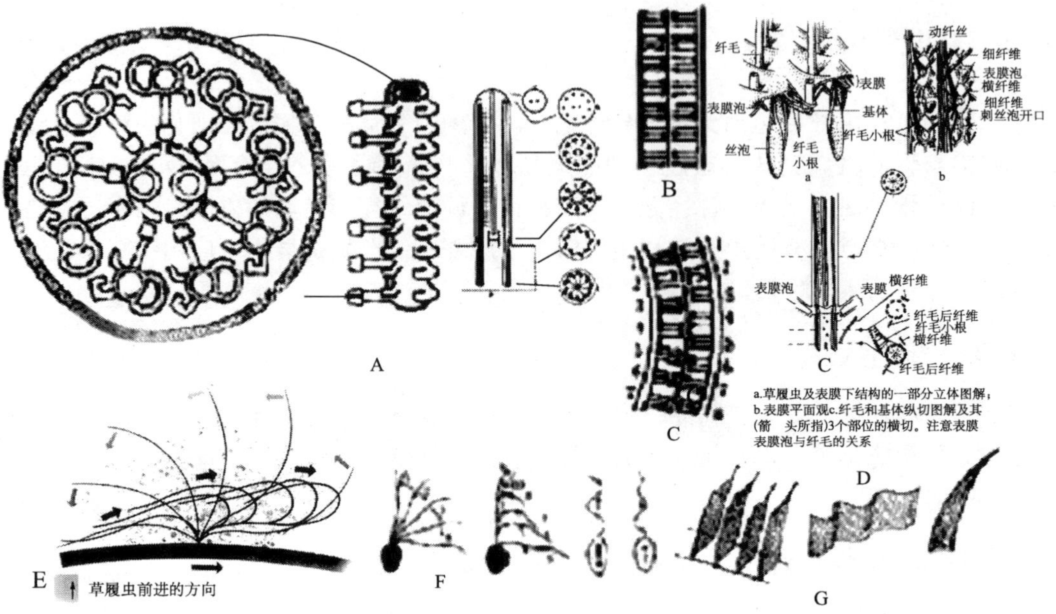

图 5-13　鞭毛、纤毛的结构及运动

A. 鞭毛超微结构；B、C. 鞭毛直立弯曲示意图；D. 纤毛结构；E. 鞭毛甩动；F. 鞭毛运动；G. 纤毛波动

一个纤毛划动可诱导其他纤毛依次划动，由于纤毛运动方向倾斜于身体纵轴，纤毛群在体表形成波浪式活动，产生的推进运动使虫体旋转前进，遇到障碍纤毛向相反的方向运动引起身体倒退。弹跳虫（*Halteria*）的纤毛联合成毛刷状可产生爆发式运动；游扑虫（*Euplotes*）身体腹面的纤毛愈合成棘状毛用于“爬行”；以长柄固着生活的钟形虫（*Vorticella*），以及喇叭虫（*Stentor*）的外质中含有肌丝（myoneme），肌丝收缩使虫体收缩或旋转（图 5-13）。纤毛除了游泳、爬行、旋转、爆发式跳跃运动等功能外，也是一种感受器。

4.9 细胞体固着的动物，如棘皮动物体腔上皮细胞的纤毛摆动，可使体腔液流动以运送
4.10 营养物质和代谢废物；文昌鱼和海鞘等咽内壁上密布纤毛上皮细胞，纤毛摆动驱动水流通过咽完成呼吸、滤食；四足动物呼吸道的纤毛上皮细胞由于身体发生位移或变速运动，纤毛上皮（ciliated epithelium）细胞因异物的作用，纤毛弯曲摆动有助于异物的咳出，内耳听斑等处内耳中内淋巴液流动、耳石刺激等的作用下，纤毛弯曲产生平衡感觉。

高度组织起来的微管系统为纤毛和鞭毛提供支持作用而且是纤毛运动的分子基础。

5.4.1.3　变形运动

4.2.2 变形虫以伪足作为运动器官。由于接触基质表面等因素的刺激，引起细胞内 Ca^{2+} 和 pH 发生顺序上的升降变化，通过凝胶作用使胞质成为凝胶，为运动提供稳定的着力点，溶胶作用使胞质成为溶胶向前流动形成伪足，完成运动的同时可吞噬食物。Ca^{2+} 浓度上升激活肌球蛋白分子，牵引肌动蛋白与之相对滑动产生胞质流动，细胞发生变形

运动。外质微丝增多、质膜变皱，后部凝胶质内移变为溶胶质，后端液压增高，内质向前流动伸出伪足，进入质膜下的外质部溶胶质变为凝胶质固着，中间的溶胶质继续向前流动进行变形运动。其收缩机理和肌肉收缩相似（图 4-2），通过肌球蛋白与肌动蛋白相互作用、肌动蛋白的凝胶、溶胶状态相互转化产生推动胞质流动的动力，参与细胞的变形运动（阿米巴运动，amoeboid movement）。

变形虫纲动物和高等动物的巨噬细胞、白细胞和胚胎器官的发生细胞以及上皮的修补再生时均可发生细胞变形运动。

5.4.1.4　趋性

趋性（tropism）是动物对刺激产生有方向的移行反应，是感应性表现的一种形式。按照刺激的性质，可分趋光性、趋热性、趋电性、趋化性、趋流性、趋温性等，并且对刺激的反应有正负之分。例如，食盐使草履虫产生负趋性反应，稀酸则呈正趋性反应；眼虫对阳光产生正趋光性反应，由暗处向亮处集聚，有助于叶绿体进行光合作用；负趋光性有利于涡虫选择潮湿的石块下栖居。

结构分化较复杂的纤毛虫除趋性反应外，还有自发动作，如用细网囚入的草履虫，经多次尝试性试探后可形成复杂行为，遇到异物后反向后退，最终选择合适的小孔挤出去。这种反应与动物的试错学习相似，说明草履虫已具有与较高级神经活动类似的活动，这可能与单细胞含有神经肽类物质有关。

5.4.2　肌肉-流体静力骨骼运动

水母运动由皮肌细胞内的环状、辐射状的肌纤维决定。自由生活的扁形动物肌肉参
与纤毛在黏液层上的滑动。纽虫纵肌和环肌的拮抗作用使身体产生波动，利用体表纤毛 4.3
的滑动和肌肉蠕动波爬行，进行游动和掘穴生活。线虫肌肉的收缩与体腔液流动产生鳗 4.4
鲡样（anguilliform）运动。 4.5.1

低等无脊椎动物的肌肉与表皮构成体壁，环肌和纵肌交替收缩完成运动，如蚯蚓流
体静力骨骼拮抗环肌与纵肌的收缩，使刚毛插入、拔出土壤，借地面的反作用力产生运 4.7
动（图 4-14）；多毛类用疣足辅助运动；蛭类利用前后吸盘进行弓形运动。

软体动物用腹足、斧足爬行、挖掘；双壳软体动物还有强有力的闭壳肌，控制壳的 4.6
关闭；头足类肌肉收缩，闭锁器封闭外套腔开口，使外套腔经漏斗喷水，反作用于水产
生运动，通过改变漏斗的弯曲程度与方向控制运动方向。

棘皮动物用管足完成运动，环肌和纵肌的收缩使充满液体的管足形状改变，管足基 4.9
部的坛囊（ampulla）可补偿腕延长部的收缩；海星腕基部的吸盘配合腕拉动身体；海
蛇尾有棘辅助腕的肌肉运动。

5.4.3　肌肉-外骨骼运动

节肢动物的肌肉直接附着在外骨骼的内突上，跨关节（如步足和蝗虫跳跃足）的肌 4.8
肉（图 5-11）收缩引起运动，进行水中、陆上运动，有翅昆虫能飞行和滑翔。但外骨
骼限制肌肉的舒缩活动，也就限制了动物高强度的快速运动。

5.4.4 肌肉-内骨骼运动

4.11～ 脊椎动物的两块骨之间由结缔组织膜、韧带和关节软骨连接构成关节。肌肉位于内
4.16 骨骼表面，不仅形成功能复杂的拮抗肌群，而且肌肉有更大的自由收缩空间，肌肉收缩可以产生并完成各种强有力的运动。

肌肉借肌腱（tendon）跨关节附着在两块骨上，起点端固定、止点端可动，拮抗肌群在神经的支配下，其最大作用力方向与骨骼结构力学方向平行或相关，利用杠杆原理，节约能量，协同、精确地完成各种动作，并通过肌肉收缩强度控制运动的强度和前进的速度。鱼鳍控制运动方向、维持身体平衡，四足动物演化成多关节的五趾型附肢，脊柱具有颈曲和腰曲等弯曲，骨骼肌和不同类型的杠杆作用组合起来，在神经系统的调节下完成多方位、复杂的运动（图 5-12）。因此，动物行为学和结构力学的仿生学研究，有助于机器人和仿生动物的研究制造。

5.4.5 运动的阻力、动力与体形

3.3.4.4 动物在水和空气等介质中运动会受到一定阻力的影响，从而影响快速运动，个体较
9.1.2.2 大的动物加快运动有利于生存竞争、追捕猎物和逃避天敌。要实现快速运动不仅需要与之相适应的运动器官类型，而且需要克服运动阻力和增加推动力，动物是在进化过程中逐渐实现这一目的的。

生活方式由低等水生动物的固着或漂浮生活，演化成自由的游泳或陆生生活，身体的体制由无对称或辐射对称演化成两侧对称，进化出纺锤形或流线形体形（图 3-8）。同时，黏液腺以一定方式分泌黏液、通过羽毛排列等体表结构变化增加润滑度，从而将运动阻力减少到最小，有利于提高运动速度；而运动器官由无到有，由疣足、刚毛演化成节肢，由成对的偶鳍演化成五趾型附肢，能够把身体支撑起来避免陆地运动的摩擦力，解决了登陆和陆生快速运动的问题，同时，与运动有关的肌肉发达，利用杠杆作用产生最大的承受力和推进力，保证动物演化成较大个体并实现快速运动，有利于生存竞争。

复习思考题

1. 各类动物皮肤的基本结构特征？其衍生物有哪些？
2. 广义的骨骼有哪些类型？各具有哪些特征和作用？
3. 各纲脊椎动物的骨骼系统有哪些特征？
4. 各纲脊椎动物首先产生的结构及其意义？
5. 骨骼和肌肉怎样结合利用不同的杠杆、滑轮原理产生强有力的运动？
6. 名词解释：刺细胞，杆状体，外套膜，角质膜，角质层，腺细胞，黏液腺，毒腺，尾脂腺，乳腺，汗腺，味腺，楯鳞，骨鳞，表皮鳞，正羽，生理性变色，色素细胞，流体静力骨骼，内骨骼，外骨骼，几丁质，膜颅，软骨化脑颅，咽颅，次生腭，初生颌，次生颌，颞窝，颧弓，鳃弓，环椎，枢椎，综荐骨，尾综骨，关节，叉骨，固胸型肩带，弧胸型肩带，变形运动，鞭毛运动，纤毛运动。

第 6 章　动物的营养代谢

本章提要　动物利用胞口、原口、后口取食，由不完全消化道演化出具有肛门的完全消化道，与进化阶段和生活习性相关，消化道分化出不同部分，产生触手、口器、口漏斗、齿等不同类型的各种附属结构和上下颌，产生盲道、螺旋瓣、盲囊、肌胃、复胃、盲肠或肠绒毛，形成消化腺分泌各种消化酶，提高取食和消化吸收的效率，满足机体代谢对营养的需求。

呼吸器官具有表面积大、毛细血管丰富、湿润等特点，并需要适宜的通气机制驱使气体不断通过呼吸表面进行气体交换。呼吸器官结构的复杂程度决定呼吸的效率，并与动物演化地位、生活习性有关。呼吸效率与通气强度、气体交换率和活动强度有关。水生动物特化形成不同类型的鳃，陆生动物形成气管和各种类型的肺。低等水生动物利用纤毛摆动驱动水流通气；鱼类采用有效的压力-吸力泵通气和对流气体交换机制；昆虫由气门的开闭控制气管通气；蛙类采用压力泵、口咽式通气；羊膜动物产生胸廓、采用吸力泵通气，但鸟类贯流通气、交叉对流进行气体交换，爬行动物和哺乳动物通过潮式通气和肺泡式气体交换机制完成呼吸。

未形成血液循环前，动物通过肌肉收缩产生流体静压驱动体腔液流动，完成物质运输。真体腔动物产生两种基本血液循环类型。心脏的分化发达与分隔程度适应快速驱动和分流动、静脉血流的需要，动静脉演化加速血液循环。作为血液循环的补充，高等动物产生淋巴系统，由不同类型的淋巴管、淋巴心、淋巴结、淋巴细胞组成。

- 营养代谢
  - 消化
    - 消化管：口、咽、食道、胃、肠、肛门
    - 消化腺：口腔腺、胃腺、肠腺、肝、胰脏
    - 附属结构：齿舌、口吸盘、口器、口漏斗、齿、舌、唇、盲囊
  - 呼吸
    - 呼吸器官：黏膜、皮肤、气管、鳃、肺
    - 通气：纤毛摆动、压力吸力泵、咽式呼吸、吸力泵
    - 气体交换：扩散、对流、交叉对流、肺泡式气体交换
  - 循环
    - 血液循环
      - 循环类型：开管式、闭管式血液循环
      - 基本结构：血窦、心、动脉、静脉、毛细血管
      - 血液：血球、血浆、血清
    - 淋巴循环：淋巴、淋巴管、淋巴心、淋巴结
  - 排泄
    - 器官：伸缩泡，原肾管（焰细胞、排泄管）、后肾管（绿腺、壳腺）、马氏管；肾脏（前肾、中肾、后肾和背肾；肾单位）
    - 导管：输尿管、膀胱（输尿管膀胱、泄殖腔膀胱、尿囊膀胱）
    - 排泄废物：氨、尿酸、尿素、嘌呤、多余水分和盐分

体内代谢产生废物，各动物类群采用不同的方式排出废物和多余水分以维持机体代谢活动的平衡。原生动物经伸缩泡排出多余水分，多细胞原口动物通过原肾管和具有肾

口、肾孔的后肾管及马氏管排出体腔液中废物。理论上的全肾在脊椎动物演化发育过程中形成前肾、中肾、后肾、背肾，背肾、后肾分别是非羊膜动物、羊膜动物成体的肾脏，肾单位发达，直接从血液排出废物，提高排泄效率。

6.1　消化系统

维持生命活动过程的新陈代谢包括同化作用和异化作用两个方面。同化作用是生物体将外界物质转化成自身的细胞物质，如牛、马摄食杂草通过消化分解、吸收同化成自身的构成物质，构建自身组织，储存营养和能量。异化作用是生物体把组织细胞中的养料氧化分解、释放热能供机体进行各种活动所需。同化作用构建生物体，为异化作用准备分解的原料；热能必须依赖异化作用供给，同化作用依赖异化作用才能产生效果，异化和同化作用协调进行保证机体的生命现象。机体经常不断地与环境进行物质交换，在生命活动过程中表现出感应性、生长发育、生殖及遗传变异等生命现象的基本特征。环境条件变化、动物的演化历程和运动方式的改变也必然会引起新陈代谢类型的改变。

生命活动的能量来自食物，动物只要活着就需要消化系统摄取食物，消化吸收取得原料和能量，由血液输送到全身才能建造、修补自身结构和维持生命活动，合成自身物质或储存能量。消化系统由消化道和消化腺构成。动物由低等向高等进化，结构功能日趋复杂和完善，消化及营养方式也在不断地发展进化。

6.1.1　消化营养方式

6.1.1.1　消化方式

一般情况下，每种动物具有1种消化方式，有些种类具有2种方式。

4.2 (1) 细胞内消化（endocellular digestion）　细胞通过吞噬（phagocytosis）、胞饮
4.3 （pinocytosis）作用包裹小的有机颗粒、细菌、其他原生动物以及藻类，如变形虫伸出
4.10 伪足包围固体食物后脱离质膜进入细胞内质形成食物泡（food vacuole）（图4-2），是典型的细胞内消化，液体中的分子或离子吸附到质膜表面，诱导细胞膜陷入细胞内呈管状断下来，胞饮形成液泡，食物泡、液泡与溶酶体结合形成多泡小体，水解酶消化的营养物质进入细胞质随内质流动。腔肠动物消化循环腔的内胚层皮肌细胞顶端的鞭毛摆动激动水流，同时伸出伪足吞噬食物，将营养物质输送到全身。事实上，从原生动物到高等哺乳动物都可见到细胞内消化的现象，高等动物免疫细胞保留吞噬作用，是消灭进入机体内的异物、维持身体健康所需要的。

4.3 (2) 细胞内、外消化　从腔肠动物、扁形动物、棘皮动物到头索动物都有细胞外消
4.6 化与细胞内消化相结合或分开的例子。环节动物细胞外消化伴有细胞内消化。瓣鳃类把
4.7 胃内消化的食物微粒吞入细胞内消化。海星贲门胃翻出包住瓣鳃类动物的肉体进行细胞
4.9 外消化，然后胃缩回对汁液进行细胞内消化。文昌鱼肝盲囊细胞吞噬食物微粒进行细胞
4.10.2 内消化，未消化的食物由肝盲囊重返肠中，在后肠进行消化吸收。

(3) 细胞外消化（extracellular digestion）　腺细胞和消化腺分泌消化液不仅消化

不同食物，而且提高了消化效率，为机体提供更多能量，因而细胞外消化的出现，扩大了动物的取食范围和生存能力。随着进化，细胞外消化逐渐加强，腹足动物有细胞外消化代替细胞内消化的明显趋势，头足类和脊椎动物是细胞外消化的典型代表。

6.1.1.2　营养方式

动物的营养方式主要有自养和异养 2 种类型。

（1）植物性营养（自养）　少数动物体内含有色素体，可通过光合作用制造食物，为植物性营养，如植鞭类鞭毛虫。少数软体动物（如砗磲）通过体内共生藻类获得营养。

（2）动物性营养（异养）　绝大部分动物采食植物或猎食其他动物而获得营养。食性有植食性、杂食性和肉食性之分。在生态系统中，动物作为消费者，便可按其捕食与被捕食的关系分为初级、次级和三级消费者。

（3）渗透性营养　通过体表渗透作用吸收环境中呈溶解状态营养物质，如原生动物。寄生种类的细胞膜或体表直接吸收寄主已消化或半消化的食物，如吸虫纲、绦虫纲、线虫动物门等动物通过体表渗透作用和孔管吸收宿主小肠内已消化的营养。

6.1.2　消化道的基本结构

消化道分为前肠、中肠和后肠，中肠由内胚层发育而成，为消化、吸收的主要部分，前、后肠由外胚层形成。完全消化道包括口、咽（pharynx）、食道（esophagus）、胃（stomach）、肠（intestine）和肛门等，与动物的食性相关，各部分分化发育程度不同。

脊椎动物消化系统发达，消化道从外向内由浆膜层、平滑肌（外纵内环）层、黏膜下层和黏膜层构成，环肌和纵肌的交替收缩产生胃肠蠕动，促进食糜向后运动与消化液充分混合，同时，肠内表面积极度扩大，加强食物的消化吸收过程（图 6-1）。

6.1.2.1　口与口腔

口腔（oral cavity）前端开口为口。口的形态、位置和附属结构与动物的系统演化有关，更与动物类群的食性和摄食方式相关。

（1）原口　大部分无脊椎动物从扁形动物到节肢动物，原肠的胚孔（blastopore） 4.3.2
发育为成体的口，故为原口动物（Protostomia）。腔肠动物具有原始的消化循环腔，扁 4.4
形动物等的胚孔相对一端不形成肛门，原口具有摄食和排遗的功能，其余原口动物的原
肠腔发育为完全消化腔，胚孔相对一端形成肛门。 4.9

（2）后口　原肠胚孔发育为肛门，相对一端形成的口称为后口，棘皮动物和脊索动 4.10
物等为后口动物（Deuterostomia）。头索、尾索动物的口位于缘膜上。圆口纲无上下 4.11
颌，故称无颌类；有颌类有上、下颌支持口部，并有真正的齿，加强主动摄食的能力和 4.12
口腔消化，扩大取食范围、促进动物进化；鱼类口的位置与食性相关，口上位的以浮游 4.13
生物为食，口下位的吃底栖生物和附着的藻类，口端位的以中上层的食物为主；鸟类的 4.14
上下颌特化成喙；单孔目与鲸目无软唇，单孔目的角质喙是软而敏感的皱襞，鲸口缘由 4.15 4.16

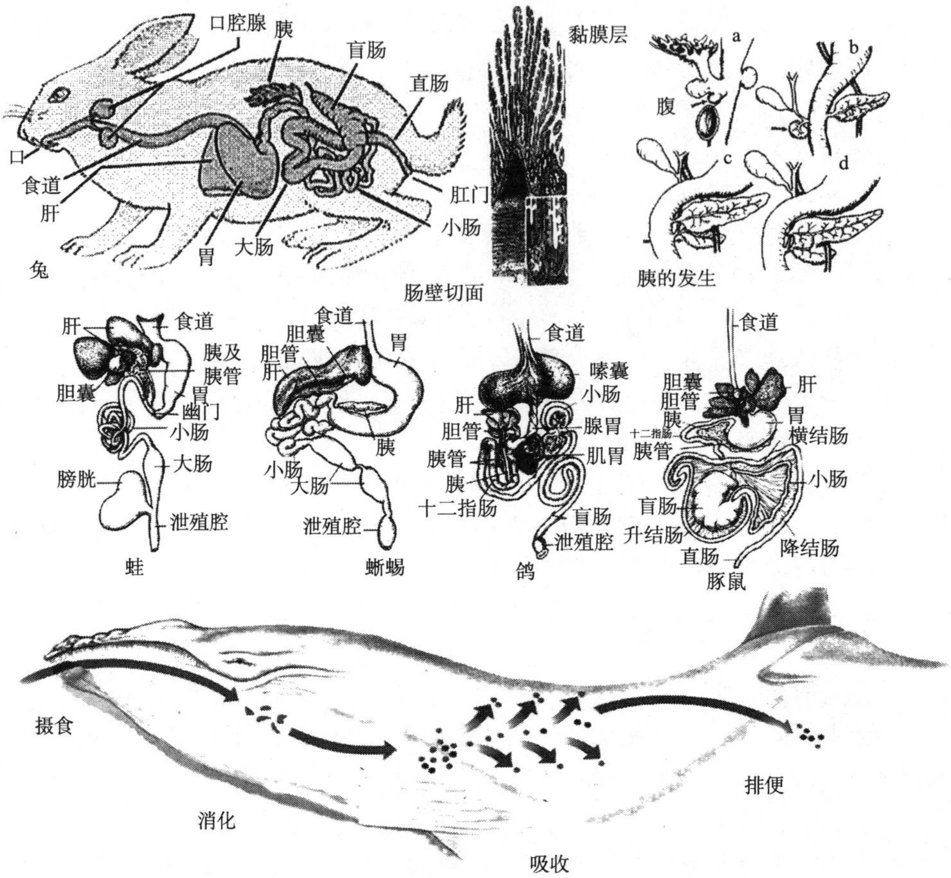

图 6-1　消化道的基本结构、胰的发生与消化过程

软韧的结缔组织构成，阻止海水渗入；真兽类口缘具有能活动的肉质软唇，使口裂变小、出现颊部，以适应吮吸乳汁、精确摄食、口腔咀嚼和防止食物脱落的需要，仓鼠等形成颊囊储存食物。

6.1.2.2　咽

4.4.1　低等动物的咽（pharynx）只是消化系统的一部分。咽的类型不同，摄食方式也不同。管状咽能将食物全部吞下，球型和褶皱咽能抽吸汁液食物。扁形动物咽囊周围为咽鞘，肌肉质咽可从口中伸出捕捉食物；自由生活的涡虫咽是体壁内陷形成的管道，抽吸或吞咽食物输送入肠；线虫咽壁发达的辐射肌收缩使三角形咽腔扩大，有吸吮作用。

4.7　环毛蚓咽壁厚，肌肉发达，辐射排列，收缩可辅助摄食。咽外单细胞腺体分泌黏液和蛋白酶，湿润黏着食物颗粒并消化食物。昆虫咽外壁发达的肌肉有利于吞咽。

4.5.2　轮虫的咽也称咀嚼囊（mastax），膨大而肌肉发达。内有多式多样的咀嚼器（trophi），角质膜硬化形成咀嚼板，由单块基骨（fulcrum）、成对的枝骨（ramus）、爪骨（uncus）和槌骨（manubrium）构成，咀嚼器不停地运动可磨碎食物。

水生脊索动物咽鳃裂发达，如海鞘宽大的咽约占身体的 3/4，文昌鱼的咽部约占身
体的 1/2。整个咽内壁分布大量的纤毛，背、腹中央凹陷的沟状结构称咽上沟（epipha- 4.10
ryngeal groove，或背板 dorsal lamina）和内柱（endostyle），沟内有腺细胞和纤毛细 4.11
胞。腺细胞分泌黏液，由纤毛摆动分布于咽内壁上，当携带食物颗粒的水流经过咽时， 4.12
黏液黏着的食物颗粒由纤毛摆动送到背板，进入食道、胃肠消化吸收。七鳃鳗在胚胎发
育过程中咽分化为食道和呼吸管。鱼类咽是收集食物和呼吸的场所。

四足动物的咽为消化和呼吸的共同通道，咽部有耳咽管、喉门、食道等开口，蛙类 4.13
还有鸣囊的开口。爬行纲由于次生腭的出现、内鼻孔后移，形成了咽喉交叉，使口腔充 4.14
满食物时也能正常呼吸。哺乳纲咽交叉进一步发展，次生腭包括硬腭和软腭两部分，咽 4.16
分为鼻咽腔和口咽腔等部分，喉头会咽软骨的出现解决了吞咽和呼吸的问题。

6.1.2.3 食道和嗉囊

食道（esophagus）是输送食物入胃的肌肉质管道，胃成形的动物种类其食道容易辨认。无脊椎动物的食道常有特殊黏液腺，如陆生环节动物有钙腺分泌钙质，减少随食物进入体内的钙，中和酸性物质并控制离子浓度，维持体液与胃液的酸碱平衡。

吸血蛭类食道后有发达的数对盲囊（医蛭 11 对，蚂蝗 5 对），储存血液使吸血量超过 4.7.3
体重的 6 倍，可供数月消化，适应暂时寄生性生活。昆虫食道后部的嗉囊可储存食物。 4.8

脊椎动物的食道与颈长和食性相关，内壁多为黏膜皱襞状。蛙类无颈部，食道短得 4.13
只剩痕迹。长颈动物食道加长。鸟类食道长适应吞食整块食物，部分特化为储存和湿润 4.15
食物的嗉囊（crop），食谷和食鱼鸟类的嗉囊发达，食虫和食肉鸟类的嗉囊小或消失， 4.16
鸽类嗉囊内有腺体，育雏期能分泌鸽乳育雏。反刍动物的食道由横纹肌构成，受到刺激
能促进食物逆呕到口里重新咀嚼混入唾液，反刍（rumination）后咽入胃内。某些鲨鱼
的食道内壁有指状乳突。海龟则长着角质化的倒刺。

6.1.2.4 胃

与动物食性、摄取较大食物、储存和化学消化有关，胃（stomach）有多种形式。节肢动物的胃发达，脊椎动物的胃最为发达。

1）胃肠分化不明显

腔肠动物消化循环腔亦称胃腔，腺细胞分泌蛋白酶消化食物。吸虫纲和线虫寄生种 4.4
类直管状消化管简单。圆口纲无胃肠的分化。硬骨鱼纲无胃或胃不发达的种类其口部都 4.11
有碾磨切碎的结构，如齿骨板、咽头齿、角质喙等。 4.2

2）无脊椎动物的胃

与动物食性和消化方式有关，胃有多种类型：

（1）胃楯（gastric shield）和晶杆（crystalline style） 软体动物胃前端半球形， 4.6
一侧具几丁质板称胃楯，对侧嵴沟内有纤毛称筛骨区（regio ethmoidea），后半部囊状
的晶杆囊（style sac）中有晶杆。河蚌胃肠间的晶杆为晶杆囊中黏液等分泌物固化形

成，从肠突入胃中，与胃楯下部相接，晶杆上吸附消化酶，囊壁纤毛使晶杆不停旋转，促进食物与晶杆顶部的消化酶混合进行消化，食物缺乏 24 小时后晶杆消失，重新喂食可使其恢复存在。

4.8.1 (2) 磨胃（masticatory stomach）　甲壳动物的胃膨大呈囊状，可分为贲门胃和幽门胃两部分，碎化过滤食物。贲门胃取食固体食物为磨胃，内壁角质膜增厚形成骨板或角质齿（称胃磨，gastric mill）研磨食物，相当于砂囊；幽门胃过滤阻挡大的食物颗粒进入中肠，已消化的细小颗粒进入具有消化腺的中肠内，中肠腺一再分支增强消化吸收的功能（图 6-2）。

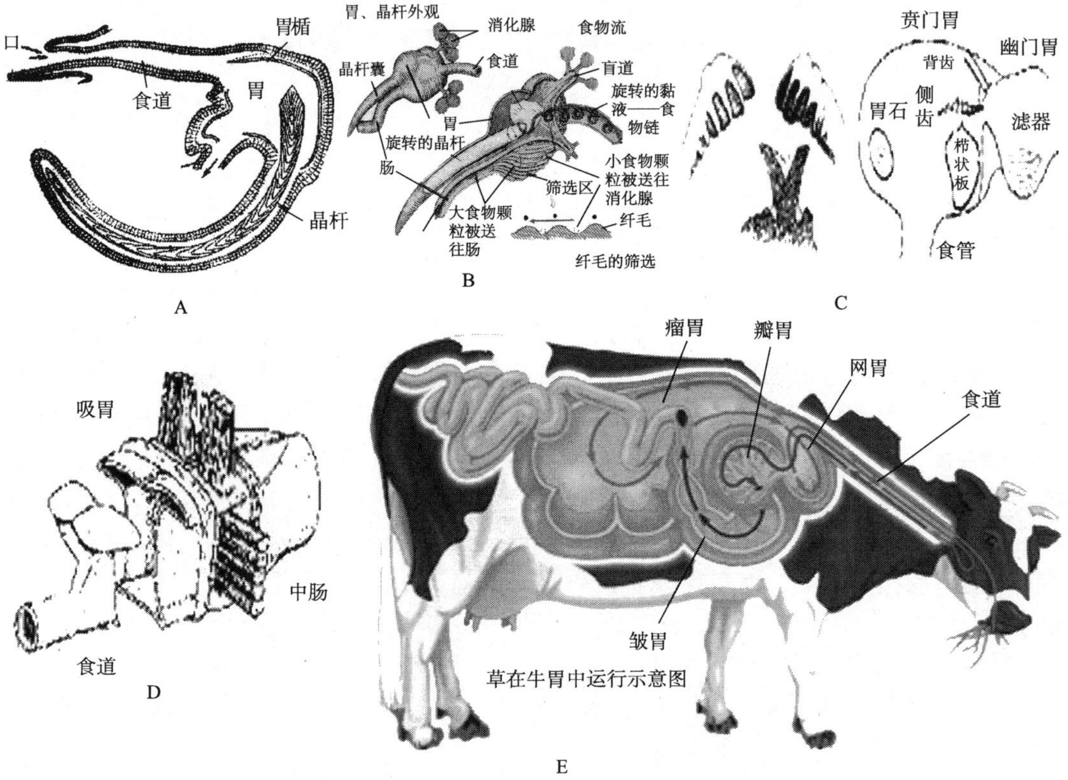

图 6-2　几种胃的模式图

A. 胃楯；B. 晶杆；C. 磨胃；D. 吸胃；E. 牛复胃

4.8.2 (3) 吸胃（sucking stomach）　蛛形纲特征性的吸胃（图 4-17）属前肠，由食道膨大形成，除环肌外，背面及两侧着生来自背板和腹板的强大肌肉束，肌肉舒缩使胃扩大缩小具抽吸能力，吮吸汁液成为吸胃。2 条中肠盲管各分出 4 条侧盲管，储存液汁食物，因此，饱食后耐饥时间长，如黑寡妇蛛（*Latrodectus mactans*）可耐饥 200 天。

4.6.3 (4) 贲门胃、幽门胃（cardiac and pyloric stomach）　头足类的胃长囊状，位于内
4.9.1 脏囊的顶端，分贲门部和幽门部，囊壁富含肌肉，可研磨食物，左侧内壁褶皱为具纤毛的盲囊。海盘车（图 4-19）的口面为贲门胃，反口面为幽门胃，两者间有缢缩，捕食时用腕包住瓣鳃类动物，管足吸在贝壳上拉开 2 壳，贲门胃翻出包住动物肉体消化。幽

门胃及幽门盲囊为主要消化吸收场所。

(5) 砂囊 (gizzard)　环毛蚓食道后为外胚层形成的、肌肉发达的砂囊，内衬厚的角质膜能磨碎食物，前肠后多腺体、富微血管的消化管是胃。昆虫的前肠末端为前胃 4.7
(proventriculus，即砂囊)，囊壁肌肉发达，纵向排列的几丁质小齿，能粉碎食物。中 4.8.3
肠才是真正的胃，为消化吸收的主要场所，前端有 3 对肠盲囊 (enteric coeca)，向前贴附在砂囊外面，向后扩展于胃的外面，增加消化吸收的面积。

3) 脊椎动物的胃

主要有单胃和复胃两种基本形式，但复胃中只有真胃和单胃一样，分泌消化酶对食物进行消化，对纤维素则无消化作用。

(1) 单胃 (single stomach)　单胃是脊椎动物胃的主要形式，对纤维素无消化作 4.12
用。板鳃鱼类肌肉壁较厚的胃分贲门部及幽门部。胃发达的鲻科鱼类，幽门肌肉特厚， 4.14
适应研磨压碎吞食泥沙中的小型生物及硅藻等。爬行动物的胃随体型而异，除龟鳖类 4.16
外，幽门瓣随幽门蠕动而自动启闭，将胃内已消化的食物放入肠。哺乳动物的胃最发达而多样化，分为贲门部、胃底部和幽门部，贲门和幽门有括约肌控制食物进出。

(2) 复胃 (complex stomach)　鸟类的胃 (图 4-27) 分为腺胃 (glandular stom- 4.15
ach) 和肌胃 (砂囊，gizzard)，腺胃壁薄而柔软，含有丰富的腺体，分泌消化液；壁厚的肌胃内衬角质膜代替颌变为喙失去齿，食进砂粒研磨食物进行机械消化。植食、杂食性鸟类发达的肌胃里有砂石；肉食性鸟类肌胃不发达；食浆果鸟类几乎没有肌胃。

反刍动物的胃有瘤胃、网胃、瓣胃和皱胃 (图 6-2)。前 3 个胃是食管的衍生物，瘤 4.16
胃内含有丰富的微生物对纤维素进行发酵、消化并合成菌体蛋白，因此，反刍动物摄入精料会因发酵作用引起瘤胃鼓胀，当食入的饲草在瘤胃中按一定方向移动，刺激食道口引起逆呕，逆呕到口腔后进行反刍再咀嚼、混入唾液，故反刍动物需要一定的休息时间进行反刍。皱胃才是真胃本体，只有皱胃和单胃一样分泌消化液对食物进行消化。骆驼缺少瓣胃，在瘤胃和网胃的周围分出许多小囊，由括约肌闭锁住其和瘤胃的通路，囊内储水，以适应干旱的沙漠生活。

6.1.2.5　肠

肠 (intestinum) 是食物消化、营养吸收的主要场所。无脊椎动物的肠多为中肠部分，而脊椎动物的肠则为中肠和后肠两部分。

肠的长短、分化程度与动物的演化程度和食性有关，植食性动物的肠管比肉食性的 4.7
肠管长。肠管纤细延长、旋卷盘曲并以各种方式扩大消化、吸收面积，如寡毛纲肠道背 4.8
侧凹陷成盲道 (typhlosole，typhlosolis)，肠壁向外突出形成盲囊，如昆虫的中肠前端 4.12
突出 3 对肠盲囊 (enteric coeca)，向前后伸展，硬骨鱼类有幽门盲囊，七鳃鳗、鲨鱼形 4.16
成不同形式的螺旋瓣，哺乳类则形成肠绒毛。

扁形动物开始出现简单的囊状或盲管状肠，多肠目有分支。头足类肠粗短，末端称 4.4
作直肠。昆虫的中肠即是胃，后肠末端膨大为直肠 (rectum)，肠壁细胞增多加厚，形 4.8.3
成 6 个纵向排列直肠垫 (rectal pad) 回收水分。

圆口纲动物简单的直管肠多未分化，其他脊椎动物的肠分为小肠和大肠。软骨鱼大
肠短，小肠可分为十二指肠（duodenum）和瓣肠，所谓瓣肠指有些种类（如鲨鱼）的
4.11 肠内具螺旋瓣（图 4-24）紧接幽门称为瓣肠。许多硬骨鱼在小肠起始处有幽门盲囊。
4.12 爬行动物大、小肠交界处出现盲肠。盲肠有 3 种功能：吸收多余水分；盲肠内细菌可分
4.14 解植物纤维具有微生物消化的作用；合成和吸收一些维生素。盲肠与消化植物纤维有
4.15 关，故植食性龟类盲肠发达，草食性兽类的盲肠最发达，有微生物发酵消化纤维素、合
4.16 成菌体蛋白和维生素等，兔类吞食自己的粪便是保证蛋白质和维生素充分消化吸收的重
要途径。大部分鸟类取食植物性食物，代谢旺盛，需要更多地不断取食，肠管盘曲更
多，但无直肠储存粪便，以减轻体重适应空中飞翔生活。哺乳动物的肠管发达，盘曲的
小肠分为十二指肠、空肠、回肠，大肠分为盲肠、结肠和直肠。直肠重吸收食物残渣中
的水分及盐分，将残渣形成粪粒，排出体外。

6.1.2.6 肛门与泄殖腔

消化后的食物残渣排出方式因动物种类而异。原生动物变形虫等在体后端通过质膜
4.2 排遗、纤毛虫由体后部临时形成胞肛（cytoproct）排出。海绵动物由变形细胞排到水
4.3 流中。腔肠动物、扁形动物等有口无肛门，食物残渣经口排出。

4.4.3 纽形动物第一次出现肛门形成完全消化管，使食物与粪便由原口进出演化成分别由
4.5.7 口进入和肛门排出，食物与粪便分开进出消化道促进了肠管的进一步分化和消化吸收功
4.6 能加强。星虫动物的肛门位于体前端背侧，消化管呈 U 形。苔藓动物肛门开口于口周
4.10.1 触手冠（总担）的外侧，故称外肛动物（Ectoprocta）。多数动物的肛门开口于身体的
末端，食物残渣由肛门直接排出体外。但并非所有动物的肛门都开口体外，如腹足纲、
头足纲等软体动物开口于外套腔，海鞘的肛门开口于围鳃腔。

4.12 软骨鱼、两栖类、爬行类、鸟类和单孔类的肛门和输尿管、生殖管都开口于泄殖
4.16 腔，以单一的泄殖孔开口体外。脊椎动物胚期具有泄殖腔（cloaca），成体非常浅。哺
乳动物在胚胎发育过程中，因尿肛褶（urorectal fold）的发育而分为肛道和尿殖窦，单
孔类肛门仍开口于泄殖腔中，尿肛褶发育完全的使肛门和尿殖孔独立开口于体表，这与
性别分化发育有关，有的雌性哺乳动物的尿殖窦甚至进一步再分隔成为两部分（图 8-6），使肛门、生殖孔、尿道孔分别开口于体表。

6.1.3 消化道的附属结构

适应不同的生活环境，与取食方式、演化地位相关，消化道产生多种类型、具有各种功能的附属结构。

6.1.3.1 纤毛

4.2.4 大草履虫口沟内纤毛（cilia）的摆动引起水流进入后端的胞口，食物在胞口下漏斗
状胞咽（cytopharynx）形成小泡，落入细胞质内形成食物泡，消化后的食物残渣经后
部的胞肛（cytoproct）排出。

6.1.3.2　触手 4.3.2

水螅和海葵等口周触手（tentacle）有刺细胞，能将毒素射入小动物等猎物体内，将其麻醉杀死后由触手移向口部。星虫体前端有伸缩的翻吻（introvert），吻前端口周有一圈触手。苔藓动物口周围的触手上面的纤毛摆动形成水流，摄食黏着的藻类及滤食有机物颗粒送入口中。

6.1.3.3　吸盘

吸盘（sucker）具有发达的肌肉，肌肉收缩可产生强大的吸附力而吸附在其他物体 4.4
上，多种动物具有吸盘。吸虫靠口吸盘和腹吸盘吸附在寄主体内，绦虫没有口吸盘，靠 4.6.3
头节吸盘和小钩附着在肠黏膜上，通过体表吸收寄主肠内已消化的营养。医蛭和蚂蝗等吸血性蛭类，口腔内（背 1 侧腹 2）3 片颚上有角质纵嵴和细齿，口吸盘紧吸宿主可咬破皮肤吸血。

河蚌等具唇片，协助收集食物。头足纲动物的足特化成腕和触腕，各腕内侧具带柄的吸盘，触腕的末端舌状部有 10 行小吸盘，称触腕穗（tentacular club）。雄性左侧第 4 腕因吸盘退化特化成生殖腕，即茎化腕（hectocotylizes arm）。

6.1.3.4　口球与触腕

头足类肌肉性的口腔称为口球，有 1 对鹦鹉喙状颚片，底部齿舌有助于食物的切碎 4.6.3
和吞咽，足特化成腕，对称排列，雄性的触腕（tentacular arm）特别长，末端膨大呈舌状，腕上有吸盘可用来捕食，唾液腺分泌毒液杀死食饵，用颚将其咬碎食之。

6.1.3.5　口器

口器（mouthpart）亦称口肢。由节肢动物的第 3、4、5 对附肢演变特化形成，主 4.8
要由大颚 1 对、门齿突（processus incinsivus）和臼齿突（processsus molaris）、小颚 2 对组成。口器是摄食的主要器官。

甲壳纲的口器由大颚、小颚和前 3 对胸肢形成的颚足构成。大颚由不分节的原肢节 4.8.1
形成，咀嚼体分为用于撕裂的门齿突和用于研磨的臼齿突。大颚基柄着生大颚肌可引起大颚相向活动。小颚扁平呈叶状，输送食物和辅助大颚咀嚼。原肢内叶形成小颚突起，内肢演变成不分节的小颚须，颚足原肢均有 2 肢节，是辅助摄食的器官。

昆虫纲的口器（图 6-3）由 1 对大颚、1 对小颚、1 片下唇、1 片上唇（labrum）和 4.8.3
舌组成。几丁质化的三角形大颚位于口的左右两侧。小颚分为轴节（cardo）和茎节（stipes），茎节内前侧有外颚叶（galea）和内颚叶（lacinia），外颚叶用来抱握和配合大颚弄碎食物。下唇基部称后颏（postmentum），几乎完全与头壳愈合。口器因食性不同而有很大变化，可分为 5 种，是昆虫分类和采用不同杀虫剂灭虫的根据。①咀嚼式口器（chewing mouthpant）是原始典型的口器，如蝗虫，取食固体食物，基本结构如前述。②嚼吸式口器（chewing-lapping mouthpant）如蜜蜂，用以食花粉、吸花蜜，大颚嚼碎花粉、揉蜡塑巢；吸蜜时，小颚外颚叶与下唇舌顺着中唇舌形成一个临时性吸管，抽吸蜜汁。③刺吸式口器（piercing-sucking mouthpant）如半翅目、虱目和蚊类、蝉、蚜虫，口器高度特化，下唇延长呈槽状，末端有一对由下唇须演变而成的唇瓣（labellum），口器的其余部分嵌合在下唇槽内，上唇形成食物管，能刺入并吸食动植物体内液体物质。④虹吸式口器（siphoning mouthpant）如蝶蛾类，呈发条状卷曲在头下，吸食植物体表的蜜液。⑤舐吸式口器（sponging mouthpant）如蝇类，大颚退化。喙包括上唇腹面有槽与舌合成食物管，下唇颏和前颏演变成吸喙（haustellum），背面内陷形成下唇槽（labial groove）。唇瓣由左右下唇须演变而成，表层有食物沟（food groove），舌先注入唾液将固体食物溶解后，舐吸表面的液体食物。

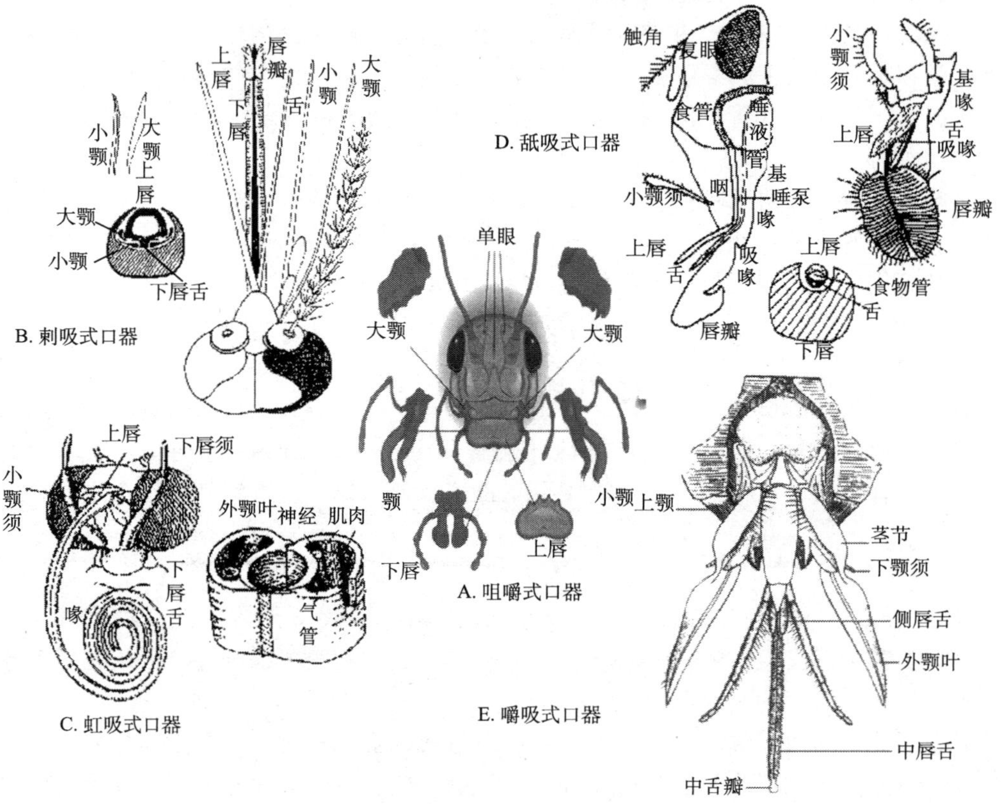

图 6-3　昆虫的五种口器（堵南山等）

6.1.3.6　口笠

4.10.2 文昌鱼身体前端有一系列特殊结构驱动水流、筛选滤取食物。前端腹面的口笠（oral hood）与触须（cirus，口笠触手，有感觉细胞）可以挡住大的食物颗粒；口笠与缘膜间为前庭（vestibule），有轮器（wheel organ）搅动水流形成旋涡将食物颗粒送入口内或清除前庭内的食物残渣；缘膜（velum）中央的孔是口，口周围的缘膜触手（velar tentacles）有过滤作用（图 4-22）。当有害食物通过时，由于口笠触手上有感觉细胞，信息经神经传递反射性地引起缘膜触手收缩，防止有害物进入咽部。

6.1.3.7　口漏斗

七鳃鳗的上唇在胚胎发育过程中极度扩大，不仅把鼻孔挤到头背部，而且形成特有的一种吸盘式圆形口漏斗（buccal funnel），吸附在鱼的体表，用口漏斗表面上角质齿锉破鱼的皮肤，与锉食器样的舌配合，产生锉、捣、刮功能，适应吸血食肉的寄生生活（图 6-4）。 4.11

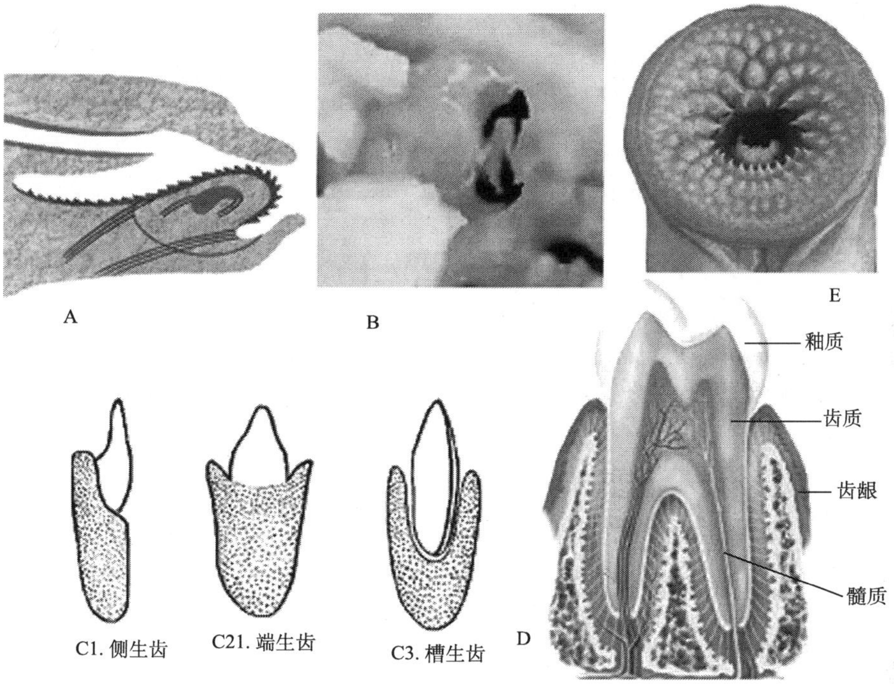

图 6-4　不同类型的齿

A. 齿舌；B. 鹦鹉颚；C. 爬行类的齿；D. 哺乳动物的齿；E. 七鳃鳗角质齿

6.1.3.8　舌

舌（tongue）的主要功能为搅拌食物和感受味觉，兼有捕食的功能。许多动物具有能体现此功能的舌，形态结构与食性和生活方式有关。

（1）无脊椎动物的舌　齿舌（radula）由口腔底部的舌突起（odontophore）表面横列的多排角质小齿构成，是软体动物特有的器官（图 6-4）。每一横排齿有中央齿 1 个，侧齿和缘齿 1 至多对，小齿的数目和形状是鉴定种类的重要依据，可用齿式表示，如中国圆田螺（*Cipangpaludina chinensis*）的齿式是 2.1.1.1.2。齿舌锉刀状，后部藏于齿舌囊（radula sac）中，借伸肌和缩肌运动前后伸缩刮取食物。腹足类芋螺的齿舌变为毒箭，长而有钩，当食饵接近时射出毒箭，用神经毒素麻痹食饵动物，用吻吞食。稻蝗的舌是口前腔底壁的一个膜质袋形突起，表面有刚毛和细刺，有搅拌食物和味觉的 4.6 4.8.3

功能。
4.11 (2) 脊椎动物的舌　为发达而能活动的肌肉质舌。七鳃鳗的舌顶端有角质齿，为锉
4.12 食器官，适应吸食血肉的寄生生活。盲鳗的舌是洞穿寄主体表的器官。鱼类的舌固定于
4.13 口腔底部，舌的上皮组织散布着触觉和味觉的器官，有感觉的功能。青蛙肌肉质的舌
4.14 （图 4-25）后部黏膜内有黏液腺和味蕾，舌根固定在口腔底部前端，舌尖分叉、伸向后
4.15 方，捕食时迅速翻出口外粘捕活动的昆虫。有鳞目爬行动物分叉的舌伸出口外黏附空气
4.16 中的气味分子，缩回口腔置于犁鼻器中产生嗅觉，避役的舌伸出长度等于体长，富有黏
液，成为特殊的捕食器。鸟类的舌被角质鞘，取食花蜜的鸟类的舌呈吸管状或刷状，啄木鸟的舌具倒钩，能钩出树皮下的害虫。哺乳纲肌肉质的舌最发达，能自由活动，与摄食、咀嚼时的搅拌食物、吞咽的动作密切相关，食草动物发达的肌肉质舌有利于摄取草料，舌上有味蕾，为味觉感受器。

6.1.3.9　假齿

4.5 无脊椎动物的齿都为表皮角质化的假齿，线虫口腔内有齿和口针（stylet）辅助摄
食。肺螺类和后鳃类软体动物口腔内，除齿舌外，还有角质的颚，用以切割食物。
4.11～ 假齿只见于少数脊椎动物，如七鳃鳗口吸盘内的角质齿，蝌蚪口缘的角质齿，假齿
4.16 只有防止食物脱落的功能。鸭嘴兽胚期的真齿在出生前脱落，附近外胚层角质化成齿
板，用齿板咀嚼食物，与龟鳖目及鸟纲的角质喙同属于假齿。海牛目除假齿外兼有真齿。须鲸的鲸须是大型的角质化表皮乳突所衍化的，基部连成一排阻留浮游动物而漏水，称滤帘，适应滤食。

6.1.3.10　真齿

4.12 脊椎动物口腔中出现真皮骨质化而成的真齿（tooth），与鲨鱼的楯鳞同源，是真皮
4.13 和表皮的衍生物，由坚硬的釉质（enemel）、齿质（dentine）构成，齿质内为充满结缔
4.14 组织、血管和神经的髓腔，齿根部由齿骨质（cement）覆盖。真齿的功能是咬捕、噙
4.15 住食物和咀嚼。随着发育与食性变更，真齿的功能与构造也有所变化，分为同型齿和异
4.16 型齿（heterodont dentition）、多出齿和再生齿。按照牙齿的着生位置分，端生齿着生
于颌弓的顶缘，侧生齿着生于颌弓的顶侧缘，槽生齿着生于齿槽中（图 6-4）。

鱼纲、两栖纲、爬行类动物的齿是同型齿。肉食性鱼类的牙齿尖锐，杂食性鱼类的牙齿多呈切刀形、缺刻形、磨形或刷形，食浮游生物鱼类的齿细弱，或作绒毛状。爬行动物的齿为圆锥形，可不断更换，有毒种类特化为不同类型的毒牙，如管牙、前沟牙和后沟牙，因此，人被毒蛇咬伤可留下 2 个明显的大牙痕。

4.16 哺乳动物的牙齿有乳齿和恒齿之分，由于切咬、撕裂、咀嚼的分工，分化为门齿
（incisor）、犬齿（canine）、前臼齿（premolar）和臼齿（mola），各种动物的齿型、齿数是稳定的，常用齿式（dental formula）表示，如猪为 3.1.4.3/3.1.4.3＝44，牛为 0.0.3.3/4.0.3.3，猴和人为 2.1.2.3/2.1.2.3。各齿因食性而异，食虫型门齿尖锐，犬齿不发达，臼齿齿冠上有锐利的齿尖，多呈 W 形。食肉型犬齿特别发达，臼齿常有尖锐突起，上颌最后一个前臼齿和下颌第一臼齿特化成裂齿（sectorial tooth），用以撕裂肌

腱。食草型犬齿多缺少，臼齿扁平，齿尖延成半月形，齿冠也高。杂食性，臼齿齿冠有丘形隆起，称为丘形齿。臼齿有助于咀嚼，开始并加强食物的口腔物理和化学消化作用。

6.1.3.11　墨囊

头足类近肛门处有 1 个发达的梨形直肠盲囊，即墨囊（ink sac），由墨腺（ink gland）、囊部和管部三部分构成。墨腺分泌有毒性的墨汁储存于墨囊中，需要时经导管和肛门排入外套腔，与水流一起喷出体外将海水染黑呈一定形状，隐藏避敌。 4.6.3

6.1.3.12　直肠囊

蛛形纲后肠短，背侧有直肠囊状结构，称直肠囊（rectal sac），又称粪袋（sterocoral pocket），暂储粪便。 4.8.2

6.1.4　消化腺

消化腺（digestive gland）主要有唾液腺、胃腺、肠腺、肝脏和胰脏等，分泌消化液与酶类，有湿润食物、进行化学消化（chemistry digest）的作用。

6.1.4.1　腺细胞

腔肠动物的内胚层中具有腺细胞（gland cell），向消化循环腔中分泌消化酶对食物 4.3.2
进行细胞外消化。棘皮动物胃的幽门盲囊中的具纤毛上皮细胞分为储存细胞、腺细胞和 4.9
黏液细胞（肠盲囊含有后 2 种），腺细胞分泌酶，储存细胞可储存脂肪小滴、糖原和多糖-蛋白质复合物。

6.1.4.2　口腔腺与唾液腺

轮虫、蛭类、软体动物、脊椎动物具有口腔腺或唾液腺（salivary gland），但腺体位置、结构、功能各有不同，其他动物无口腔腺。

（1）分泌黏液　软体动物 2 个唾液腺位于咽和食道之间、脑神经节之上，导管开口 4.6
于口腔；分泌黏液润滑齿舌、黏着食物形成食物索。 4.13～

两栖类口腔腺多个，分泌黏液，有助于粘捕猎物。爬行动物有唇腺、腭腺、舌腺和 4.16
舌下腺等，有的特化为毒腺；鸟类口腔和咽的黏膜上有唾液腺，分泌黏液湿润食物。

（2）分泌消化酶　唾液腺分泌不同种酶对食物进行化学消化。轮虫咽侧有 1 对或多 4.8
对唾液腺。中华稻蝗的唾液腺位于胸部腹侧，左右输出管前行会合开口于舌基腹侧。唾 4.15
液腺含特殊的酶，如蚜虫分泌果胶酶，可水解植物细胞壁上的果胶，使口针容易穿透植 4.16
物组织。食谷鸟类的唾液腺分泌淀粉酶消化谷类。哺乳动物的唾液腺有腮腺、颌下腺、舌下腺，兔类还有眶下腺，猫还有腭腺，分泌的唾液含淀粉酶、溶菌酶，具有消化和杀菌功能。

（3）分泌抗凝血物质　唾液腺分泌抗凝血物质，防止宿主血液凝固以利于吸血生 4.7.3
活。蛭类咽壁的单细胞唾液腺能分泌蛭素（hirudin），是由 65 个氨基酸组成的低相对 4.11
分子量多肽，为一种最有效的天然抗凝剂，有抗凝血和溶解血栓的作用，可用于治疗人类的血栓病。七鳃鳗咽壁周围单细胞唾液腺分泌抗凝血素，防止鱼体血液凝固以利于寄生、锉食血肉。

4.6.3 （4）分泌毒液　口腔腺特化为毒腺分泌毒液，可攻击天敌，麻痹、杀死猎物并进行
4.8.2 体外消化。头足类口腔内有前唾液腺1个，腺管开口于齿舌两侧，后唾液腺1对、位于食道前端背侧，分泌毒液经导管输入口球，注入猎物体内。蜘蛛用螯肢抓住落网昆虫并注入毒液，使之麻痹、死亡后，脚须撕裂并灌注中肠消化酶，将内脏等分解成液体用口吮吸。猎蝽唾液腺中也含有毒素。

4.14 毒蛇的唇腺、毒蜥的舌下腺特化形成毒腺，毒腺位于头部两侧口角的上方，大小、形状因种而异；毒腺前端形成细长的导管与毒牙相连，毒腺分泌的毒液有神经毒素（neurotoxin）、血液毒素（hemotoxin）等不同种类，含有蛋白酶、透明质酸酶、胆碱脂酶、磷脂酶等多种酶可通过导管流入毒牙，捕猎或攻击时，毒腺储存的毒液经毒牙注入猎物体内引起神经肌肉传导受阻、溶血将其毒杀。蛇毒是毒液中毒性最强烈的，被剧毒蛇咬伤后必须及时抢救。最近，日本学者发现蛇毒中含有能在内部促使细胞自行毁灭的细胞自杀蛋白，如能利用这种蛋白诱导人体内不需要的细胞自杀，就可能成为防治癌症的有效手段。

4.8.2 （5）丝腺　鳞翅目和膜翅目的一些种类口腔腺转变为丝腺，泌丝做茧保护蛹。

蛛形纲残存的10、11腹肢则演变为特有的纺器（spinneret），腹腔内的各种丝腺分泌丝蛋白（fibroin），液体分泌物经输出管到纺器和筛器出管后凝固成不同类型的蛛丝，可粘捕昆虫。雄蛛可织成精网，将精液撒于精网上用于授精。蜘蛛纺丝织网在生存、演化上具有重要意义。蛛丝具有极强的刚性、韧性，是重要的仿生学材料。

6.1.4.3　咽腺

扁形动物有咽腺分泌酶，多数线虫咽外单细胞咽腺分泌多种消化酶，细胞外消化食物。环毛蚓等咽外单细胞腺体分泌黏液和蛋白酶，用以湿润、消化食物。

6.1.4.4　食道腺和钙腺

4.7 多毛类环节动物具有食道腺（oesophageal gland）（又称食道盲囊）分泌脂肪酶和蛋白酶等消化酶；寡毛纲陆生种类的食道有钙腺分泌钙质，以减少随食物进入体内的钙，中和酸性物质并通过控制钙离子的浓度以维持体液与胃液的酸碱平衡。

6.1.4.5　胃腺

4.5.2 轮虫胃前1对胃腺有开口通入胃，环节动物的胃前部有许多胃腺。

4.7.1 脊椎动物的胃腺由主细胞和壁细胞两种细胞（两栖类的胃腺由一种细胞）构成，分
4.13～ 泌盐酸和胃蛋白酶原。盐酸将酶原激活成胃蛋白酶对蛋白质进行初步消化，分解成
4.16 肽类。

6.1.4.6　盲肠

蚯蚓在26或27节处向前伸出一对锥状盲肠（caecum），能分泌多种消化酶，为重

要的消化腺。

6.1.4.7　肝脏

是重要的消化腺。脊椎动物的肝脏（liver）由前肠的肝突前壁分化出肝组织和卵黄 4.11
囊静脉相连发育形成；伴随肝脏的分化形成，肝突后壁发育形成胆管和胆囊，由胆管连 4.15
于肠的起始部位。肝动脉把体内蛋白质代谢产生的氨、肝门静脉收集胃肠血液把肠吸收 4.16
的毒物输送到肝脏转化为低毒或无毒物。肝脏分泌胆汁，储存于胆囊以便消化时排出高浓度胆汁，促进脂肪类的乳化、分解消化和吸收。肝脏将吸收的糖转化为肝糖原储存，或向血液释放糖，调节血糖水平。

（1）无脊椎动物的肝脏　软体动物胃旁消化腺开始成为肝脏。腹足纲肝脏为胃周围 4.6.2
分支的管状腺，有肝管通入胃，分泌糖酶和蛋白酶（如圆田螺）。肺螺类的肝脏还有排 4.8.1
泄功能。头足类内脏囊前部食道的两侧有肝脏一对，为大的黄色腺体，有两条导管沿肠向后运行合并后通入胃盲囊，将酶输入胃中，肝管节律性收缩可从盲囊和胃中吸收养分，有储存营养物质的功能。甲壳纲的肝脏为中肠发达的突出物。半索动物肠后段背侧有若干成对的肝盲囊（hepatic caecum）。

（2）肝盲囊与肝脏　文昌鱼的肠向前伸入一个盲囊突入咽的右侧，称肝盲囊（he- 4.10.2
patic caecum），与脊椎动物的肝脏同源。分泌消化液进行细胞外消化，并将已经消化了 4.11
的食物吸收进行细胞内消化，未消化的食物重新返回肠中继续消化吸收。 4.15

脊椎动物具有真正的肝脏，其显微结构无显著差别，由中肠肝突进一步分化发育形 4.16
成肝组织和胆囊。除七鳃鳗与非洲肺鱼肝脏为单叶、盲鳗肝脏为前后两叶外，肝脏一般分为左右两叶或再分成更多叶，左右两叶匀称或不匀称。除七鳃鳗、鸽类、鼠、奇蹄类和鲸类无胆囊外，大多数脊椎动物都具有胆囊，能储存胆汁、吸收水分，满足饱食后消化脂肪的生理需要。因病切除胆囊的人应避免食用脂肪类食物。

6.1.4.8　胰脏

高等头足纲动物的肝管上出现了分支的腺体——胰脏（pancreas），可分泌淀粉酶 4.6.3
和蛋白酶输入胃中。

七鳃鳗幼体有胰芽，随着肠管的延长而分为3部分，即前胰、后胰和中间胰，内分 4.11
泌和外分泌功能已经很清楚地分工了。

低等脊椎动物的胰脏弥散分布，高等动物的胰脏在胃与小肠间的系膜上，由肝突附 4.15
近的3个胰突发育而成。发育过程中，鸽等的3个胰突分别发育形成胰脏，3个胰管开口于小肠。胰脏发生愈合的胰管为1个，将胰脏分泌的含有胰淀粉酶、胰蛋白酶和胰脂肪酶等的胰液输送到小肠，消化糖类、蛋白质和脂类；胰脏内部的部分细胞形成胰岛，为内分泌腺。

6.1.4.9　肝胰脏

甲壳纲中肠前端有1对或数对盲囊，称肝胰脏（hepatopancreas），十足目的肝胰脏充满头胸部，分泌消化酶，吸收和储存糖原、脂肪和钙。

4.10 头索动物文昌鱼肝盲囊内的大型细胞具有许多颗粒，细胞核圆、大，有分泌能力，
4.12 兼有肝、胰两种消化腺的功能。鲤科鱼类的肝脏弥散分布在肠系膜上，与胰细胞相混杂，故称肝胰脏。但其分泌物分别由胆管和胰管输送到小肠。

6.1.4.10 小肠腺

4.11～ 脊椎动物小肠上有肠腺，分泌肠液含肠肽酶、脂肪酶和多种双糖酶，将肽、脂肪和
4.16 蔗糖、麦芽糖、乳糖等消化成氨基酸、脂肪酸和甘油、单糖被吸收。

6.1.5 消化系统的演化

消化系统的主要机能是从环境中获取食物进行消化、并从中摄取营养物质，将消化吸收后剩下的食物残渣排出体外。伴随动物的运动总量及新陈代谢率的大幅度提高，对食物的需求量也相应增加，促进了消化系统的进化。进化方式主要有消化道分化的复杂化、物理性与化学性消化机制的进化、由被动取食向主动取食方向进化。与动物进化程度和食性有关，消化道各部分的分化程度不同，其结构功能的演化和位置与动物的体制、生活习性、演化程度和活动强度相关（图 6-5）。

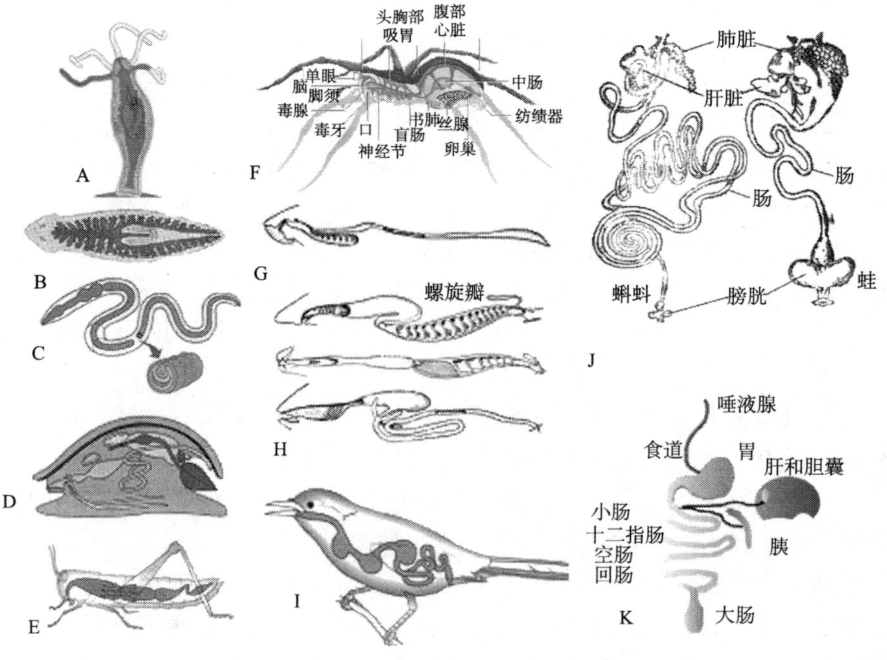

图 6-5 消化系统比较

A. 水螅；B. 蜗牛；C. 蚯蚓；D. 贝类；E. 昆虫；F. 蜘蛛；G. 七鳃鳗；H. 鱼；I. 鸟；J. 蛙；K. 哺乳动物

4.2 原生动物、海绵动物没有口和消化系统，但可形成食物泡进行细胞内消化，绿眼虫体前端有一胞口，是否有取食固体食物颗粒作用尚有异议，大草履虫前、中部口沟(oral groove) 后端的口称胞口。原生动物，海绵动物由于没有消化系统，摄食和能量

的获取受到极大限制，因此，多细胞动物演化产生消化系统以提高消化吸收的效率。

6.1.5.1　消化循环腔

腔肠动物由内外胚层形成体壁围成的原始消化循环腔（gastrovascular cavity）相当于胚胎发育过程的原肠腔，具消化和循环的作用，内层细胞分泌消化酶对食物进行细胞外消化，外层细胞吞噬食物颗粒进行细胞内消化。 4.3.2

水螅水母的消化循环腔由口、胃、辐管和环管构成。钵水母比较复杂，内伞中央四角形口的四角有 4 条口腕（oral arms），体中央的胃腔向四方扩大成 4 个胃囊，胃囊由其上和其间的分枝和不分枝的辐管（radial canal）与伞边缘的环管（ring canal）相连。海葵的消化循环腔有宽窄不同的 3 级隔膜（mesentery）和许多小室，一级隔膜与口道相通。隔膜由体壁内胚层向内突出形成，其间为中胶层，隔膜的游离缘上的隔膜丝（mesenteric filament）由刺细胞和腺细胞构成，有防御、攻击猎物和增加消化吸收面积等作用。

6.1.5.2　有口无肛门

扁形动物、腕足动物已形成消化系统，但仍是有口无肛门，故食物残渣需经口排出，影响食物的消化和吸收。涡虫纲的口在腹面，口后咽囊内是肌肉质的咽，周围为咽鞘，咽可从口中伸出捕捉食物，咽连接分支的肠，3 支主干反复分支成盲管伸到身体各部。肠干的有无与复杂程度是涡虫的分类依据。吸虫纲的口位于吸盘中央，球形咽富含肌肉，咽下是短的食道后接 2 肠支。寄生种类消化系统退化。 4.4

6.1.5.3　完全消化管

原腔动物开始出现完全消化道，有口和肛门，使食物和残渣分开，为消化道的进一步分化奠定了基础。消化管分为前肠、中肠和后肠 3 部分，前、后肠由原口处和胚后端外胚层内陷形成，中肠由内胚层形成，为消化吸收的主要部分。

纽形动物、线虫动物、轮虫动物、环节动物、星虫、软体动物、节肢动物、苔藓动物、棘皮动物、脊索动物等具完整的消化道。但蛇尾类棘皮动物因消化管退化，而无肠、无肛门。

1）原口动物（Protostomia）

线虫已经发育了完善的直管状消化管。吸血蛭类有嗉囊、盲囊储存血液。轮虫的咽
特化为咀嚼囊，囊状胃内壁具纤毛，是消化吸收的主要部位。腹足纲软体动物的消化管 4.5
与身体发生旋转和食性相关，口内有齿舌，肠扭转 180°向前伸与输卵管平行，肛门开 4.6
口于外套腔肾孔的右侧。瓣鳃纲外套膜的后缘有出水管和入水管，携带食物和氧气的水 4.7
流从入水孔进入外套腔，经出水孔排出。口位于前闭壳肌后下方、足的背面，两侧各有
三角形触唇两片。蚯蚓有砂囊，肠背侧凹陷形成盲道（typhlosole）增大消化吸收面积。

与运动加强相关，节肢动物形成发达而独特的消化系统，从而满足动物能量消耗大、提高摄取、消化、吸收养料的需要。前肠包括咽、食道和前胃（砂囊）。但多足纲 4.8

各部分不再进一步分化。甲壳纲前、后肠具有几丁质内膜，口位于大颚之间，具磨胃，胃分为贲门胃和幽门胃，末端直肠有直肠腺，具有发达中肠腺（midgut gland，肝胰脏 hepatopancreas）。昆虫前肠之前有口前腔（preoral cavity），为上、下唇和大、小颚包围形成的腔室，末端有真正的口，食道末端膨大形成嗉囊（crop），前肠末端为砂囊，亦称前胃（proventriculus）。

4.5.7 星虫和头足类的消化管呈 U 形。苔藓动物口周有具纤毛的触手冠，称总担，总担中央为口，肛门开口于总担的外侧。

2）后口动物（Deuterostomia）

4.9 棘皮动物的消化管短直。口位于体盘中央，隆起的反口面中央有极小的肛门。口的周围是围口膜（peristomial membrana），口周有括约肌和辐射肌纤维。近口面为大的贲门胃，幽门胃小，向各腕伸出 2 支幽门盲囊（pyloric caecum）。肠有 2 或 3 支肠盲囊（intestinal caecum）。海参消化道后端膨大的排泄腔壁向体腔突出两个树枝状管，称呼吸树（respiratory tree）。

4.10～ 半索动物咽后为细长的肠管，头索动物的口位于前庭后的缘膜中央，很大的咽通
4.16 肠，没有胃和肠的分化。尾索动物的口位于入水孔底部的缘膜上，巨大的咽后是胃肠，
肠开口于围鳃腔，食物残渣通过围鳃腔随水流经出水孔排出。

脊椎动物产生上下颌、牙齿和咀嚼肌、舌，用于主动取食、咀嚼。消化管的结构复杂、功能完善，组织结构各不相同的部分执行着专门的机能。口腔、胃肠产生特化的消化腺，并有发达的肝脏、胰脏，分泌各种消化酶，从而大大提高了物理、化学消化和营养物质吸收的效率，为机体的快速生长发育和高能耗的快速运动奠定物质基础。

6.2 呼吸系统

生命活动需要建立在新陈代谢的热能供应的基础上，细胞特别是线粒体含有三羧酸循环的酶系统，能将有机物氧化分解生成水、CO_2 和 ATP，释放能量供应机体活动。物质代谢使细胞内氧气减少、CO_2 增加。氧的消耗和 CO_2 产生的过程为气体代谢（gaseous metabolism），又称之为呼吸（respiration）。由于气体不能在体内储存，动物在进化过程中产生了呼吸系统保证机体连续不断地与大气进行气体交换，维持体内新陈代谢的正常进行。大多数动物的呼吸必须在有氧的环境下进行，称为好氧呼吸（aerobic respiration）；适应体内寄生生活的种类（如线虫）没有专门的呼吸器官，在缺氧情况下，靠分解储存的糖原进行呼吸，称为厌氧呼吸（anaerobic respiration），不完
4.12 全异化过程的代谢终产物是乳酸（lactate）、丙酸（propionate）等产物。在缺氧情况
4.13 下，原生动物也可利用糖发酵产生能量完成代谢活动。这表明，呼吸、呼吸器官的有无
4.14 与动物的进化地位和生活环境都有关。

4.15 高等动物的呼吸包括外呼吸（external respiration）、气体运输和内呼吸（internal
4.16 respiration）3 个互相衔接而同时进行的环节（图 6-6）。外呼吸包括通气和血液-气体间

的气体交换 2 个环节；内呼吸指细胞与血液、组织液间气体交换，体细胞直接浸在体液内环境中进行气体交换，和原生动物生活在水环境中的情况相似。

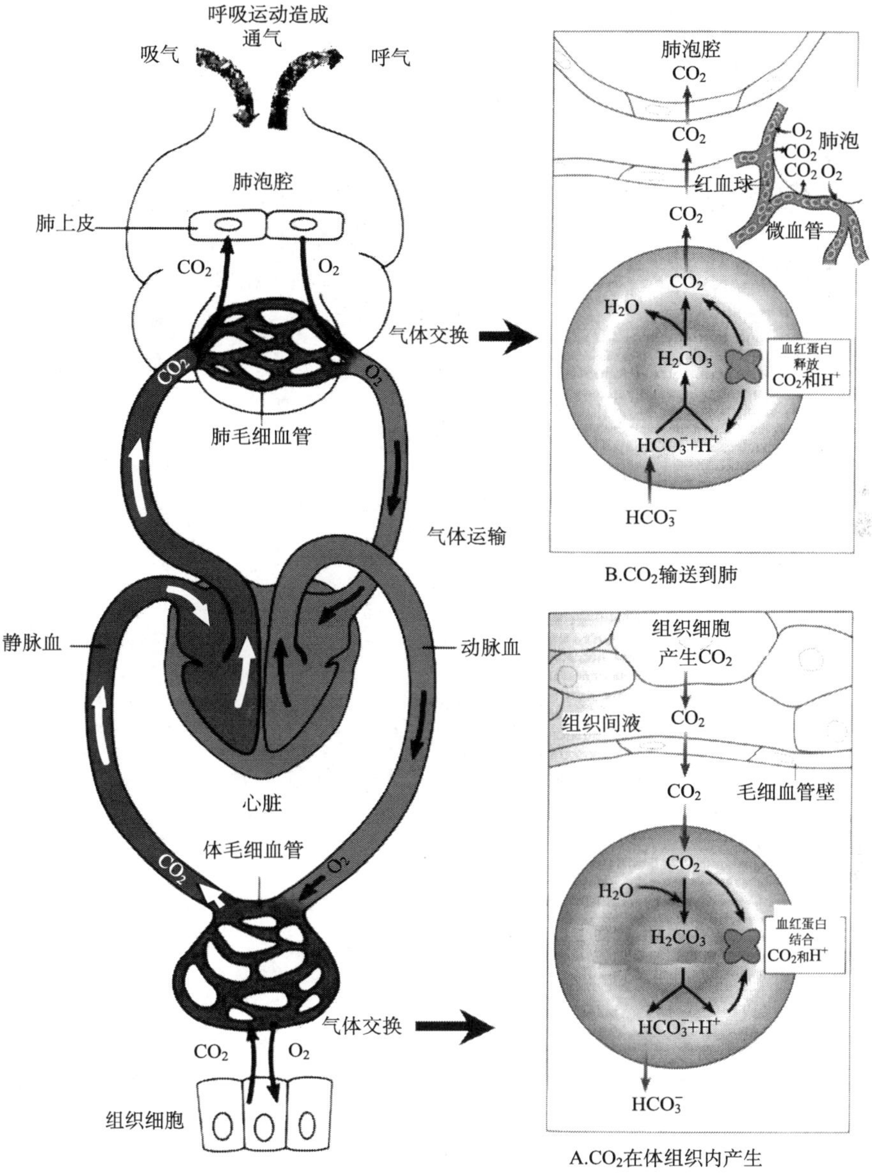

图 6-6　内呼吸（A）与外呼吸（B）

气体交换总是按气体扩散原理进行，分压差决定气体流动的方向，即从分压高处向分压低处扩散，只要存在分压差就会进行气体交换，因此，分压差的大小决定气体交换 4.13
的效率。为使呼吸表面两侧的气体分压差增加以提高气体交换效率，需要一定的通气机 4.15
制及时使新鲜气体进入呼吸器官，排出 CO_2，保证细胞进行正常的新陈代谢。 4.16

除呼吸外，呼吸系统的附属器官尚有多种功能，如哺乳动物的声带、鸟类的鸣管和两栖类的鸣囊有发声功能。鸟类的肺连有气囊，有助于形成连续气流促进气体交换、冷却内脏、调节体温，并且有利于精子的形成和体重减轻。

6.2.1　呼吸器官应具备的条件

多细胞动物利用呼吸器官与环境进行气体交换。呼吸器官必须具备以下条件：呼吸界面薄而表面积足够大、含有丰富的毛细血管以利于血液与气体充分接触进行气体交换；保持湿润以利于氧的溶解交换；完善的通气机制保证氧气不断地运来、CO_2 被及时运走；增加呼吸表面两侧的气体分压差以利于提高呼吸效率。动物体具备这些条件并可以成为呼吸器官的有细胞膜、皮肤、黏膜和特殊呼吸器官如鳃、肺等，但鳃离开水因失去浮力作用而发生粘连、表面积减小而干燥，不能成为空气呼吸器官。兽类皮肤因角质化、缺乏血管而失去呼吸功能，患气管炎可使气管狭窄造成呼吸困难影响肺的通气效率和气体交换。

6.2.2　呼吸系统的基本结构

与生活环境、习性和演化程度相适应，三胚层、真体腔动物在演化过程中，产生不同类型的适应水和空气介质的呼吸器官。

6.2.2.1　水呼吸器官

适应在水介质中生活的水生动物用细胞膜、鳃、皮肤、黏膜等水呼吸器官（aquatic respiratory organ）进行呼吸。鳃是水生动物的主要和成功的呼吸器官。鳃作为外胚层衍生的向外突出物，依其来源、着生部位和形状分为多种类型，鳃的数目、结构、位置因种而异。

1）软体动物的鳃

4.6.2　（1）栉鳃（ctenidium）　腹足类的鳃形似梳齿，由一个长鳃轴及其向两侧交替伸出的三角形鳃丝构成。鳃轴两侧都具有鳃丝的为双栉鳃（楯鳃），仅鳃轴一侧有鳃丝为单栉鳃。

（2）次生鳃（secondary branchia）　软体动物的鳃由外套膜内壁伸展形成，位于外套腔内，称本鳃；后鳃类身体发生反扭转，重新出现两侧对称体型，本鳃消失，背侧皮肤表面生出次生鳃（secondary branchia），与其他鳃相区别；裸鳃目动物身体部分皮肤突起形成次生性皮肤鳃——裸鳃（cerata）。

4.6.1　（3）瓣鳃（lamina）　瓣鳃类的鳃成瓣状，外瓣鳃短于内瓣鳃。瓣鳃由内、外鳃小瓣（lamella）构成，其前后缘、腹缘愈合，呈 U 形，二鳃小瓣间有瓣间隔（interlamellar junction）将鳃腔分隔成许多水管（water tubl），鳃小瓣由纵行排列的鳃丝构成，其间有横的丝间隔（interfilamental junction）相连，其上有鳃孔（ostrium）（图 6-7）。

4.6.3　（4）羽状鳃（pinnate gill）　头足类的鳃轴两侧生有由鳃丝组成的鳃叶，称羽状鳃，位于外套膜前端，鳃上微血管丰富，鳃轴背侧有含丰富血管的鳃腺。

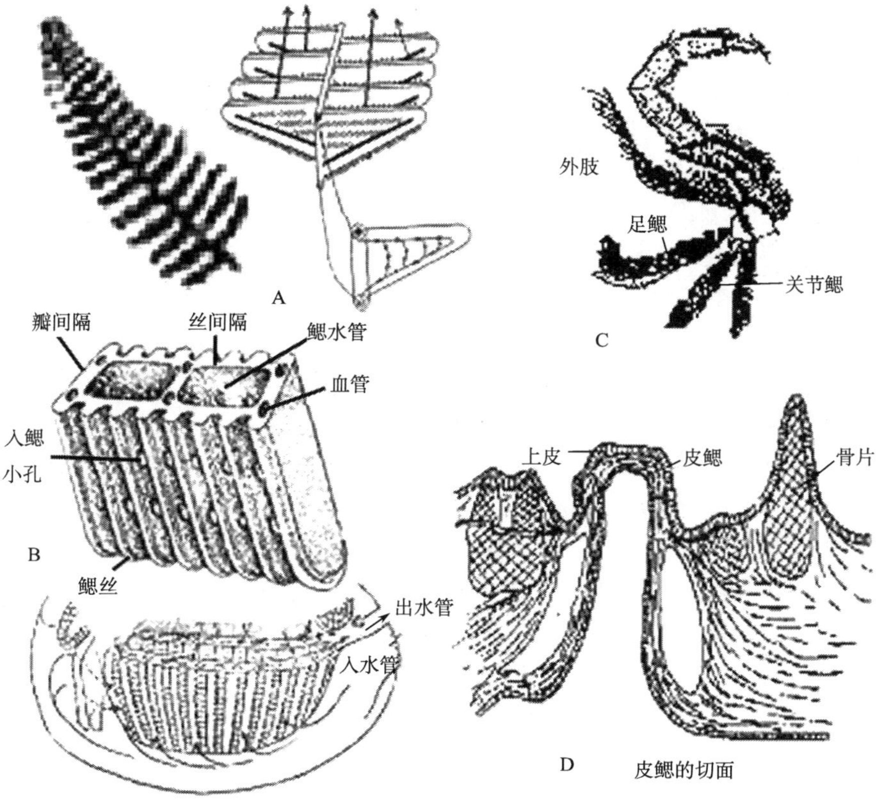

图 6-7　栉鳃（A）瓣鳃（B）虾的鳃（C）棘皮动物的皮鳃（D）（Parker 和 Cuenot）

2）多毛类环节动物的鳃

穴居、管栖多毛类含有丰富血管丛的体壁突起形成叶状、羽状、丛状和树状鳃。沙 4.7.2
蚕、巢沙蚕等疣足的背须或背叶特化形成扁平、分支状和螺旋分支的棒状体鳃；须头虫前三体节形成树枝状鳃；丝鳃虫体节产生丝状鳃。

3）节肢动物的鳃

由于生活习性和环境多样，水生节肢动物的呼吸器官也表现出多样化的特点。鳃的数目，虾（*Benthesicymus*）24 对，螯虾 17 对，海产蟹类多为 9 对，豆蟹（*Pinnotheres*）只有 3 对。鳃的鳃轴中有入鳃和出鳃血窦进行气体交换。

（1）甲壳动物的鳃　有叶鳃（phyllobranchia）、丝鳃（trichobranchia）和枝鳃 4.8.1
（dendrobranchia）等基本类型。对虾的枝鳃鳃轴向两侧伸出侧支再分支；螯虾和长尾虾等毛鳃（trichobranchia）鳃丝围绕鳃轴呈毛状或丝状排列；蟹类、寄居蟹和长臂虾（*Palaemon*）叶鳃的叶片状鳃叶沿鳃轴两侧伸出。甲壳类的鳃附着在体侧壁上为侧鳃

(pleurobranchia)，固着在附肢底节与体壁关节膜上为关节鳃（arthrobranchia），附着在附肢基节上为足鳃（podobranchia）（图 6-7）。鳃位于鳃室中，由头胸甲延伸形成的鳃盖（branchiostegite）遮盖保护。

4.8.3 （2）气管鳃（tracheal gill）　蜻蜓（*Aeschuna*）、蜉蝣（*Ephemera*）等的水生稚虫体表向外突出，气管伸入其中形成气管鳃，水中的 O_2 通过表皮扩散到气管中去，行水下气泡呼吸。

4.8.4 （3）书鳃（book gill）　肢口动物体壁表皮细胞向外突起、整齐折叠如书页状，形成书鳃，以增加与水直接接触的表面积，如鲎类的后 5 对附肢左右愈合呈薄板状，下表面向外折叠成上百个薄片（lamellae）形成书鳃。

4）棘皮动物的呼吸器官

除管足、肠具有呼吸功能，还有其他专门的呼吸器官。

4.9 （1）皮鳃（papulae）　体壁内外两层上皮细胞向外突出，形成瘤状的皮鳃(图 6-7)。

（2）呼吸树（respiratory tree）　海参类消化道两侧有一对呼吸树（respiratory tree)，由泄殖腔前端发出一对主干，然后分支及再分支末端形成小囊，囊内充满体腔液，通过泄殖腔及呼吸树有节律的收缩与扩张活动，使水流入或流出进行气体交换。海百合的管足有呼吸机能。

5）咽鳃裂与鳃

4.10 脊索动物的胚胎期，咽部内胚层向外突发育为成对的鳃囊（visceral pouch），对应
4.11 的外胚层内陷形成鳃沟（visceral furrow），咽囊和鳃沟突破中胚层贯通咽部，使咽腔与
4.12 外界相通形成特有而数目固定的咽鳃裂（pharyngeal gill slits），使咽成为食物进入食道与呼吸介质进入鳃或肺的共同通道（图 6-8）。

鳃裂，文昌鱼有 100 多对，七鳃鳗有 7 对、盲鳗有 15 对，软骨鱼有 5～7 对，硬骨鱼有 5 对。水生脊索动物咽鳃裂终生存在，并有鳃表面发育形成鳃。四足动物胚期形成咽鳃裂，除两栖类蝌蚪有发达的鳃外，其余类群咽囊产生后不打通或者无鳃表面发育并重新封闭而消失，否则，即是病态，如人类的颈瘘就是胚胎期的第 3、4 对咽鳃裂出生时未封闭的结果。

4.12 鱼类的咽鳃裂进一步分化发育为内鳃，由鳃弓、鳃间隔及其两侧成排排列鳃丝形成的鳃片构成。一个鳃片为半鳃（hemibranch），两个半鳃组成一个全鳃。软骨鱼类一般有 4 或 5 个全鳃，鳃间隔（interbranchial septum）发达，直达体表与皮肤相连，内有软骨质鳃条（gill ray）支持鳃，故称板鳃。硬骨鱼有 4 个全鳃，鳃间隔退化，鳃丝直接着生在鳃弓上，有鳃盖骨保护鳃并参与鳃的呼吸运动。鳃丝上有许多平行的鳃小片，使鳃具有巨大的鳃表面。鳃丝的数目、长短、密度和鳃小片的厚薄因种而异，并与其生活习性密切相关，越活泼的鱼，单位体重呼吸表面积越大，鳃小片越薄，以提高气体交换率适应快速游泳生活（图 6-8），如金枪鱼等。

4.11 七鳃鳗成体适应体表半寄生吸血生活，胚期，咽产生咽鳃裂后，进一步分化为背部的食道和腹面的呼吸管（respiratory tube），（盲鳗体内寄生，无呼吸管，外鳃孔经总鳃

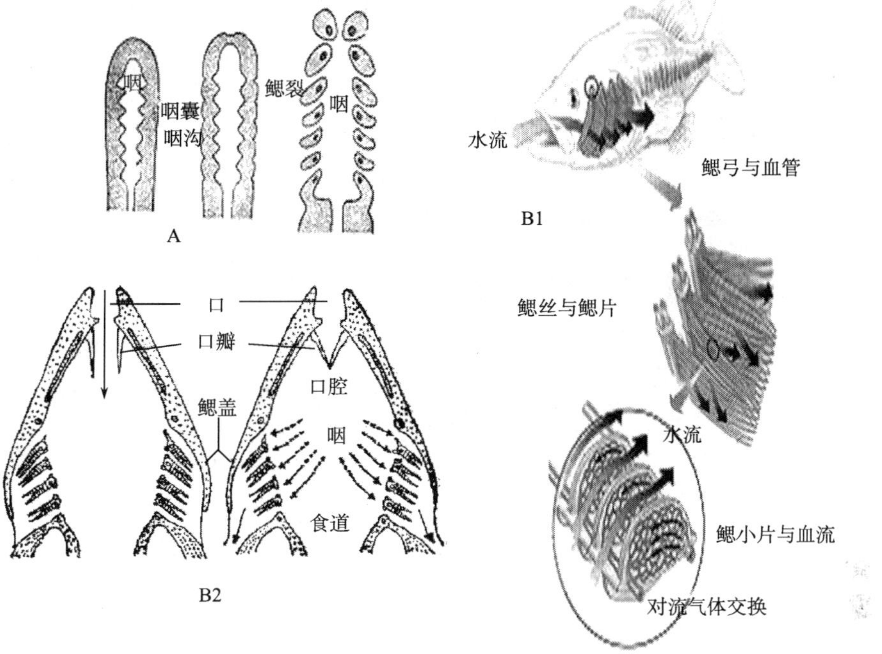

图 6-8　鳃裂形成（A）；硬骨鱼鳃呼吸（B_1）；软骨鱼鳃呼吸（B_2）（Kent，杨安峰等）

管开口于头后方），呼吸管左右两侧各有 7 个内鳃孔开口，各通入一个鳃囊，鳃囊内壁有来源于内胚层的褶皱状鳃丝，外鳃裂与外界相通，故称囊鳃（图 4-23）。

6）外鳃

两栖类幼体有由体壁向外突出形成的外鳃，美西螈成体保留外鳃作为呼吸器官。 4.13

7）其他水呼吸器官

软体动物掘足纲、腹足纲用外套膜呼吸。须腕动物用体表、触手和羽枝呼吸。 4.13

皮肤、黏膜适应水中呼吸，广泛存在于动物界，如两栖类的皮肤呼吸占有重要地位。龟鳖类的泄殖腔储存大量的水可用于呼吸。 4.14

6.2.2.2　空气呼吸器官

由于空气呼吸比水呼吸具有更大的优越性（表 9-1），特别是节能呼吸有助于动物将能量用于其他活动，开辟新的生存环境，动物在演化过程中产生适应空气呼吸的器官（airy respiratory organ），气管和肺。由内或外胚层内陷形成的气管和肺，增大呼吸表面积，藏于体内可以减少水分蒸发，适应干燥的陆栖生活。四足动物呼吸系统由输送气体的呼吸道（外鼻孔、鼻腔、内鼻孔、咽喉、气管、支气管等）和进行气体交换的呼吸器官两部分构成。低等动物的呼吸道常缺乏或发育不完全。

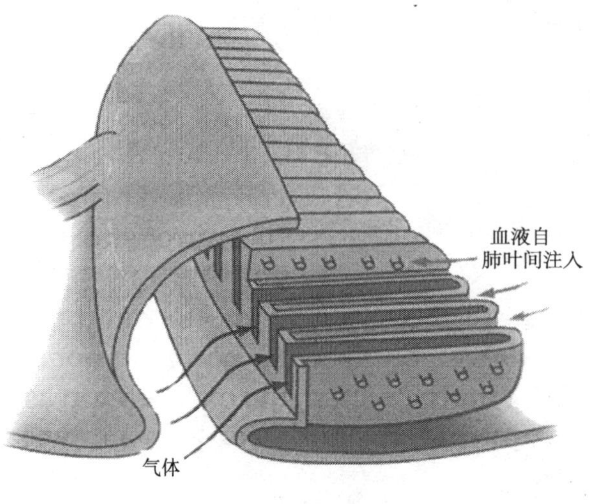

图 6-9 书肺

4.6.2 **1）肺囊与书肺**

4.8.2 陆生腹足类（如肺螺）外套膜密布微血管作为肺行空气呼吸；蛛形纲特有的书肺（book lung）由体壁内陷形成 100 多个扁平袋状突起即肺叶（lamella of lung）构成，袋内壁折叠成书页状，其间为气室（atium），1 对裂缝状书肺孔开口于腹部前腹面。血液流经肺叶间进行气体交换（图 4-17，图 6-9）。

2）气管

4.8.3 由体壁内陷形成，外端有气孔与外界相通，内端向体内延伸并反复分支，伸入组织间，布满全身；气管（trachea）内有角质膜称内膜，形成螺旋丝支持气管保持扩张状态，节肢动物的气管可直接供给组织氧气，并从组织排放二氧化碳，是动物界高效的呼吸器官。

马陆（*Julus*）等倍足类，每个足基节前端有一气孔，每体节有两对气孔。多数种类的气孔少于体节数。多足纲的步足基部有两对气孔，内连气囊，发出细长而不分支的气管，各体节气管互不接连，或连成一个完整的系统。昆虫的气管由表皮内陷形成气门（spiracle，气孔）（图 4-18）及纵横交错相连的气管组成，包括体侧两条纵贯全身的侧纵干（lateral tracheal trunk）、三对到达身体背、腹和内脏的气管干，气管干由横气管相连并再分支，扩大形成气囊，气管干和横气管分支愈分愈细，最后形成微气管（tracheole）分布于器官表面或伸入细胞之间（图 6-10），直接将 O_2 输送到组织和细胞。

3）脊椎动物的肺

脊椎动物胚胎期，原肠壁内陷形成肺芽并不断分支，发育形成肺，伴随颈部的发育，产生了气管作为气体进出肺的通道。气管对空气有温暖、湿润的作用，但没有气体交换的功能。依是否形成肺泡和肺泡的发达程度，脊椎动物的肺可分为两种基本类型：

（1）肺泡肺　低等两栖类喉头气管室直接与囊状肺相连，肺泡较少。爬行动物和哺乳动物有颈部，产生了由软骨环参与形成的气管和支气管，支气管进入肺反复分支，末端分化为发达肺泡，肺泡是气体交换的部位。哺乳动物的肺泡最发达，人的肺泡约有 7 亿个，极大地扩大了呼吸面积，提高了呼吸的效率。

4.15 （2）支气管肺　鸟类的支气管进入肺后成为初级支气管，在后背侧、前腹侧分出背、腹支气管（dorsal and ventral bronchus，次级支气管），联结背、腹支气管的是平行支气管（parabronchus，三级支气管），构成由 D-P-V 支气管系统组成的古肺（palae-

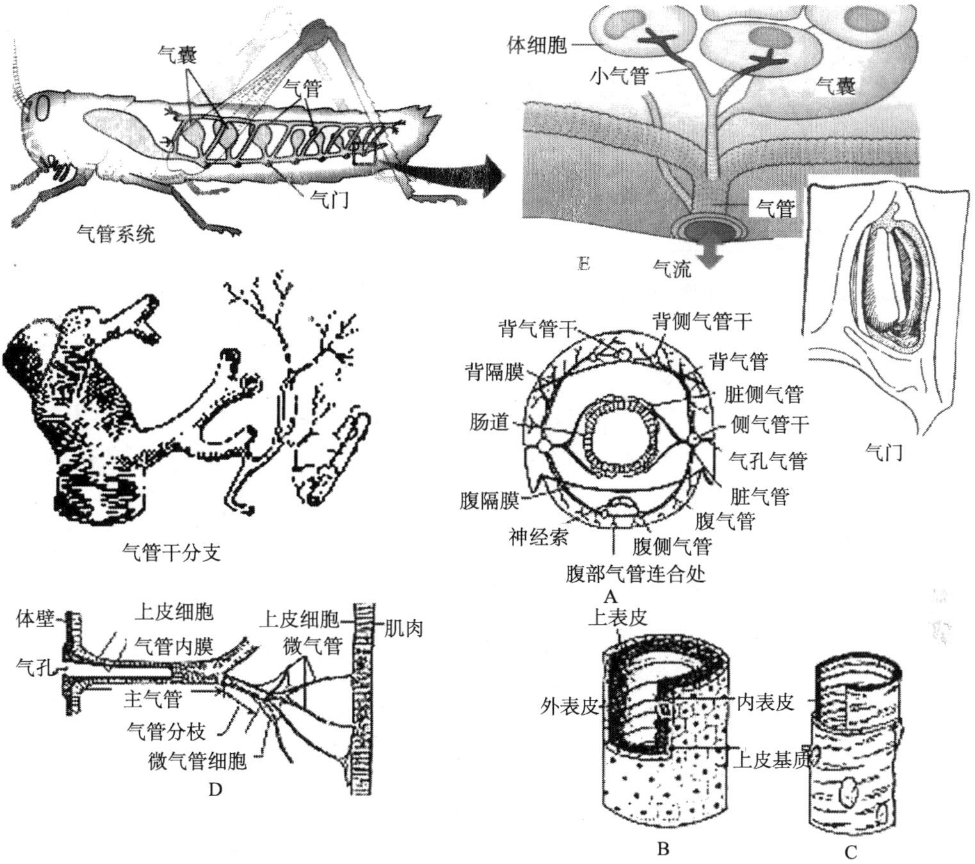

图 6-10　昆虫的气管系统（堵南山等）

A. 腹部横切示气管分布；B. 大气管的结构；C. 小气管的结构；D. 气管与微气管；E. 气门、气管、气囊、细胞与气流关系示意图

opulmo)，保证气流单向流动。大部分鸟类初级支气管和吸气囊之间还有完全由平行支气管组成的新肺（neopulmo)。平行支气管由毛细支气管（air capillary）形成复杂的互相连通的没有盲端的支气管网构成，其毛细支气管的排列方向与毛细血管互相垂直，气流与血流相交叉且相向从平行支气管的（Ⅰ，Ⅱ）一端流向（Ⅱ，Ⅰ）另一端，形成交叉对流的气体交换系统，是鸟肺气体交换的部位（图 6-13）。

鸟肺与 9 个发达的气囊（air sac）（图 4-27）相连。气囊分为两组，吸气囊包括锁间气囊（1 个)、颈气囊（2 个)、前胸气囊（2 个)，呼气囊包括后胸气囊（2 个)、腹气囊（2 个)。气囊不仅参与肺内气流方向的控制，而且伸入骨骼中减轻体重；伸入内脏间降低体温，有利于精子的发育形成。

6.2.3　呼吸器官的通气

呼吸肌的收缩、舒张活动，例如，造成胸廓扩大和缩小驱使空气进出肺，称为呼吸运动。呼吸运动是推动呼吸介质流动的直接动力，驱使水流或气流达于呼吸器官表面，呼吸畅通增加呼吸膜两侧的气体分压差，促进界面处的气体交换，称为通气（ventilation）。通气的动力由呼吸肌的舒缩活动产生，通气强度由动力和阻力（呼吸器官内压变化）的大小比决定，动力大于阻力，通气就能进行。

水是一种液体呼吸介质，氧需溶解在水中才能到达呼吸器官进行气体交换，水的相对密度大而氧的溶解度较低（表 9-1），需要消耗大量能量（鱼类体内代谢总能量的40%）推动水流经呼吸器官，保证鳃的通气。当然，各类动物促使水流经过鳃的机制是不同的，如沙蚕通过疣足摆动，虾类靠附肢活动，头足类由外套膜的舒缩活动，软体动物和原索动物通过纤毛和肌肉活动，七鳃鳗借鳃囊壁上的肌肉舒缩活动。

4.14 空气含氧量高、相对密度小、气体的扩散率高，只需少于 5%左右的代谢能便可
4.15 推动气流进行通气。当吸气肌收缩时，胸廓扩大，肺扩张、容积增大，肺内压下降、
4.16 低于大气压形成负压驱使空气进入肺，造成吸气（inspiration）；当吸气肌舒张、呼气
肌收缩时，胸廓缩小，弹性回缩力使肺缩小、容积减小，肺内压升高大于大气压，肺内气体顺气压差流出肺，造成呼气（expiration）。呼吸过程中，呼吸运动决定肺内压周期性交替变化，由肺内压和大气压之间的压力差决定的通气强度也会发生周期性变化。

肺呼吸消耗的能量大量减少，有利于动物把代谢能用于繁殖、运动和主动猎食等各种活动，开辟生存的新途径，促进动物的进化。因此，动物的呼吸由水呼吸演变为空气呼吸，通气由表面接触、纤毛驱动水流演变为肌肉驱动水流或气流通过气体交换表面。

6.2.3.1　细胞膜弥散式呼吸

4.2 细胞膜弥散式呼吸（diffuse respiration）是指水中游离氧直接通过细胞膜渗透扩散
4.3.1 （diffusion）进行气体交换，如原生动物。海绵动物形成水沟系，领细胞鞭毛驱使水流
进入体内鞭毛室进行气体交换。腔肠动物使水流经口进入消化循环腔，体壁内外层细胞与水接触，呼吸由细胞独立进行。

6.2.3.2　体壁皮肤呼吸

4.4.1 胚胎发育过程中，用不同类型的胎膜进行呼吸，低等水生和陆地湿润环境中生活的
4.7.1 动物以体表进行气体交换，如环节动物表皮有丰富的微血管分布，黏液细胞分泌黏液使
体表保持湿润，有利于体表细胞与外界进行气体交换，靠体液的环流作用将氧气运送到体内细胞。

4.12 鱼类和两栖类的皮肤呼吸比较发达，蛙类 25%～75%的氧、90%的 CO_2 和无肺螈
4.13 类全部气体交换通过皮肤呼吸完成，因此，蛙类皮肤只能轻微角质化。蛙肺被摘除尚能
长时间生存，若皮肤涂上油类物质则很快窒息而死。

6.2.3.3　纤毛-肌肉协同作用通气

呼吸表面具有大量纤毛，纤毛摆动或肌肉与纤毛协同作用，产生水流经过鳃进行气

体交换，同时可摄食水中食物颗粒、排出废物，腔肠动物、软体动物和尾索动物、头索动物分别经消化循环腔、外套腔或围鳃腔排出。

前鳃类因身体发生扭转，外套腔和鳃的结构发生变化，水流途径也各不相同。 4.6.2
为防止污染鳃和外套腔，原始腹足目（Archaeogastropoda）具有一对双栉鳃，水流从前方流经外套腔时进行气体交换，携带代谢产物经外套腔和壳前缘中背处的裂缝流出。螺旋形壳的蝾螺和蜒螺（*Nerita*）保留左侧双栉鳃，水流由左侧流入外套腔经鳃由右侧流出。中腹足目（Mesogastropoda）和新腹足目（Neogastropoda）为单栉鳃，外套膜前端延伸卷曲形成水管（siphon），鳃的结构、水管和水流适合于沙质水底生活。

生活于石块、树皮下或潮湿地面处的肺螺类，“肺”是高度充血的外套膜，在身体的右侧形成一个气孔（pneumostome），外套膜底部的扇动使气体在外套腔中流动，吸收空气中的氧。水生种类椎实螺须周期性到水面伸出水管，更新气体后关闭气孔沉入水下，在水下停留的时间因种而异，从几分钟到十几分钟，然后再浮到水面
呼吸。 4.6.1

瓣鳃类鳃及外套膜上的纤毛摆动引起水流，水由入水管进入外套腔，经鳃小孔、鳃水管到达鳃上腔时，与外套膜和鳃内血液进行气体交换，然后经出水管排出。肌肉参与常由出水管喷出水柱，加速水的流动和通气。

头足类由于快速游泳使身体的背腹轴延长成前后轴，足前移构成头部的腕，外套膜 4.6.3
发达的肌肉层延伸包围内脏团组成躯干部，外套腔移到身体腹面。与纤毛相比，外套膜和漏斗的肌肉舒缩活动极大地增加了流经身体的水的流量和流速，鳃表面的纤毛消失，血液在鳃丝毛细血管中流动，并有鳃心（branchial heart）增加血压加速血液的流动，水流经鳃表面的方向也相应发生变化，因此，头足类外套膜和漏斗的肌肉活动形成水流，使鳃快速通气，加快气体交换适应快速运动的需要。

甲壳类靠附肢的活动特别是第二颚足的颚基叶打动，造成水流由鳃盖的腹缘、后缘 4.8.1
流入鳃室（蟹类仅由螯肢基部流入），从头胸甲前端两侧流出。水在鳃室循环时与血液进行气体交换。

棘皮动物皮鳃内的体腔上皮纤毛使体腔液在皮鳃中流动，外层纤毛造成体表水流进 4.9
行气体交换。

海鞘、文昌鱼的咽内壁上广布大量的纤毛上皮细胞，纤毛摆动驱动水流由入水孔或 4.10
口笠和前庭，经口、咽、咽鳃裂、围鳃腔流出，水流由出水孔或腹孔排出，在过滤食物的同时，水流与血液进行气体交换。

6.2.3.4　书肺通气

书肺气室背部的肌肉收缩使气室扩大，腹部前半部腹面的一对书肺孔张开，气体进 4.8.2
入书肺后，血液不断流经肺叶间，通过扩散进行气体交换。

6.2.3.5　昆虫的气管通气

昆虫类由于细胞不断进行代谢活动，使气管内氧分压降低，CO_2 分压升高，扩散 4.8.3

作用可使氧气经气门进入气管到达微气管供应组织细胞，经相反途径排出CO_2；气体扩散作用不能满足代谢需要，仍需要呼吸，腹部肌肉舒缩和气门开关的同步活动加强通气过程，吸气时，前部气门开放、后部气门关闭，呼气时相反。细胞呼吸产生的CO_2以重碳酸盐的形式保留在体液中，当CO_2升高到临界浓度，所有的气门开放，造成CO_2量子释放，加速通气，彻底更新气管内的气体，减少水分丧失，适应干燥的陆生环境。快速飞翔运动时，所有气门打开，气流可贯流气管进行气体交换。

6.2.3.6　囊鳃通气

4.11　圆口类幼体和成体游泳时的呼吸方式与鱼类相似，但吸附在鱼体体表寄生生活时，括约肌控制外鳃孔的启闭，在鳃笼骨骼和鳃囊壁肌肉舒缩的协同作用下，鳃囊扩张驱使水由外鳃孔流入鳃囊进行气体交换，鳃囊缩小，水由外鳃孔排出。

4.12　#### 6.2.3.7　压力吸力泵通气（buccal pressure and opercular suction pumps）

鱼类呼吸肌的舒缩活动使水从口、内鳃孔进入鳃腔，经外鳃孔排出完成呼吸。硬骨鱼口张开、口腔底壁下降、鳃盖骨扩张、鳃盖膜封闭外鳃孔，口腔和鳃腔增大，负压吸水进入口腔和鳃腔；口瓣关闭、口底提升、鳃腔仍处于扩张状态，口腔水因压力高而继续流入压力低的鳃腔；接着，呼吸肌使鳃盖骨回缩，鳃腔内水压高于环境时鳃盖膜打开，水经外鳃孔流出。口腔壁肌肉的强有力收缩，使口腔内压高于鳃腔，保证水流基本单向经鳃流入鳃腔。鱼类快速游动时，主动吞水呼吸也是重要、具有积极意义的。金枪鱼等快速游动时，口和鳃盖张开，水流可以不停地流经口腔和鳃部，保证水流单向流过鳃表面进行气体交换（图 6-8）。软骨鱼采用相似的呼吸运动完成通气。

6.2.3.8　口咽式呼吸

4.13　蛙、蟾呼吸时，①鼻瓣张开、喉门关闭、口底下降，将空气吸入口腔内与口腔黏膜进行气体交换，口底反复升降可以彻底更新口腔内气体，提高进入肺内气体的含氧量；②喉门打开，体壁和肺的弹性回缩使肺内已经进行充分交换的气体从口腔上部呼出；③鼻瓣关闭，口底抬升产生正压，迫使口腔气体进入肺，口底反复升降与肺的张缩配合作用使气体往返于口腔与肺间，气团内部的无效气体移到表面与肺泡壁接触，有利于吸入气体进行彻底交换，同时减少呼吸造成水分的丧失（图 6-11），这种呼吸方式称为口咽式呼吸（bucco phryngeal respiration）。

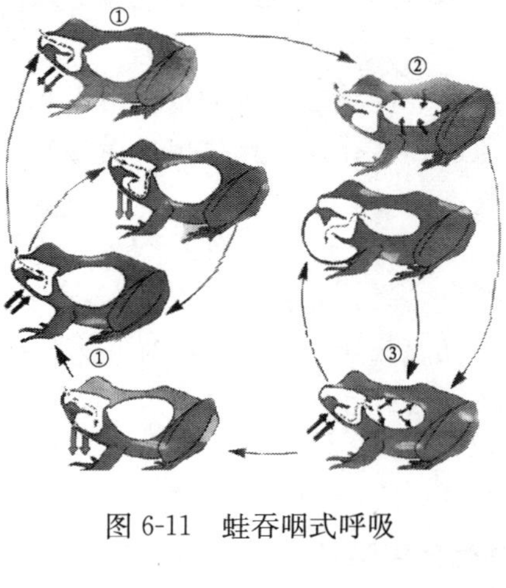

图 6-11　蛙吞咽式呼吸

6.2.3.9　吸力泵通气

羊膜动物产生由胸椎、肋骨和胸骨构成的胸廓。吸气时，肋间肌收缩，胸廓扩 4.14
张，胸腔容积增大，负压把空气吸入肺内；呼气时，肋间肌舒张，胸廓回缩、胸腔 4.15
缩小，肺的弹性回缩力使肺内气体呼出。哺乳类还产生膈肌，与肋间肌协同舒缩活 4.16
动增加或缩小胸腔的前后、左右径参与呼吸运动，在神经体液的调节下完成、加强肺的通气（图 6-12）。龟鳖类的胸廓参与骨板的愈合形成，产生特殊肌肉群参与呼吸运动。

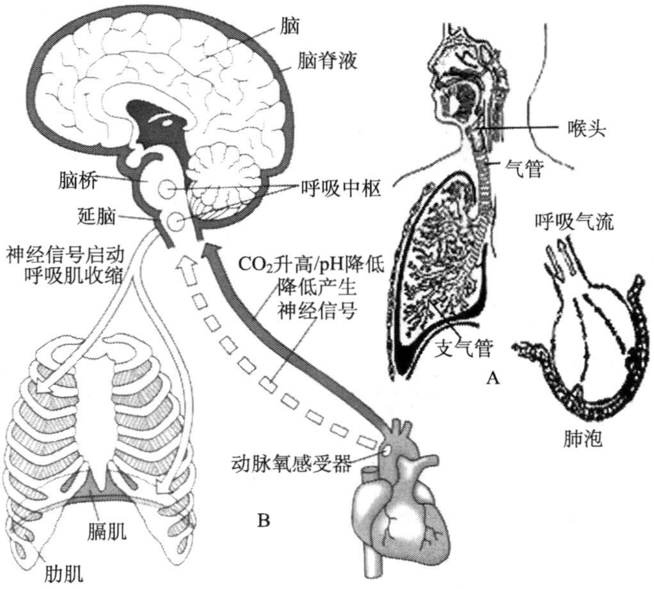

图 6-12　人的呼吸系统（A）与呼吸调节（B）

（1）潮式呼吸（tidal respiration）　两栖类、爬行类和兽类由于具盲端的肺泡似 4.14
蓄水池，肺泡内气团必须扩散到表层才能成为有效气体，与血液进行气体交换。肺 4.16
内含有大量余气与吸入气体混合，吸气时含氧量逐渐升高；呼气时没有新鲜气体进入肺，含氧量逐渐降低，气体交换率低而且随呼吸周期呈波浪式变化。在神经体液调节下（图6-12），呼吸气流潮式进出肺的气体交换部位，故称潮式呼吸，进出肺的气流称为潮气。

（2）贯流式呼吸（flow through respiration）　鸟类支气管式肺与呼气、吸气两组 4.15
气囊相连，气囊在吸气时扩张、呼气时缩小。吸气时，新鲜空气经中支气管和新肺进入吸气囊，部分气体因肺内气体进入呼气囊而进入古肺 D-P-V 系统；呼气时，吸气囊内的气体经返回支和新肺进入古肺 D-P-V 系统，气体交换后可与呼气囊的气体一起呼出。呼吸过程中，气囊的作用如同风箱使气流稳定地（古肺单向、新肺双向）贯流通过肺的气体交换部位，吸入气团经两个呼吸周期才能排出，贯流通气使支气管内没有余气存在，始终是含氧量高而稳定的吸入气流连续通过肺气体交换部位，气体交换率高而稳定，故称贯流式呼吸（图 6-13）。显然这与其他陆生脊椎动物潮式通气、波浪式气体交换效率是不同的。

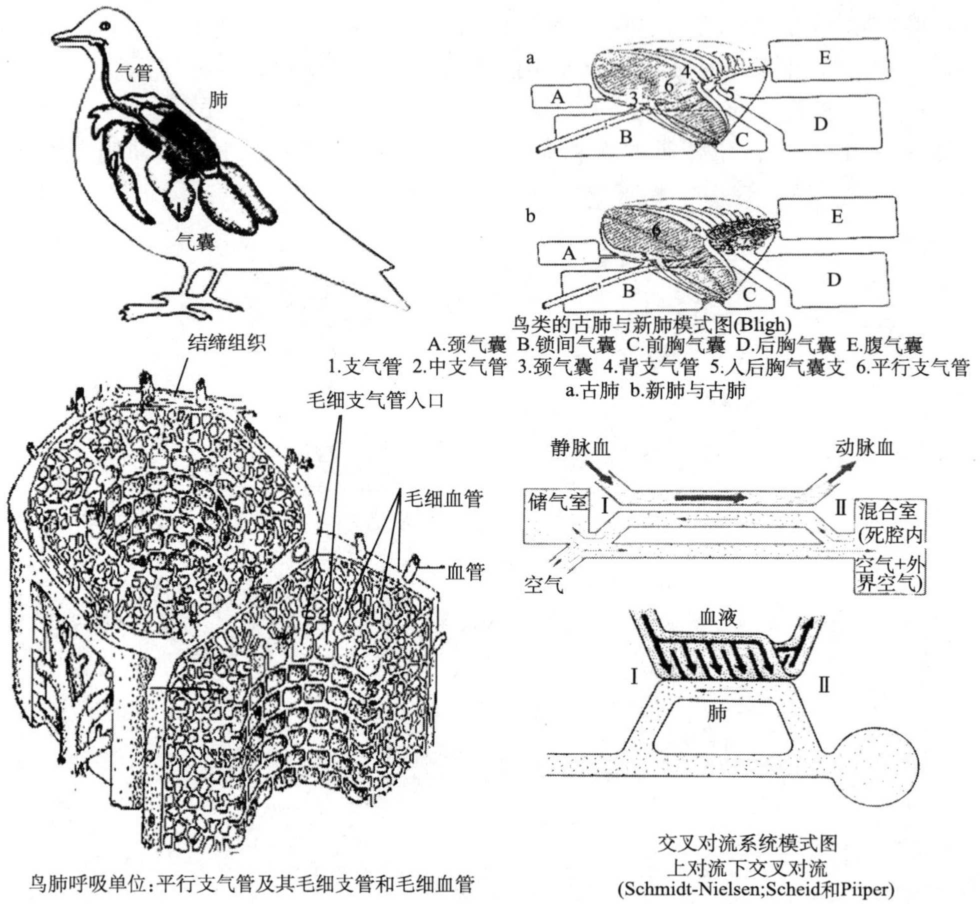

图 6-13　鸟呼吸系统结构与交叉对流气体交换（Bligh，Schmidt-nielsen，Schcid，Piiper et al.）

6.2.3.10　呼吸介质流动促进通气

分布大量毛细血管的体表和外鳃直接与呼吸介质接触，自身运动如沙蚕疣足摆动，或动物的外鳃摆动，或快速游泳，促使水流通过呼吸器官；水的流动和空气的流通，流动的呼吸介质也带来充足的氧气，促进气体交换，如大鲵等选择流动的溪流栖息，许多动物选择开阔通风的环境，养鱼池用电动机搅动“水流”，防止浮头现象的发生。

总之，动物采用不同的通气机制，增加呼吸膜两侧的气体分压差，保证气体交换和细胞代谢活动的正常进行；不通气或血流停止，呼吸器官则失去呼吸功能。

6.2.4　气体交换

呼吸膜因种类、结构不同而呼吸效率不同，但一种动物由血管、细胞间质和肺泡膜构成的肺泡壁——呼吸膜的厚度、结构是一定的，气体交换的效率和方向则由呼吸界面两侧气体分压差的大小和存在与否决定。呼吸膜两侧只要存在气体分压差就会按照气体扩散原理进行连续交换，由高压处向低压处扩散，分压差的高低决定气体交换率的高低，分压差越大气体交换率越高；反之则低。由于细胞连续不断地进行代谢，内环境 O_2 减少、CO_2 增加，因此，呼吸器官内的 O_2 扩散到毛细血管内，随血液运送到组织细胞处，CO_2 从细胞、血液扩散到呼吸器官排出。

如果血流和气流是平行流动的，气体交换率最高不超过 50%。适应各自的生活环境和活动方式，动物产生不同的呼吸器官，呼吸器官的结构和气流、血流情况决定了气体交换机制的不同。如软体动物有不同的水流方式，瓣鳃纲单向水流与血窦中的体液进行气体交换，头足纲闭管式循环增加鳃血管血液的流动速度，提高气体交换效率，蚯蚓体表毛细血管中的血液与溶解于黏液中的氧气进行交换；昆虫的气管直接与细胞进行气体交换。

6.2.4.1　对流气体交换 4.12

鱼类呼吸使水流单向流经鳃表面，鳃血管的排列方式使鳃小片毛细血管内的血流与水流方向正好相反，形成对流（counter current）气体交换系统（图 6-8），保证血流与水流相向流动过程中始终进行气体交换，最大限度地把水流中的氧摄入体内，尽管水中溶解氧只有 1%，但对流气体交换使水中溶解氧大部分（约 90%）摄入鱼体内，极高的气体交换率适应水中高耗能的鳃呼吸。

6.2.4.2　肺泡式气体交换

肺泡内气体只有表层与肺泡壁接触，气团内层气体必须扩散到表层才能成为有效气 4.13
体，与肺毛细血管里的血液进行气体交换。吸气时，空气进入肺与余气混合而氧分压差 4.14
降低，随着吸气肺泡内气体含氧量逐渐升高，气体交换率也升高；呼气时，没有新鲜气 4.16
体补充，连续的气体交换使肺泡与血液间的气体分压差逐渐减小，气体交换率逐渐降低，呼气结束时最低。因此，随呼吸周期，潮式气流使气体交换率呈波浪式变化。

6.2.4.3　交叉对流气体交换 4.15

支气管式鸟肺的毛细支气管和毛细血管互相垂直交叉，在三级支气管处气流和血流交叉对流（cross current）进行气体交换（图 6-13）；实验反转三级支气管气流方向，气体交换率无变化，证实气流与血流是交叉对流的。当气流从三级支气管的Ⅱ端流到Ⅰ端，血流则从Ⅰ端流到Ⅱ端，气流与血流相反方向交叉对流的气体交换机制使血液始终与没有余气的吸入气流进行稳定而高效率的气体交换。因此，在 6000 m 高山上，同等大小的兽类已难以活动，但鸟类仍能自由飞翔活动。

6.2.4.4　微气管与细胞气体交换

昆虫的微气管直接伸入细胞，细胞直接与微气管进行气体交换。微气管直接将氧送 4.8.3
到细胞，细胞中的 CO_2 通过气管系统排除，气管系统氧与 CO_2 的扩散速度比在血液或水中约快 1 万倍。实现细胞与气管间直接的气体交换是气管呼吸（tracheal respiration）突出的优越性。

6.2.4.5 气体交换效率的比较

假设气流与血流的含氧量分别为 100 和 0，二者是平行流，气体交换达到 50%后，便不再进行气体交换。如果气流与血液形成对流或交叉对流的气体交换系统，二者间没有余气存在，始终存在着较高分压差，进行高效率气体交换。肺泡式气体交换仅在与肺泡壁接触的气团表面进行，呼吸过程中肺内有大量余气存在，降低肺内气体的含氧量，气体交换率低。因此，气体交换机制的效率由高到低依次是细胞弥散＞微气管＞对流＞交叉对流＞肺泡＞平行流。

6.2.5 呼吸系统的演化

呼吸器官的形成演变和功能的进化与动物新陈代谢的提高程度、生存环境选择密切相关，也是动物整体结构、功能逐渐复杂化和进化的重要因素。细胞呼吸是生命活动的基础，伴随胚层的产生分化、演化出来的呼吸系统可由不同的胚层发生，依靠体表进行气体交换的由外胚层分化形成的表皮行皮肤呼吸，出现较早；呼吸系统发生与消化管相关，发生于内胚层，或内外胚层形成特殊的呼吸器官，出现较晚。动物由水生进化到陆生，由水呼吸进化成空气呼吸，由于生活环境和呼吸方式不同，动物在进化过程中出现了不同呼吸类型和呼吸器官（图 6-14）。

6.2.5.1 无专门的特殊呼吸器官

4.2 原生动物、腔肠动物、海绵动物呼吸作用由细胞独立进行。蛔虫、扁形动物、原始
4.3 多毛类、寡毛类、蛭类、纽虫、轮虫、蠕类、海百合、毛颚动物、小型甲壳类节肢动物
4.4 如鳃足类等以体表与外界环境进行气体交换，故身体扁平以增加体表面积行有氧呼吸。
4.5 吸虫和绦虫等寄生种类在缺氧消化道环境行无氧呼吸，利用储存糖原（glycogen）酵解
4.9 产生能量。

由于没有专门的呼吸器官，机体的体积、表面积与氧的消耗相关，即体积越小，单位质量氧耗越高，故靠体表气体交换难以满足机体深层细胞代谢的需要，所以这些动物或者体积小或者体薄而代谢率低；体积大的动物如水母体内有机物不到 1%，其余为水和盐类，耗氧率低，代谢活泼的细胞只能分布在表面。

6.2.5.2 呼吸多样化

随着动物的进化，体细胞不能与气体直接接触，适应身体结构复杂化、代谢活动加强和水陆生活环境的多样化和需氧量提高的需要，出现了适应水、陆生活环境的专门呼吸器官。

4.8 小型甲壳类、须腕动物等出现呼吸器官，但皮肤仍具呼吸作用。两栖类幼体用鳃呼
4.13 吸，成体出现肺，皮肤、黏膜仍具有重要的呼吸作用，皮肤具黏液腺分泌黏液以保持皮
肤的湿润，因此，两栖类只能分布于水环境周围。

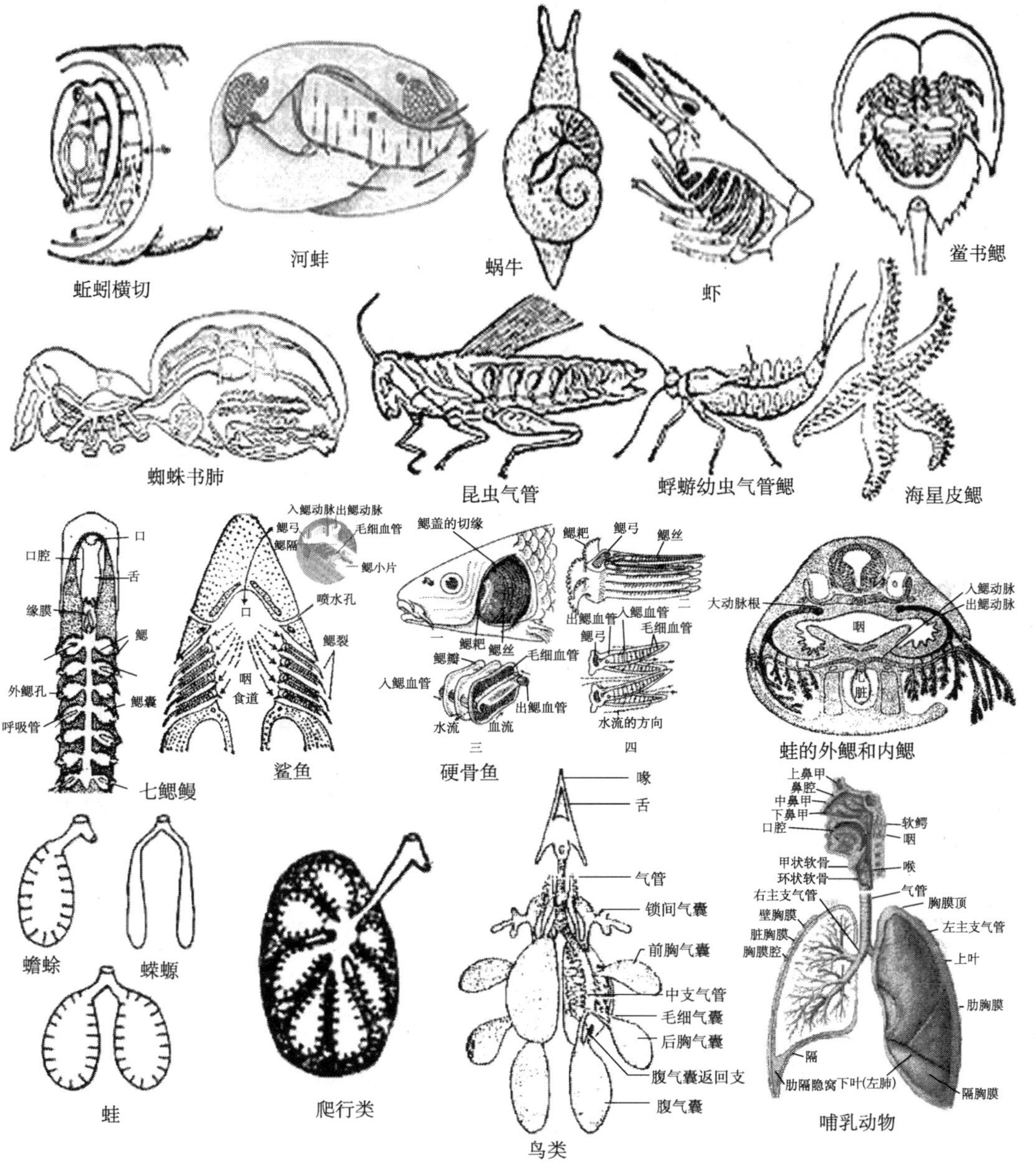

图 6-14　主要动物类群呼吸系统的比较（堵南山等）

6.2.5.3　专门的呼吸器官

伴随循环系统的发展完善，呼吸由专门的呼吸器官来完成。

（1）鳃　鳃是适于水生的呼吸器官，多数动物由皮肤或体壁向外凸出形成各种各样的鳃。

软体动物是栉鳃，单板纲为单栉鳃，多板纲栉状鳃在外套沟内成线形排列形成楯 4.6
鳃。腹足类由于身体发生扭转、反扭转，适应水底生活，具有一对双栉鳃或单栉鳃，外套膜形成入水管和出水管，可控制水流的进出。

4.7.2 多毛类疣足的背须或背叶特化成扁平分支和螺旋分支的体鳃；须头虫前三体节形成树枝状鳃；丝鳃虫许多体节产生丝状鳃。帚毛虫用羽状触手呼吸。

水生节肢动物鳃的形式复杂多样，有支鳃、毛鳃、叶鳃三种基本类型，鳃的数目、
4.8 结构、位置因种而异。三叶虫双肢型附肢的外肢上有鳃丝，为肢鳃；鲎为书鳃。甲壳类有侧鳃、关节鳃、足鳃等形式。如对虾（*Penaeus*）24 对，螯虾 17 对，海蟹 9 对，豆蟹（*Pinnotheres*）只有 3 对。棘皮动物为皮鳃或呼吸树。

4.10 原索动物保留咽鳃裂的基本形态结构，鱼和两栖类等的咽鳃裂分化发育为内鳃或外
4.12 鳃，位于体内和体表，鳃表面由内胚层、外胚层或内外胚层共同形成。

4.8 （2）气管和书肺　有爪动物栉蚕等用气管进行呼吸，体表约有 1500 个气孔，与体壁肌肉层内的气囊相连，气囊基部发出许多细小而不分支的气管，分布于全身伸入组织中。蛛形纲出现书肺，同时出现节肢动物特有的气管，以书肺或气管呼吸，或两者兼有。多数昆虫的气门在表皮下形成气腔，腔底部为气管开口，侧纵干上有膨大的气囊，储存气体增大呼吸量，减少气门开闭频率，飞行时增加浮力，防止体内水分的蒸发散失和异物的侵入，是节肢动物对陆生生活的一种适应。

次生性水生昆虫经历了从空气呼吸到水呼吸的变化过程。双翅目幼虫，孑孓和蛆身体后端形成长的呼吸管，伸出水面通过气门吸收空气后潜入水中，呼吸空气中的 O_2，如水生甲虫龙虱（*Dytiscid*）定时浮出水面，在鞘翅下携带大量气体，在水中把氧用完后，再浮到水面换气。没有储气结构的种类只能在水面游泳生活。了解呼吸系统的结构功能和生活环境的关系，就会知道如果消灭孑孓，不仅可以用药物，而且可向水面加入少许油剂，使之不能呼吸空气窒息而死。

4.13～ （3）肺　肺是脊椎动物空气呼吸的器官，有肺泡式肺和支气管式肺两种基本形态，
4.16 不仅结构功能随进化而复杂、完善，而且可以通过神经体液对呼吸运动进行精细的调节，满足各种活动对氧气的需要，肺与鱼类的鳔有一定的演化关系（图 6-15）。

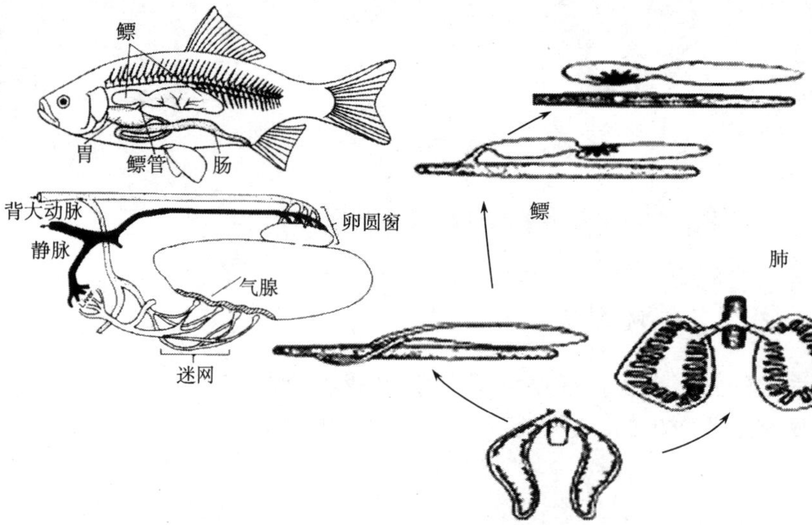

图 6-15　肺鳔演化关系与鳔的功能

总之，呼吸系统的结构功能和呼吸方式是与动物的系统演化和生活环境、习性相适应的，并产生相应的适应性变化。

6.2.6 鳔

鱼的鳔（gas bladder）由原肠管壁囊状突起演化发育而成，可分为大小、形态不同 4.12
的两室，如鳙鱼的前鳔极大，鲫鱼的前后鳔相似，也有的鱼只一个鳔。鲤形目、鲱形目 9.1.2.2
等鱼类保留鳔管（pneumatic duct）的称喉鳔类（physostomous）；鲈形目等鱼类的鳔 9.2.4
管消失的称为闭鳔类（physoclistous）。

鳔内充满气体，鳔内气体的浮力作用（图 5-12）可使鱼体的中心与重心保持平衡。气体主要有氧气、氮气、二氧化碳，有的鱼鳔内几乎是纯氧气或纯氮气，鳔内不同气体含量不仅与鱼所处的水层有关，而且随着水层变化也会发生变化，如浅水生活的鲤鱼含氧量占鳔内气体总量的 2.42%，生活在 175 m 水深处的康吉鱼含氧量高达 87%，鲂鮄鱼由 1 m 降到 16 m 水深处，其含氧量由 16%升至 50%。

鳔的前腹壁分泌气体的红腺（red gland）由众多 U 形微血管构成，称迷网（rete mirabile），每一条血液向鳔壁流动的血管周围有 4 条血液流出的血管，形成较强的逆流倍增效应，可使向鳔壁内流动的血液气体含量逐渐升高，当血液中的气体分压超过鳔内压时就向鳔内扩散。

当处于中性浮力状态的浅水层鱼游向深水层时，水压增加和体壁收缩使鳔内气体体积减小，鳔内气体作用于鳔壁上的压力降低，通过神经体液反射性引起腺上皮产生乳酸等酸性物质，促使氧从血红蛋白上离解下来，血液中的游离氧增加，通过逆流倍增效应增加流入鳔壁血液的氧分压并扩散到鳔内，直至鳔内气体恢复到原有体积使鱼在新的深水层恢复到中性浮力状态，腺上皮停止分泌乳酸、红腺停止分泌气体。当鱼由深水层游向浅水层时，鳔内气体因外部压力减小而扩张，张力作用于鳔壁反射性引起卵圆窗开放，鳔内气体从开放的卵圆窗扩散到血液中被运走，直至鳔内气体恢复到原有体积，从而使机体处于新的中性浮力状态，停留在新的水层。可见，红腺分泌、卵圆窗释放气体是适应水层及压力变化的，使鳔内气体恢复到原来的体积，从而使鱼体在新水层保持中性浮力状态，减少无效的游泳行为，节省能量。

鱼体内演化产生鳔既可使鱼体的中心与重心保持平衡，也可保持中性浮力状态，鳔内气体的振动可发声，也可通过韦伯氏器传到内耳产生听觉，而肺鱼的鳔有呼吸作用则说明鳔与肺具有演化关系。

6.3 循环系统

伴随体腔的形成动物机体增大、结构功能日趋复杂，活动加强和代谢率的提高需要加强物质、气体的运输，于是动物在演化过程中产生了循环系统，以便及时把氧气、营养物质输送到组织细胞，把代谢废物输送到肝解毒，把尿素等代谢废物送到肾脏、CO_2 输送到肺排出，把抗体、免疫细胞送到炎症部位消灭进入体内的细菌等异物，把激素输送到靶器官发挥作用，通过体表微血管的舒缩活动和血流把热能从体表输送到体内（变温动物）或从体内运至体表散出（恒温动物）调节体温。在神经、呼吸和排泄系统的协同作用下，保证血液等内环境的基本稳定，以利于细胞在相对恒定的内环境中有效地执行功能。

6.3.1　循环系统的组成及作用

高等动物的循环系统由血液循环系统和淋巴循环系统组成（表 6-1），心血管是血液运行的管道，因结构和生理功能不同而分为心脏、动脉、静脉和毛细血管等部分。低等动物则缺少其中的一部分或几部分，并无淋巴系统。

表 6-1　动物的循环系统组成和作用

组成			作　用
血液循环系统	心脏	静脉窦	回收、储存回心血液
		心房	回收、储存回心血液
		心室	泵送血液到全身
		动脉圆锥	维持血压、分流和泵送血液到全身
	血管	动脉	从心脏输送血液到全身的血管
		静脉	从全身输送血液回心脏的血管
		毛细血管	分布于组织间隙，保证血液和组织液间的物质交换
		血窦或血腔	动静脉间由囊胚腔演化形成，细胞浸润其间进行物质交换
	血液	红血球	携带、输送氧到组织、二氧化碳到肺部
		白血球	具有免疫功能
		血浆	含有多种蛋白质、激素、抗体、无机盐和水等
		血淋巴	血液和体腔液混合，运输营养物质
淋巴系统	管道	淋巴心	跳动推动淋巴回流参与循环
		淋巴管	分布组织间，为盲端，输送淋巴经大静脉回心
		淋巴结	分布于淋巴管上，具有过滤免疫功能
	淋巴	淋巴细胞	具有免疫功能
		淋巴液	补充血浆

6.3.2　心脏

心脏（heart）是血液循环的动力器官，高等动物还有分流动、静脉血的作用，是由心肌构成、具有节律性搏动的多腔器官。

4.6～4.16

6.3.2.1　心脏的类型

动物的心脏有 4 种类型，一般具有一种，有的具有两种。①搏动血管，管壁厚，肌肉蠕动收缩推动血流，如环节动物、软体动物、节肢动物、头索动物等；②管状心脏，发达，如多数环节动物、被囊动物等；③副心，泵送血液通过部分器官，如软体动物称鳃心，普遍见于昆虫触角的基部、腿、翅和胸关节等部位；④分室心脏，由心肌组成，如部分软体动物和脊椎动物的心脏。此外，鱼类、两栖类和爬行类淋巴管的膨大部分形成淋巴心（lymph heart），收缩推动淋巴返回静脉。

6.3.2.2　脊椎动物心脏的发生

心脏由接收来自肝、体壁和鳃血液的肠下血管特化发育而成。中胚层间细胞首先形 4.11
成管状心脏，因两端固定而继续发育、弯曲呈 S 形，局部分化扩展形成心脏的静脉窦、 4.12
心房、心室和动脉圆锥等不同部分（图 6-16）。 4.13

4.14

4.15

4.16

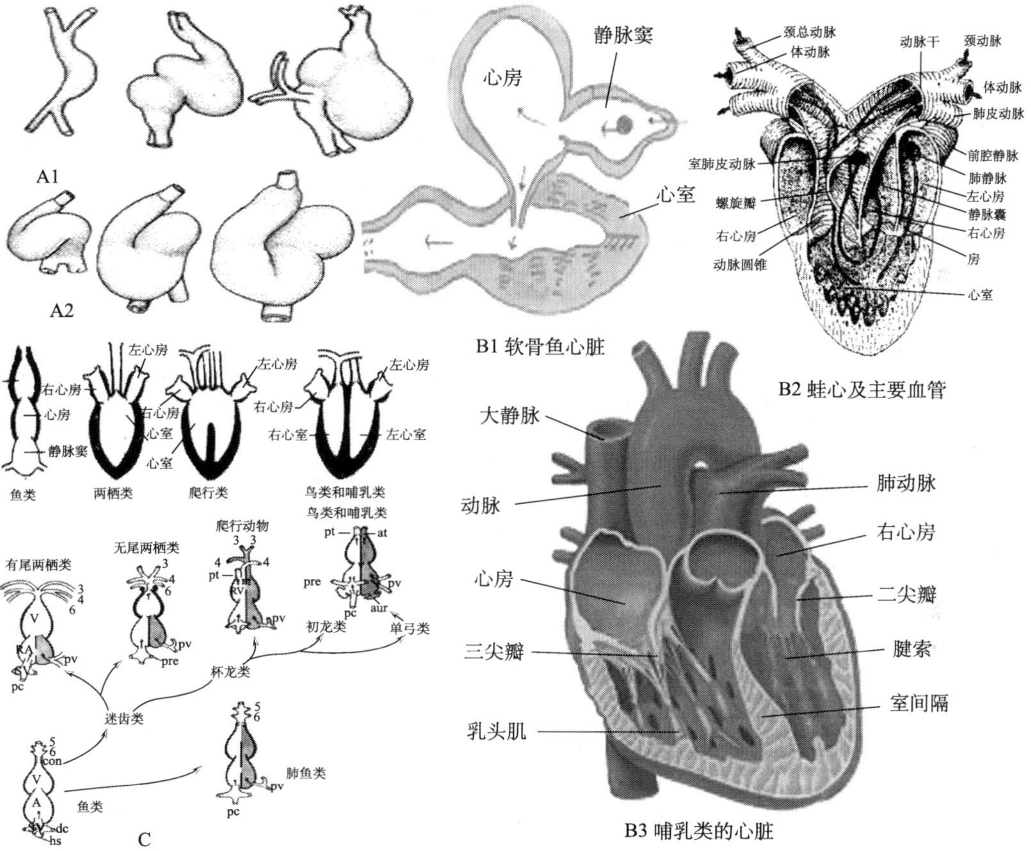

图 6-16　心脏的发生（A）心脏结构及主要血管（B）脊椎动物心脏的演化（C）（Romer，Kent et al.）

6.3.2.3　心脏的基本结构

脊椎动物动物心脏的基本结构和功能见表 6-2。

表 6-2　脊椎动物心脏的基本结构和功能

	动物类别 \ 结构 / 作用	心房	心室	静脉窦	动脉圆锥
4.14	结构	心房	心室	静脉窦	动脉圆锥
4.15	作用	血液回流	泵送血液	起搏与血液回流	维持血压防止血液倒流
4.16	圆口纲	1 心房	1 心室	1 静脉窦	—
	软骨鱼类	1 心房	1 心室	1 静脉窦	内有半月瓣
	硬骨鱼类	1 心房	1 心室	1 静脉窦	基本消失
	肺鱼（属硬骨鱼类）	2 心房	1 心室	—	—
	两栖类	2 心房	内有肌柱	1 静脉窦	螺旋瓣分流血流
	蝌蚪（属两栖类，蛙类幼体）	1 心房	1 心室	1 静脉窦	—
	爬行类	2 心房	不完全室间隔	退化	演化为体动脉
	鳄鱼（属爬行类）	2 心房	2 心室	窦房结	—
	鸟类	2 心房	2 心室	窦房结	—
	哺乳类	2 心房	2 心室	窦房结	—

6.3.2.4　血液分流

圆口类和鱼类的心脏泵送缺氧血液到鳃，进行气体交换后形成多氧血，经背大动脉送到全身，然后回到心脏。

四足动物的心脏是分隔不同血流的泵器官，鸟类和哺乳动物产生房间隔、室间隔将心脏分隔成 2 心房和 2 心室，分流动、静脉血形成完全双循环。两栖类、爬行类左心房接收肺静脉返回的多氧血，右心房接收体静脉返回的缺氧血，2 心房由共同的房室孔通入心室，可出现动脉血、混合血、静脉血的现象。两栖类的心室产生肌柱、爬行动物产生不完全的室间隔防止动、静脉血的充分混合，称为不完善双循环。因此，不同含氧量血液的生理性分流是很重要的。那么，三部分血液怎样分流到不同血管中去呢？

4.13 经典学说认为，心室内的肌柱可减少动、静脉血的混合程度，心室收缩，右侧的静脉血首先进入动脉圆锥，由于螺旋瓣（spiral valve）的分流作用进入压力低、位置近的肺皮动脉；心室继续收缩，压力升高，螺旋瓣旋转、封闭充盈的肺皮动脉，颈动脉腺阻力大，血流调节作用使混合血进入体动脉；心室进一步收缩，螺旋瓣封闭体动脉，富氧血流入颈动脉供应头部。爬行类由于出现不完全室间隔，缺氧血和多氧血更加分开，心脏收缩时，静脉血、混合血和动脉血分别进入对应的肺动脉、左体动脉和右体动脉。鳄类室间隔完整，但左、右体动脉基部留有潘氏孔。

4.13 Simons 认为心室各部分与相应的动脉有生理上的联系。蛙体静脉因皮肤呼吸而含
4.14 氧量较高，心室内几乎没有动静脉血之分。非鳄爬行动物的心房与心室的位置不是背腹、而是前后排列的，后腹侧由室间隔分为背面的静脉腔（cavum venosum）和腹面的肺腔（cavum pulmonale），心室前部的背侧形成位置垂直的动脉腔（cavum arteriae）并与其前部相通，右心房直接开口于动脉腔顶端，左心房从心脏左腹侧向背绕行开口于右房室孔左下侧。肺动脉开口于肺腔，左、右体动脉均开口于动脉腔，肺、体动脉者间由肌嵴分隔。心脏的结构及位置保证心室舒张、心房收缩时，右心房静脉血以一次性全

量释放方式经动脉腔进入并充满肺腔，接着，左心房血也经动脉腔进入并充满静脉腔、动脉腔。当心室收缩时，室间隔与肌嵴镶嵌形成临时的完全室间隔，使肺腔里静脉血流入肺动脉，静脉腔-动脉腔里的动脉血流入左、右体动脉（图 6-22）。含氧量分析测试也证明左、右体动脉的含氧量是相似的。

两栖、爬行动物产生的不完善双循环是对冬眠、水栖和肺长时间停止呼吸生活习性的适应，此时，生理性血液阻力加大，肺循环减少甚至停止，只有体循环发挥作用，其他呼吸方式如皮肤、黏膜等可代替肺呼吸功能满足低代谢率对氧的需要。

6.3.2.5　心脏的演化

低等动物没有循环系统，小型或固着生活的甲壳动物没有心脏和血管，借助于身体的膨胀和收缩推动血淋巴流过血窦和细胞间隙。纽形动物靠体壁肌肉和血管肌肉、帚虫类靠血管壁肌肉的收缩推动体液循环。

其他动物血管肌肉分化出现了能搏动、收缩的部分，随着机体结构的复杂化，血管搏动部分的肌肉细胞分化加强，形成驱动血液循环的特殊肌肉质心脏，内部有隔膜防止血液倒流，保证血液按一定的方向流动，大大提高血液循环的速度和输送物质的能力，适应机体高代谢率和活动力强的需要。

无脊椎动物的心脏结构简单，壁薄，分化程度低，收缩能力弱，只有泵送血液的功能，血流方向背面由后向前、腹面由前向后。脊椎动物肌肉质的心脏加强了血液的泵送和分流等循环能力，血流方向腹面由后向前、背面由前向后。心脏的形成及结构复杂化、功能加强是动物进化的重要标志之一。

（1）软体动物　心脏位于围心腔内，分为心耳和心室。心室 1 个，管状，壁厚；心 4.6
耳 1 个或 1 对；心耳与心室之间有瓣膜防止血液倒流。头足类还有鳃心推动、加速血液进入鳃进行气体交换。

（2）环节动物　闭管式循环，开始出现原始的心脏以推动血液的快速流动，如蚯蚓
Ⅶ、Ⅸ、Ⅻ、ⅩⅢ体节的 4 对环血管膨大形成肌肉质血管称为“侧心”，与消化道背、 4.7
腹面的背血管（dorsal vessel）和腹血管（ventral vessel）协同作用推动血液流动并控制其流向（图 4-14），肌肉收缩也促进体腔液的流动。多毛类能收缩的背血管接受来自疣足和体壁血管经过气体交换的血液，也接受来自肠血管和肾血管的血液。蛭类靠背血管和身体的收缩、侧血窦的搏动共同推动体腔液的流动。

（3）节肢动物　甲壳类心脏位于胸背部的围心窦中，心室形态有囊状、管状或呈实
体状，心孔的数目、位置因种而异，如十足目实体状心脏上有 3 对心孔，虾心室的前后 4.8
侧角和背面各有 1 对心孔。低等种类血液由心室出来，经短而不分支的动脉进入组织，再经静脉窦入鳃进行气体交换后回到围心窦和心脏。十足类还有一个副心，称为额心，保证脑的血管有足够的血流供应。

肢口纲、蛛形纲、多足纲和昆虫纲等的心脏呈管状。昆虫的管状心脏由背血管膨大形成，后部按体节膨大形成心室（昆虫一般是 9 个，家蝇 3 个，蜚蠊 11 个），心室两侧各有 1 个心孔（ostia），有瓣膜只允许血液流入心脏。连接到外骨骼背隔膜上的成对翼状肌（alarymuscle）决定心脏体积的扩大和缩小，心脏的搏动推动着血液经动脉、血

腔（腹窦、围脏窦返回围心窦）和心孔流回心脏。其搏动频率因种而异，从几次到300多次，即使同种昆虫，在不同虫期、不同活动状态和外界温度条件下，心脏的搏动频率也不同。有些昆虫在头、胸、足和翅等部位还有附属的搏动器官加速血液的流动。

4.10.1 （4）原索动物　文昌鱼的心脏是腹大动脉和鳃动脉基部膨大的“鳃心”。海鞘管状心脏两端各有一个起搏器，每隔2～3分钟交替收缩一次，推动血液流入前端的鳃血管或后端的肠血管，周期性的可逆式血液循环方式是动物界绝无仅有的。

（5）脊椎动物　圆口纲、鱼纲、两栖纲的心脏由静脉窦、心房、心室和动脉圆锥组
4.11 成。静脉窦收集全身静脉血，并作为起搏器使其余部分顺序收缩，将血液注入腹大动脉。

4.12 适应不同的循环方式，心脏在大小和形态结构、功能上都有明显的不同（图6-16，
4.13 表6-2）。静脉窦与动脉圆锥趋于消失，心房和心室趋于分为两腔。软骨鱼类的动脉圆
4.14 锥能收缩维持血压；硬骨鱼类腹大动脉形成动脉球代替动脉圆锥的机能；两栖类动脉圆
4.15 锥内有螺旋瓣分流血液；爬行类动脉圆锥参与体动脉的形成而消失，静脉窦退化成为右
4.16 心房的一部分。有尾两栖类房间隔不完全；无尾两栖类2心房1心室，心室内有肌柱防止血液混合。爬行类产生不完全或形成完全室间隔（如鳄类）。鸟类和哺乳类的心脏分化形成2心房、2心室，多氧血和缺氧血不混合。各腔间有瓣膜防止血液倒流，心室与心房开口处有房室瓣。哺乳动物左房室孔间有二尖瓣，右房室孔间有三尖瓣。鸟类右房室瓣为肌肉瓣，以适应高血压快速推动血液流动的需要，避免三尖瓣关闭不全的现象出现。心室与动脉开口处有半月瓣，各种瓣膜的出现防止血液倒流。

表6-3　脊椎动物的心脏比较

	圆口纲	软骨鱼类	硬骨鱼类	两栖类	爬行类	鸟类、哺乳类
静脉窦	有	有	有	有	退化	窦房结
心房	1个	1个	1个	2个	2个	2个
心室	1个	1个	1个	1个	1个	2个
动脉圆锥	无	有	无	有	无	无

心脏由没有中隔进化到有中隔，把血液每循环一周只经过心脏一次的单循环，改造成血液需2次经过心脏才能循环一周的双循环，把含氧量低的静脉血经肺循环输送到肺进行气体交换、含氧量高的动脉血经体循环输送到身体各部，满足机体新陈代谢的需要。可见，心脏结构的复杂化不仅改变了血液循环方式，适应了脊椎动物由水生进化到陆生、呼吸器官由鳃进化为肺的演化趋势，而且满足高能量代谢生活方式的需要。

6.3.3　动脉系统

动脉（artery）是从心脏运输血液到全身组织的血管，管壁厚而富有弹性，依次分为大、中、小、微动脉，止于组织内的毛细血管。最大的动脉到最小的动脉直径相差很大，管壁厚度随口径大小而改变。

6.3.3.1　脊椎动物动脉的基本图案

4.10

4.11 文昌鱼的主要动、静脉系展现各纲脊椎动物的基本模式，主要动脉在各纲动物中大

致相同，但变化复杂（图 6-17）。腹大动脉由心脏沿咽腹面向前运行，发出动脉弓绕过 4.10
体侧壁在体背部汇合形成一对背大动脉，在咽背面的纵行向后运行再愈合成的单条背大 4.11
动脉，然后发出腹腔动脉、前肠系膜动脉、肾动脉、后肠系膜动脉和髂动脉等分支，分 4.12
布到全身。

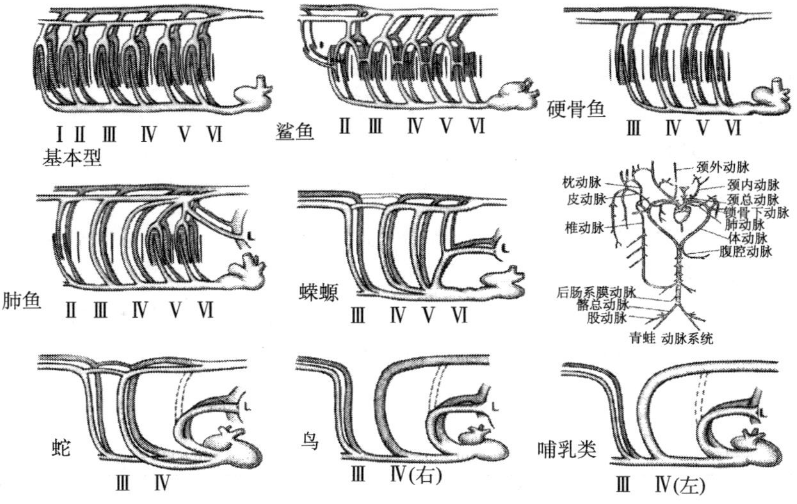

图 6-17　动脉弓演化（Romer et al.）

6.3.3.2　动脉弓

动脉弓是沿体侧壁运行并连接腹大动脉和背大动脉的血管。脊椎动物胚期一般都产生 6 对动脉弓，鳃的出现使动脉弓分为入鳃动脉和出鳃动脉，当鳃呼吸进化为肺呼吸，引起动物动脉系统的演变主要是动脉弓的变化（表 6-4）。

表 6-4　脊椎动物的动脉弓及其演变

	Ⅰ	Ⅱ	Ⅲ	Ⅳ	Ⅴ	Ⅵ	备注
胚期基本型	＋	＋	＋	＋	＋	＋	
软骨鱼		＋	＋	＋	＋	＋	演化为入鳃和出鳃动脉
硬骨鱼			＋	＋	＋	＋	演化为入鳃和出鳃动脉
肺鱼			＋			肺动脉	
蝌蚪			＋	＋	＋	＋	
有尾两栖类			＋	＋	＋	＋	
无尾两栖类			颈动脉	2 体动脉		肺皮动脉	开口于动脉圆锥
爬行动物			颈动脉	2 体动脉		肺动脉	体、肺动脉开口于心室
鸟类			颈动脉	右体动脉		肺动脉	体、肺动脉开口于心室
哺乳动物			颈动脉	左体动脉		肺动脉	体、肺动脉开口于心室

注：“＋”表示存在，空白处表示已退化或消失。

（1）鳃呼吸动脉系统　文昌鱼腹大动脉发出的多对鳃动脉汇入成对的背大动脉根， 4.10.2

背大动脉向体侧发出体壁动脉，向肠壁发出脏壁动脉。

4.12 鱼类腹大动脉运送血液到入鳃动脉，鳃部毛细血管气体交换产生多氧血经出鳃动脉集中到背大动脉。软骨鱼第Ⅰ对动脉弓退化，存留部分向前延伸形成内颈动脉、外颈动脉；第Ⅱ至Ⅵ对动脉弓形成入鳃动脉，出鳃动脉 4 支代表第Ⅲ至第Ⅵ对的出鳃部分。硬骨鱼 4 对动脉弓形成 4 对入鳃动脉和出鳃动脉，第Ⅰ、Ⅱ对动脉弓退化。

4.13 （2）肺呼吸动脉系统　两栖类胚期和蝌蚪期保留 4 对动脉弓，变态后动脉弓发生显著变化。第Ⅲ对动脉弓形成颈动脉；第Ⅳ对形成左右体动脉并合成背大动脉；第Ⅵ对变为肺皮动脉。无尾类第Ⅴ对动脉弓退化，有尾类保留；肺动脉和体动脉弓之间通过动脉导管相连通，3 对动脉都开口于动脉圆锥。

4.14 爬行类动脉圆锥消失，动脉弓演化形成由心室发出的肺动脉和左、右体动脉弓，左
4.15 右颈动脉联合成总颈动脉干连于右体动脉弓的基部。动脉导管和颈动脉导管关闭，但低
4.16 等蜥蜴类第Ⅲ、Ⅳ对动脉弓间的颈动脉导管还保留。某些蛇和龟鳖类在第Ⅳ、Ⅵ对动脉弓间还有动脉导管连接。鸟类保留右体动脉弓，左体动脉弓残留的部分参与左锁骨下动脉的形成。哺乳类右体动脉弓消失，残留部分参与右锁骨下动脉的形成，保留左体动脉弓连于背大动脉。

6.3.3.3　动脉演化

从进化的角度看，无脊椎动物的动脉系统比较简单、低等，多无动、静脉的明显分化。脊椎动物有明显的动静脉的分化，动脉的变化主要表现在动脉弓上。

4.7.1 （1）无脊椎动物　纽形动物第一次出现循环系统，但无动脉的分化。环节动物有了血管分化并形成闭管式循环，其迅速有效地输送功能是循环系统结构、功能上的一大进步。

4.6 多数软体动物和节肢动物为血压低、流速慢的开管式循环，动脉结构无大的变化。心
4.8.1 室发出前、后大动脉通入血窦。头足类动脉发达。低等甲壳类心室发出短而不分支动脉：虾心室发出 7 条动脉，向前 1 条眼动脉（ophthalmic artery）、1 对触角动脉（antennary artery）、1 对肝动脉（hepatic aretery）；向后 1 条腹动脉（abdominal artery），向下发出的 1 条胸直动脉（sternal artery）在神经索处向前后分成 2 支神经下动脉（subneural artery）（图 4-16）。血液流到血腔（haemocoel）与细胞进行物质交换，形成静脉血经血窦（sinus）汇入腹血窦，经入鳃血管流入鳃内交换气体，变成动脉血后由出鳃血管输送到围心窦回心脏。昆虫背血管的后部是心脏，前部为动脉、开口于血窦（图 6-19）。

4.12 （2）鱼类的动脉　适应水生鳃呼吸，鱼类保留 4 或 5 对动脉弓。软骨鱼类具有发达的动脉圆锥，硬骨鱼类腹大动脉基部形成动脉球，它们的收缩活动有维持血压和促进血液流动的补偿作用（图 6-17，图 6-20）。

（3）四足动物的动脉　四足动物以肺呼吸代替鳃呼吸，适应心脏以两种血压把两种
4.13 血液输送到耗氧体组织和进行气体交换的肺部的需要，四足动物在进化的过程中产生了体
4.14 循环和肺循环，含氧量高的血液由较高血压的体循环快速输送到全身各器官组织，满足细
4.15 胞代谢对氧的需求，含氧量低的血液由较低血压的肺循环输送到肺部去进行气体交换，肾
4.16 动脉发达并分化形成肾内小球，及时排出代谢废物有利于提高代谢率（图 6-20，图 6-26）。

6.3.4　静脉系统

静脉（vein）是输送血液回心的血管，始于毛细血管，小静脉汇合成大静脉，管径愈益加粗，汇成前、后主静脉或前、后大静脉和肺静脉，加速血液回心，提高循环效率。静脉的直径比相应动脉大些，但含肌肉和弹性组织较少，管壁薄。较大静脉管内有瓣膜防止血液倒流。

6.3.4.1　脊椎动物静脉发生

主要静脉系统的发生在各纲脊椎动物基本相似。一对卵黄静脉在肝内分为毛细血管穿过肝脏，肝后的部分为肝门静脉（hepatic portal vein）收集并输送胃肠的血液到肝脏，肝前部分为肝静脉（hepatic vein），与静脉窦相通。左侧卵黄静脉向后延伸到尾端，肠下段称肠下静脉，在泄殖孔处围绕成环，其后称尾静脉。一对前主静脉（anterior cardinal vein）收集头部血液，一对后主静脉（posterior cardinal vein）收集身体后部的血液，一对侧腹静脉（lateral abdominal vein）收集体侧和腹鳍的血液，前、后主静脉和侧腹静脉、锁骨下静脉（subclavian vein）再汇合成总主静脉（common cardinal vein）通入静脉窦。后主静脉远端连于尾静脉，构成 H 形主静脉系统的基本类型（图 6-18）。

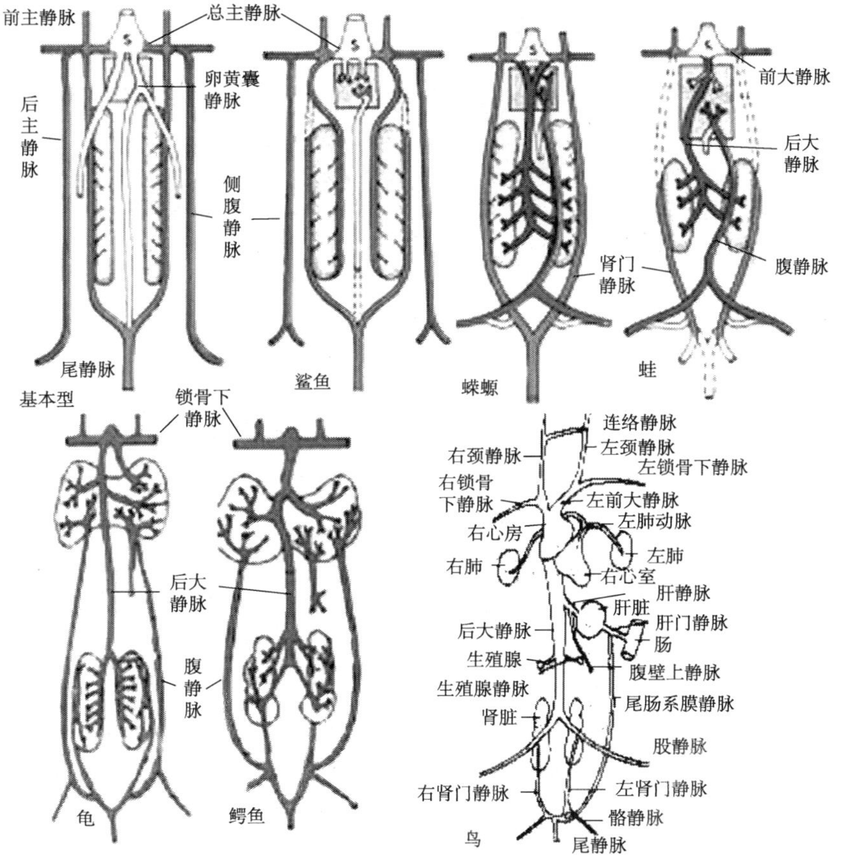

图 6-18　几种动物的静脉系统（Kent，郝天和等）

门静脉与一般静脉不同，内无瓣膜，两端是毛细血管。由消化管道、胰、脾中的毛细血管汇合成肝门静脉，进入肝内分支形成毛细血管网和血窦，汇合成肝静脉后经大静脉与心脏相通。尾部毛细血管汇合成肾门静脉（renal portal vein），进入肾脏再分支形成毛细血管，然后汇合成肾静脉。另外，脊椎动物还有垂体门静脉。

6.3.4.2　静脉类型

脊椎动物的静脉在胚胎期形成基本类型后，随着系统发育，演化成不同的静脉类型（表 6- 5）。

表 6-5　脊椎动物的静脉类型

静脉	总主静脉	前主静脉	后主静脉	侧腹静脉	肝门静脉	肾门静脉	后大静脉	肺静脉
基本类型	+	+	+	+	+	—	—	—
软骨鱼类	+	+	前部	+	+	+	—	—
硬骨鱼类	+	+	前部	多无	+	—	—	—
两栖类		前大静脉	消失	腹静脉	+	+	新形成	新形成
爬行类		前大静脉	—	2 腹静脉	+	退化	+	+
鸟类		前大静脉	—	消失	+	退化	+	+
哺乳动物		前大静脉	—	—	+	消失	+	+

注：“+”表示存在，“—”表示无或演化消失。

4.12 （1）主静脉系统　软骨鱼的静脉代表较原始的基本类型，后主静脉断开分为两部分，前部移向肾内侧并延伸，同时发出毛细血管进入肾脏，称后主静脉；后部为肾门静脉（renal portal vein）收集尾部血液输送到肾脏（图 6-18）。多数硬骨鱼不具侧腹静脉，右后主静脉和肾门静脉相通。蝌蚪保留主静脉系统，血液循环为单循环（single circulatory）。

4.13 （2）大静脉系统　从两栖类开始，体后部静脉发生显著变化，侧腹静脉失去与总主
4.14 静脉的联系演化成腹静脉（abdominal vein）通入肝门静脉；后主静脉消失，新形成的
4.15 粗大后大静脉代替后主静脉汇集来自肝、肾及后肢的血液直接回静脉窦。经过这样的改
4.16 造，前主静脉和总主静脉汇集颈静脉、锁骨下静脉演化成前大静脉（anterior vein）。
前、后大静脉如同高速公路加快血液循环，有利于营养物质及时运送到组织吸收、废物运送到排泄器官排出。

爬行类腹静脉有两条。伴随前后大静脉的发展，心脏泵血功能的加强和肾泌尿功能的提高，肾门静脉趋向退化。鳄类肾门静脉已形成主干穿过肾脏直接进入后大静脉。

鸟类肾门静脉更趋退化，主干与后大静脉连接并有瓣膜控制血流，血液直接流入后大静脉，对提高血流速度和血压是有意义的。尾肠系膜静脉为鸟类所特有，由尾静脉分出，收集尾部血液汇入肝门静脉，一般认为它和侧腹静脉同源。

哺乳类静脉系统复杂。一对前大静脉，或仅有右前大静脉，身体左前侧血液经无名静脉汇入右前大静脉。胚期的左后主静脉形成半奇静脉（hemiazygous vein），借联络血管与奇静脉相连。右后主静脉演化成奇静脉（azygous vein），收集胸部体壁的血液经右前大静脉回心。家兔只保留奇静脉。胚期的脐静脉在幼体诞生时消失。肾门静脉完全消失。

6.3.4.3　静脉演化

静脉演化与动物的生活习性、代谢率的高低和代谢废物排出的速率特别是与促进、加速静脉血回心有关。

（1）无脊椎动物　静脉系统比较简单，分化不明显。环节动物首先出现。开管式循 4.6
环的静脉分化程度低或无静脉，适应气管呼吸和附肢易断造成出血的结构特点，节肢动 4.7
物无静脉，血液经动脉离开心脏后，泛流组织间隙汇集到血窦中回心。具闭管式循环的 4.8
帚虫等动物血管无动、静脉分化；但快速游泳的头足类有主大静脉、肾静脉、外套膜静脉、入鳃静脉和出鳃静脉的分化，出鳃静脉通左、右心耳（图 6-19）。

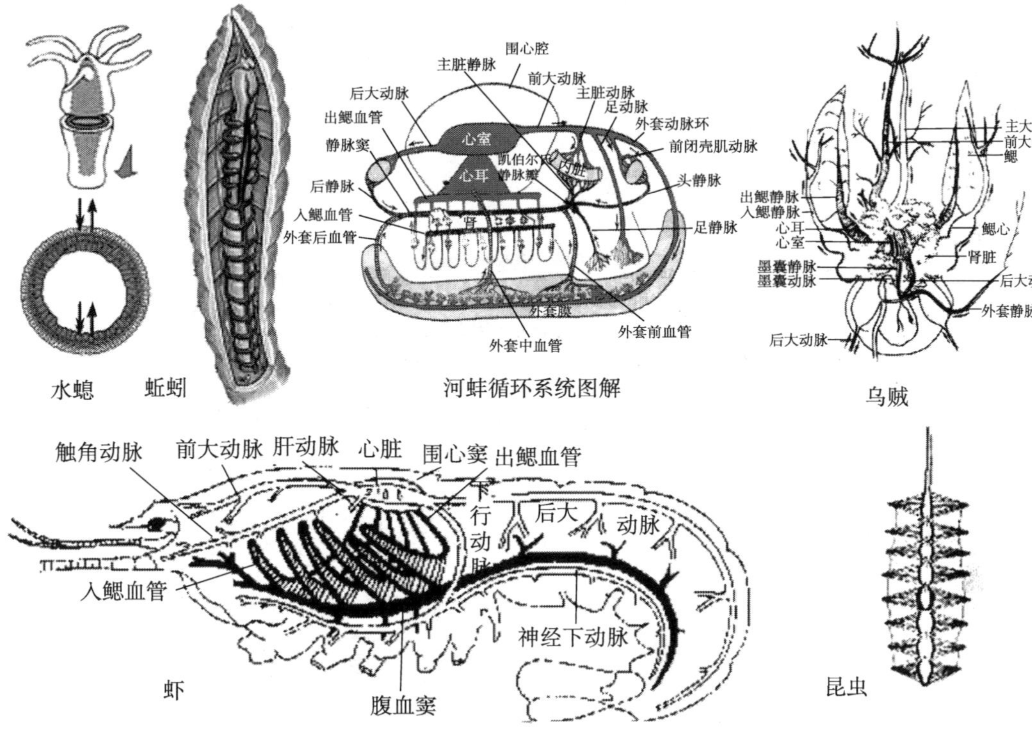

图 6-19　低等动物的循环系统（仿诸家）

（2）脊索动物　文昌鱼的静脉分化出基本静脉类型及体壁静脉、肝门静脉等。圆口 4.10
类与文昌鱼相似，具有前、后主静脉和总主静脉各 1 对，有肝门静脉，但无肾门静脉。

鱼类产生肾门静脉，输送体后部血液进入肾脏，与肾动脉协同作用把代谢废物运送 4.12
到肾脏排出，适应低血压、血流慢和及时排出体内代谢废物的需要。

四足动物除建成肺静脉完成双循环外，大静脉加速血液回流，使动、静脉血分别流 4.13
入左、右心房。有尾两栖类居于鱼类和两栖类之间，出现后大静脉并保留退化的后主静 4.14
脉。后主静脉在无尾类、爬行类、鸟类消失，在哺乳类演变为奇静脉和半奇静脉。肾门 4.15
静脉从爬行动物开始退化，哺乳类消失。侧腹静脉演化成腹静脉，两栖类 1 条，爬行动 4.16

物 2 条，与鸟类的尾肠系膜静脉同源，相当于哺乳类的脐静脉。

（3）静脉演变趋势　综观脊椎动物各纲（图 6-20），静脉系统的演变趋势是，静脉愈益集中，后大静脉取代后主静脉、侧腹静脉（腹静脉）和肾门静脉。2 条前大静脉、1 条后大静脉的 Y 形大静脉系统代替了 1 对前主静脉、1 对后主静脉共同汇入一对总主静脉的 H 形静脉系统。肝门静脉稳定，自文昌鱼至哺乳类始终存在。肾门静脉由发达到逐渐退化以致消失。心脏前方的静脉变化较小，心脏后方的静脉变化较大。

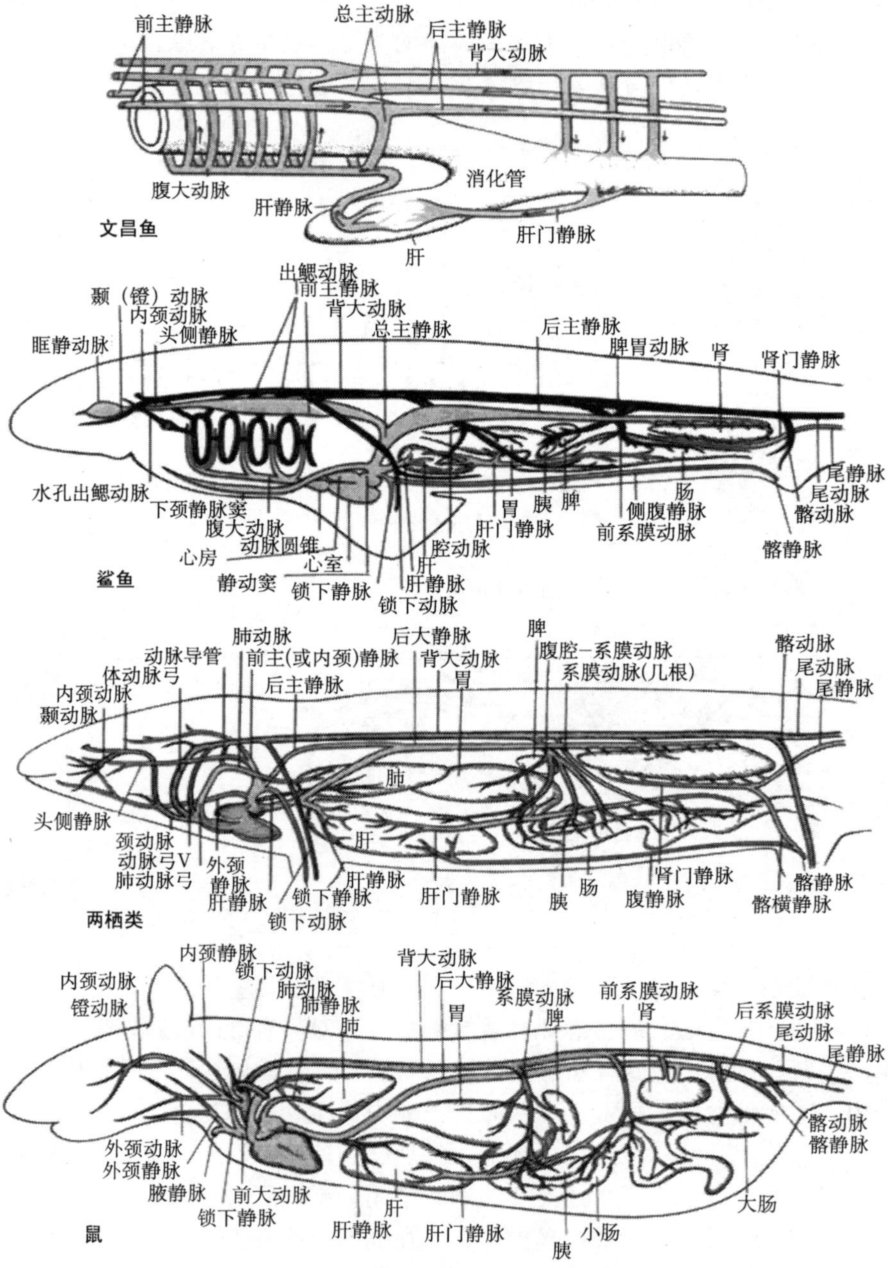

图 6-20　主要动物类群的循环系统（Romer）

6.3.5　体腔液、血液和淋巴液

腔肠动物和海绵动物等的消化循环腔和水沟系内流动的液体为环境水，细胞直接与 2.2.2
自然水环境进行物质交换。

多细胞动物机体大而结构严谨，出现体腔，产生体腔液、血液等体液形成浸浴细胞 4.6～4.9
的内环境。稳定的内环境包括离子浓度、渗透压、pH 等，如哺乳类血清中盐分的浓度 4.16
相当于 0.9%的盐溶液浓度，故 0.9%浓度的盐溶液称做生理盐水，淡水鱼类的生理盐水是 0.7%，鸡的生理盐水浓度是 1.025%。内环境的稳定能保证细胞与体液进行正常的物质交换，维持生命活动正常进行。

假体腔动物的体腔液在体壁肌肉的作用下，具有一定的循环功能。环节动物真体腔 4.5
出现后才出现血液，软体动物、节肢动物等出现了专门循环器官，血液与体腔液相混合 4.6
构成血腔内的血淋巴（haemolymph），兼有脊椎动物的血液和淋巴的作用，含有蛋白质 4.7
和呼吸色素（respiratory pigments），因而体液具有输送营养物质和氧的作用。棘皮动 4.8
物体内有特殊液体形成的体液，体液成分简单，与海水相似称水淋巴（hydrolymph）， 4.9
只有运输营养物质和废物的作用。水淋巴和血淋巴构成了无脊椎动物的内环境。

脊椎动物的体液由血液、组织液、淋巴液组成。由于血管具渗透性，血液成分除血 4.11～
球和大分子蛋白质外，其余部分渗透出血管形成浸浴细胞的组织液，毛细血管静脉端较 4.16
高的蛋白质胶体渗透压促使组织液被重吸收进入血管，渗透和重吸收两种力的大小决定组织液的流向。未被吸收的组织液进入淋巴管成为无色透明的淋巴液（lymph），在淋巴心搏动或肌肉收缩等因素的作用下，流入静脉参与血液循环（图 6-21）。

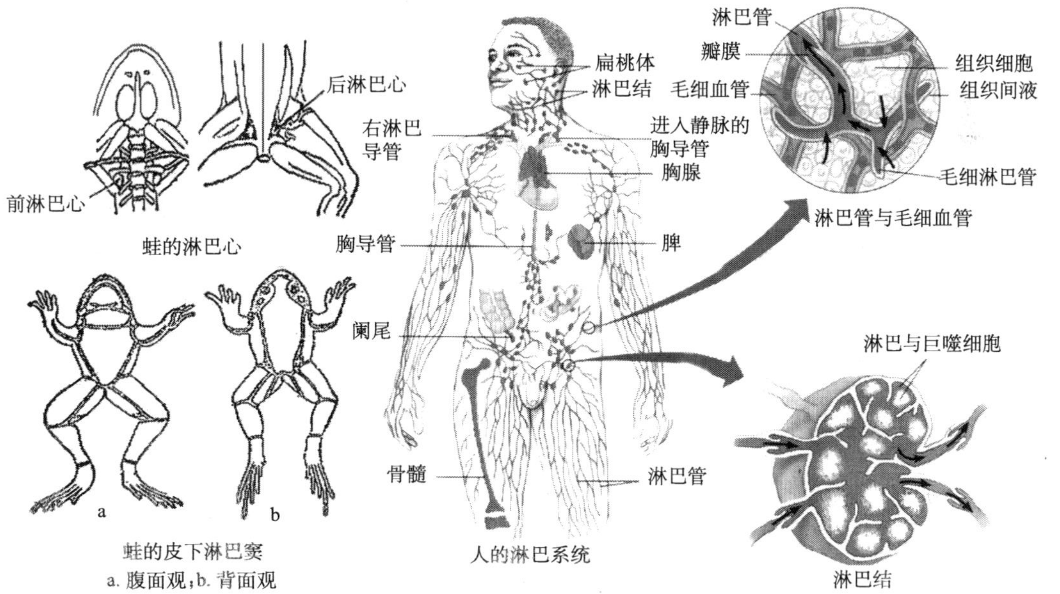

图 6-21　淋巴系统

血液有各种细胞和呼吸色素，执行多种功能。从形态结构来说，血液（blood）和淋巴液（lymph）由游离分散的细胞（血球、淋巴细胞）、发达的液体状间质（血浆、淋巴液）和纤维构成，发生上是来源于中胚层的，为能流动的液态结缔组织，存在于血管和淋巴管中。脊椎动物血液在完善的心血管系统中流动，与淋巴液、组织液等体液分离。

6.3.5.1　血液

4.6～4.16 血液（blood）包括有形成分的血细胞和无定形成分的血浆两部分。

（1）血浆　含有球蛋白、清蛋白、纤维蛋白原、酶、营养物质、激素、抗体、无机盐、代谢产物和大量水分等，血液离开血管在血小板、钙离子、凝血酶等的作用下发生凝固，余下的液体或者除掉纤维蛋白原的血浆，称为血清（serum）。血浆中的各种成分需要保持稳定，如果发生明显变动就会出现病态。

（2）血细胞　血细胞（表 6-6）有多种功能：吞噬作用（phagocytosis）如吞噬细胞，昆虫有浆血细胞、粒细胞等；在变态、疾病防卫、创伤修复和机体免疫方面具有重要的作用，如脊椎动物的白细胞；外包作用（encapsulation）能防卫侵入机体的原生动物、线虫等较大不适于吞噬的异物；凝结作用（coagulation）如凝血细胞，昆虫的囊血细胞参与血液凝结，并且囊血细胞碎片也能引起血液凝固；参与维持内环境的平衡（homeostatic equilibrium）。

表 6-6　各动物类群的血细胞及分布

动物类群	体腔细胞	血细胞	红血细胞	白细胞	变形细胞	原血细胞	浆血细胞	粒血细胞	脂血细胞	凝血细胞	备注
纽形动物					血液						
动吻动物					体腔						
线虫	体腔										附着①
内肛动物					体腔						固游②
多毛类	体腔	血液	体腔		血液						
寡毛类											
蚓虫	体腔				血体③						
星虫		体腔	体腔		体腔						
鳃曳动物		体腔			体腔						
有爪动物					血液						
软体动物					血液						
鲎					血液						
甲壳动物		血液			血液						
昆虫						血液	血液	血液	血液		
脊椎动物			血液	血液							游④

①附着：附于体腔或血管壁上；②固游：固定或游离随体液流动；③血体：血液与体腔液；④游：游离，随体液流动。

无脊椎动物血细胞多是无色透明、无定形的游走细胞，结构形态各异，是可变、多功能的，如昆虫血细胞疏松地附着在组织表面不参与循环，严格区分是因难的，而且无固定分类方法。

蚯蚓的血液含有血浆、白血细胞、红血细胞。多毛类的血细胞小，直径 10～ 4.7
30 μm，变形虫状，有核，不含呼吸色素，血细胞游离在血液中。但矶沙蚕、毛翼虫等
血细胞固着在血管壁上，血液中血细胞含量少。

甲壳类血浆中有血青蛋白，故血液多呈淡蓝色。血液中有透明及大的颗粒状变形细 4.8.1
胞，其数目因种、年龄及生理状态而不同。鲎血液含有血青素和一种具有很强凝血功能
的变形细胞，在医学上可用作免疫学诊断试剂。

昆虫存在 3 种主要血细胞。原血细胞（prohemocyte），较小，核大几乎占满整个细 4.8.3
胞质。浆血细胞（plasmatocyte，吞噬细胞 phagocyte）的形状和大小变化大，球形核
位于细胞中央，细胞质空泡状，有发达的内质网等细胞器，伪足做变形运动，具吞噬能
力。粒血细胞（granulacyte）核小，细胞质有大量颗粒，不参与循环。还有脂血细胞
（adipohaemocyte），类绛细胞（oenocytoid），珠血细胞（spherulocyte）和囊血细胞
（cystocyte）等。

脊椎动物的血细胞分化程度较高，分为红血细胞（erythrocyte）、白血细胞（leuco- 4.12～
cyte）、凝血细胞（thrombocyte）等。变形细胞广泛存在于动物的体腔液与血液中，功 4.16
能上和白细胞相似。动物血液输氧能力的强弱与红血细胞的数量密切相关。红血细胞柔
韧而富弹性，含有血红蛋白，可与氧结合成氧合血红蛋白输送氧。哺乳类成熟的红细胞
无核，圆形（骆驼科椭圆形），双面凹陷周边隆起；其他脊椎动物的红细胞有核，椭圆
形，两面突起。红细胞的大小、数量因动物种类而异，椭圆形红细胞长径是：鲤鱼
17 μm，蛙 23 μm，守宫 15 μm；圆形红细胞直径是：兔 6.9 μm，猫 6.5 μm，人 8 μm。
每毫升血液中红细胞的数量是：男子 400 万～500 万、女子 350 万～450 万，猪 600
万～800 万，牛 500 万～800 万，马 700 万～950 万，绵羊 600 万～1100 万，骆驼 1360
万，鸡 350 万，鳗鲡 110 万。动物进化越高等，红细胞的数量越多、体积越小、分化程
度越高。

6.3.5.2　血色素与气体运输

血色素又称呼吸色素，是一种含金属（Fe、Cu）卟啉（porphyrin）与蛋白质的结合体。

（1）血色素的种类与分布　动物的体液中主要有血红蛋白（haemoglobin）、血绿蛋 4.7
白（chlorocruorin）、蚯蚓血红蛋白（hemerythrin）和血蓝蛋白（hemocyanin）4 种呼 4.8
吸色素。相对分子质量大的存在于血浆中，相对分子质量小的容易渗透扩散出血管，故 4.11
血色素存在于血球中，它们的分布及其与氧的亲和力见表 6-7。血色素分子量大的溶解 4.12
于血浆，使身体表现一定的颜色如穴居和大型多毛类；相对分子质量小的存在于细胞 4.13
内，避免因血管的渗透作用溢出，如哺乳类的红血球中。适应环境和代谢特点，各种动 4.14
物具有亲和力不同的血色素，含铜离子的血蓝素 1 g 可与 0.4 ml 的氧结合，含铁离子 4.15
的血红蛋白结合氧的能力比血蓝素大 2～3 倍，如甲壳类的血液多为青色，含血青蛋白。 4.16
在贫氧水体生活的种类血液里常含血红蛋白。

表 6-7　4 种主要呼吸色素的分布及其与氧的亲和力（0℃，1 个标准大气压情况下）

动物类群及色素特性	血红蛋白	蚯蚓血红蛋白	血绿蛋白	血蓝蛋白
环节动物寡毛类	血浆、血细胞			
蛭类	体腔液			
多毛类	血浆		血浆	
龙介、帚毛虫			血液	
长手沙蚕		血液		
沙蠋、长吻沙蚕	血液			
吻沙蚕、管沙蚕	体腔液红血细胞			
须头虫	血浆、体腔液			
螠虫	体腔细胞			
鳃曳		体腔血细胞		
软体动物前鳃类				血浆
肺螺类	血浆			
双壳纲少数	血液			
头足类				血液
节肢动物甲壳纲	血液组织液			血浆
蛛形纲	血液			
脊椎动物	红血细胞			
颜色	红	红	绿、粉红	蓝
亲和力①	1～10	1～2	5～9	1～5

① 按每 100 ml 血液中以毫升计的含氧量。

一种动物有一种或两种血色素，如须头虫等含有血浆血红蛋白和体腔液血红蛋白两种血色素，低氧情况下，后者比前者对氧具有更大的亲和力，是深层组织所需氧的输送者，血色素输送和储存氧的生理机能对动物的生存是十分重要的。因此，潮间带穴居生活的水生动物种类，血色素中储存的氧可使它们度过低潮缺氧期，无氧呼吸可达 20 天之久。

（2）血红蛋白（Hb）　Hb 是分布最广泛、最有效的呼吸色素，由亚铁血红素单位构成。各种动物的亚铁血红素（heme）单位相差很大，蚯蚓血浆一分子 Hb 含 180 个亚铁血红素单位，相对分子质量 3 000 000，存在于血浆大分子中的 Hb 有助于防止
4.7～ 形成过高的胶体渗透压或因渗透排泄而丢失。吻沙蚕、管沙蚕、脊椎动物等存在于红血
4.16 细胞中的呼吸色素相对分子质量小，相对分子量小的 Hb 存在于红细胞中可防止丢失，如哺乳类每一分子 Hb 含 4 个亚铁血红素单位，其相对分子质量是 6.8×10^4。可见，血红蛋白的产生对动物机体的复杂化和适应活动能力的增强具有重要的进化意义。

当肌肉收缩时，需氧量较大，血管受挤压而血流受阻，无法从血液中获得足够的氧，肌肉里捕获和保存氧能力更强的肌红蛋白便在缺氧的情况下释放氧。氧分压 1.33 kPa（100 mmHg）时，血红蛋白的氧饱和度可达 10％，肌红蛋白的氧饱和度可达 70％，当氧分压进一步降低时，肌红蛋白可释放大量的氧供细胞利用。温血动物心肌中的肌红蛋白含量为 0.5％，可使每克心肌获取 2 ml 的储存氧，由于肌红蛋白的含量很

高，因此，可发挥高效率的储氧、供氧机能，如抹香鲸能在水下潜泳 30～50min，鳄鱼可在水中逗留 0.5～2 小时。

(3) 气体运输　无色、不含血色素血液的输氧作用较弱，其余动物有血色素能携带运输和储存大量氧。

通气使呼吸器官不断充满新鲜空气，氧分压高使氧扩散进入毛细血管与血红蛋白 (Hb) 结合形成氧合血红蛋白 (HbO_2)，随血液循环到达组织时，由于细胞代谢耗氧，氧分压低，HbO_2 与氧离解形成还原 Hb，释放氧供细胞氧化代谢，同时将代谢产生的 CO_2 运送到肺排出。各种动物的 Hb 都有一定的含量，以保证其新陈代谢对氧的需要，如每 100 ml 血液中 Hb 含量，正常男子为 12～15 g，女子为 10.5～13.5 g，牛为 8～11 g，猪为 10.2 g。如果 Hb 含量低于正常值则是贫血，饮食过程中机体长期摄入铁的量不足或者某些疾病如再生障碍性贫血，都会影响血红素和血红蛋白的合成造成贫血，从而影响气体的运输和代谢的正常进行。

6.3.6　循环系统的演化

原生动物细胞表面直接与水接触，通过变形运动或鞭毛、纤毛运动改变自身形状和 4.2
位置，靠渗透扩散作用摄取所需养料并排除废物。细胞内物质靠扩散和原生质的流动分配到各处。

多细胞动物表面积较小，体内细胞不能直接与外环境接触进行交换，维持生命活动需要循环系统及时把氧气和物质运送到细胞的周围，把 CO_2 和代谢废物运走，形成一个开放的物质交换系统。

6.3.6.1　水沟系

海绵动物的水沟系 (canal system) 有单沟型 (ascon type，如白枝海绵)、双沟型 4.3.1
(sycon type，如毛壶)、复沟型 (rhgon type，如浴海绵) 三种基本类型 (图 4-5)。中央腔、辐射管、鞭毛室等部分的领细胞随水沟系的分支复杂化而数目大量增加，保证大量的水经进水孔流经海绵体内完成物质循环。进水孔和出水口四周特化的类肌细胞 (myoidcell) 的形状和收缩性能类似于平滑肌，能调节水流的速度和流量。关闭入水孔时能防止污水进入体内。领细胞鞭毛的波动引起水流经进水孔 (prosopyle)、水沟系、出水孔 (osculum) 通过海绵体，增加水流速度和流量，使大于其身体上万倍体积的水流过，扩大细胞与水接触的面积，细胞直接和水进行物质和气体交换，同时排出代谢废物。对于固着生活的海绵动物来说，这对其生命活动和适应环境都是有利的。

双沟型和复沟型是体壁凹凸折叠形成复杂程度不同的流入管 (incurrent canal)，胃层领细胞则突入中胶层形成鞭毛管 (flagellated canal)，甚至形成流出管 (excurrent canal)、鞭毛室，体壁增厚，流入孔增多，体内水压增加使水流加速，超过本身上万倍体积的水带来更多的食物和氧气，同时排除代谢废物和 CO_2。海绵动物虽然细胞较多，但各种机能或多或少由相对独立的细胞完成，是处在细胞水平的多细胞动物。

6.3.6.2　消化循环腔 4.3.2

腔肠动物的消化循环腔 (gastrovascular cavity)，如水母由口、胃、辐管、环管消 4.4

化循环系，随水流运送营养物质和氧、排出食物残渣和废物。内胚层分化成内皮肌细胞，具有营养兼收缩的机能故称营养肌细胞，纤毛、鞭毛的摆动激动水流，细胞在水流中吞噬食物、摄取氧气，同时排出废物、CO_2。

4.4 扁形动物供应机体内部细胞的营养物质和氧气也由消化腔来完成，肠管分支形成盲突伸入到体组织内，肠除消化功能外，也执行着血管的功能。

4.9 ### 6.3.6.3　血系统和围血系统

棘皮动物具有特殊的血系统（haemal system）和围血系统（perihaemal system）（图 4-19），血系统由一系列与水管系统相应的管道构成，包括口面环水管和辐水管下面的环血管和辐血管，环血管向反口面发出与石管（stone canal）伴行的轴腺（axial gland），轴腺是一种深褐色海绵状腺体组织，在近反口面形成胃血管环（gastric hemal ring）分支到幽门盲囊，在反口面形成反口面血环分支到生殖腺。筛板附近的背囊腺和轴腺具有搏动能力，可推动血系统中体液流动，执行循环机能。由次生体腔特化形成的围血系统包括生殖窦（genital sinus）和环窦两部分，延伸包围生殖腺，或发出辐窦（radial sinus）伸入各腕中。

6.3.6.4　血液循环

4.5 当中胚层及体腔分化形成后，原体腔中充满体腔液，体壁肌肉的舒缩活动促使体腔液流动起到运输的作用。次生体腔产生后，原体腔残留部分及体腔互相联合形成血液通道，产生了由管道输送血液的循环系统，依血液是否始终在心血管中流动分为开管式和闭管式两种基本循环类型（图 6-22）。

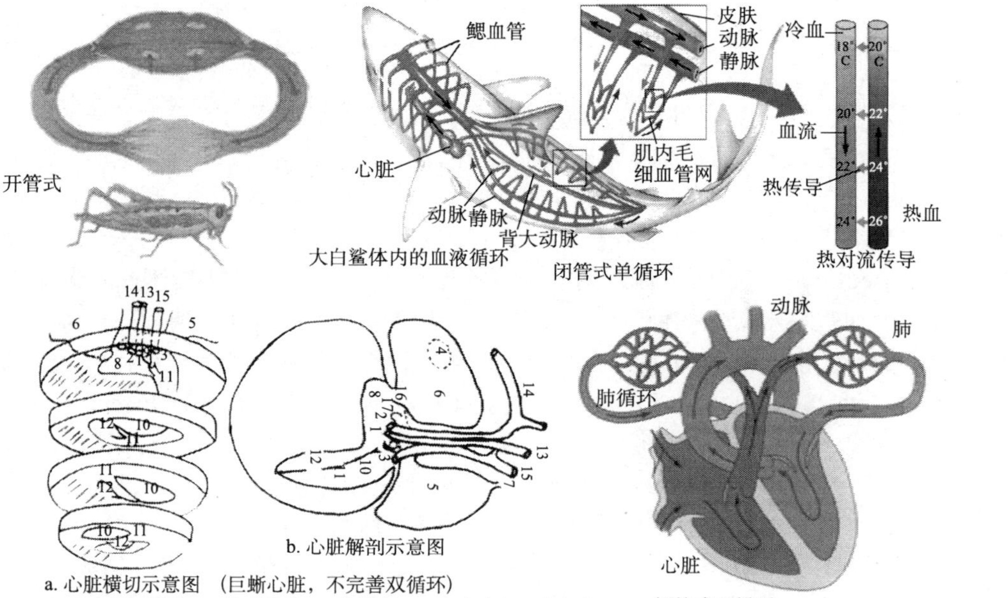

1,2. 左右体动脉孔；3.肺动脉孔；4.静脉窦；5. 左心房；6. 右心房；7. 肺静脉；8.动脉腔；9.肌肉嵴；10. 肺腔；11. 肌肉质水平隔；12. 静脉腔；13.左体动脉；14.右体动脉；15. 肺动脉；16，17. 左右房室孔

图 6-22　主要血液循环类型（赛道建等）

1）开管式循环

组织间隙的初生体腔形成血窦（blood sinus），血液经血管进入血窦或血腔，细胞 4.6
直接浸在血液中进行物质交换，这种构造简单、没有完整管道系统的血液循环称开管式 4.7
循环（open circulation），如蛭类、多数软体动物、节肢动物、海鞘等。其基本特点是 4.10.1
血压低，无持续压力、血流回心缓慢，不能调节器官的血流，血液流动方向背血管由后向前，腹血管由前向后。

蛭类的血液循环系统由背血窦（dorsal sinus）、腹血窦（ventral sinus）、侧血窦 4.7.3
（lateral sinus）、中间窦（intermediate sinus）和皮下血窦（subepidermal sinus）以及背、腹血管组成，背血管和身体的收缩推动着体腔液流动。

腕足动物囊状心脏位于胃背部的体腔系膜上，向前发出一条血管进入前肠和触手冠后成为血窦，向后发出一条血管进入外套膜和内脏成为血窦。

软体动物的心脏位于内脏团背侧的围心腔中，由一个心室和与鳃数目一致的心耳构 4.6
成，心室搏动推动血液经动脉进入身体各部，汇入血窦由静脉回到心耳。原鳃类和丝鳃类（如贻贝）心室只向前发出大动脉，瓣鳃类除前大动脉外，心室还发出后大动脉（图6-19）。

节肢动物血细胞不仅具有吞噬能力，而且参与血液凝固，在断肢等刺激条件下，变 4.8
形细胞分解、破裂，释放出某些物质使血浆中纤维蛋白原（fibrinogen）转变成纤维蛋白（fibrin），网罗血细胞出现凝血块封闭伤口，开管式循环系统因血压低而流速慢，容易凝血能够使动物避免大量失血，这对于附肢容易断裂的节肢动物来说是一种保护适应，也是高效率气管呼吸进化的结果。甲壳类心脏位于胸背部围心窦中，心室形态因种而异，有数目不等的心孔。低等种类血液经短而不分支动脉进入组织，再经静脉窦入鳃，气体交换后回到围心窦和心脏。虾类经动脉流入血腔、血窦、鳃和腹血窦回归心脏。昆虫背血管的前部是动脉，开口于头端的血腔中，后部为管状心脏，推动血液经动脉、血腔（腹窦、围脏窦返回围心窦）和心孔流回心脏（图 4-18）。

半索动物消化道背、腹由背血管、腹血管和一系列的血窦组成。血液在背血管由后 4.9.3
向前流入领部的静脉窦（venous sinus）、吻基部的中心窦（central sinus），中心窦背面有一充满液体的心窦（cardiac sinus），肌肉收缩推动血液向前流入血管球（glomerulus），经血窦进入腹血管，血液由前向后流入背血管。

2）闭管式循环

适应活动能力增强和快速运送气体和物质的需要，动物产生了闭管式循环（closed circulation），血液或血淋巴快速回心并始终在心血管中循环，单位时间内供应大量血液，能更迅速而有效地完成营养物质和代谢产物的输送，满足高代谢率的需要，心血管系统随进化而日趋复杂和完善，有心血管的分化，具有弹性的动脉管壁维持较高血压，可调节各器官血流分布，保证细胞与毛细血管中的血液进行精确而充分的物质交换。因此，体液循环由开放式到闭管式循环系统的演变是进化的一个重要标志。环节动物、头足类、脊椎动物等具有完善的闭管式循环。

纽形动物最先出现闭管式循环，由一条背血管、一对侧血管和连接侧血管的横血管
4.4.3 组成；血液在背血管中的流向是由后向前，然后经两侧血管由前向后流。
4.7 环节动物闭管式循环系统包括消化道背、腹面的背血管（dorsal vessel）、腹血管
（ventral vessel）和连接两血管的环血管，有动脉、静脉和毛细血管的分化。多毛类背
血管接受疣足、体壁和肠血管、肾血管的血液。腹血管通过环血管或血管丛与背血管相
连，每个体节发出分支到疣足、体壁、肾和肠道，分支末端形成毛细血管。
4.11 （1）单循环（single circulation） 血液从心脏经动脉、毛细血管和静脉回到心脏，
只循环一周称单循环，是对鳃呼吸、水生生活的适应。圆口纲、鱼类、蝌蚪等属单循
4.12 环。单循环血液循环一周至少要经过鳃和全身各部两套毛细血管。血液离开心脏便进入
鳃毛细血管，而鱼类的心脏是脊椎动物中最小的，约占体重的0.2%，收缩力弱，腹大
动脉内的血压低于40 mmHg（5333 Pa），由于管道系统里流动的液体所受阻力是管腔
直径4次方的反比，腹大动脉分化成毛细血管对血液的阻力以其直径4次方成反比增
加，鳃毛细血管内血液流动的速度势必减缓，血压迅速降低，致使背大动脉压降了
2/3～3/4，静脉压几乎是零，血流很慢，影响血液循环效率的提高。
4.13 （2）双循环（double circulation）四足动物产生肺，血液从心脏经肺循环和体循
环，循环两周两次回到心脏，故称双循环。双循环血液循环一周多经过一套毛细血管，
4.14 肺循环血压低，体循环血压高，允许以低血压推动血液流经较短的肺循环进行气体交
4.15 换，以高血压推动体循环中的血流，高效率地供应组织氧和营养物质，提高代谢率和活
动能力，不同血压保证肺内气体交换和体细胞代谢的需要。两栖类和爬行动物心室没有
4.16 完全分隔成2室，血液在心脏内可有部分混合，称不完全双循环，当长时间潜水和冬眠
时，肺不能进行空气呼吸，肺循环因生理阻力增加而基本停止，血液循环类似单循环，
这种血液循环适应水呼吸和空气呼吸的两种需要，是对生活习性和环境的一种适应。鸟
和哺乳类的心脏完全分成两心房、两心室，完全双循环（complete double circulation）
使动、静脉血完全分开，提高循环效率适应较高新陈代谢率的需要。

6.3.7 血液循环与体腔的关系

4.7 假体腔内的体腔液在体壁作用下流动发挥循环的作用，伴随真体腔的出现产生了血液循环。多毛类体腔液中有多种体腔细胞，对物质的输送起重要作用，如油细胞（eleocyte）具有储存脂肪和营养物质的功能。吻沙蚕、管沙蚕等的体腔细胞是红细胞，含有血红蛋白。变形细胞是最普遍的体腔细胞，体积较大，有核，具吞噬与防卫功能，与血液变形细胞很难区别。蛭类血窦中充满体腔液。螠类体腔液中的体腔细胞有的含有血红蛋白。星虫类发达的体腔内充满含有血细胞的体腔液，含有蚯蚓血红蛋白的红血细胞数量达$1\times10^4/mm^3$，氧缺乏时释放储存的氧，供应组织代谢需要。
4.7 低等多毛类没有循环系统，靠体腔液进行物质输送。棘头动物体腔纤毛摆动使体腔
液流动，具有吞噬功能的细胞来自体腔膜，还有棘皮动物，都是体腔液执行循环功能。
4.9 可见，此类循环的功能是把氧气和营养物质输送到体腔液，体腔液执行着体内物质输送
的功能。
4.8 当动物体内输送物质的功能由体腔液完成变为由血液执行时，细胞与血液进行物质

交换。腕足类血液无色，体腔细胞输送物质。节肢动物胚胎发育早期也出现按体节排列的体腔囊，孵化后，真体腔减少消失，真体腔与囊胚腔形成混合体腔（mixocoel），充满血液。原体腔包围着心脏形成围心腔（pericardial cavity）和部分肠管形成围脏腔，这些初生体腔充满血液，故称之为血窦（blood sinus），血液直接浸浴组织细胞，形成开管式循环系统。

环节动物循环系统的个体发育过程显示，循环系统的产生与体腔的形成有关。体腔 4.7
形成的同时形成了循环系统，原体腔遗留下来的腔隙形成血管和心脏的内腔。节肢动物 4.8
身体背部的体腔囊向背中线移动愈合形成心脏和围心腔，体腔囊壁细胞发育成组织、器 4.10
官，不形成体腔膜，结果真体腔和原体腔合并成充满血液的混合体腔，称血体腔（haemocoel）。脊椎动物如蛙类的管状心脏由脏壁中胚层细胞形成，间质细胞在形成血管内皮时分化出成血细胞（hemocytoblast）。

6.3.8 血液循环与呼吸的关系

由于循环和呼吸系统是供应细胞代谢的营养物质和氧气的，固着生活或缓慢运动动物的循环呼吸系统不发达，而快速运动的头足类和脊椎动物循环呼吸系统发达，循环系统除输送营养物质还输送气体，因而其结构功能与呼吸系统密切相关（图 6-23）。

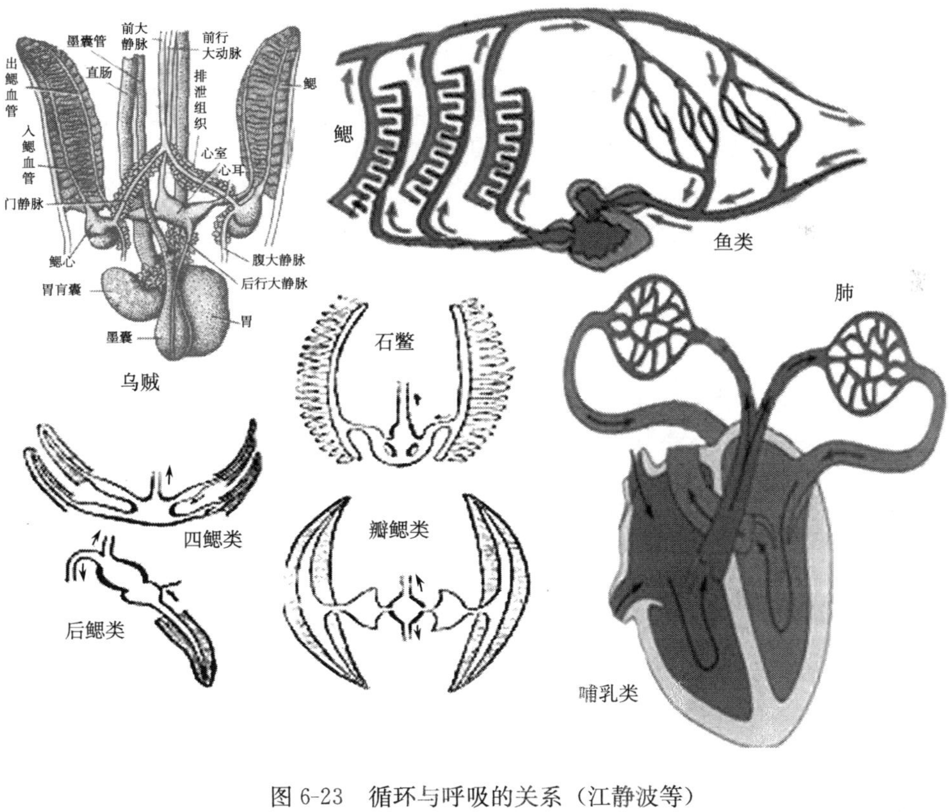

图 6-23　循环与呼吸的关系（江静波等）

6.3.8.1　血管发达程度与呼吸密切相关

4.6 呼吸系统分散在全身的动物循环系统简单，集中在身体一定部位或无特殊呼吸器官
4.7 的动物循环系统发达。

鳃发达的多毛类循环系统不发达，须头虫等没有血管供应深层组织。蚯蚓体表呼
4.8 吸，血管系统发达。体表呼吸的水蚤等小型甲壳类，仅有心脏没有血管。虾、蟹等鳃呼吸动物血管发达。气管呼吸的种类仅具管状心脏，血管基本消失，血液在血腔内循环，如昆虫血液循环更简单。

6.3.8.2　心脏发达程度和呼吸器官密切相关

4.8 鲎类位于围心窦中的管状心脏具有 8 对心孔，心脏发出 3 条前动脉，4 对侧动脉，动脉分支进入组织后形成两个大的腹血窦，血液浸浴着由 5 对附肢特化形成的书鳃并与之进行气体交换，由心孔流回心脏。

书肺 2 对、没有气管的蜘蛛类，心脏较长，具 5 对心孔，血管发达；具 1 对书肺和气管的种类，心孔 3 对，有发达的动脉，包括前、后动脉和多对腹动脉，形成腹血窦浸浴书肺，气体交换后的血液流回围心窦，从心孔进入心脏；完全气管呼吸的种类，心孔 2 对，血管减少。

6.3.8.3　鳃、肺呼吸与心脏分化

水生鳃呼吸脊椎动物，心脏 1 心房 1 心室，动脉由心脏发出首先进入鳃，有动脉圆锥或动脉球维持血压，防止血液离开心脏因鳃毛细血管使血压过度降低。陆生肺呼吸种类，心脏 4 室，双循环，肌肉质的心血管系统发达而复杂。动物循环系统的复杂程度与呼吸系统有密切的关系。

6.3.8.4　循环与呼吸系统协同进化

11.1.2 心脏的相对大小分别是：鱼 0.2%，两栖类 0.46%，爬行类 0.51%，鸟类 0.82%，哺乳动物 0.59%，心脏大小、心跳频率和血压等都与动物的生活习性和新陈代谢率相适应（表 6-8）。可见，循环方式与呼吸系统是协同进化的。

表 6-8　动物心脏大小与心跳频率的比较

动物种类	心脏占体重的比例/%	心搏次数/(次/min)	血压/mmHg①
蛙	0.57	22	
蟒蛇	0.31	20	
狗	1.05	140	
人	0.42	78	110
鸡		200～350	188
乌鸦	0.95	342	
鸽	1.71	135～244	105～135

续表

动物种类	心脏占体重的比例/%	心搏次数/(次/min)	血压/mmHg
麻雀	1.68	460	140
金丝雀	1.68	514	
蜂鸟	2.37	615～1020	

① 1 mmHg=1.333 22×10² Pa，后同。

6.3.8.5　血红素含量的适应

血红素是一种与氧结合并将其输送到细胞和组织去的呼吸色素，增加体内血红素含量是对氧气变化的一种适应。枝角类血红素在血浆中，但在肌肉、卵巢、肠壁、神经系统和脂肪细胞中也有分布；当水中溶氧降低时，通过血液中血红素量的增多可以加强对氧的吸收能力。Fox（1955）发现平时无色的透明蚤（*D. hyalina*）在缺氧水中会增加血红素而变为粉红色。Smaridge（1956）把大型蚤自低氧水中逐步移入含氧高的水中，蚤的体色有红色、粉红色、无色的逐渐变化。鲎虫、卤虫、摇蚊幼虫中也见到血红素量随水中溶氧的增减而发生相应变化的情况。

脊椎动物的血红素存在于红血球和肌肉中。鱼类中鲟鱼、狗鱼都发现缺氧水中其血液中血红素增加的现象，不过在缺氧条件下血红素的适应并不是普遍性现象，如潮间带的海蚯蚓（*Arenicola*）在低氧时血红素并不增加。

总之，在动物从低等向高等进化的过程中，由没有循环系统演化产生结构简单的循环系统，然后向结构复杂的方向演化形成脊椎动物的循环系统，功能则由弱到强满足高代谢、强活动对物质运输的需要。随着新陈代谢率的逐渐提高和活动能力的增强，伴随呼吸系统的演化，循环系统越来越复杂，其功能和调节机制也越来越完善。

6.4　排泄系统

在进化过程中，随着动物个体的不断增大、形态结构的益趋复杂化和活动性愈益加强，新陈代谢水平也逐渐提高。代谢过程中，蛋白质代谢形成氨、尿素、尿酸等大量对身体有害的含氮废物，含氮废物、多余水分和盐需要循环系统及时将其输送到排泄器官排出体外，才能调节体内渗透压的平衡，保持机体内环境的稳定和生命活动正常的进行，于是，动物产生了排泄系统，并在进化过程中，结构日益复杂，功能日趋完善。

6.4.1　排泄系统的基本结构

脊椎动物完善的排泄系统（图 8-5）由肾脏、输尿管（ureter）、膀胱（bladder）和尿道（urethra）等部分组成。尿在肾脏生成后输送到膀胱储积并重吸收水分，尿液被浓缩达一定量后经尿道排出。低等动物产生尿液和输送尿液的部分因与脊椎动物的来源不同，结构、功能简单，分化不完善。

6.4.2 排泄器官

与演化地位和生活习性、运动方式相适应，动物在演化过程中产生了不同类型的排泄器官。

4.4 ### 6.4.2.1 原肾管

原肾管（protonephridium）排泄系统首先出现于扁形动物，是由外胚层内陷形成排泄管（excretory canal）和焰细胞（flame cell）构成的盲管。排泄管有众多小分支，其末端为焰细胞，排泄孔通体外（图 4-9，图 6-24）。焰细胞由帽细胞（cap cell）和管细胞（tubule cell）组成。帽细胞盖在具无数小孔的管细胞上，悬于管细胞中央的鞭毛摆动如火焰，故称焰细胞。鞭毛的摆动使管的末端产生负压，引起实质中的液体经管细胞膜的渗透过滤作用进入管细胞，Cl^-、K^+ 等离子被管细胞重吸收产生低渗液后，经管细胞、排泄管由排泄孔排出体外。渗透调节（osmoregulation）体内水分并排出废物。

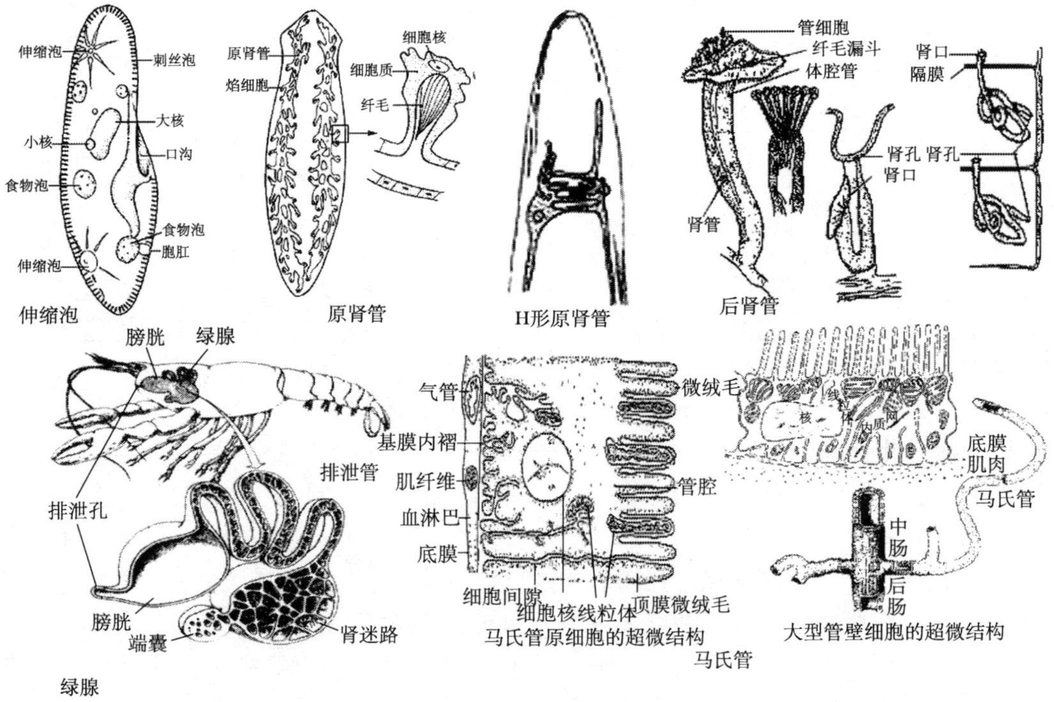

图 6-24　低等动物的排泄系统（Kokek et al.）

4.5.1 线虫类外胚层形成特殊的原肾细胞（renette cell）作为排泄器官，是一种特殊的原肾管，大而特化的腺细胞无纤毛和焰细胞，分为两种类型。腺型（glandular type）属原始类型，通常由 1 或 2 个原肾细胞构成，如海产自由生活的线虫（*Linhomeus*）有 1 个原肾细胞，位于咽后端腹面，小杆线虫（*Rhabditis Maupasi*）有 2 个原肾细胞。管型（tubular type）由一个原肾细胞特化形成，两条纵贯侧线内的排泄管之间有横管相连，呈 H 形，横管伸出短管，末端排泄孔开孔于体前端腹侧，体腔液中废物经侧线上皮进入排泄管排出，如寄生线虫（蛔虫）（图 6-24）。

6.4.2.2　后肾管 4.7

环节动物典型的后肾管（metanephridium）来源于中、外胚层，按体节排列，一端为具纤毛的漏斗状肾口（nephrostome），开口于前一体节真体腔，另一端为肾孔（nephridiopore），开口于本体节体表，血管网包围肾管，排出体腔和血液内代谢废物。寡毛类的隔膜小肾管和咽壁小肾管开口于消化道内，排泄物中的水分被吸收以适应干燥土壤生活（图 6-24）。

软体动物的后肾管由富含血管的腺质部和内壁具纤毛的管状部两部分组成，位于围 4.6
心腔腹面左右两侧，呈 U 形，肾口开口于围心腔，肾孔开口于外套腔（河蚌内鳃瓣的鳃上腔前端）。后肾管排除体腔、围心腔、血液中的代谢废物与水分。蚌的后肾管特化形成鲍雅诺氏器（organ of Bojanus）。

甲壳类等头部 1 或 2 对后肾管演化成触角腺（antennal gland）与小颚腺（maxil- 4.8.1
lary gland），又分别称绿腺（green gland）与壳腺（shell gland）。1 对触角腺（图4-16）位于食管前的头胸部，排泄孔开口于第二触角基部，幼体两种腺体都有，成体只有其中之一，如日本沼虾只有触角腺。结构与后肾管相似，但肾口封闭呈小囊状（称肾小囊），迷路状连接的众多小管浸浴在血淋巴中过滤体液中的代谢废物，排泄管内面有皱褶、末端膨大成膀胱。由血液渗入触角腺与小颚腺的体液在迷路小管中进行选择性重吸收，形成尿液储存于膀胱，经排泄孔排出（图 6-24）。

6.4.2.3　黄色细胞

环毛蚓等寡毛类的肠外有脏体腔膜特化而来的黄色细胞（chlorogogue cell），吸收 4.7.1
代谢产物后脱落在体腔液中，经肾口、后肾管排出（图 4-14）。

6.4.2.4　围心腔腺

位于瓣鳃类软体动物围心腔的前内壁上，是扁平上皮细胞和结缔组织构成的分支腺 4.6.1
体，密布微血管，将代谢废物排入围心腔，由后肾管排出。蚌的围心腔腺特化形成凯伯尔氏器（Keber's organ）。

6.4.2.5　肾附腺

肾附腺（renal appendage）又称静脉腺，是头足类肾静脉周围的褶皱海绵状腺体， 4.7.3
腺体上一层具有排泄功能的腺上皮，能从血液中吸收鸟嘌呤（guanine）等代谢废物排入肾囊，经重吸收后由肾孔排到外套腔中，当漏斗喷水时排出体外。还有一对附鳃心收集围心腔中的代谢废物。

6.4.2.6　吞噬细胞

河蚌等软体动物各组织间的吞噬细胞有排泄功能。

6.4.2.7　马氏管

马氏管（Malpighian tube）是节肢动物适应陆地生活的排泄器官，是由中后肠交界 4.8

处发生的特殊细管（图 6-24），蛛形纲由内胚层、昆虫纲由外胚层衍生而成。众多细小的马氏管直接浸浴在血体腔内的血液中，钠、钾从血淋巴分泌入小管，吸收大量尿酸等蛋白质代谢产物排入后肠，与食物残渣一起排出。

6.4.2.8 鳃

甲壳动物和鱼类等动物的鳃（gill）除呼吸外，还有排泄功能，可通过渗透扩散作用排除多余盐分。

4.9 6.4.2.9 皮鳃和变形细胞

棘皮动物体腔液中的变形细胞吞噬氨和尿素等代谢产物，经皮鳃（papula）排出。

6.4.2.10 脉球

4.9.3 半索动物的中央窦前方有血管盘曲成球称脉球（glomerulus），将血液中代谢废物过滤至吻腔，由吻孔排出。

6.4.2.11 肾脏

脊椎动物的排泄器官集中形成不同类型的肾脏（kidney），产生肾单位，肾小体和肾小管高度分化，加强了肾脏的泌尿和重吸收功能，产生具有导尿、储尿功能的输尿管、膀胱和尿道，加强尿液的输送和废物的排除，提高排泄系统维持体内渗透压平衡的功效。

6.4.3 脊椎动物的肾脏

6.4.3.1 肾脏的基本类型

肾脏是由中胚层（mesomere）中节的生肾节（nephrotome）形成的，可分为全肾、前肾、中肾、后肾和背肾 5 种基本类型（表 6-9）。非羊膜动物经历前肾和背肾 2 个发育阶段。而羊膜动物经历前肾、中肾和后肾 3 个发育阶段。

表 6-9 脊椎动物的肾脏

	前肾	中肾	背肾	后肾
系统发生	非羊膜动物胚期、某些圆口类的排泄器官，羊膜动物胚期肾	羊膜类胚期肾、成体生殖系统附属结构	非羊膜类成体排泄器官	羊膜类成体的排泄器官
个体发生	胚早期	较后	较后	最后出现
位置	体腔前部	体腔中部	体腔中后部	体腔后部
肾小管	数目少（1～13）	数目较多	后部数目较多	数目极多
肾口	开口于体腔，体腔连系	有	由有到无	消失
肾小体	无	出现肾小体	出现肾小体	数目多

续表

	前肾	中肾		背肾	后肾
管道	前肾管为胚期输尿管	吴氏管	无羊膜类	羊膜类	后肾管为成体输尿管
			♂尿精管	♂输精管	
			♀输尿管	♀退化	
		牟氏管	♂退化	♂退化	
			♀输卵管	♀输卵管	
尿道	无	无			有（哺乳动物）
肾门静脉	无	有			退化消失

6.4.3.2　肾脏的发生与结构

脊椎动物肾脏在发生顺序、所在位置和结构特点等方面是不相同的。

（1）全肾（holonephros）　或称原肾（archinephros），为理论上最原始的肾脏。早期脊椎动物的肾组织沿体腔全长并按体节排列，肾小管一端以有纤毛的漏斗形肾口（nephrostome）开口于体腔，另一端汇入原肾管，原肾管后端经泄殖腔通向体外。体腔液中的废物由肾口汇入原肾管排出。现存脊椎动物中，仅盲鳗幼体和蝾螈幼体具有类似的肾。在个体发育过程中，羊膜动物产生 2 个缺刻分为前、中、后 3 部分（图 6-25），非羊膜动物产生 1 个缺刻而分为前、中后 2 部分，各部分分别发育形成胚期和成体的肾脏。

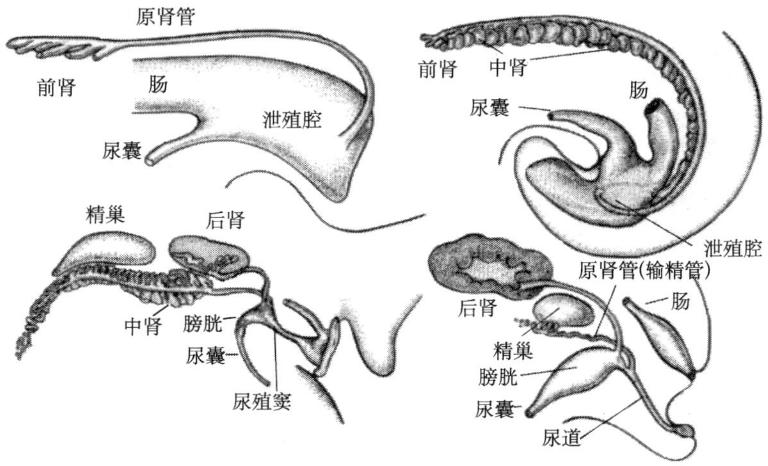

图 6-25　哺乳类尿殖系统的发生（Romer） 4.11

4.12

（2）前肾（pronephros）　由体腔最前端的生肾组织发育而成，前肾小管（pro- 4.13
nephric tubule）按体节排列。肾口附近血管形成悬浮在体腔液中的肾外小球，血液中 4.14
的废物过滤排入体腔；肾口纤毛摆动将体腔内废物收集到肾小管，经前肾管、泄殖腔排 4.15
出，称体腔联系。脊椎动物胚期都要经历前肾阶段，形成有功能或无功能的前肾，以诱 4.16

导后部的生肾组织分化发育，但前肾小管的数目不同，蛙 3 个，位于Ⅱ、Ⅲ、Ⅳ体节；鸡 12 个，由第Ⅴ体节开始；人胚 7 个，位于Ⅶ到ⅩⅢ体节。肾口开口于体腔，另一端汇入前肾管（pronephric duct），末端通泄殖腔。

前肾小管退化比较慢，成体依然保留的称为头肾（head kidney）。圆口类前肾发达，七鳃鳗的幼体前肾和背肾同时存在，二者同时行使泌尿的功能。盲鳗前肾终生保留。棉尉属等少数硬骨鱼的前肾终生存在并有泌尿机能，或成体残留，如鲤科鱼类成体残留称为头肾，属于淋巴器官。更多鱼类前肾只是在幼鱼阶段执行泌尿机能。

4.14 （3）中肾（mesonephros）　在前肾功能即将结束时，诱导羊膜类胚期中部生肾节
形成新的分节中肾小管（mesonephric tubule），前部中肾小管保留肾口。随着发育，中
4.15 肾小管不断以出芽方式增加，失去肾口和分节性，分生出次级、三级肾小管，末端膨大
4.16 凹陷形成双层肾球囊（Bowman's capsule），把血管球包在囊中形成肾内小球（脉球，
glomerulu）构成肾小体（renal corpuscle），与肾小管共同形成肾单位（nephron）（图 6-26）。肾小管延伸与纵行的前肾管（中肾管，mesonephric duct）相通，肾小管直接或间接开口于中肾管，血液中的废物直接进入肾球囊，经肾小管到中肾管排出。产生中肾后，排泄废物由体腔联系（从体腔液中排出废物）转到血管联系（从血液中滤过废物），这是动物排泄的一大进步。当后部肾小管形成时，前部肾小管退化，例如，人胚在 4 周龄时出现肾小管，2 月龄最发达，肾小体数目达 80 多个，仅 30 个具有泌尿功能，当胚胎达到 40 mm 时，中肾小管即退化。蛇类等在第一次冬眠时退化。

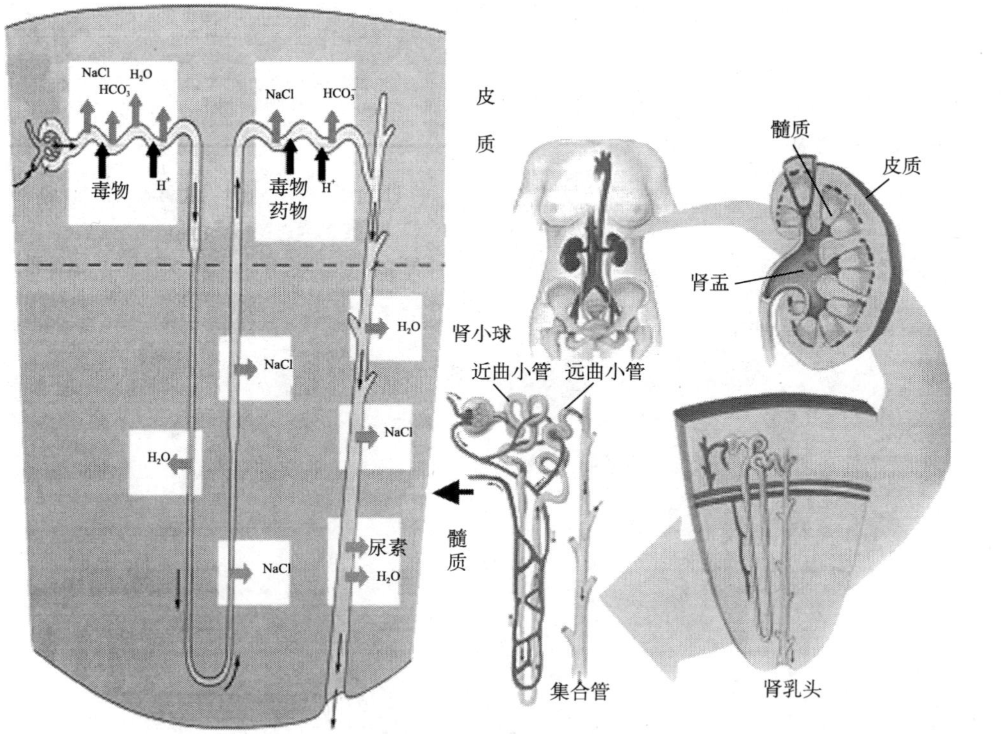

图 6-26　排泄系统与肾单位功能

（4）后肾（metanephros）　羊膜动物胚胎后期和成体的肾脏，由体腔最后部的生 4.14
肾组织发育而成。在发生上具有双重来源，来源于后肾芽基和后肾管芽。

后部生肾组织移向前外侧形成后肾芽基，分节现象开始时就消失，完全分化为发达 4.15
的肾单位（图 6-26）。肾小管长而迂回，分为近曲小管（proximal convoluted tubule）、 4.16
亨氏袢（loop of Henle）和远曲小管（distal convoluted tubule）3 部分，其数量多达
450 万条。同时，中肾管基部近泄殖腔处突起形成后肾管芽，向前延伸至正在分化的后
肾芽基内形成肾盂（pelvis），分支形成大量的集合管与肾单位衔接。于是，肾脏明显地
分为肾小球丰富的皮质部（cortex）和肾小管发达的髓质部（medulla），髓质突入肾盂
形成肾乳头（renal papilla）。

（5）背肾（opisthonephros）　非羊膜类成体的肾。前肾发育后诱导中、后部的生 4.11
肾组织发育而成。雄鲨等背肾前部失去泌尿功能，被迂回盘旋的输精管所占据，称为性 4.12
肾。背肾和中肾结构特点基本相同，有肾口和肾单位，旧教科书常称之为中肾，但二者 4.13
来源不同。

脊椎动物肾脏的进化趋势是，肾口由有到无，由体腔联系到血管联系，肾单位的数目由少到多，并且结构越来越复杂，排泄功能不断加强。

（6）尿液的形成　当血液流经脉球时，由于入球小动脉比出球小动脉粗大，产生较高血压，使血液中除血球和大分子蛋白质外的物质过滤到肾球囊中形成原尿，原尿通过肾小管时，由于肾小管有主动的分泌和吸收作用、周围毛细血管的胶体渗透压高，可以重吸收氨基酸、葡萄糖、无机盐和水等有用物质，分泌 H^+、K^+ 和氨与尿素、多余盐分一起从肾小管排出，形成终尿。肾脏和肾单位的解剖生理学特点，如滤尿表面积巨大，脉球内的血压高，来自肾动脉的血液供应充足以及肾小管的逆流倍增效应，保证肾的滤过和重吸收功能顺利完成，如人每天形成的原尿多达 180 L，排出的尿液只有 1.5 L。各种动物适应其生活环境具有不同的尿液浓缩能力（表 6-10）。

表 6-10　不同动物的尿液浓缩能力

动物种类	尿液最大浓度/(mol/L)	动物种类	尿液最大浓度/(mol/L)
蛙	600	大家鼠	2900
猪	1000	猫	3250
人	1430	袋鼠	5500
骆驼	2800	跳鼠	9400

6.4.4　输尿管与膀胱

6.4.4.1　输尿管的发生

4.11
中肾形成时，软骨鱼和两栖类的前肾管纵裂为 2 条：内侧的为吴氏管，外侧为牟勒 4.12
氏管（Mülerian duct）。羊膜动物的前肾管成为中肾管（吴氏管，Wolffian duct）诱导 4.13
体腔膜内陷、包卷形成牟勒氏管。伴随动物性别的分化，吴氏管演化为雄性输精管（蛙 4.14
类为精尿管），雌性的输尿管或退化；牟勒氏管演化为雌性的输卵管，在雄性退化。羊 4.16

膜动物中肾管基部输尿管芽发育为输尿管，雄鲨则另形成输尿管。

6.4.4.2 输尿管

七鳃鳗和硬骨鱼类只有输尿作用。软骨鱼形成多条副肾管输尿。两栖类的中肾管雌性为输尿管（urinary canal），雄性兼作输精管。羊膜动物的输尿管为后肾管；部分爬行类和鸟类的输尿管直接通入泄殖腔，哺乳类的输尿管在发育过程中重新定位开口膀胱，以尿道开口于体外。

6.4.4.3 膀胱

圆口类、软骨鱼、比目鱼科等少数硬骨鱼、蛇和部分蜥蜴和鳄、鸟类（鸵鸟外）无膀胱，其他脊椎动物有膀胱（urinary bladder）。

膀胱分为3种类型，导管膀胱是硬骨鱼、硬鳞鱼中肾管后端膨大形成。泄殖腔膀胱是肺鱼、两栖类和单孔类泄殖腔腹壁突出形成，中肾管不直接与膀胱发生联系，括约肌收缩关闭泄殖腔孔，尿液由泄殖腔流入膀胱暂时储存并重吸收水分。尿囊膀胱由胚期尿囊基部参与形成，哺乳动物的输尿管重新定位开口于膀胱，羊膜类胚期尿囊是呼吸器官，同时储存胚胎代谢废物。出生后，尿囊远端部保留成为连接膀胱的脐尿管，如龟鳖类、部分蜥蜴、楔齿蜥和哺乳动物。

膀胱壁及括约肌受交感神经及副交感神经的双重支配，当膀胱内尿量达到一定程度时，引起排尿反射而排尿。失水引起脑下垂体释放抗利尿激素（ADH），膀胱重吸收水分使动物停止或减少排尿。陆生四足类膀胱具有较强的重吸收水分能力，对保持体内水分以适应不同的陆生环境具有十分重要的意义。

6.4.4.4 副膀胱

淡水龟鳖类有两个副膀胱，开口于膀胱开口相对处。副膀胱内储水可作为辅助呼吸器官，雌性可用于营巢产卵时湿润沙土。

6.4.5 肾外排泄

4.12 许多动物具有肾外排泄（extrarenal excretion）机能，如鲨鱼等具有直肠腺（rectal
4.14 gland），是开口于直肠末端的泌盐腺体，海洋硬骨鱼的鳃具有盐腺，排泄多余盐分；海
4.15 鸟和爬行动物具有分叶的盐腺（salt gland），每叶有一条中央管，中央管上又有许多分
9.2.1 泌小管，各中央管汇集于总导管，开口于体外，但盐腺和开口的位置不同。蠵龟和海龟位于眼后上方；海蛇在舌下；蜥蜴位于嗅囊外面；海鬣蜥的盐腺分泌含盐液体经小管从鼻道流出；鳄类舌腺兼有泌盐和分泌黏液的功能；海鸟和沙漠鸟类等眼眶上部的盐腺开口于鼻腔，可分泌5%的盐溶液（图6-27）。

由于盐腺是一种逆流交换系统，毛细血管与分泌小管平行，血流方向与分泌液体的流向相反，有利于盐分从血浆到分泌液体的主动转运，提高泌盐效果。实验证明，盐腺对水盐、酸碱平衡具有重要意义，当喝下海水或吃含盐多的食物后盐腺开始分泌，分泌物主要是氯化钠。吃浮游甲壳动物的海燕分泌物中钠浓度高达1100 mmol/L，海鬣蜥

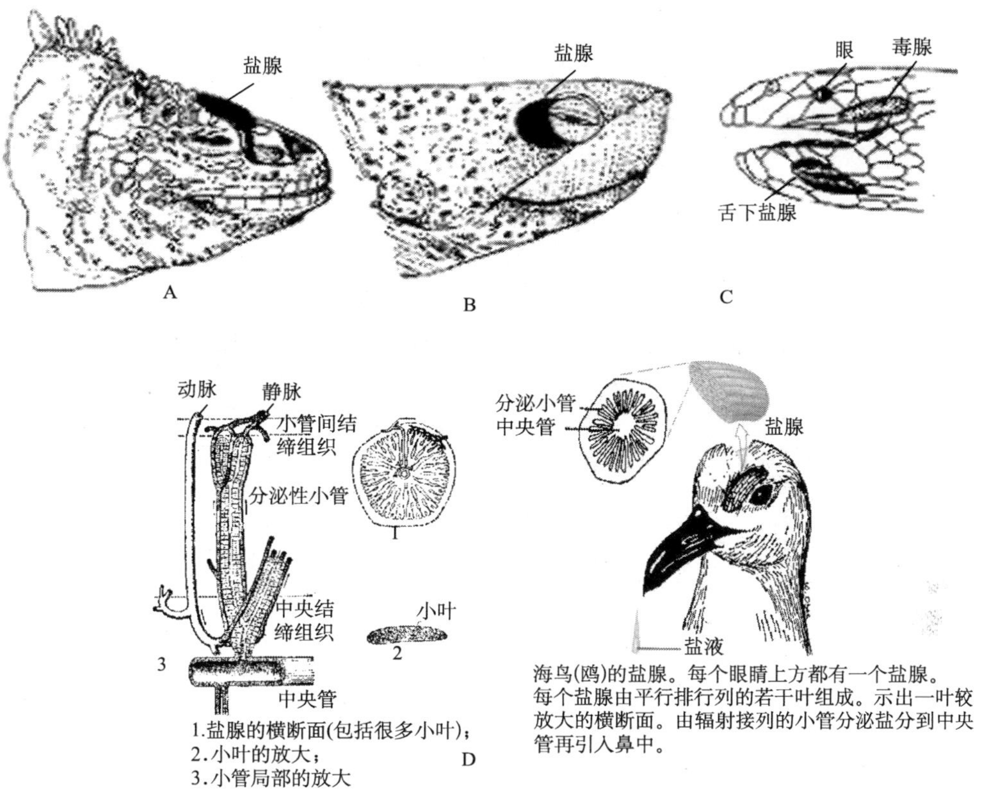

图 6-27　几种动物的盐腺

A. 海鬣蜥；B. 泥龟；C. 海蛇；D. 海鸥

吃含钾多的海藻，分泌物中主要是钾；由于分泌物钠浓度远超过海水的浓度，爬行动物肾外排泄超过肾脏，适应缺乏淡水、蒸发失水和食物盐分高的生存环境，能很好地适应海域生活。鲤鱼和金鱼通过鳃排出的含氮废物比肾脏排出多 5～9 倍；淡水鱼类的吸盐细胞可从水中吸收盐分，海产硬骨鱼的泌盐细胞可将体内多余盐分排出，调节体内水盐平衡。

6.4.6　含氮废物的排泄

蛋白质氨基酸经过代谢脱氨作用形成酮酸和氨，氨毒性大，易溶于水，水生动物可 4.2～
利用丰富的水（500 ml 水可洗掉 1 g 氮）将其排出。陆生动物须保存水分，氨经过肝脏 4.16
解毒，形成毒性较小的尿素可节省 90%的水，形成尿酸需要不到 2%的水，排泄固态尿酸对在卵壳内发育的动物之胚胎发育有利，但产生尿酸代谢价较高。因此，动物需要以不同的方式排出体内的含氮废物（图 6-28），如乌贼排泄鸟嘌呤，还有的动物排泄氧化三甲基胺。

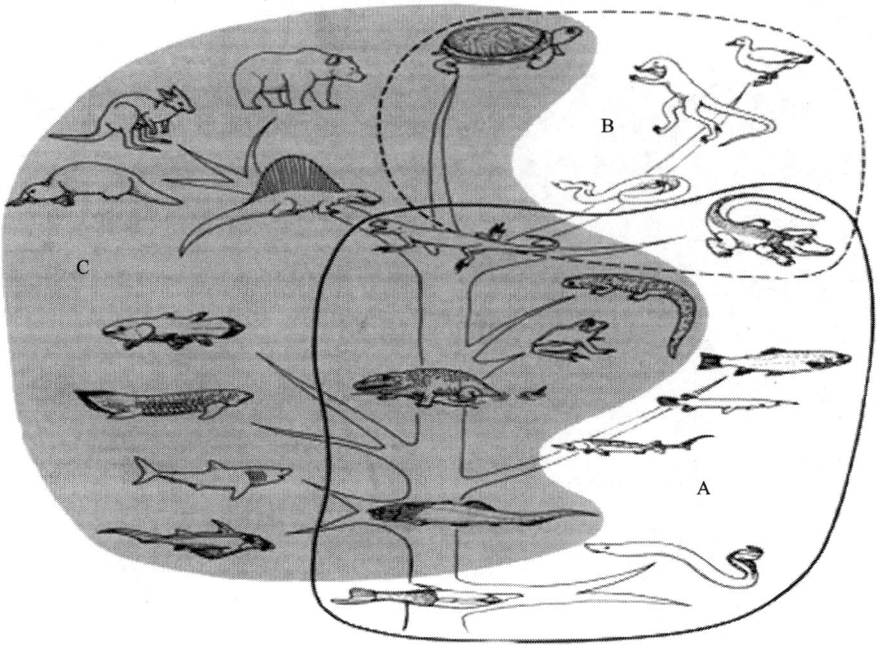

图 6-28　排泄不同废物的脊椎动物

A. 排氨；B. 排尿酸；C. 排尿素

6.4.6.1　排氨

甲壳动物、鱼类、蝌蚪等是水生排氨型动物（ammonotelic animal），蛋白质代谢产物以氨的形式经细胞膜透过大量排出。氨占含氮废物总量为：变形虫 98%、海葵 52.7%、蜗虫 100%、水生昆虫 90%、淡水鱼 74%、蝌蚪 78%、蜗牛 4%、蛇 9%、鸟 3%。

6.4.6.2　排尿酸

陆生的蜗牛、甲壳动物、节肢动物、爬行动物、鸟类等排尿酸，代谢产生的含氮废物在肝脏经进一步解毒作用形成尿酸，以不溶于水的尿酸的形式排出，减少排泄失水有助于保存体内水分。尿酸占含氮废物的总量分别为：蜗牛 2%、陆生昆虫 92%、蛇 89%、鸟 87%。

6.4.6.3　排泄尿素

多毛类沙蚕、甲壳动物、软骨鱼类、两栖类和哺乳类等含氮废物以尿素的形式排出。尿素占含氮废物的总量为：蜗牛 84%、蛙 80%。

6.4.6.4　排泄氨和尿素

棘皮动物的含氮废物以氨和尿素 2 种形式排出。

6.4.7　排泄系统的演化与适应

适应生活环境、生活习性，并与动物的系统演化相适应，动物的排泄系统从无到有、由简单到复杂，结构功能日趋完善。

6.4.7.1　无排泄系统

包括原生动物、侧生动物、毛颚动物、腔肠动物等。

原生动物体内伸缩泡（contractile vacuole）收集并排出细胞质内多余的水分及溶解 4.2
的代谢废物，调节水分平衡。

眼虫的伸缩泡位于前端、与胞口相连的膨大储蓄泡（reservoir）旁边，能将水分、废物排入储蓄泡，经胞口排出。淡水变形虫的细胞质是高渗的，水分通过质膜的渗透等作用不断进入体内，内质中泡状的伸缩泡有节律地膨大、收缩排出多余水分。海生变形虫细胞质与海水等渗，无伸缩泡，但置于淡水中能形成伸缩泡。实验证明，抑制伸缩泡的活动，变形虫会膨胀破裂而死，可见伸缩泡对调节水分平衡的重要性。

草履虫的 2 个伸缩泡分别位于身体的前、后部的内外质之间，交替收缩排出多余水分。伸缩泡向细胞质中伸出放射状排列、端部与内质网小管相通连的收集管。伸缩泡及收集管收缩丝（contractile filament）收缩使内质网收集水分，排入收集管、伸缩泡，通过表膜小孔排出体外（图 4-4）。

6.4.7.2　有排泄系统

从扁形动物开始，伴随中胚层的产生出现排泄系统，无脊椎动物主要有原肾管、后肾管和马氏管等基本形式，脊椎动物是肾脏。

（1）原肾管（protonephridium）　扁形动物、轮虫、线虫、原始环节动物、少数 4.4
软体动物幼体具有原肾管。涡虫体侧有一对弯曲、分支的纵行排泄管，焰细胞（包括腺 4.5
细胞和管细胞）收集体内水分和废物，经排泄管由体背排泄孔排出体外。吸虫身体两侧的原肾管有分支，排泄管在身体后部汇合成 S 形的排泄囊，末端为排泄孔。绦虫身体背、腹各有 1 对纵行排泄管，节片后端 2 条腹排泄管间有一横排泄管相连，成熟节片背排泄管消失，最末节片的 2 条腹排泄管会合成一总排泄孔通体外，该节片脱落后，2 腹排泄管分别开口体外。轮虫 1 对原肾管由排泄管和焰球（flame bulb）构成，2 排泄管通入膀胱，与肠汇入泄殖腔。

（2）后肾管（metanephridium）　环节动物、星虫、须腕动物、软体动物、有爪纲节肢动物等具有后肾管。

环节动物具有典型的后肾管（大肾管，meganephridium）；寡毛类的后肾管还特化 4.7
为肾孔开于体壁的小肾管（micronephridium），或开口于消化管称消化肾管。原始多毛类原肾管与体腔管相伴存在，多数种类肾管与体腔管联合，形成混合型原肾（protonephromixium）如叶须虫等，或混合型后肾（metanephromixum）如海女虫（*Hesione*），甚至后肾管与体腔管完全混合形成混合肾（mixonephridium）。

软体动物后肾管型的肾由腺状和管状 2 部分构成，腺质部分富含血管，肾口具纤毛 4.6

开口于围心腔，管状部分内壁具纤毛，肾孔开口于外套腔。头足类的后肾管囊状，包括1个背室和2个位于直肠背面、左右对称的腹囊。箒虫的后肾管成U形。

（3）小肾囊（renal vesicle） 尾索动物肠附近有具排泄机能的细胞，称小肾囊。

4.10.2 （4）肾管（nephridium） 头索动物文昌鱼的排泄系统具有无脊椎动物的特点。肾管的一端以多组特殊的有管细胞（solenocyte）浸在体腔液中，另一端肾孔（nephridiopore）开口于围鳃腔。90余对肾管将体腔中的代谢废物渗透收集进入管细胞，由鞭毛摆动流向肾管，经肾孔排入围鳃腔，随水流排出体外。咽背部后端左右各有一个盲囊，称褐色漏斗（brown funnel），是排泄器官还是感受器官尚无定论。

4.11～4.16 （5）肾单位与肾脏 肾单位的发达程度与各部分的分化程度和肾的泌尿功能密切相关。圆口类已有集中的肾脏（胚胎期为前肾，成体为背肾）。发生上输尿管尚未分化成吴氏管与牟勒氏管，只有输尿的作用。背肾保留分节排列状态。

硬骨鱼的中肾管只有输尿作用，在脊椎动物中是特殊的。肾单位与控制排出尿液的浓度、调节水分平衡相关，淡水鱼类肾小体数目极多，排出多余水分，海产硬骨鱼肾小体退化，减少排尿量保水，多余盐分由盐腺排出。鲨鱼肾脏前部被迂回盘旋的输精管占据，无泌尿功能，称来氏腺，肾脏后部较宽称尾肾，中肾管仅输精，另形成副肾管输尿。

两栖类变态后，前肾消失。有尾两栖类的肾前端失掉泌尿功能，在雄性称为副睾肾，盘旋在其中的中肾管称副睾，后部称尾肾，很多集合小管由尾肾跨过系膜通入中肾管。无尾两栖类的肾脏位于体腔后部，长形分叶，外缘近后端有一条输尿管通泄殖腔。雄性吴氏管兼有输尿和输精作用，雌性为输尿管。

羊膜类动物蛇类具有泌尿功能的中肾，出生后持续存在一个时期，第一次冬眠后消失，后肾行使排泄功能。哺乳动物前肾主要是诱导中肾形成，后肾胚胎期即行使功能。

总之，排泄系统的有无，其结构功能的演化是与动物的生存环境和运动代谢水平相适应的，既保证代谢废物及时排出，又保证排出多余水分、盐分，或防止体内水分的流失，维持机体内环境的平衡稳定。

复习思考题

1. 各动物类群消化、呼吸、循环和排泄系统结构有何特点？这些特点与其生活习性有何关系？
2. 在演化过程中，动物怎样增加消化道的消化吸收表面积？
3. 动物是怎样提高消化吸收效率的？
4. 动物呼吸有哪些通气方式？
5. 在演化过程中，动物是怎样提高气体交换效率的？
6. 比较动物呼吸系统的结构、通气和气体交换率之异同？
7. 绘制或简述动物血液循环路线图？
8. 比较各动物类群血液循环的异同？
9. 呼吸和循环系统是如何协同演化的？
10. 动物排泄系统的结构、功能是怎样演化的？

11. 排泄和循环系统怎样协同进化、协调作用调节内环境平衡的？

12. 名词解释：细胞内消化，物理消化，化学消化，齿舌，齿式，裂齿，臼齿，唾液腺，嗉囊，砂囊，磨胃，胃磨，胃楯，晶杆，吸胃，肌胃，复胃，反刍，肝胰脏，消化酶，通气，口咽式呼吸，潮式呼吸，贯流式呼吸，古肺，新肺，书肺，书鳃，瓣鳃，栉鳃，气管呼吸，对流气体交换，交叉对流气体交换，鸣管，开管式循环，闭管式循环，血窦，血腔，血淋巴，单循环，双循环，不完善双循环，侧心，鳃心，淋巴心，动脉，静脉，肌瓣，原肾管，后肾管，绿腺，马氏管，前肾，中肾，后肾，背肾，肾单位。

第7章　生命活动的调节

本章提要　机体主要通过神经调节（nervous regulation）、体液调节（humoral regulation）和自身调节（autoregulation）3种方式对自身细胞、器官功能活动进行调节，使内外环境协调统一，保证正常的生命活动。因此，机体需要迅速感受内外环境的刺激，产生了感受器，用以识别、测定刺激的性质、强度及其相对位置关系等，提供机体反应的准确信息。眼点、单眼、复眼和眼，用于感光、成像，甚至产生上下眼睑、泪腺、镰状突、银膜、栉状突，保护并调节眼的代谢，采用不同的调节机制形成视觉。平衡囊、耳等感受身体平衡，听器和内耳的瓶状囊、耳蜗管加强声波的感受传导形成听觉，进行回声定位。产生嗅窝、耳突、项器、嗅检器、嗅毛、犁鼻器和味觉、嗅觉器官感受环境中化学物质的变化。皮肤触觉、热觉、痛觉以及侧线、颊窝等感受环境温度、压力等刺激。

神经系统是由神经元以不同方式连接构成的非常复杂的网络系统，传导、整合分析刺激，调节机体做出适当反应。分散的神经网向身体中轴和前端集中形成梯形神经、神经索链、神经节，环节动物开始形成中枢、周围和植物3个神经系统。神经管形成后分化出脑、脊髓及神经核构成中枢神经和周围神经（脑神经、脊神经）和植物神经（交感神经、副交感神经）。功能集中并加强、调节更精确。

- 生命活动的调节
  - 感觉感官
    - 物理性感受器：皮肤感受器、光感受器、听平衡感受器、听觉器、红外线感受器
    - 化学感受器：味觉器、嗅觉器、嗅毛、嗅检器、犁鼻器
  - 神经调节
    - 神经系统的基本结构
      - 中枢神经——神经节；脑和脊髓
      - 周围神经——脑神经、脊神经和植物神经
    - 神经活动的基本方式——反射
      - 非条件反射
      - 条件反射
        - 第一信号系统活动
        - 第二信号系统活动
    - 神经传导路径——反射弧
  - 激素调节
    - 脊椎动物
      - 内分泌腺
      - 激素的种类与作用
      - 激素生理作用的生理机制
      - 分泌异常引发病症
    - 昆虫
      - 内激素
        - 脑神经分泌细胞——脑激素
        - 咽侧体——保幼激素
        - 前胸腺——蜕皮激素
      - 外激素（信息素）
    - 环境激素进入机体产生长久影响

多种内分泌腺产生不同的激素，作为第 1 信使作用于靶器官，与神经结合进行神经-体液调节，调节动物机体的生长发育和机体活动。激素分泌是精确反馈调节的。环境激素对动物产生深远的影响。

动物是由不同器官系统组成的生命有机体，其生存活动依赖于各器官系统的分工合作与协调活动。从生态学与生存发展的观点看，机体的形态结构、功能与生存环境是密不可分的，是适应环境的，生命活动受变化的环境影响。机体与环境之间相互影响、相互作用，既需要保持机体内部生理过程的统一性，也需要保持机体与环境的统一性。任何形式的破坏，特别是机体的生理机能不能适应环境的迅速变化都将产生不良后果，甚至是灾难性的后果。这种统一性需要机体灵敏地感受、识别、定位、判断内外环境的刺激，通过神经内分泌系统的活动、神经系统的反射过程实现的，神经系统在机体各种活动中起着主导和决定的作用，冲动在神经系统中的传导和分析整合，支配骨骼肌和内脏器官，协调它们的活动，保证机体内各器官系统以及机体和环境的协调一致，保持平衡，保证动物适应不断变化的生活环境生存繁衍下去。

7.1　感觉器官

在长期的生存斗争和系统演化的过程中，为了感受和识别、定位刺激源，动物产生了感觉器官（sensory organ），感受体液 pH、氧、CO_2 和血压、体温等自身信号变化，接受光、声、热和压力等外界环境信息变化。感官是动物感知环境变化，并有选择地将感受到的刺激信息转化为神经冲动，通过神经系统使机体产生反应的重要器官。感受内环境变化的为内感受器（interoceptor），提供机体位置信息的为本体感受器（proprioceptor）；通常所说的感官主要指的是外感受器（exteroceptor），分为两类，物理感觉器有皮肤感受器、平衡器与听觉器、视觉器等；化学感觉器有味觉器和嗅觉器，等等。

7.1.1　光感受器

从原生动物到脊椎动物，光感受器主要有眼点、单眼、复眼和眼几种基本类型。低等动物的光感受器是特殊细胞团（常和色素相关）称为眼点，感受光的刺激，然后，进化产生专门的光感觉器——不同类型的眼，以便灵敏地感受光线强弱、物体形状、运动状态和颜色等各种的刺激并产生视觉，故称视觉器。

7.1.1.1　眼点

动物首先出现由色素颗粒演化成由感光细胞和色素细胞组成的感光眼点（stigma，ocellus）与动物的趋光行为有关。但原生动物、腔肠动物、扁形动物、线虫、轮虫和蛭类等眼点的结构、位置和数量不同。

绿鞭毛虫的眼点和光感受器与光合作用营养方式有关。绿眼虫浅杯状红色眼点（stigma）位于鞭毛基部紧贴储蓄泡，由埋在无色基质中的类胡萝卜素（carotenoid）颗粒或胡萝卜素（carotene）组成。靠近眼点和鞭毛基部的是光感受器（photoreceptor）。眼点是遮光物（light absorbing shade），光线只能从眼点杯口射到光感受器上，当眼点 4.2.1

遮住光感受器切断能量供应时，虫体产生趋光性运动，鞭毛打动调整虫体位置，让光线连续照到光感受器上，因此，眼虫随时调整方向，趋向适宜光线，保证光合作用正常进行。

4.3.2 水螅的感觉细胞（sensory cell）能感受光等多种刺激；海月水母的触手囊上有眼点
4.4.1 （ocellus）。扁形动物的眼点由排列成杯状的色素细胞和感光细胞构成，光线通过色素杯
4.5.1 口射到感觉细胞上能辨别光源和明暗。涡虫纲眼点1对或多个，三角涡虫的眼点位于身
4.5.2 体的背部，无肠目涡虫的眼点在头及体两侧的体表上皮中聚集形成小点。吸虫纲指环虫
4.9 （*Dactylogyrus*）头背部有4个眼点。蛭类有5对眼点。轮虫动物有1或2个红色眼点。水生线虫咽两侧有1对眼点，色素细胞分散或排列成杯状。棘皮动物海盘车各腕顶端触手基部口面的眼点由感光细胞和色素细胞构成。

7.1.1.2 单眼和复眼

节肢动物的视觉器有单眼和复眼（图7-1）；蛛形纲夜间活动捕食，仅有8个单眼，无复眼。

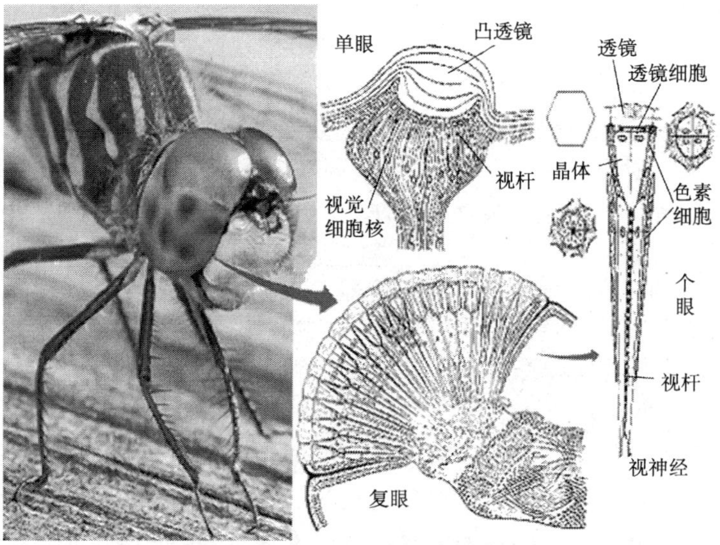

图7-1 昆虫的眼（Wober，Zmms，Link et al.）

4.8 （1）单眼（ocellus） 由1个双凸透镜、1层角膜细胞和下面的许多视觉细胞（retina cell）构成，角膜细胞内有由视觉细胞构成的小网膜，视觉细胞近端延长为神经纤维，透镜边缘和视觉细胞间有色素细胞，只能感受光的强弱。昆虫的单眼根据着生位置分为背眼（median eyedorsal oceli）和侧眼（stemmata= lateral eye）；背眼3个，见于成体额区，三角形排列；侧眼见于部分种类的幼体头部两侧，数量因种而异。

（2）复眼（compound eye） 由许多小眼（个眼，ommatidium）组成，呈半球形排列。小眼包括折射器（dioptric apparatus）和受纳器（recipient apparatus）两部分，折射器包括透镜（lens）及晶锥（crystalline cone），上皮细胞特化成2个透镜细胞

(corneagenous cell) 产生的透明角质膜形成双凸透镜，透镜表面呈六角形，称小眼面 (corneal facet)；透明晶体由4个大的晶体细胞形成。受纳器由7或8个视觉细胞 (retinular cell) 构成，视觉细胞近端延长穿过底膜束集成视神经，视觉细胞相互接触的条状棱称视小杆 (rhabdomere)，由垂直于视杆长轴的微绒毛 (microvilli) 构成，视小杆集合成柱状视杆 (rhabdom)。

小眼数目因种而异，从几个到两万个。由于晶体与小网膜周围色素细胞 (pigment cell) 遮隔邻近小眼的光线，使之不能聚焦到同一视杆上，一个视杆只能接受小眼前方的一个小光点，造成"点的影像"，半球形复眼的各小眼见到物体的不同部分，小光点的光强度各不相同，无数小眼的点影像互相接合，光线通过透镜和晶体聚焦在视杆上集合便形成了"镶嵌的影像"。

沼虾的复眼1对，着生在能活动的2节眼柄顶端。昆虫的复眼结构复杂，不仅能感知光线的强弱，而且能形成物像，甚至能辨别颜色，如蜜蜂能辨别光谱在3100～6500 Å范围内的4种光色。短光波对昆虫的引诱效果比长波大，因此，可利用黑光灯防治农林害虫。

7.1.1.3　无脊椎动物的眼

环节动物、软体动物等的光感受器称为眼 (eye)。

水生寡毛类眼结构简单，色素杯状。多毛类的眼结构复杂，视觉杯状，位于口前叶背侧，1～4对。沙蚕口前叶上2对发达的眼由角膜、晶体、光感受细胞和色素细胞组 4.7.2
成，光感受细胞经视神经联于脑，感受光源和光强度并引起避光反应；远洋种类的眼还有视网膜和附属网膜等，调节并感受不同波长光作为深度探测仪。这种附属网膜在头足类和深水鱼类也被发现。帚毛虫类体壁上有附属眼点能感受光强度的突然变化。

圆田螺皮肤内陷形成眼，感觉细胞和色素细胞构成视网膜，有晶体。乌贼的眼发 4.6
达，有角膜 (cornea)、巩膜 (sclera)、虹膜、瞳孔、晶体、视网膜和睫状肌等构造，视网膜主要由含色素光感受细胞——杆状细胞组成，基本结构与脊椎动物眼相似，但来源不同 (图7-2)。

7.1.1.4　脑眼

文昌鱼神经管腹两侧各有1列脑眼 (ocelli)，每个脑眼由1个感受细胞 (receptor 4.10.2
cell) 和1个杯状黑色素细胞 (melanocyte) 构成，感光作用有助于游泳和穴居定位。神经管前端的较大黑点为色素点 (pigment spot，眼点 eye spot)，有人认为是退化的平衡器官，穴居时有遮光、防止阳光直射脑眼的作用，与脑眼共同作用确定穴居位置。

7.1.1.5　顶眼

作为感光器官，原始脊椎动物可能存在2个前后排列的顶眼 (parietal eye)，盾皮 4.11
鱼类头骨化石的结构可证实这一推论的正确性。七鳃鳗的顶眼来源于松果体 (脑上腺， 4.14
epiphysis)，亦称松果眼 (pineal eye)，位于鼻孔后方皮下，具有晶体和视网膜。爬行动物的顶眼来源于旁松果体 (parapineal body)；蜥蜴的顶眼位于间脑顶器的顶端，基

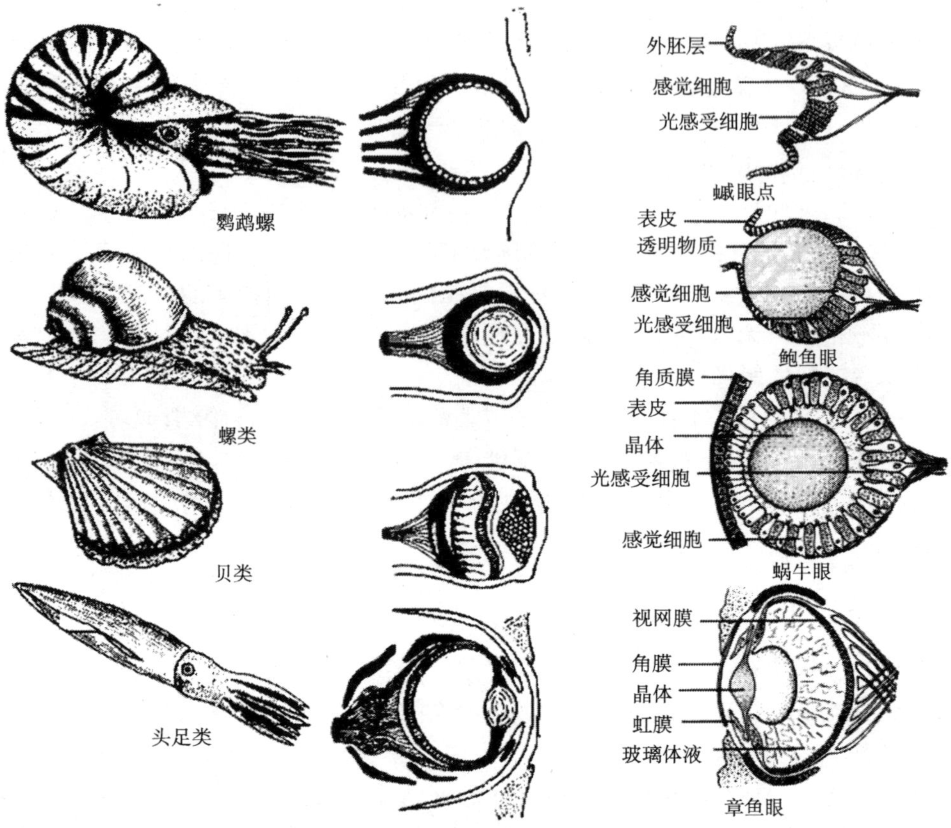

图 7-2 软体动物的眼

本结构与眼相似，感受从颅顶孔透入的光线，对动物调节和适度利用阳光具有重要作用，与动物的周期性生命活动和迁移活动密切相关。

7.1.1.6 脊椎动物的眼

为动物最完善的视觉感受器。

4.11 (1) 发生与基本构造　胚期，间脑两侧向外突起发育为视泡后，接着外侧壁向内凹
4.12 陷形成双层视杯，外层色素层构成“暗箱”，适应昼夜明暗视觉和对物像、颜色的分辨；
4.13 内层发育成视网膜（retina），其中，视锥细胞（cone cell）和视杆细胞（rod cell）的数
4.14 量因种而异，如鹰眼中央凹的视锥细胞（1 000 000 个/mm^2）是人眼密度的 3 倍，其视
4.15 觉比人强 8 倍。视杯内有透明的玻璃体。视杯口对应的表皮加厚形成双凸镜状，从外胚
4.16 层脱离内陷到视杯内，发育成透明而具有弹性的晶体（lens）。同时，来源于间充质、围绕视杯的结缔组织形成 2 层。内层为脉络层（choroid），富含血管具营养功能；外侧和视网膜共同形成睫状体和虹膜，虹膜中央为瞳孔，有张肌和缩肌改变瞳孔的直径，调节进入眼球内的光线强度；外层为巩膜（sclera），外侧和覆盖其上的皮肤（球结膜）共同形成透明的角膜（cornea）。角膜与晶体间、晶体与视网膜间的空腔分别称为眼前房

和眼后房，容纳水样液（aqueous humor）和玻璃液（vetreous humor），与角膜、晶体共同构成反光系统，使光线落到视网膜上形成视觉（图 7-3）。

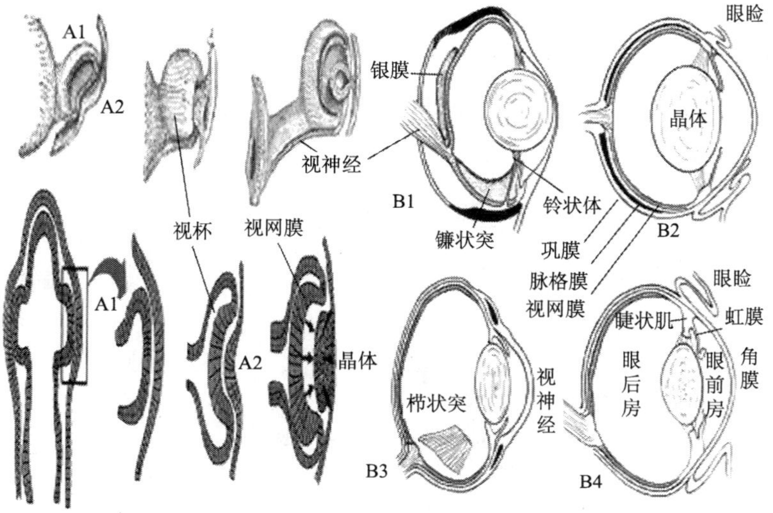

图 7-3　脊椎动物眼的发生（A）与结构（B）

A1. 视杯；A2. 晶体；B1. 鱼；B2. 蛙；B3. 鸟；B4. 兽

与环境和生活习性相适应，不同动物眼的结构差异很大。脉络层后部突入玻璃体形成含色素并高度血管化的锥形或扇状突起，加强眼球内压力的调节和营养作用，例如，鱼类脉络层中产生的反光结构称银膜（argentea），适应水中暗光条件下的感光作用，硬骨鱼特有的镰状突（falciform process）起自盲点（blind point）伸到晶体后方，以韧带与附着在晶体腹面的晶体缩肌（又称铃状体 Haller's campanula）相连；爬行动物为锥乳突（conus papillaris）；鸟类多褶突起，称栉膜（pecten）。鱼眼不具上下眼睑和泪腺。四足动物不仅具有上下眼睑、泪腺，还有第三眼睑即瞬膜，作为一种透明膜盖住眼球，有助于保护眼和不良环境中的视觉，哺乳动物的瞬膜退化，仅在患破伤风疾病时才可看到；两栖类还有哈氏腺，它们防止异物进入眼内，泪液冲洗、湿润眼球，保护眼睛。鸟类的巩膜内着生一圈覆瓦状排列的巩膜骨环（sclerotic ring），支持眼球防止飞行时强大的气流压力使眼球变形。

（2）视觉调节　脊椎动物有不同的视觉调节方式。鱼类通过镰状突和晶体缩肌使晶 4.12
体前后移动调节焦距，调节近视眼，通过水的光折射作用看到陆地上远处活动的物体。

哺乳动物晶体周围的睫状肌（ciliary muscle）为平滑肌，能改变晶体的凸度和瞳孔 4.16
的大小，调节进入眼球的光线，将物体精确定位、成像于视凹最敏感位置，夜行性动物 4.14
视杆细胞发达，昼行性动物视锥细胞发达，并受维生素 A 代谢过程的影响，实现视觉 4.15
调节，但爬行动物的睫状肌是横纹肌，鸟眼除巩膜四周有环肌外，角膜调节肌（crampton muscle）、睫状肌［bruke muscle，后巩膜角膜肌（posterior sclerocorneal muscle）］也都是横纹肌，因而能迅速地调节晶体的凸度、角膜的曲度以及晶体与角膜间的距离，故称为双重调节（double regulation 或三重调节），完善精巧而迅速的调节机制使鸟类翱翔在高空时对地面上的物体能明察秋毫，瞬时可把远视眼调节为近视眼，适应飞翔捕食和丛林飞翔生活（图 7-4）。

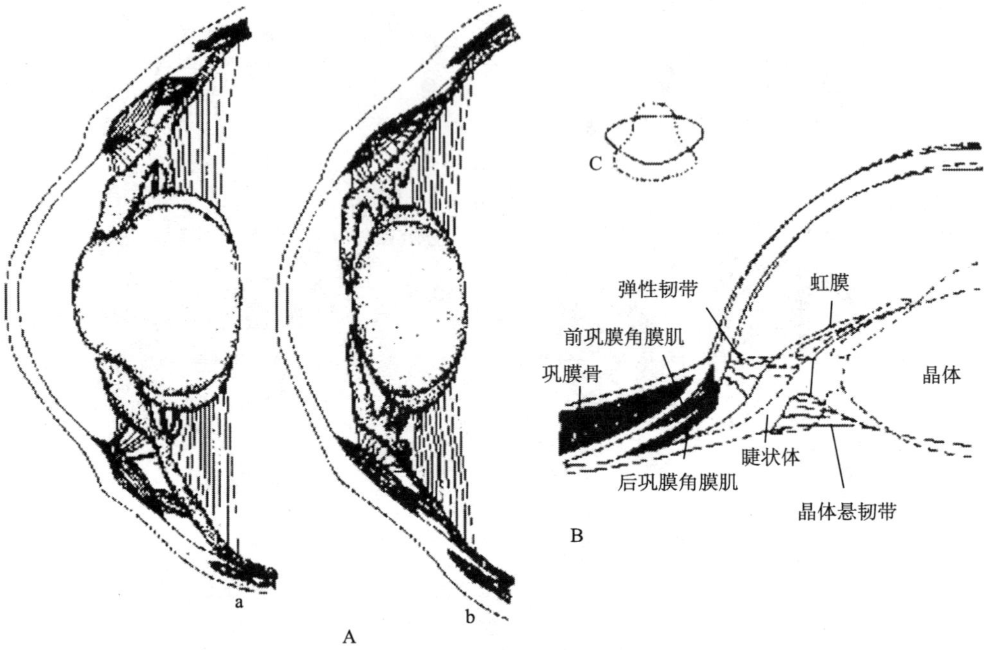

图 7-4　鸟眼视力调节模式图（Young et al.）

A. 从近视（a）调至远视（b）；B. 眼球局部切面，示调节肌；C. 晶体调节前、后的形状

7.1.2　平衡器与听觉器

平衡器司身体平衡感觉，听觉器感受声音，平衡器与听觉器在低等动物常是分开的，多数动物仅具一种，高等动物演化发育为一种感官——耳。

7.1.2.1　平衡器

动物的平衡器有以下几种基本类型。

4.3 （1）触手囊　海月水母（*Aurelia aurita* Lamarck）伞的边缘有触手和 8 个缺刻，
每个缺刻中有一触手囊，内含有钙质的平衡石（statolith）。身体不平衡使感觉纤毛所
受压力改变从而产生平衡感觉。

4.3.3 （2）平衡囊（statocyst）　栉水母、涡虫、多毛类、螺、蚌和头足类等具有平衡
囊。囊内有纤毛上皮细胞和平衡石（耳石），司平衡感觉（图 7-5）。

栉水母反口面有 1 个集中、结构复杂的平衡囊，4 条平衡纤毛束支持 1 个钙质的平衡石，纤毛束基部由纤毛沟（ciliated furrow）和 8 行纵行栉板相联。

4.4 原始涡虫的平衡囊埋在脑中或靠近脑。沙蠋科、蛰龙介科及帚毛虫科等多毛类的平
衡囊位于头后体壁内，开管于体表；沙蠋（*Arenicola*）头部体壁内的平衡囊球状，有 1
4.7 短管开口在头部两侧，含有硅质或石英颗粒，外有几丁质包围。

瓣鳃纲的平衡囊位于足神经节后部内侧，由皮肤内陷形成，纤毛上皮细胞间具感觉细胞，囊内有耳石（otolith），脑神经节发出神经分布囊上。乌贼平衡囊位于足、脏神经节 4.6
间软骨内，充满液体，囊前部听斑（macula statica）和听嵴（crista statica）为感觉部分。

甲壳纲第 2 对触角原肢内凹形成小平衡囊（沼虾平衡囊位于第 1 肢节内）（图 4-16），囊底触毛与双极感觉细胞相联，感觉细胞束集成平衡囊神经，伸入脑中。触毛 4.8.1
顶粘有泥沙或自身分泌物形成的细小平衡石（statolish），重力变化使平衡石刺激触毛经神经传导到脑，感知方位，引起肌群的矫正机体反应。

7.1.2.2　鼓膜听器

发声昆虫有鼓膜听器（tympanal organ）（图 7-5）。位于第 1 腹节两侧，半圆形薄 4.8.3
膜称鼓膜（tympanum），膜内弦音器（chordotonal organ）由冠细胞（cap cell）、围被细胞（enveloping cell）和感觉细胞构成。冠细胞附在鼓膜内面，感觉细胞远端由围被细胞包围，近端延长成听神经，鼓膜受到声波震动由感觉细胞经听神经传到中枢。不同昆虫听器位置不同，蝗虫位于腹部第 1 气门附近；螽斯和蟋蟀位于前足胫节；蟋蟀尾须上听毛是感觉器变型；鳞翅目成虫的鼓膜听器位于后胸或第 1 腹节上；而仰泳椿科的则在胸部。

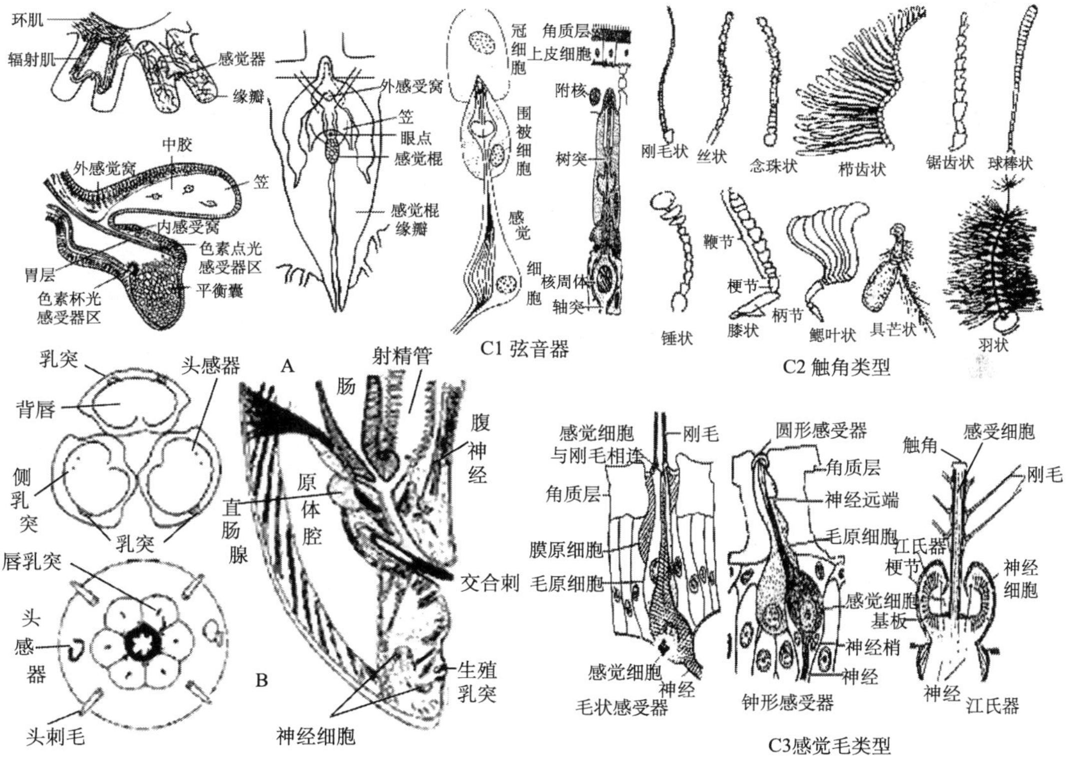

图 7-5　低等动物的几种感觉器（Thomtom，Bames，刘凌云等）

A. 水母的感受器；B. 蛔虫前后端及感受器；C. 昆虫的感受器类型

7.1.2.3　侧线与罗伦壶腹

侧线（lateral line）是鱼类特有的管状或沟状皮肤感受器，由表皮下陷形成，侧线 4.12

4.13 管孔穿孔于头骨和侧线鳞与外界相通。侧线神经丘感觉器由具毛感觉细胞及其分泌物形成的胶质顶、支持细胞和神经末梢构成。水流通过侧线孔影响到侧线管内的液压，使胶质顶和感觉毛摆动，产生神经冲动传入神经中枢，感受低频率振动，控制定向和感知远处物体位置。面神经和舌咽神经支配头部侧线，迷走神经的侧线支控制躯干部侧线（图7-6）。除侧线外，软骨鱼类吻部还有特殊的皮肤感受器——罗伦壶腹（ampulla of Lorenini），是软骨鱼类的水流、水压和水温感受器。基部膨大成囊状结构的罗伦瓮内有感觉细胞和腺细胞，经罗伦管末端的管孔开口于皮肤表面。两栖类幼体具有侧线，成体消失，水生种类终生保留侧线。

7.1.2.4 耳

4.11 脊椎动物的平衡听觉器官（ear）由内耳、中耳（middle ear）和外耳（outer ear）
4.12 构成。内耳结构复杂称膜迷路（membrane labyrinth），藏于脑颅听囊骨迷路的外淋巴
4.13 液中，由3个互相垂直的半规管（semicircular canal，七鳃鳗为2个，盲鳗1个）、椭圆
4.14 囊（utriculus）和球状囊（sacculus）组成封闭的管道系统。半规管的一端膨大成壶腹
4.15 （ampulla），椭圆囊、球状囊和壶腹内的感觉上皮形成听斑（acoustic spot）和听嵴
4.16 （acoustic crista）与听神经相联，膜迷路内含有内淋巴液和耳石（otolith），随身体的变速运动和姿势、角度变化引起内淋巴流动和耳石位移，刺激纤毛上皮细胞产生平衡感觉，引起姿势反射以维持身体平衡。内耳平衡功能在脊椎动物是相似的（图7-6）。

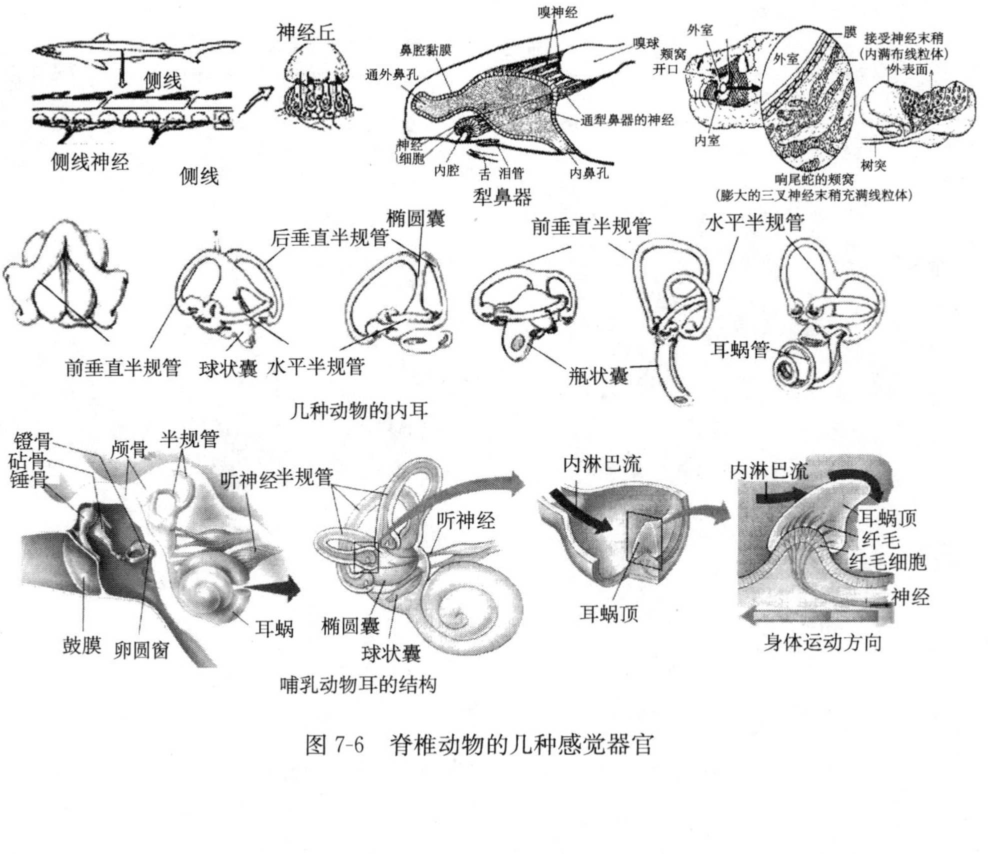

图7-6 脊椎动物的几种感觉器官

随着动物由水生进化到陆生，声信号日益重要，在内耳的基础上增加中耳和外耳产生新的适应，内耳听觉作用逐渐加强。鱼类球状囊后方的囊状突加长形成瓶状囊（lagena），鸟类管状，鳄鱼的瓶状囊延长卷曲成耳蜗（cochlea），哺乳动物耳蜗明显，耳蜗管盘曲程度与听力强弱有关，如人的 2.5 圈，梅花鹿 3.5 圈。四足动物胚期第 1 对咽囊向内耳外侧发育形成中耳腔，中耳腔内端与内耳相接，外端与表皮形成鼓膜（eardrum），以耳咽管（eustachian tube）和口腔相通，使鼓膜内外受压趋于平衡，缓冲剧烈声波对鼓膜的冲击。

两栖、爬行动物和鸟类的中耳腔包括舌颌骨演化形成的耳柱骨（columella），舌颌骨、方骨（quadrate bone）和关节骨（articular bone）演化成哺乳动物胚期的中耳内的镫骨（stapes）、砧骨（incus）和锤骨（malleus），外端与鼓膜、内端与内耳相联，听小肌控制其紧张度，增强声波传导的灵敏性。爬行动物开始产生外耳道，鸟类有耳羽、哺乳动物还产生耳壳，加强声波的收集和传导。

7.1.2.5　回声定位

蝙蝠夜间活动，海豚在水中生活，适应视力不足条件下的快速运动，蝙蝠、海豚等 4.16
发展了特殊的高、低频声波脉冲系统，借听觉感知周围物体反射回来的声波进行回声定位（echolocation）。蝙蝠飞行产生高频高速声波、海豚以高频（高达 300 kHz）和低频 2 种声波进行回声定位，因此，蝙蝠可在密布铁丝网的实验室内正常飞行；由于水中声速是空气的 4 倍，适应声波在水中和机体传播的特点，海豚产生充满空气的鼓膜骨和充满油状物的下颌骨，构成声呐系统把声音传到耳，罩着眼睛的海豚能通过声呐系统觉察 10 m 外多个物体间几厘米的位置差异。

7.1.3　其他物理性感受器

7.1.3.1　触觉器

涡虫表皮内分布触觉细胞。轮虫有几个触觉器。蚯蚓表皮感觉器是皮肤上的小突 4.4
起，身体腹、侧面较多，用以感觉地面的震动。

7.1.3.2　头感器和尾感器

线虫头端有刺毛、唇乳突等头感器（amphid），可感受化学刺激；尾端有 1 对单细 4.5
胞的腺状尾感器（phasmid），开口在尾端两侧，寄生线虫发达。雄性尾端交配器周围有具感觉功能的乳突（图 7-5）。

7.1.3.3　触角与感毛

软体动物已分化出触角（sensory seta）。甲壳纲 2、3 体节有小触角（antennula） 4.6
和大触角（antenna），肢节末端有细长的鞭，2 对触角的长鞭能向四面八方摆动，获得 4.8
水中的信息。大触角和身体上有感毛（sensory hair）。蛛形纲全身布满感毛。感毛是简单而常见的触觉器，由毛原细胞（trichogen cell）、膜原细胞（tormogen cell）和感觉细胞组成。毛原细胞的毛状突起矗露体表，膜原细胞包围毛原细胞，感觉细胞远端伸入毛原细胞突起基部，近端穿过体壁底膜成为感觉神经与中枢神经相联，当毛状突受压弯曲，感觉细胞便将刺激通过神经传到中枢，感受气流和水流等压力变化的刺激。昆虫有不同类型的触角，其上也有感毛（图 7-5）。

7.1.3.4 红外线感受器

4.14 红外线感受器（infrared receptor）是蛇类头部特有的热能感受器，有助于夜间活动觅食的特殊感觉器。蟒科是唇鳞表面的唇窝（labial pit），蝮亚科是位于眼鼻间的颊窝（facial pit）。颊窝由 1 层薄膜分为内外两室，外室开口朝前外方，内室以细管小孔开口于眼前角的皮肤表面，孔口有括约肌，颊窝膜内壁上密布三叉神经末梢，丰富的线粒体（mitochondrion）是一种极灵敏的热元件，环境中发生 123.68×10^{-5} J/cm^2 的微弱能量变化就能激活该热能检测器，检测内外室间的压力变化，其效能是现今最灵敏的红外线探测器所不及的。生理行为研究表明，颊窝能测出几英尺①外发生 0.001℃的温度变化，蛇在蜕皮使覆盖眼的透明膜脱落成为睁眼瞎时，或在漆黑的夜间能利用颊窝确定温血动物的精确位置而追踪攻击它们（图 7-6）。

7.1.3.5 皮肤感觉器

原始形式是神经末梢终止于表皮形成，进步的形式是感觉细胞和感觉小体（tactile corpuscle），产生湿觉、压觉、痛觉、触觉、温觉等感觉。脊椎动物特别是哺乳动物的皮肤感觉器（cutaneous sense organ）特别发达。

7.1.4 化学感受器

化学感受器（chemoreceptor）首先使动物感受环境气味物质变化，从而产生嗅觉和味觉。

7.1.4.1 嗅窝

4.3.2 海月水母的触手囊下面的缘瓣（lappet）上有感觉细胞、纤毛和 2 个嗅窝。

7.1.4.2 耳突

4.4.1 涡虫头两侧的耳突上有感觉细胞，司味觉和嗅觉。

7.1.4.3 项器和口腔感觉器

4.7.2 多毛类的项器（nuchal organ）是头后的纤毛感觉窝或裂缝，由具纤毛柱状细胞和感觉细胞组成，受脑支配有嗅觉功能，破坏项器，动物不再取食，捕食性多毛类项器发达。蚯蚓口腔内的感觉器有嗅觉和味觉功能，觅食时有辨别食物的作用。

---

① 1 英尺 $=3.048\times10^{-1}$ m，后同。

7.1.4.4　嗅检器

软体动物的脏神经节下、鳃的基部有 1 对嗅检器（osphradium），肉食性和腐食性 4.6
种类发达，能敏感识别水质的变化。

7.1.4.5　嗅毛 4.8.3

昆虫的化感器有味觉器和嗅觉器两种，分别存在于口器和触角上（图 7-5）。嗅毛（aesthetase）是重要的味觉、嗅觉器官，能直接感受水、气环境中的化学刺激。每根嗅毛由 1 个或多个感觉细胞构成，细胞远端呈细长毛状突起，穿过角质膜露出体外或周围角质膜有细孔，细胞近端延长成神经纤维与中枢神经相联，敏感地检测出空气中浓度很低的物质。昆虫外激素（pheromone，信息素）是高度特化的挥发性物质，极易被嗅毛检测出来，对昆虫陆栖行为和个体发育十分重要，如雄蛾可嗅出 3000 m 以外尚未交配雌蛾发出的气味而飞到雌蛾身边。蜜蜂、胡蜂和蚂蚁等社会性昆虫以嗅毛识别同种或同巢的个体，循同伙留下的示踪信息出巢归巢。沼虾第 1 对触角上有嗅毛。蛛形纲步足跗节末端着生嗅毛，末端有开口，毛内有神经末梢。

7.1.4.6　头感器

线形动物前端体侧纤毛特化形成头感器（amphid），体表内陷，有囊状、管状、螺 4.5
旋状多种形态。水生种类发达，陆生寄生种类退化，头感器是线虫分目重要依据（图 7-5）。

7.1.4.7　犁鼻器

犁鼻器（Jacobson's 或 vomeronasal organ）是一种对口鼻腔化学信息起反应的味觉 4.13
感受器。两栖类第一次出现，为鼻腔前中部的 1 对盲囊，嗅叶特定区域的嗅神经分布其 4.14
上，当呼吸气流通过时，丰富的感觉上皮就可感受其中的气味信息。

蛇、蜥蜴等的犁鼻器以独立的鼻腭管开口于口腔顶部，感觉上皮和嗅黏膜经嗅神经与脑相连，当分叉的舌频繁从上唇缝隙伸出就会黏附空气中的气味物质，缩回口腔时舌尖进入犁鼻器，气味物质溶解于嗅黏膜上产生嗅觉（图 7-6）。

7.1.4.8　嗅觉器官

脊椎动物的嗅囊和鼻腔内壁衬以嗅黏膜（olfactory mucous membrane）成为嗅觉器 4.11
官（olfactory organ），具有气味分子的特殊受体，分子结合诱发动作电位产生，嗅叶发 4.12
出嗅神经分布其上。嗅觉细胞的多少与嗅觉的发达与否相关：爬行动物首次出现鼻甲骨 4.13
（conchae）；鸟类除兀鹫嗅觉发达外其他鸟类多退化；哺乳动物的鼻甲骨最发达，大大 4.14
增加了嗅上皮的附着表面积，使嗅觉功能得到极大的加强，空气中极微量的麝香（$4\times$ 4.15
10^{-5} mg/L）就能被雌麝嗅知。兔的嗅神经细胞多达 10 亿个，人类能分辨出由 7 种主 4.16
要味道构成的10 000种气味，狗具有敏锐的嗅觉，经训练的警犬可用于跟踪缉毒、探矿等。

7.1.4.9　味蕾

哺乳动物发达的肌肉质舌上密布味蕾（taste bud），是一种发达的味觉器官，人类有酸、甜、苦、咸等味觉。

7.1.5　感觉器官的演化适应

7.1.5.1　无特殊感觉器官

4.3.2　腔肠动物身体的内外胚层分化出感觉细胞（sensory cell）。外胚层感觉细胞分散在皮肌细胞之间，以口周围、触手和基盘上为多。感觉细胞体积小、质浓，端部有感觉毛，基部与神经纤维相联，接受刺激通过神经传导，使皮肌细胞的肌纤维收缩产生运动，对外界的光、热、化学、机械和食物等刺激产生有效反应，完成捕食、避敌和协调整体的活动。

4.9　海盘车上皮间散布着神经感觉细胞（neurosensory cell），以管足吸盘处最多，有触觉器和化学感觉器两种功能。海鞘的出、入水管孔的缘膜和外套膜上有少量散在感觉细胞。

7.1.5.2　感觉器官不发达

4.4.1　涡虫体表具触觉感受器（tangoreceptor）、化学感受器（chemoreceptor）、水流感
4.5　受器（rheoreceptor）分别感受触觉、化学和水流的刺激。线形动物唇及其周围的触觉
4.7　器有唇乳突（papillae）、感觉毛（bristles），还有头感器和尾感器。环节动物体表有分散的感觉细胞、感觉乳突及感光细胞（photoreceptor）。陆生穴居种类无眼，蚯蚓体表
4.10.2　腹、侧面具感觉乳突，感觉地面震动。轮虫动物的头冠上有感觉毛，有些种类纤毛特化形成粗壮的刚毛，眼点 1 或 2 个，触手为棒状突起，末端有感觉毛。文昌鱼除脑眼外，皮肤中散布着零星的感觉细胞，以口笠、触须和缘膜触手处为多。

7.1.5.3　感觉器官的分化发达

4.6　软体动物分化出触角、眼、嗅检器和平衡囊等，感觉灵敏。瓣鳃纲除平衡囊和嗅检器外，外套膜、触唇和出入水管的乳突上有感觉细胞，感觉细胞分布于外套膜、触唇、出入水管的乳突上。乌贼眼基本结构与脊椎动物相似。

4.7.2　多毛类分化有眼、项器（nuchal organ）、平衡囊（statocyst）、纤毛感觉器（ciliated sense organ）、触觉细胞等感官。纤毛感觉器依据位置分称背器官或侧器官，分别位于体节背侧或疣足的背腹肢间，触觉细胞分布于体表。

4.8　节肢动物发达的感觉器有触觉器、化感器和视觉器 3 种。视觉器有单眼和结构复杂、能感知光线强弱并形成物像的复眼。甲壳纲有嗅毛、触毛、复眼和平衡囊等感觉器官，头部附肢特化为触角，司嗅觉、平衡及身体前方的触觉，获得水中的信息。蛛形纲单眼 8 个，第 2 对头肢为脚须，除基节外，其余 5 肢节细长，似昆虫的触角、司触觉和嗅觉。昆虫的触角 1 对，由 20 余小节构成，有嗅毛和触毛，司触觉和嗅觉。小颚茎节

(stipes) 外侧发出 5 节小颚须，司触觉和味觉，单眼 3 个，位于头部前面、复眼间，呈三角形排列，复眼着生左右两侧。

脊椎动物有发达的视觉、听觉和嗅觉等感觉器官，十分发达的头部感觉器官对远距离定向、定位都具有重要的意义。

总之，感觉器官的发达与否，不仅与动物的系统演化程度有关，而且与生活环境、生活习性相关。寄生种类感觉器官不发达（吸虫纲，线虫纲仅口唇上的乳突有感觉作用）或完全退化（绦虫纲），穴居和深水中生活的动物视觉器官不发达或退化，快速运动的动物其视觉、听觉感官发达。随着动物的进化，感官分化程度越来越高，结构、功能越来越复杂，并且适应快速的向前运动生活，向头部集中形成高度发达而明显的头部感觉感官，以便迅速感受、识别到前面的环境变化，为机体迅速做出适宜的反应提供充足的信息。

7.2　神经系统

在长期进化过程中，因适应生活环境和形态结构变化的需要，动物逐渐形成结构功能日趋完善的神经系统，机体各种细胞、器官的活动可以通过神经反射，对内、外环境的变化发生恰当的应答，适应外界环境的变化并维持机体内环境的稳态平衡，这种调节过程的迅速调节就是神经调节（nervous regulation），在机体各种活动中起主导和决定的作用。神经调节不仅过程迅速，而且作用精确并有局部和整体的不同。

7.2.1　神经元间的联系——反射弧

高等动物的神经联系存在突触传递（synaptic transmission），腔肠动物的表皮肌细胞、刺细胞、腺细胞等也都存在着突触传递，即神经冲动由一个神经元（图 3-12）的轴突传递给另一个神经元的树突。由于轴突末端有突触小泡（synaptic vesicle），树突末端没有，神经冲动在传导时，突触小泡释放乙酰胆碱引起后一个神经元兴奋，然后胆碱酯酶水解乙酰胆碱，使之失去激活下一神经元的作用，正常情况下，保证神经冲动只能一次性单向准确传递。

神经系统以不同方式连接构成非常复杂的网络系统，分布全身。神经元间最简单的联系是反射弧（reflex arc）（图 7-7），由感受器（receptor）、传入神经（afferent nerve）、中间神经元（reflex center）、传出神经（efferent nerve）和效应器（effector）组成。调节活动的基础是反射（reflex），反射是由反射弧完成的，如膝跳反射、角膜反射等都是最简单的反射，简单反射组合构成复杂的反射，有助于动物行为的实施。

7.2.2　动物的神经系统

7.2.2.1　神经网

最简单最原始的神经系统出现在腔肠动物。水螅和海葵的上皮细胞具有纤维状突起，与下层的上皮肌细胞相联形成一个动感系统，即神经网（nerve net）（图 7-8），由 4.3.2

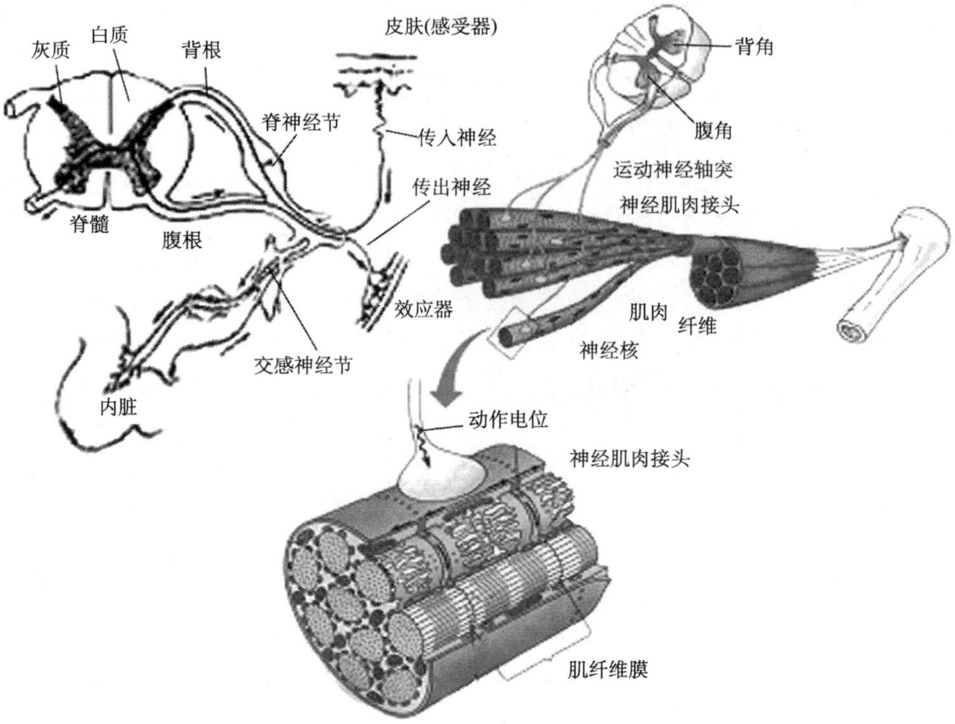

图 7-7　反射弧与肌肉的关系

二极和多极神经元及神经纤维联合形成，仅具 1 个神经网的动物神经网分布于外胚层基部，而具 2 个神经网的动物则分布于内、外胚层的基部，2 个神经网完全独立或有纤维相联。

4.4.1 7.2.2.2　神经索与神经网

低等扁形动物仍为上皮神经网，但神经组织已有部分集中成索状，有的神经索（nerve cord）与神经网同时存在，如无肠目的 *Amphiscolops*。

7.2.2.3　梯形神经与索状神经

4.4 神经系统进一步集中，涡虫身体前端脑神经节与背、腹、侧 3 对纵神经索（longi-
4.5 tudinal nerve cord）相连，腹面两条发达神经索之间由横神经（transverse commisure）联成典型的梯形神经。蛔虫 6 条纵行索状神经中背腹 2 条发达，由横神经相联，形成围咽神经环（circumpharyngeal connective ring）（图 7-8）。

4.6 低等软体动物有围咽神经环和足神经索（pedal cord），无神经节分化；高等种类神经细胞胞体集中形成神经节，其间有神经相联。

7.2.2.4　腹神经索与神经链

三胚层、真体腔、对称和分节现象等形成后，行为更趋复杂，神经向腹部集中形成

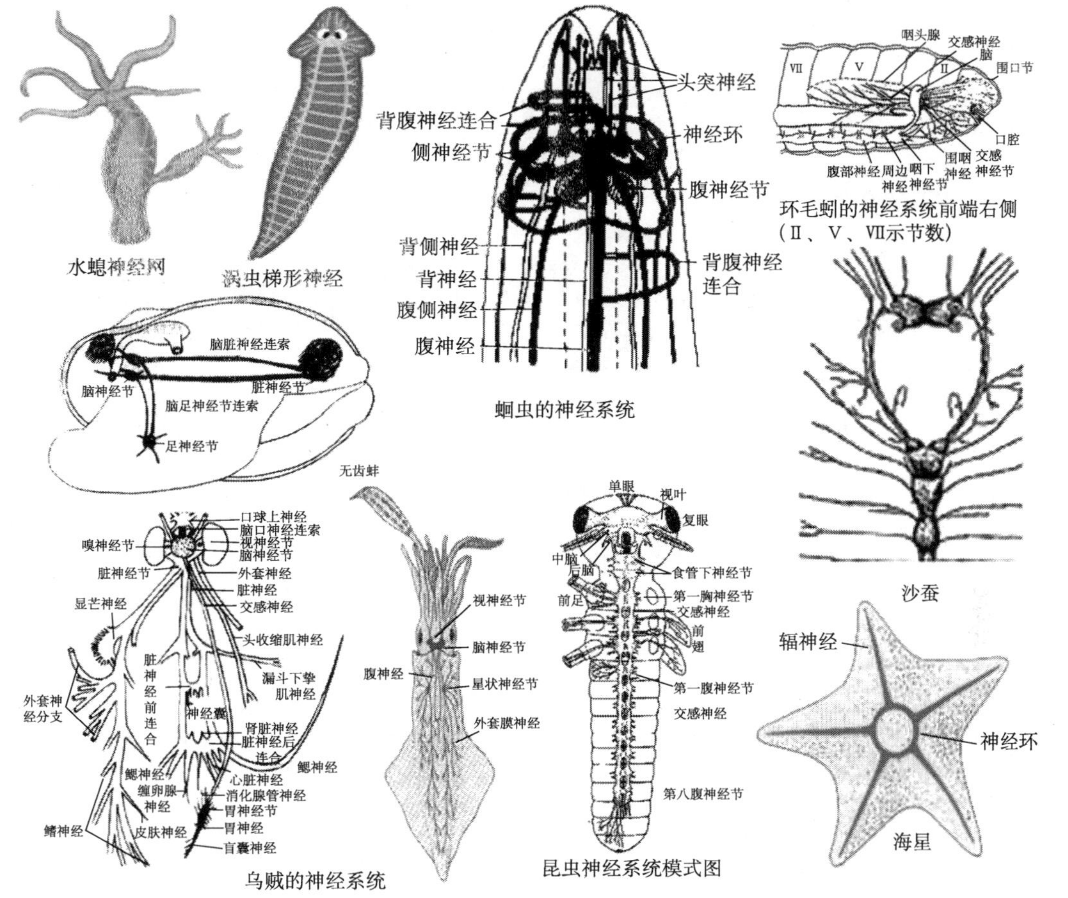

图 7-8　主要低等动物门类的神经系统

神经索（图 4-15），各体节神经细胞集中形成神经节构成神经链（nerve chain），调节、 4.7
协调本体节和全身活动。在进化过程中，异律分节和身体分部，头部产生专门化的感觉 4.8
器，感受刺激并有选择地做出反应，神经节集中形成脑神经节，其余部分神经节减少，腹面 2 条神经索合并成 1 条腹神经索（ventral never cord），功能更加完善，保证各体节对刺激做出协调一致的反应（图 7-8）。

7.2.2.5　背神经管 4.10

脊索动物个体发育一定阶段都发生背神经管（dorsal tubular nerve cord）。脊索诱导背中线外胚层加厚形成神经板，中央部下陷形成神经沟，两侧向上卷称为神经褶，神经褶在背中线联合移至皮下形成具有中央腔的纵管，即为神经管（图 7-9）。

海鞘幼体尾部发育神经管后，伴随逆行变态消失，仅保留“脑神经节”发出神经调 4.10.1
节支配机体活动；文昌鱼终生保留神经管，前端膨大形成一个脑泡。

脊椎动物的神经管形成后，继续分化形成高度发达的脑和脊髓等中枢神经和躯体神经、植物神经等周围神经（图 7-11，图 7-12），结构日趋复杂，功能越趋完善。由于头

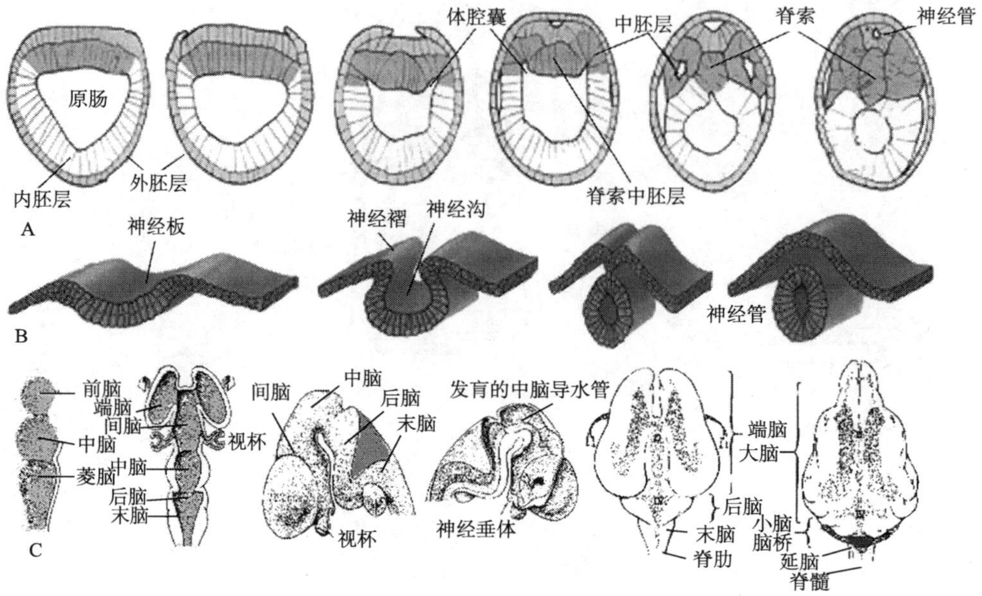

图 7-9　脊索（A）、神经管（B）与脑（C）的发生

部感官的发生发展等因素，促进了脑的进一步发展，在系统发育上发生较晚的部分，尤其是接受身体感觉信号的新脑皮越来越成为整个身体活动的管理者和支配者，控制机体的一切生命活动。

4.11～4.16

7.2.3　脊椎动物神经系统的分化

7.2.3.1　脑的分化与基本结构

神经管形成后，前端膨大、分化发展成脑（图 7-10）。前端首先膨大成一个脑泡（相当于文昌鱼阶段）发育为 3 个脑泡后，前脑分化为端脑和间脑，中脑较少分化，菱脑分化为后脑和末脑（图 7-11），与此同时，中央腔不同处扩大为脑室。

端脑分化形成大脑半球，侧脑室壁增厚形成脑皮。哺乳动物大脑皮层（cerebral cortex）是神经活动的最高级中枢，所有感觉冲动都要投射到大脑皮层，有专司感觉、运动联想等功能，是意识活动的启始中枢，能综合分析和使用信息，确定位置。它调节控制一切生命活动，是心理活动的物质基础。它是人类思想、语言、意识行为的策划中枢，记忆和储存经验指导行为。端脑另一部分分化为间脑，控制物质代谢、体温调节、性活动和睡眠等。丘脑为重要的皮层下感觉中枢，除嗅觉外，感觉冲动都要经丘脑中转传到大脑皮层，大脑皮层不发达的动物则传到中脑高级中枢。大脑下行纤维也经过丘脑，是中枢神经系统各部分间的重要中转站，也是植物性神经中枢和重要的神经分泌部。

中脑是低等脊椎动物的高级中枢，其重要性逐渐被哺乳动物的大脑皮层所取代。

后脑顶部形成小脑，其余部分与末脑构成延脑。小脑的功能主要是维持身体平衡、协调各部分肌肉的活动。运动复杂而迅速的动物小脑发达，小脑表面灰质形成小脑皮

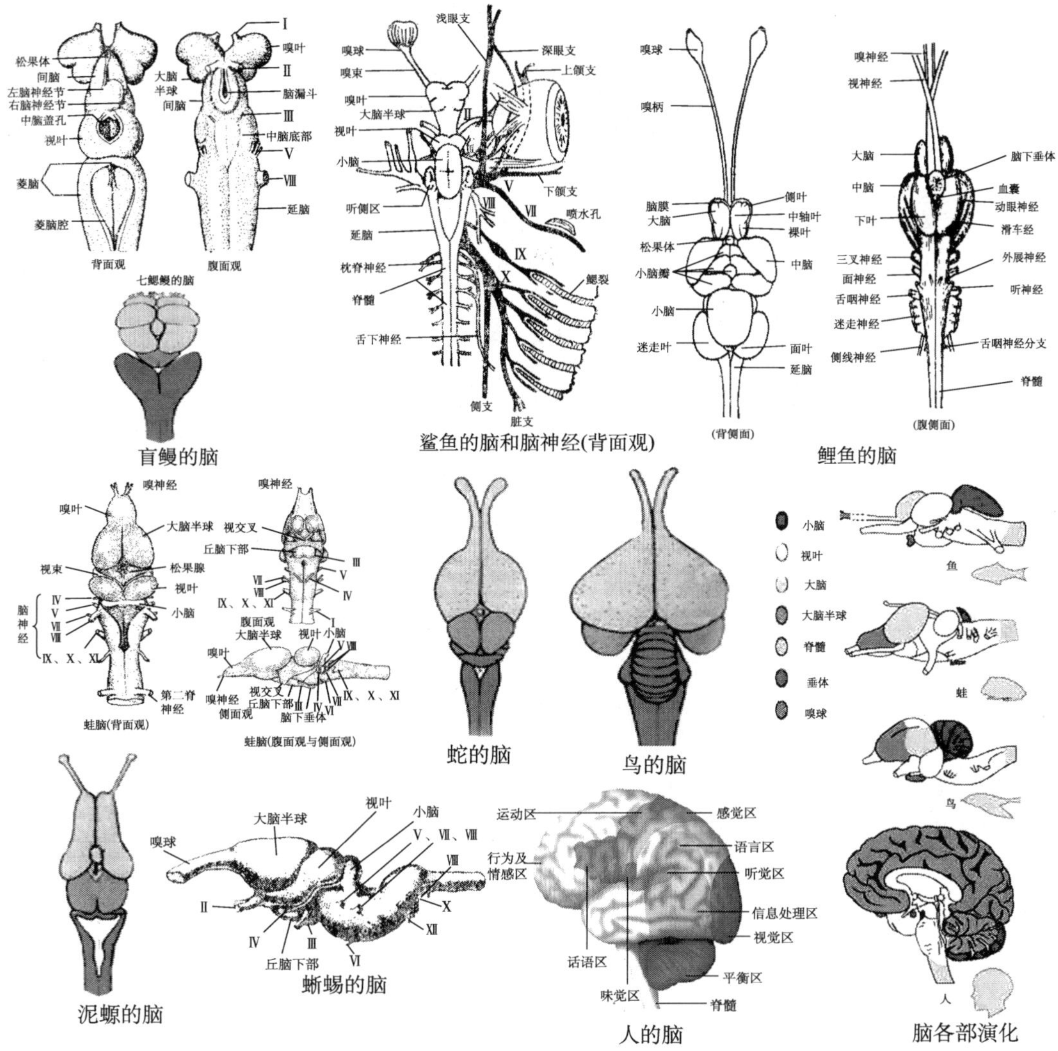

图 7-10 脊椎动物的脑及脑神经

层，白质延伸呈树枝状，称小脑树。延脑是脑与脊髓的过渡区，前部结构与大脑相似，灰质在外，后部则与脊髓相似，灰质在内。上行下行神经纤维在此交错通过，感觉神经交叉和运动神经交叉使灰质形成感觉柱和运动柱，灰质被分隔成许多具有中枢功能的神经核，如呼吸中枢、心跳中枢、血管运动中枢等活命中枢，反射地调节动物的呼吸运动、心血管运动，适应动物的各种运动，故延脑为重要的内脏神经反射中枢。

7.2.3.2 脊髓的分化及基本结构

神经管的前端分化为脑，余下部分为圆柱状长管脊髓，神经细胞和纤维增加使管壁增厚。脊髓背腹正中线各有 1 条纵沟，称为背正中沟和腹正中沟。从鱼类开始，上行下行神经纤维向外集中在脊髓外部构成白质，神经细胞向中央腔集中构成灰质。哺乳动物

- 1个脑泡
  - 前脑 prosencephalon
    - 端脑 telencephalon
      - 嗅脑 rhinencephalon
      - 大脑半球 cerebral hemispheres
      - 纹状体 striatum corpora
      - 侧脑室 lateral ventricle
    - 间脑 diencephalon
      - 上丘脑 epithalamus　松果体 pineal body
      - 丘脑 thalamus
      - 下丘脑 hypothalamus
        - 视交叉 optic chiasma
        - 脑漏斗 infundibulum
        - 脑垂体 pituitary body
      - 第三脑室 third ventricle
  - 中脑 mesencephalon
    - 中脑顶盖 tectum
    - 大脑脚盖 tegmentum
    - 大脑脚 crura cerebri
    - 大脑导水管 cerebral aqueduct
  - 菱脑 rhombencephalon
    - 后脑 metencephalon
      - 小脑 cerebellum
      - 大脑脚盖 tegmentum
      - 脑桥 pons
      - 第四脑室 fourth ventricle
      - 延脑 medulla oblongata
    - 末(髓)脑 muelencephalon
      - 延脑 medulla oblongata
      - 第四脑室 fourth ventricle

图 7-11　脊椎动物脑的基本结构与分化

的灰质呈蝴蝶形，分为背角、侧角和腹角 3 个部分，分别发出感觉神经、植物性神经和运动神经。脊髓是简单反射的低级中枢，构成非条件反射弧的重要组成部分，将感觉冲动向高级中枢传递，向运动神经纤维传递高级中枢的指令性冲动，支配效应器完成反射活动。

7.2.3.3　周围神经系统

从环节动物开始出现中枢神经和周围神经。脊椎动物的周围神经系统包括脑神经、脊神经和植物性神经。

1）脑神经

脑神经（cranial nerve）从脑部发出，分布于头部和内脏。哺乳动物的脑神经共有 12 对，其来源、分布和功能见表 7-1。

在 12 对脑神经的名称编号已被人们熟悉后，1895 年，Pinkus 在非洲肺鱼鼻区前部发现了 1 对脑神经，称为端神经（terminal nerve），编号为 0。板鳃类特别明显，分布于鼻黏膜上；两栖类、爬行类、哺乳类分布于犁鼻器等部位；低等脊椎动物可能和性反应相关的外激素（pheromone）释放有关。Sarnat（1974）认为，端神经是三叉神经前面 1 对鳃节神经的残余。习惯上说非羊膜动物有 10 对，羊膜动物有 12 对脑神经。

表 7-1　哺乳动物脑神经的起源分布和功能

	名称	起源	分布	功能	机能成分
Ⅰ	嗅神经 olfactory nerve	大脑嗅叶	鼻腔黏膜	嗅觉	感觉
Ⅱ	视神经 optic nerve	间脑	视网膜	视觉	感觉
Ⅲ	动眼神经 oculomotor nerve	中脑	眼肌、虹膜	眼部活动	运动
Ⅳ	滑车神经 trochlear nerve	大脑脚侧方	眼上斜肌	运动	运动
Ⅴ	三叉神经 trigeminal nerve	脑桥侧方	颌肌、面部、舌肌	头部感觉、舌颌活动	混合
Ⅵ	外展神经 abducent nerve	延脑	眼外直肌	眼球转动	运动
Ⅶ	面神经 facial nerve	延脑	舌肌、面肌、颌肌、唾腺	味觉、表情 咀嚼	混合
Ⅷ	听神经 auditory nerve	延脑	内耳	听觉、平衡	感觉
Ⅸ	舌咽神经 glossophary ngeal nerve	延脑	舌肌、咽、耳下腺	味觉、触觉、咽部运动	混合
Ⅹ	迷走神经 vagus nerve	延脑	咽食道胃肠心肺等	内脏感觉和运动	混合
Ⅺ	副神经 spinal accessory nerve	延脑	咽、喉头 肩肌	咽喉、肩运动	运动
Ⅻ	舌下神经 hypoglossal nerve	延脑	舌肌	舌活动	运动

2）脊神经

脊神经（spinal nerve）是从脊髓发出分布到躯体各部分的周围神经。

（1）脊神经的分支　背根（dorsal root）是从脊髓背角发出的感觉神经，在椎管内近脊髓处细胞体集中形成脊神经节（dorsal ganglion），感受、传导皮肤和内脏刺激到中枢神经。腹根（ventral root）是从脊髓腹角发出到肌肉和腺体上的运动神经，将中枢神经系统发出的冲动传递到效应器，对内外环境的变化产生相应的反应。

背根和腹根在椎管内合并，从椎孔穿出后分为 3 支混合神经，背支（dorsal branch）分布于身体背部的皮肤肌肉；腹支（ventral branch）分布于体侧和身体腹部的皮肤肌肉；脏支（visceral branch）分布到内脏器官（图 7-7）。因此，任何变化刺激感受器都能通过感觉神经传入到中枢加工分析，发出指令性冲动通过传出神经使效应器产生适应性反应。

（2）脊神经的机能成分　脊神经有 4 种机能成分。体壁感觉纤维（general somatic afferent fiber，GSA）分布于体表感受器和本体感受器；内脏感觉纤维（general visceral afferent fiber，GVA）分布于内脏器官及血管上的内感受器；体壁运动纤维（somatic efferent fiber，SE）分布于由肌节发生的横纹肌上；内脏运动纤维（general visceral efferent fiber，GVE）分布于消化道及腺体平滑肌。

3）植物性神经

因其不受意志的支配，故称自主神经系统（autonomic nervous system）。指分布于内脏、血管平滑肌、心肌及腺体的运动神经，调节支配内脏器官的活动，保证机体与新陈代谢有关的生理机能正常进行，而称为植物性神经、内脏神经（visceral nervous system）。

（1）植物性神经的组成　植物神经由两个神经元组成，一个在中枢内，另一个在植物性神经节内，功能分为互相拮抗的交感神经和副交感神经两部分（表 7-2，图 7-12）。

表 7-2　交感和副交感神经两类神经的主要区别

	交感神经	副交感神经	躯体神经
发出部位	从胸腰段脊髓侧角	第Ⅲ、第Ⅶ、第Ⅸ、第Ⅹ对脑神经，荐髓	脑和脊髓
神经胞体	脊髓，交感神经链	脑，荐髓，支配器官附近	中枢内
神经元	交换	交换	不交换
节前纤维	较短	较长	
节后纤维	较长	较短	
效应器	平滑肌、腺体、心肌	平滑肌、腺体、心肌	骨骼肌
活动	不随意	不随意	随意
作用	缓慢持久广泛	缓慢持久广泛	迅速准确有效
神经介质	去甲肾上腺素	乙酰胆碱	

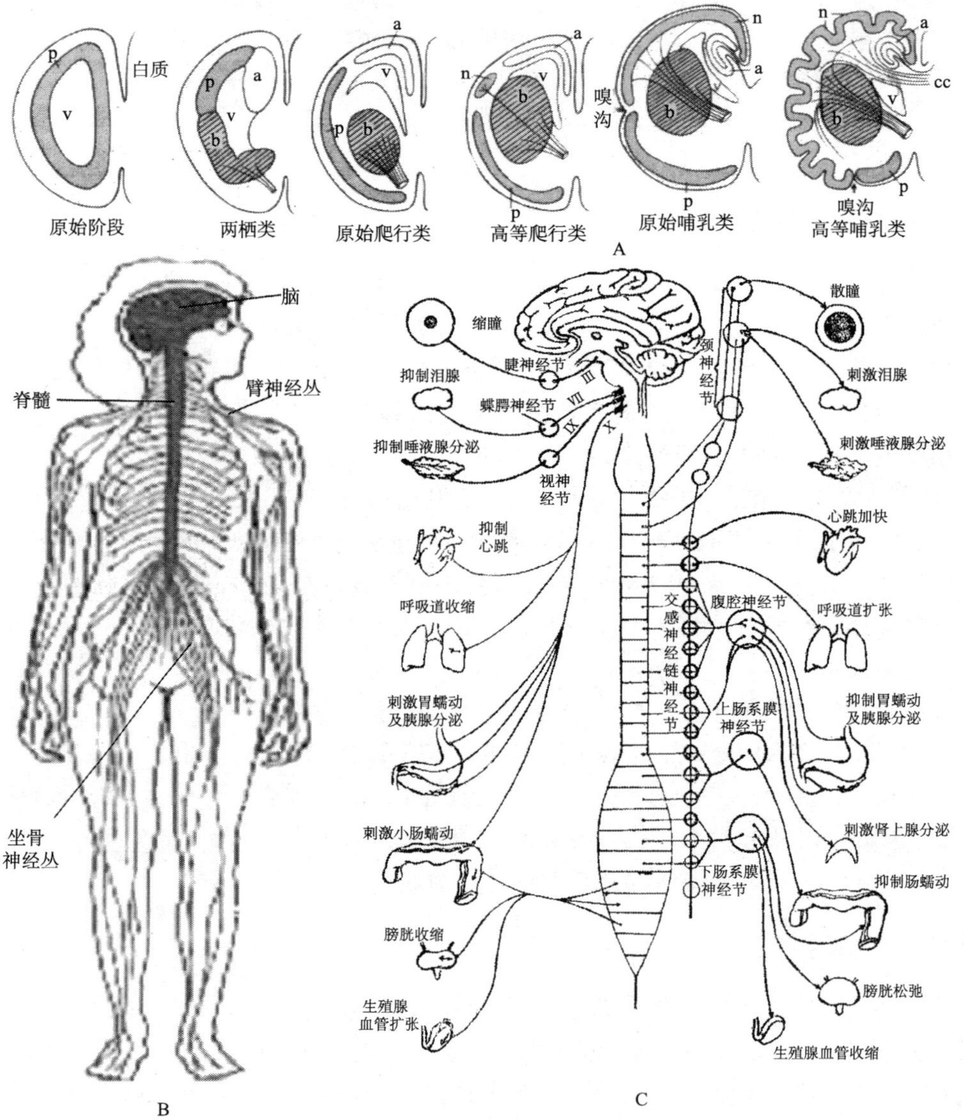

图 7-12　脑皮演变（A）神经系统（B）和植物神经系统（C）（Torny，Romer et al.）

a. 原脑皮；b. 纹状体；cc. 胼胝体；n. 新脑皮；p. 古脑皮；v. 脑室

交感神经系统（sympathetic nervous system）　包括脊柱两侧的交感神经干（sympathetic trunk）和交感神经节（sympathetic ganglion）及其发出的神经纤维，大部分神经节排列在交感神经干上，故称交感神经链（chain of sympathetic ganglion），少数神经节分布于肠系膜上。节前神经元（preganglionic neuron）位于胸腰段脊髓的灰质侧柱中，节前纤维（preganglionic fiber）有髓鞘，随腹根出椎管后与脊神经分开，通过白交通支（white ramus communicans）到达椎旁神经节（paravertebral ganglia），神经节（postganglionic neuron）发出节后纤维（postganglionic fiber）经灰交通支（grey ramus communicans）混入脊神经，分布到平滑肌和腺体。或者，节前纤维经交感神经干到达腹腔中的腹腔神经节（coeliac ganglion）、前肠系膜神经节（anterior mesenteric ganglion）和后肠系膜神经节（posterior mesenteric ganglion）、椎前神经节（prevertebal ganglia）。

副交感神经系统（parasympathetic nervous system）　由脑和荐髓发出的副交感神经和副交感神经节组成。神经节在所支配的器官附近，或在所支配的器官内部。

（2）植物神经与躯体神经的区别　二者有明显不同（见表 7-2）。躯体神经从脑脊髓发出后，直接到达效应器，随意志对环境刺激做出迅速而有效的反应。植物性神经节前神经元需经节后神经元才能到达效应器，节前纤维的兴奋可传给很多前后纤维，引起较多平滑肌、心肌和腺体发生反应，因此，其作用广泛而活动缓慢，不受意识的支配。

7.2.4　神经系统的演化

在系统发育过程中，适应生活环境和形态结构变化，神经系统的形态结构发生一系列变化，神经中枢逐渐向中轴和头部集中，结构、功能日趋完善并复杂化，协调指挥各器官系统的活动，完成复杂的行为以适应各种生态环境。可分为以下几个基本阶段（图 7-8）：神经组织由分散到腹侧集中，环节动物、节肢动物的神经元集中形成神经节（ganglion），神经节及其相联的神经纤维构成索状的中枢神经，称腹神经索。脊索动物的神经组织集中到身体背部，形成管状的中枢神经系统即背神经管，进而向头部集中、分化形成发达的脑和脊髓，其中的细胞体集中形成神经核，而周围神经的细胞体集中，称神经节。

7.2.4.1　无神经

单细胞原生动物因体内含有神经肽类物质而具有感受性，能感受刺激，产生兴奋， 4.2
发生传导和引起反应。感觉与反应由一个细胞完成，因而成为完整而能独立生存的个体。

7.2.4.2　神经网

神经网（nerve net）是动物界最简单最原始的神经系统，出现在腔肠动物。其突触 4.3.2
传导可分为两类：一类是对称性的（symmetrical，非极性传导 nonpolarized transmission），即两个或多个神经突触有突触小泡，冲动可同时向多个方向传导；另一类是不对称的（asymmetrical，极性传导 polarized transmission），即神经细胞只一个末端有突触小泡，冲动只能向一个方向传导。腔肠动物非极性传导是普遍的，神经突与感官相联，或与效应器相联，或与其他神经元相联，或同一神经元同时与感官和效应器相联。这种联系的多样性反映了腔肠动物神经传导的原始性，一个刺激经神经网传导至全身，引起全身性的反应，因而对刺激的反应不准确灵敏，但在生理上代表了高等动物所具有的感觉神经、运动神经和中枢神经的起始阶段，也为动物神经系统的演化提供了可选择性。随着动物进化，神经组织逐渐集中成神经索，进一步进化形成发达的中枢神经系统。

7.2.4.3 梯形神经与索状神经

4.4.1 涡虫的神经系统代表了神经组织的第一步集中过程。集中形成 2 个脑神经节和多条
4.5.1 索状神经，腹侧 2 条发达，由横神经相联形成梯形神经，同时具有上皮下神经网。蛔虫的神经集中成 6 条粗细不同的索状神经，咽部有围咽神经环和 1 个神经节，其后部神经以嵌入背线、腹线内的背、腹神经最发达，各神经间由横神经相联，汇集于体尾端。

7.2.4.4 神经链与腹神经索

4.7 (1) 环节动物 首先出现神经中枢，神经系统分为中枢神经系统（central nervous system)、交感神经系统（sympathetic nervous system）和外周神经系统（peripheral nervous system)。咽背侧两叶脑神经节（cerebral ganglion）构成脑控制全身的感觉和运动，通过围咽神经（circumpharygeal connective nerve）与咽下神经节相联，由此两条腹神经索（ventral never cord）合并向后运行，每体节 1 对神经节互相合并或包被结缔组织形成 1 条纵贯全身的神经链（nerve chain)，神经节发出神经分布到体壁，调节、控制本体节的感觉和运动反射活动。感受器分化为专门化的感觉器与传入神经元（afferent neuron）相联，传入和传出神经元（efferent neuron）在神经节内接头并有联络神经元出现，形成简单的反射弧（reflex arc)，神经冲动的传导已经定向。

4.6 (2) 软体动物 适应特殊体型，神经组织集中形成 4 对神经节，各神经节间由神经相联。中枢神经由神经节构成。腹足类脑神经节（cerebral ganglion）位于食道背方，脏神经节（visceral g.）位于食道腹面、足神经节（pedal g.）后方，侧神经节（pleural g.）位于脑后食道两侧。头足纲的足神经节、侧神经节愈合形成脑，整个中枢神经系统由软骨包围。

4.8 (3) 节肢动物 两条腹神经索合并成 1 条，神经节减少，脑由前脑、中脑和后脑组成。对虾的脑位于食道上方，经围食道神经与胸神经节相联，2 条腹神经索由结缔组织包裹成 1 条，第 8 到第 19 节体节膨大形成腹神经节，发出神经到该节附肢、肌肉和器官上。蛛形纲中枢神经节有合并现象，随着前部神经愈合成脑，其余神经节靠近脑并成一个大的神经团（neuronal mass)。昆虫纲中枢神经包括脑、咽下神经节和双股链状腹神经索。脑明显地由前脑、中脑、后脑组成。腹神经索在胸部有 3 个胸神经节、腹部有 5 个神经节。

7.2.4.5　背神经管与脊神经

（1）脊神经的演化　文昌鱼首先出现非对称性发出的成对“脊神经”，但背根无神 4.10.2
经节，含有感觉和运动两种神经纤维，分布于内脏器官，腹根是体壁肌肉纤维延伸入中枢神经中形成。

七鳃鳗背根和腹根分开发出，背根是传入神经有神经节，腹根为传出神经。盲鳗的
背根和腹根发生联合。鱼类由于躯干肌很少分化，脊神经按体节排列，背根、腹根合并 4.11
后分为背支、腹支及内脏支3支。四足动物随着附肢的发达，分布于附肢的神经形成了臂神经丛和坐骨神经丛，控制附肢肌完成各种各样的精细而复杂的活动。

（2）植物性神经的演化　环节动物已分出交感神经系统。文昌鱼内脏运动神经纤维沿脊神经背根到达肠管。脊椎动物产生了真正植物性神经系统。

圆口类出现迷走神经，分布于心脏和肠管上，交感神经分散而互不联络，没有交感 4.11
神经干。七鳃鳗交感神经的节前纤维通过背根和腹根分别发出，盲鳗通过腹根发出。

软骨鱼类已有交感神经节、无纵行纤维。头部副交感神经与第Ⅲ、第Ⅶ、第Ⅸ、第 4.12
Ⅹ对脑神经伴行。硬骨鱼出现2条细而完整交感神经干，神经节大小不一致、分布不规则，交感神经分布于内脏、头部和皮肤，调节色素细胞的活动。副交感神经伴第Ⅲ、第Ⅹ对脑神经发出。

有尾两栖类和硬骨鱼类相似，蛙类有明显的交感神经干，首次出现荐髓发出的副交 4.13
感神经，头部副交感神经伴第Ⅲ、第Ⅶ、第Ⅸ、第Ⅹ对脑神经发出。

羊膜动物的交感神经干延伸到颈部和荐部。鸟类的交感神经和副交感神经分开。哺 4.14～
乳动物已分为两个清楚的植物性神经系统。 4.16

（3）脊髓的演化　随着进化，脊髓神经纤维和细胞胞体由未分开排列到细胞体向中央管集中并与神经纤维分开排列，形成内部的灰质（gray matter）和外部的白质（white matter）。尾发达的鱼形动物之脊髓扩展到脊柱末端，脊神经正对着各自的椎间孔发出；尾不发达的动物，由于脊柱的延长速度快，脊髓的相对长度缩短。例如，蛙类的脊髓终止于尾杆骨的前端，人的脊髓仅达第3腰椎，从而把尾部的脊神经拉入椎管内形成四足动物所特有的马尾，马尾神经在椎管内平行向后运行才能从各自的椎间孔通出来。马尾从两栖类开始出现，哺乳动物最发达。随着四肢的出现、发达，臂神经和坐骨神经的神经胞体和神经纤维在颈、腰部脊髓集中形成颈膨大和腰膨大。

（4）脑的演化　脑各部分的发育演化（图7-10，图7-12）不仅与动物的系统演化地位有关，而且与动物生活习性相关。

圆口纲小脑未与延脑分化分离，为延脑听侧区的延伸部分；鲨鱼和快速游泳的硬骨鱼小脑发达；两栖爬行动物的小脑不发达；哺乳动物的小脑发达，中央为蚓部，出现小脑半球，外侧为小脑卷（小脑绒球，flocculus）；系统发生上两栖类的小脑相当于蚓部，爬行类增加了小脑卷。由于小脑半球与大脑新脑皮平行发展，其联系神经束在延脑前部集中形成隆起，成为哺乳动物特有的脑桥。中脑很少变化，低等种类为高级中枢，爬行动物视叶有少数纤维经丘脑达于大脑。哺乳动物背部形成四叠体，视丘与视觉、听丘与听觉有关。

鱼类的大脑主要由古纹状体构成，硬骨鱼类背壁为上皮细胞。原始类型的脑皮（pallium），灰质在内白质在外。肺鱼和两栖类的灰质分为 3 部分，大脑半球主要由腹内侧的纹状体所占据，顶部外侧的为古脑皮（paleopallium），新出现的神经细胞移向顶部内侧形成原脑皮（archipallium），仍然与嗅觉相关。爬行动物在古脑皮和原脑皮之间的神经细胞突出到脑表面形成新脑皮（neopallium），神经细胞由纤维穿过纹状体与丘脑相联系，丘脑作为神经中转站，为神经冲动由低级中枢向大脑传递和大脑的指令性冲动向低级中枢传递奠定了基础。哺乳动物的新脑皮高度发展，神经细胞数量大增并在大脑表面分层排列，甚至形成沟回以扩大、增加表面积构成大脑皮层。神经细胞的数量及其排列结构与动物的高级神经活动密切相关，人的大脑皮层最发达并分成活动、语言、学习等不同区域。新脑皮扩展的结果，古脑皮被挤到前腹侧成为梨状叶，仍与嗅觉相联系，原脑皮移向侧脑室背侧成为海马（hippocampus），其神经活动、某些物质的含量与动物的记忆功能有关（图 7-12）。大脑半球内有错综复杂联络纤维，并在两大脑半球间集中形成哺乳动物特有的胼胝体（corpus callosum），联系、协调大脑半球的活动，还有神经纤维与脑干相联系。

纹状体是大脑基底部、侧脑室前腹面的较大神经核。哺乳动物以下各纲为高级神经中枢。鱼类的纹状体相当于古纹状体，接受嗅脑神经纤维；两栖类古纹状体向外延伸并接受视丘的感觉纤维；爬行动物产生新纹状体，接受更多来自视丘的纤维；鸟类在新纹状体上又增加了超纹状体，为鸟类求偶营巢、孵卵育雏等复杂的本能活动和学习的中枢；哺乳动物因大脑皮层高度发达而成为皮层下中枢，称为基底核，古纹状体演化为苍白球，内囊新纹状体分隔成尾状核和壳核两部分。

随着脑特别是大脑的分化发展，脑与脊髓的重量比逐渐增大，如蛙 1∶1，猫 4∶1，猴 15∶1，人 55∶1，即中枢神经系统的神经组织、结构、功能和活动都向脑部集中，发展到最高水平，成为整合全身各部活动的最高级中枢，对所有传入的感觉冲动进行综合分析处理，发出指令性冲动协调身体各部分的活动，对内外环境的复杂变化产生精确的反应。

总之，神经系统从无到有、由分散向集中的方向演化，结构由简单到复杂，结构、功能逐渐向大脑集中，低级中枢在独立对刺激做出反应的同时向高级中枢传递信息，并接受高级中枢发出的指令性冲动，神经系统结构功能的复杂程度与机体细胞的高度分化、专门功能的加强相适应。结构决定功能，功能决定效应，神经系统日趋完善的标志就是神经组织的高度集中，表现为动物对体内、外刺激的所有反应不是直接而是间接的，即通过神经系统来实现的，神经系统把感受器与效应器分隔开来，把接受的刺激转化为兴奋传导，这样，机体通过感受器、神经系统对刺激进行筛选过滤、分析整合做出正确指令，保证效应器做出有效而精细的反应。

7.2.5 神经系统与动物的行为

行为是动物生存和开发利用自然环境的“工具”，行为的复杂化既是动物躯体结构、功能对环境适应性进化的结果，也是开拓新生存环境的基础。反射活动是神经活动的基本形式。动物的一切行为都是神经反射活动的结果，是建立在反射弧基础上的。神经的反射作用可分为条件反射（conditioned reflex）和非条件反射（unconditioned reflex）两大类。

7.2.5.1　非条件反射与本能行为

非条件反射是动物种族在用进废退、“获得性遗传”的进化过程中产生的，生来就具有的，对直接引起反射的原始刺激发生反应。脊椎动物的反射包括躯体反射（somatic reflex）和内脏反射（visceral reflex）等，如新生儿的抓握和吸吮反射、膝跳反射、角膜反射（corneal reflex）、心搏加速反射（cardio-acceleratory reflex）、血管舒张反射（vasomotor reflex）、唾液分泌反射（salivary reflex）等都属于非条件反射，它们的初级中枢都在脊髓、延脑、中脑和间脑中，其反射活动的完成不需要大脑的参与。

反射由单个反射弧实现，本能行为的复杂程度超过反射，是由多个反射弧连贯起来的活动，是先天性行为的最高级模式。本能行为常表现为一系列反射按顺序的连锁行为，在激发因子的作用下、遗传基因按程序活化后，即在个体发育的一定阶段产生，如鸟类的迁徙、求偶、交配和营巢育雏，蜘蛛结网，等等，是在长期的自然选择过程中逐渐形成、进化的。本能行为是昆虫等低等动物最主要的行为类型。

7.2.5.2　条件反射与学习行为

伴随动物的进化，动物学习行为逐渐增多，并有更多的本能和学习相结合的行为，学习包括印记、模仿、试错、记忆、经验和悟性等。条件反射是学习行为最主要的建立方式，是动物在生活过程中获得、需要靠一定条件的具备才能产生的，并在一定条件下具有可遗传性。

巴甫洛夫（Ivan P. Pavlov）用狗做了一个经典的条件反射（classical conditioned reflex）实验。灯光与食物结合刺激进行一段时间后，由于食物的强化作用，与食物无关的灯光便可作为信号刺激（signal stimulus，条件刺激 conditioned stimulus）引起狗胃液的分泌。显然，单纯灯光与食物刺激引起胃液分泌是不同的。由于环境信号刺激能经常地相继产生作用，当感觉冲动在大脑与一定的反射中枢建立了暂时性联系，并通过强化作用使感受器与效应器之间建立了一系列联系，于是，信号刺激便引起相应的反应，这种神经联系是个体在生活过程获得的，故称获得性反射（acquired reflex）。条件反射需在一定的条件下才能发生并成立，一旦条件改变，强化作用消失，条件反射就可能解除，其神经活动主要与植物性神经、腺体和平滑肌有关。

操作性条件反射（instrumental or operant conditioning）由美国心理学家 B. F. Skinner 提出，是奖励或惩罚等信号刺激不规律地作用于动物，反应效果信号作为刺激使之产生更强的反应效果，如老鼠无意的探索按键行为获得食物奖励后，为获得更多的食物，老鼠就会十分努力地去按键，形成丰富的经验后会使动物的行为效率更高，其神经活动除中枢神经的综合作用外主要与躯体神经、横纹肌有关，是反应的结果作为刺激引起机体产生新的更有效反应，因而更具有生存的实际意义。高等动物的判断和推理能力不断增强，人类的语言已发展为第二信号系统，用抽象概念进行思维，规划个体与群体行为实现行为的目的。学习行为作为“适者生存”、自然选择的一种方式，对人类和动物生存、发展更具有十分重要的现实意义。

中枢神经特别是大脑皮层高级活动，不仅保证信号刺激引起正确有效的反射活动，而且能使处在不同环境中的个体对同一刺激产生不同的反应，或者对不同的刺激产生同一的反应。神经感官系统的这种过滤作用使动物在错综复杂的环境中，把变化无常的刺激区分开来，选择性做出适当反应，反应的复杂多样化使自身与群体及其与环境之间经常保持平衡。在人类，大脑皮层的高度发达还产生了主动认识和征服、改造自然的能力，保护环境，防止污染破坏自然环境，促使人类自身和其他生物都与环境处于协调统一的持续发展状态。

7.3　内分泌系统

生命活动需要各组织、器官、系统互相密切协调配合，不断调节机体的各种生理活动，使机体形成一个统一的整体，适应机体内外环境的变化。神经调节迅速而精确，但作用于局部，持续时间短；体液调节缓慢，作用部位广泛，持续时间长。从系统发生看，体液调节出现较早，在进化过程中，神经系统逐渐发展完善并发挥了主导调节作用。多数高等动物都具备两种调节机制，相辅相成共同完成机体机能调节任务。体液调节是由内分泌腺产生的激素通过血液循环起作用的，而大多数内分泌腺又是直接和间接受中枢神经系统所控制。机体的各种生理活动除受神经系统的支配外，还受内分泌腺分泌的激素的调节，调节作用通过神经与体液两种调节方式进行，即神经体液调节。

7.3.1　内分泌腺和激素

动物体内的腺体有两类。唾液腺、胰腺、泪腺、汗腺等有管腺（duct gland）产生的分泌物经导管排出，故称外分泌腺（exocrine gland）。肾上腺、胰岛等腺体没有导管称内分泌腺（endocrine gland）。分泌的小分子化学物质称激素（hormone），对机体的生命活动起重要的调节作用。还有些腺体兼有内分泌和外分泌的作用，例如，性腺、胰腺既可产生激素，又有外分泌的作用，为内分泌和外分泌的兼性腺体。

7.3.1.1　激素的特征

激素是结构简单的有机化学物质，依化学结构分为两类。一类是含氮化合物含蛋白质和肽类物质，如垂体前叶激素、胰岛素和甲状腺旁素等，氨基酸衍生物的有肾上腺素和甲状腺素等。此类激素易被消化酶分解破坏，故不易口服。另一类是甾醇类激素，肾上腺皮质分泌的肾上腺皮质素和性腺激素等是甾醇类激素，此类激素容易被吸收，可口服使用。

激素是结构简单的有机化学物质，由腺体分泌并随血液循环到全身发生作用，在靶细胞和肝脏等处代谢失活。激素具有强烈的生物活性，量少作用强，一般情况下同种激素可用于不同种动物。激素作用的发生机制总是与酶有关的，能使靶细胞的功能加强或减弱。

7.3.1.2　激素的作用

激素进入血液和淋巴，随体液流动到靶器官，使其处于兴奋或抑制状态，调节机体的新陈代谢、生长发育与生殖等活动，称体液作用（humoral action）。与神经灵敏、准确而短时的调节作用不同，激素对机体主要有以下方面长期的调节作用。

激素调节糖、蛋白质、脂肪与水盐代谢保持机体内动态的平衡，为机体生理活动提供适当的稳定状态。激素促进细胞的分裂分化，保证正常生长发育、成熟和衰亡过程。激素影响胚胎发育过程和性别分化，促进性器官的发育成熟，调节受精、怀孕、泌乳和育幼等生殖过程。激素影响神经系统发育和活动，激素与神经系统配合，形成精密的神经-体液调节（neuro-humoral regulation）系统，使生命活动正常进行，机体处于对环境变化较为敏感的状态，更好地适应环境变化，生存发展下去。

7.3.1.3　激素作用的机理

激素进入血液后，随血液循环到达靶器官，作为第一信使与细胞膜中的特异性受体结合，激活腺苷酸环化酶使 ATP 释放能量变成 cAMP，cAMP 作为第二信使活化细胞内的蛋白激酶，第一、第二信使密切配合作用于不同的酶系统，通过蛋白激酶产生各种生理作用。

激素必须与靶细胞膜上的特异性受体结合才能发挥作用。其作用特点包括激素和特殊受体两方面，一种激素促进哪些功能与细胞本身的特点、细胞膜上具有何种受体有关，如肾上腺素与 α 受体结合，使平滑肌兴奋，血管、子宫等收缩，与 β 受体结合对平滑肌产生抑制效应，血管和肠肌舒张。

7.3.1.4　激素分泌的调节

激素分泌过多或过少都会严重影响机体各器官系统的机能，因此，机体必须对体内的激素含量进行精细调节（图 7-13），使激素的分泌量保持一个相对稳定的水平，确保机体生理功能的正常进行。在激素释放的调节中，垂体的作用是非常重要的。当机体受内外环境的刺激，通过大脑控制丘脑释放促释放激素（如促甲状腺素释放激素），调节垂体前叶释放促靶腺激素（如促甲状腺素）到达靶腺（如甲状腺），促使靶腺释放激素（甲状腺素）作用于机体，激素随血液循环达于脑垂体和下丘脑，反馈性地调节脑垂体的分泌量，血液中甲状腺素含量增加抑制促甲状腺素的释放，甲状腺分泌活动减弱。甲状腺素作用于靶器官后失活，血液甲状腺素含量降低，脑垂体又释放促甲状腺素，从而精细地调节内分泌腺的分泌活动。

7.3.2　脊椎动物的内分泌腺体及其激素

动物体内的内分泌腺种类较多，有的细胞分散，如消化道内的内分泌腺体，有的细胞集中形成内分泌腺体，其形态和位置随动物种类而异，见表 7-3。 4.11～4.16

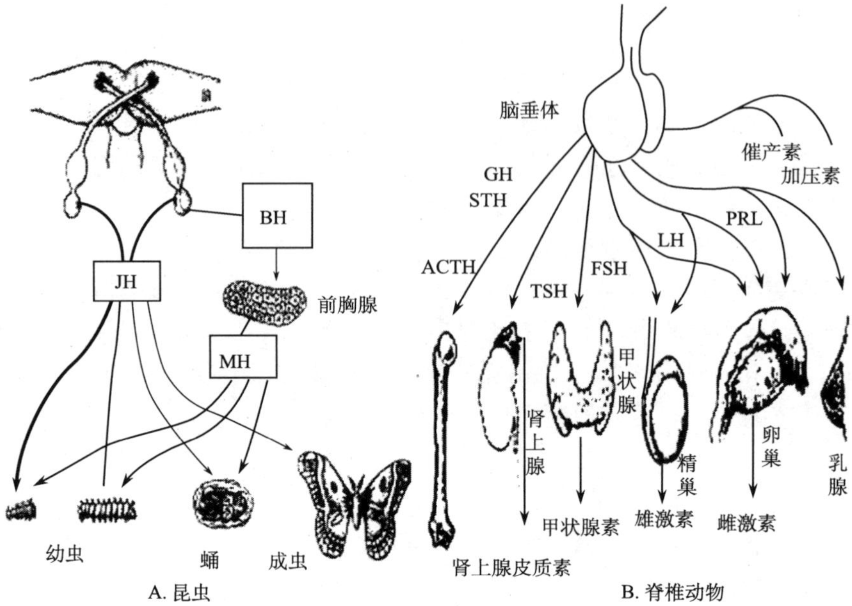

图 7-13　激素分泌的调节

表 7-3　脊椎动物的内分泌腺来源、位置和激素作用

腺体	位置	来源	激素与主要作用
甲状腺	气管前端两侧甲状软骨上	咽囊底部与内柱同源	甲状腺素提高代谢促进生长
甲状旁腺	甲状腺两侧背面	第Ⅲ、第Ⅳ咽囊背侧上皮细胞	甲状旁腺素升高血钙
肾上腺	肾脏内侧稍前	皮质来源于中胚层	皮质激素调节代谢
胰岛	胰脏内	髓质来源于外胚层	肾上腺素促进应急反应
			胰高血糖素升高血糖
			胰岛素提高糖原储存
睾丸		生殖嵴	雄激素促进雄性发育
卵巢		生殖嵴	雌激素促进雌性发育
脑垂体	间脑底部视神经交叉后方嵌于基蝶骨的垂体窝内	原始口腔顶部上皮 间脑底部神经组织	前叶素 后叶素
松果腺	大脑半球和间脑交界处		褪黑激素调节体色、性成熟

7.3.2.1　甲状腺

从鱼类到人类都有甲状腺（thyroid gland），它位于腹大动脉或气管前端两侧，是原索动物内柱（endostyle）的同源结构。七鳃鳗（*Petromyzon*）幼体保留内柱，成体演化发展成独立的内分泌腺；鱼类甲状腺多分散存在；两栖类、部分爬行类和鸟类的甲状腺在咽下成对；另一部分爬行类（如龟和蛇）为单一体；哺乳动物的甲状腺紧贴甲状软骨，成对、中间以细峡（isthmus）相联，呈蝴蝶形。

甲状腺外包薄层结缔组织膜，腺实质由滤泡构成，泡壁为单层立方上皮细胞，从血液中摄取碘等原料合成甲状腺素（thyroxine）释放到组织液中去，控制新陈代谢、促进氧化过程、保证机体的正常生长发育。甲状腺素的分泌受脑垂体前叶产生的促甲状腺素的调节和影响。血液中碘的浓度对甲状腺的活动有很大影响，碘供应不足直接影响甲状腺素的生成，甲状腺肿大后称大脖子病，其甲状腺机能减退，幼年骨骼停止生长，性器官停止发育，行动迟缓，智力低下，即呆小病。食用加碘食盐有预防和治疗作用。

7.3.2.2　甲状旁腺

甲状旁腺（parathyroid gland）由四足动物鳃囊背侧上皮形成。作为肉眼不易发现的 4 个小腺体，位于甲状腺侧背面或埋于其中。分泌甲状旁腺素（parathyroidin）调节钙磷代谢。分泌不足会造成骨生长不良，分泌过多会使血钙含量增加，钙随小便排出产生脱钙性软骨病，切除兔甲状旁腺 16～27 小时后，血钙急剧下降、血磷上升，造成兔神经肌肉兴奋性升高，痉挛而亡。

7.3.2.3　肾上腺

肾上腺（adrenal gland）位于肾脏前内侧，由髓质（adrenal medulla）和皮质（adrenal cortex）构成。作为一个腺体，二者在胚胎发生上、结构上和机能上都是不同的。

皮质由生殖嵴和生肾节处的体腔上皮增殖形成，分泌的多种激素统称皮质素，为动物生存所必需。如性激素促进性腺发育和第二性征（secondary sexual character）形成，有类似雄性激素（androgen）的作用；盐皮质激素调节钠钾代谢；糖皮质激素，包括可的松（cortison）和氢化可的松（hydrocortison）等，调节糖代谢，保持血糖稳定，提高机体耐受力，有抗炎、抗过敏、抗休克等作用。

髓质来源于外胚层，与交感神经节同源，分泌肾上腺素（adrenalin），相当于交感神经末梢释放的交感素，功能似交感神经，使心脏收缩加强，心跳加快，小血管收缩血压升高，促进糖原、氨基酸和脂肪的分解，血糖升高，呼吸加强加速，代谢升高，这种作用是机体的一种应急反应。医学上用作强心剂，可使心跳骤停的心脏恢复跳动。

7.3.2.4　胰岛

胰岛（pancreatic island）是胰脏内散在而独立的细胞群，α 细胞分泌胰高血糖素（glucagon），促使血糖浓度升高；β 细胞分泌胰岛素（insulin），促使血糖转化为糖原（glycogen），提高肝脏和肌肉内糖原的储存量。胰岛素分泌不足，血糖含量升高，当血糖升高超过肾糖阈时便会随尿排出，甚至引发糖尿病（diabetes mellitus）。

7.3.2.5　性腺

性腺（sexual gland）除产生生殖细胞外，还产生激素，性激素（gonadal hormone）影响动物第二性征的出现和生殖器官的生长发育。

（1）睾丸（精巢 testis）　睾丸间质细胞分泌雄激素（androgen），其主要成分是睾丸酮（testosterone），促进精子的生成和成熟、雄性动物的生长发育和副性征的出现，使动物粗壮强大，有利于生存竞争、占领领域、争夺配偶并保护雌性繁衍生息。雄激素分泌不足，动物将雌性化。

（2）卵巢（ovary）　分泌雌激素（estrogen），影响动物的性周期（sexual cycle）和附属生殖器官的发育。动情素（estrin，estrogen，卵泡素 folliculin）由卵泡上皮细胞分泌，促使雌性生殖器官、副性征和乳腺的发育，引起雌性动物发情，同时，抑制垂体促滤泡激素的分泌并使促黄体生成素分泌。

卵巢排卵后形成黄体，分泌黄体酮（lutein，progesterone，孕酮 progestin）促使子宫内膜增厚，降低子宫内膜平滑肌活动，准备受精卵着床和维持妊娠，并抑制卵泡发育成熟，故妊娠期内不发情也不排卵，促进乳腺的发育和泌乳，降低子宫对垂体后叶激素的反应，保证胚胎的正常生长发育和产后哺乳。

7.3.2.6　脑垂体

脑垂体（pituitary gland）是动物体内最重要的内分泌腺，产生多种激素，调节动物的生长代谢和生殖，并调节其他内分泌腺的分泌活动。神经系统对内分泌的调节作用也通过下丘脑和脑下垂体起作用，因此，脑垂体是内分泌腺活动的控制中心（图 7-14）。各部名称如下：

- 脑垂体
  - 腺垂体
    - 结节部
    - 远侧部——前叶
    - 中间部——中叶
  - 神经垂体
    - 神经部——后叶
    - 漏斗

图 7-14　脑垂体分部

1）垂体前叶激素

垂体前叶（anterior lobe，腺垂体 adenohypophysis）由原始口腔的顶部突起形成，包括结节部、远侧部和中间部，分泌多种激素。

（1）生长激素（growth hormone，GH）　刺激骨及软骨的生长，促进动物机体的蛋白质合成，还影响蛋白质、糖类、脂类的代谢，影响机体的生长发育。

（2）促甲状腺素（thyroid stimulating hormone，TSH）　促进甲状腺发育和吸收碘，加速甲状腺素的合成分泌和甲状腺球蛋白的分解，维持甲状腺的功能。

（3）促肾上腺皮质素（adrenocorticotropic hormone）　促进肾上腺皮质的生长与分泌。

（4）促性激素（gonadotropic hormone）　包括促卵泡激素（follicle stimulating hormone，FSH）和促黄体生成素（luteinizing hormone，LH）或促间质细胞激素（interstitial cell stimulating hormone，ICSH）。

促卵泡激素促进雌性动物卵泡细胞的发育和成熟，或雄性动物精子的生成和性成熟。促黄体生成素促进雌性动物排卵和卵巢黄体生成，促进孕酮的生成和分泌，阻止排卵、抑制动情，或是促使雄性动物睾丸的间质细胞发育，刺激睾丸分泌激素。雌激素广泛用于渔业和畜牧业生产实践中，促进雌性动物超数排卵，进行人工授精、胚胎移植，对提高良种的繁殖力具有重要意义，或用于治疗某些生殖方面的疾病。

（5）催乳激素（luteotropic hormone，LTH）　能刺激并维持黄体分泌孕酮（progesterone），促进乳腺发育和乳汁分泌。

2）垂体中叶激素

即促黑色素细胞激素（melanophore stimulating hormone，MSH），可调节鱼类、两栖类、爬行动物色素细胞的活动，调节生理变色。

3）垂体后叶激素

垂体后叶（posterior lobe）又称神经垂体（neurohypophysis），来源于间脑底部向下的突起，包括神经部、漏斗部。

（1）催产素（oxytocin）　引起子宫平滑肌收缩力增强，促进分娩和促使乳腺排乳。临床上常用于催产和防止子宫出血。

（2）加压素（vasopressin，抗利尿激素 antidiuretic hormone，ADH）　促使微血管收缩，血压升高，促进肾小管重吸收水分，减少尿量，维持体内水分平衡。ADH 缺乏引起大量尿液排出，形成尿崩症（diabetes insipidus）。

7.3.2.7　胸腺

胸腺（thymus）由第 3、4 对咽囊腹壁突出形成，位于心脏前腹方。为免疫系统的中枢器官，产生胸腺素（thymosin）能促进 T 淋巴细胞的分化成熟，参与细胞免疫、增强体内抗体产生的能力和免疫力。幼年动物胸腺较大，移除胸腺，直接影响抗体的产生和免疫力。随着年龄增长胸腺逐渐变小，人到 20 岁开始退化，45 岁后逐渐萎缩。

7.3.2.8　前列腺

前列腺（prostate gland）为雄性哺乳动物副性腺的一种，位于尿道基部近膀胱处。除产生碱性乳状液构成精液外，它还分泌前列腺素（prostaglandin，PG）。PG 是一组 20 碳不饱和脂肪酸，一种分布极广、生理效应极大的生物活性物质。全身组织细胞都可产生。由于各种细胞上的前列腺素受体不同，因而产生不同的效应，对生殖、心血管、消化、呼吸和神经等系统都有作用。主要功能是促进精子的生长成熟，激发孕酮分泌，与排卵过程、加速黄体溶解、提高怀孕率、子宫收缩、卵子和精子的运动等密切相关，还有抑制胃液分泌、调节各特殊器官的血流量和排钠利尿的作用。

7.3.2.9　松果体

松果体（pineal body）是小而圆的结构，位于大脑半球和间脑交界处，由长柄联于第 3 脑室后端，受颈上神经节节后纤维支配，与生长和性成熟有关。性成熟前有抑制脑垂体前叶释放促性腺激素的作用。研究证明松果体作为生物钟可调整季节性光照对动物生殖活动的影响。摘除松果体或颈上神经节后，光照不再像正常情况那样影响生殖腺的发育成熟。

7.3.2.10　其他内分泌腺

（1）胎盘　妊娠雌兽的临时性内分泌腺，分泌绒毛膜促性腺激素（chorionic gonadotropin，CG)，生理功能和孕酮相似，在黄体萎缩后，代替孕酮继续保证妊娠过程正常进行。

(2) 消化道　胃肠黏膜上的内分泌细胞以单个细胞分散存在于组织中，故胃肠被认为是动物体内最大的内分泌腺，分泌多种激素。胃肠黏膜分泌的促胰液素促进胰液分泌；肠道分泌的促胃泌素促进胃液分泌；十二指肠分泌的肠抑胃激素抑制胃的收缩和分泌；缩胆囊素促使胆囊收缩释放胆汁。

7.3.3 低等动物的内分泌腺与激素

低等动物的激素及其调节作用，研究比较清楚的只有甲壳纲和昆虫纲动物。这里的激素是指内激素（hormone)。外激素（pheromone）则称信息素。

7.3.3.1 线虫

4.5.1 由于上皮细胞向体表分泌角质层，限制了虫体生长，神经环上的神经细胞分泌激素，促使排泄细胞分泌蜕皮液，溶解旧表皮使幼虫期进行多次蜕皮，才能发育为成体。

7.3.3.2 环节动物

4.7 多毛类尚未形成内分泌腺体，脑或体前端神经产生神经分泌物发挥作用。如果切除脑，会诱导配子早熟、出现异型化现象，重新移入未成熟个体的脑，则阻止早熟和异型化现象的出现，这说明神经分泌物抑制生殖发育。

4.8.1 7.3.3.3 甲壳动物

(1) X 器官（X organ)　一种激素分泌腺体，是眼柄视神经节内的神经分泌细胞，分泌的蜕皮抑制激素（moult inhibiting hormone）通过轴突运送并储存于窦腺（sinus gland）内，由窦腺释放到血淋巴中去。X 器官——窦腺复合体参与蜕皮、色素变化和节律性活动，产生性腺抑制激素（GIH)，调节性腺发育。

(2) Y 器官（Y organ)　另一激素分泌腺体，是眼柄腹面及两侧的神经分泌细胞，分泌蜕皮激素（moult hormone)。当光照、温度等外界刺激作用于中枢引起蜕皮激素分泌，蜕皮后 X 器官分泌蜕皮抑制素使之进入蜕皮间期。故移走 Y 器官阻止蜕皮，移走 X 器官引起提前蜕皮，促进对虾的成熟并提高产卵率。

生殖和性征也受激素调节。X 器官产生性腺抑制素（gonad-inhibiting hormone，GIH)，非繁殖季节抑制性腺发育，生殖季节，中枢神经分泌促性腺素使卵发育。性成熟前移走 Y 器官性腺发育受阻。移走输精管末端的促雄性素腺（androgenic gland）雄性特征消失，植入雌体，则卵巢变成精巢。

7.3.3.4 昆虫

4.8.3 昆虫重要的内分泌腺有以下几种（图 7-13)：

(1) 脑神经分泌细胞（cerebral neurosecretory cell)　分布于脑及腹神经索的神经节上，分泌促激素（tropic hormone，活化激素 activation hormone，AH)，随血淋巴

到达并储存于心侧体，促进其他内分泌腺的活动，为内分泌系统的调控中心。

（2）心侧体（corpus paracardiacum）　位于食道背面、脑的后下方、咽侧体的前方，分泌肽类物质，类似于虾类控制体色的激素。由后脑中神经分泌细胞的轴突进入心侧体，作用与体色变化和血管收缩有关，有减少色素细胞和增进心脏、肠肌收缩的作用。但只有切除脑的昆虫注射心侧体提取液才会引起体色变化，说明心侧体本身不能直接调节体色的变化。

（3）咽侧体（corpora incerta）　位于心侧体后方，周期性地分泌保幼激素（juvenile hormone，JH）和卵黄形成激素（vitelligeaous hormone），与蜕皮激素共同作用，控制昆虫幼虫和蛹的蜕皮，使幼虫蜕皮后保持幼虫状态；在成虫期则刺激卵巢发育和卵黄的形成，促进生殖腺成熟。

（4）前胸腺（prothoracic gland）　在促激素的作用下分泌蜕皮激素（moulting hormone，MH），引起蜕皮。由于成虫体内无 MH 存在，前胸腺退化，因此，成虫不再蜕皮。

7.3.4　激素与动物的发育

激素对个体的生长发育具有十分强烈的生理作用。激素是否正常分泌影响动物形态 4.16
结构的生长发育，如幼体注射性激素或分泌增加，出现性早熟；早期生长激素分泌增加 4.15
过多，患巨人症（giantism），反之得侏儒症（midget），成年分泌过多患末端肥大症；甲状腺素分泌增加，新陈代谢旺盛，个体消瘦，甚至引起死亡。激素还影响动物性别的分化、雌雄动物体态特征的产生发展、脑神经纤维（如雌雄鸟类）的分布数量和行为。故胚期可注射激素阉割动物。营养过剩或不足，既影响动物的新陈代谢，也影响内分泌腺的活动，进而影响动物的生长发育和各种生理活动。

在个体发育过程中，间接发育动物的变态发育特点是与激素的作用分不开的。如结 4.8.3
扎接近化蛹（pupate）的幼虫，前半部化蛹，后半部不能化蛹。如果切除其脑则不能化蛹，一直处于幼虫状态。将脑重新移入体内又可化蛹，可见昆虫化蛹与激素密切相关。研究证明，内分泌腺分泌的激素引起昆虫幼虫蜕皮（ecdysis）、化蛹和羽化（eclosion），即 AH、JH 和 MH 3 种激素协同作用共同控制着昆虫的生长发育，AH 是控制中心，活化前胸腺和咽侧体，使之分泌 MH 和 JH。幼虫期 AH 保证 JH 分泌量较多，JH 与 MH 共同作用，使幼虫蜕皮后仍保持幼虫特征，JH 分泌量下降就变蛹，体内器官组织发生剧烈的变化羽化为成虫。咽侧体不分泌 JH，就会导致前胸腺退化，仅有 MH，蜕皮后便不再蜕皮而发育为成虫。

蛙类蝌蚪变态期间，蝌蚪体内外出现一系列变化，各器官系统发生变化，变态适应 3.4.1.1
陆栖生活。角质喙和角质齿脱落，尾萎缩消失，出现成对附肢，肺呼吸代替鳃，2 心房
1 心室的心脏代替了 1 心房 1 心室，随之单循环改造为双循环，消化道由螺旋状盘曲转 4.13
变成粗短的肠管，胃肠分化明显，植食性变成肉食性，登陆变态为成体。甲状腺素的正常分泌是蝌蚪变态过程顺利完成的关键。切除甲状腺，蝌蚪发育停滞，注射甲状腺素后又可继续变态。

7.3.5　激素与动物的行为

性激素对动物行为的影响是众所周知的事实。阉割的动物性情温顺，有利于肥育，因而在畜牧业生产上广泛应用。阉割的动物注射性激素后，性行为又可重新恢复。雄性鹿科动物在求偶交配季节体内雄激素水平升高，角斗激烈；雌激素增加使妊娠雌兽活动沉稳。性激素正常分泌使雌、雄动物繁殖行为同步，产生求偶交配和护仔、育仔等行为。

7.3.5.1　激素与动情周期

3.2.1 性成熟后，动物规律地进入发情期，表现为强烈的物种特有的求偶、交配行为，称
4.16 为动情。动情期排卵，体内相关激素（如FSH、LH等）含量高。休情期，卵巢处于休止状态，体内激素含量低，不表现求偶交配行为。有袋类、偶蹄类、食肉动物等每年出现1或2个动情期；啮齿动物和灵长类为多动情动物，如大家鼠4～5天一个动情周期(oestrous cycle)，人和旧大陆猿猴是28天的动情周期，期间伴随子宫内膜的周期性变化（图3-3），有出血现象称月经（menstral flow）。

7.3.5.2　昆虫的激素与行为

昆虫内激素可调节自身的生长发育，而另一些腺体释放外激素到空气中去，作为一
4.8.3 种化学信息物质引起同种或异种个体产生行为反应。昆虫，特别是社会性昆虫，信息激素得到高度发展。信息素分为两类。

种内信息素引起同种个体产生反应，性信息素（sex pheromone）是雌雄个体都可产生、引起性活动的激素，成熟雌虫更普遍，吸引雄虫交配后不再分泌性信息素。聚集信息素（aggregation pheromone）是吸引同种个体聚集并参与一系列活动的激素，有利于动物的取食、交配和越冬，蚊子、蜉蝣等社会性昆虫婚飞聚集，瓢虫的越冬聚集，工蜂永远聚集在蜂王身旁。踪迹信息素（trail pheromone）是社会性昆虫标志踪迹的激素，作为个体间的通信工具，指示食物源及其途径，引导群体中其他个体沿着同一途径行进，即使是新出巢的个体也很容易沿着相同的路线飞行。社会性昆虫在环境出现危险时，产生报警信息素（alarm pheromone）引起不同动物产生不同的反应。蚂蚁巢、蜂巢受到攻击时，报警信息素可召回兵蚁、兵蜂参加战斗，引起工蚁携带幼体逃离，或修复巢穴。有的（如性信息素、踪迹激素等）直接作用于神经系统，立即引起行为反应；有的作用于受体动物的内分泌系统或生殖系统，引起一系列生理反应，从而抑制或促进受体动物的行为。迁移雄蝗成虫分泌一种挥发性物质，能促进生长发育速率引起幼虫同步发育，结果，同一种群同时变态，形成巨大数量的迁移蝗群，对农林生产造成极大的危害。

种间信息素（allelochemics）引起不同种个体行为反应。例如，蝽象释放恶臭物质，甲虫释放氰化物、有机酸和苯醌等，具有防卫功能。如果释放的激素对本种有好处的为利己激素，而另有一些昆虫产生的气味可招来寄生物寄生或产卵，这些激素对他种动物有利，称为利他激素。

复习思考题

1. 各类动物各有哪些感觉器官？其结构功能有何特点？

2. 动物感官结构特点与其生活习性有何关系？

3. 神经系统的基本结构和主要功能有哪些？神经系统是怎样演化的？

4. 各类动物神经系统的结构有何特点？这些特点与其生活习性有何关系？

5. 脊神经、交感与副交感神经有何异同点？

6. 动物有哪些内分泌腺？分泌的激素及其主要作用有哪些？

7. 激素如何调节动物的繁殖活动？

8. 简述激素作用的机理。

9. 激素分泌是怎样调节的？

10. 激素是怎样调节个体发育和行为的？

11. 激素是怎样调节昆虫蜕皮的？

12. 名词解释：感受器，平衡囊，眼点，脑眼，侧线，颊窝，项器，膜迷路，骨迷路，栉状突，镰状突，双重调节，神经网，梯形神经，神经链，神经索，神经团，神经管，神经节，神经核，交感神经，副交感神经，反射与反射弧，中枢神经，周围神经，古脑皮，原脑皮，新脑皮，大脑皮层，纹状体，胼胝体，海马，激素，信息素，内分泌腺，X 器官，Y 器官，咽侧体。

第 8 章　动物的繁殖与生殖系统

本章提要　生殖系统由生殖腺、生殖管道、交配器和附性腺等构成，其结构功能与繁育方式和演化地位相适应。繁育方式有有性生殖、无性生殖、世代交替和体内、体外受精发育等。生殖系统，低等动物可临时形成；高等动物发达，雌性高等动物生殖管分化形成输卵管和不同类型的子宫。物种特异性的求偶交配、筑巢和育幼等繁殖行为实现了生殖隔离和成功繁育后代，保证物种的遗传变异稳定性和多样性。

- 繁殖
  - 生殖方式
    - 无性生殖：分裂、裂体、出芽、芽球、孢子生殖和再生
    - 有性生殖：接合、同配、异配和卵式生殖；孤雌生殖和幼体生殖
    - 世代交替
  - 基本结构
    - 雌性：卵巢、输卵管、子宫、阴道；纳精囊
    - 雄性：精巢、输精管和交配器；附性腺、贮精囊
    - 无生殖系统；有生殖系统：有生殖腺无导管，具生殖腺和导管
  - 影响繁殖力因素：性成熟年龄、生殖次数、产仔数、孕期长短、环境因素
  - 繁殖行为
    - 领域行为
    - 筑巢、求偶、交配行为
    - 育幼行为

8.1　动物的繁殖

自然选择中的适者之所以增多，关键是繁殖的成功。个体的形成方式和方法取决于各动物类群系统发育的过程，性别分化不仅使雌雄动物机体的形态结构、功能分化和复杂程度不同，而且生殖系统的结构、精卵的结构和发育程度各不相同，产生了各种各样的适合于动物自己种群繁衍的生殖方式，具有种群特有的求偶交配行为，以及发育激素、体色和味腺等，因此，繁殖期间，雌雄能相互发现并交配，精卵同步发生成熟，亲代在一定时间内照顾保护胚胎和幼体，成功地繁衍后代维系种族的发展。

3.1 动物的繁殖活动及卵的受精发育都有一定的规律，掌握这种规律就可以控制动物的
3.2 繁殖，保护开发和持续利用动物资源，探索出促使经济动物大量而迅速繁殖的有效途
3.3 径。例如，注射激素促使雌性动物超数排卵进行人工授精；采用现代科学技术进行胚胎
的分割移植和冷冻保存；通过人工授精、杂交改良、细胞克隆，促进优良动物充分繁育，扩大动物种群，培育出适合人类需要的新品种。

动物种群数量的增加依赖亲体繁殖力的增加、精心照料子代和个体生存能力的增强。

8.1.1　动物繁殖方式

8.1.1.1　无性生殖

个体的一部分直接形成新个体，即不经过有性繁殖形成新个体的繁殖方式称作无性繁殖（asexual reproduction）。个体可以是一个细胞，也可以是一群细胞。

1）裂体生殖

裂体生殖（fissiparity or schizogenesis，schizogony）是单细胞动物普遍存在的原始无性营养繁殖方式。通过分裂，母细胞分为大小、形态和结构相似的子细胞，各自发育成一个新的个体。

（1）二裂体（二分裂，binary fission）　细胞核和细胞质分裂发育成 2 个个体，称为 4.2
二裂体生殖。变形虫在分裂过程中，虫体变圆有多个小伪足，接着核膜消失，虫体伸长，然后分裂成两个子细胞，是典型的有丝分裂。等二分裂法有横二分裂（transverse binary fission）和纵二分裂（longitudinal binary fission）。横二分裂如草履虫分裂时小核先行有丝分裂，大核行无丝分裂，延长膨大再浓缩集中进行分裂，接着虫体从中部横缢分成两个新个体。微孔虫也行横二分裂繁殖。纵二分裂如眼虫核进行有丝分裂时核膜不消失，细胞质由前向后分裂，复制新的细胞器，同时基体或中心粒（centrioles）分裂复制为二，继之从虫体前端分裂，脱去鞭毛，基体长出新鞭毛，或者一个保留原有鞭毛，另一个产生新鞭毛，然后裂开成为两个个体（图 8-1）。海葵兼有横裂和纵裂 2 种生殖方式。

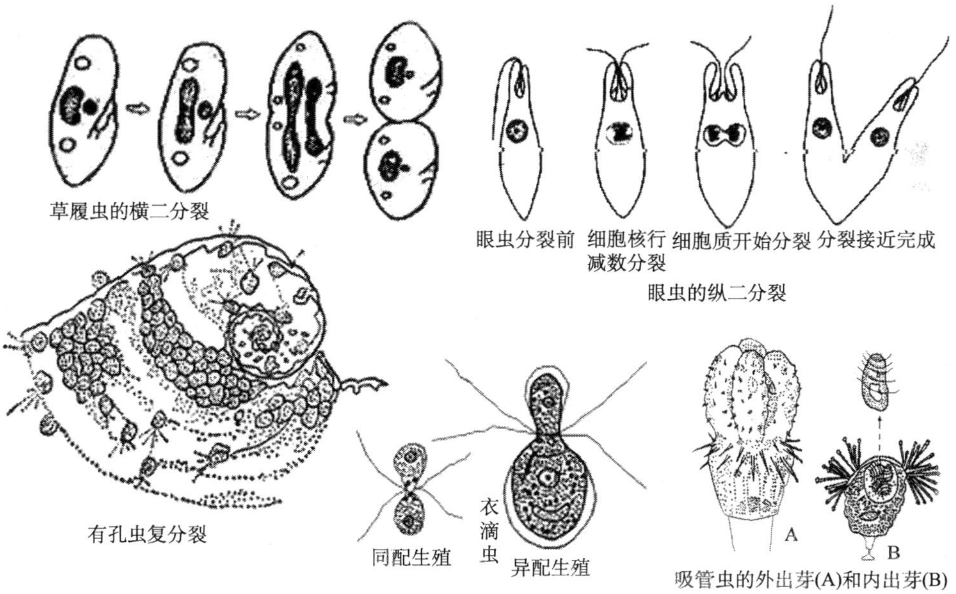

图 8-1　原生动物的主要生殖方式

（2）多裂体（multifidous fission）　繁殖时，孢子虫核首先分裂成多个裂殖体 4.2.3
（schizont），然后细胞质随着核分裂包围在核周围形成很多小个体，名为裂殖子或潜隐体（merozoite 或 cryptozoite），发育成熟后称裂殖体，故称多裂体生殖，如间日疟原虫（图 8-2）。裂殖子周期性侵入新的红细胞重复进行裂体生殖，大量细胞破裂，裂殖子及其代谢产物进入血液，引起机体产生一系列免疫反应，疟疾患者间隔一定时间出现寒战、发热、大汗淋漓症状，俗称“打摆子”。裂体生殖周期 48 小时为间日疟，72 小时为三日疟。

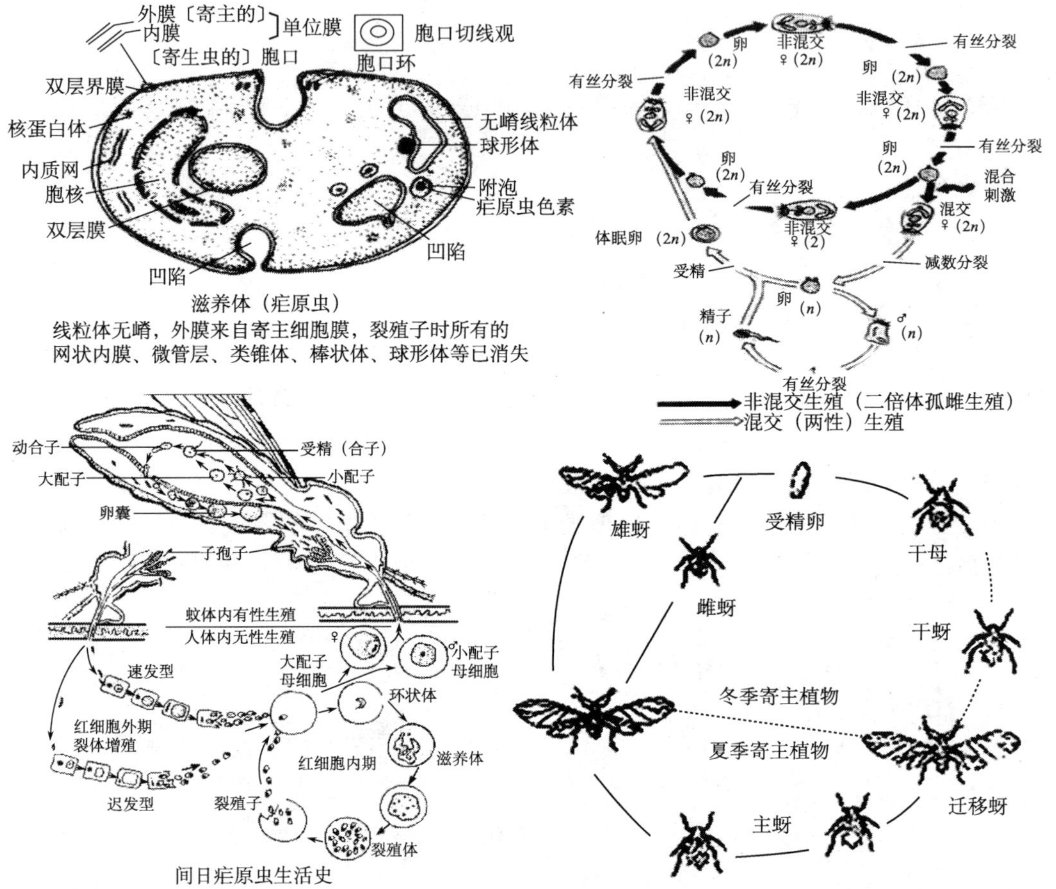

图 8-2　滋养体与疟原虫（A）轮虫（B）棉蚜（C）的生活史（Birky，江静波，堵南山等）

2）出芽生殖

4.2 　母体长出形状相似而大小不同的新个体为出芽生殖（budding），如吸管虫（*Sucto-*
4.3 *ria*）、夜光虫、钟形虫等单细胞动物和多孔动物、水螅类（图 4-6）、蠕虫、苔藓虫等多细胞动物。吸管虫芽体有时在母体外，有时在母体形成的育儿袋内以内出芽法发育成一个具有纤毛的幼体，突破母体细胞膜入水成为新个体。海绵动物出芽时，中胶层变形细胞特别是原细胞迁移到母体表面聚集成团，发育成芽体脱离母体长成新个体，或与母体共同形成群体。水螅体壁向外突出形成消化循环腔与母体相通的芽体，长出口、触手后，基部收缩与母体脱离，营独立生活。

3）芽球

淡水海绵原细胞摄食大量物质后聚集成团形成芽球（gemmule），分泌几丁质膜保 4.3.1
护芽球细胞，外包一层造骨细胞分泌骨针，使芽球具有很强的抵抗恶劣环境的能力。环境条件适宜时，芽球细胞通过微孔（micropyle）释放出来，发育成新个体。

4）孢子生殖

无性生殖的高级形式，寄生在蚯蚓贮精囊内的单房虫（*Monocystis*）、兔肠上皮内 4.2
的球虫（*Eimeria*）和进入蚊子体内的疟原虫都有孢子生殖（sporogony）（图 4-3）。与 10.3.3
多裂体生殖的本质区别是在有性生殖后进行，是受精卵在卵囊（oocyst）内的孢子壳中继续分裂。母细胞按 2^n 比例分成若干部分，各包一层壳，在孢囊内增殖出特殊细胞称孢子（sporocyst）、子孢子，对外界不良环境有较强抵抗力，有利于转宿主寄生，分裂下来的孢子须排出体外感染另一宿主（图 8-2）。

5）再生

多种动物具有再生（renewal）能力。切成一定大小的白枝海绵碎片可再生出新个 4.3.1
体。涡虫切下来的每段都可再生成一个涡虫，但前端再生速率和能力强于后部。因饥饿 4.4
消失的器官获得食物后即可恢复。蜥蜴等遇到敌害，强烈的外源刺激使尾从断裂带处断 4.14
下来，以后又可长出无尾椎骨而与原尾相似的尾来，但人工断尾实验研究证明，断尾程度与其在种群中地位的降低程度密切相关。

8.1.1.2　有性生殖

由于性细胞进行减数分裂，必须两个配子（gamete）结合形成合子（zygote）才能发育成新个体，这种单倍体雌雄配子互相融合形成二倍体合子后发育为新个体的繁殖方式，称为有性生殖（sexual reproduction）。双亲都为子代提供遗传信息，在受精过程中经过核配，异性核融为一体，重组使新个体从两亲本获得遗传特性，因而具有更为丰富多样的遗传特性，更具生命力，提高了适应复杂环境的变异潜力，为自然选择提供了广泛的遗传物质基础，使物种向着遗传和物种多样化的方向发展，更好地适应和开拓复杂的环境资源。由此可见，有性生殖具有更大的优越性、复杂性和特殊重要的生物学意义，是高等动物唯一的生殖方式。

1）接合生殖

每种纤毛虫在遗传上分为几个变种，各有 2 个以上交配型，不同交配型的纤毛能相 4.2.4
互粘着，故接合生殖（conjugation）在 2 个不同交配型（mating type）个体间进行。虫体腹面相接，细胞膜愈合，细胞间由原生质桥联结，进行核染色体的重组和核的分裂。大核消失，接合体（conjugant）的二倍体小核分裂 2 次，小核减数分裂形成 4 个单倍体小核，3 个退化，留下的小核进行有丝分裂形成 2 个单倍体配子核，即雌性核和雄性核。相互交换的雄性核与对方的雌核融合形成二倍体合子核，接着 2 个虫体分开，合子核再行 3 次有丝分裂形成 8 个核，其中，4 个变成大核、4 个变成小核，4 个小核中的 3 个消失，留下的 1 个与细胞质同时分裂 2 次，各带 1 个大核，最后，1 个纤毛虫产生 4 个二倍体的新个体（图 8-3）。

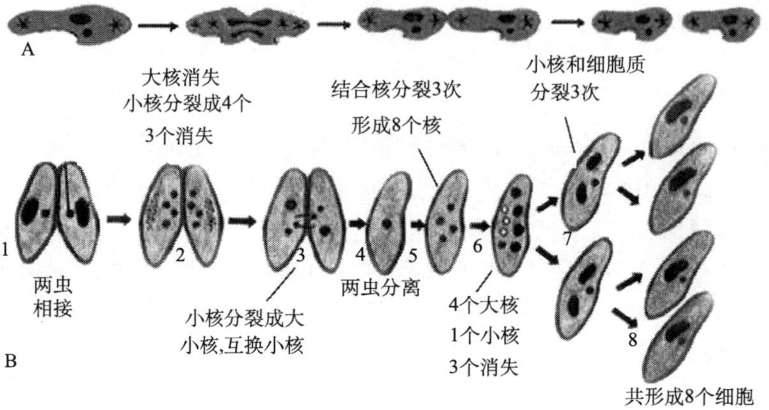

图 8-3 草履虫的二分裂（A）与接合生殖（B）

2）配子生殖

4.2 配子生殖（gametogony）是最普遍的有性生殖方式。在进化过程中，配子向着运动或储存营养 2 个方向分化形成雌雄配子。根据配子间的差异程度分为同配生殖、异配生殖和卵式生殖 3 种类型。一般认为同配生殖发展为异配生殖，进而发展为卵式生殖。

（1）同配生殖（isogamy） 形态结构、运动能力和大小都相似，但功能不同的 2 种配子结合，发育成新个体的生殖方式。如原生动物衣滴虫（*Chlamy domonas*）（图 8-1）。

（2）异配生殖（heterogamy） 形态结构与母体相似，但大小、功能不同的配子结合的生殖方式，大的雌配子与小的雄配子 2 种配子结合形成合子发育为新个体，如原生动物实球虫（图 8-1）。

3.1.3 （3）卵式生殖（oviparity） 雌雄配子进一步分化，形态结构、功能有较大差别。
4.11～ 雌配子（卵，egg），储存胚胎发育所需营养物质和母本遗传信息，提供发育物质基础，
4.16 多呈球形，不能主动运动，对受精卵的早期发育有重要影响。雄配子（精子，sperm）具鞭毛，能主动趋向卵运动，携带的遗传信息对后期发育和性别分化具有重要影响。精卵结合成受精卵后发育成新的个体为卵式生殖。卵式生殖在多细胞动物中普遍存在，是高等动物唯一的繁殖方式。雌雄异体动物为保证同种精卵结合有求偶、交配等行为现象。雌雄同体虽然能自体受精，但多异体交配受精，以保证后代获得更多遗传多样性，有利于种族的繁衍与繁荣。各种动物的受精发育方式（表 3-1）和亲代提供的护幼方式和程度的不同，繁殖力和子代的成活率也大不相同。

3）孤雌生殖

卵不经过受精作用，在内外因素的作用下恢复为二倍体，这种由卵单独发育成子代

的生殖方式称为孤雌生殖（facultative parthenogenesis）或单性生殖（parthenogenesis）。孤雌生殖在有性生殖基础上进行，出现于有了性别分化的雌性个体，故其繁殖的性质属有性繁殖。在适当条件下，以较高繁殖速度增加个体数（图 8-2），这种生殖方式和生活史无疑是对生活环境的一种适应，是调节种群数量的一种方式。在一年中有性生殖可产生一次或多次，因而可出现多次数量高峰，对种群的繁衍具有重要生物学意义。

介壳虫、五倍子虫、轮虫等动物只见雌体。有些动物孤雌生殖常与两性生殖交替进 4.5.2
行，如轮虫（图 8-2）环境适宜时孤雌生殖产大而壳薄的卵，成熟分裂过程中不发生减 4.8.3
数分裂，为非需精卵（amictic egg），发育成雌虫继续行孤雌生殖，称非混交雌体（amictic female）；当环境变化，受温度、光照、水质、食物和种群密度等因素诱导，出现混交雌体（mictic female），产生的是小型薄壳卵，经过减数分裂的小型卵，称需精卵（mictic egg），不受精发育为短命的雄虫，受精发育成具有厚壳和抵抗不良环境能力的休眠卵（resting egg），环境转好时，孵化为非混交雌虫。蚜虫在夏季进行孤雌生殖，秋末最后一代蚜虫生出两性卵，发育为雌体或雄体，产生卵和精子进行有性生殖，受精卵越冬后发育成行孤雌生殖的雌体。蜜蜂、水蚤等也惯行单性生殖。卵不经受精而直接发育成幼体，称做自然单性生殖。

4）幼体生殖

幼体开始产卵或在体内形成胚体，卵未经受精而发育成新的个体，故称幼体生殖 4.4
（paedogenesis）或童体生殖。吸虫类幼虫阶段的胞蚴（sporocyst）和雷蚴（redia）在 4.8.3
中间宿主螺类体内进行幼体生殖，增殖大量个体，保证能有少数个体更换到新宿主繁衍下去（图 4-10，图 10-2）。童瘿蚊（*Miaster*）幼虫体内的卵不经过受精发育成新的幼虫，以母幼虫为食，然后钻出体外，或直接化蛹，在蛹体内再产生后代。

8.1.1.3　人工单性生殖与克隆

成熟卵因卵内积聚了大量卵黄，渗透性小，卵内缺氧，排泄物不能排出等因素而不
能单独发育。人工刺激纠正了卵膜的渗透性，使其代谢恢复正常开始细胞分裂，引起卵 4.9
发育。在受精理论指导下，采用人工激动卵子的方法刺激卵发育，使未受精卵发育称为
人工单性生殖。目前，已有多种动物试验获得成功，如海胆、海星、鱼、蛙和兔等的 4.12
卵，其中，海胆卵和蛙卵是常用实验材料，可用低渗液、高渗液、盐类、弱有机酸、脂 4.13
溶剂、紫外线、冷热针刺、电刺激等因子引起海胆卵单雌生殖。用包着血清的玻璃针刺激蛙或蟾蜍的卵，可使卵发育为成蛙，但也有因生命力不强而中途夭折的。1961 年，我国学者朱洗及其合作者成功地完成了没有外祖父蟾蜍的传代研究，获得 2 只生活 4～7 年的成蛙，成为世界创举，打破了精子的神秘观念，证明人工单雌生殖的子代也能繁殖后代，并为动物克隆技术奠定了基础，具有重要的学术意义。克隆技术的广泛应用将大大促进动物繁殖理论和生殖技术的发展，有利于扩大生产，但精子进入卵内不仅给予卵一种机械刺激，而且改变卵的新陈代谢和生理生化反应，使子代具有双亲的遗传物质，精子的这些作用是人工刺激不能代替的。因此，克隆不会增加后代的遗传变异多样性，不利于动物的自然选择和进化。

8.1.2　动物的繁殖力及其影响因素

繁殖和死亡间存在着平衡才能维持着动物种群数量的相对稳定。条件适宜，产生较多后代使种群数量增多，密度增大引起种内竞争、天敌增加、疾病蔓延，造成死亡率升高。灾害、天敌的增加引起动物种群数量减少，环境压力减小为种群的繁殖创造了条件，使之迅速繁殖、恢复扩大种群数量，实现特定条件下的种群密度调节。因此，通过提高繁殖力、加强饲养管理、改善环境条件，可增加有益动物的生产力，满足人类生活的需要。

所谓繁殖力（productivity）是指生物的繁殖能力，表示动物产生后代数量的多少，是物种在长期进化过程中形成的一种适应性，保证物种能持续地繁衍生息，如寄生吸虫产卵量是自由生活涡虫的 10 000～100 000 倍，繁殖力随物种及其生活习性而异。一般情况下，低等动物为 r-对策者，繁殖力高，子代成活率低，如黏虫一生可产卵 1000～2000个；人蛔虫一天可产卵 200 000 个；高等动物为 K-对策者，繁殖力低，子代成活率高，产卵数少，甚至每胎只产一仔。正常情况下，产卵多繁殖力强，产卵少繁殖力弱。以下几方面因素决定繁殖力的大小。

8.1.2.1　性成熟的速度与生育能力强弱

性成熟年龄（表 3-5），如人、猿是 15～20 年；黄鼬 10 个月；田鼠 2 个月；低等的甲壳动物几天。性成熟越早，出生率越高。性成熟晚的动物尚未进入繁殖年龄，性成熟早的动物已经繁殖产生了大量的多代后裔，如灵长类动物尚未进入繁殖期，黄鼬已经繁殖很多代了。各种动物都有一个最佳生育年龄，过了一定年龄就会丧失生育能力，失去生产价值。

8.1.2.2　年生殖次数

不断生殖的动物，如象 2～3 年生育一次；田鼠每年 4 或 5 窝；人是 10 月怀胎、一朝分娩年生育一次；有些动物，如马等有一定的繁殖季节；某些鱼一生只产一次卵。年生产次数与每次产卵数决定产生后代数目的多少。

8.1.2.3　每次产仔数

灵长类、鲸类、象每胎产一仔；鸡类每窝产卵 10～20 个；鲨鱼每次产 1 或 2 枚卵；刺鱼产卵数百个；鲤鱼一次可产 10 万粒卵；鳕鱼一次可产 400 万～600 万粒卵；翻车鱼一次可产卵 3 亿多粒。每次产仔数多，繁殖力强。

8.1.2.4　孕期长短

家蝇一生产卵 6 次，每次产卵约 100 个，10 d 变为成蝇，3 d 后产卵，这样，1 对家蝇及其后代在 4～8 月期间能产生数十亿个后代；蚊子一次能产 100～200 个卵，从成蚊到下一代成虫约需 2 周，1 对蚊子每年能繁殖数 10 亿个后代；鼠类出生 3 个月性成熟，每年繁殖 3～7 窝（家鼠），甚至 10 窝（小家鼠），平均每窝产仔数 8 只，孕期21～

25 d，母鼠产仔后 1～2 d 又可受孕，因此，啮齿类常为多种生态环境中的优势种，尽管人类企图控制消灭之，结果始终未能如愿以偿。象出生 7～8 年才开始繁殖，孕期 22 个月，多年繁殖一个后代，伴随着人类文明的发展和自然环境的变迁，其生存环境受到严重破坏，因此，象等繁殖力低的动物已成为极需人类保护的动物。

8.1.2.5　环境因素对动物繁殖力的影响

营养水平的高低直接影响动物的繁殖力，不仅影响动物的性成熟，而且影响生殖系统的健康发育和性周期。营养是动物维持内分泌系统正常机能所必需的，但营养过剩造成过肥，卵巢被脂肪浸润使后备母猪过肥，性成熟推迟，雄性性欲降低，配种率差。营养不足影响内分泌腺的功能，使动物的性成熟推迟，也使性器官的发育机能受阻，精子形成弱，雌性卵巢发育受阻导致发情无规律或不发情。3 个月以上严重营养不良会造成体形大小、睾丸重量等的损害。牛、羊低水平营养的初情期推迟 9 个月，高水平则提前 2 个月，一般情况下，营养水平与繁殖力成正比。正在产蛋的母鸡改变饲养环境，进行群体改组，就会停止产卵。跟踪西欧国家 1300 名男女的 20 多年调查也证实，身体超标肥胖或体瘦者，其生育能力较正常人分别降低 32%～38%和 10%～16%。

水温影响动物产卵，如狗鱼在 3～6℃、大麻哈鱼在 12℃、鲫鱼在 15℃以上、梭鱼在 15～22℃的水温条件下产卵。许多造成动物情绪紧张的因素会影响动物的繁殖活动。

因此，保持正常的营养水平、适当运动和相对稳定的饲养环境，有利于提高种用动物繁殖力，延长使用年限，减少不育和淘汰率。

8.2　生殖系统与繁殖方式演化

生殖系统的结构功能不仅与系统演化有关，因种而异，而且与动物有性、无性繁育方式有关。有的动物类群采用一种方式，有的动物类群甚至一种动物采用两种方式繁殖后代，如蜜蜂等同时进行两种生殖，适应环境保证种族延续。内肛动物以有性生殖产生新个体，以无性生殖形成或增加群体，但大部分动物两种生殖并不交替进行。

动物进化到一定阶段，细胞分化形成具有专门生殖功能的生殖腺，并形成导管输送生殖细胞受精、开始胚胎发育过程。生殖系统结构功能的复杂程度，既与体内或体外受精方式、动物的系统发育有关，也与动物的生活环境有关（表 3-1)。适应不同的环境和生殖方式，动物生殖系统的形态结构发生很大变化。

8.2.1　生殖系统的基本结构

8.2.1.1　主要结构

动物的生殖系统，雌性包括卵巢、输卵管、子宫、阴道，雄性包括精巢、输精管和交配器以及附性腺等部分。卵巢和精巢是产生性细胞的器官，输卵管和输精管是性细胞运行的通道，子宫则是生殖细胞暂时储存和胎儿发育的场所。与繁殖方式相关，有的还有贮精囊或纳精囊、受精囊，子宫和阴道的愈合分化，甚至愈合成不同类型的子宫和阴道。

8.2.1.2 附性腺

3.1.3.3 主要有卵黄腺（vitellaria）和前列腺（prostate gland）。有些动物卵巢直接将卵黄
4.7 分泌到卵内，另一些动物卵巢的一部分则分化成卵黄腺产生卵黄形成外黄卵。前列腺从
4.16 扁形动物开始产生，不仅可以分泌前列腺素使子宫平滑肌收缩，有利于受精，而且构成
精液的组成成分。特别是哺乳动物，前列腺与精囊腺（seminal vesicle）、尿道球腺（bulbourethral gland）等附性腺（accessory sex gland）（图 8-5）共同分泌精液，提供促进精子活性所需的各种营养物质，碱性精液在交配时中和阴道酸性环境，有利于精子的存活。昆虫有摄护腺，分泌物有助于受精卵形成卵块并附着在适宜物体上。

8.2.1.3 交配器

适应体内受精和雌雄交配，动物产生不同的生殖管道和交配器官（copulatory organ）。
4.5.1 雄蛔虫具能自由伸缩的交合刺（spicule），雄钩虫则具交合伞。雄蜘蛛第 2 对头肢
4.8.3 的末端特化成脚须器（palpal organ）作为交接器。昆虫第 9 腹板后的节间膜和该腹节
的附肢特化成阳茎（phallus）和抱握器（clasper）等构成结构复杂的外生殖器。雌虫腹节的附肢特化为产卵器。

4.12 雄性软骨鱼腹鳍内侧由后基鳍骨延伸出 1 对棒状交配器，称鳍脚（clasper）；雄性
4.14 花鳉（*Poecilia*）的臀鳍前缘向后延伸形成生殖足（gonopodium）；雄性蚓螈（*Caecil-*
4.16 *ia*）、尾蟾（*Ascaphus*）的泄殖腔延长，甚至形成管状交配器。鸟类除鸵鸟、鸭、鹅泄
殖腔侧壁突起、公鸡肛道底壁卵圆形突起形成交配器，均无交配器，但都行体内受精。爬行动物产生成对的半阴茎（hemipenis）（有鳞目）和单个的阴茎（penis），为真正的交配器官，与哺乳动物的阴茎是同源器官。

雌性哺乳动物具不同类型的阴道，如双阴道（有袋类）和单阴道（真兽类）；雄性具不同类型的阴茎（penis），主要由海绵体（corpus cavernosum）构成，有的还具有不同形态数量的阴茎骨，成为分类的依据。

8.2.2 无性生殖

原生动物、海绵动物、腔肠动物、涡虫类扁形动物、多毛类和管盘虫、仙虫等环节动物、少数聚集生活的帚虫、外肛动物等动物类群可行无性生殖（asexual reproduction）。

8.2.2.1 无生殖系统

4.2 生殖功能由细胞本身完成，如原生动物有二分裂生殖、出芽生殖（图 4-6）、裂殖
生殖、孢子生殖（图 4-3）等。纵二分裂生殖见于眼虫；横裂见于草履虫；斜分裂见于角藻（*Ceratium*）；多分裂（multiple fission），也称裂殖生殖（schizogony）见于孢子虫纲；质裂生殖（plasmotomy）为多核变形虫、蛙片虫的一种生殖方式，无性生殖是锥虫等唯一的生殖方式。

4.3.1 海绵动物体壁中胶层含有未分化的原细胞（archeocyte），除吞噬和消化食物外，

可转化为具生殖功能的生殖细胞（generative cell），出芽生殖为主，也行芽球生殖。

8.2.2.2　有生殖腺而无生殖管

腔肠动物的无性生殖主要是出芽生殖。淡水和陆生涡虫以分裂方式进行无性生殖。 4.3.2
如真涡虫体后端黏着在基底上，前端向前移动直到从咽后分裂面上横断为两部分，各发 4.4
育成新个体。微口涡虫、真口涡虫（*Stenostomum*）等经数次分裂形成个体串，生长发育到一定程度后才分离，营独立生活。

多毛类行出芽和分裂生殖。管盘虫等某个体节出现新细胞形成的分裂带，从分裂带断裂以横分裂为主。也有的种类出芽生殖。

帚虫类行分裂和出芽生殖。淡水外肛动物受精卵在体腔囊内发育，释放到外界脱去纤毛，出芽方式决定了群体的生长方式，群体的寿命则因种而异。

8.2.3　有性生殖

由于有性生殖可增加遗传变异性和后代对环境的适应性，所有动物类群都可进行有性生殖（sexual reproduction）。伴随动物的进化，出现性别的分化，即出现不同类型的雌雄生殖系统，提高有性生殖的效率。

8.2.3.1　无生殖系统

原生动物的配子生殖包括同配生殖和异配生殖。纤毛虫为接合生殖（conjugation）。 4.2

8.2.3.2　有生殖腺而无生殖管

（1）腔肠动物　生殖腺由间细胞迁移到固定的位置形成，只有生殖腺、无生殖导 4.3.2
管；性细胞成熟后由口排出或由体壁破裂释放；受精在海水中或在垂管表面或在胃腔内生殖腺部位进行。水螅纲的水螅水母生殖腺位于放射管下或垂唇周围，来源于表皮层；钵水母纲胃囊底部的生殖细胞来源于胃层；珊瑚纲位于隔膜上，由胃腔中隔膜发生，来源于内胚层。海葵雌雄异体，生殖腺由内胚层形成，长在隔膜上近隔膜丝处，精子成熟后由口随水流出，进入另一个体内与卵结合，或在海水中受精。

（2）原始扁形动物　来源于实质的间质细胞按特殊的方式排列形成精巢或卵巢，雌 4.4
雄生殖孔分别开口体外。

（3）外肛（苔藓）动物　精卵落入体腔内受精。膜孔虫等的精子经触手孔排到海水 4.5.7
中，由水流带到其他个体触手上，在体壁处触手间使卵受精，受精发生在同一群体的不同个体间或两个群体间。受精卵在体腔内或触手鞘、前庭中，或体壁与体腔间形成的胚胎囊中，或体壁向外突出形成的孵育室（卵室，ovicell）内孵育，发育因种类而不同。受精卵发育所需营养来自卵本身，或由母体直接提供，如草苔虫。

（4）环节动物　沙蚕、矶沙蚕等原始种类多数体节产生配子；沙蠋等则限制在固定 4.7.2
的体节上；另一些种类前端体节产生卵子，后端体节产生精子，甚至同一体节同时形成精子和卵子。性细胞在体腔发育成熟，性细胞成熟充满体腔，膨胀使体壁变薄，精子和卵子可使雌雄成体表现出不同的颜色，甚至出现异沙蚕相（heteronereis）现象（图

4-15)，即体前部无性节（atoke）保持原形，后部体节转变为生殖节（epitoke），具生殖腺，体节变宽，疣足扩大出现特殊的刚毛，体壁肌肉、消化管发生组织分解，发生形态改变。有的体腔管与肾管联合，成熟性细胞通过肾管排出。少数种类体壁破裂释放生殖细胞后即死亡，如沙蚕、裂虫等。有的雄沙蚕通过肛门排出精子。卵在海水中受精发育。管居种类（蛰龙介等）受精卵在管中孵育。淡水沙蚕（*N. Limnicola*）卵在体腔中受精发育成幼虫后被排出。

4.9　(5) 棘皮动物　形态结构多种多样，生殖腺也多样。海星各腕基部有 2 个葡萄状丛管状生殖腺，生殖孔开口于反口面中央盘上。槭海星类（*Astropectinidae*）的生殖腺排列成行，生殖孔开口在口面，产多黄卵，产卵受精在海水中进行，卵可刺激其他雌体产卵、雄体排精，精子则刺激雌性排卵。卵的孵育方式因种而异，把卵产于反口面中央盘中孵育，或腕基部长出长刺保护卵，Pterasteridae 在口中孵育。蛇尾类葡萄状，附着在吸囊周围，位置和数目因种而异。蛇尾类的生殖细胞进入呼吸囊中发育成熟，并在囊内海水中受精、孵育，可行卵胎生。海百合无固定的生殖腺，羽枝破裂排出生殖细胞（海羊齿，*Antedon*），在羽枝表面进行孵育，或将精、卵释放到海水中受精发育。

4.10.2　(6) 头索动物　26 对囊状生殖腺附于体节两侧围鳃腔壁上，成熟性细胞穿过生殖腺壁进入围鳃腔，随水流经腹孔排到海水中进行受精。圆口类肾脏内侧单个生殖腺成熟性细胞突破腺壁落入体腔内，经腹孔（abdominal pores）、泄殖窦、泄殖孔排出体外受精。

8.2.3.3　具有生殖腺和生殖管

雌雄同体动物具有两套生殖系统，雌雄异体动物各具一套生殖系统。

1）扁形动物

4.4　雄性由精巢、输精小管联合形成输精管（vas deferens）、贮精囊（seminal vesicle）、阴茎（cirrus）等部分组成，生殖孔开口于生殖腔（atrium genitale），以生殖孔开口体外。雌性生殖系统由卵巢、输卵管、生殖腔等组成。

涡虫输精管末端膨大的贮精囊汇合形成阴茎球（penis bulb），生殖孔（gonopore）开口在腹中线上，真涡虫的生殖孔开口于体后端 1/3 处；阴茎周围有前列腺。体前部两侧卵巢一对，输卵管（oviduct）后端合并成阴道（vagina）通生殖腔，阴道前端伸出交配囊（copulatory bursa）储存精子，在输卵管上方受精，受精卵在生殖腔被黏液包裹形成卵袋。口涡虫（*Mesostoma*）的输卵管膨大形成子宫（uterus）（图 8-4）。

吸虫输精管末端联合形成贮精囊和射精管（ejaculatory duct）。阴茎可从生殖腔伸出来，或单独开口于体外。布氏姜片虫长袋状阴茎囊中有贮精囊、射精管和阴茎。1 个卵巢，输卵管末端与受精囊管和卵黄腺管汇合形成卵模腔（ootype），管状子宫开口于生殖腔或体外。卵膜腔周围的梅氏腺（Mehli's gland）对卵壳的形成有模板作用，或刺激卵黄细胞释放卵黄物质、活化精子，或分泌润滑物质，输卵管末端尚有劳氏管（Laurer's canal）。包围生殖腔的肌肉收缩有利于排卵（图 8-4）。

绦虫精巢小泡状，各有 1 条输精小管，贮精囊后的阴茎包在肌肉质的阴茎囊（cir-

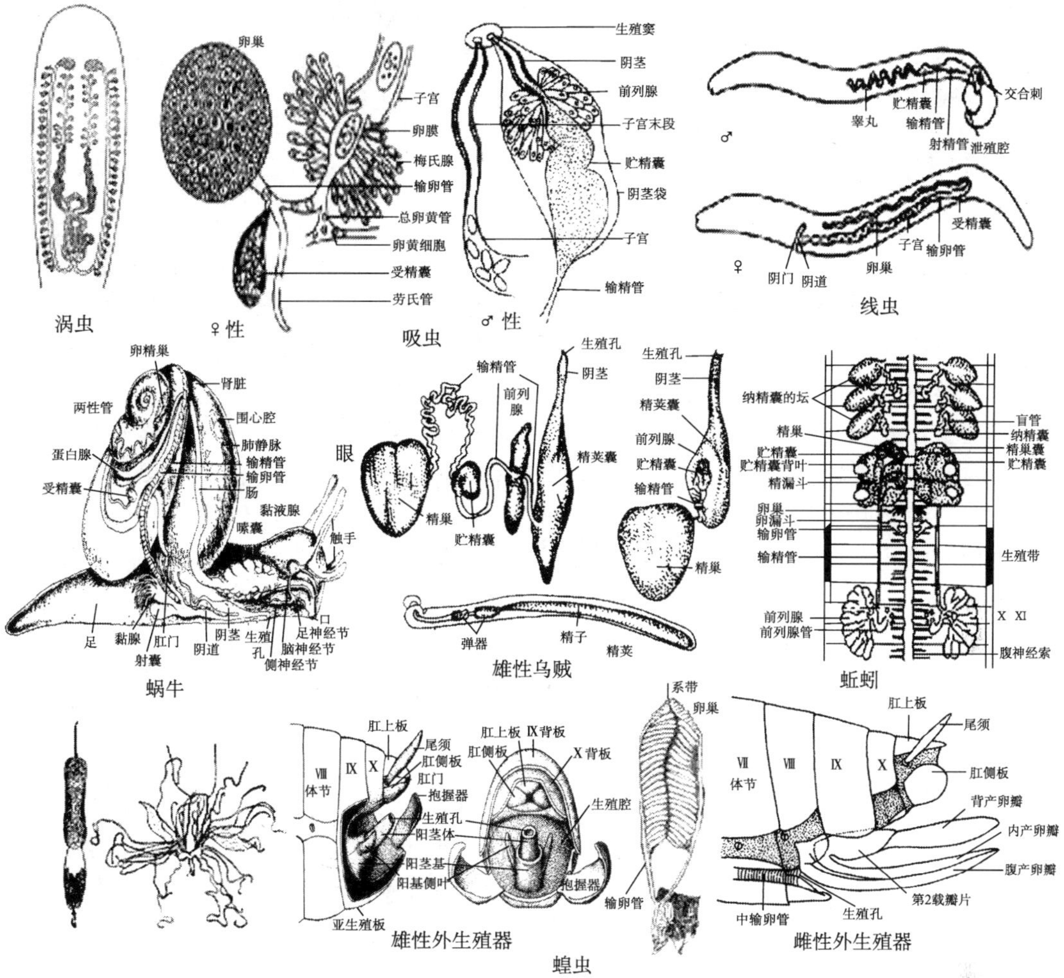

图 8-4　低等动物的生殖系统（陈义，刘凌云，江静波，Snodgrass et al.）

rus sac）中。卵巢 1 对，输卵管短、通卵腔。网状卵黄腺位于卵巢后侧，卵黄管开口于输卵管。卵腔为梅氏腺包围，卵腔向前伸出盲囊状子宫，另一端由阴道通生殖腔。卵在卵腔中受精，受精卵接受卵黄细胞和梅氏腺分泌物的包围，由卵物质形成卵壳。

2）原腔动物

线虫的性腺细管状，末端细胞（terminal cell）产生性细胞，少数来自生殖腺的管壁。卵巢 2 个，输卵管细而长，子宫粗大、后端汇合。精巢连输精管、膨大的贮精囊、肌肉发达的射精管（ejaculatory duct），开口于直肠或泄殖腔。射精管周围有前列腺。泄殖腔伸出 2 个交合囊，其内有肌肉牵引的角质交合刺（spicule）。雄线虫借交合囊和射精管肌肉的收缩活动将精子送入雌体内，精子由于鞭毛运动或变形运动到达子宫上端与卵结合受精，并形成受精膜，否则没有受精膜。受精膜变硬成为卵的内壳，子宫分泌物形成卵的外壳（图 8-4）。 4.5.1

棘头动物雄虫生殖鞘后端有铃形交配囊（copulatory bursa），精子经阴茎排出。雌 4.5.5

虫韧带囊中卵巢1或2个，囊后端变成漏斗形子宫钟，囊破裂，卵进入假体腔，受精卵发育成包围3层膜的小胚胎。子宫钟上有大小不同小孔，未成熟卵经前1对孔返回假体腔。受精成熟卵进入子宫，经阴道、生殖孔排出，随寄主粪便排到体外。

3）软体动物

4.6 雌雄异体的腹足类，输精管末端形成阴茎（penis），前列腺开口于阴茎内，产生授精液有助于交配。输卵管有蛋白腺（albumin gland）、受精囊（seminal receptacle）和黏液腺（mucous gland），分泌营养物和黏液形成卵膜和卵囊，输卵管末端交配囊储存精子。圆田螺等卵胎生（ovoviviparity）种类的输卵管末端膨大成子宫。

头足类体后部中央有单个性腺，生殖孔开口于左侧外套腔中。输精管后部形成贮精囊及前列腺，外有几丁质鞘，在此形成棒状精荚，贮精囊顶端有射器（ejaculatory organ），后端为精荚囊（spermatophore sac）储存精荚，末端是雄性生殖孔。卵巢顶端有发达的白色缠卵腺（nidamental gland）和副缠卵腺（accessory nidamental gland），分泌黏性物质将卵粘在一起。输卵管盘旋位于身体左侧，末端是雌性生殖孔，后端输卵管腺（oviducal gland）分泌形成卵膜的物质。交配受精时，雄性交接腕从生殖孔取出精荚送入雌体外套腔，射器伸出，精子溢出在外套腔中使卵受精。有的茎化腕也脱落到雌体外套腔中受精。产卵后的母体死亡，或携卵孵化后死亡（图8-4）。

4）环节动物

4.7 雌雄同体的环毛蚓（图4-14）第10、11体节有2对精巢囊（testis sac），形成精子，精子进入贮精囊（seminal vesicle）发育成熟后回到精巢囊，经精漏斗（sperm funnel）进入输精管，2条输精管运行至第18体节与前列腺管汇合，雄性生殖孔开口于腹面两侧。第13体节有1对卵巢和卵漏斗，输卵管以共同的生殖孔开口于第14节腹中线上，6～9体节内有2或3对受精囊（spermatheca），可储存精子，分别开孔于后一体节腹面节间沟处（图8-4）。

5）节肢动物

4.8 雌蜱螨、唇足纲动物、雌性倍足类等具单个卵巢、输卵管和受精囊。蜘蛛类、雄蜱
8.3.1 螨和雄性倍足类等具性腺和生殖管一对，但蜘蛛类（图4-17）具子宫和阴道1个，2个受精囊有管与阴道相联并开口在生殖孔的两侧，雌性生殖孔开口于生殖板前方，雄性1个贮精囊，生殖孔开口在生殖沟中。倍足类雄性1对或1个外生殖孔开口于第3体节附肢基部，阴门1对开口于第3体节，各联1个受精囊，接受精子，体内受精。

蝎类、唇足纲动物、么蚰（*Scutigerella*）等产精荚（spermatophore）。雌蝎挤压精荚释放精子体内受精，卵胎生。幼体在母体背上生活1周，蜕1次皮后离开母体独立生活。唇足纲雌性将精荚放入生殖孔，体内受精。雌么蚰吃下雄体产的具柄精荚，存于特殊的口囊中，用口器涂于产出的卵上使之受精。

4.8.2 雄蛛将精液产于预先结好的精网（sperm wep）上，并用脚须贮精器的射精管将精液吸入贮精囊中，然后脚须插入雌蛛纳精囊中排出精液。射精管留在雌蛛体内，或形成

塞状物堵住受精孔，防止雌蛛再行交配。

昆虫的精巢由精巢小管（testis follicle）构成。2 输精管后端膨大为贮精囊，末端汇合形成射精管（ejaculatory duct）和阴茎，附属腺 1 对。卵巢（图 4-18）连 1 对侧输 4.8.3
卵管，汇合形成中输卵管，经阴道或生殖腔以生殖孔开口在腹部第 7～9 节腹面，末端有 1 个受精囊和 2 个附性腺连到阴道或生殖腔内（图 8-4）。昆虫一生交配一次或多次，多数以精荚的形式送入雌体阴道或专门的交配囊中，精荚破裂后，释放精子游动到受精囊内储藏，低等无翅昆虫则将精荚产于地面，雌体自己送入体内。

6）棘皮动物

海胆类生殖腺位于胆壳步间带区，由两层体腔上皮细胞、肌肉和结缔组织组成。生 4.9
殖管短、穿过生殖板以生殖孔开口于体外。海参类只有一个简单或分支成管丛的生殖腺，后端联生殖管，生殖孔开口在头、中部触手间。

7）脊椎动物

鱼类、两栖类、爬行动物和鸟类的生殖系统位于体腔内。哺乳动物的精巢多位于阴 4.11～
囊中，卵巢移位到盆腔前缘。多数鸟类、鸭嘴兽和一些蝙蝠的卵巢只有 1 个。性腺的大 4.16
小与动物类群和繁殖季节有关，如季节性繁殖鸟类的精巢、卵巢比平日大许多倍，有助于生殖细胞的发育形成。脊椎动物输卵管多成对，前端为喇叭口，后端膨大为子宫。但鲨鱼 2 个喇叭口愈合成 1 个，输卵管壳腺分泌蛋白和形成卵壳的角质物。肺鱼输卵管末端合并开口于生殖突顶部。

（1）鱼形动物　多数卵生，卵在水中进行体外受精发育。雌七鳃鳗单个卵巢占据体 4.12
腔全长，单个精巢。卵生软骨鱼类的卵巢 1 对，卵胎生单个，精巢左大右小，精巢输出小管通到肾脏的前部。硬骨鱼的卵巢是空心囊状（图 8-5）。

板鳃类卵生种类体内受精（in vivo fertilization），体外发育（in vitro development）；卵胎生种类体内受精、发育，但胚胎发育所需营养物质由卵黄供给。假胎生种类以卵黄囊与母体子宫发生循环上的联系，形成卵黄囊胎盘，胎儿营养靠本身的卵黄和母体供给。

（2）两栖类　精巢的形状与体形相关，蚓螈条带状，青蛙卵圆形，蟾蜍短柱状。每 4.13
一小叶内的精细胞处于不同的发育阶段。卵巢空心囊状，输卵管腺体分泌胶质形成卵膜包裹卵子，卵膜遇水膨胀浮于水面，保护胚胎在水中正常孵化发育。体外受精（in vitro fertilization）变态发育。有尾类雌性将卵袋（ovisac）放于雄体产下的精包（spermatophore）上，精子进入卵袋与卵受精，其余有尾类和无足类行体内受精，受精卵在水中发育（图 8-5）。

（3）羊膜动物（amniote）　具有 1 对卵圆形精巢，附睾和附睾附件由退化的中肾 4.14
形成，曲细精管内有发育程度不同的精细胞，接近成熟的精子移向管腔。与产少黄卵相 3.3.7.1
关，哺乳动物的卵巢小而清楚地分为髓质和皮质两部分。

爬行动物的输卵管分化为分泌蛋白的腺体和分泌革质或石灰质壳的壳腺。卵储积了丰富的卵黄为多黄卵，排卵（ovulation）在输卵管上端受精，受精卵下行时输卵管分泌卵白（albumen）、卵膜和卵壳等（图 8-5），产出羊膜卵在外界靠太阳能和枯枝发酵产热孵化发育，其性别受温度的影响。有的种类卵胎生。

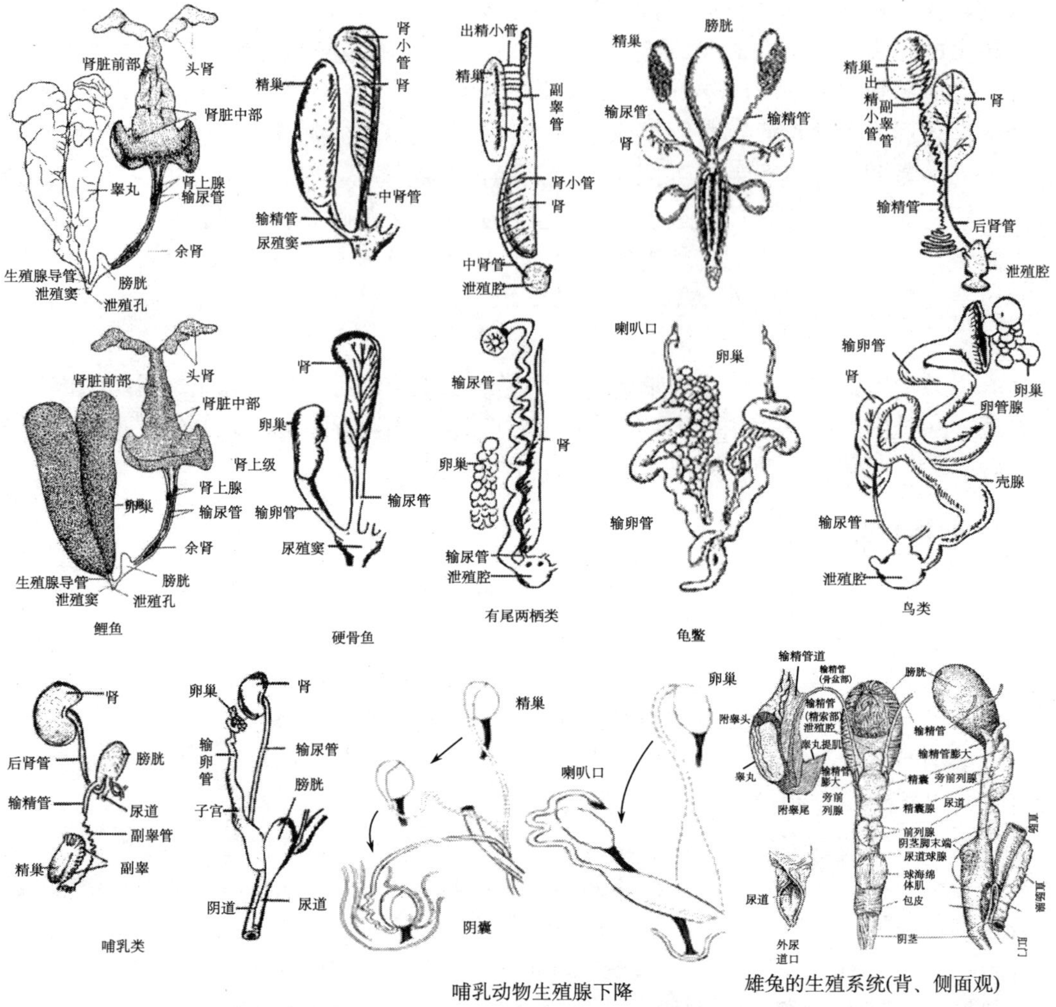

图 8-5　各纲脊椎动物的泄殖系统

多数雌性鸟类仅左侧卵巢发育并具有功能，输卵管分为输卵管伞、蛋白分泌部、峡
4.15 部、子宫和阴道 5 部分（图 8-5），产大型带石灰质壳的羊膜卵。雄性精巢 1 对，输精管通泄殖腔，多无交配器。繁殖具有明显的季节性，并有复杂的求偶交配行为，包括占区，进行一雌一雄、一雌多雄或一雄多雌方式配对，营巢、交配、产卵、孵卵（有雌雄共孵或雌或雄单独孵化）、育雏等。雏鸟依其发育程度不同分为两类：早成鸟（precocial）出壳时已经发育完善，孵出后即可跟随亲鸟活动觅食，如鸡类、鸭类；晚成鸟（altricial）出壳时尚未发育完善，没有羽毛，需呆在巢中靠亲鸟喂养，长大后出飞，由于亲代育雏、提供照顾和保护，其产仔数比亲代不提供保护的种类少许多。

4.16 哺乳动物个体发育过程中伴随性别分化，生殖管道出现明显的分化。雄性牟氏管前部残存部分为睾丸附件（appendix testis），后部为雄性子宫（uterus masculinus）或称前列腺囊（utriculus prostaticus），精巢下降到阴囊中，较低的温度有利于精子发育成熟（图 8-5）。鸭嘴兽的两牟勒氏管末端未愈合发育形成阴道，分别开口于泄殖腔。单孔类为卵生。有袋类牟勒氏管分化为输卵管、子宫和阴道 3 部分，双子宫和双阴道。有胎盘类牟氏管在发育分化过程中后端愈合，根据愈合程度和形成子宫体的情况不同，子宫分为双子宫（uterus duplex）、双分子宫（uterus bipartite）、双角子宫（uterus bicornis）和单子宫（uterus simplex）4 种基本类型（图 8-6），子宫类型与动物的产仔数密

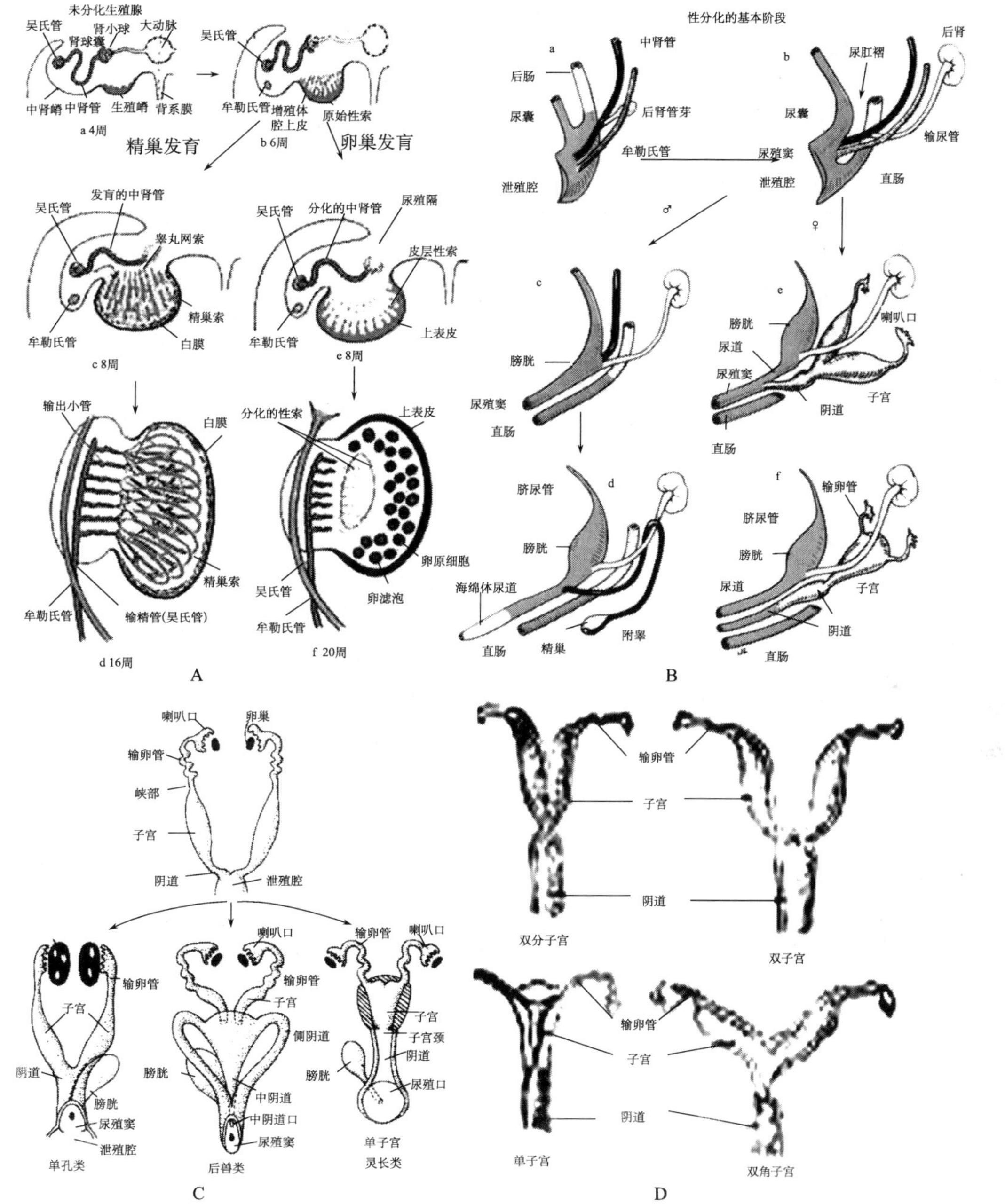

图 8-6　性别分化与子宫演化类型

A、B. 生殖系统的发生与性别分化；C. 子宫演化；D. 哺乳动物子宫类型

切相关，单子宫产仔数较少。啮齿类为双子宫；猪、牛、部分食肉类等为双分子宫，两子宫发生愈合形成内有隔膜分隔的子宫体，有发达的子宫角提供胎儿发育的场所；多数有蹄类、部分食肉类、多数翼手类、食虫类和鲸类等为双角子宫，子宫体部分进一步愈合，隔膜消失形成一个子宫体，有两个子宫角；灵长类的输卵管直接开口在单一的子宫体上，称单子宫。

有袋类胎儿在母体子宫内尚未发育完全就产出，靠发达的脑和前肢爬入雌兽腹部的育儿袋中，吮吸乳汁继续完成发育；真兽类胎儿在子宫内完成发育后娩出，在亲代哺乳和完善的照料下度过童年，学习丰富的生存经验，能更好地适应生存环境，成活率高，产仔数少，许多种类每胎只产一仔即可保持种群的繁衍昌盛。

8.2.4 世代交替

4.2 生活史中有规律地交替进行（图 4-6）无性和有性生殖产生后代，无性世代（asexual generation）与有性世代（sexual generation）个体规律地连续交替出现的现象，称做世代交替（alloiobiogenesis 或 metagenesis）（图 4-7）。

原生动物世代交替的例子较多，疟原虫为代表类型，在人体内进行无性生殖如裂体生殖、孢子生殖。在按蚊体内进行有性配子生殖，然后是孢子生殖。

4.3.2 腔肠动物水螅型行无性生殖，如薮枝螅。水螅型个体发达，有缘膜（velum），互相连成群体附着在浅海岩石或其他物体上，群体中营养个员（水螅体，hydranth）有触手和口，摄取营养经共肉（coenosarc）供给生殖个员（生殖体，gonangium）。共肉产生芽体行出芽生殖。生殖个体产生雌雄两种水母芽体（medusa-bud），呈蕈状，长大后脱离生殖体形成雌、雄水母型，水母型行两性生殖，缘膜退化，产出生殖细胞后死亡，排出的精子与卵受精发育为游泳生活的浮浪幼虫（planula），然后固着下来行出芽生殖形成水螅型群体（图 4-6，图 4-7）。

4.8 甲壳动物多行两性生殖，兼行孤雌生殖，两种生殖不交替进行。蚜虫和枝角类等两种生殖随着环境变化有规律地交替进行。条件优越的温暖夏季，雌体产非需精卵（unfertilized egg，又称夏卵，summer egg），在母体孵育囊内孵育成子体，成熟后产夏卵。多代孤雌生殖后，秋末最末一代产出的卵可同时孵育出雌体和雄体，产需精卵（fertilized egg，又称冬卵，winter egg），冬卵进入外界成为滞育卵（diapauding egg），来年孵化发育出第 1 代雌体，继续孤雌生殖（图 8-2）。

8.3 动物的繁殖行为与驯化

4.7.2 动物的求偶繁殖行为是否同步和正常进行，不仅影响雌、雄动物的亲近、接触与交配，而且影响卵受精，有性生殖必须保证精卵相遇才能完成受精作用，因此，独立生存
4.14 的雌雄个体需要靠近、接触进行求偶活动。特异性求偶、交配方式使繁殖活动同步，精
4.16 子和卵同步发育成熟才能达到受精的目的。生殖系统的结构功能、精卵结合机制各不相同，以防止异种动物杂交、不同物种的精和卵结合受精，保持物种稳定的遗传特性。如多毛类同时出现异型化、群婚（swarming）等特征性的生殖现象，在海面相互环绕群

游时，雌体释放外激素，吸引雄体并刺激其释放精子，精子刺激雌体产卵，保证同时释放大量精子和卵子易于受精，增加后代的生存和繁殖机会。池塘水浅时，抱对蛙类的产卵、受精行为不完善而无法使产出的卵受精。哺乳动物阴道环境的酸碱度既影响精子的存活，也会对子代的性别有影响。大熊猫因生殖系统结构的特殊性，繁殖率低，而经过激烈的性选择后在一定坡度的山坡上交配，繁殖成功率也很高，构建这样的人工环境有助于解决驯养条件下大熊猫的繁殖问题。总之，性行为加速了生物的进化过程，使自然选择更加有效。

8.3.1　求偶交配行为

生殖季节，头足类乌贼交配时，雌雄追尾后，头部互相接触以腕相抱，雄性交接腕 4.6
从生殖孔取出精荚送入雌体的外套腔中，射器伸出，精子溢出在外套腔中使卵受精。受视神经周围的视腺分泌的激素控制，受精卵由漏斗一个个排出，缠卵腺分泌黏液将其粘着成葡萄状或条状，附着在物体上发育。

繁殖期，环毛蚓 14～16 体节上皮细胞膨大，无节间沟和刚毛，大量黏液腺、卵茧
分泌腺（cocoon secreting gland）及蛋白腺（albumin gland）共同形成环带（clitel- 4.7.1
lum），分泌物有助于交配、形成卵茧，分泌白蛋白使卵悬浮于卵茧中并供给胚胎发育所需营养。交配授精时，两虫体互相倒抱，环带分泌黏液和刚毛使虫体连在一起，雄性生殖孔对准受精囊孔交配 2 小时，互赠精子。数日后，卵发育成熟，环带分泌黏液凝固形成茧管，分泌白蛋白并排卵其中，茧管与环带分开，随虫体蠕动蚓茧前移到受精囊孔，精子逸出使卵受精，蚓茧脱离虫体后将两端封口，在湿润土壤中发育。生殖季节，数日即可产 1 个蚓茧。满月后 2、3 天的月明之夜傍晚，由于水温、食物、潮汐、光亮度等条件的规律性变化适宜，多毛类大量游向海面进行群婚（swarming），雄性排精，雌性排卵，产卵后成虫死亡。

节肢动物中蝎类、蜘蛛有明显的求偶交配行为（图 4-17）。蝎相对拥抱，腹部高举 4.8
前后移动，雄性产精荚，雌性挤压精荚释放精子进入雌体内受精；卵在生殖管内受精，由卵巢囊提供营养完成发育，故属卵胎生，发育出生的幼体在母体背上生活一周左右，蜕一次皮后离开母体行独立生活。成熟雄蛛靠视觉（游猎蛛等）、体表感觉毛或通过拖线感知（结网蛛类）发现雌体，或者通过自身的颜色让雌性发现，雌蛛则释放化学引诱物质吸引异性。雄蛛一生交配一次或多次，通过不同的复杂求偶行为与雌蛛互相识别交配。雄游猎蛛围绕雌蛛舞蹈，用前肢触动雌蛛；结网蛛类用扯动网线特有的次数、频率、强度，让雌蛛感知振动，同时，自造安全线准备随时沿之逃跑，或让雌性当作猎物吃掉，保证卵的受精并提供营养；花蟹蛛（*Xysticus cristatus*）将雌蛛捆绑后交配；掠蛛（*Drassodes*）将未成熟的雌蛛用蛛丝包围起来，待蜕皮后，新表皮变硬前交配；猛蛛（*Pisaura*）用蛛丝缠绕猎物馈赠给雌蛛，在雌蛛取食后交配。雄蛛用脚须敲击雌蛛腹部，待雌蛛抬腹后，迅速将脚须插入雌蛛受精囊中，排出贮精器中的精液。交配多次的雄蛛完成交配后，马上离开寻找新的配偶，有的自知"秋后的蚂蚱、蹦跶不几天了"，甘愿充当情侣的一顿婚宴，以保证卵的受精和后代的健康发育。雌地蜈蚣等还有孵育习性，在洞中守护卵到孵出幼体分散。

多数无尾类有抱对（amplexus）现象。雄蛙在池塘中鸣唱吸引雌蛙，拇趾内侧婚
4.13 垫（nuptial pad）显著增大，分泌黏性物质借以抱住雌蛙，经过抱对生殖腺同步发育成熟，在水中同时排出性细胞，并配合后肢的搅水活动，提高受精率。有尾类和无足类行体内受精，雄性在雌性周围表演求偶动作后产出精包，雌性用泄殖腔将精包扣住，精子进入体内受精，例如，大凉疣螈（*Tylototriton taliangensis*）；有的在陆上交配，泄殖腔相互贴近保证精子进入雌性体内完成受精。

鸟类从越冬区迁入繁殖区后，经过占区、求偶炫耀、筑巢等一系列行为完成配对交
4.15 配，然后产卵、孵卵、育雏完成繁殖活动。鸟类将卵产在隐蔽或其他动物难以到达的巢内，采取攻击行为或伪装、折翼行为保护卵和幼鸟。雌雄亲鸟共同育雏或单独育雏。

4.16 经过激烈的博斗，雄（鹿、海狮等）哺乳动物确立领地和王位，通过求偶炫耀保证拥有更多的雌性，雌性在进行性选择时，总是选择那些具有明显物种优势的雄性，以继承、发展种群的优良遗传特性，保持物种遗传变异的稳定性。

8.3.2 育幼行为

幼小动物缺乏自我保护能力，容易遭受摧残而死亡。因此，在长期的进化过程中，自然选择的压力使动物产生适合于自己的保护幼体成活的护幼方式。

繁殖力小的种类，亲体提供保护，提高后代的成活率。哺乳动物降低产仔数的能量投入，提供子宫、乳汁和其他完善的护幼行为，亲代采取有效的进化稳定策略，保证子代在胚胎和幼体发育时期具有良好的环境，得到很好的保护，学习生存本领，成活率较高，只产一子也可保证种族的延续，成为主宰动物世界的动物类群。

繁殖力大、产卵多的种类亲体提供较少的保护，甚至不提供保护，死亡率高，靠多产子防止被自然淘汰，如寄生虫等低等动物产大量的卵，保证种族的繁衍生息。

4.12 鱼类和两栖类多不保护卵和仔代，但也有例外，雌雄海马经过相伴游泳求偶行为，
4.13 雌鱼将卵产在雄鱼的育儿袋中受精发育；雄三刺鱼带领着雌鱼跳完“之”字舞后，将其驱入已经准备好的巢中产卵后授精，并扇动水流使受精卵发育；鱼螈以身缠卵，靠皮肤分泌物保持卵的湿度；巴西雌哥雨蛙（*Hyla goeldi*）的背部皮肤褶形成育囊，受精卵在其内孵化长出附肢后才离开母体；智利产雄达尔文蛙（*Rpinoderma darwini*）有发达的声囊，雄蛙把受精卵吞入声囊中发育成幼蛙后从口中逸出；负子蟾背部皮肤增厚呈海绵状，雄蟾抱住雌蟾将精子送入雌体内受精，雌蟾泄殖腔翻出放在背上，雄蟾挤压使受精卵均匀地产在海绵状皮肤育囊中，卵发育的部分营养和气体交换靠母体的皮肤供应，发育成幼蟾时从育囊中跳出营独立生活；澳大利亚蛙（*Rheba trachusilus*）雌蛙将受精卵吞入胃中孵化，一次可孵出 26 只小蛙，约占母体重量的 40%。

4.15 鸟兽在育雏育仔期间，除了提供充足的食物和多方面的保护外，并在带领幼体觅食
4.16 的过程中，使它们学会怎样觅食、捕猎，怎样适应群居生活，完善的育幼行为不仅提高了个体的生存能力，增加生存机会，而且对种群的生存发展具有重要的促进作用，通过提高后代的存活率保证种群的繁衍生息。

复习思考题

1. 各动物类群生殖系统结构有何特点?
2. 生殖系统结构特点与动物繁殖习性有何关系?
3. 胎生哺乳对动物生存演化有何意义?
4. 动物的繁殖行为有哪些共同特征和特异性特征?
5. 比较分析动物生殖系统与生殖方式的演化特点。
6. 育幼行为的发展演化对动物进化有何现实意义?
7. 名词解释:有性生殖,无性生殖,世代交替,胎盘,胎生,卵生,卵胎生,孤雌生殖,幼体生殖,精荚,异沙蚕相,芽球,再生,裂体生殖,二分裂,孢子生殖,出芽生殖,包囊,配子生殖,接合生殖,同配生殖,异配生殖,泄殖腔,育幼行为,繁殖力。

第 9 章　动物与环境

本章提要　动物生存的水、陆两种环境具有明显的差异，因而动物面临许多不同的生存问题，需要进化产生适宜的形态结构，克服生存发展过程中的问题，适应生存环境继续繁衍生息。由于大陆漂移、地理阻隔等原因使动物群独立或平行演化成 6 界，并且分布有地带性、垂直分布等特点。各界有其特有种、优势种和常见种构成的生态地理动物群。由变温动物进化为恒温动物不仅产生形态结构和生理功能上的适应性变化，而且产生行为上的适应性变化，适应生存环境繁衍生息，有助于向其他生境扩散。

生命起源于水，从单细胞形成开始，由低级向高级发展，水域中有了多种生物，然后，有的种类由水域移向陆地，不断繁盛起来，由原始形态逐渐进化成为现在的形态，发展成适应水生和陆地环境的各种动物类群。

9.1　动物生存的水陆环境及进化面临的问题

9.1.1　水陆环境的差异

动物的水栖与陆栖环境之间，不仅在水容量上有差异，而且在 1 个大气压、15℃条件下，其他方面也都存在着明显的差异，见表 9-1。

表 9-1　水陆环境的比较

	陆栖环境（空气）	水环境（水）	空气/水
密度	0.001 g/ml	1.000 g/ml	0.001
含氧量	209.5 ml/L	6.5～7.22 ml/L	30
重量比［单位氧/水（空气）］	3.5 倍	100 000 倍	3.5×10^{-5}
氧气扩散率	0.0 192 cm^2/s	0.000 001 83 cm^2/s	10 000
黏度	0.02cP（2×10^{-5}Pa·s）	1cP（$2\times^{-5}$Pa·s）	0.02
湿度大小	干燥、小	大	
温差变化	年、日温差大	水温变化小	
比热/［cal①/（g·℃）］	0.24	1.000	2.4×10^{-1}
热导率［cal/（cm·s·℃）］	6×10^{-5}	1.4×10^{-3}	4.3×10^{-2}
声速/（m/s）	340	1 460	2.3×10^{-1}
环境变化	复杂	简单	

① 1cal=4.1868 J，后同。

9.1.2　水生进化到陆生需要解决的主要问题

各种动物完成个体和种群的生存发展都需要选择适宜的环境，然后适应生存环境、繁衍生息。水陆环境由于存在显著的差异，对于动物来说，不仅面临适应生存环境的形态结构、功能和行为的演化问题，而且面临环境变迁带来的生态学问题，动物进化和试图从水中移到陆上生活都面临各种生存适应性问题，主要有以下几个方面。

9.1.2.1　呼吸介质

水能将向外突出的鳃丝漂浮起来，增加鳃的呼吸表面积，但水的相对密度大、含氧 4.12
量和扩散率低，水栖动物驱动水通过鳃从水中汲取氧气需要消耗更多的能量，如鱼类代谢能量的 40%以上用于呼吸活动，肌肉活动保证鳃通气，增加血液与水流间的气体分压差且对流进行高效率的气体交换，因此，适应水呼吸，水生动物采用黏膜、皮肤辅助呼吸，并产生高效、适应水呼吸器官——鳃。

空气的含氧量、氧气扩散率都比水高得多，不足 5%的代谢能量就能保证肺的通 4.8
气，因此，登陆后，动物面临的一个重大问题就是呼吸问题，直接从空气中获得氧对呼 4.13
吸和循环系统都有深刻的影响，需要产生适应空气的呼吸器官——肺及气管和将不同含 4.14
氧量血输送到肺和身体的双循环。节肢动物产生气管和书肺进行空气呼吸；在演化中，
肺呼吸已经由肉鳍鱼类解决了，肉鳍鱼类的肺发育完善并可能是被经常使用的；陆生脊 4.15
椎动物继承并发展了这种呼吸方式，羊膜动物完全用肺呼吸。不同的是，大多数有
“肺”的鱼类鳃呼吸仍然是主要方式，肺只是一种辅助性的呼吸器官。两栖动物幼年用 4.16
鳃在水中呼吸，成体基本上是用肺进行空气呼吸。循环系统由单循环改变为双循环，产生肺循环和体循环，把缺氧血和含氧量高的血液分别输送到肺和机体，满足机体不同代谢水平对氧的需要。

9.1.2.2　重力与浮力、阻力与推进力

水的相对密度约比空气大 1000 倍，黏性比空气大 100 倍，水的阻力和浮力大，空 4.2
气的阻力和浮力作用非常小。因而，水中快速游泳生活主要面临运动阻力，而陆生进化 4.8
则主要面临支持体重的问题。

水的相对密度、浮力大，使水生动物机体的重力作用减小，如水母等可在水中漂浮 4.3.2
运动。水中运动，体形、推动力、阻力的大小与运动速度相关，纺锤形体形的鱼用鳍和 4.12
尾部的摆动产生推动力，克服水的巨大阻力完成快速运动。水深每增加 10 m 就会增加 1 个大气压，水生动物面临水压变化对机体形态结构、功能和行为的影响。深海动物还需要克服黑暗环境影响运动和觅食的问题。

对陆生动物来说，不仅需要克服巨大的地面摩擦力，而且需要克服身体的重力作用 4.13
把身体支撑起来才能完成快速运动，仅克服地面摩擦力只能蠕动。昆虫产生节肢克服了 4.14
重力和阻力初步实现快速运动。重力作用需要强有力而具韧性的脊柱以及具有多支点杠 4.15 4.16
杆运动关节的五趾型附肢（pentadactyl limb）抵抗身体的重力作用将身体支撑起来， 5.2.7.3
不仅整个附肢可以依躯体做相对的转动，而且附肢的各部分彼此也可以做相对的运动，既坚固灵活又适于载重，才能推动身体沿着地面运动。需要摆脱肩带对头骨的束缚，增加头部的运动和活动的灵活性，肩带游离附着可缓冲运动对脑等重要器官的震动。需要后肢、腰带与中轴骨相关联，获得强有力的支撑及推进作用。鸟类空中飞翔生活则需要减轻体重和空气阻力，利用空气动力学原理增加飞行的升力和动力。

4.13 总之，重力是对躯体结构和生活方式都有重要影响的强大因素，致使由骨骼和肌肉构成
4.15 的运动性装置所担负的任务加重而日趋复杂化。四足动物克服重力作用进化的结果是，
5.2.7.3 发育形成了强壮的分化为颈椎、躯椎、荐椎和尾椎的分区脊柱，发育形成了强有力的五
5.4.4 趾型附肢骨骼和复杂的附肢肌，从而解决陆生支撑身体、向前运动和头部灵活运动的难题。肉鳍鱼类的脊椎产生关节突形成强有力的脊柱，与其相关联的肩带与腰带分别由前后肢支持。由于最早的两栖类——坚头类的四肢近似总鳍鱼的偶鳍，成对的五趾型附肢成为主要的运动器官。一般认为，五趾型附肢是从古总鳍鱼的隅鳍发展而来，早期两栖类开始的这种运动方式，在陆生脊椎动物的进化中以各种各样方式的变异、继续发展完善下去。

9.1.2.3 湿度

5.1.2.4 湿度（degree of humidity）变化会使动物面临体内水分蒸发的严重问题。皮肤、呼吸和排泄系统结构、功能的复杂程度是决定水和盐分等离子流向的重要因素，对机体水分和渗透压的维持发挥重要作用。水生动物生活在海水和淡水里，盐分存在着巨大的差别，不仅存在水的得失问题，也会面临严重的渗透压调节和水污染问题。

4.8 空气干燥，陆生面临维持体内渗透压、防止失水的威胁。为防止蒸发失水，随着进
4.13 化动物产生能够抵抗干燥作用的体被，昆虫发达的几丁质外骨骼涂有蜡质，加强保护功能，早期两栖类表皮开始发生角质化以适应干燥的陆地环境，但是仅表层细胞轻微角质化，不能完全解决防止体内水分蒸发的问题，它们必须像现代两栖类那样不能远离水域。随着进化发展，皮肤防止体液蒸发等保护能力逐渐增强，二叠纪后发育出强韧的皮肤，进而发展成为足以防御外界侵害的角质层，动物对水的依赖性随之减少，能更长时间地在陆地上活动，这对于羊膜动物的演化来说是更为重要的。

9.1.2.4 环境的复杂程度

7.2.3 水环境相对单一，存在深度、水压和光线的变化，而陆地上覆盖物与隐蔽场所的多样性提供了针叶林、混交林、热带雨林、草原、荒漠、山脉、海岛以及两极地区等复杂多样的陆栖生境。登陆后，随着声、光传导介质的改变，运动阻力小，在复杂多变的陆生环境完成快速运动需要身体各部的高度协调，需要发达而完善的神经感官系统，感官特别是听觉、视觉、嗅觉器官需要发生相应地改造，神经系统需要高度发达的脑，以便及时发现环境变化，收集信息进行分析整合，协调机体的快速运动状态。

3.1.3 9.1.2.5 繁殖问题

4.8 水生动物选择温度、盐度适宜的水域将卵产在水里，卵可在水里受精、自然孵化和
4.14 发育。陆地生境的多样性容易地提供安全的隐蔽场所，为繁殖提供良机，但陆地生殖面临保护受精卵和幼体的发育问题，陆地生存的扩散分布需要成功的陆地繁殖。

昆虫和蜘蛛附肢形成外生殖器，通过各种求偶交配活动进行体内受精，产具有保护性卵壳的受精卵适应陆地繁殖；两栖类没有解决陆地上卵受精和保护卵的方法就必须回到水中产卵繁殖，而羊膜动物产生交配器官，体内受精产羊膜卵，受精卵在胚胎发育过

程中产生羊膜，分泌羊水为胚胎发育提供水样环境，解决了陆地上的繁殖问题，扩展了动物的生存分布环境。

9.1.2.6　温度 9.3.3

水体是具有极大热量的介质，导热性强，温度变动较小，如海洋的水温几乎保持恒定。空气导热性能小，陆上温度的波动与变化幅度都很剧烈。温度变化使动物面临维持体温调节、保证高效率代谢的问题。陆栖虽然面临严峻的维持正常体温、保证体内生理生化反应的正常进行的难题，但有利于恒温机制的形成即动物代谢产热和散热的平衡调节，减少对环境的依赖性，增强扩散能力。

9.2　动物对水环境的适应

水不仅作为一种生态环境，为动物提供生存条件，而且水是良好溶剂，如人体的血 1.1.1
液。血液不停地循环，一个 80 岁的人一生中心脏泵出的血液约 20 万 m^3，保证体内有 4.16
毒和残余物质溶解在水中，由泌尿系统排出体外，肾脏每 4 分钟将全身血液过滤 1 次，成人一昼夜通过肾的血液量是全部血液的 360 倍，可见，机体内进行着剧烈的体液运动、再分配和物质交换。汗水通过毛孔由皮肤表面排出，调节温度。眼泪排出可以润湿眼睛、冲洗灰尘。唾液、胆汁、胃液、淋巴液、脑脊液等在水的参与下才能发挥作用。

水不仅是机体的重要组成成分，而且是动物繁衍乃至全部生命过程的基础物质，动物生存始终离不开水。正常情况下，机体处于水平衡状态。如果水不能正常排出就会使身体浮肿。如果体内水比正常量减少 1%～2%就会引起口渴，减少 5%皮肤起皱，口腔干燥。失水 15%就会死亡。可见，一旦水平衡破坏就会产生严重后果。

成功地水生，需要克服快速运动的阻力和推动力间的矛盾，需要主动取食和解决水呼吸和气体在体内的运输问题，保证体内能量代谢的正常进行。由于渗透压的高低不仅影响机体内水和盐分等溶质的渗透方向，而且影响机体的新陈代谢甚至生命，因此，机体的渗透压必须保持稳定才能进行正常的生命活动。动物体细胞通过 3 种方式调节渗透压：①控制体表对水、盐类及其他溶质的通透性；②排出体内多余水分或盐分以维持、抵消体内与体外间渗透压的差别；③在体内储存水分或溶质，增加耐受性。

9.2.1　水生动物渗透压调节的适应

高渗动物体液的渗透压高于水环境，水会不断地渗透入体内，而体内的溶质则经尿 4.12
液和体表扩散作用丢失，因而需要排出多余的水分，并从食物或经鳃、上皮组织主动吸 4.13
收溶质才能维持渗透压平衡。低渗动物则相反。按照动物体液渗透压与环境渗透压的关系，分为变渗动物（poikilosmotic animal）和恒渗动物（homeosmotic animal）两类。体液浓度随着环境浓度改变而变化的动物为变渗动物。体液浓度保持相对稳定，不随着环境浓度改变而变化的动物为恒渗动物。水生动物有几种渗透压调节（osmotic regulation）类型（图 9-1）。

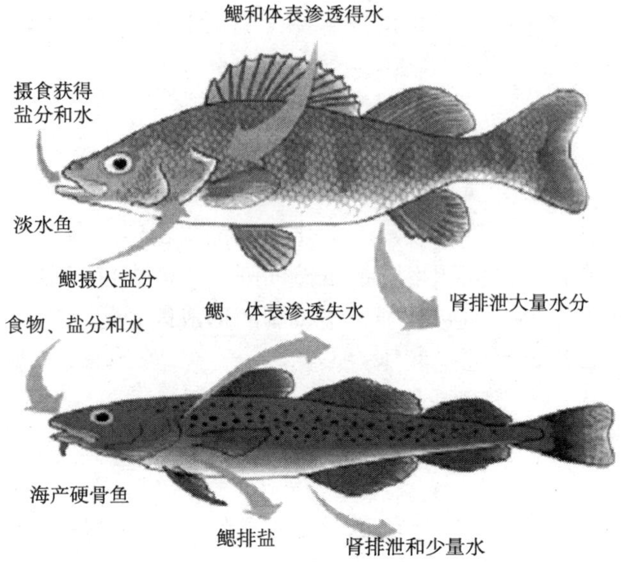

图 9-1　鱼类的渗透压调节

9.2.1.1　高渗淡水动物

淡水无脊椎动物、鱼类和两栖类的体液渗透压高于水环境的渗透压，因此，外界的水通过可渗透的鳃、口腔黏膜、体表等大量渗入体内。适应排出体内较多水分的需要，淡水鱼类排氨，排氨需要大量水分，肾小体数目多，肾脏滤尿功能强，肾小管不发达，排低浓度尿液，鳃内有盐腺能从水中摄取并逆着浓度梯度向体内分泌盐分，补偿排尿丢失的盐离子，使体内水分调节取得平衡。蛙类必须在淡水水域产卵孵化、度过变态期，渗透压调节与硬骨鱼相似，渗透进入体内的水通过排泄稀释的尿减少盐分的丧失，通过皮肤主动转运各种离子来恢复（图 9-1）。

9.2.1.2　低渗海洋动物

4.8.1 低渗动物体内渗透浓度低于海水，如蟹类等体液的渗透浓度比海水低，体内水分大
4.12 量外渗，机体面临失水威胁，需要从食物中摄取水（50%～90%）、利用代谢水、饮海
6.4.5 水并排出其中的溶质获得水。多种多样排钠细胞膜上有 K^+ 泵、Na^+ 泵，主动排出盐类。海产硬骨鱼大量吞饮海水，如美洲的鳗鲡的吞水量达 50～200 ml/（d · kg），过多盐分通过鳃上的泌氯盐腺排出，盐腺能逆着浓度梯度排出体内多余盐分，阻止盐分经鳃向体内渗透，以免因吞饮海水而使盐分在体内大量积累，含氮废物以氨的形式从肾排出。肾小体退化、消失，肾小管发达重吸收水分的能力强，泌尿量少，保持体内水盐代谢取得平衡（图 9-1）。

9.2.1.3　高渗海洋动物

软骨鱼类如鲨鱼的直肠腺具有和泌氯腺同样的作用，排出体内多余盐分。由于血液中积累 2%～2.5%（其他脊椎动物一般为 0.01%～0.03%）的尿素，致使体液渗透压比海水还要高，与淡水鱼类相似，体外水分渗进体内，通过肾脏增加尿量排出多余水分，

伴随尿素的丢失，渗透压降低，减少泌尿量使尿素滞留体内保持体液渗透压平衡。海月水母（*Aurelia*）、枪乌贼（*Loligo*）、龙虾（*Nephrops*）、盲鳗（*Myxine*）和矛尾鱼（*Latimeria*）等的体液渗透浓度都比海水高。一种食蟹蛙，血液中也因保留尿素而高渗于海水，从而会使水慢慢地渗入皮肤，为尿液的排泄提供了水，排除了饮咸水的可能。

9.2.1.4　海河交汇处或洄游动物

由于海河交汇处淡水与海水交汇，当动物如海河洄游鱼类从海水游到淡水，环境渗透浓度下降，反之则上升。生活此处或进行海—河洄游的动物机体与环境之间的渗透压差加大，动物必须采用上述 2 种渗透压调节方式对体内的渗透压进行调整。同时，体表黏液层发生适应性变化，适应新的生活环境。海洋蟹类在河口冲淡的咸水中保持高的体液渗透压，渗透压调节者在盐水中比渗透压顺从者存活得更好，有些蟹类在淡水中生活，到海水里去繁殖。

9.2.1.5　等渗动物 4.2

多数海洋无脊椎动物是等渗的，如海胆（*Echinus*）和贻贝（*Mytilus*）等。等渗不 4.6
会因渗透作用而失水或得水，但等渗使动物受环境离子浓度变化的影响较大，它们只能 4.9
分布在一定的狭窄的生态环境中，而且必须有离子的调节。水母靠降低体液的离子水平
得到正浮力，快速运动的动物下调其 Mg^{2+} 等的浓度，可使神经肌肉传递麻痹。

9.2.2　呼吸对水环境的适应

水的含氧量少、扩散率低，其变化幅度取决于其饱和度、温度和其他溶质的存在与否。动物呼吸系统产生不同的适应，由细胞膜和黏膜、皮肤呼吸演化产生各种类型的特化器官进行鳃呼吸，由纤毛驱动水流演化为骨骼-肌肉协同作用，加速水流完成呼吸器官的通气过程，提高呼吸效率适应水呼吸和快速运动对气体代谢的需要。水温高或富营养化污染等都会造成水中缺氧，致使指示生物的种类和数量发生变化。

9.2.3　体制体形对水环境的适应 4.12

动物在水中的游泳活动受多种力的作用（图 5-12），当相反的两种力，如阻力和推 11.1.3
进力、重力和总浮力（包括鱼体浮力、鳍摆动产生的流体升力、鳔内气体和脂肪的浮力等）相等时，就可停在某一水层，否则，将产生不同速度的前进、后退或上浮、下潜运动。为减少快速运动时水的阻力、增加推进力，进化运动力学作用使动物的体制由辐射对称演化为两侧对称，体形由水螅型、碟状等适于漂浮生活的体形演化成减少阻力、适于快速运动的纺锤形、棍棒形等流线型体形，生活方式由固着或底栖演化为自由游泳。辐射对称和五辐射对称动物如腔肠动物、棘皮动物等适于固着或漂浮或慢速运动，被动的运动方式影响动物的活动和生态分布。两侧对称动物演化出疣足、斧足和腹足、节肢、鳍、蹼足、鳍状足等，运动器官从无到有，出现运动器官的形态结构、功能复杂化，使动物由适于底栖缓慢运动的生活方式演化为主动的快速游泳运动，有助于动物逃避天敌、追捕猎物和个体、种群的生存发展。

9.2.4 行为对水环境的适应

4.6 在演化过程中，动物既在形态结构和功能上产生适应水环境的变化，也在行为上产
4.8 生各种适应性变化。乌贼游泳时，腕收缩集中使身体呈流线形，外套膜收缩，闭锁器（adhering apparatus）控制外套膜孔，使水自漏斗水管喷出产生运动；虾腹部肌肉剧烈收缩，尾扇驱动水流产生强大的反作用力，适应水中的快速游泳动物。

9.2.4.1 鳔、鳍与鱼的游泳行为

4.12 鱼类因体呈纺锤型，减少运动阻力，鱼尾摆动产生强有力的推进力，其强度、频率
6.2.6 决定游泳的速度，胸鳍旋转的角度则决定游泳是下潜或上浮，从而完成快速的沉浮等各种游泳行为。

当浅水层处于平衡状态的有鳔鱼类游泳下潜时，由于水层变化必然引起水压增加，同时，体壁肌肉的收缩也使鳔受到的压力增加，鳔内气体就会按照理想气体定律，因外压增加而体积缩小，结果，鳔壁所受压力减少，反射性地引起红腺向鳔内分泌气体，当鱼游泳下潜到需要停留的新水层，由于红腺分泌气体缓慢不能使鳔内气体恢复到原有体积，鳔内气体体积变小而比原水层的浮力作用减少，鱼体自身的重力作用则相对加强，于是，重力就会加速鱼体继续下沉，此时，鱼要停留在新到达水层，必需通过鳍的摆动产生适当的流体升力，使总浮力和重力维持平衡，直到红腺分泌气体使鳔内气体恢复到原有体积和所受的中性浮力状态；反之，外压减小，鳔内气体膨胀，鳔体积扩大反射性地引起卵圆窗放气。当有鳔鱼类沉浮游泳时，通过反射性地调节鳔的充气、放气，游到新水层后使鳔内气体迅速恢复到原有体积，结果，总浮力与重力恢复相等，减少、停止鳍的摆动停留在新的水层中，并减少能量消耗。可见，有鳔鱼类下潜充气，上浮放气，以便游到新的水层使鳔内气体（图6-15）迅速恢复到原有体积，使身体恢复和保持中性浮力状态，无需鳍的摆动就可停留在新的水层①。

鱼类通过调节鳍的摆动频率、强度和角度的耗能运动，不仅实现了快速游泳运动，而且实现了下潜、上浮运动，或停留在一定水层。有鳔鱼类通过调节鳔内的气体含量使鱼体在各水层容易地保持中性浮力状态，鲨鱼则产生较大的肝脏以增加浮力作用，由于肝脏大小不能被调节，需要不断游泳，调整胸鳍和尾鳍的摆动频率和角度才能维持在一定水层，减少鳍的摆动就会出现下沉现象。

9.2.4.2 洄游

4.12 运动性强的鱼类有规律地定期、定向、集群沿固定路线进行较长距离的迁移活动，在越冬地、产卵场、索饵场间的迁移称洄游。水生甲壳类和鲸类也有洄游现象。鱼类的洄游可分为生殖洄游（breeding migration）、索饵洄游（feeding migration）和越冬洄游

---

① 习惯认为，鳔可调节鱼体比重、主沉浮，下潜放气、上浮充气。其实这是一种纯物理学现象。由于密度＝质量/体积，而鳔的充气、放气是被动的，不能改变鱼体的质量或体积而引起主动的沉浮运动，所以，快速打捞上来的深海有鳔鱼，因鳔内气体不能及时排出而极度膨胀，鱼体不能随之膨胀，致使肠从口或肛门挤压出来。

(overwintering migration)，三者间的关系见图 9-2 。

在光照、温度等环境因素的作用下，当鱼类生殖腺发育成熟，性激素的刺激作用使鱼类集群快速游向水温、营养物质、水域环境适宜的产卵场，生殖洄游到达产卵场后进行求偶交配与产卵，达到生殖的目的。如大麻哈鱼、鲥鱼、鲚鱼、鲟鱼等从海洋溯河洄游到黑龙江、长江产卵；青鱼、草鱼、鲢鱼、鳙鱼从江河下游溯河洄游到上游产卵；鳗鲡降河洄游到深海去产卵繁殖。由于洄游过程中不进食，长途跋涉，繁殖后，有的亲鱼常因体力衰竭而死亡，如大麻哈鱼、鳗鲡等，其他鱼类则进行追踪、寻觅饵料的索饵洄游，到饵料丰富的场所进行觅食、肥育，恢复增强体质，储存营养物质满足生长发育和越冬、再次繁殖的需要。当水温下降，鱼类就会集群洄游到水温适宜的水域越冬，潜入水底，减少进食，降低代谢活动，度过寒冷的冬天。洄游有助于鱼类选择最佳的繁殖、觅食和越冬条件，这种适应性行为是鱼类长期进化过程中形成的，保证了鱼类的生存和种族繁衍。

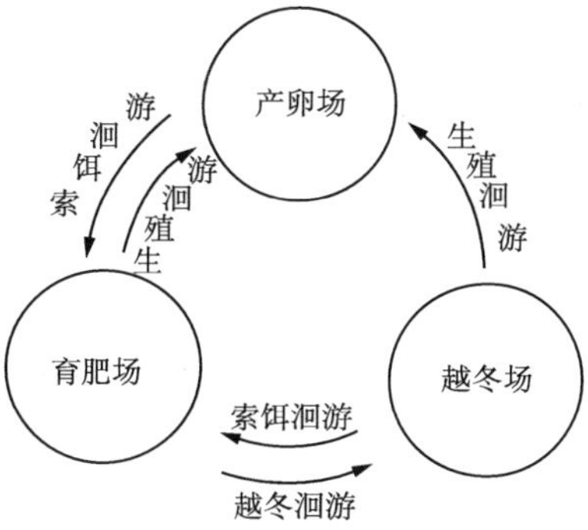

图 9-2　鱼类洄游关系（杨安峰）

洄游不仅与鱼类的生理状况和遗传性有关，而且与季节、水温、食物、水质等有关。研究鱼类洄游的规律，不仅具有理论意义，而且结合饵料的种类、数量和分布变化规律分析，能精确预测渔汛，调整渔业捕捞活动，如我国实行的夏季休渔期就是依据鱼类洄游的规律确定的，促进了鱼类种群的恢复发展，有利于渔业生产的持续发展，提高渔业生产效率。

9.2.5　水生动物分布

随着水的深度增加，压力增大，光线减弱，温度降低，受水的温度、盐度、水深、底质等因素的影响，动物的种类和数量也相应地发生变化。如两栖类皮肤通透性强，只能生活在淡水水域附近，不能生活在盐水或盐分较大土壤中，盐分对蛙卵和幼体的发育特别有害，1%的氯化钠溶液即能将它们致死，因此，在海岛上没有两栖类生存。

9.2.5.1　海洋动物分布

海洋生态带（ecological zone）可分为沿海带和远海带等生态带（ecological zone）。沿海带（coastal zone）包括高潮线、低潮线间的潮间带（intertidal zone）和潮间带以下至 200 m 水深的浅海带（littoral 或 neritic zone）。潮间带生物（intertidal organism）种类繁多，栖息、生活着滨螺、牡蛎、蛤等软体动物和虾蟹等甲壳动物，以及沙蚕、海葵等动物。远洋带（pelagic zone）水体自上而下分为上层（<200 m）、半深海（200～4000 m）和深海（>4000 m）3 个带。

海洋动物区系，包括哺乳类和鸟类，可分为北极区、北太平洋区、北大西洋区、热带印度洋—太平洋区、热带大西洋区、南温区等海洋动物区系。动物类群可分为动物潮间带动物、冷水种、温水种、暖水种等不同类型，也有固有种、特有种。

9.2.5.2　中国水生动物分布

淡水水域有流水水体和静水水体。湖泊等静水水体沿岸带水生植物茂盛，生态环境良好，成为动物繁殖产卵的重要场所。河流分为上游、中游、下游，河流的流速、底质和水污染是形成和决定动物区系组成、生态分布的主要因素，需要动物具有适应的形态结构，故淡水水域动物类群较为贫乏。

中国淡水水生动物分布以鱼类作为区划依据，可划分为北方区、华西区、宁蒙区、华东区、华南区 5 个区。海洋动物区系属北太平洋区和印度-太平洋区，海洋鱼类可分为黄渤海区、东海区、南海区 3 个区。

9.3　动物对陆生环境的适应

9.3.1　水对陆生动物的生态影响

降水影响环境温度和湿度的变化，也影响食物和水分的来源，迫使动物变更栖息地，因而影响动物的生存。空气湿度对动物的形态、体色、生长发育、行为和生态分布都有影响，生活在不同栖息地湿度条件下的动物形态不同，如生活在干热岩石上的螺具有角质的厣甲、而沿海潮湿地区的种类则厣甲不发达或缺失。由于较高湿度可提高体内色素的活性，因此干燥寒冷地区的动物体色较淡，湿度较大地区的动物体色较深，如我国苏北棕色田鼠比河南干旱地区的棕色田鼠的体色深。高纬度地区降雪形成地面雪盖层，成为啮齿类、食虫类、小型食肉类以及松鸡、雷鸟的良好生活环境和隐蔽场所，生活在长期稳定积雪区域的动物的毛色多是白色。雪深达到一定深度将成为大型哺乳类和鸟类不可克服的困难，因而在冬季它们由高山向低地迁移。长期在最适湿度条件下，动物体内代谢水平高，有利于发育，如棉象鼻虫，相对湿度$<40\%$或$>88\%$不能发育，如温度 28℃，湿度 40%时发育需 21 天，湿度在 60%～65%时只需 11 天。湿度 100%时，果蝇生长发育快，湿度低，就会增加死亡率。湿度对各种动物卵的胚胎发育也有很大影响，足够的湿度是胚胎发育的重要保证。暴雨常冲击、淹没动物使之淹死或身体受潮，热能代谢破坏，过冷甚至死亡，如一场大雨后，蚜虫数量可减少好几倍。

9.3.2　陆生动物的渗透压调节

陆生动物生活在干燥的环境中，皮肤蒸发、呼吸和排泄等都可使动物失水，影响内
4.13 环境的稳定和细胞的代谢活动。在进化过程中，动物产生各种适应性变化，减少失水，
4.14 保持体内的水分和调节渗透压平衡。

4.15

4.16 9.3.2.1　减少皮肤蒸发失水

11.1.3 陆生动物以不同的方式减少皮肤失水。昆虫与蜘蛛是很成功的陆生节肢动物，体表有发达几丁质的外骨骼，介壳虫和蚜虫等还分泌蜡质，防止体内水分蒸发，损坏表皮的防水蜡质外皮就会导致毙命的脱水；四足动物皮肤角化形成发达的角质层；爬行类的角质表皮鳞厚，蜥蜴、蛇类还含有脂类物质；鸟类具有尾脂腺和羽毛；哺乳类具有皮脂腺

和毛。这些都是防止体内水分蒸发的适应性构造。对环境湿度变化的适应有助于动物的分布扩散。

9.3.2.2　减少呼吸失水

节肢动物利用气管、书肺呼吸，通气发生在气门开放瞬间。少数昆虫似乎还能从空气中吸收水分。肺呼吸脊椎动物有长而复杂的呼吸道，温度较低的鼻腔使来自肺部的湿热气体凝结成水被鼻腔回收，湿润、温暖呼吸气体，减少呼吸失水。

9.3.2.3　减少排泄失水

昆虫、鸟类排泄不溶于水的尿酸、兽排泄尿素减少水分的丧失。众多的肾小管产生发达的亨氏袢，具有良好的重吸收水分功能。越是栖息在干燥环境中的动物，亨氏袢越发达，浓缩尿液的能力越强（表 9-2）。肾小球内的血液过滤到肾球囊中形成滤出液，通过肾小管和集合管的重吸收、分泌与浓缩作用，形成高浓度含氮废物的尿，如人的终尿只有肾球囊滤出液的 0.8%，滤出液中的糖、氨基酸、维生素和氯化钠被重吸收，K^+、H^+、HCO_3^- 被滤出。结果，尿液中的盐离子浓度大幅度升高，人尿比血浆浓度高 3 倍，世居干燥荒漠的更格芦鼠的尿比血浆高 17 倍。尿中的水量则根据体内水分的多少调节，体内水过多，随尿排出的水增加形成渗透压低的低渗尿，反之，垂体抗利尿激素使肾小管的重吸收作用加强，则形成渗透压高于血浆渗透压的高渗尿。

表 9-2　不同环境中，动物尿液的浓缩能力

动物种类	尿液最大浓度/（mol/L）	动物种类	尿液最大浓度/（mol/L）
蛙	600	大家鼠	2900
猪	1000	猫	3250
人	1430	袋鼠	5500
骆驼	2800	跳鼠	9400

9.3.2.4　动物对干旱环境的行为适应

受湿度环境的长期影响，动物产生生态适应。通过个体行为或个体增大，减少体表 4.8
面积，防止蒸发失水。由于趋水特性，干旱常引起蝗虫成群迁飞到低洼易涝地区，而棉 4.14
蚜和红蜘蛛等要求较低的湿度，相对湿度低于 75%的干燥季节往往大发生，因而在农
业上应用温度、湿度指针预报虫情。蜂类、蚂蚁和爬行类等在掩蔽处筑巢，以保持适宜 4.15
的湿度环境。适应昼夜湿度变化，沙漠动物白天潜伏在洞内躲避炎热干燥，夜间湿度高 4.16
出来觅食活动。夏眠是渡过旱季的特殊适应方式，如肺鱼。湿度直接影响动物的活动，使具有湿润皮肤的蚯蚓、蛞蝓和蛙类等只能生活于潮湿环境。不少动物的生态分布与湿度有密切关系，西藏气候干燥，蜗牛罕见，无青蛙和蝾螈等分布，然而东部湿度较高地区，则有青蛙等的分布。

9.3.2.5　动物对干旱环境的生理适应

蛙类增加对失水的耐受性，当行进到潮湿地方，就会“坐”在地上，利用臂部具有

极强吸水能力的“坐垫”迅速吸收水分，恢复体内的含水量。大鸨、跳鼠等特别是沙漠中生活的鸟兽能充分利用代谢水。骆驼血液中含有一种特殊蛋白质能保持血液水分，对脱水具有高度的耐受性。17 天不喝水，脱水达体重的 27%，仍然照常行走。失水达 40%仍能正常生存，有水时，一天可喝水达 170 升。沙漠兔脱水达体重的一半也不会死亡。

9.3.3　动物的温度耐受性

4.2 温度是对动物影响显著的气候因素。动物的体温调节与温度耐受性（temperature
4.8 toleration）既与进化地位和调节机制不同有关，也与其生活环境有关。鲸鲨、金枪鱼的肌肉，蛾的飞翔肌能保存代谢产生的热量。深海鱼终生生活在比较恒定的环境温度
4.12 中，它们的体温调节能力较差。正在晒太阳的蜥蜴体温可高过 40℃。初生小鼠可成为暂时外温动物；刺猬可改变体温，冬眠体温可低达 4℃，然而恒温动物的体温调节能力强，可使体温始终保持在一个较稳定的范围内。

虽然动物的生命周期与温度变化密切相关，但对温度变化有随个体发育时间而改变的耐受性，未发育成熟时耐受性较低。美国生态学家 Shelford 认为，生态环境因子在最低量或过量，超过生物体的耐受程度时都可以成为限制因子。每种生物对一种环境因子都有一个生态上的适应范围大小，有最低点和一个最高点，称生态幅（ecological amplitute），两者间的幅度为耐性限度，即耐受性定律。每一种动物都有保证繁殖发育正常进行的温度范围，称为适温区（optimum temperature range）。大多数动物生命活动的最适温度是 20～25℃，温度系数 Q_{10} 的值在 20～30，温度低限是冰冻，高限是 50℃，超过高温限度，蛋白质发生变性。原生动物能忍受高温 50℃，形成孢囊时忍受性可更高。家蝇（*Muscadomestica*）44.6℃出现热瘫痪，45～48℃开始死亡。耐受温度变化范围小的动物称狭温动物，如南极一种鱼温度耐受范围极窄，在－2～2℃；反之则称广温动物，如家蝇温度耐受范围是 5～45℃，幅度较宽，是广温动物。Q_{10} 值下降的致死温度与暴露在此温度中的时间长短有关。

鱼类、两栖类、爬行类、鸟类、兽类的中枢神经中都有对温度敏感结构说明，控制机体与环境间的温度关系早就存在，因而动物对环境温度变化反应的行为广泛发生。2 亿年前，动物沿变温和恒温两条路线进化。

9.3.3.1　变温动物

体温维持调节依赖于太阳能等外热源，并且体温随环境温度变化而变化，这类动物常称作外温动物（ectotherm）、变温动物（poikilothermic animal）、冷血动物。

4.8 温度对节肢动物的影响表现在发育起点温度、休眠越冬及寿命和生殖力、产卵量、吸血频率及胃血消化等诸多方面。卵、幼虫、蛹等开始发育的最低温度不同，如白纹伊蚊为 10～12℃。在适温区的最适温区内，节肢动物发育速率最快，繁殖力最大。越冬时，度过短日照，严寒季节的生理适应性反应表现为代谢速率下降、行为反应迟缓及生长发育的相对停滞。温度下降是休眠越冬的主要原因，越冬虫期因节肢动物种类不同而异，可以是卵、幼虫、蛹或成虫的任一时期。休眠越冬是一种暂时性、非稳定性反应。

滞育越冬节肢动物是一种稳定的遗传特性。在一定范围内，节肢动物寿命随温度上升而缩短。

两栖动物、爬行动物等变温动物无隔热层，过度散热将引起体温下降，随环境温度而变化，温度不仅限制它们的生态分布，而且温度变化直接影响其生命活动，故清晨多进行日光浴，借太阳能提高体温，提高代谢率尽快进入快速活动期，进行捕食活动。夏天活动，冬季则进入冬眠。

9.3.3.2　形态生理上的温度适应

动物靠增加体内产热量增强御寒能力和保持恒定的体温。长期生活在低温环境中， 4.16
通过自然选择，动物在形态、生理和行为方面表现出很多明显的适应。一方面减少散热，高纬度地区的动物身体比低纬度地区的同类个体大（表 9-3），单位体重散热量相对较少［贝格曼（Bergmann）规律］，而身体突出部分如四肢、尾和耳壳等有变小变短的趋势，这是减少散热的一种形态适应［阿伦（Allen）规律］，如北极狐、温带赤狐、热带大耳狐的耳壳依次明显变短，流到身体终端部位的温暖血液减少，降低这些部位的温度减少身体散热，北极灰狼脚爪的温度接近冰点，站在冰面上的鸥体温为 38～41℃，脚掌部的温度为 0～5℃，生有羽毛的胫部为 32℃。另一方面提高身体的隔热性能，在寒冷地区和寒冷季节增加绒毛和绒毛的数量和质量或增加皮下脂肪厚度，寒带动物有隔热性能良好的毛皮，在少增加（红狐和雷鸟）甚至不增加（北极狐）代谢产热的情况下就能保持恒定的体温。

表 9-3　中国几种兽类头骨长度的比较

种类（北方）	颅骨长/mm	种类（南方）	颅骨长/mm
东北虎	331～345	华南虎	273～318
华北赤狐	148～160	华南赤狐	127～140
东北野猪	400～472	华南野猪	295～354
雪兔	95～97	华南兔	67～86
华北草兔	85～89		

资料来源：北师大等，1982。

9.3.3.3　恒温动物

依靠体内高效率代谢产热和保温结构保持体温基本恒定的动物，称作内温动物、恒
温动物（homeotherm）、温血动物，如鸟类的体温 40±2℃、哺乳类动物中单孔类 31± 4.15
2℃；后兽类 36±2℃；真兽类 38±2℃。 4.16

恒温与体温调节（thermoregulation）机体代谢不仅供应活动所需的能量，而且产热能保持高而稳定的体温，减少了动物对环境的依赖性，昼夜、冬夏均可活动，增强生存竞争力，开辟新的营养生境，扩大了动物生活和分布的范围，特别是在爬行动物统治时代对动物进化和向不同生境扩散具有重要意义。

恒温动物高而稳定的代谢水平至少是变温动物的 6 倍。同体重哺乳动物和爬行动物

每天的能耗比见表 9-4。

表 9-4　变温与恒温动物代谢效率的比较

体重	哺乳动物代谢效率/[kJ/(m²·h)]	爬行动物代谢效率/[kJ/(m²·h)]	哺乳/爬行	体重	哺乳动物代谢效率/[kJ/(m²·h)]	爬行动物代谢效率/[kJ/(m²·h)]	哺乳/爬行
10 g	2.5	0.2	13∶1	10 kg	437.8	38.5	11∶1
100 g	13.5	1.1	13∶1	100 kg	2461.7	226.7	11∶1
1 kg	77.8	6.5	12∶1	1000 kg	13843.2	1335.0	10∶1

恒温有利于体内一系列的酶反应。生命活动是一系列酶参加的化学反应过程，恒温对促进体内各种酶的活性、催化快速的化学反应起着重要作用。温度系数 Q_{10} 表示温度升高 10℃，化学反应速率呈指数增加，如果 0℃时机体生化反应速率为 X，则 10℃时为 $2X$，20℃时为 $4X$，30℃时为 $8X$。由于催化体内生理生化反应是蛋白质构成的酶，温度低，酶活性降低就使供应机体活动的能量低，高温时，酶出现变性甚至失活，机体生理生化反应无法进行，在生理限度的温度范围内体温增加，加速许多生理过程，温度上升 10℃，体内代谢速率增加 2～3 倍，即温度上升使机体生理过程加速，代谢速率增加、氧耗增加。可见，温度对动物的生存非常重要。因此，动物必须生活在一定的温度范围内（体内温度在－2～50℃），特别是最适宜的体温范围内以维持正常的代谢活动。

恒温是产热和散热的动态平衡。如果动物体内产热少于散热，体温下降；产热多于散热，体温将升高；只有产热等于散热，体温才能维持恒定。环境温度降低，散热增加，低限是引起水结晶并脱水，使细胞结构和溶质产生不可逆变化。环境温度升高，伴随着活动，代谢产热增加，散热必须以同样的速度增加，否则，热量将从环境传导、辐射进入体内，常出现体温升高而中暑，甚至引起细胞内蛋白质变性造成热致死。

体温高于环境温度有助于体温调节。环境平均温度 20～30℃，体温 36～42℃，有利于酶促反应和体温调节，体内多余热量能及时由传导（conduction，H_c）、辐射（radiation，H_r）、蒸发（evaporation，H_e）散发出去，保持稳定的体温。鸟、兽发育羽毛和毛形成隔热层防止热量过多散失。散热速度主要取决于皮肤与环境间的温度差，当二者温度接近或相等时，上述散热方式便无效。

恒温需要完善的体温调节机制 。散热等于产热是维持恒温绝对必需的。体温调节有 2 种方式，行为调节是动物通过行为使体温保持稳定的调节过程，如在严寒中不停地跑动取暖，鸟类迁移到南方越冬，建造洞穴或选择林阴环境以祛暑御寒等。恒温动物代谢释放的能量，只有 20%～25%用于做功，其余都以热能形式发散体外。自主调节是动物通过调节其产热和散热的生理活动。鸟、兽丘脑下部有体温调节中枢，通过高度发达的神经－内分泌系统调节产热和散热过程，保证机体 $H_{tot}=H_c+H_r+H_e+H_s$（H_s 为储存的热量）的平衡，维持体温稳定。

9.3.3.4　高温耐受性

正常情况下，动物不能在高于 50℃环境温度中生存，但脱水 *Poloypetium* sp. 蝇幼虫可在 102℃温度中存活 1min，甲壳类 *Triops* sp. 的卵可在 80℃旱季污泥中夏眠，在更高温度中短期存活。蟑螂在 37℃空气潮湿环境中存活 24 小时，空气干燥很快死亡。潮间带海洋生物可暴露在高于 50℃的温度中，螺类在潮间地带的分布位置反映了它们的抗热能力。美国加利福尼亚州 Devil's 穴中的淡水小鱼（*Pupfish*）生活在 34℃恒常水温中，致死温度上限是 43℃，南极冰鱼（*Trematomus* sp.）生活在 -1.9 ± 0.1℃的水中，致死温度上限为 6℃。产生热致死是由于相互依赖的代谢反应间的 Q_{10} 值不同，极限高温导致酶变性，结果有序的反应程序与产物可利用性的比产生了不平衡造成的，各种动物的热致死温度是不同的。

9.3.4　动物的休眠

不同地区不仅有经纬度、高度的差异，而且有食物、光照等的差异，动物需要选择 4.13
最适宜的环境，保证自身生存、繁衍后代和种族的繁衍生息。运动性弱的变温动物不能
迁移躲过低温或炎热环境，就通过休眠增加自身的抗寒能力、选择适宜的地方冬眠（夏 4.14
眠）度过严冬（酷暑），冬眠是动物抵御寒冷、维持生命活动的特有本领。动物的休眠（dormancy）可分为冬眠（hibernation）和夏眠（estivation）。许多动物类群都有休眠的现象。

冬眠期间，滞留在蝙蝠子宫中的精子等待卵发育成熟后受精；雪覆盖着身体的冬眠 4.16
母熊能正常生育小熊，尿透过膀胱壁重新返回到身体里，尿素等可转化成无害蛋白质，然后转化成母熊的乳汁。虽然内温动物与外温动物都可发生冬眠，甚至有长时间“冰封”的人苏醒复活的报道，但两种冬眠有本质的区别。冬眠期间，内温动物对冬季环境主动适应，未失去体温调节能力，能更精细地主动把体温调到更低的位点，是受调节的周期性生理现象，如在温度华氏 32℉①房间里的受试的松鼠能像自然环境一样进入冬眠，但仍保持着夏季体温，需要时可吃些储存食物，活动多次后可自发觉醒，排除代谢废物，遇到死亡威胁低温，会自发醒觉恢复到恒温性非冬眠状态。所以，人们常用“适应性低体温（adaptative hypothemia）”描述内温动物的冬眠。外温动物是不会自发地苏醒的，出现死亡威胁低温时只会被冻死，是对冬季环境的一种被动适应。

9.3.4.1　休眠、滞育和睡眠

休眠是动物在不利环境条件下维持最低生命活动，在不能被惊醒的情况下度过不良
条件后，恢复正常生命活动的现象。滞育（diapause）是由发育阶段和环境条件决定 3.2.1.3
的，滞育的解除需要环境条件、时间和体内激素的控制，因此，冬眠昆虫移入暖房能正 4.8
常生长发育，而滞育昆虫却不能。

虽然都是机体丧失意识，心跳、呼吸速率变慢，基础代谢降低，但与休眠、滞育截然不同的是，睡眠能促进精力与体力的恢复，随着睡眠由浅入深，植物性神经系统调节功能正常，脑电图出现慢波和异相睡眠两种变化和其他生理变化。睡眠与觉醒两个生命活动过程随昼夜和生活习惯而交替出现可被惊醒，有一定的规律性。

① 华氏度与摄氏度换算指数为 t/℃=5/9（t/℉−32）。

9.3.4.2 休眠动物类群

4.6 棘皮动物、软体动物、节肢动物和鱼类、两栖类、爬行类，甚至鸟类和兽类都有休眠的现象。

4.8 冬眠时，蜗牛用自身的黏液把壳密封起来。多数昆虫在冬季到来时以蛹或卵冬眠。
4.9 当环境温度在7～8℃以下时，多数两栖类和爬行类到水底或地下冬眠，几个月不吃不
4.12 4.13 喝也不会饿死。冬眠刺猬放入温水中苏醒，不会淹死是由于喉头有软骨掩紧气管。从树
4.14 洞中挖出的冬眠松鼠用针刺不醒，用火炉慢慢烘热才悠悠而动。

4.15 各种动物休眠的时间长短不同，并因环境条件而有所变化，如孔雀蛱蝶6个月，肺
4.16 鱼6个月至3年，蛙类和响尾蛇6～7个月，黄鼠8个月，黑貂20天，西伯利亚东方旱獭和刺猬冬眠可达200多天，加拿大山鼠冬眠长达半年，包埋在岩石中休眠的蛙类可存活百万年。暖冬和地温增加都可使冬眠蛙、蛇类提前醒来。

9.3.4.3 休眠的诱因

动物休眠的主要诱发因素是环境温度的剧烈变化和食物的缺乏。冬眠与低温有关，夏眠与高温和干旱有关。冬眠还与内在因素有关，冬眠前褐家鼠血液中由4种蛋白质组成的聚集体减少，从冬眠土拨鼠体内分离出具有激素作用的蛋白质，这种称作冬眠诱发素的物质可诱发冬眠，不仅诱发夏日的土拨鼠、蝙蝠等动物冬眠，而且可诱发猴子等不冬眠动物进入冬眠状态。

9.3.4.4 休眠动物体内的主要生理变化与苏醒

冬眠期间，动物的神经肌肉系统仍然保持一定的活力，体内氧化酶活性降低，肠道内的消化酶分泌量显著减少，耗氧量和新陈代谢降低到最低限度（如褐家鼠代谢率降低约100倍），甲状腺和肾上腺作用降低，生殖腺可正常发育，抗菌抗病能力增加（表9-5），心跳速率减缓，血流速度变慢，血液化学成分发生相应变化，显然，冬眠对这些动物是有益的。休眠动物度过不良环境后，翌年春天即可正常苏醒过来，恢复活动状态，消化酶分泌量猛增，食欲旺盛，即使暴食消化系统也能适应，动作灵敏，体内器官返老还童恢复生机，以便获得更多营养物质迅速恢复体况。

表9-5 几种哺乳动物冬眠时的体温、呼吸和心率

动物	体重减少/%	体温/℃		呼吸次数/（次/min）		心跳次数/（次/min）	
		活动	冬眠	活动	冬眠	活动	冬眠
蝙蝠	33.5	38	2.2	96	6	420	16
刺猬	31.2	35	4.3	50	5		
旱獭	35	37	7.6	24	3	140	15
黄鼠	49	39	5	32	8	200	15
褐家鼠		37	5	30	5	300	10

活组织冻结、膨胀的冰晶体势必破坏细胞膜，使蛋白质结构受到致命创伤，一般情

况下变温动物都不能忍受。细胞内液不能保持维护生命所必需的酶活性时，即使没有被冻结，也会造成死亡。那么，冬眠动物是怎样解决这一难题的呢?

冬眠动物不摄食，靠动员体内储存脂肪供应能量，脂肪动员产生大量丙三醇（甘油）储存于体液中，降低体液的冰点成为一种有效防冻剂，通过降低体液冰点和减少水分进行超冷冻提高抗寒能力。春天的青蛙体液中找不到这些物质。因此，秋季动物大量进食，体内积累的营养物质特别是脂肪相当多，储存足够营养物质满足冬眠过程中消耗的需要，冬眠后，蛙类的脂肪体明显减小，动物体重不同程度地减少，如腹蛇减少 5%，熊减少 33%。

至今，人类尚未完全揭开冬眠的奥秘，但科学家的不断研究探索使医学界已经从中得到启发，创造低温麻醉、催眠疗法治疗人类的某些疾病。可见，对动物冬眠的研究不仅妙趣横生，而且在人类冬眠医学和航天事业中也颇有价值。

9.3.5 迁徙

受食物和气候、光照等外界环境因素影响，并由遗传因素决定，为满足生活史不同 4.8
阶段的特殊生理要求，动物有规律地定期、定向、集群沿固定路线进行较长距离的迁移 4.15
活动，依不同季节，候鸟在越冬地与繁殖地之间进行的迁移活动称为迁徙（migra- 4.16
tion）。哺乳类中的蝙蝠类、驯鹿等和昆虫纲的东亚飞蝗、少数蝶类等也有迁徙现象，但蝗虫的迁飞常形成蝗灾。

9.3.5.1 鸟类迁徙 4.15

我国自古就注意到鸟类南北定期迁飞的现象，如《吕氏春秋》中有“孟春之月鸿雁北，孟秋之月鸿雁来”描述鸿雁的迁徙（migration）。

9.3.5.2 迁徙类型

依据有无迁徙的特点，可将鸟类分为三大类。

（1）留鸟（resident）　终年在同一地区生活，没有迁徙现象的，如乌鸦、喜鹊、麻雀等在同一地区进行繁殖、觅食、越冬活动。

（2）候鸟（migrant）　按季节不同而变更繁殖、越冬生活场所的鸟类，秋季到南方越冬、春季到北方繁殖的如燕子、鸭雁类、鹬类，鹳鹭和鹤类等，这些鸟在越冬区称为冬候鸟（winter resident），在繁殖区称为夏候鸟（summer resident），往返迁飞途中过境的地区称为旅鸟，在该区进行临时休息、补充迁徙所需的能量。

（3）漂泊鸟（wanderer）　没有固定的栖息场所，在同一地区的不同环境间，随食物变化而改变栖息场所获得适宜的食物供应，如啄木鸟和山斑鸠夏天生活在山林中，冬天迁到原野、城区觅食和越冬。

9.3.5.3 候鸟迁徙的途径、距离和速度

通过环志、遥感技术等方法研究鸟类的迁徙证明，候鸟迁徙一般要穿越省界、国界和海洋，甚至行程万里，如北美海岸放飞的环志北极燕鸥，90 天后在 14 500 km 外的

非洲东南部被捕；在苏联北冰洋沿岸套环后的燕鸥飞行 22 500 km 在澳洲重又被擒获；秋天迁徙的金鸻沿苏联和我国海岸线并飞越大海，经过 4 000 km 旅途到美国夏威夷群岛越冬；在我国东北繁殖的白鹭、白枕鹤飞往日本南部越冬；红脚隼则途经我国沿海各省，飞越印度洋到非洲的东部或南部越冬。

鸟类迁徙时，有的在白天进行，有的在夜间进行。飞行高度多在 900 m 以下，小鸟约 100 m，飞行速度 40～80 km/h。距离较短的每天旅程约 100 km，长距离飞行的每天旅程 150～200 km。由于白天要觅食、饮水或因其他环境因素的干扰，夜间比白天迁徙快。由于春天要尽快飞至繁殖地，选择巢区、寻找配偶、营巢、孵卵、育雏，春季比秋季迁徙快。

9.3.5.4　候鸟迁徙的诱因

首先是冰川时期冰川自北半球向南半球逐渐侵蚀，地球北部被冰川覆盖，昆虫、植物死亡，为了生存，鸟类被迫向南方迁飞、越冬；当出生地冰川融化后，万物复苏，提供良好的栖息环境和丰富的食物资源后又迁回来。伴随冰川周期性的侵袭和退却，自然选择的结果，使鸟类在多次的往返形成了本能迁徙行为而遗传下来。其次是繁殖地选择，由于鸟类繁殖需要丰富的食物和必要的安全条件，越冬地不适宜营巢、繁殖，但迁离繁殖地后却使出生地的天敌因食物缺乏而数量减少，它们再返回食物丰富、气候适宜的繁殖地就可保证环境资源的充足供应，因此，人工投食为鸟类提供足够的食物，如昆明湖引来大量鸥类越冬，有的鸟类如丹顶鹤等冬季也会停留在北方，不迁徙到南方。重要的是体内内分泌活动加强，刺激鸟类产生生理上的刺激而进行迁徙；由于性激素的刺激导致的迁徙可能超越母性的本能，迁徙季节来临，亲鸟可抛弃晚出生的幼雏。总之，3 种引起迁徙的原因不是孤立的，而是相互影响、制约的。

迁徙使鸟类扩展活动空间，避免悬殊气候造成的危害，躲避敌害，防止幼鸟的出现使敌害种群形成和数量增加，保证鸟类始终生活在最适宜的环境里，丰富多样的食物来源能维持强烈的代谢，保证养育后代需要的大量食物，亲鸟能最大量地孵卵，有更长时间收集食物育雏，提供了鸟类种群向新的分布区扩散以及个体间接触和交配的机会，有利于繁殖、占区和种群的自动平衡，因而迁徙在鸟类进化方面具有十分重要的意义。

9.3.5.5　鸟类迁徙的定向

从山洞中捉到的英国穴居鸟（*Manx shearwater*）运到美国的波士顿放飞，它们 12 天返回故居；18 只信天翁装进蒙着黑布的箱中，从中途岛运到千里之外，它们能以日速 200～500 km 的速度归巢，候鸟迁徙总是按固定的路线，从不迷航，那么，它们是如何定向往返于越冬地和繁殖地之间的呢？建立在实验基础上的定向机制研究提出了许多假说，但有待在实践中进一步的证实。依据鸟类接受的定向信息不同，分为视觉定向和非视觉定向。

（1）视觉定向　目前较为流行的观点，有太阳定向、星辰定向、月亮定向、陆标定向和偏振光定向等，认为鸟类依据地形、地物和食物的位置，如海岸线、山河等陆地景观来辨认和确定迁徙路线；白天迁徙以太阳位置导航，夜晚以星宿位置导航，因此，紫翅椋鸟等迁徙鸟类在人造天文馆里能随星辰的方位改变迁徙方向；企鹅、伯劳、白喉雀等的研究也证实是利用太阳和星辰定向的。

（2）感觉定向　由于视觉定向受日夜交替、气候等因素影响，不能在任何情况下都提供定向所需的信息，鸟类需要接受非视觉定向的信息确定迁飞方向，感觉定向有地磁场定向、风定向和听觉定向，地心引力也能为鸟类提供有关地形特征的定向信息。因此，给信鸽的头上加上特定极性的磁铁后就不能正确定向，不加磁场的在阴天也能正常返巢；研究也证实鸟类颈部有特殊的含 Fe_2O_3 的磁性肌肉，对鸟类的迁徙定向有重要作用。

（3）训练和记忆　鸟类具固有的由遗传因素所决定的方向感，方向感使幼鸟跟随亲鸟迁徙时，可以不断地加强对迁徙路线的记忆，沿着固定路线迁徙。

9.3.5.6　鸟类的环志

鸟类迁徙常排成一定队形，沿着一定的路线进行，研究鸟类迁徙工作要靠全世界的鸟类工作者和爱鸟群众共同合作完成。19 世纪末以来，鸟类迁徙的研究开始采用环志的方法，积累的许多宝贵材料，为迁徙研究的系统性和科学性奠定了基础，有助于掌握鸟类的迁徙规律；也对鸟类的繁殖、越冬、迁徙的先后次序，夜间或白昼迁徙，迁徙速度，主导方向，寿命，栖息地等方面进行了深入的研究。环志法是用铝合金制成脚环，刻有环志站及序号标记，每环设一张卡片，记载环志号码、鸟名、性别、年龄、套环地点、日期等，把脚环套在鸟的跗蹠部释放，当它们再度被捕后立即释放，获鸟者将脚环记载内容报告给环志中心，日积月累，便可获得鸟类的迁徙路线、时间及生态资料。也可把微型无线电发报机戴在大型鸟类身体上遥感追踪其迁徙途径，已有学者将途经黄河三角洲之丹顶鹤的迁徙途径、时间和停息点通过遥感技术进行了确定。

迁徙前，鸟类必须储备足够的能量以适应长距离的飞行，能量储备主要是沉积脂肪，许多鸟类因储存脂肪而体重大增，甚至成倍增加，如北美黑顶白颊林莺的体重由正常的 11 g 增加到 22 g，多沉积的脂肪可供其飞行 100 小时所需的能量。

9.3.5.7　人类活动对鸟类迁徙的影响

人类活动常有意无意破坏鸟类迁徙的营养补给环境，大量捕杀迁徙鸟类，如北美狩猎绿头鸭、旅鸽等，给鸟类迁徙制造更大的困难，甚至对物种的生存发展产生严重影响，造成旅鸽灭绝。人工设施（如灯光）可使夜间迁徙鸟类因趋光性撞到亮灯建筑物或车辆上，据 FLAP（fatal light awareness program）统计，多伦多的一个秋季有 2000 只鸟因灯光吸引而撞到建筑物上。公路上行驶的车辆撞死迁徙候鸟是常见的事情，如 2003 年，阳明山国家公园有 1000 多只动物不幸被车辆辗毙。国际鸟盟报道，每年触电致死的初飞西班牙鹛（Spanish imperial eagles；*Aquila adalberti*）高达 30%；当 Donana 国家公园周围的电线被清除后，6 月龄的西班牙鹛的存活率很快从 17.6%上升到 80%。

可见，除保护好越冬、繁殖地生态环境和物种外，保护、改善迁徙途中的环境，使之对鸟类的威胁降到最低也是人类非常重要的保育活动。

9.4 动物地理分布

9.4.1 栖息地选择与分布区形成

动物物种和类群从发生中心或起源地发生后，逐渐向四周扩散分布，但能否向外扩散，由三个重要因素决定，即动物的扩散能力、扩散历史及是否存在阻限。

动物的生态价愈高，积极主动的迁徙和克服阻限的能力愈强，扩散能力和分布区（distribution range）愈大；地质年龄愈古老、出现愈早的物种在地球上的扩散机会愈多，分布愈广；反之，被动扩散，分布区狭小。地壳运动、气候变迁以及人类活动等因素都直接或间接地影响动物分布，如海洋和河流、地貌和地形、沙漠阻隔陆栖动物扩散，气候、植被带是最复杂的生态屏障，动物可利用走廊（corridor）、滤道（filter route）、机会通过（sweepstake route）等途径扩散；扩散能力差的动物，如澳洲野兔，被动扩散可打破隔离屏障扩散或入侵另一生态区。生态入侵常对土居动物造成严重影响，甚至造成灾难性后果，如植物水葫芦和美国白蛾、食人鱼等入侵我国后，已经对农、林、渔业生产造成严重危害，威胁到生态安全。

动物选择能维持生存所必需的全部条件的地区，即具有栖息地（也称生境，habitat）才能生存发展，受栖息地各种要素的制约，栖息于不同生境的动物类群，其躯体结构和生活方式都具有与环境相适应的特征。经过漫长的历史发展过程，演化成当代的动物分布区，由于各个生态地理动物群的基本组成不同，生态特征各异。耐受区限决定着动物区域分布的临界线，各种动物在所占地理空间里，能够充分地进行生长发育，并通过生殖繁衍后代，演变形成当时条件下生存的动物群，即动物区系（fauna）。动物区系由许多分类地位明确并在地理分布上重叠的物种组成。

9.4.2 动物群的地带性分布

由于投射到地表各地区的太阳热能不均匀，使陆地景观（landscape）苔原带、温带草原带、荒漠地带陆地自然条件和针叶林（泰加林）带、阔叶林带和热带雨林地带，自北向南呈有规律的地带性分布；高山地区的自然景观则呈相似的垂直分布，为不同的动物类群提供了栖息环境和演化的方向，从而形成各地区特有的生态地理动物群及优势种（dominant）和常见种（frequent）。

9.4.3 动物地理分区概况

陆地自然环境复杂，气候多变，存在众多影响动物分布的阻限，致使动物分化激烈。根据陆地动物区系研究，可将世界分为 6 个动物地理界，各区分布的特有种、优势种和一些有代表性的常见种已经查明。

9.4.3.1 古北界

古北界（Palearctic realm）包括北回归线和喜马拉雅山以北的欧洲、亚洲、非洲大陆。山脉多东西走向，复杂的栖息地环境中有特产动物属、无固有的陆栖动物科。特有动物如鼹鼠、金丝猴、熊猫、狼、狐、貉、鼬、獾、骆驼、獐、羚羊、旅鼠，以及山鹑、鸨、毛腿沙鸡、百灵、地鸦、沙雀等。

9.4.3.2　新北界

新北界（Nearctic realm）包括墨西哥以北的北美洲，山脉走向多南北。动物有叉角羚羊、山河狸、美洲鬣蜥、美洲蛇蜥、鳗螈、两栖鲵、弓鳍鱼和雀鳝等特有科，以及美洲麝牛、大褐熊、美洲驼鹿、美洲河狸、白头海雕等特有种。

由于古北界和新北界自然地理、栖息地条件相似，有许多共同的动物区系，如鼹鼠科、鼠兔科、河狸科、潜鸟科、松鸡科、攀雀科、洞螈科、大鲵科、鲈鱼科、刺鱼科、狗鱼科、鲟科及白鲟科，二者常合称全北界。

9.4.3.3　东洋界

东洋界（Oriental realm）包括我国南部和亚洲南部喜马拉雅山以南到菲律宾群岛、苏门答腊岛、爪哇岛和加里曼丹岛等岛屿。气候温暖而湿润、植物丰盛茂密，动物种类繁多。特有动物如长臂猿科、眼镜猴科、树鼩科和亚洲象、马来貘，以及和平鸟科、平胸龟、鳄蜥、巨蜥、食鱼鳄等。

9.4.3.4　埃塞俄比亚界（热带界）

热带界（Ethiopian realm）包括阿拉伯半岛南部、撒哈拉沙漠以南的非洲大陆、马达加斯加岛及附近岛屿。广袤的草原、沙漠中的动物区系组成多样性高，特有种丰富。特有动物如黑猩猩、大猩猩、狐猴、狒狒、长颈鹿、河马、斑马、大羚羊、非洲象和蹄兔等，以及非洲鸵鸟、鼠鸟、避役、爪蟾、非洲肺鱼、多鳍鱼等。

9.4.3.5　新热带界

新热带界（Neotropical realm）包括整个中南美大陆、西印度群岛。大面积的热带雨林中栖息着极其繁多而特殊动物种类。特有动物如有袋目新袋鼠科的负鼠，贫齿目的食蚁兽和树懒，灵长目的狨猴、卷尾猴和蜘蛛猴、翼手目吸血蝠科，啮齿目的豚鼠科，以及美洲鸵鸟、蜂鸟、美洲鬣蜥、负子蟾、美洲肺鱼、电鳗、电鲶等。

9.4.3.6　澳洲界

澳洲界（Australian realm）包括澳洲大陆、新西兰以及附近的太平洋上的岛屿；保存了原兽亚纲和后兽亚纲等现代最原始的哺乳类。特有动物如原兽亚纲（单孔目）和后兽亚纲（有袋目）动物，以及鸸鹋、食火鸡、几维鸟、营塚鸟、琴鸟、极乐鸟、园丁鸟、楔齿蜥、澳洲肺鱼等。

9.4.4　大陆漂移假说、板块学说与世界动物地理分布

动物从生发中心诞生形成后，是如何扩散分布形成现在的 6 界动物分界的呢？1912 年，德国气象学家魏格纳提出的大陆漂移假说（continental drift hypothesis）认为，古

生代花岗岩质大陆连在一起漂浮在玄武岩基质上，称泛大陆。由于潮汐力和地球自转离心力的作用，泛大陆在中生代分裂成几大块，移动的大陆前沿遇到玄武岩质基底阻挡，挤压褶皱隆起形成山，脱落下来的部分形成了岛屿；到第四纪形成今天地球海陆分布的基本状况。科学家已经利用古地磁学、遥感、电子计算机技术和激光和射电望远镜找到了大量证据，证明各大陆确实发生过大幅度的漂移和地幔对流、海底扩张的存在，精确测出各大陆缓慢漂移的数据、海底扩张和大陆漂移的速率，提出了地球板块构造模型。大陆漂移学说（图 9-3）与地球板块构造学说（plate tectonic theory）是现代地质学的重大发现，人类从运动学和动力学的角度认识地球的运动模式，不仅解释了大陆的变迁历史，而且可以预测其未来的发展，为动物保护提供科学依据。

动物从古北界发生中心形成后向外扩散，由于大陆漂移等形成阻隔，如白令海峡、海洋形成后，动物不能继续向外扩散也不能返回，各大陆的动物就会分别平行进行演化，如真兽类和后兽类在古北界和澳洲界、扬子鳄和密西西比鳄在中国和北美洲平行演化形成现存的 6 界动物地理类群，因此，许多澳洲和南美洲的动物在全北界有化石，相反，却找不到化石证据；澳洲、非洲和南美洲分布着有袋类、鸵鸟和肺鱼，东洋界与热带界具有许多共同的鸟兽目科，世界上分布最广泛的水龙兽（*Lystrosaurus*）在很多大陆被发现，动物区系的这种特征既说明历史上这些大陆存在着联系，也是大陆漂移学说的有力证据。

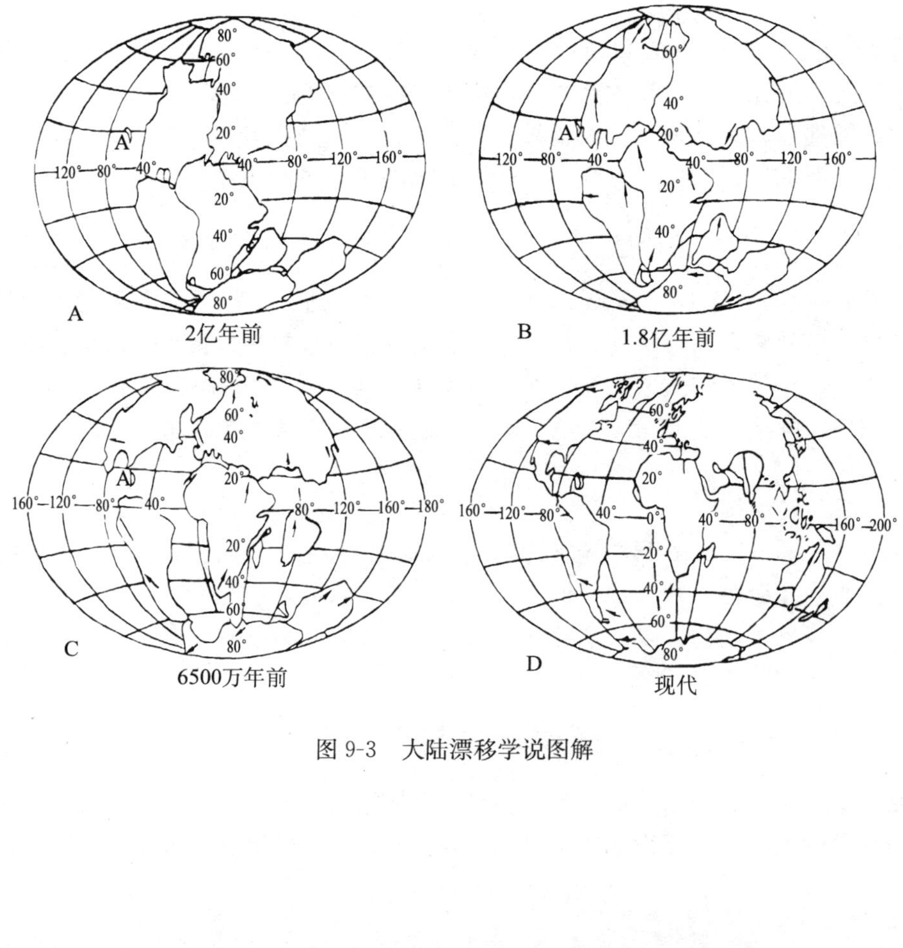

图 9-3　大陆漂移学说图解

9.4.5 中国陆生动物区系划分

中国的动物区系划分为 7 个区和 19 个亚区，属于古北界及东洋界，分界线西起横断山北端经川北岷山、陕南的秦岭，东达于淮河一线（表 9-6）。动物地理区划有助于动物资源管理、研究开发，促进当地经济社会合理、协调、持续发展。

表 9-6 中国动物地理区划与自然地理区划

动物地理区划			自然地理区划	
界	区	亚区	区	生态地理动物群
古北界	Ⅰ东北区	ⅠA 大兴安岭亚区	季风区北	寒温带针叶林动物群
		ⅠB 长白山亚区		温带森林-森林草原、农田动物群
		ⅠC 松辽平原亚区		
	Ⅱ华北区	ⅡA 黄淮平原亚区		
		ⅡB 黄土高原亚区		
	Ⅲ蒙新区	ⅢA 东部草原亚区	西部高原	温带草原动物群
		ⅢB 西部荒漠亚区		温带荒漠、半荒漠动物群
		ⅢC 天山山地亚区		高地森林草原-草甸、寒漠动物群
	Ⅳ青藏区	ⅣA 羌塘高原亚区		
		ⅣB 青海藏南亚区		
东洋界	Ⅴ西南区	ⅤA 西南山地亚区	季风区南	高地森林草原-草甸、寒漠动物群
		ⅤB 喜马拉雅亚区		亚热带森林-林灌草地、农田动物群
	Ⅵ华中区	ⅥA 东部丘陵平原亚区		
		ⅥB 西部山地高原亚区		
	Ⅶ华南区	ⅦA 闽广沿海亚区		热带森林、林灌草地、农田动物群
		ⅦB 滇南山地亚区		
		ⅦC 海南岛亚区		
		ⅦD 台湾亚区		
		ⅦE 南海诸岛亚区		

资料来源：张荣祖，1979。

复习思考题

1. 鱼类和水生动物是怎样调节渗透压适应水生生活的？
2. 各陆生动物类群是怎样调节渗透压适应干旱生活环境的？
3. 动物由水生进化到陆生面临的主要矛盾有哪些？动物是如何解决这些矛盾演化成新的动物类群的？
4. 在演化过程中，动物是如何适应生活环境的？动物是怎样适应寄生、水生、陆生环境的？
5. 恒温对动物生存与演化的意义？
6. 动物休眠有哪些类型？冬眠是怎样发生的？研究冬眠有何意义？
7. 世界动物地理分为哪些界？各界动物区系有哪些特点？

8. 名词解释：洄游，迁徙，休眠，冬眠，温度耐受性，变温动物，恒温动物，体温调节，适温区，渗透压调节，动物区系，栖息地，大陆漂移学说。

第 10 章　动物的人文环境

本章提要　动物具有食用、药用、疫用、观赏、传粉多种经济价值，畜牧业生产提供了人类必需的食品、药物、毛皮等生活用品。同时，动物也传播疾病，可引起寄生虫病和传染病危害人类健康，危害农作物，可给农林业生产造成巨大损失。人类需要行动起来，研究掌握动物种群发生发展的规律，并利用法律保护环境和保护、开发、利用有益动物，控制有害动物，保护物种及基因多样性，保证人类与动物和谐相处、持续发展，维护生态平衡与生态环境安全。

生物多样性能产生巨大的生态、社会和经济效益，具有保持能量合理流动、改良土壤、净化环境、涵养水源、调节气候等众多方面的功能，为人类的衣、食、住、行提供宝贵资源，提供重要的工业原料，直接和间接用于医药的生物超过 3 万种，生物为美化人类生活、满足人们精神生活的需要提供了丰富内容，体现了生物资源价值的多样性。根据中国环境与发展国际合作委员会生物多样性工作组估算，中国生物多样性产品和效益的年总价值超过 4500 亿美元，生物多样性的价值保证并满足人类日益增长的生活需求。人类对动物资源的需求量越来越大，而评价动物益害的标准是人类的经济利益，很少考虑生态平衡和环境伦理道德准则，因而人类活动对动物生存发展的影响也越来越大，甚至决定动物种群的命运。

10.1　有益动物多样性

生物多样性（biodiversity）指所有来源生物体中的变异性，是生物和它们组成的系统的总体多样性和变异性，是描述自然界多样性程度的内容广泛的概念，包括所有植物、动物、微生物物种和它们所拥有的全部遗传内涵及所有生态功能、过程及结构，即遗传多样性、物种多样性和生态系统多样性三个层次。生物多样性提供了地球生命的基 11.5.2
础，动物多样性除了经济价值和生态价值外，还具有重大的社会价值，如艺术价值、美学价值、文化价值、科学价值、旅游价值等，不仅为人类生活提供多种产品，为畜牧业提供种源和丰富的基因库，为科研、仿生学提供原型动物，而且直接、间接地影响着生态环境的演化。

10.1.1　食用、药用动物 4.2～

所有动物类群中肉体发达、肉味鲜美的都是可供食用的动物，俗称山珍海鲜，其下 4.16
脚料也是各种肉食动物重要的动物性蛋白质来源。海蜇等可加工成各种美味小食品；蛤虫、各种贝类和鱼虾等都是人们喜欢的海鲜食品；中国林蛙、青蛙、牛蛙等两栖类营养丰富，食用味美；爬行类中的乌龟、中华鳖等是上乘补品；各种野生的雉鸡类、鸭雁类、鸠鸽类和鹬类等为食用禽类；鹿、马、驴等大型动物，特别是驯养成功的猪、牛、羊、鸡等已成为人类肉类食品的主要来源。加纳的野生动物肉类占肉类总量的73%，博茨瓦纳人均90.7 kg，占日食量的40%～60%；1970年，捷克出口肉用野生动物价值达350万美元；我国内蒙古1960年猎取的黄羊量是家养羊屠宰量的50%，1959～1960年，青海猎取野生动物占用肉量的80%。

中药材的种类达3000种以上，其中，野生动植物药是中医药的重要组成部分。1985年版药典中收载的425种植物、动物药材来自536个动、植物物种，隶属160科，全国每年850万t的中药材产量相当部分来自野生动植物。现在的中医药当中有超过1500种动物被使用，其中，有60%是脊椎动物，40%的动物物种也就是用于中医药的动物物种被列在中国的保护名录当中。中国是使用动物药材最多的国家之一，并研制提炼出许多动物药，广泛应用的有牛黄、鹿茸、蜂王浆、蜂毒等。

牡蛎等的贝壳具有镇静安神、滋阳补阴、软坚散结，收敛固涩的功能；石决明为皱纹盘鲍等的贝壳，含碳酸钙、多种微量元素，具有解热镇静、降血压、抗血凝、抗病毒、有免疫抑制等作用；蚯蚓作中药称“地龙”，用于治疗高热、水肿、风湿痛、支气管哮喘等；蛭类含蛭素、肝素等，有破血通经、消积散结、消肿解毒之功，蛭素是由65个氨基酸组成的小分子多肽，为最有效的天然抗凝剂；全蝎和蜚蠊等节肢动物都入药；鲫鱼等鱼类入药有滋补、促进乳汁分泌等功效；中华大蟾蜍全体入药名干蟾，有行水湿、化毒杀虫、定痛之功能；中国林蛙、黑斑蛙全体、胆汁及蝌蚪，有清热解毒、止痛的功能；乌龟的龟甲、血和肉入药，有滋阴降火、补心肾、壮筋骨的作用；无蹼壁虎、丽斑麻蜥全体入药，火赤链蛇、黑眉锦蛇等可制蛇酒，有祛风湿、止痛、解毒、消肿的作用；蛇毒加工后可治疗血栓；鸳鸯肉有清热解毒、止血、杀虫功能；鸢脚、鹰骨、鹌鹑肉、雉肉、鸡内金、鸡胆等可入药；乌骨鸡的骨肉入药有补肝肾、益气的功能；许多鸟类的肉、血、油、内脏都可入药；很多哺乳动物可入药，如刺猬皮有收敛、止血、解毒、镇痛的功能；獾油和幼褐毛鼠可治疗烫伤；狐心入药有镇静安神、补益的功能；花鼠的脑髓有降压的功能；大家鼠有补益、解毒、止血的功能；大部分家畜如狗、猫、马、猪的全体都有药用价值。

近年来，科学家已经在4种腔肠动物中提取到抗肿瘤的药用成分，在蛔虫体内发现100多个控制肥胖的基因，为寻找人类肥胖基因和控制体形提供了线索；从蟑螂体内提取的氨基酸与黏多糖的化合物具有较强的抗艾滋病病毒作用，其注射液治疗肺心病、心衰疗效显著，用药安全。

许多药用动物，由于人类研究熟悉其生活史、繁殖规律和渔猎技术，提高了渔猎和驯养繁殖水平，完善饲养管理技术，除了动物肉体本身生长发育迅速，还产生大量的鸟卵和乳品等，产量提高后，许多药用动物已经成为人类的日常保健食品，促进了人类生活水平的提高和身体健康。

10.1.2 宠物与观赏动物

4.8～ 很多动物具有很高的观赏价值，用于不同的观赏目的，如斗鱼、斗鸡、蟋蟀、蝈蝈
4.16 等。养在水族箱、水族馆中的各种水生观赏动物中，主要是观赏鱼类（Omamental fish
或Aquarium fish），世界上共有1100多种观赏鱼，包括金鱼、锦鲤、热带鱼等引种驯

化鱼。另外是龟类、鳄鱼等。在动物园和野生动物世界半散养的各种观赏动物中，哺乳动物有灵长目的大熊猫、金丝猴、麋鹿、虎等；鸟类有秃鹫、雉鸡类、鹤类、鹳类、鹭类、鸭雁类等；爬行动物有蛇类。猫、狗等中小型动物和各种鸣虫鸣禽常被个人作为宠物饲养。但狗能传染包虫病、结膜吸吮线虫病，养猫养狗还易感染上弓形虫病。同时，在遗传变异理论指导下，通过选种育种培育出完全依赖人类才能生存的各种类型的观赏个体，甚至利用现代科学技术培育出自然界中根本不存在的品种、物种，这将对宠物和驯养动物产生何种进化影响应该引起人们高度重视。

在观赏饲养过程中，人们观察研究其行为规律，为动物的驯养繁殖提供借鉴经验，促进野生动物的驯化驯养，提高其繁殖力，满足人类对各种动物产品的需要，促进人与动物和谐相处，人类社会与自然生态系统协调持续发展。

动物活体不仅具有观赏价值，而且可制成各种生态标本如鸟兽和蝴蝶标本，珊瑚骨骼及一些软体动物的贝壳、珍珠贝产生的珍珠等都可加工制成工艺品和日用品，用于展览观赏，提高人们热爱自然和动物的意识，具有很高的文化价值。我国自古就有“两个黄鹂鸣翠柳，一行白鹭上青天”、“两岸猿声啼不住”等许多有关动物的美妙诗句留传于世。

10.1.3　科研仿生原型动物 4.2～4.16

在亿万年的进化过程中，动物形成了各种奇特的结构、功能，其高度自动化和高效率是任何精密仪器无法比拟的，通过对不同动物的形态结构、行为和生理功能等的研究，为人类提供具有启示性的仿生动物原型，将研究出更多的适用于不同目的的尖端仪器，促进了人类社会的发展。仿生学在国际上一直受到高度关注，正在探索一些意义更为重大而深远的课题，潜力巨大，前景诱人。

原生动物结构简单，易培养，繁殖快，是生物科学基础理论——细胞生物学研究的好材料。衣滴虫的研究发现了合子中限制内切酶的作用和特性。变形虫研究对了解细胞的核质关系具有重要的参考价值。

海绵及其特殊沉积物对研究水环境和环境变迁具有意义。工程技术方面应用的仿生学离不开动物科学的研究，如模仿水母的感觉器制成的“水母耳”风暴预测仪，能准确预报风暴；根据蜜蜂导航本领制成的偏光天文罗盘，广泛应用于航海和航空领域；根据蜂巢耗材少、创造最强的结构力学性能制造蜂窝材料应用航空、航天行业；蜣螂滚屎球启迪人类研究出不粘泥的挖土机；水生蜘蛛和水鸟表面结构的研究，促进了防水材料的仿生研制；模仿蛙眼原理研制的电子蛙眼和人造卫星的跟踪系统，可准确灵敏地识别飞机、导弹和地面物体；模仿蝰科蛇类颊窝红外线感受器，人类制造了具有高精确性探测追踪能力的导弹、火箭自导装置等；仿生壁虎可以在悬崖峭壁上完成人难以完成的工作；对水生动物的游动与有翼昆虫、鸟类等飞行动物的飞行的仿生学研究，人类发明了飞机，也成为微型飞行器研制的重要手段和方法；模仿鹰眼结构和性能可以研制鹰眼仪器系统，帮助飞行员识别地面目标，同时可以控制导弹；根据鸽眼的定向性能可以设计制造“警戒雷达”；模仿企鹅体形和运动特点已经研制成功一种特殊的雪地交通工具，解决了极地和泥沼地带行驶运输问题；人类已经训练海豚利用其声纳系统在水下排除水雷，用于军事目的；蝙蝠使用的声波频率通常高达 40 000～300 000 Hz，发射超声波探测食物的方位；模仿蝙蝠和鲸类的回声定位原理，发明了军事和民用的雷达和舰艇、潜水艇和渔船上使用的“声纳”、“鱼探机”等；模拟人体的结构与功能研制的人工智能机器人，具有完善的信息处理能力，能按最佳方案进行操作装配等。

蜘蛛丝尤其是牵引丝（drag line silk）强度高、弹性好、初始模量大、断裂功大，
4.8.2 是迄今为止所知道的最强韧的材料，其强度是钢的 5 倍，韧性是芳纶纤维的 3 倍，在力学性能上具有蚕丝及合成纤维无法比拟的优点。据称，一根直径为 5 mm 的蛛丝拖网丝可强制停住一架全速飞行的波音 747 客机。被誉为“生物钢”（bios steel）的蜘蛛丝，在航空材料、复合材料等领域有着巨大的潜在用途。模仿蜘蛛成丝过程能生产强度高、韧性好的高性能纤维。仿生学作为分子生物学、基因工程与高分子材料等多学科的交点，已成为众多领域尤其是高分子材料和生物材料领域研究的热点。

动物不仅是提高科研仿生原型动物，而且可提供种源。野生动物是家畜、家禽的原生野生祖型，野生动物的保护、驯养驯化可以培育驯化出新的品种，有利于畜禽的品种改良，通过杂交改良培育出适合于人类不同目的需要的品种，丰富家养经济动物的物种。如通过人工控制，近年来选育出“特种野猪”，产瘦肉率高；雁与家鹅杂交培育出中国雁鹅新品种，产卵量提高，满足了市场的需要。

4.16

10.1.4 毛皮动物

哺乳动物的毛皮是制裘或鞣革的重要原料。动物毛皮不仅可制作皮革，而且由于毛皮是动物保温的重要体表结构，在冬季和寒冷地区发育最好，最佳发育期的毛皮质量最高；由狩猎转为驯养的开发利用方式可通过加强饲养管理和营养物质搭配，掌握最佳取皮时机，提高毛皮质量等级。

麂皮为鞣革的上品；优质裘皮如紫貂、石貂、水獭、貉、狐狸等。中北欧的有蹄类，每年每平方米土地就可生产 12 张毛皮。我国 1978 年出口的毛皮为国家换取外汇达 4000 万美元，约占畜产品的 1/4。另外，有些两栖类和爬行类的皮肤也是很好的高级制革材料。

4.16

10.1.5 役用动物

传统的役用动物主要有马、牛、驴、骡、狗等。在役畜中，役用牛用于耕作，具有持久力强、耐粗饲耐劳、饲养管理容易等特点，是农业生产不可缺少的辅助动力。从整体结构上看，役用牛的体型外貌特点是全身粗糙而紧凑，前躯发达，后躯紧凑，呈前高后低的态势，是役用牛的理想体型。役用马主要用于拉挽、驮载和用于赛马、骑射和骑兵的坐骑。我国广大农牧区的役用马基本上是从周边国家引进的重挽马。驴体质坚强，适应性较强，具有耐粗饲等特性，适合于农村耕、挽、驮等役用，是农业所需要的主要畜力之一。嗅觉灵敏的狗可驯养成警犬、缉毒犬、牧羊犬等，用于侦破各类犯罪案件、缉毒，协助人类放牧羊群、进行狩猎。经过训练的海豚等，则用于侦察、排雷等军事目的。

10.1.6　实验动物与动物模型

4.2～4.16

实验动物是指经人工饲育、可实行控制、遗传背景明确或者来源清楚的动物，是用于教学、科学研究、生产、检定以及其他科学实验的动物。虽然家禽、家畜和野生动物也被用于实验，但遗传背景不清楚，健康状况有差异，机体反应性不一致、可重复性差，常得不出可靠的实验结果，不为学术界所公认，此类动物不能达到实验动物的标准，称为实验用动物（animals for research）。随着科学技术的发展，实验动物的品种和数量急剧增加，据估计目前在世界各国共培育着2600多种不同种系的实验动物。它们具备对实验处理的高度敏感性、个体反应的均一性和遗传上的稳定性等基本条件。最常用的实验哺乳动物有猕猴、猩猩、兔、鼠兔、大鼠、小鼠、豚鼠、狗、猫等，鸟类有鸽（pigeon）、鸡（chicken）、鸭（duck）等，两栖类有青蛙（frog）、蟾蜍（toad）等，节肢动物有虾、蝗虫、果蝇等，以及鱼纲和爬行纲中的少数动物。

实验动物是生命科学发展的基础和条件。在现代医学、动物行为学、免疫学、药物筛选与检验、肿瘤研究等领域占有重要地位，动物为药物试验提供实验对象，提供动物药物和活性物质开发利用的线索，许多医学难题的解决以及新药物研制必须先在动物体上试验后才能用于人体，如猕猴等灵长类动物，在医学科学实验中具有重要的作用。用于抗血凝的蛭素、用于医治偏瘫的蝮蛇抗栓酶、治疗癫痫的蝎毒和抗癫痫肽等都需配合以动物学研究。人的各种生理现象、病理机制及疾病防治研究需要使用大量的实验动物，据统计，医学领域60％以上的研究课题需要用实验动物进行试验，如人类探索生命的起源，需要借助实验动物揭开遗传的奥秘、攻克癌症的堡垒，研究各种疾病与衰老的机理，检测公害、污染，保护人类生存的环境等也需要实验动物。在免疫学、传染性疾病、外科学、计划生育等科学领域也都离不开实验动物建立动物模型。

1895年，Nuttall和Thierfelder经剖腹产获得无菌豚鼠，用牛奶饲喂了8天后，肠道内未检出细菌；1989年，Schottelius获得无菌鸡并在无菌环境中生活了17天；1909年，C. C. Little首先采用近亲繁殖育成了DBA近交系小鼠，成为实验动物科学发展史上第一个至今仍广泛应用的近交系动物；1921年，Otto Loewi用蛙心做实验发现了副交感神经的神经介质为乙酰胆碱；1966年，在无菌动物技术的基础上培育出了突变系小鼠——裸鼠，建立了恶性肿瘤裸鼠原位移植模型，为肿瘤移植、免疫、传染病学的研究和治疗、抗癌药筛选等开创了新的道路。

适应各种科学研究的需要，实验动物模型的开发和研究也在迅速地发展。仅20世纪80年代有关资料记载，就有自发动物模型1200多种、诱发动物模型2700多种。其发展速度是在其他学科发展中所少见的。重要模式动物主要有小鼠、斑马鱼、果蝇、线虫等。破译果蝇全部遗传密码，可以清晰地看到受精卵发育为新个体是受一系列基因调控的，这些基因在发育过程中按照时间、空间顺序启动和关闭，互相协调，对胚胎细胞的生长和分化进行调节。细胞分化的实质是在外界信号的作用下，胞内核质相互作用的结果，因而破译遗传密码在科学上具有重要意义。斑马鱼作为免疫学模式生物虽然刚刚起步，但由于其具有发育生物学研究方法成熟、进化地位特殊、遗传突变筛选简便等特点，将在未来的研究中，特别是免疫系统的发生、发育及特异性免疫系统进化起源等研究领域中必将发挥日趋重要的作用。

4.8～4.16

10.1.7 原料动物

许多动物是制药工业、轻工业的重要原料，蝮蛇等蛇毒可用于制造抗血栓药物。产丝昆虫如家蚕、柞蚕、蓖麻蚕所产的蚕丝及羊毛、驼毛、兔毛等为丝、毛纺织业提供原料（我国是世界上养蚕历史最悠久的国家，产丝量居世界首位）。虽然化学纤维形形色色日新月异，但丝、毛纤维织物仍有其无比的优越性。白蜡虫分泌的虫白蜡广泛用于工业。东北麝鼠、新疆河狸和麝等具有香腺是制造高级香水的重要香源。

4.8

10.1.8 花媒动物和天敌动物

4.15～

4.16 传播植物种子和花粉的媒介动物对农业生产有利，如蜜蜂等传播花粉；蝙蝠、松
10.3.5.2 鼠、鸟类等动物采食葡萄、芒果、木瓜、番石榴、蜜瓜、西瓜等的果实后，将不能消化的坚硬种子丢弃以传播植物的种子；附着于动物身上苍耳、竹节草等，可随动物运动而散播。

姬蜂将卵产在有害昆虫的幼虫体内，以虫体为营养孵化发育；青蛙、蟾蜍和各种食虫鸟类等捕食大量农林害虫，啄木鸟啄食蛀干害虫，蛇和猫头鹰捕食各种啮齿动物，许多动物成为有害动物的天敌，它们有效地控制各种病虫害的发生发展，在维持生态平衡中发挥着重要作用。

10.1.9 野生动物资源

野生动物作为重要的生物资源，具有双重属性，既是人类生存环境的组成构件，具有明显而重要的生态功效，又是可开发利用的自然资源，实用价值较高。在自然生态系统中，野生动物是消费者，是食物链的重要环节，通过种间的相互作用维系着生物圈的生物多样性和生态系统的稳定性。

野生动物曾经作为狩猎动物，为人类提供食物蛋白质和羽用、毛皮、工业和医药的原料，人工驯养繁殖的野生动物是生产资料重要的组成部分。尽管现代人类生存看似对野生动植物的依赖程度低，但野生动物的环境价值却进一步凸显。作为地球上的重要自然资源，野生动物是家畜、家禽的原生野生祖型，野生动物的保护、驯养不仅有利于畜禽的品种改良，通过杂交改良培育出适合于人类不同目的需要的品种，而且野生经济动物的驯化驯养可以培育驯化出新的品种，提供种源丰富家养动物的物种。同时，组成动物群落的物种数和种群数量的变化可作为指示生物反映自然环境的变化，提示人类采取有效措施保护、修复生态环境，也为人类建设什么样的生态环境提供科学依据。

10.1.10 指示生物

4.2

4.6 动物的数量多，分布广，有的动物个体和类群对环境变化敏感，有的则对这种变化
4.7 具有一定的抗性或适应性，它们会选择适宜的环境栖息，动物的群落结构、种群数量变
4.15 化和机体内含物的变化就反应了环境的变化。有孔虫作为古老的动物类群，在地层中演
4.16 变快而化石多，因而对寻找探测矿产和石油具有重要的指导作用。蜗牛的分布与数量与

水体环境离子的丰富度密切相关；而多毛类则是海洋污染和水体冷暖变化的指示生物。植食性蜗牛可直接吸收土壤和植物中的重金属污染物，体内重金属含量可用于监测土壤和水环境污染。兽类和鸟类群落结构及其数量变化是自然环境改观直接而明显的指标，许多动物如虎、大熊猫等因分布区和种群数量都明显减少，而成为国家珍稀保护动物，生活在蒙古大草原的长耳跳鼠也列入国际保护动物名单。

由于动物会选择适宜的生存环境，其群落结构和数量是随着环境改观而变化的，因此，兽类、鸟类和昆虫等动物群落的演替就是自然景观变迁显而易见的生物指标，警示人类研究环境演替变化的自然规律，需要环境保护和生态恢复建设，加强自我约束，合理地开发利用自然资源。

10.2　动物资源保护与开发利用

许多动物在人类驯化饲养前是重要的狩猎动物，人类研究它们的生活史、行为规律和渔猎技术，提高渔猎水平和产量，同时驯化出牛、马、驴、羊和鸡、鸭、鹅等家畜家禽，获得更大的经济效益。

今天，由于人们乱捕乱猎和滥食野生动物，不仅带来疯牛病、口蹄疫、SARS、禽流感等一系列疾病，而且危及生物多样性。自然群落是物种协同进化并特化的结果，是相互依存和平衡的，需要极高的生物多样性，物种特别是关键物种的灭绝将带来长期不良后果；在开发和持续利用方面，动物界是取之不尽的宝库，原苏联的高鼻羚羊经有效保护后，种群恢复发展数量达到 300 万头以上，使其年猎获量提高到 30 万头，生产大批羚羊角，但如果不注意保护、合理利用就会造成资源枯竭。

因此，为了国家和子孙后代的利益，需要动物科学与其他学科结合进行探索研究，采取一切可能措施把那些在科研、教育、文化和经济等方面具有重要经济价值的自然环境和物种资源保存下来，认真做好环境保护，积极开展动物资源调查、科学研究和驯养繁殖，满足人类日益增长的需求。

10.2.1　动物资源保护

地理隔离、生态隔离和生殖隔离是形成物种的重要因素，又是保持物种稳定繁育的重要条件，而今天的世界，生态地理隔离已经被人类社会的快速发展打破，兔子引入澳 4.1.1.2 洲破坏了草原生态平衡，水葫芦、大米草等引入我国已经成为各种水域和沿海滩涂的隐患，地理屏障打破外来物种就入侵，生态入侵严重危及土著物种的生存和经济发展，因此，急需进行动物保护，动物资源保护就是要保护这些物种屏障存在的完整性，保护生殖单位携带全部基因正常繁衍生息。

10.2.1.1　物种多样性保护

生物多样性（bio-diversity）是生命几十亿年发展进化的结果，是人类赖以生存和持续发展的物质基础。随着文明的发展，人类改变了广大地区的生物环境，严重影响了生物多样性。据估计，地球上生物种类有 500 万～5000 万种以上，但有案可查的仅有

170 万种，其中，动物 130 万种（Wilsion 1985；Tangley 1986，Shen 1987），人类研究和利用的只是其中的一小部分。1988 年，全世界有 1200 种动植物濒临灭绝，当时预测 2000 年 10%～20%的动植物物种（50 万～100 万种）将消失。无数的动植物在人类还没认识、定名之前就随着原始森林的砍伐、环境污染、围湖填海等原因提前从地球上灭绝了。不同类型的生态系统面积锐减，无法再现的基因、物种和生态系统正以前所未有的速度消失。种群数量在群落中有一定的阈值，种群数量过小，不良基因就会积累，使种群生存力衰退，适合度下降，物种保护牵涉到遗传和种质资源两方面，可通过严格的保护措施，使每个物种的种群总数量不能降低到生态学上的最小种群数量。保护生物多样性就等于保护了人类生存和社会发展的基石，保护了人类文化多样性的基础，保护了人类自身，保护生物多样性不仅保护生存受到威胁的野生动物，而且要保护地方良种，因此，野生动物与驯化物种的保护都是十分迫切的任务，人类自觉的保护行为和政府适当的经济补贴是顺利完成这项保护任务的重要措施。

中国是生物多样性最丰富的国家之一，又是生物多样性受到严重威胁的国家之一，CITES 中列出的 640 种世界濒危物种中，中国有 156 种榜上有名，约占 25%。《中国物种红皮书》里列了 388 种，可见生物多样性的研究、保护和持续、合理开发亟待加强，因此，国家环境保护委员会于 1987 年公布了大熊猫、金丝猴、褐马鸡、扬子鳄等 84 种珍稀动物为一类保护动物，穿山甲、大鲵、中华鲟等 122 种为二类保护动物，依照《中华人民共和国野生动物保护法》采取了一系列的保护措施，在哺乳动物、鸟类、爬行动物中做了大量工作，并取得了不同程度的进展，其中动物园起到了重要作用，已经建立珍稀濒危物种繁育基地 200 多处；组织实施了对大熊猫、朱鹮、扬子鳄、海南坡鹿、野马、麋鹿、高鼻羚羊等“七大拯救工程”。

10.2.1.2 基因多样性保护

基因多样性（genetic diversity）即遗传多样性，指广泛存在于生物体内、物种内及物种间的基因多样性，是进化的生物学基础，可通过测定染色体多态性、数目、结构及减数分裂行为等来了解。一个物种遗传变异越丰富，对环境的适应能力越强，物种的适应能力越强，进化潜力就越大，对动物的长期进化影响越大，甚至决定进化的方向。

长期定向驯化选育能培育出一个新品种，如原鸡驯养成鸡；绿头鸭驯化成家鸭；鸿雁培育成家鹅等。但是，在农牧业方面长期追求“优质高产”，导致品种单一化，许多具有自然选择优良性状的动植物被淘汰，遗传多样性急剧减少。长期的驯养繁殖，动物在形态、生理、行为和遗传特性等方面都发生了深刻变化，难以顺利重返大自然。同时，环境污染和栖息地片断化，造成物种数量锐减，物种的群体基因库变小就容易发生遗传漂变，降低物种的生存适合度。因此，急需进行基因多样性保护，有计划地把野生驯化成家养，并保留保护一定数量的野生种群，必要时让部分驯养动物重返自然，将人工种群释放到已灭绝的原产地或具有类似栖息条件的地区，再引入（reintroduction）拯救了欧洲野牛和阿拉伯大羚羊等濒危动物，放虎归山，维持、增加野生种群的数量，保持自然界的生物多样和生态平衡。

10.2.1.3　栖息地与景观多样性保护

城市化和人们在无限制地开发利用自然资源的同时，极大地破坏着人类赖以生存的自然环境和资源，破坏着生态平衡。生境维持的时间长短和能否维持正常的演替阶段取决于生境面积的大小，保护生物多样性必须保护动物生存的最小面积尤其是珍稀、具有重要经济价值动物的栖息地，保护自然景观环境多样性（landscape diversity），保证动物有足够的生存（食物、水、隐蔽场所）资源，进行统一规划管理，加强现有栖息地保护，提高栖息地的环境质量，建立人工饲养种群，恢复发展动物种群数量，维持生态系统平衡和健康发展，如朱鹮和大熊猫等的有效保护措施促进了种群的恢复发展，移地保护也为在适当时候让它们重返大自然做准备。

加强栖息地保护最有效的措施就是在野生动植物重要分布地区、生物多样性丰富地区建立自然保护区，通过科学保护措施建设恢复保护区间的生境走廊带、破碎化的栖息地，确保尚未开垦的具有典型特征的自然景观不被破坏，使具有典型代表性的自然综合体成为物种基因库保存和科研基地，使物种具有大于最小面积的栖息地，加强对珍稀濒危野生动物栖息地、原生地实行抢救性保护，确保动物具有生存繁衍必须的核心区自然生态环境，并能向周边地区进行扩散，减少种群密度增加对种群的压力，才能促进种群的平衡发展。

为此，我国建立的各级各类自然保护区约 2000 个，占 15%的国土面积，其中，10 处加入“人与生物圈保护网络”，6 处被列入《国际重要湿地名录》；森林公园 1400 多处，超过 1%；风景名胜区 800 多处，超过 1%。我国自然保护区体系面积是非常大的，除《自然保护区管理条例》外，要进一步完善法律体系。

（1）景观多样性（landscape diversity）保护　人类的活动直接或间接对各层次生物系统造成巨大影响，甚至决定生物多样性丧失、物种绝灭的演化过程和结果。因此，生物多样性保护应特别重视景观生态学的研究，重视景观多样性与生物多样性间的综合研究。景观多样性是指景观的结构、功能和时间变化方面的多样性，在较大时空尺度上构成了其他层次生物多样性的背景，并制约着生物多样性的时空格局及其变化过程，关注景观多样性与生物个体行为、种群、群落动态及生态系统在不同时空尺度上的作用，将人为干扰看作是生物多样性丧失的主要因素，强调人为干扰下景观格局的改变对遗传多样性、物种多样性、生态系统多样性的影响，据此制定相应的生物保护战略，体现了生物多样性研究的综合性，使濒危物种保护不再局限于单纯从物种水平上保护有限的个体，而是既从基因、细胞、种群等水平上去探索物种濒危机制，又从区域、景观水平上去考虑保护措施。景观生物多样性的保护、管理及合理利用也是区域可持续发展战略的重要组成部分。

（2）生态多样性（ecosystem diversity）保护　生态系统是各种生物与周围环境构成的自然综合体。物种作为生态系统的组成部分，物种间相互依赖、彼此制约，并且与各种环境因子也是相互作用的。生态系统由生产者、消费者、分解者构成，保证地球上的化学元素进行循环和维持能量在各组分间的正常流动。

生态多样性是指地球生态系统的组成、功能以及生态过程的多样性，如生境、生物群落和生态过程的多样性等，生境多样性是生态系统多样性形成的基础，生物群落多样性（包含物种和遗传多样性）反映生态系统类型的多样性。经过长期进化达到平衡的生态系统中，一个物种缺失或加入都可能造成系统结构与功能的改变。

中国地大物博，生物区系结构复杂，不同自然地理区的不同生态系统为人类提供了各种各样的自然资源。如湖泊可划分为5个不同的湖区类型，许多名贵水产品物种生活在特定的生态系统中。特殊生态系统的破坏必然造成特有物种的绝灭。如云南的异龙湖，面积约92km，盛产鲤鱼、白鱼，1952年开设发电站后，1981年全湖持续干涸20天，该湖的特有种异龙鲤从此绝灭；洱海鱼类中有名贵特有鱼类10种和亚种，近年来，由于水位下降、过度捕捞和不合理放养等原因都处于濒危状态，洱海作为一个特殊的淡水湖泊生态系统也有消失的危险。

不合理引种——生物入侵是破坏生态系统多样性和造成地方特有种濒危的重要原因，是除栖息地外第二大造成生物多样性破坏的原因，由于外来物种进入没有天敌地区会较快繁殖形成扩张种群，打破本地生态系统的平衡，对本地物种的生存造成威胁。新疆北部具有重要经济价值的肉食性鱼类——河鲈引入新疆南部的博斯腾湖后，导致该湖特有的名贵鱼类新疆大头鱼和其他鱼类的绝迹，河鲈也失去原有的经济价值。有人误将麦穗鱼引入云南和四川交界处的湖泊，使原有3种同域分化、缺乏竞争力的特有裂腹鱼濒于绝灭。不知道从什么时候开始，罗非鱼取代了西双版纳渔业的主要支持鱼种，今天人们吃的、腌的、煮的都是罗非鱼。20世纪50年代开始引入我国的美国牛蛙已经在野外生存，对当地两栖类构成非常大的威胁。非洲大蜗牛和福寿螺已在南方稻田里造成非常大的危害。上述现象多发生在生物区系结构简单、生物多样性指数低的水体，说明一个生态系统多样性越低，稳定性就越差，虽然已经有这么多的外来入侵种问题，但是还有越来越多的外来入侵种引入到中国，入侵的外来生物已达200多种。据危害最严重的11种外来生物造成损失的粗略估计，每年用于防治新近入侵害虫的费用近15亿元，经济损失高达500多亿元，因此，我国已经封杀引进的食人鱼，加强外来物种入侵的超前预警、快速鉴定、风险分析和科学控制是防范外来物种的核心内容；还要加强法律体系，设法控制入侵物种的引入。

10.2.1.4 保护法规与行动

生物多样性保护和持续利用有利于国民经济的可持续发展，提高人民的生活质量，因此，各国政府给予高度重视，联合国大会确立了“国际生物多样性日”；国际自然保护组织不断涌现并发挥着越来越大的作用，如国际野生生物基金会（WWF）、世界自然保护联盟（IUCN）、人与生物圈协调委员会（MAB）、濒危野生动植物种国际贸易公约组织（CITES）及全球环境基金（GEF）、湿地国际（WI）等。

我国把环境保护作为一项基本国策，实行“生态保护与生态建设并举”、“污染防治与生态保护并重”的方针，积极开展生物多样性的保护和持续利用行动，制定了一系列保护和持续利用生物多样性的政策、法律法规。1994年完成了《中国生物多样性保护行动计划》，确定了中国生物多样性优先保护的生态系统地点和物种名录，明确了7个领域的目标，提出26项优先行动方案和18个需立即实施的优先项目。1997年，国务院批准了《中国生物多样性国情研究报告》，确定中国在 1996～2010 年生物多样性保护和持续利用的国家建设目标；1999 年完成了“中国国家生物安全框架”，提出了国家生物安全管理的政策和法规体系框架，转基因活生物体及其产品风险评估和风险管理的技术准则框架，以及生物安全管理国家能力建设需求。发布了《中国跨世纪绿色工程规划》、《全国生态环境建设规划》和《全国生态保护规划纲要》，制定了《中国自然保护区发展规划纲要》（1996～2010 年），提出了全国自然保护区规划目标，并制定了具体的规划方案。《中国农业部门生物多样性保护行动计划》、《中国海洋生物多样性保护行动计划》、《中国湿地保护行动计划》、《大熊猫移地保护行动计划》等，使主要部门的活动都纳入国家行动计划之中。

10.2.2　有益动物的开发利用

动物是可再生的生物资源，通过繁殖、衰老、死亡和迁入、迁出栖息地而保持种群的动态平衡。正常情况下，多数动物是作为狩猎动物直接利用的，少量狩猎不会影响种群的发展。

有益动物需要促进其高速生长发育，大量繁殖，增加种群数量和分布区以满足人类的需要，因此，有益动物开发利用研究历史久远，3000 年前，我国开始养蜂、养蚕、饲养家畜。《诗经》记载的动物有 160 种之多，分为鸟、兽、鱼、虫等。公元前 1200 年前后的殷朝已有养鱼的记载，春秋时越国（公元前 460 年前后）的范蠡著有《养鱼经》；2000 多年前进行牡蛎和珍珠的养殖；把狩猎动物驯养成家畜、家禽，并继续对野生动物进行驯养驯化使其变为养殖种，研究提高开发利用技术以利于科学取麝香、取熊胆汁、培殖牛黄等，为动物的药用、食用的研究、开发利用提供原料，促进医药业和饮食事业的发展。对珍稀动物应加强栖息地环境和物种保护性研究，促进其种群的恢复壮大，实现开发利用的目的。

但狩猎技术的提高和环境的污染、破坏，致使动物失去良好的繁衍栖息地环境，繁殖力降低，造成动物种群数量的锐减、濒危，甚至灭绝。野生动物是生态系统的重要组成部分，对维持生态平衡和农林生态系统的生物防治中发挥着重要作用。

因此，保护好野生动物及其多样性是适度开发利用动物资源的关键措施。随着人们生活水平的提高，越来越多的人把保护野生动物和环境看作是人类社会生活中的头等大事，利用各种现代科学技术研究动物的生长发育及其与环境相互作用的规律，指导保护、驯养有益动物，开发利用老、弱、病等自然淘汰动物，充分发挥并提高饲养中青年动物的繁殖力和幼年动物生长发育快的特点，提高种群的繁殖效率，进行综合性保护和开发，以获取更大的生态和经济效益。

10.3　有害动物

有些动物对经济动物、植物和人类害处大于益处，如蝗虫、鼠类等盗食谷物，除对农、林、牧业造成直接危害外，还是多种病原体的宿主和携带者，它们携带的病原微生物给人类的健康、生命财产和工农业生产带来一定的经济损失，有的昆虫、螨类、线虫等动物在不同程度上给人类健康和经济造成损失，成为对人类有害的动物（pest animal）。

近年来，随着经济的发展，宠物饲养市场繁荣和食用野生动物人群的增加，动物疫源性疾病问题日益突出，危害越来越严重，对人类健康和生命安全构成威胁，如西方国家，养猫数量大，人感染弓形虫病越来越多，有的地区高达 80%以上；美国饲养的冈比亚大鼠已造成猴痘病毒的传播；因食用感染朊病毒牛肉而感染疯牛病的此起彼伏。因此，饲养宠物和食用野生动物的同时必须防止人与动物共患病，确保人类自身健康安全；另一方面，人们有意无意地引进动物造成生物入侵，对当地的生态环境已经造成严重威胁，为此国家质量监督检验检疫总局于 2002 年审议通过了《进境动物和动物产品风险分析管理规定》。

10.3.1 疫源动物

疫源动物是各种携带病原体的动物，当人类进入疫源动物区，并与这些动物接触，病原体就通过一定途经传播给人类，可发生流行的传染性疾病。

野生动物是自然疫源地中病原体的天然储藏库，是一个巨大的“人兽共患病病源库”，不仅保留人类已经知道的各种病原体，而且蕴藏不为人类所知的许多病原体，并在人类感染前所未有的病原体中扮演极其重要的角色。

许多重大的人类和畜禽疾病来源于野生动物，如艾滋病、埃博拉病毒来自灵长类，感染牲畜的亨德拉病毒、尼巴病毒来自于狐蝠。疯牛病、口蹄疫等也与野生动物有关。鼠类可传染 50 多种人类疾病，如鼠疫、出血热、钩端螺旋体、森林脑炎等。人可感染猪链球菌患病。广东疾病控制中心、香港大学及农业部疫源调查组宣布，给全世界造成重大损失的 SARS 病毒可能来自果子狸等野生动物，可以在猫和雪貂中增殖，并且可以传给同一饲养环境中的其他个体。国家一级保护动物巨蜥身体上至少有 4 种寄生虫，一条巨蜥体内竟检出 676 个虫体！历史上，鼠疫、黑热病、布氏杆菌病都曾造成大流行。

野生动物是携带和传播疫病的媒介之一。疫病一旦爆发、蔓延，导致的危害程度将难以估量。因此，动物疫病防治问题已成为全世界关注的焦点，我国已经设立了覆盖全国的动物疫病监测点，形成全国野生动物疫源疫病监测体系，开展研究、预测预报工作。1997 年第八届全国人民代表大会常务委员会通过了《中华人民共和国动物防疫法》，加强对野生动物疫源疫病的监测，对重点疫病实行强制性监测，严格执行疫情报告制度，及时封锁疫区，严格疫点处理监控措施，对养殖生产和相关场所开展强制性消毒；认真落实畜产品安全生产保障体系建设等，及时发现动物疫情，从而将疫情控制在最小范围内，维护人类公共卫生安全。

10.3.2 病媒动物

4.8

能传播疾病的动物本身不直接使人致病，但它们是流行病病原体的传播媒介，病媒脊椎动物主要是鼠类、无脊椎动物主要是昆虫纲的蚊、蝇、蟑螂、蚤等和蛛形纲的蜱、螨等。

病媒动物通过叮咬和污染食物等多种途径传播重要的传染病，已知 200 种动物传染
病和 150 多种寄生虫病中，至少有 200 种可以由动物传染给人类。人类传染病的 2/3 是 4.15
通过媒介昆虫传播的，如虱传播斑疹伤寒、回归热和战壕热。人畜共患的传染病有鼠 4.16
疫、黑热病、布氏杆菌病、口蹄疫、疯牛病、乙脑、森林脑炎、结核病、血吸虫病、狂犬病、艾滋病、禽流感等。我国 17 种法定人畜共患的传染病，与宠物狗、猫、鸟有关的至少有 7 种，鼠类传播疾病至少有 7 种。

10.3.3 寄生虫与寄生虫病

10.3.3.1 寄生虫种类 4.2

4.4

两种生物在一起生活，共生（symbiosis）受益的一方称为寄生虫（parasite），受损 4.5
害的一方称为宿主（host），这种生活关系称寄生（parasitism）。寄生虫种类繁多，主 4.8
要有原虫、吸虫、绦虫、线虫、节肢动物等（表 10-1 ）。

表 10-1　常见的主要寄生虫

种类	终宿主	传播感染途径	媒介动物（中间宿主）	引起疾病
疟原虫	人	蚊虫或胎盘	按蚊	疟疾
弓形虫	猫科动物	接触、口或胎盘	人，鸟兽和鱼	弓形虫病
利什曼原虫	人或狗	蚊虫叮咬	白蛉子	黑热病
阴道毛滴虫	人	接触感染		滴虫病
痢疾内变形虫	人	误食包虫		菌疾
吸虫 *	人	经口或接触	螺类	吸虫病
绦虫囊尾蚴		自体感染	人	囊尾蚴
带绦虫	人	经口感染	猪、牛、狗	绦虫病
蛔虫	人	经口感染		蛔虫病
钩虫	人	经皮肤感染		钩虫病
丝虫	人	经皮肤感染	蚊子	丝虫病
鞭虫	人	蚊虫叮咬		
蛲虫	人	经肛口感染	人	蛲虫病
疥螨	人	接触感染	人	
跳蚤、螨虫	人	接触感染	猫、狗宠物	
虱	人、动物	接触感染	人、动物	

* 吸虫包括肺吸虫、血吸虫、肝吸虫和姜片吸虫等。

寄生虫长期适应于寄生环境，在不同程度上丧失了独立生活的能力，对营养和空间的依赖性增强。寄生虫对宿主的选择性称为宿主特异性（host specificity），表现为寄生虫对所寄生的内环境适应力的增强，主要是形态结构和生理功能发生明显变化，如跳蚤身体侧扁，便于在皮毛间活动。肠道蠕虫多为长形，某些器官退化或消失，如寄生线虫、绦虫依靠体壁吸收营养，消化器官退化。某些器官发达，如生殖器官，雌蛔虫的卵巢和子宫长度为体长的 15～20 倍，日产卵约 24 万枚，牛带绦虫日产卵约 72 万枚，日本血吸虫每个虫卵孵出毛蚴进入螺类体内，经无性蚴体增殖可产生数万条尾蚴，原虫的增殖能力更大，繁殖能力增强是保持虫种生存，对自然选择适应性的表现。吸血节肢动

物消化道长度增加，软蜱饱吸一次血可耐饥数年之久。产生新器官，如吸虫和绦虫产生吸盘适应定居和附着需要。肠道寄生虫存在抑制胰蛋白酶和糜蛋白酶作用的物质，保护虫体免受宿主蛋白酶的作用，并能在低氧环境中以酵解的方式获取能量。

10.3.3.2 寄生虫与宿主关系

（1）寄生虫的类型　根据寄生虫与宿主的关系，可将寄生虫分为4类。①专性寄生虫（obligatory parasite），生活史各个阶段都营寄生生活，如丝虫；生活史某阶段营寄生生活，如钩虫，土壤中营自生生活幼虫发育至丝状蚴后，必须侵入宿主体内才能继续发育至成虫。②兼性寄生虫（facultative parasite），既营自生生活，又能营寄生生活，如粪类圆线虫是世代交替的兼性寄生虫，自生世代在土壤中、寄生世代在宿主肠道内；纤毛虫类的盾纤虫在水体中数量大时侵入鱼体寄生，引起养殖鱼类较高的死亡率。③机会致病寄生虫（opportunistic parasite），如弓形虫、隐孢子虫、肺孢子虫等在宿主体内通常处于隐性感染状态，当宿主免疫功能降低时，出现异常增殖且致病力增强。④偶然寄生虫（accidental parasite），因偶然机会进入非正常宿主体内寄生，如蝇蛆进入肠内而寄生。根据寄生部位可分为体内（endoparasite）和体外寄生虫（ectoparasite），体内寄生于肠道、组织内或细胞内，有蠕虫或原虫；体外寄生如蚊、白蛉、蚤、虱、蜱等，吸血时与宿主体表接触。根据寄生时间的长短可分为长期性寄生虫和暂时性寄生虫。

（2）宿主的类型　寄生虫需要完成生活史，有的需要一个宿主，有的需要两个以上宿主。中间宿主（intermediate host）是幼虫或无性生殖阶段寄生的宿主，按寄生先后分为第一、第二……等中间宿主，如淡水螺和鱼分别是华支睾吸虫的第一、第二中间宿主。终宿主（definitive host）是成虫或有性生殖阶段寄生的宿主，如人是血吸虫的终宿主。某些蠕虫或原虫可寄生于某些脊椎动物体内，在一定条件下可传播给人，这些脊椎动物为保虫宿主（reservoir host）；血吸虫成虫可寄生于人和牛体内，牛为血吸虫的保虫宿主。幼虫侵入非正常宿主（转续宿主，paratenic host 或 transport host）不能发育为成虫，当幼虫有机会再进入正常终宿主体内继续发育为成虫，如卫氏并殖吸虫的童虫进入野猪体内，长期保持童虫状态，犬吞食这种野猪肉，童虫在犬体内就发育为成虫；猪绦虫幼虫在人体内不能发育为成虫，可使人得囊虫病。

4.4 （3）寄生虫与宿主间的作用　在长期协同进化过程中，寄生虫产生了感染侵袭宿主
4.5 的能力，如蛔虫的受精卵在适宜的温度、湿度条件下发育成感染性卵，吸虫经历多个幼虫阶段发育成囊尾蚴；产生吸附、固着结构如吸盘、小钩等，保证虫体能在宿主体内生长、发育和繁殖；体表产生角质膜、微毛、合胞体等结构，防御宿主消化酶的作用并增强吸收营养物质的能力；适应肠道稳定的缺氧环境，神经感官系统退化，进行厌氧代谢；雌雄同体或雌雄不分离，产生发达的生殖系统，并通过幼体生殖提高繁殖力，采取复杂生活史对策适应寻找宿主难的生存环境。

寄生虫在宿主体内生长、发育和繁殖，夺取宿主已消化的营养，引起宿主营养不良和贫血。寄生虫在宿主体内移行、寄生可引起机械性损伤，损害或压迫寄生的部位及其附近组织和器官，如蛔虫幼虫在肺内移行时穿破肺泡壁毛细血管引起出血，蛔虫太多时可扭曲成团引起肠梗阻；棘球蚴寄生在肝内压迫肝组织及其他器官。分泌物、排泄物和

虫体分解物对宿主有毒性和抗原物质的作用，溶组织内阿米巴分泌溶组织酶溶解组织细胞，引起宿主肠壁溃疡和肝脓肿；血吸虫卵内毛蚴分泌物引起周围组织发生免疫病理变化——虫卵肉芽肿；疟原虫抗原物质与抗体形成免疫复合物沉积于肾小球毛细血管基底膜上，引起肾小球肾炎；棘球蚴囊壁破裂，可引起宿主过敏性休克，甚至死亡。同时，宿主免疫系统会产生一系列识别和清除寄生虫的反应，如胃酸可杀灭进入胃内的寄生虫，组织将虫体局限、包围以至消灭。

宿主与寄生虫间相互作用的结果是，宿主清除体内寄生虫，防御再感染；宿主未能清除体内寄生虫，但具有抗感染的能力，维持较长时间的寄生关系；宿主不能控制寄生虫的生长繁殖，表现出明显的临床症状和病理变化引起寄生虫病。

10.3.3.3　主要的常见寄生虫病

寄生虫对人体的危害，主要是引起寄生虫病，对人体健康和畜牧业生产的危害十分严重。在占世界总人口 77%的广大发展中国家，特别是在热带和亚热带地区寄生虫病依然流行，如感染蛔虫的人数 12.83 亿，鞭虫 8.7 亿，钩虫 7.16 亿，蛲虫 3.6 亿，严重威胁着人类健康，甚至生命；在非洲，每天约有 4200 人死于疟疾。

1989 年，《中华人民共和国传染病防治法》把黑热病、疟疾、阿米巴痢疾、血吸虫、丝虫病、包虫病 6 种寄生虫病列为重要的传染病。1996 年，世界卫生组织公布的“十大传染病”中，第 4 位是疟疾，第 10 位是蛔虫和钩虫；重点研究防治的 6 类热带病中有 5 类是寄生虫病。

（1）疟疾（malaria）　由疟原虫引起、按蚊传播的疟疾是最严重的一种寄生虫病， 4.2.3
其传播途径见图 8-2。全球约有 21 亿人生活在疟疾流行地区，每年有 1 亿病例，100 万～200万人死亡。目前尚有 3 亿多人生活在未有任何特殊抗疟措施的非保护区，非洲每年有 100 万 14 岁以下儿童死于伴有营养不良和其他健康问题的疟疾。

（2）利什曼病（leishmaniasis，黑热病）　白蛉子叮咬人，其消化道内存在的利什曼原虫前鞭毛体（promastigote）进入人体后，侵入巨噬细胞内发育成无鞭毛体 4.2.1
(amastigote)，以巨噬细胞为营养进行二分裂增殖，引起巨噬细胞大量破坏、增生，致使肝脾肿大、高烧、贫血，甚至死亡。白蛉子传播利什曼原虫引起的人畜共患的利什曼原虫病（图 10-1 ）呈世界性分布，发生于 80 多个国家，估计患者超过 1500 万，每年新感染的患者大约有 40 万人。

（3）血吸虫病（schistosomaiasis）　由感染了血吸虫毛蚴的钉螺传染给人、畜的一种寄生虫病（图 10-2）。人、畜感染后，通过含有虫卵的粪便污染有螺水域，如果生活 4.4.1.2
于或到过疫区的人接触这种疫水都有感染的可能，造成新的传染性。血吸虫病流行于 76 个国家和地区，大约有 2 亿血吸虫病人，5 亿～6 亿人受感染的威胁。

（4）丝虫病（filariasis）　由蚊虫传播的丝虫病有 2.5 亿人受感染，血液中有微丝蚴的病人或带虫者为该病的传染源，5～10 月为感染的高峰季节。世界上寄生于人体的 4.5.1
丝虫有 8 种，我国仅有斑氏丝虫和马来丝虫流行。斑氏丝虫病是全球性的，受威胁地区的居民有 9 亿多，东南亚、非洲、美洲和大部分热带太平洋岛国尤为严重（图 10-3）。

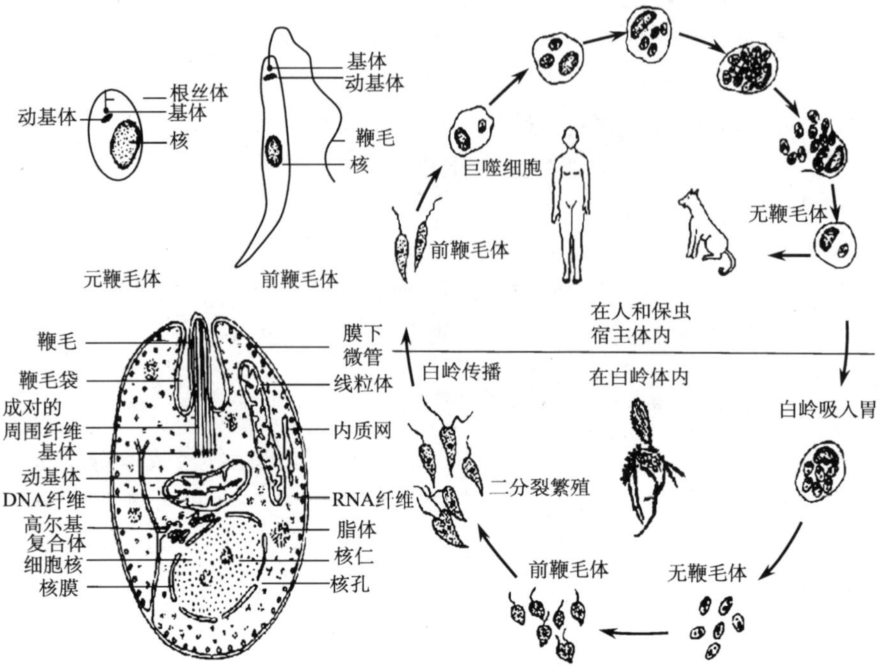

图 10-1 杜什曼原虫的形态结构与生活史

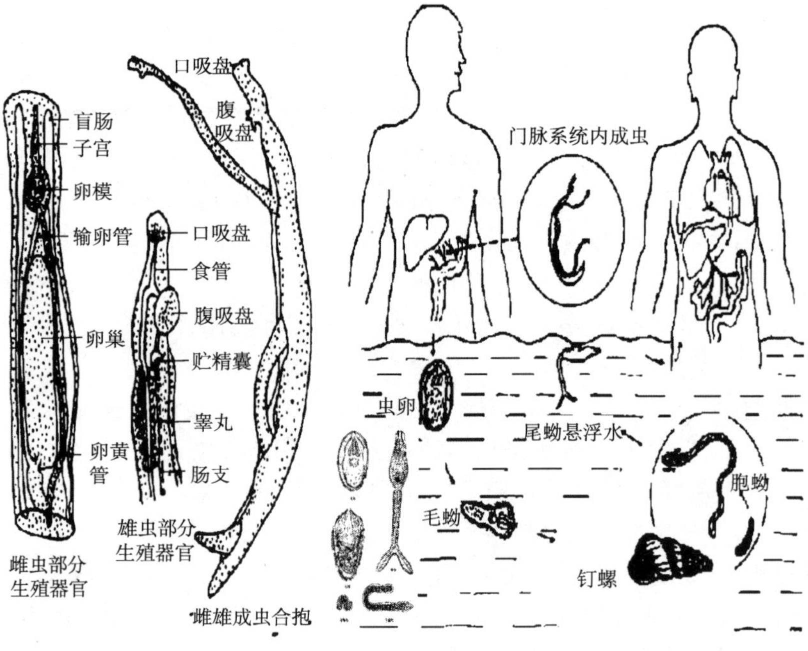

图 10-2 日本血吸虫的结构与生活史

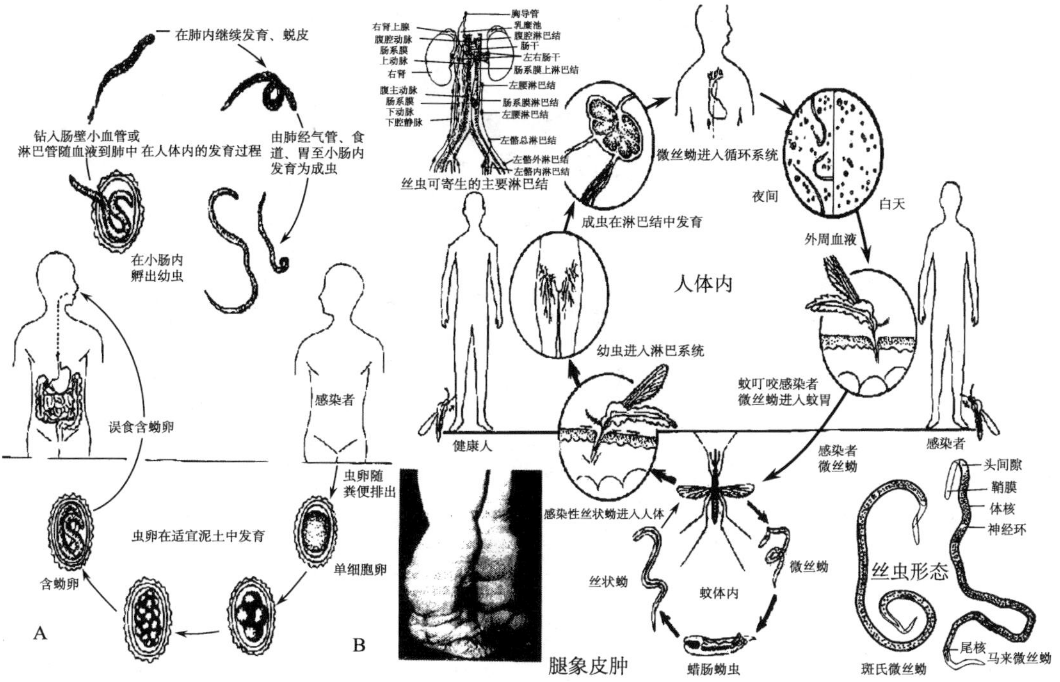

图 10-3　蛔虫（A）与丝虫（B）生活史

蚋传播的盘尾丝虫引起皮肤丝虫病和河盲症，全世界约有 1760 万病人，广泛分布在非洲、拉丁美洲，严重地区失明的患者高达 15%。德国学者新近发现，丝虫皮下共生着特殊的细菌，简单地利用抗生素药物消灭这种内共生细菌，丝虫将不能发育生存。

（5）锥虫病（trypanosomiasis）　非洲锥虫病（睡眠病）感染威胁的人数约 4500 万；美洲锥虫病在南美受染人数至少达 1000 万人。

（6）肠道原虫和蠕虫（intestinal protozoal and helminthic infection）　重要种类有 4.2.2
全球性的痢疾内变形虫（图 10-4）、蓝氏贾第鞭毛虫、蛔虫（图 10-3）、鞭虫、钩虫、蛲虫 4.5.1
（图 10-5）等，地方性肠道蠕虫如猪带绦虫、牛带绦虫等。Peters（1989）估计全世界蛔虫、鞭虫、钩虫、蛲虫感染人数分别为 12.83 亿、8.7 亿、7.16 亿和 3.60 亿。亚洲、非洲、拉丁美洲，特别是以污水灌溉、施用新鲜粪便的农业区有利于肠道寄生虫病的传播；在营养不良的贫苦人群中，多种寄生虫混合感染也是常见的，严重影响人类健康。肠道寄生虫病的发病率是衡量一个地区经济文化发展水平的基本指标，有人称为“贫穷病”，它与社会经济和文化的落后互为因果。因此寄生虫病是阻碍第三世界国家发展的重要原因之一。

我国幅员辽阔、地跨寒、温、热三带，自然条件千差万别，人民的生活与生产习惯复杂多样。历史上，我国曾是寄生虫病严重流行的国家之一，如疟疾、血吸虫病、丝虫病、黑热病和钩虫病等“五大寄生虫病”流行猖獗时，曾经夺去成千上万人的生命。目前，由于市场开放、商品供应渠道增加，食品卫生监督制度不健全，有些东西生食就会吃出寄生虫病，使食源性寄生虫病的流行在部分地区有扩大的趋势。对外交往也输入一些国外寄生虫和媒介动物，给我国人民健康带来新的威胁。

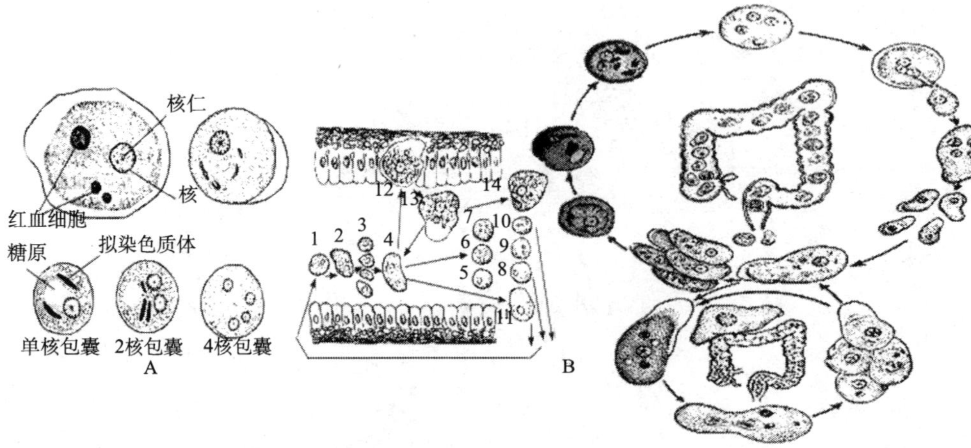

图 10-4　痢疾内变形虫的形态（A）与生活史（B）

1. 进入人肠的四核包囊；2—4. 小滋养体形成；5—7. 含 1，2，4；8—10. 排出的 1，2，4 核包囊；11. 从人体排出的小滋体养体；12. 进入组织的大滋养体；13. 大滋养体；14. 排出的大滋养体

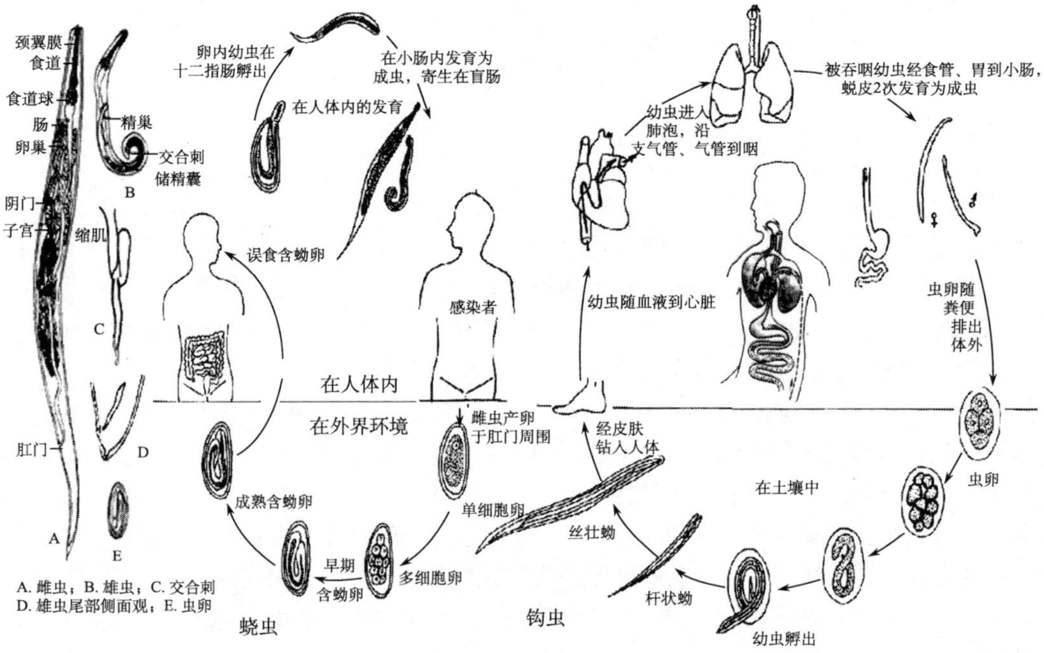

图 10-5　钩虫、蛲虫的形态及生活史

总之，寄生虫种类多，分布范围广，感染人数众多，这一严峻事实已成为不可忽视的公共卫生问题，也是“人人享有卫生保健”战略目标不可忽视的重要问题。

10.3.4　赤潮

赤潮是在特定条件下，海水中浮游植物、原生动物如夜光虫、腰鞭毛虫等赤潮生物爆发性增殖聚集而引起水体变色的一种有害生态现象。

海洋和其他水域是生物与环境、生物与生物之间相互依存，相互制约的复杂生态系 4.2.1
统，其物质循环、能量流动都是处于相对稳定、动态平衡的状态。由于工农业废水和生活污水排入海洋和湖泊导致近海和湖泊富营养化，生态环境和养殖业的自身污染，海运业导致赤潮种类的生态入侵，加上全球气候变化等因素导致赤潮频繁发生。赤潮已成为一种世界性公害，包括美国、日本、中国在内，有 30 多个国家和地区赤潮发生频繁。

赤潮一旦发生，赤潮生物大量繁殖，将破坏海洋正常生态结构和生产过程，破坏渔场的饵料基础，从而威胁海洋生物的生存。赤潮生物分泌的黏液可粘在动物的鳃上，产生的毒素被鱼、虾、贝类等经济动物摄食，从而造成窒息、中毒死亡；赤潮生物死亡后的分解过程大量消耗水中溶解氧，缺氧又引起大量鱼虾、贝类等死亡，破坏原有的生态平衡，造成重大经济损失。赤潮引发的赤潮毒素已确定有 10 余种，其毒性比眼镜蛇毒素高 80 倍，比一般的麻醉剂，如普鲁卡因、可卡因还强 10 万多倍；人类误食含毒素海产品就引起人体中毒，赤潮毒素引起人体中毒事件在世界沿海地区时有发生，严重时也可导致死亡。美国麻省里大学的莫西·贾学森已经在实验条件下，启动并完成了腰鞭毛虫引起赤潮的一系列化学反应过程，合成了称作“bevenal”的赤潮毒素物质，为研究自然水的赤潮现象做了有益探索。

因此，人类应该采取有效措施，减少排污，防止水域的富营养化，赤潮生物失去大量繁殖适宜环境就不能引发赤潮现象。

10.3.5　有害动物的控制、利用

对有害动物，为防止繁殖力强的种类种群密度迅速回升、爆发，以致形成蝗灾、鼠害，对人类社会造成严重危害，为控制“消灭”这些灾害，需要在繁殖期或繁殖前期，常年不懈、持之以恒地采取有效措施控制有害动物的种群数量，降低种群密度，达到控制有害动物使损失降到最小的目的。

10.3.5.1　动物疫病的控制

动物疫病包括传染病和寄生虫病两大类。

（1）传染病　虽然不同传染病的表现千差万别，但具有共同的特征，都是由特定病原微生物引起的，具有潜伏期、临床症状和传染性、流行性等特点。病原微生物在患病动物体内增殖而不断排出体外，通过一定途径再感染其他易感动物，引发相同症状的疾病，并使疾病不断向周围散播传染，传染病在群体中流行时，通常具有相对稳定的病程和特定的流行规律。患病没有死亡的个体能产生特异性免疫力，在一定时期内或终生不再患病。

（2）寄生虫病　患者、带虫者和保虫宿主体内存有寄生虫，可通过接触，经口、皮肤、胎盘、媒介昆虫等多种传播途径感染免疫力低下的人群或其他动物，当环境适宜寄生虫繁殖，生物和社会因素有助于寄生虫传播就会造成寄生虫病的流行。

由于动物疫病缺少传染源、传播途经和易感动物 3 个环节中的任一环节都不能传播流行，因此，疾病的防治需要根据病原微生物、寄生虫生活史及其致病特点，首先采用

药物及时治疗病人，控制传染源，日常公共卫生的重要工作是采取有效措施，控制媒介动物数量甚至消灭之，切断传播途径以防止疫病的传播，通过注射免疫药物保护易感人群，或自觉远离病源免受感染。

10.3.5.2 生物防治

提高人类的生活水平需要进行家畜、家禽、经济动物、蜂、蚕等的养殖，大力发展农牧业需要控制农业害虫，需要我们掌握有关害虫的形态结构、生活习性及生活史等，进行害虫的预测预报，掌握最适时机，利用有益昆虫等天敌动物进行灭虫。

我国是世界上最早利用天敌防治有害生物的国家，晋代和唐代典籍就记载了广州利用“黄蚁”防治柑橘害虫的事例。新中国成立后，我国在利用天敌防治害虫方面的研究和实践取得了迅猛发展，产生了许多行之有效的灭虫模式。通过对害虫与天敌关系的研究了解天敌的结构特点及其生活规律，人工培育天敌控制、消灭害虫，如人工培养、利用线虫防治农林作物害虫，人工培育将卵产于棉铃虫幼虫体内的赤眼蜂，利用赤眼蜂杀灭棉铃虫、防治玉米螟，用七星瓢虫防治棉蚜，用红蚂蚁防治甘蔗螟，利用白僵菌防治玉米螟、大豆食心虫、松毛虫等害虫，培育雄性不育控制有害昆虫繁殖，避免了农药污染，达到控制以至消灭害虫的目的。蛙类和蟾蜍捕食消灭蝼蛄、蚱蜢、蝶蛾类害虫。蛇类和鸮等鸟类、鼬和狐狸等兽类捕食消灭害鼠。

农业生产要根据当地实际情况和生态学原理，合理设计农业生态系统中的食物链结构，引入或增加新的食物链环节，如引进捕食性动物控制有害昆虫，通过研究有害动物的繁殖行为和动植物协同进化的关系，揭示害虫、害鼠种群爆发成灾的生态学机理；研制昆虫和害鼠信息素、生长调节剂和不育疫苗等生物制剂，发展无公害生态控制理论；研究杀虫剂和其他有机化合物的作用机理及其在生物体内和环境中的降解机理，用基因工程方法开发农药解毒新技术；发展控制有害生物的新技术、新途径、新方法，为“绿色食品”的生产和提高人类生活质量提供技术支撑，增加新的生产环节将人们不能直接利用的有机物转化为可以直接利用的农副产品。

10.3.5.3 有害动物的利用

随着科学技术的发展，人类开始对“有害”动物采取有效控制措施的同时化害为利，充分开发利用其产品，如苍蝇，过去人们极力想消灭之，但由于苍蝇体内含有抗菌肽、高蛋白、几丁质、凝集素、溶菌酶等物质，抗菌物质可以杀死多种病菌，其效力是目前已发现的任何一种抗菌素所无法比拟的，因此，分离和纯化这些物质具有广阔的应用前景。目前，许多地方驯养苍蝇产蛆，然后从中提取高级蛋白等物质满足市场需求，或经无菌处理后用于医疗，或作动物性饲料提高鸡的免疫力和产蛋量，提高养殖效率。从蟑螂体内提取的氨基酸与黏多糖的化合物具有较强的抗艾滋病病毒作用，已经用于治疗乙型肝炎；提取的表皮生长因子成为治疗外伤新药的有效活性成分；氨基酸与糖的化合物成为治疗肺心病注射液的主要成分。

首先完成的华丽新小杆线虫全部基因组的测序计划对了解线虫的生命本质及对其他动物基因组的研究都提供了重要的参考依据。蛔虫基因组的研究为揭开治疗白血病与癌症有关的基因变异提供了线索。1982 年，R. D. Palmiter 将大鼠生长激素基因注入小鼠的受精卵内培育出巨型小鼠。从此，就有了转基因鱼、兔、猪、羊等工作的开展，将人类改造动物的工作提高到了一个新水平。

因此，对动物的益害，首先要深入地调查、分析研究，分类等级以确定动物的经济价值，同时，结合当地的经济条件，进行控制或制定驯养开发利用策略，解决有关技术问题。

复习思考题

1. 动物的经济意义都有哪些？人类与动物怎样和谐相处？

2. 宠物与观赏动物有哪些类群？驯养动物有何意义？如何进行驯养？

3. 为什么要保护、开发动物资源、控制有害动物？怎样合理开发利用动物资源？

4. 传染病和寄生虫病的主要特征是什么？怎样防治传染病？怎样根据生活史防治寄生虫病？

5. 寄生动物有哪些类群？如何适应寄生生活？

6. 简述华枝睾吸虫、日本血吸虫、猪绦虫、蛔虫、疟原虫、痢疾内变形虫的生活史。

7. 名词解释：动物资源，动物保护，有益动物，有害动物，疫源动物，生物防治，寄生虫，中间宿主，终宿主，生活史，传播途径。

第 11 章 动 物 进 化

本章提要 古生物学、胚胎学、系统生物学、动物地理学和现代分子生物学的研究都证明动物是进化的，伴随由结构简单的低等动物向结构功能复杂的高等动物进化，生物信息通道、各系统的形态结构和动物的行为都与环境是协同进化的。

拉马克、达尔文、费希尔（R. A. Fisher）与霍尔登（j. B. S. Haldance）和赖特（S. Wright）、德·弗里斯（de Vries）、木村资生（Motoo Kimura）、艾尔德雷奇（N. Eldredge）和古尔德（S. J. Gould）、孟德尔等对进化机制进行了探讨，并提出拉马克进化论、达尔文进化论、综合进化论、突变学说、中性学说和间断平衡理论等多种进化理论。

生命从哪里来？事实证明生物是从无到有进化而来的，不是神塑造了万物；在进化过程中，身体结构由单细胞到多细胞，机能从简单到复杂，种类从低等到高等螺旋式进化（图 11-1）；生活方式从水生到陆生，代谢水平不断提高，对环境变化的适应能力日趋完善，形成种类繁多、形态结构千差万别、生活方式各异的多样性丰富的生物界。那么，生物是怎样进化的呢？

11.1 动物体形态结构和机能的演化

11.1.1 结构决定功能，功能适应环境

4.2 ～ 由于生存环境不断变化，环境变化影响动物的生理功能、行为，使动物和环境之间
4.16 已建立起来的平衡遭到破坏，迫使动物在行为和身体功能、结构上发生适应性变化产生新的结构，如某些物质分子按一定结构结合形成 DNA、RNA、氨基酸和蛋白质，具细胞膜的单细胞结合成多细胞个体，性别分化实现有性生殖，产生口，形成三胚层和体腔，产生脑、颌和眼，五趾型附肢和羊膜卵，解决运动、取食、繁殖等问题，与环境建立新的平衡，适者生存繁衍下去，促使动物进化并把进化获得的结构特征遗传下去，协同进化（coordinate evolution）保证了种族的繁衍。

11.1.2 器官系统作为整体协同进化

4.10～ 在漫长的系统演化过程中，各器官系统的演化是作为一个整体发展演变的，并受环
4.16 境因素的影响制约。一个器官系统的发生和改变必然会引起一系列的其他变化，如水中
6.3.8.4 缺氧或干枯，迫使动物产生适应性变化，完成由水生到陆生的进化；五趾型的附肢发生发展保证了动物登陆成功，骨骼系统愈合或产生新的结构，分节肌肉形成肌束和不同的功能群协调完成复杂的活动；适应复杂陆地环境的机体结构、功能的复杂和完善促进神经、感官系统的发展，敏锐地感受刺激进行反射分析，迅速调节机体做出适当反应，有利于主动取食、逃避敌害的快速运动和生存竞争；完善的个体和种群的生存、发展活动

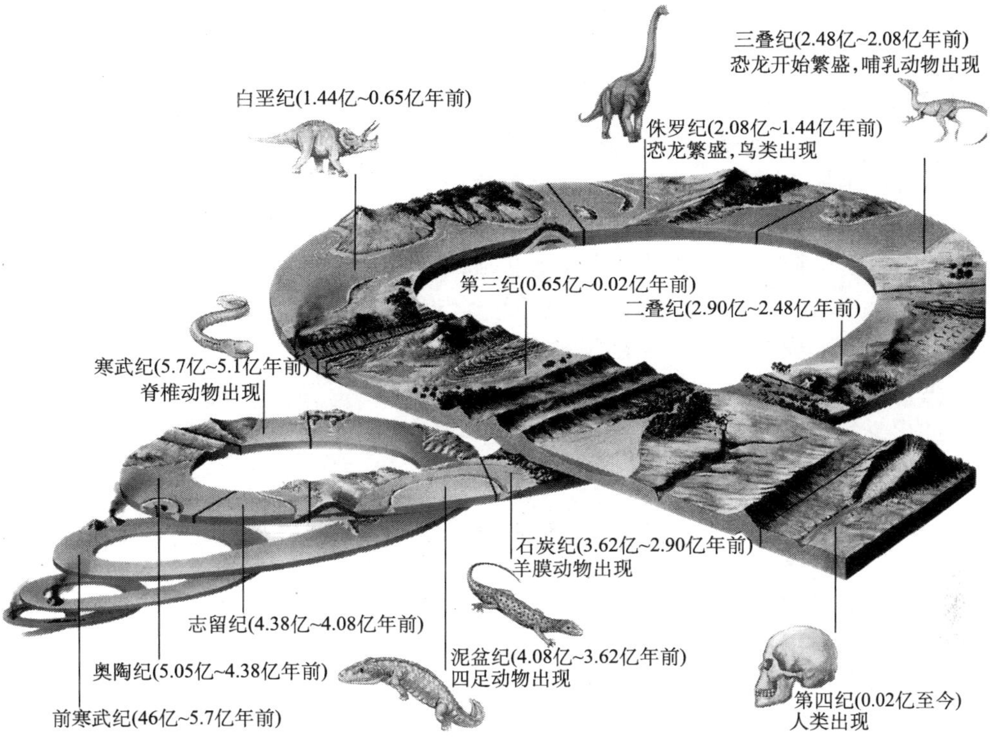

图 11-1　动物的螺旋式进化

需要新陈代谢水平的提高，需要消化、排泄系统的结构、功能的改善，以更好地消化吸收营养物质，更迅速地排出代谢废物，更需要适应空气呼吸的呼吸器官，于是，脊椎动物的肾脏演化成肾单位特别发达的后肾，呼吸器官由鳃变成肺，心血管发生一系列改造、分隔，改变了循环途径，单循环演化成肺循环和体循环，有不同的血压加快了循环速度，防止动脉血和静脉血混合，使含氧量不同的血液输送到不同的器官组织，保证机体及时摄取氧、排出 CO_2，满足高效率代谢气体交换和物质运输的需求。躯体结构不仅结构、功能完善，而且相互协调，实现了高效率、低能耗的快速运动，保证动物在自然选择过程中繁衍生息和进化。

完善已有结构的功能，充分适应生存环境，产生新的结构、功能，将进化成更高级的动物类群，如两栖类产生羊膜卵、颞窝、次生腭、枢椎，腰带移向腹侧形成骨盆，表皮角化形成表皮鳞，便演化成真正的陆生脊椎动物——爬行动物；当兽齿类完善各系统结构功能，口腔中产生唾液腺、臼齿进行物理和化学消化，极大提高营养物质的消化吸收率；脊柱分化为五部分，有颈曲、腰曲，产生肘关节、膝关节，四肢移位于腹下，肌肉发达，实现快速运动；高度发达的神经感官和内分泌系统，特别是新脑皮扩展形成大脑皮层协调机体复杂的生命活动，与多变的内、外环境处于平衡状态；被毛可防止体温过度丧失而使机体处于恒温状态，保证高代谢率以适应快速陆地运动的能量供应，摆脱环境的束缚，有助于向其他生境扩散和生存竞争，产少黄羊膜卵、胎生哺乳，完善的求偶、生殖方式极大地提高了后代的生存能力，解决完善了个体与种群的生存、发展问题而成为最高等、最进步的哺乳动物。

但进化过程并非完全是这样循序渐进的演化，而是基因组“规划、设计多种方案”供自然选择，性细胞和受精卵形成就决定了个体与种群的发育，甚至是演化过程，如三胚层有两种基本形成方式，端细胞法演化成原口动物，不形成体腔进化为扁形动物，中胚层贴靠外胚层形成假体腔的原腔动物，裂体腔后真假体腔混合演化成不分节的软体动物或异律分节的节肢动物，体腔囊发达演化成同律分节的环节动物；体腔囊法形成中胚层则演化为后口动物，体腔囊间的原肠背壁参与肠管形成就演化成棘皮动物、半索动物，与肠管分离形成脊索，并诱导脊椎的形成演化成脊椎动物，从而为不同生态环境的选择提供了动物多样性。

用进化论的观点探讨中医的脏腑问题，就可能找到脏腑的演化定律，解决许多困扰中医界的疑难问题，在教学与临床实践中产生很好的效果。

11.1.3　机体与生存环境协同进化

9.2.2 水生、陆生动物的形态结构产生适应自然环境的进化，寄生虫则产生适应的寄生环
9.2.3 境的进化，如身体多扁平；产生具吸盘、小钩和棘等吸附结构；体表具微毛、被角质
9.3.2 膜，抵抗宿主的消化作用，并增强固着、保护和吸收营养的机能。消化系统退化；进行厌氧呼吸。产生复杂而发达的生殖系统，生活史复杂，经常更换寄主，这是寄生虫种群繁衍生息的良好的适应性对策。

如果环境变化急剧而强烈，机体的行为功能、结构不能适应变化，就会在自然选择中被淘汰，如恐龙和许多已经灭绝的物种。石炭纪出现的爬行动物发展到中生代成为主宰世界的各种恐龙，由于贪婪而疯狂地利用生物资源，小行星撞击地球致使空气布满尘埃造成食物短缺，以及其他种种原因，这些庞然大物无法与鸟类、哺乳动物进行生存竞争而被淘汰，新生代开始了有胎盘哺乳动物的进化，人类在这一时期诞生，向机体结构功能更完善的方向进化，不仅具有适应自然环境的能力，而且具有改造自然的能力，科技和经济活动的迅速发展破坏了自然生态环境，造成局部甚至是全球性的急剧变化，加速了物种的灭绝速度，动物物种及其生物多样性的消失，人类将失去赖以生存的物质基础和环境的生态平衡，进而危及人类的生存，使世界面临人口、资源、环境、粮食和能源五大危机，人类面临着是否能以其固有的生活方式生存下去的挑战。当然，随着村镇大都市化进程的快速发展，许多野生动物，如鹰隼猛禽和熊、鹿等也从其被破坏的山区林地栖息生境迁入城市，由“村民”变为“城市居民”，适应繁华的城市环境并形成与郊区不同的生活习性和动物群体，对控制城市绿地病虫害和清除城市垃圾发挥重要作用，狐狸进城偷食人们的宠物，熊和鳄鱼等则危及人们的生命安全，给人类带来新的伤害。今天，繁衍生存在地球上的所有生物都是演化进化的结果，动物与生存环境协同进化，所以，人类要保护有益动物为其创造优美环境，促进其繁衍生息，控制有害生物，与其他生物和环境协调持续发展。

人们常把动物进化树（图 11-2）画成从单细胞生物进化到哺乳动物和人类为主干，

把人类作为进化的最终产物置于进化树的最顶端。事实上，进化是没有固定方向和终点的，进化并非一定是由低级到高级，由简单到复杂，种类由少到多，如单细胞原生动物一直演化生存着并将继续繁衍下去；许多新物种的产生常由于地质史上的偶然事件和基因突变开始演化进程的。

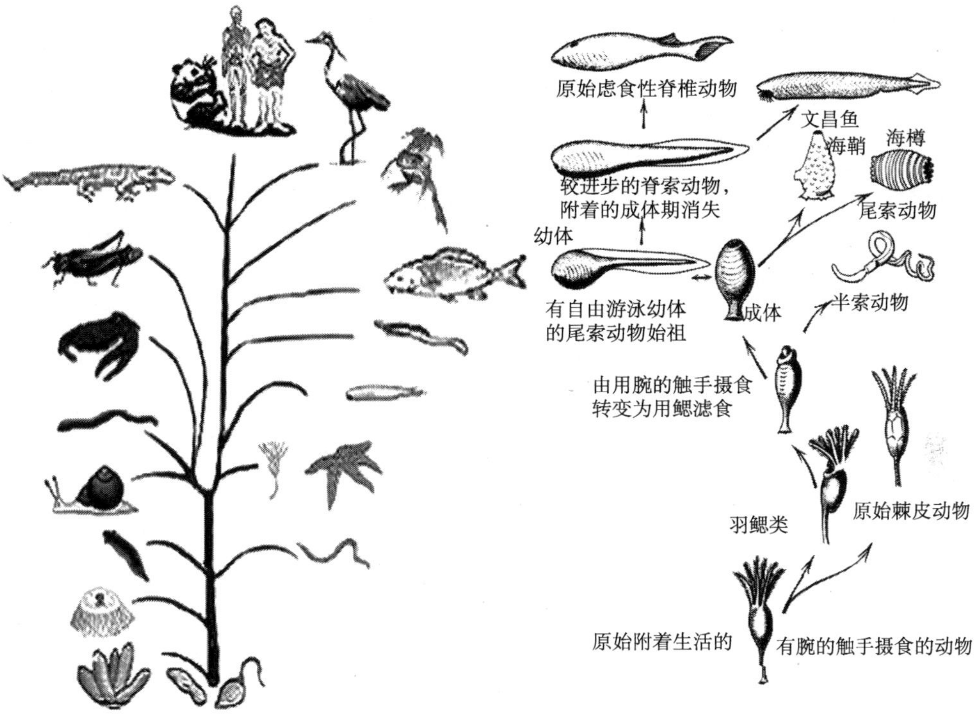

图 11-2　动物进化（A）与脊索动物起源模式图（B）（Romer et al.）

11.2　生物信息通道与行为的演化

生命运动包括物质代谢、能量代谢和信息代谢三个方面。进化是生命体复杂化的 1.1.2
过程，小分子通过电子价键或二硫键、氢键等结合成大分子物质；细胞通过桥连或细胞间质粘连作用连在一起，肌肉附着在骨骼上，血细胞、淋巴细胞在血液中自由流动，细胞通过各种联系构成有机体，在形成复杂组织结构时，必须捕食摄取能量、破坏蛋白质等周围环境中的有序结构，同化形成自身的有序结构，生命系统的这种信息代谢需要机体生物信息通道的增加、扩大以及功能的复杂化，以便加快加大信息流量适应生存环境。

通常所说的生物信息（biological information）或遗传信息是指核酸和蛋白质分子的结构信息；生物信息学（bioinformatics）是 20 世纪 80 年代末随着人类基因组计划的启动而兴起的一门新的交叉学科，又称为基因组信息学。美国每年拨出相当大的经费支持生物信息学的发展。日本经济虽然不甚景气，但发展科学技术雄心却不减弱，1998年用于发展基因组生物信息学技术的经费大约是1997年的533%。伴随信息时代的到来，生物信息通道对动物进化等方面的影响愈来愈引起人们的关注。

11.2.1　生物信息通道

机体是一个封闭的开放生命系统，其新陈代谢活动需要不断与环境进行物质、能量
4.2～ 和信息的交换。

4.16 原始的物质交换是通过界膜渗透作用完成从外界吸收物质、排出废物实现的。在漫长进化过程中，产生了细胞膜替代原始的界膜，通过离子通道和周围环境进行物质交换，对机体内、外物质交换的控制作用更加完备。伴随多细胞动物的进化，动物体内的吞噬细胞保留了吞噬功能，除细胞膜的介导、跨膜共运、Ca^{2+}泵、离子通道、膜孔蛋白、亲水膜通道等主动、被动跨膜的溶质运输，保证溶质逆浓度梯度或电化学梯度运输外，适应体内细胞和机体生理功能提高的需要，同时产生不同界门式信息通道提高信息流量，于是，动物在身体的某些部位形成开口，如口、肛门、鼻孔、耳孔、眼、尿殖孔、毛孔等构成“生物信息通道”（biological information chunnel），加大物质和气体、声等进出机体的信息流量，满足高效能代谢的需要，愈高等动物形成的信息通道愈多、功能愈细，信息流的调控作用愈完善。

11.2.2　生命活动需要生物信息通道平衡畅通

与动物的运动方式相适应，作为生命的信息物质，由于食物的重力势能和小分子气味物质的浮力作用，总是从身体的前上方进入机体，由前上方向后下方流动，固体物质从肛门、液体从排泄孔、毛孔排出，最终头部形成眼、鼻、耳和口七窍，后部形成肛门和泄、殖道二阴，信息流的增加不仅与信息通道的扩大增粗有关，而且与机体的运动状况和代谢活动密切相关。

信息流畅通过度，信息流出过多，如甲亢病人代谢活动强，机体消瘦；拉痢使营养物质不能被消化吸收，并造成机体失水而危及生命。信息流不通畅，如摄食过多，同化作用超过异化作用，机体就会肥胖；气管炎造成气管狭窄、呼吸困难；肠梗阻、肾结石等使体内废物不能及时排出就是病症，故中医有“通则不痛，痛则不通”之说；当供应和摄入过多、排出减少，机体积累某些物质和分子过多，如雌激素在雄性体内积累，会引起雌性化，由量变到质变，甚至造成基因突变，产生遗传变异，就会严重影响后代的生存适合度。

动物受到环境刺激就会产生反应，刺激就是环境中理化因子产生了变化。入口众多、出口太少无法实现信息通道平衡畅通，只有生物信息通道保证信息流平衡畅通，才能维持正常的生命活动，保证机体内部及其与环境的统一，保证个体与种族生存繁衍下去，因此，包括食物在内的各种信息在机体的入口、出口的数量、大小、比例和功能，随着动物向前进化也向着更有利于进行信息交换的方向发展（表11-1）。

表 11-1　生物信息通道的数量（种类）及功能数

	原生动物		腔肠动物		扁形动物		原腔动物		环节动物		节肢动物		鱼类		雄性兽类		雌性兽类	
	数量	功能	数量	功能	数量	功能	数量	功能	数量	功能	数量	功能	数量	功能	数量	功能	数量	功能
口	1	1	1	3	1	2	1	1	1	2	1	1	1	3	1	6	1	6
肛门							1	2	1	1	1	2	1	2	1	1	1	1
鼻气孔											14	1	2	1	2	2	2	2
眼（点）					2	1			2	1	2	2	2	3	2	3	2	3
听觉											2	1	—	1	2	2	2	2
前阴															1	2	1	2
体表			1	4	1	2	1	2	1	3	1	2	1	3	3	2	3	3
侧线孔													2	1				

11.2.3　生物信息通道的演化

在动物机体内，多种因素影响物质的信息流，如体内物质的储存、排出和进食，神经-激素影响进食和代谢，能量摄入与运动强度等都对机体产生重要影响。

11.2.3.1　物质、能量信息通道的演化

食物信息通道的直径、结构和数量决定物质和能量流动的方式和流量的多少。水环境中的化学物质沿浓度梯度变化，细胞膜有渗透扩散使原生动物通过吞噬作用进行细胞内消化，形成胞口或临时胞肛扩大加强物质流通。

海绵动物胚层逆转发育，孔细胞形成众多入水孔，只有 1 个出水孔，难以有效调节信息流，不能适应进化的需要，成为侧生动物。

腔肠动物产生原口和消化循环腔，具有进食、排便和呼吸多种功能，开始了细胞外消化，有助于扩大取食范围，提高消化效率，但肛、口功能合二为一效率较低。扁形动物产生原肾管，体表有排泄孔和雌、雄生殖孔，完成、加强代谢废物和生殖细胞排出的功能。

纽虫和原腔动物产生肛门，肛-口功能分开，消化管明显地分为前肠、后肠和中肠，实现食物与粪便的分离有助于肠管的分化和机能的加强，废物渗透进入体腔液内经排泄孔排出，液体和固体排出物从不同途径排出；产生管状生殖道开口，初步实现信息的快速进出平衡。消化道由口和肛门合二为一演化为一分为二，促进消化道的结构和机能的分化和复杂化，有助于提高消化吸收机能和代谢率。

环节动物产生肌肉质咽，节肢动物附肢参与口器形成，原口演化出后口后，脊椎动物又产生上下颌和齿，极大地加强了食物摄入功能，为生殖和加强代谢提供更多的能量；产生真体腔、后肾管，有肾口、肾孔与体腔、环境相通，产生不同类型的肾脏和肾单位直接从血液浓缩代谢废物，提高排泄功能。正如高速公路促进经济发展一样，生物信息通道孔径变粗和种类、数目的增加，信息流量大而快，功能加强，极大地提高了物质能量代谢，促进了动物的进化和演化历程。

11.2.3.2 光信息通道的演化

7.1.1 感受光信息的首先是原生动物由胡萝卜素颗粒组成的眼点，蚯蚓的皮肤感光细胞，文昌鱼神经管侧腹面由色素颗粒和感光细胞组成的脑眼，仅能感觉光线强弱，区分明暗。

4.6.3 感光细胞逐渐进化，感光部分凹陷甚至变成囊状，外面形成有色素细胞的膜形成
4.7.2 眼，成为光进入体内的光通道。多毛类的眼色素杯状，由角膜、晶体、光感受细胞和色
4.8 素细胞组成。螺类皮肤内陷形成眼，有视网膜和晶体；基本结构与脊椎动物眼相似，但
来源不同的乌贼眼，视网膜有杆状细胞，光透过晶状体后直接聚焦到感光细胞上，能在黑暗的深海中发现猎物。

陆生动物需要感受颜色和形成物像的眼，如蜜蜂需要分辨各种花朵，萤火虫发光并接受光信号，于是，节肢动物产生众多表面六边形的小眼构成的复眼，具有非常敏锐的视力，昆虫可以产生趋光性反应。脊椎动物的感光神经细胞与色素细胞在胚胎发育过程中，从脑移到外部形成视杯，色素细胞与感受神经细胞排列位置反转使视网膜形成盲点，皮肤内陷形成角膜与晶体，控制进入眼内光线的强弱，精确调节视觉，及时发现多变的环境视觉信息，如食物的形态、色泽和雾气等视觉信息。

11.2.3.3 化学信息通道的演化

7.1.4 软体动物和昆虫体表向外突出的触角和嗅毛。嗅窝、项器、头感器、犁鼻器等是体表内陷形成的。鱼类一对嗅囊不与口腔相通，嗅上皮纤毛运动和鱼体运动使水流在鼻囊中流动，检测水中化学气味物质；呼吸水流必须由口进入鳃腔由外鳃孔排出，呼吸与嗅觉无关。四足动物产生内鼻孔后，气流经鼻腔进出肺部，空气呼吸的同时检测其中化学物质产生嗅觉，比直接用嘴摄取空气生存价值更大；随着循环和呼吸系统的演化，呼吸通道由水生动物的鳃孔演化为陆生动物的鼻腔。外突、内陷形成的两种基本化学信息感受器类型，促进了气味物质携带的信息能迅速进入机体引起反应。

11.2.3.4 声、平衡信息通道的演化

7.1.2 最初，体表内陷形成的触手囊和平衡囊，只有平衡感觉功能，在演化过程中集中、结构功能复杂化，适应陆生环境和听觉功能重要性的增加，形成声平衡感觉器官，如腔肠动物多个平衡囊或触手囊位于触手基部或缘膜缺刻处；涡虫和沙蠋的平衡囊向头部集中。发声昆虫产生具鼓膜的听器。鱼类除有侧线感觉水压、水波振动，还产生内耳，声波透过表皮传到内耳，接着，空气产生的声波经过外耳道、中耳腔传到陆生脊椎动物的内耳，将分开的平衡和听觉功能结合起来进行，平衡和内耳共同的基本结构是囊内有数量不等纤毛上皮细胞和大小、数量不同的平衡石。利用超声波回声定位的蝙蝠、海豚和发声的昆虫、鸟类等都通过加强声平衡信息通道进行通信。

11.2.4 动物行为的进化

伴随神经和信息通道、流通方式的演化，感受刺激后，动物的反应越来越准确灵

敏，原生动物产生趋性反应，腔肠动物引起全身性收缩，环节动物出现完整的初级反射弧，不同体节能独立收缩，完成蠕虫型运动。动物的运动方式由细胞运动、固着生活或漂浮运动、底栖缓慢运动演化成快速游泳运动，由水生运动演化成具有附肢（节肢或五趾型附肢）的快速陆地运动。

昆虫的反射活动趋向多样化，在中枢脑神经的整合下完成跳、飞等复杂运动。脊椎动物由于复杂而高度发达的肌肉系统、内骨骼和神经内分泌系统，不仅具有各种复杂的由自然选择进化形成的本能行为模式，而且产生明显的后天获得性的学习行为；学习能力随动物的进化，特别是神经系统脑的分化、进化而发展，灵长类可以利用经验、悟性学习行为进行推理，通过分析综合从经验的判断中推出一种新的判断能力，先知、预测即将发生的行为模式，做出适当的行为反应，有助于个体和种群的生存发展。对于人类来说，在物质和精神因素的作用下，自觉而主动地注重学习方法改进，将使学习这种积极、主动的过程成为最有效的学习行为，完成更高级、复杂的行为，故人类行为中最主要的是学习、利用经验和理性的活动。

总之，随着进化，动物机体与外界的信息通道数目增多，功能多样化，由单通道向司食物、生殖、信息获取等多种功能、多通道方向发展，或向结构集中、功能复杂化的方向发展。行为日趋复杂化，作为动物生存发展的“工具”，使动物适应生存环境，重要的是用行为改造环境，如动物打洞、筑巢，主动创造适宜的生存环境。

11.3　动物进化的历程

35亿年前，地球上首先出现细菌、蓝藻等原核生物，然后形成真核生物，寒武纪出现无脊椎动物所有门类，并向更高级形式的动物进化。在进化过程中，各动物类群都产生一些新的适应生存环境的特殊结构和形态功能，新的体制、形态结构和功能更有效地适应不断变化的生态环境，从而演化成更高等的动物类群。因此，种系发生、演化是进化生物学家与分类学家共同关心的问题。

11.3.1　小进化与大进化

20世纪40年代，美国遗传学家R. B. 戈德施米特提出，通常的自然选择在物种范围内作用于基因，产生小进化；而“进化中的决定性步骤、走向大进化的第一步、由一个种变为另一个种的进化步骤则需要另一种进化方式，而不是靠微小突变的积累”。许多的进化论者认为，物种内发生的进化过程可能与由一类生物进化为另一类生物的过程不同，即小进化（微观进化）与大进化（宏观进化）过程不同。进化研究领域可分为研究种以下进化改变的“小进化”（microevolution）和研究种以上层次进化的“大进化”（macroevolution）。

11.3.1.1　小进化

物种内的进化是种群内发生的微小变异，很多物种内的进化是可以观察到的，研究也比较容易，可从遗传学角度进行分析。

物种内基因频率的改变是小进化的一个具体表现。每个基因在特定的染色体上占有特定的位置，并且染色体某一特定位置上有几种不同形式的等位基因。在一个物种或一个种群中，等位基因的各种形式所占的比例就是基因频率，基因频率是有相对的稳定性的，但有很多因素可导致物种或种群的基因频率发生改变引起物种内的进化，如在特定的环境下，一些等位基因能更好地生存繁殖，其比例逐渐升高，这些等位基因在种群中能够扩散，自然选择使原来的基因频率发生改变；动物种群间发生迁移改变了种群的基因频率；遗传物质的突变和遗传漂变；在导致基因频率改变的因素中，突变是产生新等位基因的根本原因，自然选择则引起基因频率发生变化，在特定选择条件下，基因频率的改变是定向的，遵循“适者生存”原则，迁移和遗传漂变也在一定程度上影响着基因频率的变化。实际上，基因频率发生改变常是两种以上因素共同作用的结果。

小进化研究种以下的进化，如小进化的因素和机制，研究遗传突变、自然选择、遗传漂变等因素如何在个体和群体层次上起作用、引起群体遗传组成的改变；研究小进化因素如何导致种内群体间隔离的形成和发展，种内分化和由亚种到种的发展过程。对小进化，特别是对种内基因频率变化的研究已经取得了不少实质性的进展。

11.3.1.2 大进化

大进化研究的对象主要是化石，最小单位是种，研究种以上分类单元在地质时间尺度上的进化。如种及种以上分类单元的起源和进化因素；进化型式；进化速度，即形态改变的速度和分类单元的产生，种的寿命或绝灭速度等；进化的方向和趋势；绝灭的规律、原因及其与进化趋势、速度的关系等。古生物学家和生物分类学家对进化型式的研究贡献最多。

在进化史中，多数进化与生物体内的复杂结构、器官系统以至个体的重大变化是有关的。大进化现象是普遍存在的，是通过比较生物的外部形态及其功能来加以研究的，虽然遗传物质到底发生了什么变化现在还不清楚，但可以肯定是不能还原成小进化中的遗传变异的。众多生物种类可以归纳为数目不多的大类，如脊椎动物、昆虫、软体动物等，每类动物有共同特点，如近 100 万种昆虫都有 3 对足；大象、蝙蝠、鲸、灵长类等哺乳动物的基本结构特点是一样的。而另一方面，如何从一大类生物进化到另一大类有较近亲缘关系的生物，如爬行动物进化到鸟类，是生物进化研究中的一大难题。

近年来，学术界对小进化与大进化展开了激烈的争论。现存无脊椎动物大部分门类是进化早期较短时间内产生的，此后没有什么重大变化。古生物学对化石的研究也发现，新种类是在较短时间内形成的，然后有一段进化停滞时期；间断平衡学派认为小进化机制不能解释大进化事实；现代综合进化论认为小进化是基础，小进化机制在一定程度上可以说明大进化的现象。事实上小进化与大进化都研究物种形成，二者在物种层次上相互衔接，是生物进化中的两个不同的层次，把它们区别开来有利于进一步深入研究生物进化的问题。

11.3.2 单细胞动物的起源和演化

4.2 原始海洋中被保留下来的凝聚体在结构复杂化过程中，产生了细胞膜、细胞质和细胞核，形成一个开放而封闭的独立系统，获得新陈代谢等生命特征，成为最简单的活有机体，并在长期进化过程中演化为现代原生动物，至今，仍是繁盛的单细胞动物类群。

营养方式论者认为有色鞭毛虫是最原始的类群；现存原生动物只有鞭毛虫纲具有渗透、光合和吞噬营养 3 种营养方式。因此，最古老的原生生物应是靠无机环境渗透营养的无色鞭毛虫；能营光合作用的绿色原鞭毛虫（*Protomastigordora*）一旦失去色素体，就变为无色鞭毛虫，可以进化为绿色植物或动物；这种类型的原鞭毛虫现在还存在。结构论者认为根足虫纲是最原始的，其他原生动物是由古老种类发展而来的；原始鞭毛虫演化成鞭毛虫纲的过程中，形成纤毛虫，并演化为肉足纲，现存变形鞭毛虫具鞭毛和伪足说明了它们的亲缘关系密切；孢子虫生活史中的一定阶段具有鞭毛或伪足运动胞器，说明孢子纲可能来源于鞭毛纲或肉足纲。

多细胞动物体内仍然存在的基本结构类似的细胞，如精子似鞭毛虫，纤毛上皮细胞似纤毛虫，吞噬细胞的吞噬行为似变形虫，受精卵进行卵裂似孢子虫的裂体生殖等，按照痕迹器官进化理论，它们间应该存在某种进化上的联系。因此，有多种理论探讨多细胞动物的起源。

11.3.3　两胚层多细胞动物的起源和演化 4.3

太古代的有孔虫化石、原生动物的群体鞭毛虫在形态上和多细胞动物相似，现在多细胞动物都是从一个受精卵发育成个体；显微镜下观察一种似水母的深海动物，发现多细胞群体中的细胞各有分工，分别负责运动、捕食、传送养料。这些古生物学、形态学和胚胎学的证据都证实，多细胞动物是从单细胞动物起源的。首先产生的海绵动物和腔肠动物都属两胚层动物，但演化路线明显不同。

海绵动物没有组织分化，靠其特殊结构——水沟系使细胞直接与水接触，完成取食、呼吸、生殖等功能；领细胞和领鞭毛虫构造一样；个体发育产生两囊幼虫、出现胚层逆转现象。体内具有的核酸、氨基酸和其他多细胞动物的相似，因此，海绵动物可能是由原始的群体领鞭毛虫演化而来的多细胞动物进化的侧枝。

腔肠动物具有水螅型和水母型结构基本相似的两种体型，水螅型适于固着生活，水母型适于漂浮生活；个体发育形成浮浪幼虫，似俄国学者梅契尼柯夫（Metschnikoff） 4.3.2
假设的群体鞭毛虫，1874 年德国人 E. Haeckel 提出，后生动物起源于由鞭毛虫聚集成囊胚后形成具纤毛、自由游泳、似浮浪幼虫的原肠虫，细胞移入后成为原始腔肠动物，出现触手为水母型，所以原始腔肠动物是腔肠动物的祖先。消化循环腔的产生预示着消化系统的诞生与分化，摄食能力的增强将促进动物的进化。

水螅纲的水螅型和水母型个体结构简单，生殖腺来源于外胚层；钵水母纲水母型发达，结构复杂，珊瑚纲只有结构复杂的水螅型，它们的生殖腺都来源于内胚层，所以，钵水母纲和珊瑚纲起源于低等水螅纲，沿不同的途径进化发展。

11.3.4　扁形动物的起源和演化 4.4

Lang 主张，栉水母丧失游泳能力、水底爬行，产生中胚层，为器官系统的产生分化，提供了物质基础，逐渐演化进化成扁形动物，特征与多肠目涡虫相似。Graff 提出浮浪幼虫样祖先身体扁平，神经系统移向前方，适应爬行生活演变为原始的无肠目涡虫。大口虫具有简单的咽、不分支的盲囊状肠、放射状排列的神经索、额腺（frontal gland)、螺旋型卵裂等原始特征，是最接近祖先类群，分支演化成无肠目；1974 年，Karling 提出扁形动物是介于无肠目和大口虫目之间的一类动物演化而成。

吸虫的幼虫具纤毛，成体后消失，神经和排泄系统与单肠类相似，营共栖生活的涡虫的纤毛和感官退化，故自由生活的涡虫适应寄生后演变成吸虫纲，进一步适应寄生演化为绦虫纲；但绦虫纲的神经、排泄系统相似于单肠类涡虫，单肠类涡虫借无性繁殖组成链状群体可能和绦虫产生节片的能力有关，绦虫纲也可能起源于单肠类涡虫。

4.5 ### 11.3.5 原腔动物的起源演化

轮虫的焰球原肾管与单肠类涡虫相似，雌雄异体，具卵黄腺，螺旋型卵裂，双腹式神经，体型扁，头冠具纤毛，这些形态结构和胚胎发育的特点说明轮虫可能由涡虫类演化而来；轮虫和腹毛动物具有足腺、纤毛和焰球原肾管等相似结构，常被列为担轮动物(*Trochelminthes*)。腹毛动物与线虫有角质膜，尾具黏液腺等相似特征，同时具有纤毛，双腹式神经，雌雄同体等与涡虫相似的特征，作为中间类型的腹毛动物说明线虫动物与涡虫纲有一定的亲缘关系，但线虫无纤毛，具特殊的排泄管、纵肌层和线形生殖系统等与其他原腔动物显然不同的结构特点，是动物演化上的一个盲支。

4.6

11.3.6 软体动物的起源和演化

软体动物因具有螺旋式卵裂、担轮幼虫、后肾管、次生体腔等与环节动物共同的特征，故二者有共同的系统起源，但软体动物朝体节消失、不活动方式演化，运动器官和神经、感官退化。其中，单板纲、无板纲和多板纲较原始，接近于祖先型；瓣鳃纲具楯鳃、足具跖面，与腹足纲相近；掘足纲的贝壳呈筒状，分化较早而与其他纲疏远；头足纲具有原始特点，如生殖腔与体腔相通，生殖管源于体腔管，但具有许多特化的进步特征如直接发育，闭管式循环系统，软骨质骨包围高度集中的神经系统，眼的结构与脊椎动物相似等，是较早分化、沿活跃生活方式发展的独立进化分支(图 11-3)。

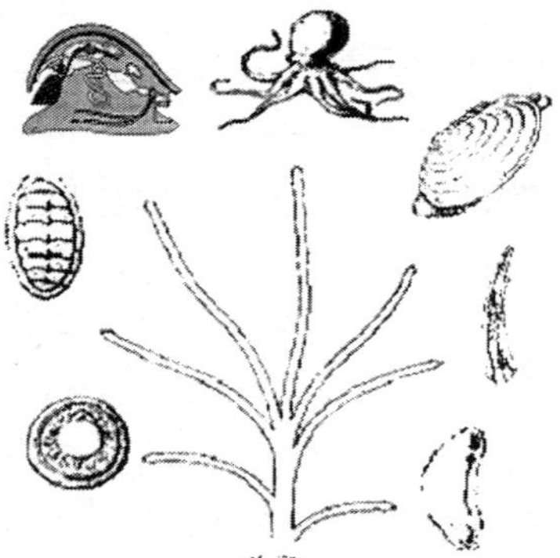

4.7 图 11-3 软体动物演化

11.3.7 环节动物的起源和演化

环节动物的后肾管与扁形动物的原肾管相似，多毛类和多肠目涡虫螺旋式卵裂，担轮幼虫与牟勒氏幼虫相似，三肠目涡虫的肠、生殖腺和神经具有原始的分节现象，因此，环节动物起源于涡虫纲；但多毛类有担轮幼虫，假想担轮动物与轮虫动物门的球轮虫相似，故有人认为起源于担轮动物（Trochoaoan)。

寡毛纲较早分支演化，适应陆地穴居生活，有刚毛；Aeolosomatidae 科具纤毛窝，后肾管兼作生殖导管，为多毛类和寡毛类间的过渡类型。蛭纲与寡毛纲均雌雄同体，具生殖带和交配现象，产卵茧，并且棘蛭类具发达体腔、前端体节有刚毛、血管等寡毛类特征；寄生寡毛类（蛭形蚓）体末端有吸盘、口腔具颚等特征与蛭纲相似，表明蛭纲可能由原始寡毛类演化而来。

多毛纲比较原始，原环虫类（Archiannelida）神经与上皮尚未分开，体节不明显。原始多毛类在演化过程中，发展为海产、穴居的螠虫门动物或为海底泥沙中生活的星虫门动物。它们具有与多毛纲相似的特点，如体腔发达，后肾管兼作生殖导管，雌雄异体，幼虫似担轮幼虫；但螠虫幼虫保留分节现象，具刚毛；星虫不分节，无刚毛，U形消化管，幼虫具后肾管等，具有与环节动物显然不同的特征，演化关系疏远，地位尚难确定。

海底管栖生活的须腕动物（Pogonophona）有刚毛，身体分节，固着器分节明显且结构、来源与环节动物相似；但成体没有消化管，体腔性质未确定，有学者认为属环节动物，一般将须腕动物另立为门。

11.3.8　节肢动物的起源和演化 4.8

节肢动物由环节动物演化而来是学者公认的，但起源的方式、各类群间的亲缘关系众说纷纭。普遍说法是，节肢动物远祖——海栖原有爪类（Protoonychophora）朝有爪纲→多足纲→昆虫纲，或三叶虫纲→甲壳纲→肢口纲→蛛形纲两个方向演化。

有爪纲动物体表有薄的角质膜，皮肌囊由平滑肌形成，肾管按体节排列，步足成对末端带爪，气管呼吸，具有环节动物和节肢动物的形态结构，为二者间的过渡类型，是早期演化的侧支。

三叶虫纲动物体被几丁质背壳，由两条纵走的背沟分为中轴和肋叶三部分，故名。甲壳纲具有多数体节和多对很少特化的双枝型附肢，20 世纪 50 年代以来发现的原始甲壳动物—— Cephalocarida 类群，进一步证实它们是由三叶虫演化而来的。肢口纲是一类残遗动物，幼虫与三叶虫幼体相似，源自甲壳纲或直接由三叶虫演化。肢口纲从海栖过渡到陆栖演化为蛛形纲。

多足纲具备节肢动物的特征，附肢有关节，头部发达，角质膜坚厚；昆虫纲适应陆栖生活，为节肢动物最高等类群，与多足纲源自共同祖先，故都有一对触角，具有气管、马氏管；无翅亚纲昆虫与前殖亚纲多足动物具有更多的相同特点。但鉴于云南寒武纪早期的澄江生物化石群研究发现，有人认为生活于滨岸湖泊的单肢类节肢动物直蟹类（Euthycarcinoidea）才是昆虫的祖先，抚仙湖虫可能是昆虫的远祖（图 11-4）。

11.3.9　棘皮动物的起源和演化 4.9

棘皮动物的幼虫两侧对称，成体五辐射对称。已灭绝的海林檎类（Cystidea）和海蕾类（Blastoidea）等化石种类两侧对称，祖先型两侧对称的对称幼虫（dipleurula）与棘皮动物幼虫相似。五触手幼虫（pentactula）两侧对称，具 3 对体腔囊，5 条围绕口的中空触手是体腔囊的延伸、形成水管系统的基础；营固着生活的五触手幼体逐步转化为营自由生活的辐射对称成体，故五触手幼虫可能是棘皮动物的祖先。

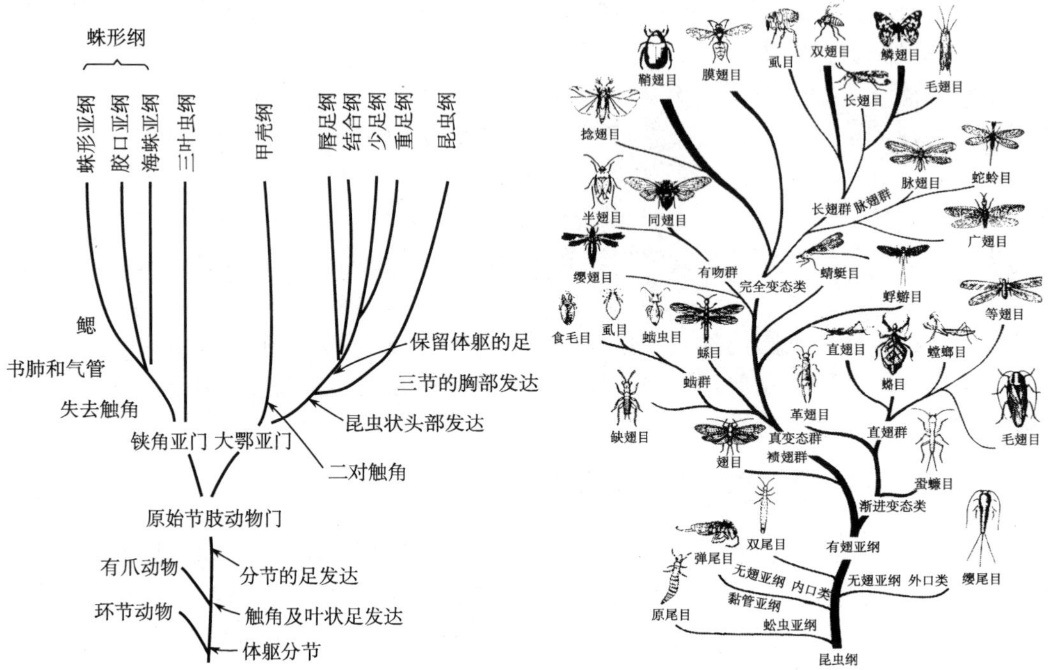

图 11-4　节肢动物门各纲的系谱树及昆虫分类进化树

11.3.10　脊索动物的起源和演化

由于脊索动物原祖没有形成化石，难以通过化石探求脊索动物起源，只能用比较解剖学和胚胎学等资料进行分析推断。于是，有许多关于脊索动物起源的假说，如“环节
4.9 动物学说”等，但因论据不足而不被接受。

4.10 半索动物有咽鳃裂、背神经管等脊索动物的结构特点，胚胎发育、幼体形态和棘皮动物相似；肌蛋白生化成分分析表明，脊索动物具肌酸，无脊椎动物含精氨酸，半索动物与棘皮动物的肌蛋白中含有肌酸和精氨酸；化石资料证明，似棘皮动物具鳃裂、肛后尾和背神经索，用鳃裂滤食，似现代原索动物；故“棘皮动物说”主张半索动物、棘皮动物与脊索动物源自共同祖先；一支进化为棘皮动物，一支进化为半索动物，为无脊椎动物向脊椎动物演化之过渡类型；主干支进化为脊索动物。

英国生物学家 N. Garstang（1928）提出了脊索动物幼体进化假说。原始祖先具鳃裂，似被囊动物营栖固着生活；随后出现具脊索、背神经管和肛后尾的蝌蚪样幼体阶段，比固着生活的成体阶段时间更长；幼体性成熟，具繁殖能力的蝌蚪样幼体发展为脊索动物的祖先。作为“幼体”性成熟的实例、早期进化的样板，尾海鞘纲的生活史可明显地看到这一点。羽鳃纲动物用具纤毛带的触手腕滤食，当鳃裂进化为一种更有效的取食方式后，就替代触手腕滤食演化成更高等的动物类群（图 11-2）。

文昌鱼的鳃裂像海鞘，循环系统和按节分布的神经与肌肉系统似脊椎动物，内柱与甲状腺同源。受精卵卵裂过程中，染色体具有与海胆等相似的双层膜结构。中胚层与体腔囊形成方式，前 14 对体节同于棘皮动物与半索动物，后部从独立的细胞带形成，与脊椎动物一致。七鳃鳗幼体——沙隐虫（*Ammocoete*）具脊索动物的基本特征，和尾索动物幼体、文昌鱼相似，营钻沙生活，用鳃裂和围鳃腔滤食，具有脊椎动物的肾、肝和胰以及分节排列的肌肉，为联系原索动物与脊椎动物的最好代表，它们有共同的祖先。但文昌鱼是特化的动物，脊索前端超过神经管，肾管和生殖腺按节排列，是脊索动物进化中离开主干的侧支。

羽鳃类和已灭绝的海果类、腕足类与棘皮动物都有相似处，因此，学者认为固着生活、滤食的羽鳃纲是脊索动物祖先的模型，分支适应辐射演化。图 11-2 作为一种假说总结了脊索动物早期的进化线索，“触手腕滤食祖先”是棘皮、半索和脊索动物的共同祖先，羽鳃纲是进化侧支。进化主干是成体营底栖固着生活、鳃裂滤食、幼体游泳生活并性成熟繁殖的祖先型动物——原始无头类，侧支演化为文昌鱼类，主干进化为以鳃滤食的有头、无颌原始有头类，开始脊椎动物的进化历程，演化出圆口类，主干演化为鱼类。

脊椎动物的起源历来是进化生命科学的核心命题。脊椎动物“四步走”起源假说认为，脊椎动物的起源是从最低等的后口动物、棘皮动物和半索动物为始点，后出现尾索动物和头索动物，最后脊椎和头部构造的出现产生出脊椎动物。中国学者研究云南澄江化石群发现在脊椎动物的起源还有更为原始的“一步”，古虫类化石极有可能是原口动物和后口动物间的过渡类型；云南虫脊索动物的分类地位的确定为探讨脊索动物的起源和演化提供了重要的科学依据，同时为脊索动物构型游泳和滤食生活方式的生态学定位提供了理论依据。陈均远运用分支分析的方法研究海口虫与脊椎动物、脊索动物的亲缘关系，提出海口虫是处于无脊椎动物向脊椎动物过渡的“消失了的中间环节”。

11.3.11　圆口纲的起源和演化

在奥陶纪、志留纪和泥盆纪的地层中发现了最早的脊椎动物化石——甲胄鱼类，如 4.11
鳞甲鱼和半环鱼等，身体覆盖着盔甲样外骨骼（骨板或鳞甲），和现存圆口纲有许多共同特点，如鳃笼和单鼻孔，嗅囊与垂体囊相通，两眼间有小的松果体孔，内耳两个半规管，无颌，早期甲胄鱼类没有成对附肢等，这说明它们可能来自共同的无颌类祖先。甲胄鱼向底栖生活发展，泥盆纪末灭绝。现存圆口纲则适应半寄生或寄生生活，成为脊椎动物中特化的一群。

过去认为海洋是脊椎动物的起源地。甲胄鱼所在地层与同层无脊椎动物化石的综合研究表明，5 亿年前它们栖息于河、湖中，由淡水移居海洋是在泥盆纪中期之后的事。

11.3.12　鱼类的起源和演化

化石显示，棘鱼类、盾皮鱼类、软骨鱼类和硬骨鱼类在泥盆纪均已出现，尽管化石 4.12
发现不少，但鱼类究竟何时由什么动物演化而来的问题尚难确切回答。鱼类是最低等的颌口类动物，鳃弓演化成颌弓是鱼类进化中一个重要的进展，开辟了主动取食的进化途径，保证了食物和能量的获得就使动物向高等动物进化成为可能，是脊椎动物演化过程中的重要事件。

最早鱼类进化可追溯到奥陶纪，图 11-5 显示鱼类的系统发生。棘鱼化石发现于 4.5 亿年前，志留纪和泥盆纪达到高峰，绝灭于石炭纪；棘鱼具鲨鱼样牙和歪形尾，鲨鱼胚胎具棘鱼样成排小腹鳍，故棘鱼类接近软骨鱼，但具硬骨鳞、鳃盖和硬骨，更接近硬骨鱼的祖先——古鳕鱼类。节颈鱼类（Arthrodira）、褶齿鱼类（Ptyctodontida）等盾皮鱼发现于志留纪，泥盆纪末大部分绝灭，少数延续至石炭纪；体被骨质甲板似甲胄鱼，但具上下颌、成对鼻孔、偶鳍和歪形尾、软骨，盾皮鱼类的一支演化为软骨鱼类，另一支演化为硬骨鱼类。化石鲨与同时的棘鱼、盾皮鱼解剖结构的比较分析表明，三者似乎源自共同祖先。

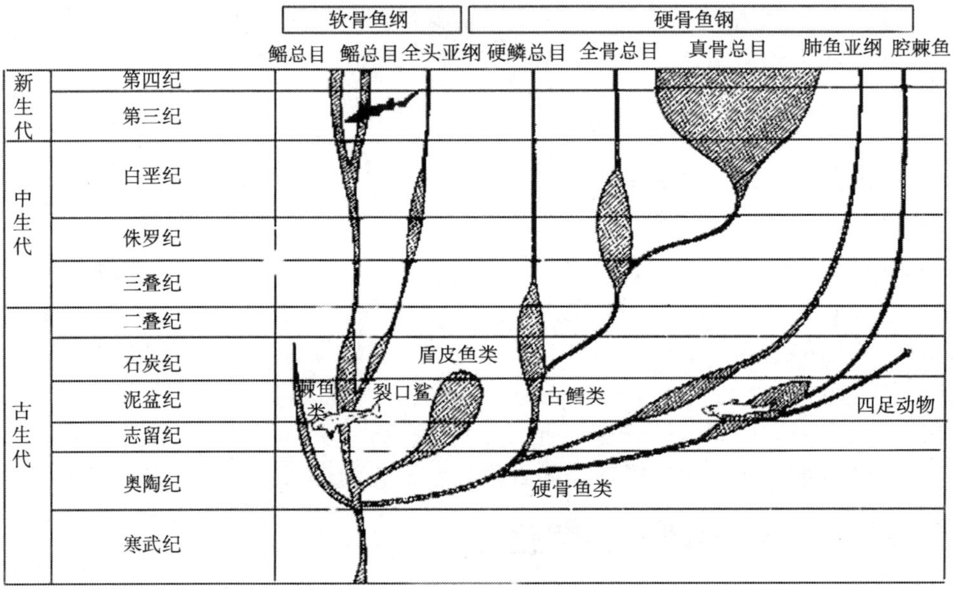

图 11-5　鱼类演化系统树（Mitchell）

泥盆纪的造山、造陆运动形成了新的山系、高原和盆地，海陆分布、地貌和气候发生巨大变化。大陆增加，气候干燥炎热，淡水鱼类常遭遇湖沼枯竭、水域变小和变热的困境，通过自然选择产生两种适应方式，由淡水迁居海中或长出能呼吸空气的鳔，需要时代替鳃的呼吸功能，从而保存下来繁衍生息。

（1）软骨鱼类　早期软骨鱼类采用由淡水迁入海水中的适应方式。入海需要防止体内水分向外渗透，适应进化的结果，一是软骨鱼将含氮代谢废物转变成尿素，以 2%～2.5%的浓度保存在血液中维持体液调节的平衡；二是雄鱼具鳍脚行体内受精；卵产在不透水的卵壳中或在母体内发育，避免卵直接和海水接触。最早的软骨鱼化石是泥盆纪的裂口鲨等食肉鲨。软骨鱼大量辐射发展到石炭纪时，广泛分布于淡水与海水中，祖先类群灭绝，代之为现代软骨鱼类——全头亚纲和瓣鳃亚纲。鲨鳐类向迅速游泳的鲨类和底栖、少活动的鳐类 2 个方向演化。进化过程中软骨鱼相当保守，历经约 2 亿年而很少变化，如噬人鲨与古代化石种类古棘鲨类相似，扁鲨和六鳃鲨与其侏罗纪的祖先相似。

（2）硬骨鱼类　早期硬骨鱼类采用了第二种适应方式，咽部长出囊状鳔作为原始的“肺”。体被鳞片、具颌与偶鳍的共同祖先进化出肺鱼、总鳍鱼和辐鳍鱼 3 大类群。

肺鱼是种类不多的特化淡水鱼，现存 3 个属，分布于南美洲、非洲和澳洲 3 个地区，中国发现过四川角齿鱼，这个事实说明肺鱼类在古代的生活范围是非常广泛的。

辐鳍鱼类由泥盆纪进化大致经历了 3 个阶段：泥盆纪最早出现淡水软骨硬鳞鱼类，如古鳕鱼；经历石炭纪的全盛期，三叠纪为全骨鱼类所替代，现代的全骨鱼类代表有雀鳝与弓鳍鱼；中生代为全骨鱼类繁盛时期，在淡水、海水中分支进化发展成真骨类，开始向辐鳍鱼的进化，适应辐射形成各种生态类型。尽管真骨鱼种类、形态繁多，但各种真骨鱼类都来自全骨类中的一个目。

古总鳍鱼具有内鼻孔、鳔和能在陆地运动的肉叶状偶鳍。腔棘鱼类向海洋迁移，在与数量多而适应能力强的古鳕类竞争的过程中被淘汰，少数深海腔棘鱼类如矛尾鱼等留存到今天成为“活化石”；腔棘鱼为海生、远离进化主干的总鳍鱼类，其偶鳍骨骼以及头骨均趋退化，不具内鼻孔。另一类群是骨鳞鱼，脑颅骨片排列方式、牙齿类型、脊柱和偶鳍骨骼结构等都和古两栖类近似，被公认为是两栖类的直接祖先。

11.3.13　两栖类的起源和演化 4.13

由水生变为陆生是脊椎动物进化史上又一次巨大飞跃；两栖类就是这种过渡类型的动物。

在 3.5 亿～4.2 亿年前的泥盆纪，气候干燥，河流与湖泊周期性干涸，或空气湿润、池塘污浊；同时海平面下降，生活在岸边水塘或潮湿岸边的鱼类只有行空气呼吸、具强壮偶鳍能在陆上爬行的种类才能适应这种恶劣的环境。肺鱼和总鳍鱼能行“肺”呼吸，但肺鱼双列式偶鳍细弱，不能登陆；骨鳞鱼具有类似四足动物附肢骨骼结构的偶鳍，强壮的肌肉能使它们爬越干涸泥洼进入新的水域，这样爬越陆地、呼吸空气，逐渐适应发生一系列进化改变，肉鳍鱼类越来越适应陆地生活，鳍进化为五趾型附肢，使动物登陆演化成最初的陆生脊椎动物——两栖动物。美国遗传学家 G. Litman 等对矛尾鱼基因组（genome）的研究以及对总鳍鱼类进化的分析发现，矛尾鱼免疫球蛋白重链基因组构象像鲨鱼而不像硬骨鱼和陆生脊椎动物，但胚胎发育时基因的连接方式像硬骨鱼和四足动物，而不像鲨鱼。研究结果不仅说明腔棘鱼可能是软骨鱼与硬骨鱼的过渡类型，似乎也将硬骨鱼与陆生脊椎动物联系起来，基因组构象和胚胎发育的共同点提供了由总鳍鱼类演化为陆生脊椎动物的线索。

20 世纪 80 年代初，中国古生物学家张弥曼采用连续磨片技术，深入研究采自中国云南早泥盆纪骨鳞鱼化石——杨氏鱼（*Youngolepis piaecursor*），过去认为总鳍鱼具有的四足动物重要特征，如真正的内鼻孔不存在，鼻泪管、卵圆窗以及耳柱骨等也不能证实其存在。这一发现使人们重新考虑这类总鳍鱼类是四足动物的近亲或直接祖先的地位。

已知最早的两栖类化石是鱼头螈（*Ichthostega*，鱼石螈），生活在距今约 3.45 亿年前的格陵兰地区。鱼样身体，具前鳃盖骨，头骨骨片的数目与排列和总鳍鱼类相似，牙齿同于总鳍鱼，为迷齿；但鱼头螈具有适应陆地生活的进步性特征，如五趾型四肢，头骨缩短，吻部长，双枕髁，具耳裂和鼓膜；脊椎具前后关节突，肩带与头骨失去联系。这些特征证明了鱼头螈已步入两栖动物的范畴。

古两栖类头骨由膜原骨所覆盖，称为坚头类。石炭纪、二叠纪气候温暖潮湿，沼泽植物旺盛，有大量的昆虫和水生无脊椎动物存在，环境条件对两栖动物繁衍十分理想，是两栖类最繁盛的时代，适应辐射，进化出许多种类繁多的类群。壳椎亚纲为膜原骨，椎体线轴状，是系统演化的侧支。迷齿亚纲是系统演化的主干，软骨原骨形成脊椎，椎体由间椎体和侧椎体前、后二部分组成。三叠纪末、侏罗纪初是两栖类衰退的时期，古老类群绝灭。由于化石不完善，现存两栖类与古两栖类的系统演化与分类尚有争论。现存两栖动物皮肤裸露无甲，有耳柱骨，牙齿相似等，说明它们有共同起源，与祖先两栖类亲缘关系较远，故现存 3 个目归为无甲亚纲。

4.14 11.3.14　爬行动物的起源演化与适应辐射

蜥螈（西蒙龙，*Seymouria*）曾作为最古老的爬行动物化石。头骨像坚头两栖类，颈短，脊柱分区不明显，具迷齿和耳裂等；蜥螈近亲化石尚见侧线管痕迹；同时具爬行类特征，如单个枕髁，间锁骨，荐椎 2 枚，前肢五指，指式为 2、3、4、5、3 或 4，腰带粗壮适于陆生爬行。蜥螈属于古两栖类还是古爬行类？由于蜥螈发现于二叠纪，而石炭纪末就有真正的爬行动物化石，故蜥螈不是爬行类的直系祖先。根据对中耳进化的研究，有人提出两栖类与爬行类均从总鳍鱼类祖先演化而来。最终回答爬行类的起源问题仍是动物学家探索的问题。

石炭纪末期出现干旱和沙漠地区，使温暖潮湿的气候变为干燥的大陆气候。地球气候剧变，蕨类植物被裸子植物所代替，致使古两栖类绝灭或再次入水；由迷齿两栖类演变的古爬行类，具有适应陆生的结构，如角质皮肤，完善的肺呼吸，体内受精、产羊膜卵等，减少了对水环境的依赖性，四肢移向身体腹面并将躯体抬离地面运动，这些进步性特征对爬行动物广泛的适应辐射特别有意义。由于自然选择压力没有特别强的方向性，古爬行类不断向各个方向进化，到中生代遍布各种生态环境，进入了爬行动物时代（图 11-6）。

（1）杯龙类（cotylosaurria）　祖先型基干无颞窝爬行动物，由其演化出不同爬行动物类群。出现于古生代石炭纪，绝灭于中生代三叠纪。

（2）龟鳖类　继承杯龙类特点，头骨无颞窝但具特殊类型的裂缝，产生保护的龟壳，从三叠纪延续至今，成为小而古老的水生进化分支。

（3）上颞窝类　三叠纪中期，起源于杯龙类的鱼龙（*Ichthyosaurus*）和蛇颈龙（*Plesiosaur*）身体巨大而游泳迅速，重新回到水中统治了中生代海洋，后来灭绝。

（4）双颞窝类　始鳄类（Eosuchians）源自晚古生代杯龙类，演化出有鳞类（Squamata，蛇类和蜥蜴类）和喙头蜥类，喙头蜥衰退、停止进化成为典型的“活化石”。

槽齿类（Thecodontia）来自杯龙类起源的初龙类（Archosauria），与始鳄类有共同祖先或起源于始鳄类，分支演化出鳄类（Crocodilians）、翼龙类（pterosaurs）和恐龙类（Dinosaurs）等中生代爬行动物，也演化出鸟类。槽齿类双脚行走和自由的前肢可

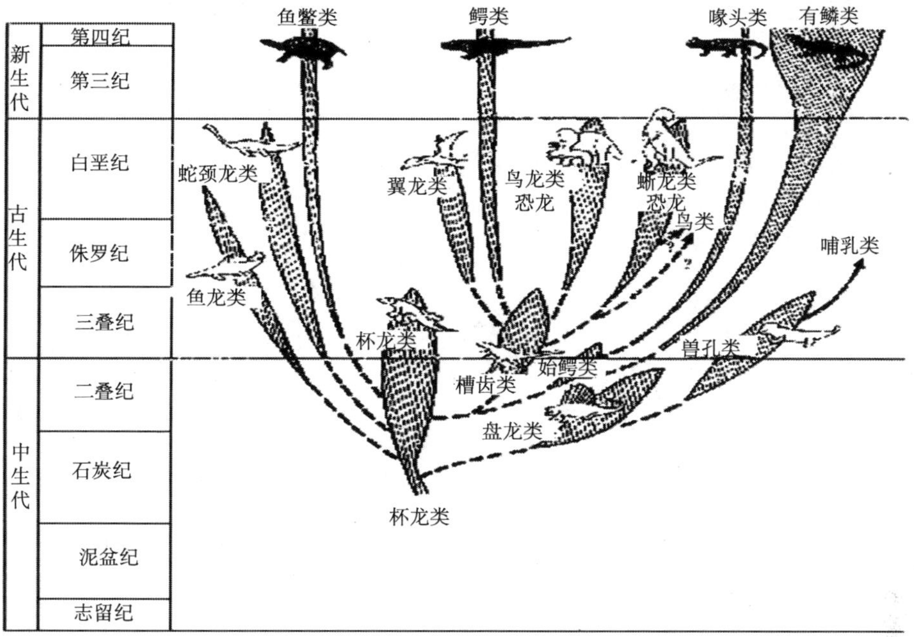

图 11-6　爬行类的进化树（Mitchell）

能是翼龙类和鸟类的翼进化的重要前奏，翼的发展使翼龙类在中生代发展为一个成功的飞翔类群，如 1 亿年前生活在中国新疆淡水湖泊的准噶尔翼龙（*Dsungaripterus*）。

恐龙类根据腰带结构（图 5-11）可分为两大类。蜥龙类（Saurischia）腰带三射，髂骨前后、耻骨向前下方、坐骨向后下方伸展；原始种类称兽脚类（*Theropoda*），后肢着地，肉食性，如著名的霸王龙（*Tyrannosaurus*）、跃龙（*Allosaurus*）和中国云南出土的禄丰龙（*Lufengosaurus huensi*）；4 足着地的草食性巨型蜥龙称蜥脚类（Sauropoda），体重可达百吨，脑重量不足 500 g，如著名的梁龙（*Diplodocus*）、雷龙（*Brontosaurus*）；1957 年，中国四川出土的合川马溪龙（*Mamenchisaurus hochuanensis*），全长 22 m，体重 50 t。鸟龙类（Ornithhischia）腰带四射，耻骨和坐骨一起向后伸展，有 1 个向前伸的前耻骨突；原始种类草食性、后肢着地，如禽龙（*Iquanodon*）和中国出土的棘鼻青岛龙和山东龙；晚期种类四足着地，常披有坚甲和利角，如剑龙（*Stegosaurus*）和三犄龙（*Triceratops*）。

在中生代 1 亿多年的漫长岁月中，恐龙类食量、体型越来越大，但其生活习性和食性却向专一化方向发展，中生代末期，地球强烈的造山运动、地壳剧变导致环境、气候发生巨大变化，植物类型的改变给食量大、狭食性的古爬行动物带来严重后果，使古爬行类在与恒温动物的生存斗争中处于劣势；白垩纪太阳黑子爆发，大型爬行动物吸收大量宇宙射线致使基因突变；另外，彗星碰撞地球造成陨星汽化、灰尘遮天蔽日，温度骤降，绿色植物无法进行光合作用，灾难性破坏了食物链，周期性集群绝灭（mass extinction）导致生物大灭绝，伴随新生代的到来恐龙灭绝，结束了盛极一时的爬行动物黄金时代。但恐龙为何突然大量消失，至今仍是生物学史上的一个谜。

（5）合颞窝类　盘龙类（Pelycosaurus）出现于石炭纪末期，是杯龙类演化中最重要的一支，其后代中的兽孔类演化出哺乳动物。

11.3.15　鸟类的起源演化与适应辐射

4.15 研究证实，恐龙已经具有羽毛，其主要作用是取暖，因而推测鸟类可能是由具羽毛的恐龙演化来的。但由于鸟类骨骼脆弱，形成化石的机会较少，给鸟类的起源演化研究带来困难。

1861 年以来的 100 多年间，在德国巴伐利亚省的侏罗纪岩层中发现了 7 例始祖鸟化石，具有爬行动物的特征，如上下颌具齿，长尾具分离尾椎骨，指端具爪，肋骨无钩状突，头部具鳞片等，也具有与鸟类相似的特征，如翼、羽毛，V 形锁骨，开放式骨盆，四趾三前一后等。1986 年，考古学家 S. Chatterjee 从 1983 年在美国得克萨斯的 Garza 晚三叠纪地层采得的化石中，发现两个原鸟（*Protoavis texensis*），与爬行动物相同的特征有头骨结构与秃顶龙（*Troodon*）相似，躯干骨很少愈合，尾长、尾椎分离，颌骨前端具侧生齿与槽生齿等，还有距骨向前伸长形成的突起等；同时具有鸟类的特征，如枕骨大孔在腹面，颞孔与大而深的眼窝合并，气质骨，异凹型颈椎，V 形锁骨和龙骨突，翅形前肢有生长飞羽的结节和隆起，具有飞翔能力，腰带具坐骨孔，后肢适于双足行走，并且大脑比例、双眼视觉、听囊侧壁孔等均似现代鸟类。

始祖鸟出现时代比原鸟晚；尽管原鸟分类地位仍有争议，多数学者肯定其存在，体制结构进化比始祖鸟更进步，进化水平更接近鸟类，是一种处于过渡类型的鸟类。原鸟的发现使鸟类的起源时间提前了 7500 万年，汇入到无甲亚纲两栖类、恐龙类、翼龙类、鳄类、有鳞类、龟鳖类和哺乳类等脊椎动物起源的三叠纪爆发期。

始祖鸟和原鸟的研究证实鸟类起源于爬行类，曾认为是从鸟龙类进化来的。20 世纪 70 年代中期，Ostrom 比较研究了始祖鸟骨骼后认为鸟类是从兽脚类恐龙演化来的，80 年代 Martin 等认为 Ostrom 的鉴定有误，重新肯定始祖鸟是由类似于鸟龙类的假鳄类进化而来的。原鸟的发现与深入研究表明，鸟类与恐龙、哺乳类的起源时间差不多，都是三叠纪；原鸟具有许多与秃顶龙、其他鸟类的共同特征，秃顶龙是蜥龙目兽脚类中较进化的一支，故一般认为鸟类起源于初龙亚纲槽齿类，与蜥龙类有共同的祖先。

20 世纪 80 年代，在中国辽宁朝阳地区、距今 1.4 亿年的侏罗纪地层中发现了三塔中国鸟（*Sinornis antensis*）化石，大小如麻雀。1989 年以来，在辽宁又发现了许多中生代鸟类化石，如著名的孔子鸟、中华龙鸟，它们代表鸟类祖先的类型；还有具毛、兽脚类恐龙——中华鸟龙，和反鸟等同源于一个单系祖先；最小的原始鸟类，如娇小辽西鸟，长仅 10 cm，和著名的辽宁鸟生活在 1.42 亿年前，在中国大地上，这些构造差异巨大的原始类型与进步类型的中生鸟类类群群居在一起，除共栖外可能还有共生型的。因此，以侯连海教授为代表的学派认为鸟类和恐龙有一共同的祖先，那就是初龙类。

奔跑起源学说（cursorial theory）认为，由于双足奔跑，前肢捕猎并在助跑中发展为翼。树栖起源学说（arboreal theory）认为，前肢具爪，适于树栖攀缘，滑翔发展了扇翼功能进化为具飞翔能力的翅；始祖鸟爪结构的几何力学研究有利地支持这种学说。如果 Chatterjee 原鸟具有真正飞翔能力的学说得到证实，鸟翼结构的形成便符合间断平衡论的进化理论所主张的断续模式，即在地质时期相对短的时间中“突然”形成。

在白垩纪，鸟类体制结构已基本进化到现代鸟类水平，丧失牙齿，头骨、腕掌骨愈合，胸骨发达并出现龙骨突，尾缩短，综荐骨和尾综骨等产生发展，向飞翔生活的方向发展。齿颌总目（Odontognathae）为鸟类进化的侧支，代表种类有黄昏鸟属（*Hesperornis*）和浸水鸟属（*Baptornis*），化石多发现于美国中西部；潜水鸟化石在南极地层中发现；鱼鸟属（*Ichthyornis*）是具飞翔能力的齿颌类鸟；不具牙齿的中生代鸟类化石在亚洲、欧洲、南美和澳大利亚等地也有发现，中国白垩纪鸟类玉门甘肃鸟（*Gansus ymensis*）自成一目一科。

新生代鸟类大发展，到始新世，所有现代目的鸟几乎都已存在，向多种多样的环境适应辐射，平胸总目不具龙骨突，翼退化，包括现存的 3 种鸵鸟和食火鸡等，恐鸟目（Dinornithiformes）生活在新西兰，是 300 年前灭绝的世界上最大的鸟；象鸟目（Aepyornithiformes）生活在马达加斯加，鸟卵为世界上最大的，200 年前尚有生存种类；龙骨突发达的突胸总目成为空中飞翔生活的类群，企鹅为早期突胸类进化的一支。1971 年，Brodkorb 统计古今鸟类共有 154 000 种，现存 9600 余种。

11.3.16 哺乳动物的起源演化与适应辐射 4.16

2.25 亿年前，盘龙类进化出兽孔类（Therapsids），其中的一支发展成哺乳动物的祖先——兽齿类（Theriodonts），南非犬颌兽（*Cynogathus*）和中国云南省禄丰卞氏兽（Bienotherium）等都属于中生代三叠纪的兽齿类，为最早具有哺乳类特征的爬行动物，基本结构似哺乳动物，如四肢位于身体腹侧，头骨具合颞窝、双枕髁，槽生、异型齿，齿骨发达，具胎盘，哺乳，脑和感官较发达，能维持较高体温等。

这些小型动物体制结构和生理机能完善，在生存竞争中发挥优越性，甚至能在食肉恐龙所占据的生态位中栖居，当爬行动物大灭绝时，占领腾出的生境，进行适应辐射，开始了哺乳动物时代，始新世和渐新世进入哺乳动物的黄金时代，支配着陆地环境。

化石资料显示，形态与兽孔类相似的三锥齿类（Triconodont）是哺乳类的祖先（图 11-7），臼齿 3 个齿尖排成直行。侏罗纪，臼齿 3 个齿尖三角形排列，称三结节齿类（Trituberculata），三齿兽类（Triconodonta）和对齿兽类（*Symmetrodonta*）在侏罗纪和白垩纪交替时期灭绝，第三支古兽类（*Pantotheria*）蓬勃发展，齿尖三角形排列的臼齿后方具有两个齿尖的下跟突（talonid），到白垩纪演化成后兽亚纲和真兽亚纲。哺乳类具有一系列进步性特征，处于生存斗争的有利地位，在新生代初期的环境条件下得到空前大发展，适应辐射演化出现存的各目哺乳动物，成为陆生优势动物类群。由于地球板块运动，澳洲界在白垩纪与其他大陆分离，遗传的、地理的、

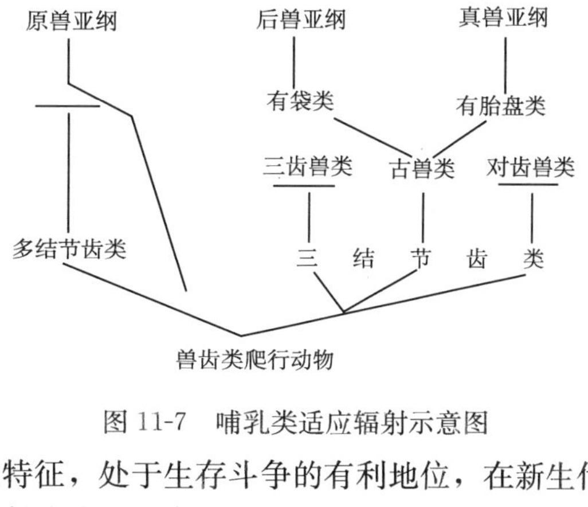

图 11-7 哺乳类适应辐射示意图

生态的因素导致动物适应辐射，有袋类和真兽类便分别在澳洲与其他大陆辐射演化，形成平行进化的现象，产生适应各种生活环境的动物类群。

中生代三叠纪末出现的多结节齿类（*Multituberculata*）在新生代初期灭绝。单孔类化石出现于新生代第四纪，现存单孔类具有明显的爬行动物特征，为更原始的动物类群，因此，原兽亚纲从完全不同于其他兽类的祖先进化来的，可能是多结节齿类的后裔。

11.4　动物进化的证据

不仅地质史中的化石记录证实动物是由低等向高等、由水生到陆生进化的，而且动物比较解剖学、比较胚胎学、物种分布及演化和现代生物科学也证明动物是进化的。

11.4.1　古生物学证据

地层是名副其实的生物演化史档案馆，其中蕴藏着化石。动物化石是其硬体部分如介壳、骨块、牙齿等，或足迹及其他活动在岩石中的遗迹，或动物遗物如粪便或卵等，通过石化作用转变形成的。西伯利亚冻土地带里的猛犸象死亡达万年之久，皮肉仍完整无损地保留下来。根据地层中的岩石年代可以确定化石年龄，化石越古老其放射活性越低。按地层形成历史和生物出现的次序，可将地质年代依次分为代（era）、纪（period）和世（epoch），（图 11-8）如冥古代、太古代、元古代、古生代、中生代和新生代。

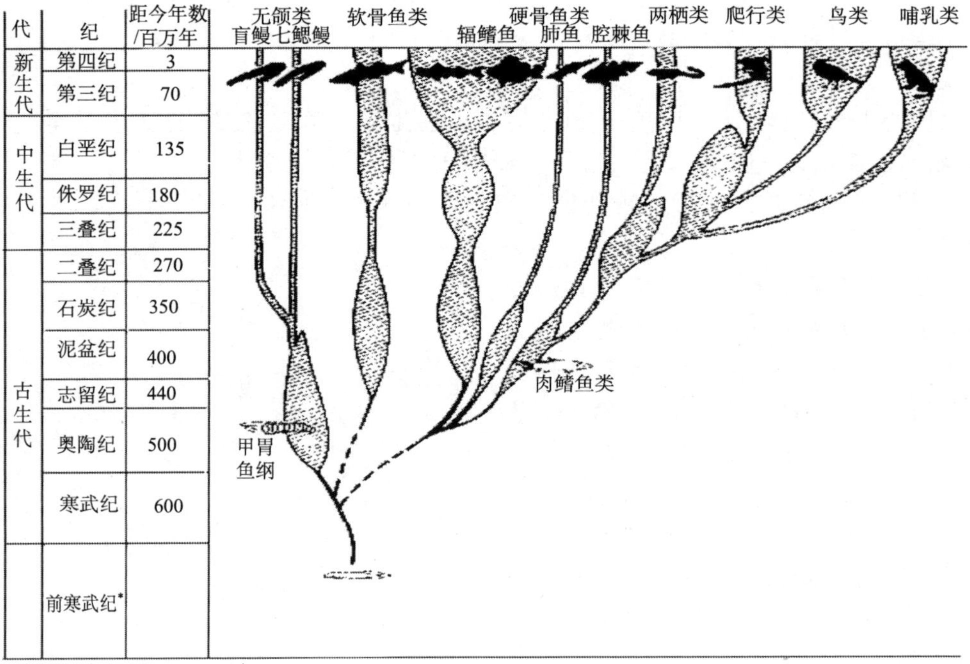

图 11-8　脊椎动物在地质史上的关系图（Mitchell）

* 寒武纪之前统称为前寒武纪（Precambrian）包括元古代、太古代和冥古代 3 个时期

太古代地层中有最古老的有孔虫、放射虫等的化石，古生代寒武纪出现无脊椎门类，奥陶纪出现甲胄鱼类，志留纪有颌鱼类初现，泥盆纪出现两栖类，石炭纪爬行类初现，二叠纪爬行类取代两栖类。中生代三叠纪恐龙初现，侏罗纪鸟类出现，白垩纪大型动物特化和灭绝。新生代第三纪古新世出现有胎盘哺乳类，始新世出现近代鸟类和哺乳类，渐新世灵长类兴起，经中新世和上新世到第四纪的更新世，出现原始人类，全新世演化成近代人类。

化石是进化的直接证据。马就是一例，始新世的始祖马（*Eohippus*）只有狐狸大小，4 趾，渐新世 3 趾的渐新马（*Mesohippus*）只有中趾着地，齿冠增高，中新世的草原古马（*Merychippus*，中新马）如中国内蒙古、江苏出土的安琪马（*Anchitherium*），结束森林沼泽生活进化为草原类型，上新世的上新马（*Pliohippus*）单趾，高冠型臼齿，现代马（*Equus*）是第四纪早期出现的。

化石不仅显示生物出现的顺序，而且显示各种生物发生繁荣和衰退的历史；同时揭示生物进化取决于自然选择的规律，也是有机体形态结构对变化着的环境适应的结果，自然环境改变引起某些生物灭亡和另一些生物的出现、发展和繁荣。地层中首先出现无脊椎动物，太古代地层有大量有孔虫化石。奥陶纪出现甲胄鱼类。志留纪是鱼类的时代，有盾皮鱼、软骨鱼和硬骨鱼的化石，泥盆纪进入鱼类繁盛期。坚头两栖类在泥盆纪末期出现，石炭纪空前繁盛。尔后，爬行动物由石炭末期进化形成，中生代是恐龙占据统治地位的时代，天空中有翼龙，海洋中有鱼龙，陆地上有霸王龙，最大的恐龙体重可达 50 t，如此庞然大物随着中生代的结束而灭亡。原鸟化石采自晚三叠纪地层，始祖鸟化石出现于侏罗纪。哺乳动物的祖先兽齿类（*Theriodonts*）出现于三叠纪，如下氏兽，新生代第三纪是哺乳动物时代，此时被子植物繁盛，鸟类也发展起来，人类的出现标志着历史进入新生代的第四纪。

但化石证据的不完整性和不连续性也常常成为否定进化论的依据，如有的动物演化过程缺少中间类型动物；寒武纪生物的大爆发就是对生物渐变进化论的一种挑战。

11.4.2 比较解剖学证据

现存动物有原生动物、两胚层和三胚层的多细胞后生动物，形成了由简单到复杂、由低等到高等的形态结构序列，比较解剖学研究发现，不同动物机体上占有相同位置的器官形状各异，功能不同，但基本结构、各部分相互关系和胚胎发育过程相似，一致性表明这些动物起源于共同的祖先，差异性则是适应于不同的生活环境、执行不同的功能的结果，这就是同源器官（homologous organ）。如脊椎动物的四肢（图 5-11），四足动物的肺和鱼鳔，哺乳动物中耳的三块听骨和鱼类的舌颌骨、颌弓上的关节骨和方骨，动物学进化论者 Osborn 称之为趋异适应律（law of divergerc of form）；适应辐射律（law of adaptive radiation）的解释是，处在有利条件下的动物类群大量繁殖并迁移到不同的地区，不同的环境条件和生活方式，使祖先器官逐渐形成不同形状结构的适应器官。达尔文称之为性状分歧，是物种形成的基础，因此，原始的哺乳动物发展为善于沙漠中行走的骆驼，善于掘土的鼹鼠，善于游泳的鲸鱼，适于飞翔的蝙蝠，善于树栖的长臂猿等。

翅是适应飞翔生活的结果，如昆虫和鸟类的翅；鳍是适应水中游泳的结果，如鱼鳍和鲸鱼鳍。功能相同、外表相似但来源和结构不同的器官，称为同功器官（analogous organ）。同功器官表明从不同祖先演化而来的动物，适应相同功能和相似环境条件，形成了相似的器官形态，Osborn称之为趋同适应律（law of convergence of form 或 law of parallelism of form）。

痕迹器官（vestigial organ）是指动物身上存在的作用不大器官，如蝇、蚊的后翅退化为平衡棒，蚓蜥和蟒蛇保留残存的带骨和股骨，鲸鱼和海牛后肢退化却具有腰带和后肢骨，人类退化的耳肌、体毛、尾椎骨、犬牙、阑尾等，痕迹器官的存在表明动物是从具有这些器官的动物进化而来的。

11.4.3 比较胚胎学证据

胚胎学不仅是研究个体发育的过程及器官的分化形成，而且为生物进化提供了证据。

11.4.3.1 系统发育

多细胞动物由受精卵经过卵裂、囊胚、原肠胚和三胚层等一系列过程发育为成体。受精卵、原肠胚和三胚层相当于原生动物、腔肠动物、扁形动物等系统发育阶段；三胚层奠定了器官分化的基础，在发育过程中各类群动物间逐渐出现更大的差别。四足动物鳃裂的出现似乎没有意义，但显示其经历过鱼类的进化阶段。动物分类地位越相近，胚胎发育过程相似程度越大，说明动物有共同的起源，显示它们间有一定的亲缘关系（图11-8）。过渡型化石显示爬行类颌弓的方骨和关节骨是怎样变得越来越小，最终演化成哺乳动物中耳的锤骨和砧骨的。蓝鲸等须鲸没有牙齿，但胚胎有牙齿，说明须鲸是由有牙鲸类进化的。

动物的个体发育不仅形态结构重演系统发育过程，而且生理功能也有重演现象；鱼类氮代谢的终产物是氨，两栖类蝌蚪排氨、成体排尿素；爬行动物排尿酸，鸡胚早期先排氨、排泄尿素，后来转变为产尿酸代谢。

11.4.3.2 胃肠发育

动物的肠发育早于胃，适应吞咽大块食物的需要出现胃；软骨鱼出现大肠腺，硬骨鱼出现小肠腺，两栖纲出现胃腺，哺乳动物出现十二指肠腺。两栖类至鸟类胃腺细胞分泌盐酸和胃蛋白酶原，哺乳动物有主细胞和壁细胞的分化。哺乳动物胚胎发育13～14周形成胃，9～11周从十二指肠至结肠依次形成肠腺原基，13周形成胃腺原基并开始形成贲门腺和幽门腺，14～15周出现十二指肠腺。

胚胎发育重演物种的生物进化历程，德国生物学家Haeckel提出“生物发生律”或“重演律”（biogenetic law 或 recapitulation theory），“个体发育的历史是系统发育历史的简单而迅速的重演”。正如恩格斯所说：“有机体的胚胎向成熟的有机体的逐步发育同植物和动物在地球史上相继出现的次序之间有特殊的吻合，正是这种吻合为进化论提供了最可靠的根据。”

11.4.4　系统分类学证据

动物分类虽然有种种标准，但林奈自然分类法为常用的方法。动物的亲缘关系由近及远，由种聚集成属、科、目、纲、门和界，呈树状分枝；一切生物如同由树的根干分出，展现动物界的自然系统，故称动物进化系统树（图 11-2）。现代进化系统树也包括根据免疫学、细胞色素 c 顺序的种属差异和乳酸脱氢酶同工酶的分子距离绘制的系统树，表明动物由低等进化为高等的演化规律一目了然，现代分类学称之为系统学（systemics）。古动物和现存动物放在一起可以成为一个完全的系统树。分类地位低的动物相当于树根部，由根部分化出的树干、枝杈好像进化的主干及高等动物类群，亲缘关系近者分枝近，远者分枝离得也远。

中间类型的动物是分类学进化证据的最好例子，栉蚕（*Peripatus*）是介于环节动物与节肢动物的中间类型，气管呼吸、开管式循环、附肢变为口器和触角等是节肢动物特征；体型细长有体节、疣足不分节带爪、肾管等特征与环节动物相似，说明它们有共同的起源。鸭嘴兽被毛、哺乳，具有卵生和泄殖孔等特征，表明哺乳动物是从古爬行动物进化而来的。食虫目的树鼠鼻长而尖，拇指分开，上颌齿式 2.1.6 类似灵长类，中间类型特征说明灵长类可能由古食虫类进化而来。生物类群由中间的过渡类型连接起来，最早两栖类和鱼类相似，最初爬行类与两栖类相似，最初哺乳类、鸟类与爬行类相似，相似表明动物类群间有一定的亲缘关系，但是仍有许多难解之谜，引起进化论的争论。

11.4.5　分子生物学证据

动物的进化不仅表现在个体、群体水平上，而且表现分子水平上。可采用 DNA 杂交技术测定碱基配对情况，用核苷酸差异的多少分析物种间的亲缘关系；用 DNA 杂交技术绘出的高等灵长类种系发生树与比较免疫学的相似，得出人类起源的结论是，人和黑猩猩的分支时间上限是 700 万年前，下限是 500 万年前。蛋白质在机体内执行不同功能，但在不同生物中，同一种蛋白质分子的氨基酸组成上存在着亲缘关系远近的差异，如由 51 个氨基酸组成的胰岛素（insulin）；牛、羊之间有 1 个氨基酸的差异，而马和牛为 2 个。

11.4.5.1　细胞色素 c

近 30 多年来，通过对血红蛋白（haemoglobins）、肌红蛋白（myoglobins）、细胞色素 c（cytochrome c）、免疫球蛋白（immuno globulin）、组蛋白（histons）等许多种同源蛋白质大分子氨基酸序列的比较研究分析，获得了蛋白质分子进化的证据。现以细胞色素 c 为例说明。

细胞色素 c 是动植物细胞的线粒体中普遍存在的一种呼吸色素，起着电子转移作用。是一种含亚铁卟啉环的球蛋白，由 100 多个氨基酸残基多肽链组成。对不同种生物的细胞色素 c 的测定表明，氨基酸序列的差异越小，亲缘关系越近；差异越大，亲缘关系越远（表 11-2）。

表 11-2　几种生物细胞色素 c 的氨基酸序列差异及部分种类间的分歧时间

名称	氨基酸差异数	名称	氨基酸差异数	分歧时间/百万年
人—黑猩猩	0	人—猴	1	50～60
人—豹	11	人—马	12	70～75
人—鸡	13	人—狗	10	70～75
人—龟	15	猪—牛—羊	0	
人—鲨鱼	23	马—牛	3	60～65
人—天蚕蛾	31	哺乳类—鸡	10～15	280
人—小麦	35	哺乳类—鲔	17～21	400
人—红色螺菌	65			

资源来源：沈同，1991；刘凌云，1998。

不同物种的细胞色素 c 氨基酸序列的差异程度可反映生物间的亲缘关系，也可推算它们在进化过程中的分歧时间。1%的氨基酸残基发生替换所需的时间，细胞色素 c 大约每经过 2000 万年就发生 1 次，血红蛋白为 580 万年，组蛋白Ⅵ为 6 亿年。比较哺乳动物和爬行动物细胞色素 c 的 104 个氨基酸序列可以看出，平均有 14.3 个氨基酸是不同的（占 13.7%），由此可以推算出哺乳类从原始的兽形爬行类中分化出来的时间已有 2.74 亿年，计算结果与古生物学资料相符。细胞色素 c 是进化很慢的蛋白质，可利用其进化上的保守性来确定物种间的亲缘和衍生关系，甚至可绘制出细胞色素 c 系统树。

11.4.5.2　染色体组型

染色体是遗传物质的携带者，控制着不同物种的遗传变异性状和发育，物种亲缘关系相近染色体组型相似，同时其生理生化特性也相似。

不同生物的染色体组型（karyotype）不同，即染色体数目、形态、大小都是不一样的，如染色体数（$2n$）人是 46 条，猕猴 42 条，狗 78 条，马 64 条，鸭 80 条，鸡 78 条，蟾蜍 22 条，蛙 26 条。染色体结构和数量的变化反映基因组的变化，甚至造成亲缘种的生殖隔离，成为物种分化和新物种形成的前提，大熊猫、小熊猫、浣熊和黑熊等的染色体带型和重组研究证明，大熊猫较早从原始食肉类分化出来，和熊有共同的祖先。性染色体，鸭嘴兽为 $X_1X_1X_2X_2$-X_1X_2Y，有袋类和低等真兽类为 XX-XY_1Y_2，高等哺乳动物和人 XX-XY，显示了哺乳动物性染色体的演化趋势。

11.4.5.3　分子进化和表型进化

分子生物学研究表明，基因组可能含有废弃的祖先基因。祖先基因在胚胎中暂时表达，出现胚胎重演现象后被抑制。如果基因调控失灵，被抑制基因表达了，成体即出现“返祖现象”，最著名例子就是“毛孩”。基因微效应假说认为，突变基因对表型有微小效应，不同基因的这些效应积累使个体在自然选择作用下产生适应性进化。基因主效应假说认为多数突变为近中性的，相对少量的适应性突变基因使个体产生适应性进化。

11.4.5.4　分子古生物学证据

通过聚合酶链式反应（PCR）技术从古生物化石中提取 DNA 并大量扩增，然后将古生物化石记录的信息与现代分子生物学数据结合起来，利用古生物学与生物学、地质学知识探讨生命演化进程，计算演化速率，探讨重要生物类群起源的时间，例如，细胞色素 c 的推算。

由陈均远、李家维及美国的戴维森 Eric H. Davidson 领导的联合研究团队在瓮安生物群中发现了身体两侧对称的贵州小春虫（*Vernanimalcula guizhouena*），对破解真体腔动物起源之谜提供了重要线索，加拿大的 Guy Narbonne 指出，贵州小春虫的形态和以分子生物学与发育生物学推论出的最早期两侧对称动物是非常吻合的。哺乳类进化的同时其他生物也在进化，现代爬行类与古爬行类相比，蛋白质突变已经发生了许多次。进化论预测，两亿多年前的哺乳类和当时爬行类的蛋白质或基因序列的差异性小于现代的哺乳类和爬行类，爬行类在进化路线上介于两栖类与哺乳类之间，但“分子古生物学”比较牛蛙、蛇和人的氨基酸序列后发现，进化的历程与这种“预测”是不同的。

11.4.6　血清免疫学证据

每种动物血清中都含有一系列独特的蛋白质。例如，把人血清注射到兔子血管里成为外源蛋白质，即抗原，刺激兔免疫系统产生特定抗体存在于兔血清中，含兔抗人抗体的兔血清与其他动物血清混在一起，就可出现抗体-抗原反应，用狗、龟、蛙、鱼等各种血清做实验，抗体抗原反应越来越弱，直至测不出来。用分光光度计测量、同位素标记等方法，可精确定量测定抗体抗原反应，根据结果计算可推测出各物种在进化史上分支时间，也可绘出亲缘关系树。人-兔抗血清进行的血清免疫学沉淀反应实验（表 11-3）结果说明，人与黑猩猩、大猩猩亲缘关系较近，其次是猿猴类，与原始猴类的狐猴较远，而猪与刺猬的亲缘关系较近，与人几乎是风马牛不相及。动物与人的亲缘关系越接近，反应就越强，反之则越弱。不仅血清蛋白，其他蛋白质也可做抗原进行类似研究，甚至可从化石中提取胶原蛋白，与现代物种进行比较。

表 11-3　兔抗人血清免疫学试验

测试物种	沉淀量/%（测试血清+兔抗人血清）	测试物种	沉淀量/%（测试血清+兔抗人血清）
人	100	蛛猴	58
黑猩猩	97	狐猴	37
大猩猩	92	刺猬	17
长臂猿	79	猪	8
狒狒	75		

资料来源：杨安峰，1992；刘凌云，1998。

11.5　进化理论

为探讨进化的机制，科学家坚持不懈地努力进行研究探索，提出了一些进化的理论。达尔文自然选择学说（natural selection theory）是现代生物进化理论的核心和基础。该学说有以下 4 个基本论点，种群是生物进化的单位，突变和基因重组产生进化的原材料，自然选择决定生物进化的方向，隔离导致物种形成，生物进化的过程实质上就是种群基因频率发生变化的过程。

形态生物进化论作为一种生物科学理论，以自然科学的方式对生命现象用自然的事实加以说明，历史的科学形态的生物进化论之提出和确立对社会和思想领域产生多方面的影响，为实验心理学提供了广阔的理论前景，又必将以与否定上帝创世说同样的方式对传统意识心理意识观的进行否定。

11.5.1 拉马克进化论

法国人拉马克（Lamark，1774—1829 年）第一次系统地论述了进化论（Lamarck's theory of evolution)，其理论的基础是“用进废退”和“获得性遗传”，环境变化是物种进化的原因，环境变化使生物经常使用的器官发达，不用的器官退化，产生的变异能够遗传下去，如祖先长颈鹿生活在有高树叶子可以充饥的地区，由于不断伸长脖子采食高树上的叶子，亲本获得颈部变长的变异，并将这种变异传给后代，累代积累，许多世代之后便形成现代长颈鹿的形象；生物物种是可变的，是从其他物种变化传衍而来；存在由低级向高级连续发展的内在趋势。

在达尔文生物进化论确立后，反对自然选择学说的生物学家重新用拉马克“用进废退”来解释生物的进化机制，被称为新拉马克主义。古代斑马为躲避捕食者，奔跑使腿部肌肉受到锻炼而越来越发达，这种特性代代传下去，斑马腿部的肌肉越来越发达，跑得越来越快；穴居在黑暗环境中的动物眼睛没有用处，得不到使用而日益萎缩消失。获得性遗传不仅包括这种用进废退的情况，还包括任何由环境导致的适应性变化。19 世纪末和 20 世纪初新拉马克主义（neo-Lamarckism）流行，甚至达尔文主义者海格尔等也认为，把自然选择学说和新拉马克主义结合起来才能正确地解释生物进化。

问题是这种后天获得性遗传能否传代？新拉马克主义者面临着用实验证明自己理论的难题。奥地利生物学家 Paul Kammerer（1880—1926 年）和原苏联的米丘林，李森科等都是新拉马克主义者。虽然当代生物学家很少相信拉马克主义，但思想、社会、政治因素等都会影响着人们对某个科学问题的看法，新拉马克主义仍然大有市场。科学争论的产生有时候有着非科学的背景，一个科学理论是否能够成立，最终只看是否有确凿的证据支持它。如果获得性遗传不成立，建立在获得性遗传理论基础上的拉马克进化理论也就不能用来说明进化的机理了。

11.5.2 达尔文自然选择进化论

达尔文（Charles Darwin，1809—1882 年）通过 5 年的科学探险活动，获得了丰富多彩的第一手材料，经多年的刻苦研究后，出版了举世闻名的《物种起源》(1859)，从分类学、形态学、胚胎学、生物地理学、古生物学等方面列举事实，证明不同生物间具有一定的亲缘关系，古代生物和现代生物之间有着共同的祖先。接着发表了《动物和植物在家养条件下的变异》(1868)、《人类起源和性选择》(1871)、《人类和动物的表情》(1872) 等著作，提出并充实发展了以自然选择为理论基础的进化学说，和拉马克进化理论有本质的区别。

自然选择学说（natural selection theory）的内容主要是“变异”、“过度繁殖”、“生存竞争”和“适者生存”理论。生命运动有许多层次，除了分类学上的界、门、纲、目、科、属、种外，还有社会、种族、群体、机体、器官、组织、细胞、细胞器、生物大分子、基因等层次。那么，自然选择在什么水平上发挥作用呢？

达尔文把有机体作为自然选择的单位。达尔文自然选择学说和孟德尔遗传学说结合，出现了对进化生物学领域有深刻影响的现代综合进化论，认为自然选择的单位是群体、是物种。社会生物学认为基因是遗传的基本单位，也是自然选择的基本单位，基因分子水平的选择更好地解释了生物进化和生命起源的机制。

只要亲代和子代间 DNA 中的碱基顺序发生了变化，就会引起遗传性状的改变，因此，影响物种个体生存和繁殖的遗传差异都要受到自然的选择。进化机会可以在自然选择的各个阶段产生，首先产生一个基因突变；其次是携带突变基因的个体能活到显示突变基因作用的时候；接着是能成功地生殖，并在 F_1 代中表现为适应性，在 F_2 代不能被淘汰；最后，不可预测的环境变化对每个物种产生不同的影响。生存增加适合度（fitness）并在生存后的繁殖活动中得以体现，带有增加繁殖力的健康基因将被自然选择、保留下来，否则，就会被自然选择淘汰。

自然选择理论说明，每时每刻都在发生的自然选择保护和积累有利变异，而有指导进化按着生物与环境相适应的方向发展的作用，引起生物界的多样性和适应性，变异自然选择的结果使适应者生存发展并创造出新类型的物种来。自然选择是选择那些能更好地生存、繁衍后代并精心照料后代的健康而优秀的个体，从而为基因库保留优良的遗传变异基因；人工选择和基因工程可以选择优良的遗传基因，也可以选育保留变异的不良基因，它们的生存发展将对物种产生一定的不良影响，因此，人类在改造自然和进行物种选育时，特别是利用高科技培育新品种应充分考虑生态平衡发展、自然选择和环境伦理道德的准则和要求。

11.5.3　综合进化学说与广演论

20 世纪初，英国学者 R. A. Fisher 和 J. B. S. Haldance 与美国学者 S. Wright 综合选择理论和基因论的成就，运用群体遗传学的数学理论和方法，对突变、选择和遗传漂变引起群体等位基因频率的变化进行深入研究后得出结论，选择对群体等位基因频率的影响要比突变有效得多，突变是随机的，是生物进化的原始材料，但对等位基因频率变化的影响很小，在进化中作用很小；突变、选择、隔离是物种形成和生物进化的机制，自然群体存在的遗传变异对不同环境的自然选择做出反应，自然选择可保留有利的变异和消除有害突变，从而使基因频率定向改变，即自然选择是影响生物进化的主要因素，决定着生物进化的方向；地理隔离在物种形成中起促进性状分歧的作用，自然选择使不同环境下的有利基因被固定，保留适应性变异，不同环境下的生物出现生殖隔离，巩固扩大这些变异，由于个体愈选愈纯而形成同源群体趋势，最终形成新的物种。群体是进化的基本单位，可交配个体属于享有一个共同基因库的不同繁殖集团，一个最大群体就是一个物种，区别于以个体为进化单位的进化学说，进化机制的研究属于群体遗传学的范围。

这种选择的筛选机制不能解释适应和生物多样性起源，也不符合群体遗传结构事实。实际上，在自然选择过程中，具有有害基因的个体并不一定被淘汰。新综合进化理论（分子水平综合理论）认为自然选择不限于两个等位基因中的一个，因为在竞争中，等位基因保持特有的平衡频率，有利于它们共存，选择会使两个等位基因都在群体中保存下来，成为平衡的多态现象，同时，等位基因的选择价值不是固定的，而是依赖于环境条件和每一个等位基因的频率，表现为杂种优势选择，当生态条件或遗传基础改变时，它也可以变化。

综合进化学说综合了染色体遗传学、群体遗传学、物种概念与分类学、生态学、地理学、古生物学、胚胎学和生物化学等许多有关学科的研究成果，基本观点仍是自然选择，重申了达尔文自然选择学说在生物进化中的主导地位，并用新概念解释了达尔文进化论（Darwin's theory of evolution）中的许多难点，又叫新达尔文学说（neo-Darwinism），使生物进化进入现代科学的行列。综合进化论将自然选择定为连接物种基因库和环境的纽带，基因的突变是偶然的，与环境没有必然的联系，而自然选择自动地调节突变和环境的相互的关系，把偶然性纳入必然轨道，产生适应和上升的进化，自然选择不仅起筛选作用，而且在物种形成中具有创造性的意义。

但好像在完全没有祖先的情况下，寒武纪爆发性演化事件导致包括脊索动物在内几乎所有现生和许多绝灭动物门或纲一级的结构蓝图在一两百万年的时间内突发性出现，还有 20 多个无法与现代分类学建立联系的种，各代表一个相当于门一级已经绝灭了的结构蓝图。这种金字塔式自组结构是以食物链方式进行能量流通和物质循环的，复杂而有序的物流和能流是在竞争基础上的平衡和统一，加速了动物食性分化，攻击能力最强的食肉动物奇虾类主要攻击水中游泳的大型动物，奇虾类的出现标志了金字塔式自组体系的确立和完善。云南寒武纪澄江一系列重要生物化石群的发现，对达尔文及现代综合进化论预测的倒金字塔形进化树模式提出了挑战，却为爆发式和由高阶别生物向低阶别生物演替理论提供依据，促进广演论（general evolution）的建立，从整体论角度回答与寒武纪大爆发、生命如何演化和演化方式的发生等问题。

11.5.4 突变学说

在对美洲物种夜报春花（*Oenothera lamarchiana*）自然群体几种变型的观察和多代繁育试验研究的基础上，荷兰遗传学家 de Vries（1903）提出了突变学说（mutation theory）。该物种连续产生的少数变型能真实遗传，或能分离成自然群体中原有的几种变型，故新物种的形成很容易用单突变解释，但 de Vries 所谓的新物种是这一永久杂种的分离产物。

受突变论的启发，摩尔根根据试验得到的许多突变体受孟德尔基因控制而认为，在进化过程中，突变创造变异，自然选择保留现存的有利变异并会在群体中逐渐占优势，进化是群体中更为有利的基因替换原有基因的过程。突变学说没有否定自然选择在进化上的作用，实际上是突变-自然选择学说。

11.5.5　分子进化中性学说

只有遗传的变异才能作为进化的材料，日本学者木 Motoo Kimura（1968）等提出了分子进化的中性学说（neutral theory）（中性突变-随机遗传漂变学说），解释生物在分子层次上的进化不是由自然选择作用于有利突变引起的，主导分子进化的主要因素是那些对生物生存既不有利也无害的中性基因，这种突变基因在种内的积累是由于遗传漂变导致的偶然结果。其主要论点是大多数突变基因是中性的（neutral），如同义突变（约占密码子的1/4）、非功能性 DNA 序列（内含子等，在人类基因组中约占 35%）突变等，不会影响核酸和蛋白质的功能，对个体生存适合度没有益或害的影响；新基因主要通过基因重复和不等交换产生，基因重复——一个维持个体生存，一个成为中性的就能累积突变进化成适应新环境的具有新功能的基因，或成为遗传上非活化序列保存在基因组中；在分子水平进化上自然选择不起作用，中性基因不会被自然选择淘汰，而是随机遗传漂变引起中性基因在群体中的固定和逐渐积累，实现种群的分化，出现了新的物种；进化速率依蛋白质或基因的类型而定，即进化的速率由中性突变的速率决定，如纤维蛋白肽、血红蛋白和组蛋白Ⅳ的进化速率分别是 9.0×10^{-9}，1.2×10^{-9} 和 6×10^{-11}（单位为每年每氨基酸残基），功能上次要的基因比功能上重要的基因的进化速率快，如血纤维蛋白肽是已知进化速率最快的蛋白质，其进化速率是进化速率慢、染色体重要成分的组蛋白Ⅳ的 1500 倍，但对同类分子而言，进化速率是恒定的（常数），不随物种而异，进化是由分子本身的突变决定的，是由核苷酸和氨基酸的置换速率所决定，它对于所有的生物是恒定的。

中性学说用随机出现的中性突变很好地说明核酸、蛋白质等大分子的非适应性多态性，从分子一级结构变化说明生物性状的变化和进化原因，看似否定自然选择学说和自然选择在进化过程中的作用，实则是对自然选择学说的补充。

总之，达尔文进化论、现代达尔文进化论是从个体或群体层次出发研究生物进化问题，强调生物进化的主导因素是自然选择，有利突变相对比例相当大，进化方向与环境有必然联系，进化速率受环境和生物本身因素的制约；中性学说是从分子水平的层次出发在不同层次研究生物进化问题，认为生物进化的主导因素是中性突变本身，中性突变相对比例相当大，生物进化速率具有一致性和恒定性，强调突变和遗传漂变的作用。

11.5.6　间断平衡论

利用分子生物学技术分析发现，只要功能不变，特定蛋白质或基因每年每位点的进化速率，即氨基酸或核苷酸替换率就是一个常数，即同类分子进化速率是恒定的。根据特定蛋白质或核酸在不同物种间自趋异以来的氨基酸差异数 d，古生物学等知道的不同物种的趋异时间 t，利用 d 和 t 存在的显著直线回归关系就可求得进化速率。按照自然选择理论，进化速率（K）与有效群体大小（N_e）、选择系数（S）和突变率（μ）有关，即 $K=4N_eS\mu$。多肽中每 100 个氨基酸发生 1 个替换约需 28×10^6 年；哺乳动物基因组约 4×10^9 对碱基，每年的基因组核苷酸替换数为 [1/（28×10^6）÷100]（4×10^9÷3）≈0.5。若哺乳动物每 4 年 1 代，则每代发生 2 个核苷酸替换。按自然选择理论计算，发生 1 个氨基酸替换约需 300 代，与实际相差 100 多倍。自然选择理论不能很好解释如此高的替换率。

1972 年，美国古生物学家 N. Eldredge 和 S. J. Gould 提出间断平衡论（punctuated equilibrium)，强调多数物种是在短时间内爆发式形成或灭绝，其理论基础是基因突变论和地理隔离导致新物种的快速形成，是对综合进化论的另一个挑战。达尔文进化论和综合进化论都强调演化是一个渐变过程；间断平衡论则认为进化是渐变和骤变交替出现的过程，多数新种是在地质上可以忽略不计的短时间内出现，这种过程叫做成种作用；物种形成后，在选择作用下发生缓慢变异，这个过程叫做种系渐变，即整个演化过程是渐变与骤变的交替即新种在短期内迅速形成，又在长时期内保持相对稳定，主要是由于基因突变和环境激变而导致的，这对化石记录的不连续性提出了较为合理的解释，如中国南方古生界和中生界间的地质层序是无间断连续沉积的，其中的生物，如有孔虫类、三叶虫类、双壳类等的演化显示出突然变化和灭绝的明显突变态势，新物种化石往往是突然地整批出现，未能连成一条完整的演化生物链，缺环存在是因为演化过程是短暂的突变和长期的稳定相间，而不是持续不断进行。在不断繁衍的 35 亿年，生命闯过多次自然灾难，在演化的过程或变复杂，或变简单，如灌木纵横交错充满偶然性，如世界的主角细菌 35 亿年来一直是最普遍、散布最广的生物。

11.6　人类的起源和进化

人在本质上和一切生物没有分别，人类也是漫长生物进化过程中的一部分，但人类的生存发展却具有特殊的意义。古人类学建立了人类的总体谱系，现代分子生物学使我们有能力构建现代人类的精细谱系，人类谱系研究探究人类是怎样产生、分化和演变的奥秘。

11.6.1　人类起源的假说

11.6.1.1　冈瓦纳大陆理论

该理论认为，由于原始森林里食物不足，攀缘、手足并用的一部分树栖猿来到草原，生活方式的改变使它们学会用下肢走路，上肢用来猎取食物，实现了由猿到人跨越的一大步。身体站立起来，脊柱支持头颅有利于大脑的发展，脑容量迅速增大，向高智能型发展，越来越聪明，学会使用工具和火，获得更多的营养补给，脱掉体毛，进化出汗腺，免疫力增强，大脑更加进化并有了语言，人类的祖先——猿人终于进化成人类，开始了人类生命的文明历程。

11.6.1.2　水猿理论

由于多数早期人类化石在被水覆盖的地方或史前时代的水边，如在最著名人类化石——夏娃露茜的发掘地点旁，发现许多鳄鱼蛋和蟹类、贝类化石；而且人类与海豚、河马、海象等水生哺乳动物间有许多相似性，如皮下脂肪，有很少或根本没有毛发，而大多数陆生哺乳动物，包括猿类都拥有一层厚厚的毛，却没有这种皮下脂肪层。现代人保留许多水生特点，如鼻孔朝下，人体需要碘和2～3种脂肪酸等大脑发育的重要养分，鱼和贝类体内很多；人胚发育到3天时含水量97%，与水母相似，3个月时含体液91%；新生儿80%；1岁时的含水量和成人相似，约占体重的65%～70%。人类血液不仅带有与海水相似的特有咸味，而且溶解的化学元素相对含量和海水惊人地接近，海水中氯55.0%，钠30.6%，氧5.6 %，钾1.1 %，钙1.2 %，其他元素6.5 %；人血中氯49.3 %，钠30.0 %，氧9.9%，钾1.8 %，钙0.8%，其他元素8.2%。猿类几乎没有皮脂腺分泌一种皮脂使头发和皮肤润泽。人身上的海洋印记说明人类来自海洋。因此，埃莱娜·摩根提出水猿理论，当早期人类学着抬头泅水时，双脚行走就开始进化了。当然古人类学家有责任重新检验水猿理论的正确性。

11.6.1.3　现代人的非洲起源学说和多地区起源学说

由于人体内只存在一份父系Y染色体非重组区，可有效排除交换重组的混血干扰，并且SNP突变率低，稳定遗传可忠实记录进化事件；再加上Y染色体有效群体大小只有常染色体位点的1/4，易产生人群特异性的单倍型，Y染色体拟常染色体非重组区段的SNP标记（NRY）是研究早期人类进化和迁移最理想的遗传标记。因此，运用遗传学技术研究人类进化就是用遗传标记来追溯人类起源迁移事件发生时间及路线。

（1）非洲起源学说　20世纪80年代首次提出并得到考古学证据的支持。非洲起源学说认为，现代人类起源于10万年前非洲的第二次迁移，非洲直立人走出非洲后取代了其他地区的古人种。

1987年，Rebecca Cann等根据母系遗传的线粒体DNA多态性研究，提出著名的“夏娃假说”，欧洲尼安德特人的遗传学分析结果也支持非洲起源假说。2001年，Peter A. Underhill等利用变性高效液相层析技术（DHPLC），得到218个Y染色体非重组区（NRY）位点构成的131个单倍型，全球1062个代表性个体考察结果显示出明显的群体亲缘关系。系统树分支显示非洲人群分出欧洲和亚洲人群，美洲和澳洲人群的分化则发生在亚洲人群分化之下，即人类从非洲人群分出欧洲和亚洲人群，美洲和澳洲起源于欧亚人群；澳洲的土著人是从非洲经印度等亚洲南海岸到达澳洲的。

（2）多地区起源学说　又称独立起源假说。考古学家根据东亚地区，包括中国在内出土的大量人类化石存在形态上一致性的延续和地域上的广泛分布的事实推测，亚洲与非洲一样，存在着“直立人→早期智人→现代人”的进化历程，即现代人类起源是多地区的，各地人类是独立起源演化的，并且各地的非洲直立人、海德堡人、尼安德特人、东亚直立人各自独立进化到现代人类。

11.6.1.4　基因新说

虽然狗在9500万年前分离成独立物种，人类和老鼠在8700万年前各自独立出来，但是近年来通过基因图谱对比分析，基因组间的相似性是人和狗的比鼠和人、鼠和狗的要大，研究人员从进化角度看，人类和狗、鼠基因组间的相似性表明人、鼠和狗也曾拥有共同祖先。

11.6.2 类人猿的起源进化

渐新世，距今约 4000 万年，早期灵长类中的原猴类分化出原猴亚目和类人猿亚目。类人猿猴类迁移到南美洲后，因地理隔离发展为今天新大陆猴类；旧大陆的古类人猿则与猴类分道扬镳，演化成现代类人猿（anthropoid）与人类；距今 3000 万年渐新世晚期的埃及古猿（*Aegyptopithecus*）代表了向人类进化的过度类型。

渐新世晚期出现的森林古猿（*Dyyopithecus*）演化到中新世十分繁盛，广泛分布于非洲、欧洲和亚洲，非洲种（*D. africznus*）是黑猩猩的祖先；大型森林古猿（*D. major*）可能是大猩猩的祖先；非洲酋猴可能是类人猿的共同祖先（图 11-9）。

11.6.3 人类的起源进化阶段

11.6.3.1 从猿到人的过渡阶段

南方古猿（*Australopithecus*）处于从猿到人的过渡阶段。自 1924 年以来，古人类学家在非洲已经发现了数百具化石，归入人科（Hominidae），分纤细型和粗壮型两种

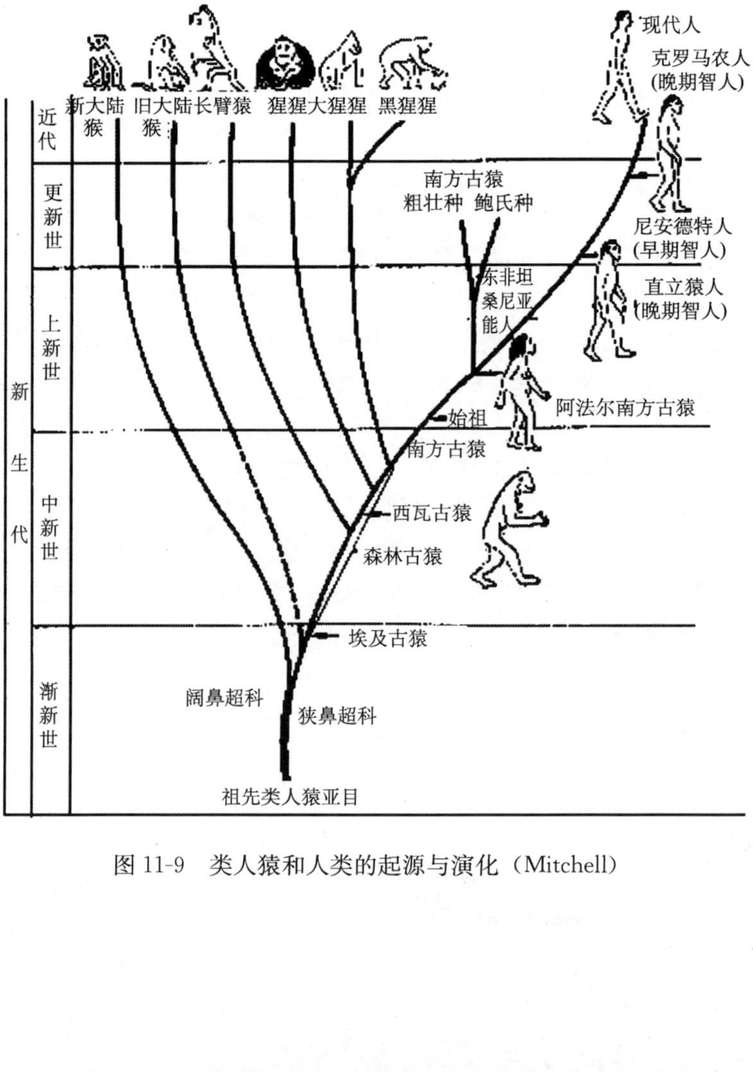

图 11-9 类人猿和人类的起源与演化（Mitchell）

类型，前者以非洲南猿（*A. africanus*）为代表，后者以粗壮南猿（*A. robustus*）和鲍氏南猿（*A. boisei*）为代表。南方古猿生活在距今 420 万～100 万年前，能直立行走，是最早阶段的原始人类，其中，生活在 300 万～360 万年前的著名的露西（Lucy）被认为是人类的祖先。1994 年，美国科学家又在埃塞俄比亚发现 440 万年前的始祖南方古猿，叫做原初人（*Ramidus*），在进化上被认为是处于人与类人猿分支进化的分歧点，是人类的直接祖先，这一发现把人—猿分支的时间前推了 80 多万年。

11.6.3.2　能人阶段

从地猿到南方古猿代表人类起源进化上的一次飞跃，标志着人类与其他高等灵长类群分化开来。接下去是人类内部的飞跃，人科中的人属大约在 250 万年前出现了，早期南方古猿一支向更粗硕、牙齿更大的方向发展，另一支向更多增加脑量的方向发展，演化成能人（*Homo habilis*），第一阶段能制造工具的人类。1959 年起，古人类学家在东非发现能人化石，如坦桑尼亚能人和肯尼亚“1470 人”。与南方古猿相比，生活在距今 200 万～175 万年前的能人，颅骨壁变薄，脑容量增大，石器的发现证明它们已经能够制造工具了。

11.6.3.3　直立猿人阶段

生活在距今 200 万～20 万年前的直立猿人（*Homo erectus*）已经属于真正的人了，分布于亚洲、非洲、欧洲，著名的有爪哇猿人（*Homo erectus erctus*）、德国海德堡猿人（*Homo erectus heidelbergensis*）以及我国的北京猿人（*Homo erectus pekinensis*）等。

爪哇猿人是最先发现并被人们遗忘的直立猿人，但 1928 年发现的北京猿人基本特点与爪哇猿人有许多共同之处，使古人类学界重新确定了其作为最先发现的直立人地位。由于日本发动的侵华战争，两个装有北京猿人和山顶洞人化石的箱子不翼而飞，神秘失踪至今不知去向；后来发现的蓝田猿人（*Homo erectus lantianesis*）和旧石器时代的元谋猿人等化石证明，北京猿人已经能直立行走了。

11.6.3.4　智人

直立人延续到 20 万年前，地球上出现延续到现在的智人（*Homo sapiens*），智力和文化的发展是人类进化发展的重要标志，我们本身都属智人。智人的体质形态和文化上更复杂了，20 万年的智人演化史可分为早期智人和晚期智人两个阶段。

（1）早期智人　生活在距今 20 万～5 万年前，如德国的尼安德特人（尼人），以及我国广东的马坝人、山西的丁村人等。早期智人具有一些原始性状，以尼人为例，眉嵴比较粗壮，头盖骨向后倾斜，颌骨向前突出。但是，他们制造的工具比直立猿人制造的更先进，除石器外还有骨器。从生活遗迹来看，他们不仅会使用天然火，而且会人工取火，饮食等生活方式的改变加速了人类的进化。

（2）晚期智人　出现在距今 5 万～1 万年前，晚期智人化石在各大陆都有发现，发现最早的晚期智人化石是法国的克罗马农人，但生活时代最早的晚期智人化石都出现在非洲，如边界洞人、克莱西斯河口人和奥莫人，我国的出土的有山顶洞人等，他们与现代人十分接近。例如，北京周口店龙骨山的山顶洞人，脑颅增大，下颏明显，具有黄种人的一些特征；能制造精细的石器和骨器，制造长矛、标枪用以狩猎、捕鱼，会利用地形和设置陷阱捕捉大型野兽，狩猎能力也大为提高；会用大型兽皮等修建简单的房屋，用骨针缝制衣物；创造原始艺术，绘画、雕刻和装饰品，绘画内容多与狩猎活动有关。此时，不同人种已经开始分化和形成，并逐步分布到各地；直立人阶段出现的地区性形态分化，到早期智人阶段已经逐渐明显起来，自然选择作用使各地区的晚期智人在形态上出现明显差异，分化形成了具有不同的肤色、头发形状与颜色、眼、鼻、唇等特征的四大人种，即黄种人、白种人、黑种人和棕种人。

总之，南方古猿、能人、直立猿人和智人在体质特征和文化遗物上都存在明显的差异，反映出人类进化的 4 个阶段（图 11-9），因此，大多数古人类学家认可这种划分方法。

复习思考题

1. 动物进化的证据有哪些?
2. 简述动物进化的基本历程。
3. 探讨进化的理论有哪些? 其代表人物是谁?
4. 为什么说动物进化与信息通道的演化有关?
5. 人类是怎样进化的? 有哪些证据和理论解释人类的进化?
6. 名词解释：生物信息，生物信息通道，进化论，协同进化，小进化，大进化，同源器官，同功器官，痕迹器官，自然选择，适应辐射，拉马克进化论，达尔文进化论，综合进化论，突变学说，中性学说，间断平衡论，类人猿，能人，智人。

参考文献

陈品健 . 2001. 动物生物学 . 北京：科学出版社
陈义 . 1993. 无脊椎动物比较形态学 . 杭州：杭州大学出版社
陈阅增 . 1997. 普通生物学 . 北京：高等教育出版社
大连水产学院 . 1982. 淡水生物学 . 北京：中国农业出版社
丁汉波 . 1985. 脊椎动物学 . 北京：高等教育出版社
堵南山 . 1989. 无脊椎动物学 . 上海：华东师范大学出版社
郭郛，钱燕文，马建章 . 2004. 中国动物学发展史 . 哈尔宾：东北林业大学出版社
顾宏达 . 1992. 基础动物学 . 上海：复旦大学出版社
侯林，吴孝兵 . 2007. 动物学 . 北京：科学出版社
华中师范学院，南京师范大学，湖南师范学院 . 1983. 动物学（上、下）. 北京：高等教育出版社
江静波 . 1995. 无脊椎动物学（第三版）. 北京：高等教育出版社
蒋志刚，马克平，韩兴国 . 1999. 保护生物学 . 杭州：浙江科学技术出版社
李明德 . 1992. 鱼类学（上、下册）. 天津：南开大学出版社
李永材，黄溢明 . 1984. 比较生理学 . 北京：高等教育出版社
刘凌云，郑光美 . 1998. 普通动物学 . 第三版 . 北京：高等教育出版社
刘明玉，解玉浩，季达明 . 2000. 中国脊椎动物大全 . 沈阳：辽宁大学出版社
罗默 . 1985. 脊椎动物的身体 . 杨白仑译 . 北京：科学出版社
马克勤，郑光美 . 1984. 脊椎动物比较解剖学 . 北京：高等教育出版社
南开大学 . 1984. 昆虫学 . 北京：高等教育出版社
裴广川 . 2002. 环境伦理学 . 北京：高等教育出版社
曲淑蕙，李嘉泳，黄浙 . 1980. 动物胚胎学 . 北京：人民教育出版社
任淑仙 . 1990. 无脊椎动物学（上、下册）. 北京：北京大学出版社
尚玉昌 . 2005. 动物行为学 . 北京：北京大学出版社
孙儒泳，李博，诸葛阳，等 . 2001. 普通生态学 . 北京：高等教育出版社
赛道建 . 1991. 鸟肺及其特殊的呼吸（见：王所安 . 动物学专题）. 北京：北京师范大学出版社 174～176
赛道建，田丽，陈兆波 . 1997. 巨蜥心脏内的血流 . 动物学报，(43 增)：134～136
赛道建 . 2001. 经济动物学 . 济南：山东科学技术出版社
赛林霖，赛道建 . 2006. 鳍和鳔在鱼类沉浮行为中的作用 . 山东师范大学学报（自），21 (1)：124～126
宋大祥 . 2006. 节肢动物的分类和演化 . 生物学通报，41 (3)：1～3
汪堃仁 . 2002. 细胞生物学 . 第二版 . 北京：北京师范大学出版社
王所安 . 1986. 动物结构与类群 . 天津：天津科学技术出版社
许崇仁，程红 . 2000. 动物生物学 . 北京：高等教育出版社
杨安峰 . 1992. 脊椎动物学 . 北京：北京大学出版社
张玉静 . 2003. 分子遗传学 . 北京：科学出版社
张阳德 . 2005. 生物信息学 . 北京：科学出版社

翟中和 . 1995. 细胞生物学 . 北京：高等教育出版社
赵建成，吴跃峰 . 2003. 生物资源学 . 北京：科学出版社
郑光美 . 1995. 鸟类学 . 北京：北京师范大学出版社
郑乐怡 . 1987. 动物分类原理与方法 . 北京：高等教育出版社
郑乐怡，归鸿 . 1999. 昆虫的分类（上、下册）. 南京：南京师范大学出版社
郑作新 . 1982. 脊椎动物分类学 . 北京：中国农业出版社
左仰贤 . 2001. 动物生物学教程 . 北京：高等教育出版社
George C. Kent. 1978. Comparative Anatomy of the Vertebrates. 4th ed. Saint Loccis The C. V. Mosby Company.
Garey RJ，Schmidt-Rhasa A，Near TJ，et al. 1998. The evolutionary relationships of rotifers and acanthocephalans. Hydrobiologia. 387/388：83～91
Richard D Jurd. 2000. 动物生物学 . 蔡益鹏译 . 北京：科学出版社
Richard D Jurd. 1997. Instant Notes in Animal Biology. Colchester：Bios Scientific Publisher Limited
Miller S A，J P Harley. 2005. Zoology. 6th ed. Boston：McGraw-Hill
Nielsen C. 2001. Animal Evelution：Interrelationships of the Living Phyla. 2nd ed. Oxford：Oxford University press

中文索引

H

J

K

L

M

N

英文索引

A

B

C